위안텅페이 삼국지 강의

역사보다 재미있고 소설보다 깊이 있는

위안텅페이 삼국지 강의

위안텅페이 지음 | 심규호 옮김

라의눈

삼국지, 뜨겁게 공감하고
차갑게 통찰하라

오늘도 동아시아의 젊은이들은 삼국지三國志와 함께 성장한다. 삼국지에 등장하는 영웅호걸들은 인간관계와 리더십을 대변하는 전형적 캐릭터로 자리 잡았고, 삼국지에서 문제해결 능력과 사람을 움직이는 지혜를 얻으려는 노력 또한 유효하다.

삼국지가 오랜 세월 동안 여러 작가와 학자들에 의해 다양한 콘텐츠로 분석되고 각색되어온 것은 그것이 품고 있는 내용이 무궁무진하다는 방증이기도 하다. 수많은 종류의 사람, 사건, 갈등, 관계가 그 안에 깃들어 있다. 어떻게 요리하느냐에 따라 은근한 맛을 내기도 하고 톡 쏘는 맛을 내기도 하는 음식 재료와도 같다. 이 책은 독자 여러분이 이제까지 맛본 어떤 삼국지와도 다른 맛을 제공할 것이며, 그 맛은 오랫동안 잊히지 않을 것임을 확신한다.

우리는 이미 알고 있지 않은가. 흔히들 삼국지라 부르는 '삼국지연의三國志演義'는 역사라고 하기에는 너무나 드라마틱하고, 소설이라 하기에는 상당히 사실적임을. 정확히 그 중간 지점을 날카롭게 파고는 것이 바로 이 책이다. 삼국지의 서사 구조 중 가장 중요하다고 생각되는 51개의 장면을 추려내고, 그것이 과연 역사적 사실과 부합하는가를 분석하고 있다.

중요한 것은 이런 시도가 단순히 역사를 고증하려는 것이 아니라, 삼국지의 진실에 보다 가까이 다가가기 위한 수단일 뿐이라는 것이다. '그런 사건이 정말 있었던가, 그런 인물이 정말 존재했던가'에 대한 근원적 의문은 '그런 이야기를 요구했던 세상, 그런 인간형이 필요했던 시대'라는 필연적 해답으로 귀납된다.

앞에서 밝혔듯 세상의 많고 많은 삼국지와 삼국지 강의는 모두 다른 '결'과 '품'을 갖고 있다. 여러분이 이 책을 넘기는 순간 만나게 될 삼국지는 뜨겁고도 차가운, 재미와 깊이가 공존하는, 긴장감과 긴 여운이 교차하는, 새로운 경험이 될 것이다. 만약 이제까지 삼국지를 역사라는 딱딱한 틀 속에서 만났던 독자라면 펄펄 살아 숨 쉬는 사람들의 이야기로 공감하게 될 것이며, 삼국지를 '옛날 영웅호걸의 이야기'로 접했던 사람들은 그 안에서 깊은 통찰의 힘을 발견하게 될 것이다.

삼국지의 생명력은 상상 이상이다. 우리 다음 세대와 그다음 세대, 아니 인류가 계속되는 한 삼국지에 감동하는 젊은이들은 여전히 존재할 것이다. 아울러 삼국지의 영역은 너무나 거대하다. 어떤 길로 걸어 들어가느냐에 따라 수만 갈래로 펼쳐진 다른 이야기들을 만나게 되기 때문이다.

삼국지를 안내하는 길잡이는 다음 세대에게 제대로 된 역사의 길과 골목들을 보여주겠다는 책임감을 가져야 한다. 이 책은 그 책임감에 대한 하나의 대답이다.

|차|례|

[1부]

[2부]

1부

1강 망조의 기운,
      황건의 난

"창천蒼天은 이미 죽고 황천黃天이 나섰으니 갑자년에 천하가
대길하리라."

동한東漢 말년 민간에 이런 말이 떠돌면서 급기야 대규모 '황건의 난'
이 폭발하고 말았다. 비록 농민 반란은 성공하지 못했지만 명목뿐인 동
한 정권은 더 이상 회복할 수 없을 지경에 이르고 말았다. 어떻게 실패한
농민 전쟁이 이처럼 엄청난 영향을 끼친 것일까? 황건의 난은 왜 일어났
으며, 어찌하여 우담화優曇花처럼 덧없이 사라진 것일까?

매관매직의 혼군

《삼국연의三國演義》는 중국인이라면 부녀자들도 모두 알고 있을 정도로
유명하다. 운집한 맹장과 모사들의 이야기가 희곡, 평서平書, 영화 등 다
양한 예술 형식을 통해 부연되면서 더욱 깊은 감동을 자아내고 감탄을
금치 못하게 만든다. 제목은 '삼국三國'이라 하였으나 '연의演義'의 대부
분은 사실 동한 말년에 일어난 일들이고 7할은 사실이고 3할은 허구다.
소설의 첫머리는 한 영제靈帝가 죽은 후 대장군 하진何進이 환관 주살 모
의에 실패하여 결국 조정이 혼란에 빠지는 이야기로 시작한다.

이런 일이 왜 벌어졌는가? 영제는 20여 년 동안 황상의 자리에 있으면

서 조정은 나 몰라라 하고 사치와 향락만 추구하는 등 황음무도荒淫無道하고 매관매직을 일삼았다. 수시로 궁녀들과 함께 헤엄을 치다가 뇌에 물이 많이 들어갔기 때문인지, 심지어 항시 곁에 있는 엄적閹賊 : 환관을 낮춰 부르는 말을 부모라 부르기도 했다.

하지만 스스로 생각하기에 괜찮은 황제라 여겼는지 대신에게 이렇게 물어보았다. "그대들이 보기에 짐이 환제桓帝와 비교하면 어떤 황제인 것 같소?" 영제는 당연히 자신이 환제보다 뛰어나다고 생각했을 것이다. '나야 경제적인 머리가 있지 않은가. 관직을 팔아 돈을 버는 것이 어디 쉬운 일인가? 환제가 알 수 있었겠어? 매관매직도 모르고 경영도 모르니 내가 당연히 뛰어날 밖에!' 그는 속으로 이렇게 중얼거렸다.

"폐하는 선제와 마찬가지로 요순堯舜과 같은 황제이십니다."

대신들은 언제나 머리를 조아리며 황상을 최고로 치켜세웠다. 듣기에 이보다 좋은 말이 어디에 있겠는가? 하지만 사실 이는 환제는 오귀烏龜 : 개 같은 놈이란 뜻, 영제는 왕팔王八 : 인간의 근본 도리 여덟 가지를 잊은 놈이란 뜻으로 망팔忘八이라고 쓰기도 한다로 한 언덕에 사는 담비처럼 한통속이고, 반근이나 대여섯 냥이나 그게 그것인 것처럼 피차일반이라고 욕을 하는 것이나 다를 바 없었다.

영제는 주색잡기에 빠져 결국 서른이 넘자마자 저세상 사람이 되었다. '영靈'이 그의 시호諡號인데,《일주서逸周書 · 시법해諡法解》에 따르면, "혼란을 일으켰으나 손실을 입히지 않은 이는 영이라고 부른다亂而不損曰靈." 나라를 멸망에 이르게 하지는 않았지만 조정의 기강을 어지럽혔다는 뜻이니, 결코 좋은 시호라고 할 수 없다.

영제가 죽은 후 국정은 만신창이가 되었고, 수습하기 어려운 국면은 고스란히 후대에게 넘겨졌다. 정치가 암흑에 빠지고 사방에서 반란이 일어났다. 특히 강인羌人의 반란은 동한 정권에 가장 큰 골칫거리였다.

강은 상당히 오래된 민족이다. 동한 말년 흉노가 물러난 후 서쪽에서 동한 정권에 가장 큰 위협이 되는 존재가 바로 강인이었다. 순제順帝 이전 강인의 반란은 대부분 소규모였다. 순제 재위 시절 서강西羌과 직접 접촉하던 병주幷州의 관원들이 극히 난폭하여 "병주로 들어온 후 강호의 백성들을 괴롭히고 세금을 강탈했다."《후한서後漢書·서강전西羌傳》동한 조정에는 확실한 민족 정책이라고 할 만한 것이 없었기 때문에 관리 개인의 성향에 따라 정책이 오락가락했다. 그렇기 때문에 병주 관리처럼 강인들에게 가혹하게 대하는 일이 비일비재했다.

강인의 원한은 날로 깊어지고 동한 조정에 대한 반항도 더욱 거세지기만 했다. 환제 이전까지 강인은 전후 세 차례 대규모 폭동을 일으켰다. 동한 조정은 강인의 반항을 진압하기 위해 10여 년간 80여억 냥에 달하는 막대한 군비를 쏟아부었다. 하지만 그 결과는 황당했다. "장수들은 군량을 중간에 빼돌려 사리사욕을 채우기 바빴고, 황제 주변 측근들에게 진귀한 보물을 뇌물로 바쳤다. 이리하여 위아래가 모두 제멋대로 불법을 저지르고 군무를 처리하지 않아 병사들이 제명에 죽지 못했으며, 들판마다 백골이 나뒹굴었다."《후한서·서강전》이렇듯 막대한 군비를 장수들이 중간에 가로채 황제의 측근들에게 뇌물로 뿌린 꼴이다. 가련한 것은 내팽개쳐진 사졸들로, 억울하게 죽어간 이들이 수를 셀 수 없을 정도였다. 동한 사회는 이렇듯 날로 모순과 갈등이 첨예해졌다.

강족 외의 소수민족들도 분분히 봉기를 일으켜 동한 조정의 잔혹한 정치에 대항했다. 순제 말년 "양주揚州의 요적妖賊과 구강九江의 도적 서봉徐鳳 등이 주군州郡을 돌아다니며 노략질을 하고, 서강과 선비鮮卑 및 일남日南이 만이蠻夷들이 성을 공략하여 약탈을 일삼는데, 부세의 넙복은 지나치게 번다했다. 그리하여 관민 할 것 없이 빈궁과 기근에 시달렸다."《후한서·황후기皇后紀》동한 조정은 사면초가의 곤경에 빠지고 온갖 난관이 중첩되었는데, 그 가운데 가장 심각한 우환은 바로 선비였다. 사서의 기록에 따르면, 선비족이 끊임없이 변경을 소란스럽게 하는 바람에 조정은 이를 대처하느라 정신이 없었다.

소민은 결코 가볍게 볼 수 없다

동한 말년에 이르자 통치자의 그칠 줄 모르는 탐욕, 외척과 환관 사이의 오랜 갈등, 그리고 매년 벌어지는 전쟁은 결국 백성들에 대한 착취로 이어졌고, 빈익빈 부익부의 빈부 격차가 날로 심각해졌다.

당시 호강豪强: 패권을 지닌 무리 지주들은 피둥피둥 살이 찌고 얼굴에 기름기가 자르르 흐르며, 집안에 수백 명의 식객들을 데리고 있었으며, 소유한 저택이 곳곳에 자리하고 논밭 또한 잇닿아 있을 정도였다. 특히 고위급 관리와 환관들은 자신들의 권세로 재물을 긁어모으는 데 혀를 내두를 정도로 수완을 발휘했다. 영제 시절 작은 고을의 현령이 조정에서 일하는 부친을 등에 업고 수천만 전을 착복했으며, 어느 지방 관리는 긁어모은 돈이 얼마나 많았는지 세세대대로 써도 다 쓸 수 없을 정도였다. 나라의 재부가 몇 사람의 수중에 모여드니 일반 백성들은 입에 거미줄을 칠 형편이었다. 동한 말년 민생이 피폐하고 백성들이 제대로 먹지도 못하고 입지도 못하면서 급기야 인륜을 저버린 참극이 벌어지기 시작했다. 《후한서 · 환제기桓帝紀》에 따르면, 그해 4월 '수도에 가뭄이 들어 임성任城과 양국梁國에 기근이 들자 백성들이 서로 잡아먹었다.' 4년 후 '2월에는 시례司隸와 기주冀州에 기근이 들어 사람이 서로 **잡아먹었다**'라고 기록되어 있다.

사람이 사람을 먹기 시작하니 부부끼리도 서로 잡아먹고, 아이를 낳아도 제대로 기를 수가 없어 그냥 죽여버리고 말았다. 사회가 철저하게 무너지고 있었다. 하지만 어떤 고을의 현령은 수만 냥을 착복하여 이곳저곳에 저택을 짓고 수많은 노복을 부려먹었다. 일반 백성은 살 집조차 제대로 마련할 수 없으니 아파도 의원을 부를 수 없고, 글을 배운다는 것은 언감생심이었다. 당시 사회의 지니계수는 0.5를 돌파했고, 전체 인구 3%의 부자들이 사회 전체 재부의 97%를 차지하고 있는 상황이었다. 이런 사회에서 문제가 생기지 않는다면 오히려 이상한 것이 아니겠는가!

억압이 심해지면 반항도 그만큼 격렬해지기 마련이다. 당시 유행하던 민요에 이런 것이 있다. "머리카락은 부추처럼 잘라도 또 나고, 모가지는 닭과 같아 잘라도 또 우네. 관리라고 두려워할 필요 없으며, 소민小民 : 백성이라고 가벼운 것이 아닐세." 백성도 또한 사람이니 의식주가 충족되지 않고 도저히 살아갈 수 없게 되면 결국 먹을 것을 찾아 몽둥이를 들고 봉기할 수밖에 없다.

민간의 저항이 날로 심해지면서 진압하기 위해 온 수자리변방을 지키는 일 또는 그런 병사의 병졸들조차 반란자들과 함께 조정에 저항하기 시작했다. 진승陳勝과 오광吳廣이 바로 그런 이들이다.

당시 일반 백성들의 반란은 대부분 조정에서 파견한 군대나 호강대족의 개인 무장 세력에 의해 진압되었다. 하지만 이어서 더욱 규모가 방대한 황건의 난이 폭발했다.

대선은 다르다

황건의 난은 중국 고유의 종교인 도교와 밀접한 관련이 있다.

전설에 따르면, 도교의 창시자는 동한 시내 장도릉張道陵 장천사張天師다. 원조 때부터 장도릉의 후손이 계속해서 '천사'를 맡았는데, 마지막 장천사는 대만으로 갔다고 한다. 그래서 지금도 대북타이베이에 사한천사부嗣漢天師府가 있다.

실제로 도교는 선진 시대 도가 사상과 민간 신앙 및 신선방술이 결합되어 만들어진 종교다. 일찍이 순제와 환제 시절 어떤 이가 도가의《태평경太平經》을 조정에 헌상한 적이 있는데, 조정은 오히려 이를 요서妖書라 여겼다. 결국 그 책은 민간에 전해져 널리 파급되었다.

거록鉅鹿 : 지금의 하북河北 거록巨鹿 사람 장각張角이《태평경》을 얻은 후 태평도太平道를 창립하고 스스로 '대현양사大賢良師'라 칭하면서 도를 전파하기 시작했다.

그는 "황제와 노자, 즉 황노의 도를 받들고 제자를 길렀으며, 꿇어앉아 절을 하며 잘못을 빌고 부적을 담은 물과 주술로 병을 치료했다. 환자가 병이 나으니 백성들이 더욱 그를 믿고 따랐다."《후한서 · 황보숭전皇甫嵩傳》장각은 주문을 외고 부적을 담은 물을 환자에게 주어 병을 낫게 했다. 환자의 병을 치료하기 전에 그는 먼저 환자를 무릎 꿇게 한 다음 여러 가지를 물어보았다.

"범죄를 저지르지는 않았는가? 축첩이나 횡령을 하지는 않았는가? 직권을 남용하지는 않았는가?"

가벼운 병에 걸린 사람은 크게 나쁜 것이 없으니 부적을 담은 물을 먹고 심리적으로 안정을 취하면 그냥 치유되기 마련이다. 그러면 장각은 진심으로 도를 믿었기 때문에 나은 것이라고 말했다. 큰 병이 걸린 사람은 아무리 뭔가를 먹고 마셔도 나아질 수가 없다. 그럴 경우 장각은 마음이 진실하지 않기 때문에 낫지 않는 것이라고 말하면 그뿐이다. 그러니 어찌 감히 대선大仙의 믿음을 의심할 수 있겠는가 신도들이 날로 늘어나는 것이 당연하다.

장각은 이처럼 병을 치유하는 방법을 통해 태평도를 전파했다. 반半공개적인 선교 활동에 수많은 이들이 열렬하게 추종했다. 무엇보다 척박한 삶 속에서 의지할 곳이 필요한 백성들에게 심리적 안정감, 그리고 애정과 관심을 주었기 때문이다. 조정은 아예 관심이 없으니 누가 관심을 가질 것인가? 이제 장각 대선께서 관심과 애정을 보여주시니 빈한한 농민들이 앞다퉈 그에게 의지하고 따르는 것 또한 당연한 일이었다.

선전을 강화하기 위해 장각은 제자들을 사방으로 파견하여 선교에 나섰다. 10여 년 동안 도교의 신도는 수십만 명으로 불어났으며, 대부분 광신도를 방불케 하는 열렬한 신도들이었다. 어떤 이는 얼마 되지 않는 가산까지 팔아 길가에서 밥을 해 먹어가며 장각에게 달려갔고, 어떤 이들은 장각을 보러 가는 길에 명이 다해 죽기도 했다. 이렇게 죽은 이들이 수만에 달했다고 한다.

장각의 본래 의도를 전혀 알지 못하는 어떤 관리들은 백성들을 선한 길로 인도하여 추대를 받고 있다고 여기고 적극 격려하기도 했다. 하지만 장각의 야심을 눈치챈 조정의 중신 중에는 영제에게 상소하여, 태평도의 확산을 막고 우두머리를 주살해야 한다고 건의한 이도 있었다.

하지만 당시 조정은 환관의 전횡이 이어지고 당고黨錮의 화禍*가 지속되면서 통치계급 내부의 권력 투쟁이 심화되고 있었기 때문에 태평도에 관심을 두는 이들이 거의 없었다. 장각은 이러한 기회를 틈타 차근차근 조직적으로 반정부 활동을 준비했다.

그는 일찍부터 여덟 명의 제자를 각 주州로 보내 선교를 명분으로 군중을 조직하여 무장폭동을 준비했다. 그들이 내건 선전 구호는 상당히 자극적이었다.

"창천은 이미 죽고 황천이 나섰으니 갑자년에 천하가 대길하리라蒼天.

---

* 낙양洛陽 태학생들이 환관에 대한 비판을 서슴치 않다가 환관들에게 대대적인 반격을 받은 사건으로 서기 166년과 169년 2차에 걸쳐 일어났다. 이로 인해 수백 명의 사인士人들이 주살되거나 종신금고의 형을 받았다. — 역주

已死, 黃天當立, 歲在甲子, 天下大吉." 《후한서 · 황보숭전》

이에 여덟 주의 수만 신도들 가운데 호응하지 않는 이가 없었다.

장각은 각지의 신도를 36방方으로 나누었는데 36개의 군사 편제와 유사했다. 대방은 1만여 명, 소방은 6,000~7,000명이고 각기 우두머리가 있었다. 이렇게 해서 태평도는 조직적인 무장 세력으로 성장했다. 그들은 대방 마원의馬元義가 형주荊州와 양주揚州의 수만 명을 이끌고 먼저 거사하기로 계획을 짰다. 마원의는 수차례 낙양을 오가면서 환관들과 결탁하여, 무장폭동을 일으켰을 때 내부에서 호응하기로 약조했다.

이뿐만 아니라 경성인 낙양 관부의 대문에 백토로 쓴 '갑자甲子'라는 글자가 출현하기도 했다. 이렇듯 여기저기서 불길한 징조가 엿보였음에도 대다수 지방 관리들은 눈치채지 못했다. 일부 관리가 이런 사실을 알고 조정에 보고했지만 영제는 전혀 관심이 없었다. 궁녀들과 나체로 수영하기에 바쁜 황제가 그까짓 것에 관심 둘 시간이 어디 있었겠는가?

하지만 거사 전날 태평도 내부에 분란이 일어나면서 일이 어그러지기 시작했다. 결국 갑자년(서기 184년)에 장각의 제자 가운데 한 명이 밀고하여 조정이 발칵 뒤집혔다. 조정은 황급히 군사를 보내 마원의를 체포하고 낙양에서 거열형**에 처했다. 곧이어 영제는 조서를 내려 황궁 내부와 조정, 그리고 금군禁軍과 일반 백성들 가운데 태평도 신도를 조사하여 처벌하도록 했다. 이리하여 태평도 신도 1,000여 명이 사형에 처해졌으며, 기주의 관원들은 황제의 명을 받들어 장각 체포에 나섰다.

장각은 모의가 누설되었음을 알고 급히 각지로 사람을 보내 기일을 앞당겨 거병하도록 했다. 일시에 각지에서 봉기가 일어났다. 그들은 누런 두건을 표지로 삼았기 때문에 '황건적黃巾賊 : 본문에서는 황건군으로 쓴다'이라

** 거열형車裂刑 : 죄인의 다리를 수레 두 대에 하나씩 묶어서 몸을 두 갈래로 찢어 죽이던 형벌. ― 역주

고 불렀다.

갑자년 2월, 장각은 천공장군天公將軍으로 자칭하고, 동생인 장보張寶와 장양張梁을 각기 지공장군地公將軍, 인공장군人公將軍으로 불렀다. 그들은 신도들을 이끌고 관아를 불태우고 성진을 약탈했다. 주군의 관리들은 대항할 생각조차 하지 못하고 도망치기 바빴다. 불과 1개월 만에 천하 곳곳에서 호응하는 이들이 들고일어나니 경성 낙양은 공포와 불안에 휩싸였다. 심지어 어떤 봉국封國에서는 황건군에 호응하여 백성들이 국왕을 포로로 잡는 일까지 벌어졌다.

백정 일가, 조정에 들어가다

장각이 거병하자 조정은 당인黨人에 대한 금령을 해제하고 그들에게 황건군을 진압할 것을 명했다. 조정의 장수 황보숭과 노식盧植 등이 관군을 이끌고 지방 호강의 개인 무장세력과 연합하여 몇 개월 만에 황건의 난을 평정했다.

황건의 난이 평정된 후 전국적으로 일어났던 농민 반란군도 지리멸렬해지고 숫자도 크게 줄어 2~3만 명에서 6,000~7,000명까지 일정치 않았다. 실제로 동한 정부의 통치력은 이미 한계를 보이고 있었다. 하지만 영제는 황건군을 소탕하자 또다시 황음에 빠져들었다가 허망하게 삶을 마감했다.

영제는 제위에 오른 뒤 송씨宋氏를 황후로 책봉했다. 그녀는 점잖고 단정한 여인으로 상스러운 농담을 하기는커녕 함부로 웃지도 않았으며, 음란한 이야기는 아예 듣지도 않았다. 그러니 야한 것을 좋아하고 천박하기 이를 데 없는 영제의 구미에 맞을 리가 없었다. 황상이 황후를 좋아하지 않으니 후궁인 비빈들이 황후를 모함하고 무고를 일삼았다. 얼마 후 환관들까지 그 대열에 끼어들었다.

얼마 전, 환제의 동생인 발해왕渤海王이 환관에게 뇌물도 주지 않는 등 비위를 거슬러 일가족이 모두 죽임을 당했다. 발해왕의 정처인 송비는 바로 송황후의 고모였다. 환관은 송황후가 이 일로 자신에게 보복을 할까 두려워 송황후를 무고했다. 송황후가 사악하게도 무고巫蠱 : 무술巫術로써 남을 저주함하며 황상을 저주하고 있다는 것이었다.

황궁에서 가장 꺼리는 것 가운데 하나는 무고로 저주하는 일이었다. 영제는 환관의 말만 듣고 황후를 냉궁에 가두었다. 송황후는 결국 억울하게 죽고 말았다. 황후의 부친과 형제를 비롯한 온 가족이 연좌되어 모두 주살되었다.

이후 영제는 하귀인何貴人을 황후로 삼았다. 하귀인은 남양군南陽郡의 백정 집안의 딸로, 입궁 후에 황자 유변劉辯을 낳으면서 '어미는 자식으로 귀해진다母以子貴'는 말대로 황후의 자리에 올랐다. 그녀의 오빠인 하진 역시 돼지를 잡는 백정 출신이었으나 동생 덕분에 조정에 들어오게 되었다. 하황후의 모친 역시 무양군舞陽君으로 책봉되었으니 한 사람이 권세를 잡으면 그 주변 사람들도 덕을 본다는 말이 허언이 아니었던 셈이다.***

하황후는 시기 질투가 둘째가라면 서러울 정도로 심했다. 특히 회임하여 황자를 낳은 비빈들에 대한 시기와 질투는 말도 할 수 없을 정도였다. 무엇보다 그녀들이 자신의 자리를 빼앗을까 두려웠기 때문이다. 그리하여 궁녀들 가운데 회임한 이들은 아무런 이유도 없이 그녀에게 목숨을 잃고 말았다. 예컨대, 유ㅇㅇ 왕미인이 유ㅇㅇ ○○○을 낳기 하황후가 독약으로 그녀를 살해했다. 영제가 그 사실을 알고 크게 노했다.

***

*** 일인득도, 계견승천一人得道, 鷄犬升天 : 한나라 회남왕淮南王 유안劉安이 신선이 되었는데, 그 집의 닭과 개도 덩달아 단약丹藥을 먹고 승천했다는 고사에서 나온 말. — 역주

"감히 짐이 어여삐 여기는 왕미인을 죽이다니, 내 어찌 너를 폐하지 않겠느냐!"

요행히 하씨 집안은 평소 환관들에게 뇌물을 주는 등 관계가 좋았기 때문에 겨우 폐후를 면할 수 있었다.

황건의 난 이후 하진은 대장군大將軍에 봉해졌다. 영제는 하진의 병권을 분산하기 위해 별도로 서원팔교위西園八校尉를 설치하고 환관 소황문小黃門: 황문 시랑보다 한 단계 낮은 환관 건석蹇碩을 상군교위上軍校尉로 임명하고, 호분중랑장虎賁中郞將 원소袁紹는 중군교위中軍校尉, 둔기교위屯騎校尉 포홍鮑鴻은 하군교위下軍校尉, 의랑議郞 조조曹操는 전군교위典軍校尉, 조융趙融은 조군좌교위助軍左校尉, 풍방馮芳은 조군우교위助軍右校尉, 간의대부諫議大夫 하모夏牟는 좌교위左校尉, 순우경淳于瓊은 우교위로 삼았다. 팔교위는 건석이 통합 지휘했다.

건석은 일개 환관이었으니 체격이 건장하고 군사에 밝아 영제의 신임을 받고 있었기 때문에 대장군 하진도 그의 지휘를 받지 않을 수 없었다. 서원팔교위 가운데 몇몇은 이후 동한 말년에 풍운의 인물이 되었다.

명문 집안 출신의 원소

원소, 자는 본초本初이며, 동한 후기 권세가 막강한 관료 집안 출신이다. 동한 시대에 찰거제察擧制를 실시하면서 관료 계급이 관직을 세습하는 악폐가 심각한 지경에 이르렀다. 호문대족豪門大族의 자제들만 효렴孝廉: 중국 서한西漢 때에 치르던 관리 임용 과목-역주으로 천거되어 출사했고, 한문寒門 집안의 자식들은 아무리 실력이 있어도 천거받는 경우가 드물었다. 그렇기 때문에 주로 개국공신의 후손들이 동한 후기에 이르러 고위 관료를 휩쓸었다고 해도 과언이 아니다.

원소 집안은 고조부터 4대에 이르기까지 다섯 명이 삼공三公에 올랐으니 명실상부 '관사대官四代'에 속했다. 그의 부친 원봉袁逢은 사공司空, 숙부 원외袁隗는 사도司徒를 역임했으며, 백부 원성袁成은 중랑장에 배수되었다가 애석하게도 일찍 죽고 말았다.

원소는 서출로 원성의 대를 잇게 되었다. 일설에 따르면, 원소는 사생아로, 부친이 다른 여인과 사통하여 낳은 자식이었다. 그래서 그의 사촌동생인 원술袁術은 그를 천인賤人이라고 욕하곤 했다.

하지만 원소는 재능이 출중하고 위풍당당하여 원봉과 원외도 각별히 좋아했다. 그는 어린 나이에 낭郞이 되고 스물이 되기도 전에 복양濮陽 현장縣長으로 출사했다. 복양은 1만 호가 채 되지 않는 곳이기 때문에 현장이라고 불렀다1만 호 이상은 현령縣令이라고 부른다. 얼마 후 원소는 모친이 병사하여 복상하던 중에 부친마저 사망하여 6년간 상복을 입었다. 이후 그는 조정의 부름을 거절하고 낙양에 은거했다.

동한 정치가 날로 부패하고 환관의 전횡이 점점 더 심해지면서 관료사대부와 태학생 위주의 당인들은 잔혹한 박해를 입었다. 원소는 은거하면서 겉으로는 외부 인사들과 교제하지 않는 것처럼 보였으나 사실은 여러 당인이나 협의지사俠義之士들과 은밀한 만남을 지속하고 있었다. 예를 들어 장막張邈, 하옹何顒, 허유許攸 등이 그러했으며, 심지어 조조도 그가 만난 인물 가운데 한 명이었다. 그들은 환관의 전횡을 반대하는 목적으로 하나의 정치 집단을 결성했다.

환관들은 당시 원소의 활동을 예의주시하고 있었다. 고위급 환관 가운데 누군가는 이렇게 경고장 빌미을 내뱉었다.

"본초는 몸값을 올리려는 것인지 조정의 부름에도 불응하고 세속 밖에 있는 것처럼 처신하고 있으니, 도대체 뭘 하려고 하는 거야?"

원외가 소문을 듣고 원소를 책망했다.

"너는 집안 망하는 것을 보고 싶어 그러느냐? 일없이 저들에게 죄를 벌어 어쩌자는 거야?"

하지만 원소는 전혀 미동도 하지 않고 소신을 굽히지 않았다.

황건의 난이 터진 후 동한 조정은 당금黨禁, 당고를 해제하고 천하 당인들에 대한 대사면을 시행하지 않을 수 없었다. 원소는 그제야 대장군 하진의 부름에 응하여 관직을 받았다. 원소는 서원교위西園校尉로 출사한 후 환관들을 주살하기 위해 사람들과 비밀리에 모의했다. 서원팔교위의 팔군교위 건석은 이를 심히 두려워했다.

외척 출신의 대장군 하진은 환관들의 전횡에 불만을 품고 있었기 때문에 원소는 그의 힘을 빌려 환관들을 제거하려고 마음먹었다. 하진 역시 원소의 가문이 혁혁한 명성을 지녔기에 그를 신임했다. 이로 인해 두 사람의 관계는 확고부동하다고 할 정도로 견고해졌다.

황위를 빼앗으려면 힘이 드는 법

영제는 중병에 들어 머지않아 죽을 목숨이었으나 아직 태자를 정하지 않은 상태였다. 그래서 황위 계승 문제로 환관과 외척 사이에 갈등이 격화되었다. 영제는 일찍이 몇 명의 자식을 연달아 잃었기 때문에, 하황후의 아들 유변이 출생하자 성이 사史인 도인의 집에 보내 키웠다. 그래서 유변은 사후史侯라고 불렀다. 왕미인의 아들인 유협은 영제의 모친인 동태후가 친히 길렀기 때문에 동후董侯라고 불렀다.

영제가 중병에 들자 신하들이 하루빨리 태자를 정할 것을 청했다. 영제는 황후 태생의 유변은 경망스러워 황제 재목이 아니며, 오히려 막내 아들 유협이 나이는 어리지만 군왕으로서 자질이 엿보인다고 여겼다. 그래서 적자를 폐하고 서자를 세울 요량이었으나 다른 한편으로 군신들의 심한 반대가 두려워 이러지도 저러지도 못하고 있었다.

이런 상황에서 건석을 비롯한 환관들은 만약 유변이 계위할 경우 외척의 역량이 강화될 것이 뻔하기 때문에 영제와 뜻을 같이했다. 그들은 서북 지역이 혼란하다는 이유로 대장군 하진을 그곳으로 보내 반란을 진압하도록 건의했다.

하진은 환관들의 간계를 뻔히 알고 있었다. 그래서 청주靑州와 서주徐州의 황건군이 재차 봉기하고 있다는 이유로 원소를 서주, 연주兗州로 파견하고, 그가 돌아오면 자신이 직접 서진하여 반란을 진압하겠다고 주청했다. 이렇게 해서 그는 일단 시간을 벌었다.

얼마 후 영제가 죽었다. 당시 궁중에 있던 건석은 우선 하진을 처치한 후 유협을 황제로 옹립할 계획이었다. 그래서 그는 하진에게 사람을 보내, 의논할 일이 있으니 만나자고 청했다. 하진은 건석이 자신을 죽이려고 한다는 사실을 전혀 모른 채 멍청하게 수레를 타고 궁궐로 향했다. 요행히 건석 수하의 참모 가운데 일찍이 하진과 좋은 관계를 유지하던 이가 그를 맞이하면서 눈짓으로 상황이 심각함을 알렸다.

'빨리 도망치시오. 함정이니 들어가지 마시오!'

하진은 대경실색하여 지름길을 가로질러 자신의 군영으로 도망쳤다. 얼마 후 그는 군사를 이끌고 경성에 있는 여러 군국郡國의 관저를 장악하여 감히 누구도 새로운 황제를 옹립할 엄두조차 내지 못하도록 만든 다음, 자신은 병이 났다는 이유로 입궐을 거절했다.

건석은 하진을 죽이지 못하고 압력에 못 이겨 결국 유변을 황제로 세우는 데 동의하고 말았다. 유변은 14세의 나이로 황제가 되었다. 그는 자신의 모친인 하황후를 황태후로 존봉하고 청정聽政하도록 한 후 천하에 대사면령을 내렸다. 아울러 연호를 광희光熹로 바꾸고 황제皇弟 유협을 발해왕이후 진류왕陳留王으로 봉했으며, 후장군後將軍 원외를 태부太傅로 임명하여 대장군 하진과 함께 상서 업무를 주관토록 했다.

이리하여 사대부 계층이 일시적인 승리를 얻었다. 하지만 외척 사대부와 환관의 투쟁은 이미 불구대천의 원수가 되어 너 죽고 나 살자는 식으로 도저히 수습할 수 없는 지경에 이르렀기 때문에 승리를 구가할 만한 시간이 그리 길지 않았다. 외척 사대부 집단이 득세하여 의기양양하고 있는데 환관 집단이 속수무책으로 목을 길게 빼고 살육당할 날만 기다리고 있었겠는가? 그렇다면 과연 이후의 형세는 어떻게 전개될 것인가?

2강　환관은 역적인가, 충신인가?

환관의 목을 따다

황음무도한 영제 유굉劉宏이 마침내 세상을 뜨고, 어린 황제 유변이 뒤를 이었다. 하황후는 하태후로 승진하여 청정에 참여하게 되었으며, 태후의 오빠인 하진은 대장군, 동생 하묘何苗는 거기장군車騎將軍이 되었다. 돼지를 잡던 백정 집안의 사내들이 한순간에 변신하여 동한 제국에서 가장 권세를 지닌 이들이 되었다.

　대장군 하진은 환관과 마찬가지로 비천한 집안 출신이지만 환관을 무시했다. 영제가 죽자 중상시中常侍 건석이 하진을 죽이려고 계략을 꾸몄으나 성공하지 못했다. 조정의 대권을 잡은 후 하진은 건석을 제거할 계획을 짰다.

　"건석 이놈, 내시 주제에 감히 범의 코털을 건드려? 이제 내가 너를 어떻게 처리하는지 두고 보려무나!"

　그때 하진의 수하인 원소도 나름의 의견을 제시했다.

　"건석 한 놈만 죽이는 것은 아무래도 부족한 감이 있습니다 아예 환관들을 한꺼번에 해치워버리는 것이 좋을 듯합니다. 어쨌든 지금은 하씨 집안에서 모든 것을 책임지고 있지 않습니까. 게다가 거세당한 환관 무리는 인심을 잃고 있으니 우리가 발본색원하면 천하 사인들이 우리를 지지할 것입니다."

앞서 말한 것처럼 원소 집안은 4대에 걸쳐 삼공을 배출한 명문으로 문생과 유관 관리가 천하에 두루 자리하고 있었다. 원소와 그의 사촌 동생인 호분중랑장 원술 역시 천하 호걸들이 추대하는 인물이었다. 그렇기 때문에 하진은 원소를 신임하여 그의 제의를 적극 받아들였다.

건석은 백정 출신 대장군이 자신의 목을 따기 위해 칼을 갈고 있다는 것을 이미 눈치채고 있었다. 그는 몹시 불안한 상태에서 속으로 이렇게 생각했다. '칼자루를 다른 놈이 쥐고 있으니 당하는 것은 시간문제다. 그렇다고 속수무책 죽음을 기다릴 수는 없지 않은가! 선수를 치는 것이 살길이다.'

건석은 여전히 일부 금군을 장악하고 있었기 때문에 그들 중에서 자신을 도울 자들을 찾았다. 아울러 다른 고위급 환관들에게 서신을 보내, 대장군 하진 형제가 전횡을 일삼으며 조정을 흔들고 있다고 비난하는 한편, 그들이 천하의 당인들과 모의하여 선제의 근신들을 주살한 연후에 모든 환관들을 살해하려고 한다고 주장했다.

건석은 계속 환관들을 선동하면서 선수를 쳐야 이기지, 그러지 않을 경우 목숨을 부지하기 힘들 것이라고 부추겼다. 그는 우선 궁문을 폐쇄하고 하진을 체포하여 살해할 것을 제의했다. 하지만 모든 환관들이 그의 의견에 동의한 것은 아니었다. 그들도 각기 나름대로 속셈이 있고, 이유가 있었기 때문인데, 어쩌면 이 역시 당연한 일이었다.

예를 들어, 환관 곽승郭勝은 하진과 동향으로 오랫동안 좋은 관계를 유지했다. 특히 영제가 하황후를 폐하려고 할 때 곽승이 적극 나서 하황후를 보호했다. 그러니 하씨 집안이 시남처럼 고귀한 위치에 오르게 된 데는 곽승의 공을 결코 무시할 수 없었다.

그래서 곽승은 다른 환관들과 연합하여 건석의 제의를 거절했으며, 한

걸음 더 나아가 건석의 편지를 하진에게 보여주었다. 하진의 입장에서 보면 그렇지 않아도 졸린데 누군가 목침을 가져다준 꼴이었다. 그는 즉각 명을 내려 건석을 체포하고 하옥한 다음 죽여버렸다. 이렇게 해서 하진은 전체 금군의 지휘권을 장악했다.

모진 말 한마디에 빼앗긴 목숨

한조에서 가장 높은 군사 직책은 대장군, 표기장군驃騎將軍, 거기장군 등이었다. 하씨 집안의 형제 가운데 한 명이 대장군, 다른 한 명이 거기장군을 맡고, 그다음 높은 직책인 표기장군은 영제의 모친인 동태후의 조카 동중董重이 맡았다.

동중은 하진에게 전혀 복종하지 않았다. 그가 생각하기에, 돼지 멱을 따는 백정 출신 하씨가 외척이라고 잘난 척하지만, 자신 또한 외척이었다. 같은 외척끼리 누가 누구의 명령에 따라야 한단 말인가? 당시만 해도 동태후가 살아 있었고, 지위 또한 태황태후로 하태후보다 높았다. '나는 태황태후의 조카이고, 너는 태후의 오빠다. 촌수를 따지자면 같은 항렬이지만, 내 고모의 입장에서 본다면 당연히 내가 한 수 위 아니겠는가?' 결국 그들 두 사람은 권력을 차지하기 위해 부딪칠 수밖에 없었다.

동태후는 비록 황제의 할머니였지만 아무런 권력도 지니지 못했다. 그녀는 며느리인 하태후가 청정을 하게 되자 불만이 커졌다. 그녀인들 어찌 조정에 간섭할 생각이 없었겠는가? 하지만 그럴 때마다 하태후가 온갖 빌미로 그녀 앞을 막아섰다. 화가 머리끝까지 치밀어 오른 동태후는 하태후에게 모진 말을 내뱉었다.

"네가 지금 기고만장하여 위세를 부리고 있는 것이 모두 네 오빠인 하진 때문이 아니겠느냐? 하지만 내가 명령만 내리면 표기장군 동중이 당장이라도 하진의 목을 내게 바칠 것이야! 왜? 믿지 못하겠느냐?"

모진 말을 들은 하태후는 그 즉시 오빠인 하진에게 달려가 고했다.

"동씨 노인네가 나를 없애려고 작정하고 우리 집안 식구들을 언제라도 몰살할 수 있다고 말했어요."

하진은 그 말을 듣고 도저히 참을 수 없었다. 그래서 그 즉시 동씨 집안을 몰아내고 하씨 집안이 유일무이한 외척이 되리라 작심했다. 그는 대신들을 부추겨 공동 명의로, 번국의 왕후는 한조의 관례에 따라 경성에 머물 수 없으니 동태후를 제후국으로 돌려보내야 한다고 주청했다.

동태후는 비록 천자의 할머니였으나 정확한 규정에 따르면 황태후가 아니라 왕태후일 뿐이었다. 당시 환제의 황후는 동태후가 아니라 두황후竇皇后였기 때문이다. 환제가 죽은 후 영제가 제위에 올랐으니, 영제의 황태후는 두씨지, 동씨가 아니었던 것이다. 동씨가 환제에게 시집왔을 당시 환제는 제후왕이었으니 그녀 역시 왕태후일 뿐이있다.

하태후와 하진이 안팎으로 호응하여 대신들이 올린 상주문을 비준했다. 이어서 하진은 군사들을 보내 표기장군의 막부를 포위하고 동중을 체포하여 모든 직책에서 해임했다. 동중은 대세가 이미 기울었음을 알고 스스로 목숨을 끊었다.

동태후 역시 걱정과 두려움을 견디지 못하고 돌연 사망하고 말았다. 그녀가 어떻게 죽었는지는 전혀 알려진 바 없어 지금까지 미스터리로 남아 있다.

역적을 어찌 혼자 제거할 수 있겠는가?

농씨 집안을 내쫓은 후 하씨는 유일한 외척이 되었다. 하지만 하진은 마음을 놓지 못하고 혹시라도 누군가 자신을 해치지 않을까 전전긍긍했다.

특히 지난번 건석이 꾸민 음모에 걸려들어 죽임을 당할 뻔했기 때문에 선제의 장례조차도 병을 핑계로 참가하지 않았으며, 입궁은 물론이고 영제의 영구를 모시는 일도 하지 않았다.

그럴 즈음 원소가 재차 하진에게 이렇게 건의했다.

"이제 두 분 형제께서 금군을 완전히 장악하셨고, 휘하 장령들과 관리들 모두 준걸, 명사들로 기꺼이 두 분을 위해 목숨을 바쳐 충성을 다하고 있습니다. 그러니 지금이야말로 엄적들을 제거할, 하늘이 주신 기회가 아니겠습니까? 절대로 기회를 놓치시면 안 됩니다. 일거에 공적을 세우시면 후세에 영원히 이름을 남기실 수 있을 것입니다."

하진이 대답했다. "이런 일을 어찌 일개 신하가 주도할 수 있겠소? 일단 내 누이에게 물어보고 결정합시다."

하진이 하태후를 찾아가 물었다.

"누이! 환관 놈들을 모조리 제거하고 낭관郎官 : 정상인으로 궁중에서 황제의 시중을 드는 관리들로 하여금 그들의 직무를 대신하도록 하면 어떻겠소?"

하태후가 고민 끝에 입을 열었다.

"예로부터 지금까지 황궁 내부의 일은 환관이 관리하는 것이 한조의 오래된 제도였거늘, 어찌 한 번에 폐지할 수 있겠습니까? 게다가 선제께서 이제 막 붕어하셨는데, 일개 부녀자로 어찌 사인들과 직접 대면하여 일을 처리할 수 있겠어요? 남자들과 연락하려면 저 역시 환관을 통하는 수밖에 없지요."

하진이 들어보니 이 또한 도리에 맞는 말인지라 감히 태후의 뜻을 거역하기 어려웠다. 하지만 환관들 가운데 가장 발호하는 놈들을 주살하는 것이야말로 지극히 당연한 일이라고 여기고 윤허를 받아내려고 했다.

원소가 보기에 태후 및 황제와 가장 가까운 이들은 바로 환관들이었다. 황제의 조명詔命과 백관들의 주장奏章은 모두 그들의 손을 통해 전달

되었다. 그러니 지금 그들을 철저하게 제거하지 않는다면 장차 후환이 있을 것이 분명했다.

하지만 하태후의 모친인 무양군과 동생인 거기장군 하묘는 여러 차례 환관들의 뇌물을 받아먹어 환관들에게 비교적 관대한 편이었다. 그들은 하진이 환관을 몰살하려고 한다는 사실을 알고 누차 하태후에게 막아달라고 간청했으며, 심지어 자신의 혈육지간을 이간질해 대장군이 좌우 근신들을 제멋대로 살해하여 전횡과 독단을 일삼는 일은 국가를 쇠약하게 만들고 복락을 걷어차는 일이라고 대놓고 말했다.

이런 말을 자주 듣다 보니 태후도 점점 갈피를 잡지 못하고 오빠의 말을 들어야 하는지, 아니면 모친의 말을 들어야 하는지 알 수 없었다. 어머니는 아들, 동생은 형에게 딴죽을 거는 등 하씨 집안사람들은 제각기 딴소리를 하고 있었다.

하진은 비록 대장군의 위치에 올라 병권을 독차지하고 있었지만 일종의 벼락출세를 한 인물이라 저력이라고 할 만한 것이 없었다. 집안 배경도 없고 그렇다고 돈이 많은 것도 아닌 인물이 어쩌다 보니 최고봉에 오른지라 이전까지만 해도 환관들을 경외하고 두려워했기 때문에, 원소의 건의를 받아들여 천하를 위해 사악한 패거리를 물리쳤다는 미명을 얻고 싶은 마음이 굴뚝같았으나 아무래도 자신이 없었다. 결국, 환관을 제거하는 일은 이렇게 차일피일 미루어지기만 했다.

원소가 보기에 하진은 도둑이면서도 도둑놈 심보가 없고, 물고기를 먹고 싶지만 비린내가 두려워 주저하는 꼴이었다. 그러니 그저 나름의 계책을 끊임없이 제공할 뿐이었다. 원소는 하진에게, 각지의 영웅호걸을 소집한 다음 경성인 낙양으로 진군시켜 하태후가 환관 제거에 동의하도록 으르는 것이 좋을 것이라고 권유했다. 그러자 하진이 반색하며 말했다.

"그거 참 좋은 생각이군. 그럼 그렇게 한번 해보세!"

하진이 마음을 다잡고 하기로 결정했을 때 주부主簿 : 고급 비서에 해당 진림陳琳이 황급히 만류하고 나섰다.

"지금 장군께서는 황가의 위망을 한 몸에 받으시고 병권까지 장악하고 계십니다. 환관들을 처리하는 일이야 화로에 털을 태우는 것처럼 쉬운 일입니다. 이는 위로 하늘의 뜻에 부응하고 아래로 민심에 순응하는 일이니 장군께서 몇 사람에게 명령만 내리시면 능히 해결될 일입니다. 그런데 장군께서는 지금 수중의 권력을 내놓고 외부의 도움을 청하고자 하십니다. 각로의 대군이 경성에 운집하게 되면 필연적으로 호강들이 기회를 틈타 혼란을 일으킬 것입니다. 칼자루를 다른 이에게 주고 칼날을 쥐면 결국 다른 이들에게 당할 수밖에 없습니다. 만약 이번 일로 시끄럽게 된다면 틀림없이 천하가 크게 혼란해질 것입니다."

하지만 대장군 하진은 전혀 그렇게 생각하지 않았다.

전군교위 조조가 이에 대해 듣고 크게 웃음을 터뜨렸다.

"궁중에서 일하는 환관들이야 고금을 막론하고 존재했거늘, 지금처럼 그들의 권력이 커지게 된 것은 황제 자신이 그들에게 대권과 총애를 주었기 때문이다. 그러니 그들을 징치하려고 한다면 몇몇 나쁜 녀석들만 제거하면 그뿐일 것이다. 그런 정도야 한두 사람을 보내 처리하면 될 것인데, 어찌 이토록 시끌벅적하게 각지의 부대까지 불러들인다고 난리를 피우는고? 이번 조치는 너무 지나치다. 보아하니 이번 일은 제대로 되지 않을 것이고, 전혀 가망이 없을 듯하다."

일대 효웅 세상에 나오나

전군교위 조조, 자는 맹덕孟德이고 어렸을 때는 아만阿瞞이란 자를 사용했다. 한말 삼국 시기 풍운의 인물로 중국 역사상 여전히 쟁론의 여지가 있는 일대 효웅梟雄이다.

패국沛國 초譙 : 안휘성安徽省 박주亳州의 환관 집안에서 태어났다. 그의 양조부는 4대에 걸쳐 황제를 모신 환관 조등曹騰으로, 환제 시절에 후작侯爵에 봉해지는 등 위세와 명망을 갖춘 이였다. 조조의 부친 조숭曹嵩은 조등의 양자로 들어가 영제 시절 관직이 태위, 즉 지금의 총참모장급에 이르렀다.

조조는 어려서부터 영민하고 기지가 넘쳤지만 천성적으로 방종하여 구애받는 것을 싫어하고 의협심이 강했다. 그는 품행방정하다거나 학문 연구에 조예가 있다는 평가와 거리가 멀어 그를 좋게 보는 이들이 거의 없었다. 다만 태위를 맡은 적이 있는 교현橋玄은 남들과 달리 조조를 비범한 인물로 보았다.

교현은 일찍이 조조에 대해 이렇게 말했다.

"장차 천하가 혼란에 빠지면 평범한 재주로 구세할 수 없을 것이니, 능히 세상을 안정시킬 자는 그대밖에 없을 것이다."《삼국지 · 위서魏書 · 무제기武帝紀》

천하의 대란이 일어났을 때 세상을 안정시키고 나라를 구할 자는 조조밖에 없다는 뜻이다.

교현은 조조에게 이렇게 권유했다.

"허소許劭 선생과 사귀면 자네의 지명도를 높이는 데 도움이 될 것이다. 허 선생은 특히 타인의 품행과 능력을 감별하는 데 탁월하다. 그뿐만 아니라 그의 사촌 형도 자못 명망이 있다. 그들 두 사람은 여러 명사들을 평론하기를 좋아하여 달마다 인물 품평을 내놓고 '허씨명인방許氏名人榜'을 통해 순서를 매기기도 한다. 당현히 사리들은 1들의 평어를 중시히지 않을 수 없지. 허 선생의 호평을 얻기 위해 사람들이 행실을 고치느라 여념이 없다."

그래서 조조는 허소를 방문하여 이렇게 물었다.

"선생께서 보시기에 저는 어떤 인물입니까?"

허소는 조조를 좋아하지 않았기 때문에 대답을 거절했다.

"말하지 않는다면 죽음을 각오해야 할 것이오."

조조가 이렇게 위협하자, 허소도 어쩔 수 없이 몇 마디 평어를 내뱉었다.

"그대는 치세의 능신이되 난세의 간웅이오."《삼국지 · 위서 · 무제기》주에 인용된《이동잡어異同雜語》

조조는 그의 말을 듣고 껄껄 웃었다. 이후 이는 조조를 평하는 말로 굳어졌다.

20세 때 조조는 효렴으로 천거되어 수도 낙양에서 낭관으로 일하게 되었다. 얼마 후 그는 낙양 북부의 치안관공안국 국장급으로 임명되었다.

낙양은 동한의 도성으로 황친 귀족들이 모여 사는 곳이다. 황실의 친인척과 귀족들이 모여 살다 보니, 황당한 일이 벌어져도 관부가 감히 간여하거나 단속하기가 어려웠다.

하지만 조조는 달랐다. 일단 '경관아京官兒 : 중앙 관리'로 부임하자 즉각 금령을 자세히 설명하고 규율을 엄격하게 실시했다. 그는 다섯 색깔로 물들인 큰 몽둥이 15개를 아문 좌우에 걸어놓고 이렇게 적어놓았다.

"금령을 범한 자들은 모두 몽둥이로 때려 죽일 것이다."

황제의 총애가 지극한 환관 건석의 숙부가 야간통행 금지령을 어기자 조조는 전혀 주저하지 않고 그를 몽둥이로 때려 죽였다. 황제 총신의 숙부까지 죽음으로 몰 정도로 엄격하게 법을 시행하니 감히 조정의 금령을 어기려는 이가 없었다.

하지만 조조 역시 이번 일로 건석을 비롯한 조정의 권귀權貴 : 세도가들에게 밉보일 수밖에 없었다. 조조의 아비인 조숭의 체면을 무시할 수 없었기 때문에, 권귀들은 조조를 낙양에서 멀리 떨어진 돈구頓丘의 현령으로 보내는 것으로 마무리했다. 겉으로는 승진이었으나 실제는 좌천당한 것이었다. 그때 조조의 나이 23세였다.

황건의 난리가 일어난 후 조조는 기도위騎都尉에 임명되어 황보숭 등과 연합하여 영천의 황건군을 공격하여 수만 명의 수급을 베는 등 전승을 이루었다. 이후 순조롭게 영전을 거듭하여 제남국濟南國의 상相이 되어 국내 크고 작은 업무를 총괄했다.

제남국은 10여 개의 현으로 이루어졌는데, 각 현의 장리長吏들은 대부분 세도가들에게 빌붙어 온갖 부정과 탈법 행위를 저지르면서도 전혀 거리낌이 없었다. 믿는 구석이 있었기 때문이다. 조조는 처음 관직에 오른 때와 마찬가지로 부임하기가 무섭게 강력한 기강 확립에 돌입하여 편히 앉을 시간조차 없을 정도로 바쁘게 움직였다. 조조는 제남국의 장리들 가운데 열에 여덟에 달하는 이들의 파면을 조정에 주청했다. 그 결과 제남 전국이 진동하는 가운데 탐관오리들은 어디론가 도망치고 숨기에 바빴다. 일순간 '정교가 크게 시행되고 온 마을이 맑게 평정되었다.'

당시 동한 정치는 이미 썩을 대로 썩어 조정이 공개적으로 매관매직에 열을 올릴 정도였다. 조조는 세도가나 집권자들에게 영합할 생각이 없었기 때문에 병을 핑계로 귀향한 후 봄여름에는 독서를 하고 가을겨울에는 사냥을 일삼는 은거 생활을 했다. 황건의 난이 평정된 후 영제는 통치 기반을 다지기 위해 서원팔교위를 설치했다. 조조는 집안 덕분에 팔교위 가운데 전군교위에 임명되어 다시 수도인 낙양으로 돌아왔다.

각로의 호강들을 입경시켜 태후를 위협하여 환관들을 제거하자는 원소의 제의에 대해 조조는 멍청한 짓거리로 치부하고 있었다. 그가 보기에 하신은 대상군인 데다 금군의 대권을 장악하고 있으니, 계획만 주도면밀하게 짜면 환관을 제거하는 일은 식은 죽 먹기나 다를 바 없었다.

하지만 일이 이미 이 지경이 되었으니 하진도 멍청한 짓거리를 계속할 수밖에 없었다. 그는 뭇사람들의 반대에도 불구하고 각지의 맹장들을 대거 불러 모았다. 그중에는 동탁董卓이란 인물도 있었는데, 바로 그가 나중에 큰 소란을 일으킨 장본인이다.

동 태사의 흥기

동탁은 농서隴西 : 지금의 감숙甘肅 사람으로 부유한 지방의 토호 출신이다. 어려서부터 남의 시중을 받으며 풍족한 환경에서 자랐기 때문에 전혀 구애받지 않고 제멋대로 행하기 일쑤였으며, 성격이 난폭하고 잔혹했다. 장성해서는 체격이 건장하고 무예가 뛰어났다. 그래서 말을 타고 상대를 한 손으로 낚아채거나 좌우로 화살을 날리는 것쯤은 그에게 손바닥 뒤집기처럼 쉬운 일이었다.

　동탁의 집은 서북 강인 거주지와 인근에 있었기 때문에 어린 시절부터 강족이 사는 곳에서 노닐 때가 많았다. 지주 호강 출신으로 재산이 풍부했기 때문에 동탁은 강족 추장과 빈번하게 왕래하면서 안면을 익혔다. 강인들 또한 동탁의 야만적이고 흉악한 성격을 두려워했기 때문에 그에게 감히 태만하거나 그를 무시할 수 없었다. 강인의 우두머리들은 자신을 보전하기 위해 적극적으로 동탁에게 영합했다. 그들은 가축과 그 밖의 재물을 동탁에게 뇌물로 바치면서 호형호제하며 무사안일하기를 갈구했다.

　동탁은 강인들이 자신을 두려워한다는 사실을 인지하고 있었다. 또한 강인 부락의 상황을 누구보다 잘 알고 있었다. 이는 그가 강인들을 통제하고 이용할 절호의 기회였다. 그래서 강인 내부에 자신이 신뢰할 수 있는 수하들을 포섭하고 양성하여 이후 장기적인 야망을 펼치기 위한 토대로 삼았다.

자신의 야심을 실제로 추진하기 위해 동탁은 재물을 아낌없이 쓰면서 강인들을 회유했다. 강인 우두머리를 자신의 집에 초청하면 그는 소돼지를 잡아 성대한 잔치를 벌이고 돌아갈 때 금은을 챙겨주면서, 자신을 지지하고 옹호할 것을 거듭 다짐받았다. 그래서 강인들은 동탁을 두려워하면서도 또한 감읍하여 자발적으로 그에게 의탁하거나 지시에 복종했다.

한번은 어떤 강인 우두머리가 동탁이 자신을 초대하여 집에 있는 소와 양 등을 모두 잡아 성대한 잔치를 벌여준 것에 감격했다. 그는 나중에 먼 길을 마다하지 않고 1,000여 마리의 소를 끌고 다시 동탁을 찾아와 선물로 바쳤다. 이렇듯 당시 동탁은 강인들 사이에서 막강한 영향력을 발휘하고 있었다.

강인들과 각별한 관계를 맺는 일 외에도 동탁은 현지 호강들 사이에서 자신의 위치와 영향력을 유지하려고 애썼다. 비범한 재주와 무력을 바탕으로 그는 기타 세력들을 회유하고 겸병하면서 자신의 역량을 강화하고 확대했다. 그는 언제나 유협, 호걸의 모습을 연출하면서 '건협健俠'이란 미명으로 실의에 빠진 무뢰한들을 대거 긁어모았으며, 의기로 그들을 감동시켜 목숨을 다해 충성하도록 만들었다.

얼마 가지 않아 동탁은 농서의 풍운아로 부상했다. 그는 관부와 민간을 막론하고 결코 무시할 수 없는 '큰형님'의 지위를 차지했다.

나중에 동탁은 군사마軍司馬 자리에 올라 중랑장 장환張奐과 병주에서 반란을 일으킨 강인들을 토벌했다. 토벌 전쟁에서 동탁은 용맹하고 사나운 성격 그대로 적진으로 치고 들어가 좌충우돌하면서 여러 차례 전공을 세웠다.

전공을 세운 덕분에 낭중郎中에 임명된 동탁은 이후로 승진을 기듭히여 병주자사를 거쳐 하동태수가 되었다. 단번에 높은 지위에 오른 동탁은 기세등등하여 아무도 막을 자가 없었다. 하지만 황건군을 진압하는

데 실패하여 예봉이 꺾인 그는 파직되어 농서로 돌아갈 수밖에 없었다.

한 영제 시절, 변장邊章과 한수韓遂가 반란을 일으켰다. 반란군의 세력이 날로 강해지면서 그들 두 사람은 현지 관리들을 살해하는 것은 물론이고 환관을 토벌한다는 명분으로 대군을 이끌고 삼보三輔 지역에 침입하여 원릉園陵까지 침탈했다.

당시 동한 정권은 이미 존망이 위급한 지경에 이르렀다. 영제는 황급히 남은 군사를 총동원하여 변장과 한수의 공격을 막아내도록 했다. 동탁이 재기할 좋은 기회가 마침내 당도한 것이었다.

곧이어 동탁은 파로장군破虜將軍에 배수되어 사공 장온張溫과 함께 미양美陽에 주둔하면서 원릉으로 호위했다. 몇 번의 전투에서 전공을 세운 그는 향후鄕侯에 봉해져 1,000호를 식읍으로 받았다.

얼마 후 한수가 10만여 향민을 결집하여 섬서陝西로 진격하면서 인근 마등馬騰, 왕국王國 등과 연합하여 삼보를 공격했다. 그들의 엄청난 기세에 감히 막아서는 자가 없었다.

2년 후 한수와 마등이 진창陳倉을 점령하여 장안長安과 낙양이 위급한 상황에 빠졌다. 영제는 황급히 동탁을 전장군前將軍으로 삼아 좌장군左將軍 황보숭과 함께 진창의 포위를 뚫을 것을 명했다. 동탁은 한수와 마등의 군대를 대패시킨 후 또다시 조정의 봉상封賞 : 임금이 상을 내려줌을 받았다.

끊임없는 전투를 통해 동탁의 세력이 날로 확대되었으며, 수하의 장병들도 계속 늘었다. 그들은 조정이 안중에 있을 리 없었다. 결국 조정 역시 동탁 세력이 날로 강해져 통제를 벗어날까 심히 두려워했다.

무장이 있어야 미래를 도모할 수 있다

동탁의 권세를 제어하기 위해 조정은 그를 실권이 없는 소부少府로 옮기
도록 했다. 명목은 승진이지만 실제로는 좌천이나 마찬가지였다. 하지만
영리한 동탁은 완곡하게 거절하고 임지로 가지 않았다. 조정의 명을 거
역했으나 그렇다고 죄를 물을 수도 없는 상황이었다.

영제가 중병에 걸린 후 조서를 내려 동탁을 병주목으로 임명했다. 한
조에는 전체 열세 명의 주목州牧이 있었으니 지금의 성장省長 정도로 상
당히 높은 관직임에 틀림없었다. 하지만 그가 데리고 있는 장병을 모두
황보숭이 지휘하도록 한다는 것이 전제 조건이었다.

동탁은 죽어도 병권을 놓을 수 없었다. 그는 조정에 다음과 같이 상소
했다.

"신은 나이가 들어 더 이상 도모할 바도 없고, 전투에 임할 수도 없습
니다만, 폐하의 성은을 입어 병권을 맡은 지 10여 년의 세월이 흘렀습니
다. 사졸 상하가 허물없이 지낸 지 오래되어 신이 길러준 은혜를 잊지 않
고 신을 위해 목숨을 다하기를 원하고 있습니다. 엎드려 청하옵건대 그
들을 이끌고 북주北州 : 병주로 가서 국가를 위해 변방을 지킬 수 있도록
해주옵소서."

동탁은 황보숭과 사이가 좋지 않았다. 그들 두 사람이 왕국의 반란을
진압하게 되었을 때, 왕국의 부대가 피곤에 지쳐 철수하자 황보숭은 추
격을 명했다. 하지만 동탁은 궁지에 몰린 도적은 쫓는 법이 아니라면서
반대했다. 이에 황보숭이 독자적으로 추격하여 대승을 거두었다. 동탁의
입장에서 보면, 큰으로 체면이 깎이는 일이 아닐 수 없었다. 결국 이로
인해 두 사람의 사이가 크게 벌어지고 원수처럼 여기게 되었다.

황보숭의 조카가 전후 상황을 살핀 후 황보숭에게 이렇게 말했다.

"현재 전국의 병권은 삼촌과 동탁의 수중에 놓여 있습니다. 그런데 두 사람이 원수로 대하고 있으니 분명 공존하기 힘들 것입니다. 조정에서 동탁에게 군권을 내놓으라고 명령을 내리겠지만 그는 오히려 군대를 데리고 가게 해달라고 청원할 것입니다. 이는 공개적으로 조정의 명령에 반항하는 것입니다. 지금 조정이 혼란스러운 데다 동탁이란 작자가 본시 간사한지라 분명 병권을 쥐고 관망하면서 시간을 끌 것입니다. 이는 결코 용서할 수 없는 대역죄입니다. 또한 동탁은 흉포하고 잔인하여 장병들의 존경을 받지 못하고 있습니다. 현재 삼촌께서는 대장의 자리에 계십니다. 국가의 위엄을 한 몸에 받으시어 그를 토벌하신다면 위로는 충의를 다하고 아래로는 조정을 위해 해악한 자를 제거하는 것이니 당연히 순조롭게 이루어질 것입니다."

황보숭은 고지식하고 답답한 사람이었다. 그는 조카에게 이렇게 답했다.

"동탁이 황제의 명령을 위반하는 것은 당연히 죄를 짓는 일이다. 하지만 만약 조정이 허가하지 않은 상태에서 내가 마음대로 그를 토벌한다면 나 또한 죄를 짓는 것이 아니겠느냐! 그러니 공개적으로 이번 일을 아뢰어 조정의 재가를 받아야지, 우리가 마음대로 결정할 수 있는 것이 아니다."

황보숭은 조정에 상서하여 황상에게 어떻게 하는 것이 좋을지 물었다. 당시 영제는 숨이 끊어졌다 이어지기를 반복하여 죽은 목숨이나 다를 바 없었다. 그는 비록 동탁을 책망하는 조서를 내렸으나 이후 별다른 조치를 하지 않았다. 또한 동탁은 조서를 받아들었으나 마음으로 불복하여 여전히 하동군에 병사를 주둔시킨 채로 시국 변화를 관망하고 있었다.

대장군 하진이 변방의 장수들을 입경시킬 당시 동탁의 수하는 이미 양주涼州 사람들이 주체가 되어 호족과 한족이 혼합하여 막강한 전력을 자랑하고 있었다. 조정이 그를 제어하고자 했으나 실제 효과는 전혀 없었으며, 그의 군대는 이미 날개가 다 자라 스스로 힘으로 비상할 수 있을 정도로 성장하여 적지 않은 전공과 위세를 떨치고 있었다. 이렇듯 동탁은 야심만만하여 눈에 뵈는 것이 없었다.

하동에 주둔하면서 농서 지역 전체가 동탁의 세력 범위에 들어왔다. 그가 장악하고 있는 막강한 무장력은 지방 군벌 호강은 물론이고 조정의 관리와 변방의 중신들까지 모두 포괄했다. 동탁은 점차 야심을 넓혀가며 혼자 힘으로 비상할 꿈을 꾸고 있었다.

동탁은 중원의 새로운 주인이 되기 위한 구체적인 계획을 실천에 옮기기 시작했다. 비록 지방에 있었지만 이미 자신의 눈과 귀가 될 비선秘線을 중앙 도처에 심어놓았기 때문에 조정의 내막을 누구보다 잘 알 수 있었다. 영제가 붕어했다는 소식을 듣고 동탁은 심히 기뻤다. 필요한 준비를 끝낸 그는 언제든지 거사할 기회만 엿보고 있었다. 마침내 돼지 잡던 백정 장군이 실권을 장악한 후 동탁에게 수도로 들어올 것을 지시했다.

동탁이 어떤 놈인가? 누구나 잘 알고 있었기에 반대 의견이 분분했다. 대신 정태鄭泰가 하진에게 말했다.

"동탁이란 자는 사납기 그지없고 인의라곤 전혀 개의치 않으며 탐욕스럽기가 한량없는 작자입니다. 조정에서 그에게 병권을 내주고 의지한다면 그는 틀림없이 제멋대로 행하며 조정의 안전을 위협할 것입니다. 대장군은 황친국척皇親國戚으로 국가의 대권을 장악하여 애당초 만사를 단독으로 처리하고 죄인을 징치하실 수 있어 근본적으로 동탁의 힘을 빌리실 이유가 없는데, 어찌하여 이리를 집 안으로 끌어들이신단 말입니까? 제때에 처리하지 않으면 향후 어떤 일이 벌어질지 모르니 신속히 결단을 내리시기 바랍니다."

상서 노식도 동탁의 입경을 반대했다. 하지만 하진은 누구의 말에도 귀 기울이지 않았다. 정태는 화가 나서 사직하고 떠났다. 전혀 말을 듣지 않으니 기다릴 수 없다면 내가 떠나는 수밖에! 정태는 떠나면서 다른 이들에게 이렇게 말했다.

"자네들도 곧 떠나게. 일에서 손을 떼란 말일세. 하진은 멍청해서 보좌해봤자 앞길이 캄캄할 것일세."

하진은 지방 호강들을 입경시켰을 뿐만 아니라, 수하에게 명하여 향리에서 군대를 모집하였다. 그렇게 수도뿐만 아니라 지방에도 자신을 호위하는 군사를 만들어 서로 호응할 수 있도록 했다. 하진은 이런 방법으로 태후를 몰아세워 환관들을 제거할 요량이었다. 그렇다면 과연 환관을 모살하려는 하진의 계획은 성공했을까?

3강 잡아먹히는 줄도 모르고 이리를 끌어들이다

돼지기름을 뒤집어쓰다

원소는 여러 차례 대장군 하진에게 환관을 송두리째 뽑아버려야 한다고 건의했다. 하지만 하진은 돼지 죽이는 것쯤이야 오랜 관록이 있었지만, 사람을 죽이는 일은 영 자신이 없어 우물쭈물 머뭇거리기만 했다. 더욱 한심한 일은 하씨 집안사람들끼리 의견이 맞지 않았다는 점이다. 하진의 모친과 동생은 일찍이 환관들이 바치는 뇌물에 맛을 들인 상태인지라 환관들 편이었다. 이런 까닭에 동한 조정의 실질적인 최고 통치자 하태후는 누구의 말을 들어야 할지 알 수 없었다.

얼마 후 원소가 또다시 형편없는 주장을 내놓았다. 자신이 지방의 호강들을 이끌고 입경하겠다는 것이었다. 옛날부터 창끝에서 정권이 나온다고 했다. 만약 지방 군벌이 군사를 이끌고 입경한다면 과연 조정을 지킬 수 있을까? 그래서 많은 이들이 하진에게 절대로 그렇게 해서는 안 된다고 하면서, 만약 그럴 경우 머리가 문틈에 끼이고 당나귀에게 걷어차이는 꼴을 당할 것이라고 경고했다. 말인즉, 엘리베이터 문에 끼인 것처럼 꼼짝달싹할 수 없을 것이라는 말이다. 조조도 이를 어실픈 장기꾼이 둔 악수라고 생각했다. 하지만 하진은 멍청한 데다 외골수였기 때문에 누구의 말도 듣지 않았다. 그는 지방의 호강들을 불러들이는 것 외에도 자신의 심복을 지방으로 보내 사병을 모집하여 후원토록 했다.

더군다나 동탁과 같은 야심가는 비록 지방에서 주목으로 있었으나 생각은 언제나 중앙에 있어 조정의 동태를 유심히 살폈다. 그는 평소 거만하고 제멋대로인지라 장온이나 황보숭과 같은 명장 휘하에 있을 때도 호령을 듣지 않기 일쑤였다. 이후 실력이 막강해지자 조정조차 안중에 없는 듯했다. 그렇기 때문에 조정에서 승진을 빌미로 군권을 탈취하려고 하자 동탁은 아예 무시해버렸으며, 황상이 불러도 가지 않았다. 그럼에도 조정은 어떻게 해볼 방도가 없었다.

그런데 이제 그런 자에게 군사를 이끌고 입경할 것을 지시하니, 이것이야말로 돼지기름을 뒤집어쓴 것처럼 앞뒤 모르고 행한 짓이 아니고 무엇이겠는가!

동탁은 입경하라는 지시를 받고 뛸 듯이 기뻐했다. '이제야 나 동탁 님께서 경성을 휘저을 기회가 왔구나!' 그는 즉시 군사를 이끌고 출동할 준비를 마쳤다. 한시도 지체할 이유가 없었다. 하지만 그는 일단 조정에 상소문을 올려 동정을 살폈다.

"중상시 장양 등이 황제의 총애를 이용하여 천하를 어지럽히고 있나이다. 신이 듣기에 물을 더 이상 끓지 않게 하려면 끓는 물을 펐다 붓는 것보다 아예 솥 밑에 있는 장작을 꺼내는 것이 낫고, 종기가 나서 짓무르고 아플지라도 오장육부까지 파고드는 것보다는 낫다고 했습니다. 연전에 조앙趙鞅이 진양晉陽의 군대를 이끌고 출병하여 군왕 주위의 간신배를 깨끗이 제거한 바 있는 것처럼, 지금 신이 북과 종을 울리며 낙양으로 진군하는 것 역시 장양을 체포하고 간신배들을 없애고자 함입니다."

이 말 또한 노골적인 무력 위협이니 마찬가지였다. 하지만 하태후는 여전히 요지부동으로 환관 제거에 동의하지 않았다. 동탁은 조정에서 아무런 반응도 하지 않는 것을 보고는 곧바로 군사를 이끌고 출동했다. 이것이야말로 그의 예상에 딱 들어맞는 일이었다. 만약 환관이 제거된다면 군사를 이끌고 입경할 빌미가 없기 때문이었다.

사태가 이 지경에 이르러서야 하진은 뭔가 잘못 돌아가고 있다는 느낌이 들었다. 정신이 번쩍 든 그의 머릿속에 이런 생각이 뱅뱅 돌았다. '아니야! 내가 이렇게 하면 이리를 집 안으로 끌어들이는 꼴 아닌가! 만약 장온과 황보숭, 심지어 영제까지도 동탁을 어쩌지 못한다면, 교만하기 이를 데 없는 군사들을 이끌고 낙양으로 들어올 경우 난들 편안히 지낼 수 있겠는가?'

하진은 생각하면 생각할수록 등골이 오싹했다. 그래서 곧장 간의대부諫議大夫 종소種劭를 불러, 황제의 조서를 가지고 가서 동탁에게 더 이상 전진하지 말고 자리를 지킬 것이며, 이전의 조서는 폐기처분하도록 명하라고 했다.

하지만 동탁은 황제의 명령을 따르기는커녕 계속 군사를 이끌고 하남河南까지 진군했다. 종소는 성 밖의 동탁의 부대를 영접하는 자리에서 다시 한 번 군사를 물리칠 것을 권고했다.

여기까지 왔는데 어찌 퇴군하라는 조정의 명령에 순순히 따를 수 있겠는가? 동탁의 명을 받든 휘하 장수가 종소의 목에 칼을 들이대고 위협했다. 다행히도 종소라는 인물 또한 그리 만만한 이가 아니었다. 종소는 생명이 위험한 상황에도 전혀 개의치 않고 황제를 대신하여 그들의 하극상을 크게 꾸짖었다. 이에 놀란 병사들은 즉각 뿔뿔이 흩어졌다.

이어서 종소는 앞으로 나아가 동탁에게 힐문했다. "도대체 뭘 하자는 짓인가? 황상께옵서 성지를 내리시어 더 이상 전진하지 말도록 하였거늘 계속 오다니, 항명이라도 하겠다는 것인가? 난신적자亂臣賊子는 모든 이들이 알고 있다시피 주살하게 되어 있느니라!"

동탁은 그만 말문이 막혀 철군할 수밖에 없었다. 하지만 단지 한 걸음만 물러났을 뿐, 여전히 낙양에서 가까운 곳에 주둔했다.

환관의 역습

원소는 하진이 생각을 바꾸려는 것을 눈치채고 거듭 다그쳤다.

"이미 창과 방패처럼 갈등이 심화되고 행동 계획도 백일하에 드러난 상태인데 장군께서는 뭘 기다리십니까? 차일피일 미루다가는 더 이상 통제하기 힘들어질 것입니다."

하진은 깜짝 놀라 즉각 원소를 사례교위司隸校尉에 임명하여 별도의 지시 없이 범죄자를 체포하여 사형에 처할 수 있는 권력을 주었고, 왕윤王允을 하남윤河南尹에 임명하였다. 사례교위와 하남윤은 경사의 요직으로, 누군가에게 이런 직책을 준다는 것은 수도 낙양에서 장차 큰일이 벌어진다는 것을 암시했다.

곧이어 원소는 낙양 정부의 정탐꾼들에게 환관들의 행적을 정탐하도록 시키는 한편 은밀하게 동탁과 연락하여, 다시 한 번 상소문을 올려 낙양성 서쪽 평락관平樂觀으로 진군할 것을 알리도록 했다.

그제야 하태후도 큰 재앙이 임박했음을 깨달았다. 하진과 비교적 사이가 좋은 심복 환관만 남아 시중을 들게 하고 나머지는 모두 쫓아내어 집으로 돌려보냈다. 황궁에서 쫓겨난 환관들은 분분히 하진을 알현하여 용서를 빌면서, 하진을 위해 무슨 일이든 하겠노라고 애걸했다.

원소는 하진에게 이번 기회에 환관들을 일망타진하여 모두 죽여버릴 것을 건의했다. 하지만 원소가 무슨 말을 하든지 간에 하진은 처리하기 않았다. 하지만 그렇다고 그만둘 원소가 아니었다. 그는 각 주군에 공문을 보내 대장군의 지시라면서 환관의 가족들을 모두 체포할 것을 명령했다.

환관 주살 모의가 길어지면서 결국 사전에 정보가 새어 나가 환관들도 언젠가 하진이 자신들을 일망타진할 것이라는 사실을 알게 되었다. 그들은 비록 두렵기는 했으나 그렇다고 속수무책으로 가만히 앉아 있을 수만은 없었다. 막다른 골목에 다다른 그들은 열세를 반전시키기 위해 목숨을 걸고 대들었다.

고위급 환관인 장양의 며느리(장양이 데리고 있는 양자의 처)는 하태후의 동생이었다. 장양은 며느리에게 머리를 조아리고 애걸했다.

"내가 죄를 지어 궁궐을 떠나야 하는 것이 마땅하나 집안 대대로 황은을 입은지라 이제 궁궐을 떠나려고 하니 차마 발길을 돌릴 수 없구나. 한 번이라도 다시 들어가 태후 마마를 뵐 수만 있다면 여한이 없겠구나."

장양의 며느리는 모친인 무양군에게 가서 자신이 들은 그대로 이야기하고, 무양군은 다시 궁 안으로 들어가 하태후에게 그대로 전했다. 사실 오랫동안 자신의 시중을 들었던 환관들이 떠나가자 하태후 역시 견디기 힘들었다. 그래서 하태후는 조서를 내려 고위급 환관들에게 모두 회궁하여 시중을 들도록 했다.

중추절이 되자 하진이 동생인 하태후를 알현하기 위해 입궁하여 재차 모든 환관을 주살할 것을 주청했다. 하진은 만사에 우유부단하여, 기회가 왔음에도 제대로 손쓰지 못하고 오히려 여동생의 의견을 듣겠다고 나서니 정말로 멍청하기가 이를 데 없었다.

하진이 입궁했다는 소식은 환관들의 이목을 피할 수 없었다. 환관들은 대장군이 병을 핑계로 선제의 장례식은 물론이고 장지에도 가지 않았음에도 불구하고 돌연 입궁하였으니 틀림없이 중요한 일이 있을 것이라고 미루어 짐작했다.

마음을 놓을 수 없었던 환관들은 몰래 사람을 보내 하씨 남매의 대화를 엿듣고자 했으나 한 마디도 들을 수 없었다. 사실 그날 하진은 환관들을 몰살하는 일을 이야기했었다. 하지만 환관들도 그냥 그대로 끝장날 수는 없는 일이었다. 결국 그들 또한 반격을 통해 살길을 도모하는 수밖에 없었다.

막다른 골목, 살길을 찾아라

환관들은 수십 명이 무리를 이루어 무기를 손에 쥐고 측문으로 들어와 매복했다. 하진이 출궁하자 장양이 그에게 황태후께서 만나고자 하신다고 말했다. 하진은 아무 생각 없이 다시 궁궐로 들어갔다.

하진이 호위 없이 혼자 들어오는 것을 보고 환관들이 그를 둘러쌌다. 장양이 앞에 나서며 꾸짖듯 소리쳤다.

"천하가 어지러운 책임을 어찌 우리 환관들에게 모두 돌린단 말이냐? 너 이놈, 하가야. 우리가 너희들에게 준 은택을 생각해보거라. 선제께서 황태후를 멀리하시어 거의 폐출 직전에 몰렸거늘, 우리가 선제에게 눈물로 호소하고 수천만의 재물을 헌납하여 겨우 황상의 노여움을 풀었다. 우리가 왜 그리했겠느냐? 목숨과 집안을 의탁하여 향후 보살핌을 얻고자 함이 아니더냐. 그런데 지금 네놈은 우리를 죽이려고 하니, 은혜를 원수로 갚는 것도 유분수지, 참으로 말도 되지 않도다! 네놈이 감히 우리보고 썩었다고 말한다만 공경대부들 중에 제대로 된 자가 몇 명이나 되겠느냐?"

장양의 말이 끝나자 하진은 그제야 상황이 심상치 않음을 깨달았다. 계략에 빠졌구나! 무장도 하지 않은 채 혼자 몸으로 주위를 에워싼 환관들을 맞상대할 수는 없었다. 무조건 도망이 상책이었으나 몸을 피하기도 전에 환관들이 차고 있던 환도를 꺼내 들었다. 순간 섬광이 번쩍하더니 칼날이 하진의 몸으로 날아들었다. 하진은 죽는 순간까지 우물쭈물하다 끝내 난도질을 당했다. 장양은 거짓 조서를 꾸며 사례교위와 하남윤으로 새로운 인물을 임명했다.

조서를 본 상서는 의심했다. 불과 며칠 전에 원소와 왕윤을 임명했는데 어찌하여 돌연 사람을 바꾼단 말인가? 그가 대장군과 상의하겠노라고 말하자 환관들이 하진의 수급을 내던지며, 하진이 모반하여 즉결에 처했다고 말했다.

그제야 사람들은 큰일이 일어났음을 알았다. 하진은 환관들을 몰살할 것을 주청하러 입궁했다가 오히려 자신의 목이 떨어졌으니 어찌 이런 일이 있겠는가!

하진의 부하들이 소식을 듣고 군사를 이끌고 입궁하려고 했으나 궁문이 이미 굳게 닫힌 후였다. 호분중랑장 원술과 하진의 부하들이 황궁으로 쳐들어가 도끼로 궁문을 때려 부수자 환관들도 무기를 들고 대응에 나섰다.

황혼 무렵 원술 등이 남궁의 궁문에 불을 질렀다. 궁 안에 있는 장양 등을 위협하기 위함이었다. 장양 등은 급히 후궁으로 달려가 하태후에게, 대장군 하진의 부하들이 모반을 일으켜 궁궐에 불을 지르고 상서문尙書門을 깨부수었다고 고했다. 그들은 궁 밖으로 도피하기 위해 하태후와 황상, 그리고 진류왕 유협을 데리고 북궁 쪽으로 갔다.

때마침 상서 노식이 장극을 들고 환관들을 가로막으며 매섭게 소리쳤다. 하태후를 모시던 환관들이 놀라 그녀를 놓치고 말았다. 하지만 하태후는 요행히 창문을 넘어 피신했다.

환관의 말로, 대도주

원소는 하진이 피살되었다는 소식을 듣고 즉각 숙부인 원외와 함께, 성지를 거짓으로 만들어 환관들이 임명한 관원을 초치하여 처단했다. 이어서 원소는 하묘와 함께 주작문(남문)에서 숙위하고 있는 군사를 동원하여 환관들을 잡는 즉시 살해했다.

하진의 부하들은 하묘가 대장군과 마음이 달라 심지어 환관과 결탁하고 있다고 의심하는 이들도 있었다. 그래서 하진의 군사들 사이에서 거기장군 하묘가 대장군을 살해했다는 소문이 돌았다. 그들은 대장군의 원수를 갚기 위해 동탁의 동생인 봉차도위奉車都尉 동민董旻과 함께 하묘를 공격하여 죽였다.

곧이어 원소는 북궁 문을 닫아걸고 환관 체포에 나섰다. 노소를 불문하고 환관이라면 모조리 죽이니 도처에서 칼날이 번쩍이고 사방으로 선혈이 튀며 삽시간에 2,000여 명이 죽임을 당했다. 궁중의 관원 중에는 환관이 아닌 이들, 즉 낭관도 있었는데, 수염이 없다는 이유로 억울하게 죽임을 당한 이들도 적지 않았다. 심지어 어떤 낭관은 원소의 병사들이 쳐들어오는 것을 보고 황급히 바지를 내려 자신의 물건을 꺼내 보이기도 했다.

장양 등은 하루이틀 힘들게 막아내기는 했지만 더 이상 어쩔 도리가 없었다. 그래서 그들은 황제 유변과 진류왕 유협을 핍박하여 수십 명과 함께 낙양성을 빠져나갔다.

깊은 밤길을 마다하지 않고 황급히 도망쳐 겨우 도달한 곳이 소평진小平津, 즉 황하를 건너는 나루터였다. 명색이 황제라고 하나 옥새도 어디 갔는지 알 수 없었고, 삼공구경三公九卿을 비롯한 대소 관료 가운데 수행하는 이들 또한 있을 리 없었다.

처량하고 황망하여 넋을 잃고 있을 때 상서 노식과 대신 민공閔貢이 사람들을 데리고 추격해왔다. 민공이 장양을 비롯한 환관들에게 냅다 소리쳤다. "당장 자결하지 않는다면 내가 너희들을 죽이고야 말 것이다." 그는 이렇게 말하면서 보검을 꺼내 순식간에 환관 몇 명을 베었다.

앞은 넘실대는 황하고 뒤는 달려오는 추격병이니 그야말로 진퇴양난 이었다. 공포에 질린 이들이 황제 앞으로 달려와 고개를 조아리고 작별을 고했다.

"소신은 이제 자진할 것이오니 폐하께옵서는 성체를 보존하옵소서!"

말이 끝나자 환관들은 모조리 황하로 뛰어들어 스스로 목숨을 끊었다. 이리하여 동한 말년에 온갖 해악을 야기한 환관 집단은 철저하게 결딴 났다.

민공은 황상을 부축하고 진류왕 유협을 모시고 회궁을 서둘렀다. 허기와 갈증에 허덕이던 일행은 몇 리를 걸어 민가를 발견하고 수레로 어가를 대신했다. 잠시 후 말 두 필을 얻어 황상이 한 마리에 올라타고 다른 한 마리에는 진류왕 유협과 민공이 함께 탔다. 그렇게 한참 동안 남행한 후에야 비로소 공경들이 몰려들어 황상을 호위하기 시작했다.

난리를 틈타 재간을 발휘하는 동탁

때마침 동탁은 낙양 부근에서 주둔하고 있었다. 그는 멀리 경성에서 불길이 치솟는 것을 보고는 내심 기뻐했다.

"큰일이 일어났으니 내가 손쓸 때가 왔도다!"

그는 군사들에게 행군을 명령했다. 동이 채 트기 전에 동탁의 군사는 낙양성 서쪽에 이르렀다. 황상이 북쪽 교외에 있다는 소식을 접한 그는 군사를 이끌고 일부 관료들과 함께 황제 유변을 영접하기 위해 북쪽으로 달려갔다.

당시 황상은 겨우 열다섯 살이었다. 그렇지 않아도 녀칠간 끔찍한 변고를 겪어 심약해진 상태에서 홀연 창검이 번쩍이고 투구와 갑옷을 입은 인마가 달려오자, 황제는 얼굴이 사색이 되어 큰 소리로 통곡하기 시작했다.

어린 황제의 두려움을 덜기 위해 삼공이 동탁에게 군대를 물릴 것을 요청했다. 하지만 자신의 병사들에 둘러싸인 동탁이 삼공의 말을 들을 리 없었다. 그가 성가시다는 듯이 큰 소리를 내질렀다.

"당신들은 말로는 국가 동량이네 어쩌네 하면서 황실을 보호하지도 못하고 군왕께서 밖으로 떠돌아다니게 하지 않았는가? 그런 자들이 무슨 낯짝으로 나에게 철수하라느니 떠들어대는가?"

공경대신들은 화가 치밀었지만 차마 어쩌지 못하고 동탁이 하는 대로 맡길 수밖에 없었다. 동탁은 어린 황제 유변에게 인사를 올렸다. 어린 황제는 갑옷을 입고 우악스럽게 생긴 데다 무례하기 이를 데 없는 동탁을 보고 놀랐는지, 두서없이 몇 마디 말을 우물쭈물할 따름이었다.

동탁은 황제를 알현한 후 다시 황제의 동생인 유협에게 상황을 물어보았다. 이제 아홉 살밖에 되지 않은 진류왕이 하나하나씩 대답하는데 말마다 조리가 있고 하나도 빠짐이 없었다.

동탁은 진류왕의 말을 들으면서 황제의 동생이 형보다 백배 낫다는 생각이 들었다. 게다가 진류왕은 동태후가 친히 길렀다고 하지 않던가! 동탁은 스스로 동태후와 일족이니 어쩌면 500년쯤 전엔 한 가족일 수도 있다고 여기고 있었다. 그래서 이미 이때부터 유변을 폐위하고 유협을 황제로 삼아야겠다고 생각했다.

공경대신과 동탁의 군사들이 호위하는 가운데 황제 일행은 무사히 회궁했다. 궁궐로 돌아온 이들은 황상의 여섯 개 국새 가운데 다섯 개를 찾았지만 화씨벽和氏璧으로 만든 전국옥새傳國玉璽는 어디로 갔는지 찾을 수 없었다. 소문이 퍼지면서 일시에 인심이 흉흉해졌다.

이때 기도위 포신鮑信이 낙양에 도착하여 오랫동안 알고 지내던 원소와 만났다. 그가 원소에게 말했다.

"동탁이 지금 강병을 이끌고 경사에 도착했다고 하는데 반역의 의도가 있는 것이 분명합니다. 우리가 먼저 손을 쓰지 않으면 필시 그에게 잡히고 맙니다. 이제 막 도착하여 병마가 피곤할 것이니 이 기회에 그들을 습격하여 동탁을 생포하는 것이 좋을 것입니다."

하지만 원소는 동탁의 세력이 두려워 감히 공격할 생각을 하지 못했다. 포신은 원소와 더 이상 일을 도모할 수 없다는 것을 깨닫고 환란이 일어나기 전에 부대를 이끌고 떠났다.

당시 동탁의 야심을 간파한 이들이 적지 않았다. 하지만 동탁은 아직 자신의 실력을 보여줄 때가 아님을 알고 있었다. 처음 낙양에 도착했을 때 수하에 보병과 기병 3,000여 명밖에 없어, 만약 다른 장수들이 대항할 경우 막아낼 수 없었기 때문이다.

그래서 그는 병력이 많다는 것을 보여주기 위해 사나흘에 한 번씩 밤마다 군사들을 성 밖으로 내보낸 다음, 이튿날 아침 전열을 정비하여 군기를 휘날리고 당당한 걸음으로 돌아오도록 했다. 낙양성의 사람들은 그의 속셈을 알 수 없었기 때문에 그저 동탁의 원군이 끊임없이 낙양으로 들어오고 있다고 여겼다.

그러자 하진이나 하묘의 부하들도 대세를 따라 동탁의 군대로 들어갔다. 동탁은 경성 위수사령관인 정원丁原의 부대를 손아귀에 넣기 위해 은밀하게 정원의 부하인 여포呂布를 시켜 정원을 살해했다.

여포, 자는 봉선奉先으로 한말 삼국시대 나름 명성을 날린 인물이다. 당시 사람들은 '사람 중에는 여포, 말 중에는 적토마'《삼국지·위서·여포전呂布傳》주에 인용된 〈조만전曹瞞傳〉라고 말할 정도였다. 여포는 영준하고 위품당당하며 특히 무예가 특출났다. 그는 방천화극方天畵戟을 잘 썼는데, 삼국시대 무장들 가운데 수위를 다툴 정도였다.

그러나 여포는 돈만 보면 사족을 못 쓸 정도로 좋아했고, 도덕이나 품덕이라 할 만한 것이 없었다. 동탁이 이를 알고 여포에게 귀한 재물을 주자, 여포는 금세 친아비처럼 따르던 정원을 배신하고 동탁에게 갔던 것이다. 동탁은 병력이 보강되고 또한 여포와 같은 맹장을 얻게 되자 더욱더 실력이 막강해졌다.

칼을 빼어 들고 누구를 겨누는가?

공자孔子는 일찍이 명분이 옳지 않으면 말이 순조롭지 않다고 말한 바 있다. 동탁의 실력이 아무리 막강해봤자 병주라는 일개 지방을 관리하는 지방관에 불과했다. 마땅히 병주에서 주군을 다스리고 백성들을 위무하며 변경을 지키는 것이 그의 의무이자 권리인데, 지금 중앙에 떡 버티고 앉아 큰 소리로 호령하고 탁자를 두드리며 눈을 부라리고 있으니 얼마나 황당한 일인가?

동탁은 이런 처지를 누구보다 잘 알고 있었다. 그래서 은근히 조정에 압력을 넣었다.

"여러분들이 보시다시피 비가 그치지 않고 있으니 이것이야말로 천재가 아니고 무엇이겠소? 천재라면 누군가 책임을 져야 할 터인데, 도리에 따르면 황제께옵서 자신의 죄를 벌하는 조서를 내려야 마땅하겠으나, 황상께서는 아직 어리시고 계위하신 지도 얼마 되지 않았으니 무슨 잘못이 있겠소이까? 그렇다면 누군가 이 죄를 책임져야 할 것인데, 사도, 사공, 태위 등 삼공이 책임을 져야 하는 것이 아닌지 모르겠소이다."

동탁은 이렇게 말하면서 사공을 파면하고 사신이 비비방곡 황제에게 요청했다.

동탁은 막강한 군사력으로 조정을 위협하면 조정의 모든 일을 전횡하고 있었다. 그런 동탁이 이런 말을 했으니 감히 누가 토를 달 수 있겠는가? 결국 사공 유홍劉弘이 파직되고 그의 직책 역시 동탁의 몫이 되었다. 이렇게 해서 동탁은 삼공의 반열에 올라 병주목을 겸직하게 되었다. 수중에 대군을 장악하고 마침내 명실상부하게 경사 삼공의 자리에 오른 그는 제멋대로 온갖 나쁜 짓을 서슴지 않았다.

하지만 일개 사공에 만족할 동탁이 아니었다. 더군다나 이미 수도 낙양은 동탁의 양주군이 완전히 통제하고 있지 않은가!

앞서 말했다시피 동탁은 소제 유변보다 진류왕 유협이 더 마음에 들었다. 그래서 황제를 내쫓으려고 생각하게 되었다는 것인데, 아무래도 동탁이 정말로 무슨 생각이었는지 알 수 없다. 논리상으로 본다면 황상이 어리석거나 멍청하여 제 몫을 못할수록 통제하기가 쉽지 않겠는가? 그런데 왜 그는 멍청한 이를 폐하고 영리한 이로 바꾸려고 했을까? 유일한 해석은 유협을 동태후가 키웠기 때문이라는 점일 듯하다.

일단 마음은 징했지만 그렇다고 이처럼 중차대한 일을 일개 무부武夫인 동탁 혼자 할 수는 없었다. 또한 수도에 처음 왔기 때문에 무엇보다 사대부 계층의 지지가 필요한 상황이었다. 동탁은 제일 먼저 원소를 눈여겨봤다. 원소는 사세삼공四世三公으로 세세대대로 고위 관직을 지낸 집안 인물로 자신도 사례교위로 요직을 차지하고 있었다. 또한 이전에 서로 면식이 있기도 했다.

그래서 동탁은 원소를 찾아가 말을 꺼냈다.

"황상은 원래 현명한 분이 맡아야 하는 것 아니겠소? 매번 영제를 생각하면 정말 분통이 터진단 말이오."

보아하니 후세 사람들만 영제를 비난한 것은 아니지 싶다. 그가 죽은 후 아래 대신들도 그를 욕하고 있었다.

"동후도 보기에는 괜찮은 듯한데. 나는 지금 그를 황제로 모시고 싶소이다만, 과연 그가 사후만 할지 모르겠소이다."

동후는 유협, 사후는 유변을 말한다. 동탁의 말은 소제 유변 대신 유협을 옹립하겠다는 뜻을 밝히고 원소에게 협조 여부를 묻겠다는 것이었다.

"어떤 이는 작은 일은 잘 처리하지만 큰일은 오히려 흐리멍덩할 수 있소. 누가 알겠소? 동후가 과연 어떨지. 만약 그도 안 된다면…."

동탁은 이렇듯 신하로서 차마 하지 못할 말을 꺼내놓고 있었다. 원소는 그의 말을 듣기 무섭게 폐위는 절대로 동의할 수 없다고 말했다.

"한조가 천하를 다스린 지 400년이란 세월이 흘러 은택이 사방에 퍼져 만민이 받들고 있소이다. 지금 황상께옵서 아직 어리시고 천하에 무슨 잘못된 일을 하신 적도 없는데 적자를 폐위하고 서자를 세운다고 하니 사람들이 찬성할 수 있겠소이까?"

원소의 말인즉, 결코 동탁이 요구하는 대로 할 수 없으며, 만약 그렇게 할 경우 난신적자를 면할 수 없을 것이라는 뜻이다.

동탁은 듣자마자 벌컥 화를 내면서 칼자루를 잡으며 원소를 매섭게 질책했다.

"어린것이 심히 방자하구나. 내가 너와 논의하려던 것은 너의 체면을 생각했기 때문이거늘, 너는 오히려 파렴치하게 내 체면을 깎으려 드는구나! 천하의 대사는 내가 결정하면 그뿐 아니겠느냐? 내가 이리 생각하는데 감히 누가 따르지 않겠느냐!"

그는 말을 끝낸 후 허리에 차고 있던 패도를 꺼내 들었다.

동탁이 행패를 부리자 원소가 다시 입을 열었다.

"이는 나라의 대사이니 태부와 의논해봐야겠소."《후한서 · 원소전袁紹傳》

나라의 큰일을 논의하는데 두 사람만으로는 부족하니 수부인 태부 원외를 불러 상의해보자는 뜻이다.

동탁이 듣고 보니 더욱 괘씸했다.

'우리 둘이 이야기하면 안 되고 태부랑 이야기하면 된단 말인가? 그렇다면 네놈이랑 이야기해봤자 아무것도 아니라는 뜻인가? 숙부를 동원하여 나를 누르시겠다? 이놈이 나를 바보로 보는구나!'

동탁은 이렇게 생각하면서 다시 입을 열었다.

"유씨의 종자는 더 이상 남겨둘 필요 없소이다."《후한서 · 원소전》

유가劉家는 종자를 남겨둘 가치조차 없으니 이번 기회에 한조를 뒤집어엎으면 그뿐이라는 뜻이다.

동탁의 발언에 원소는 발끈 화를 내지 않을 수 없었다. 원소는 나름 세가의 자제로 확고한 권세를 누리고 있었기 때문에 동탁의 위협에 쉽사리 굴복하지 않았다.

원소는 전혀 나약한 모습을 보이지 않고 당당하게 말했다.

"천하의 영웅호걸이 동공董公 한 분만 계신 줄 아시오?"

그는 이렇게 말하면서 자신의 패도를 꺼내 들었다. 원소는 속으로 이렇게 생각했다.

'동탁 네놈만 칼을 빼 들 줄 아느냐? 나도 칼이 있느니라. 어디 한번 이자리에서 붙어보겠느냐? 내가 너 따위를 두려워할 줄 아느냐?'

동탁은 자기보다 어린 것이 기개가 넘치는 것을 보고 잠시 주춤했다. 게다가 원소 집안은 누대로 고관을 배출하여, 낙양에 처음 올라온 지방 군벌인 자신보다 기반이 든든한 것이 분명했다. 그러니 화가 치솟지만 원소를 죽일 수는 없는 노릇이었다. 이윽고 원소가 읍을 하고 몸을 돌려 자리를 벗어났다.

얼마 후 원소는 관인을 풀고 사직한 후 낙양을 떠나 기주로 가서 원씨 집안에서 오랫동안 관리로 있었던 한복韓馥에게 몸을 맡겼다.

원소는 이렇게 도망치듯 낙양을 떠나고 말았다. 그렇다면 소제를 폐위하고 새 군주를 세우려던 동탁은 원소를 어떻게 처리했는가? 과연 동탁의 폐위 음모는 성공할 수 있겠는가?

4강   동탁, 나라를 어지럽히다

　　일개 무부에 불과한 동탁은 막강한 군사력을 방패 삼아 동한 정권의 실질적인 조종자가 되었다. 그는 천자를 폐위했을 뿐만 아니라, 권술을 농단하면서 수많은 백성의 목숨을 빼앗았다. 그의 발호가 점차 심해지는 가운데 동한 왕조는 급속도로 쇠퇴의 길로 빠져들었다. 당 태종 이세민李世民은 동탁에 대해 이렇게 평했다.

　　"사람과 하늘이 모두 증오하고 조대는 달라도 모든 이들이 울분을 품었다人神所疾, 異代同憤."

　　동탁은 왜 이처럼 역사에서 추악하고 악독한 모습을 남겼는가? 정권을 장악한 후 그는 도대체 어떤 천인공노할 짓을 저질렀단 말인가?

천자를 폐위하는 일은 식은 죽 먹기다

원소는 비록 도망쳤지만 그렇다고 동탁이 문무백관을 소집하는 일을 미룬 것은 아니었다. 회의의 주제는 폐립이었다. 문무백관이 모두 모인 자리에서 동탁이 오만방자한 자세로 입을 열었다.

　　"현재 황상은 능력이 없소이다. 제대로 하는 일도 없이 호의호식하고 있으니, 이런 어린것이 어찌 종묘를 받들고 천하를 통치하는 군주가 되겠소이까? 그래서 나는 이윤伊尹, 곽광霍光의 전례에 따라 진류왕을 황제로 옹립하고자 하는데, 여러 대신들의 생각은 어떠하시오?"

그의 말은 의견을 묻는 것일 뿐 노기를 띠지도 않았으나, 허리에 패도를 차고 으스대는 그 앞에서 누가 감히 아니라고 말할 수 있겠는가? 게다가 조정 안에서 왈패나 다를 바 없는 동탁의 군사들이 창검을 뽑아 들고 문무백관 앞에서 새파란 칼 빛을 번뜩이며 시위하고 있는 상황이었다.

공경대신들은 너 나 할 것 없이 두려움에 떨며 감히 아무 말도 꺼내지 못했다. 그러자 동탁이 다시 한 번 큰 소리로 말하기 시작했다. "이전에 곽광이 폐립의 대계를 정하자 대사농大司農 전연년田延年이 손에 칼자루를 쥐고 반대하는 자들을 주살하려고 했소이다. 이제 감히 내가 말한 계획에 반대하는 자가 있다면 군법에 따라 죄를 묻겠소!"

이는 적나라한 위협이자 협박이었다. 이에 놀란 좌중의 대신들은 입술조차 꿈쩍할 수 없었다. 그런 와중에서 일찍이 황건군을 평정하는 데 전공을 세운 바 있는 상서 노식이 대담하게 벌떡 일어나 자신의 의견을 말했다.

"상조 시절 태갑太甲이 왕좌에서 쫓겨났다가 다시 자리에 오른 것은 우매무지愚昧無知했기 때문이고, 이전 왕조의 창읍왕昌邑王은 1,000여 가지의 죄상이 있었기 때문이니, 이런 이유로 이윤과 곽광이 폐립의 일을 실행한 것입니다. 지금 천자께옵서 아직 어리시고 큰 과실이 있지 아니한데 이윤과 곽광의 예를 따른다는 것은 어울리지 않는 것 같소이다."

노식의 말은 백번 옳았다. 황상이 용상에 앉은 지 얼마 되지도 않았는데 무슨 잘못된 일을 저질렀다고 이런 변고를 겪어야 하는가? 그저 놀랍고 황당할 뿐이다. 그의 말은 이런 뜻이었다.

하지만 동탁은 이미 작심한지라 요지부동이었다. 황제를 폐위하겠다고 마음먹었으니 누가 뭐라고 해도 헛수고라는 뜻이다. 그가 여러 사람의 의견을 묻는다고 했으나 사실은 여러 사람들을 들러리로 세우고 자신의 속마음을 보여준 것에 불과했다.

그런데 뜻밖에도 노식이 튀어나와 반대를 하니 동탁은 버럭 화를 내며 당장 노식을 죽이려고 했다. 다행히 오랫동안 동탁의 신임을 받고 있던 대유大儒 : 명성이 있는 유자. 지금 식으로 말하자면 웨이보微博(중국 최대의 SNS)의 스타 채옹蔡邕이 나서서 노식을 용서해줄 것을 간청했다. 그러자 또 다른 대신이 일어나 동탁에게 말했다.

"노 상서는 전국적으로 유명한 대유입니다. 그를 죽인다면 아주 나쁜 영향이 미칠 것입니다."

동탁은 그제야 죽이라는 명을 거두고 파직으로 끝냈다.

노식은 조정이 호랑이와 승냥이의 소굴로 변하여, 계속 진언했다가는 언제 목숨을 잃을지 모른다는 생각이 들었다. '제대로 정치가 이루어지는 날까지 그럭저럭 살면 그뿐이다. 바이 바이!' 그는 이렇게 생각하며 외지로 나가 은거하고 말았다.

동탁은 황제 폐위 계획을 태부인 원외에게 보여주었다. 원외의 조카인 원소는 동탁에게 죄를 지어 도망친 상태였다. 원소는 비록 도망쳤다고 하나 원씨 집안의 운명은 여전히 동탁의 손아귀에 잡혀 있었다. 사실 원외는 동탁이 혹시라도 갑자기 태도를 바꾸어 자신을 내치면 어떻게 할까 두려워하고 있었다. 그런 상황에서 동탁이 황제 폐위에 관한 계획을 보내니 감히 무슨 말을 덧붙일 수 있겠는가?

이리하여 동탁은 백관을 소집하고 대전에서 하태후를 위협하여 황제 유변을 폐출하는 조서를 내리도록 했다. 그는 조서를 대필토록 하면서, 지금의 황제가 서세의 상상 시민에 효임을 다하지 않았으며, 군왕으로서 응당 지녀야 할 위엄이 없다고 말하고, 폐위하여 홍농왕弘農王으로 삼고 대신 진류왕을 황제로 세운다고 말했다.

하태후인들 번쩍이는 창검으로 위협하는데 어찌 동의하지 않을 수 있겠는가? 태부 원외가 수치심 가득한 얼굴로 대전에 올라, 유변이 차고 있는 황제의 새를 풀어 진류왕 유협에게 바쳤다. 그런 다음 유변을 대전 아래로 데리고 내려와 유협에게 칭신稱臣토록 했다.

하태후는 목이 메고 뜨거운 눈물이 흐르는 가운데 자신의 친아들이 폐위되는 꼴을 보면서 한마디 말도 하지 못했다. 군신들도 마음속으로야 비통하기 그지없었으나 역시 입 밖으로 한마디 꺼내는 이가 없었다.

가련한 유변은 황제의 자리에 오른 지 채 반년이 되기도 전에 용좌에서 끌어내려지고 말았다. 유변은 더 이상 황제는 아니지만 그래도 왕야王爺로 여생을 보낼 수 있기를 원했다. 하지만 그것조차 받아들여지지 않았다. 동탁이 심복인 이유李儒를 보내 독살했기 때문이다.

이제 겨우 아홉 살 난 어린아이 유협이 제위를 이으니, 그가 바로 동한 역사에서 마지막 황제인 한 헌제獻帝다.

황제를 바꿔치기했으나 동탁은 여전히 불만이 있다. 황제는 바뀌었지만 폐제의 어미는 여전히 태후로 버젓이 행세하고 있었기 때문이다. 이는 있을 수 없는 일이라고 여기던 동탁은 또다시 대신들을 모아놓고 일장 설교를 시작했다. 하태후가 시어머니인 동태후를 핍박하여 울분 속에 죽게 만들었으니, 이는 예교를 심히 위배한 것이라는 말이었다. 결국 하태후는 편전偏殿에 감금되다시피 한 연후에 독살되고 말았다.

하태후는 물론 시어머니에게 그다지 효성스럽지 않았으며, 시어머니의 죽음 역시 진상이 불분명했지만 하씨 집안에 의해 죽임을 당했는지는 확실한 증거가 없는 상태다. 하지만 동탁이 독주로 하태후를 살해했다는 것은 대머리 위의 이蝨처럼 불문가지의 사실이다.

하태후 장례를 치르면서 동탁은 공경 이하 관원들에게 상복 대신 긴 소하게 흰옷을 입고, 안에는 반드시 색깔이 있는 옷을 입도록 했다. 이후 다시 하태후의 동생인 하묘의 관을 꺼내 시신을 난도질하여 큰길에 버리도록 했으며, 하태후의 모친인 무양군을 죽여 시신을 어화원의 숲 속에 파묻도록 했다.

그들은 당초 하진이 환관을 주살하는 데 반대했지만 결국 하진의 일에 연루되어 죽임을 당하니 애초에 선종善終할 수 없는 운명이었다.

이리하여 변방의 우악스러운 무부에 불과했던 동탁은 경성에 들어온 지 채 10일이 되기도 전에 무력에 힘입어 천자를 폐위하고 태후를 시해하여 지고무상의 권력을 장악했다.

예나 지금이나 벼락출세는 여전하고

동한 정권의 토대는 호강 대족이다. 그들은 막강한 역량을 갖추었기에 중앙의 명령을 무시했으며, 걸핏하면 중앙 정부를 한쪽으로 내몰거나 깃발을 치켜들어 반란을 일으켰다.

궁중의 환관들이 원소에 의해 깨끗이 청소되자 내정을 돌볼 이들이 없었다. 이에 동탁은 조정 공경 이하 관원들의 자제를 낭관으로 삼아 이전 환관들이 맡았던 업무를 맡기고 황제의 시중을 들도록 했다. 또한 그는 사인 양표楊彪, 황완黃琬을 삼공의 자리에 올려놓고 그들에게 진번陳蕃, 두무竇武 등 당인黨人의 사건을 재심토록 했다. 동탁은 환관에게 피해를 입은 당인들의 작위를 일률적으로 복권하고 그들의 무덤에 사람을 보내 제례를 올리도록 했으며, 그들의 자손을 관리로 발탁했다.

그리고 동탁은 상국相國의 자리에 올라, 황제를 알현할 때 복명하지 않고, 조정에 들어올 때 잰걸음으로 걷기 않으며, 칼을 차고 신발을 신은 채로 대전에 오를 수 있는 세 가지 특권을 누렸다. 위세가 지극하여 마치 한조의 개국공신이라도 되는 양 소하蕭何에 버금가는 권세를 뽐냈다.

동탁은 자신의 아내를 지양군池陽君으로 봉하고, 아내를 위해 기사, 비서, 보모는 물론이고 경호원까지 마련하여 황가의 공주처럼 대우했다.

동탁 집안의 남자아이들은 무조건 후侯에 봉하고, 여자아이는 군君에 봉했다. 아직 젖도 떼지 않은 갓난아이가 후야侯爺가 되었으니 지금 식으로 이야기하자면 스무 살이 갓 넘은 나이에 시장을 해 먹는 것보다 심했다.

이와 동시에 동탁은 사대부 계층의 지지를 얻기 위해 명망을 갖춘 사인을 적극적으로 초치하여 입조토록 했다. 앞에 언급한 대문호 채옹이 대표적인 인물이다. 채옹은 환관들에게 밉보여 영제 시절 삭방군朔方郡으로 쫓겨났다가 대사면령에 따라 겨우 고향에 돌아올 수 있었다. 그런데 하필이면 고향 태수가 조정 고위급 환관의 동생이었다. 결국 조정을 비난했다는 이유로 또다시 고발당한 그는 재차 폄적되고 말았다.

그는 유배되어 12년 동안 강호를 전전하며 살아야만 했다. 동탁은 채옹의 명성을 듣고 그를 불러 막료로 삼았다. 채옹은 동탁이 상스럽고 잔혹한 군벌이라는 사실을 알고, 환관보다 나을 것이 없다고 여겨 부름에 응하지 않았다.

동탁이 대로하여 채옹을 협박하듯이 다그쳤다.

"당신의 가족을 남김없이 몰살할 수도 있소이다. 정말 해봐야 믿으시겠소?"

채옹이 보니 이건 환관보다 더한 놈이 분명했다. 어쩔 수 없이 그의 부름을 따라 수도 낙양으로 올라와 사공 좨주祭酒가 되었다. 전국 최고 학부의 총장이 된 셈이다.

동탁은 비록 사병 출신이지만 겉치레를 위해 명사를 사귀고 시문을 좋아하는 척하여 적어도 표면적으로는 문인을 존중했다. 이런 심리는 민국民國 시절 군벌들이 공자 탄신일만 되면 군복 대신 장포에 마고자를 입고 학교로 가서 교사들에게 읍양하던 것과 다를 바 없다.

그래서 위협을 서슴지 않았으나 동탁은 채옹에 대해 상당히 존중하는 태도를 취했다. 동탁은 실적이 우수하다는 이유로 채옹을 추천하여 3일 만에 세 차례나 승진시키고 각기 다른 직책을 맡기더니 결국 시중侍中으로 임명했다.

상서 주비周毖, 성문교위城門校尉 오경伍瓊이 동탁에게 환제와 영제의 피폐한 정사를 제자리로 돌려놓고, 천하의 명망 있는 인사들을 초치하여 민심을 얻으라고 권유했다. 동탁은 주비와 오경, 사어 정태와 장리 하옹으로 4인 심사위원회를 조직하여 탐관오리를 쫓아내고 억압받던 사인들을 선발하여 입조시켰다.

심사위원회는 순상荀爽의 고향에 사람을 보내 그를 평원국平原國의 상相으로 임명했다. 순상은 부임하는 도중에 광록훈光祿勳으로 승진하였으며, 부임지에서 공무를 시작한 지 3일 만에 또다시 사공으로 승진했다. 순상이 부름을 받은 후 삼공에 임명되기까지 걸린 시간은 93일이었다. 그야말로 화전제발火箭提拔, 로켓처럼 빠른 승진, 즉 벼락출세이 따로 없었다.

일부 사인들은 동탁의 잔혹한 성격이 두려워 일단 부름을 받으면 응할 수밖에 없었다. 하지만 관직을 주겠다는 명령에도 불구하고 전혀 움직이지 않은 인물도 있다. 신도반申屠蟠이 바로 그런 인물인데, 임명을 받은 후 주변 사람들이 출사하기를 권유했으나 그는 빙긋 웃을 뿐 아무런 대답도 하지 않았다. 동탁이 여러 차례 협박했지만 끝내 그를 움직일 수 없었다.

이후에도 동탁은 사인들을 발탁하여 지방 태수, 자사 등 여러 직책에 임명했다. 하지만 동탁의 심복들은 오히려 고관에 임용되지 않았다. 그저 군부에서 중랑장이나 교위 등 무관직에 만족해야만 했다. 하지만 권력은 총칼에서 나온다고 했으니, 동탁의 심복들이 비록 조정에서 고관대작은 아니지만 병권을 장악하고 있는 것만으로 충분했다.

천인공노할 동노적董老賊, 동탁

동탁은 입경 초기 문인 사대부들과 협력하는 듯한 자세를 취했지만 근본적으로 폭력적이고 무례하며 잔인한 성격을 감출 수는 없었다. 이제 대권을 장악하여 전국의 무장 세력은 물론이고 국고에 있는 진귀한 보물들까지 모두 차지했으니 더더욱 겁날 것이 없었다. 그의 사전에는 존경이나 두려움이란 말이 없는 듯, 제후나 공경대부들을 대할 때도 막무가내로 하대하기 일쑤였다. 그는 문하 빈객들에게 이렇게 말한 적이 있다.

"나 동탁만 믿으면 존귀해질 것이다."

어떤 관리가 동탁을 알현하러 갔다가 패검을 풀어놓지 않았다는 이유로 그 자리에서 맞아 죽은 일도 있었고, 어떤 관리는 동탁 앞에서 천하의 군사 형세를 분석하다가 치도곤을 당할 뻔하기도 했다. 당시 동탁은 우쭐대는 관리에게 이렇게 말했다. "나는 백전백승의 노장으로 내 가슴속에 모든 전략이 다 들어 있어. 네깟 녀석이 뭘 알겠나? 또다시 허튼소리를 늘어놓다가는 내 보검의 맛을 보게 될 것이다."

동탁은 성격이 포악하기로 유명했는데, 특히 사람 죽이기를 좋아하여 하루라도 사람을 죽이지 않으면 직성이 풀리지 않았다. 하루는 군대를 이끌고 양성陽城에 갔는데, 때마침 백성이 모여 토지신에게 제사를 올리고 있었다. 동탁이 갑자기 명을 내려, 아무런 죄도 짓지 않은 남정네들을 모조리 참수해 자른 머리를 수레에 묶고, 부녀자들 또한 모두 포박하여 수레에 묶은 후 노래를 부르며 낙양으로 돌아왔다. 이후 동탁은 수하에게 명령하여 머리를 모두 모아 불에 태우고 부녀자와 재물은 사병들에게 나눠주도록 했다. 그러면서 이 모든 것이 전투에서 승리해 얻은 전리품이라고 말했다.

《후한서》는 당시 동탁의 잔혹한 짓거리를 이렇게 전하고 있다.

"낙중洛中에 귀척들의 저택이 서로 바라보일 정도로 많았는데, 집집마다 금이며 비단이 가득가득 쌓였다. 동탁이 병사들을 풀어 집 안으로 쳐들어가 부녀자를 강간하고 재물을 빼앗도록 하면서, 이를 '수뢰搜牢', 즉 수색이라고 말했다. 사람들이 아침저녁으로 목숨을 장담할 수 없어 공포에 떨었다. 하후를 매장하기 위해 문릉文陵을 열었을 때 동탁이 그 안에 부장되어 있던 진귀한 보물들을 모두 꺼내 차지했다. 또한 공주를 겁탈하고 궁녀를 빼앗았으며, 혹형을 남발하고 하찮은 일로 마구 사람을 죽였다. 그리하여 군신들은 조정 안팎으로 자신의 안전을 도모할 수 없었다."《후한서 · 동탁전董卓傳》

낙양성 안에 있는 황친, 국척들의 저택에 금은보화가 가득하다는 이야기를 듣고 동탁이 휘하 사병들을 풀어 저택으로 쳐들어가 재물을 빼앗고 부녀자를 겁탈하여 인심이 흉흉했으며, 심지어 황릉을 도굴하고 공주와 궁녀를 강간하는 등 온갖 대역부도한 짓거리를 자행했다는 뜻이다.

이렇듯 당시 동탁은 한조의 실질적인 통치자였으며, 유씨 황족들은 그의 수중에서 놀아나는 꼭두각시 장난감에 불과했다. 그렇기 때문에 충효와 절의를 중시하는 문인 사대부들은 근본적으로 야만인이나 다를 바 없는 그들과 함께할 수 없었다.

무지하면 눈에 뵈는 것이 없다

동탁은 자신에게 반대하는 자들을 가만두지 않았다. 그가 제일 먼저 죽이고자 했던 인물은 도망친 원소였다.

주비와 오경 등이 동탁에게 권고했다.

"천자를 폐위하는 일을 어찌 일반인들이 감히 생각이나 할 수 있겠습니까? 공처럼 대인의 풍모에 도량이 크신 분만이 그런 생각을 하실 수 있을 것입니다. 원소처럼 속 좁은 어린것은 대국을 이해하지 못하니 죄를 짓고 내뺀 후 두려워하고 있음이 틀림없습니다. 지금 공께서 급작스럽게 현상금을 내걸고 그를 체포하려고 하신다면 틀림없이 반란을 일으킬 것입니다. 원가 집안은 대대로 국은을 입어 문생과 관리가 사방에 퍼져 있습니다. 만약 원소가 여러 호걸들을 모으고 무리를 결집한다면 다른 이들도 기회를 틈타 거사할 것이니 그 결과를 감당하기 힘들 것입니다. 그러니 차라리 원소를 사면하고 그에게 관직을 내주시는 것만 못합니다. 그러면 원소는 공의 은덕에 감사할 것이고, 우리도 후환을 면하게 될 것입니다."

동탁이 듣고 보니 나름 이치가 있었다. 그래서 곧바로 사람을 보내 원소를 발해태수로 임명하고 항향후邟鄕侯로 봉했다. 사실 이는 주비와 오경 두 작자가 동탁에게 올가미를 씌운 것이었다. 하지만 동탁은 무장인지라 생각이 짧아 멍청하게 걸려들었다.

동탁의 대군이 낙양으로 들어왔을 당시 조조 역시 경성에 있었다. 당시 조조는 병권을 쥐고 있었다. 그래서 동탁은 낙양에 진입한 후 조조를 회유할 생각이었다. 하지만 동탁이 어떤 작자인지 조조는 누구보다 잘 알고 있었다. 조조는 역적 동탁과 협력하기를 거절하고 급히 사직하고 낙양을 떠났다.

나관중羅貫中 선생의 탁월한 붓끝에서 '역적 동탁을 도모하기 위해 조맹덕 칼을 헌납하다謀董賊孟德獻刀'라는 제목의 장면을 그려냈는데, 이 이야기인즉 조조가 동탁을 죽이기 위해 칼을 헌납하는 계략을 썼으나, 의심 많은 동탁에게 들켜 결국 실패로 끝나고 말았다는 것이다. 하지만 이는 사실이 아니라 소설적 허구에 불과하다.

동탁이 원소와 조조 등에게 관직을 주려고 했으나, 그들은 받지 않고 오히려 동탁을 토벌하기 위한 군사를 모집했다. 이에 화가 머리끝까지 치솟은 동탁은 경성에 남아 있던 원소의 숙부이자 태부인 원외와 태복太僕 원기袁基 및 원씨 집안의 갓난아이를 포함해 가족 50여 명을 모조리 살해하고 말았다.

이후 원소는 동탁 토벌을 위한 연합군, 이른바 18로路 제후 군사를 모집했다. 연합군은 규모 면에서 방대하여 결성될 때부터 요란스러웠기 때문에 동탁에게 커다란 충격과 압력을 주었다. 게다가 자신의 근거지인 서량西凉에서 반란이 일어나자 동탁은 더욱더 당혹감을 숨길 수 없었다.

하지만 동탁은 일단 자신의 근거지에서 일어난 소란을 진정시킨 후 대대적으로 군사를 동원하여 원소를 토벌할 준비에 돌입했다. 동탁에게 이번 출병은 마땅한 이유가 있었다. 그것은 바로 다음과 같았다.

"지금은 내가 곧 조정이니, 원소 네 녀석이 나를 반대한다는 것은 곧 조정에 반기를 드는 것이로다."

당시 상서 정태가 동탁에게 이렇게 말한 적이 있었다.

"정치는 덕행이 중요한 것이지, 무조건 병사가 많다고 잘되는 것이 아닙니다."

동탁이 그의 말을 듣고 버럭 화를 내며 말했다.

"네가 말하는 것을 들으니 아예 군대가 소용이 없다는 것 같구나!"

정태가 놀라 황망히 변명을 늘어놓았다.

"그런 뜻이 아니오라 원소는 공께서 대군을 동원하여 토벌할 가치조차 없다는 뜻입니다. 공께서야 서북에서 생활하시면서 젊은 시절부터 장수로 계셨으니 군사에 정통하시지만, 원소야 어디 그렇습니까? 그는 그저 빈둥거리는 부잣집 자식에 불과하지요. 연합군이라고 하나 그저 덕망이나 따지는 유덕자有德者들이거나 지상담병紙上談兵으로 실전을 겪어보지 못한 이들이 대부분이니 군사 재능이라고 할 것이 없지요. 그러니 맞수가 될 수 없습니다. 게다가 그들은 스스로 관직을 달았을 뿐, 조정에서 임명한 것이 아니니 존비의 질서가 있을 리 만무입니다. 명칭이 바르지 않은데 어찌 명이 제대로 설 수 있겠습니까? 이제 조만간 저절로 혼란이 일어날 것입니다. 이런 상황에서 덕정을 팽개치고 군대를 동원한다면 공의 명망에 금이 갈까 두렵습니다."

동탁이 듣고 나서 크게 기뻐하며 말했다.

"자네의 말이 맞네. 저들을 위해 굳이 내가 애쓸 이유가 없겠지."

사실 이는 정태가 구덩이를 파놓은 것이었는데, 동탁은 그것도 모르고 희희낙락하며 뛰어가기 시작했다. 인간에게 기본 소양이 없으면 정말 두렵기까지 하다.

가면이 벗겨지다

얼마 가지 않아 동탁은 자신을 토벌하기 위한 제후 연합군의 세력이 예상과 달리 가볍게 볼 것이 아니라는 사실을 깨달았다. 그래서 그는 수도를 낙양에서 장안으로 옮겨 잠시 시간을 벌고자 했다.

장안은 비록 서한의 옛 도읍지라고 하나 지금은 이미 낙양을 도읍지로 삼은 지 100여 년이 지난 후이기 때문에 황족은 물론이고 고관대작들의 장원과 재산이 모두 낙양에 있어 아무도 장안으로 옮기기를 원치 않았다. 하지만 대놓고 반대 의사를 표명할 수도 없었다. 동탁은 누군가를 책임자로 삼아 천도에 관한 일을 맡기고자 했으나 아무도 원하는 이가 없었다.

어느 날 동탁이 공경대부를 모아놓고 천도에 대해 상의했다.

"고조께서 관중에 도성을 세우신 지 110년이 되었고, 광무제光武帝께서 낙양에 건도하신 지 또한 110년이 되었소이다. 어떤 예언서《석포참石包讖》을 말한다를 보니, 우리가 장안으로 천도하는 것이야말로 위로 하늘의 뜻에 부응하고 아래로 민심에 따르는 것이라 하였소."

백관들은 그의 말을 듣고도 묵묵부답으로 조용했다. 그럴 때 사도 양표가 벌떡 일어나 입을 열었다.

"천도나 개제改制는 천하의 대사이니 경거망동할 수 없습니다. 은조殷朝 시절 반경盤庚이 천도하자 은나라 백성의 원망이 자자하였습니다. 일찍이 관중 지역은 왕망王莽에 의해 파괴되어 광무제께서 낙양으로 도성을 옮기셨는데, 세월이 흐르면서 백성이 평안을 얻었습니다. 만약 지금 아무런 이유나 연고 없이 종묘사직과 선제의 능원을 버리시게 된다면 백성이 크게 놀라 천하에 큰 난리가 일어날 것입니다. 또한 공께서 말씀하신 책은 사악한 것이니 어찌 믿을 수 있겠습니까?"

동탁이 그의 말을 반박했다.

"관중은 토지가 비옥하여 진나라가 여섯 나라를 병탄하여 천하를 통일할 수 있었다. 게다가 농서에는 좋은 목재가 나오기 때문에 두릉杜陵에는 효무황제孝武皇帝 시절 도기를 굽던 가마도 그냥 남아 있다. 만약 전력을 투구하여 경영한다면 곧 안정될 것이다. 이번 천도에 관한 일은 백성의 동의를 얻고자 함이 아니다. 만약 그들이 반대한다면 군사를 보내 저 멀리 바다로 내쫓아버릴 것이니 굳이 장안으로 천도하는 이야기를 할 필요조차 없겠지."

"천하를 움직이는 것은 쉽지만 천하를 안정시키는 것은 어렵습니다. 다시 한 번 신중하게 고려하시길 바라옵나이다."

양표가 계속 반대하자 일순 동탁의 얼굴이 돌변했다. 그때 태위 황완이 일어나 말했다.

"이는 국가의 대사인데, 양공이 말한 것도 나름 도리가 있는 듯하옵니다."

동탁이 씨씨거리며 회를 참는 것을 보고 사공 순상이 지칫히면 누군가의 목이 날아갈 것이라는 예감이 들었다. 그래서 다급하게 끼어들어 말을 했다.

"설마 상국인들 좋아서 그렇게 하시는 것이겠습니까? 역적들이 거병하여 하루아침에 평정하기 어려우니 먼저 천도한 다음에 그들을 대처하자는 게지요. 이는 진조秦朝나 아조我朝 : 한조가 건국한 초기 상황과 유사합니다."

그의 말에 동탁은 겨우 노기를 풀었다.

태위 황완은 퇴조한 후 또다시 조정에 천도 반대 상소를 올렸다. 동탁이 상소문을 보고 혼잣말로 중얼거렸다. '도저히 남겨놓을 수가 없는 놈이로구나!' 며칠 후 동탁은 하늘에서 재이災異가 내렸다는 핑계로 황제에게 상주하여 황완과 양표를 면직하고 조겸趙謙과 왕윤이 그 자리를 대체하도록 했다. 이로써 천도의 장애물이 사라진 셈이다.

그런데 뜻밖에도 오경과 주비가 간곡하게 천도를 반대하고 나섰다. 동탁이 대로한 것은 당연한 일이었다.

"내가 너희 두 놈을 죽일 수 없을 것 같으냐? 이 어른이 중앙에 처음 왔을 때 너희 두 사람이 나에게 괜찮은 선비들을 선발하라고 권유하여 내가 그대로 따랐다. 그런데 그 작자들을 임명하기가 무섭게 모두 나에게 반기를 드니, 이게 전부 너희들이 짜고 한 짓이 아니고 무엇이겠느냐?"

동탁은 분기탱천하여 오경과 주비를 체포하여 즉시 참살하고 말았다.

기겁한 양표와 황완이 동탁을 찾아와 사죄했다. 동탁은 오경과 주비를 참살하고 곧 후회했다. 사인들에게 친근하고 우대한다는 가면이 졸지에 벗겨지고 말았기 때문이다. 그래서 그는 실수를 만회하기 위해 또다시 상주하여 양표와 황완을 광록대부光祿大夫로 천거했다.

동탁이 장안으로 천도하려는 것은 무엇보다 장안을 완전히 장악하기 위해서였다. 당시 명장인 개훈蓋勳과 황보숭이 군사를 이끌고 장안 부근에 주둔하고 있었다. 일찍이 동탁이 낙양에 들어왔을 때 개훈과 황보숭은 동탁을 토벌할 계획을 세웠다. 그러나 동탁이 천자를 잡고 있었기 때문에 감히 행동에 돌입할 수 없었다.

동탁은 장안을 안정시키고 자신에게 반대하는 이들을 제거하기 위해 조정의 명의로 개훈을 의랑, 황보숭을 성문교위로 임명했다. 이는 그들의 병권을 해제하기 위함이었다.

황보숭의 부하가 말했다.

"동탁이 경성에서 재물을 약탈하고 제멋대로 황제를 폐위했습니다. 지금 장군을 징소徵召하고 있는데, 아무래도 생명의 위험이 뒤따를 것이며, 적어도 치욕을 당할 가능성이 농후합니다. 지금 동탁이 동쪽에 있으니 황제께옵서 서쪽으로 오시도록 하여 대군을 이끌고 영접하는 것만 못합니다. 그런 다음에 천자를 받들어 각지의 장령들을 모집하여 난신적자를 토벌하는 것이 옳습니다. 원소가 동쪽에서 진격하고 공께서 서쪽에서 협공한다면 능히 동탁을 사로잡을 수 있을 것입니다."

그러나 황보숭은 사람이 고지식하여 조정에 충성할 뿐, 국가와 정부, 민족과 국가의 구분이 명쾌하지 못했다. 그는 비록 조정이 동탁에게 놀아나고 있다는 것을 뻔히 알고 있었지만, 조정에서 명령을 내리면 어쩔 수 없이 받아들여야 한다고 여겼다. 결국 그는 휘하 부하들의 건의를 무시한 채 징소를 받아들여 낙양으로 몸을 움직였다.

개훈은 병력이 미미하여 독립할 여력이 없었기 때문에 낙양으로 가는 수밖에 없었다.

헌제 유협을 핍박하여 장안으로 데리고 온 후 동탁은 낙양성의 부호들에게 온갖 죄목을 얽어매어 재물을 몰수하고 인명을 살상하니 죽은 자가 부지기수였다. 동시에 그는 남은 주민들을 모두 장안으로 이전토록 강요했다.

낙양은 장안에서 수백 리 떨어진 곳으로 중간에 산을 넘어가야 했기에 교통이 불편했다. 동탁은 이주에 나선 백성들 뒤편에 기병을 배치하여 길을 재촉했다. 사람과 말이 뒤섞이고 서로 밟고 밟히는 가운데 약탈과 기아에 허덕이던 백성들이 끊임없이 죽어나가 길가에 시신이 즐비했다.

　동탁은 부하들에게 명령하여 낙양성의 궁전과 관아를 비롯하여 백성들의 주거지를 모두 불태웠다. 곳곳에 불길이 치솟으며 온통 불바다가 된 낙양성에는 개나 닭 한 마리 남겨두지 않았다. 아예 낙양에 대한 모든 기억을 지워 장안으로 가지 않으면 안 되도록 하겠다는 심보였다.

　송대의 시인 사마광司馬光은 시 〈낙양 옛 성을 지나며過洛陽故城〉에서 이렇게 읊었다.

　고금의 흥망사를 묻고 싶거들랑
　저기 낙양성을 보시게나.

　若問古今興廢事,
　請君只看洛陽城.

　동탁이 저지른 대화재로 100여 년 동안 번성을 구가했던 낙양성 주변 200여 리가 잿더미로 변하고 말았다. 그야말로 원명원*의 참사보다 더욱 참혹했다. 원명원이야 외침에 의한 것이지만 이건 자신이 직접 불을 질렀으니 참으로 기가 막힐 노릇이다.

　동탁의 만행은 여기서 그치지 않았다. 그는 여포에게 명하여 역내 황

---

* 원명원圓明園 : 중국 청나라 때 건설한 이궁離宮으로, 1860년 영불 연합군과의 싸움에서 불타 없어졌다. — 편집자주

제의 능침과 관리들의 묘지를 도굴하여 귀한 보물을 찾아내도록 했다. 후장厚葬의 풍습으로 인해 사자死者들은 죽어서도 평안을 얻지 못하고 심지어 시신까지 훼손되고 말았다.

방화와 약탈, 그리고 살인 외에도 동탁은 전쟁 포로까지 모조리 학살했다. 그는 동탁 타도의 기치를 내걸고 원소 휘하에서 전쟁에 참가한 산동山東 병사들을 포로로 잡은 후 울분을 설욕한다는 이유로, 돼지기름에 적신 천을 포로들의 몸에 감고 불을 질렀다. 포로들은 말 그대로 산 채로 타죽고 말았다.

한 헌제는 장안에 도착한 후 경조윤京兆尹의 부중에 머물다가 수리가 끝난 서한 시절의 궁전으로 처소를 옮겼다. 당시 동탁은 여전히 낙양에 있었다. 누군가 헌제를 차지한다면 능히 동탁을 타도할 수 있었다. 황보숭 등에게 기회가 있었으나 지나치게 고지식하여 애석하게도 좋은 기회를 놓치고 말았던 것이다.

동탁은 낙양에서 무엇을 하고 있었나? 그는 반동탁 연맹의 원소 등과 싸움을 하고 있었다. 그렇다면 반동탁 연맹은 어떤 이들로 구성되어 있으며, 그들은 과연 동탁과 싸워 물리칠 수 있을까?

5강 나라를 위해 모였으나 목적은 각자 다르구나

동한 말년 서북 군벌 동탁이 황제를 옆에 끼고 조정을 전횡하고 있었다. 원소와 조조 등 문벌세가의 자제들은 그와 함께할 수 없다며 분분히 낙양을 벗어났다. 그중에서 조조의 도피 과정을 그린 희곡이 무대에 올라 민간에 두루 유전되었다.

"차라리 내가 천하 사람들을 저버릴지언정, 남들이 나를 저버리게 하지 않겠다."

당시 조조가 했다는 이 말은 후세에 널리 퍼져 누구나 아는 명언이 되었다. 그렇다면 어떤 일이 벌어졌기에 조조의 입에서 이런 말이 나온 것일까? 겨우 도피하여 목숨을 부지한 조조가 어떻게 군사를 일으켜 동탁 토벌의 기치를 높이 들 수 있었던 것일까?

간웅의 논리, 오살誤殺에도 이유가 있다

서북 변방의 천박한 군벌 동탁이 입경하여 무력으로 조정을 장악하고, 천자를 폐위하고 태후를 시해했다. 이런 이중에 일부 시대무늘은 동탁의 무력 위협에 굴복하여 맞장구를 치는 신세가 되었지만, 특히 원소와 조조 같은 권문세가의 자제나 포신, 교모橋瑁, 손견孫堅 등 일부 지방 권력자 등은 동탁의 협박에 호락호락 넘어가지 않았다. 원소와 조조는 중앙에서 도망친 후 무장 세력을 조직하고 병권을 장악하고 있는 지방 제후들과 합세하여 대규모 동탁 토벌 연합군을 결성했다.

조조가 도망치는 과정도 지극히 희극성이 농후하다. 전하는 바에 따르면, 그는 도망치던 길에 옛 친구인 여백사呂伯奢의 집에 들렀는데, 때마침 여백사는 외출하고 집에 없었다. 그의 다섯 자식들이 조조를 보고 크게 기뻐하며 돼지를 잡는다고 분주하게 움직였다.

문득 뒤뜰에서 쇳덩이를 가는 듯한 소리를 들은 조조가 귀를 기울여보니 여씨 집안사람들이 "묶어서 잡자", "때려잡자"고 말하는 소리가 들렸다. 그들이 자신을 죽이려고 한다고 여긴 조조는 즉시 칼을 빼들어 여씨 집안사람들을 모두 죽이고 말았다.

모조리 죽인 후 주변을 살펴보니 주방에 돼지 한 마리가 떡하니 누워 있고, 닭과 오리가 도마 위에 놓여 있는 것이 아닌가? 그제야 조조는 자신이 오해했음을 깨달았다. 하지만 그가 누군가?

"내가 다른 이를 저버릴지언정, 다른 이가 나를 저버리게 하지 않겠다寧我負人, 毋人負我."《삼국지 · 위서 · 무제기》주에 인용된〈잡기雜記〉

그는 오히려 이렇듯 모질게 마음먹었다. 한어에서 "차라리 내가 천하 사람들을 저버릴지언정, 남들이 나를 저버리게 하지 않겠다"라는 말은 바로 여기에서 나온 것이다.

《삼국연의》에는 심지어 조조가 오해하여 여백사의 집안 식구를 죽였다는 것을 알고도 나중에 여백사까지 죽인 것으로 나온다. 조조는 평생 의심 때문에 타인을 사지로 몰았던 적이 적지 않은데, 이는 가장 유명한 일화다. 말 그대로 데뷔하기가 무섭게 이런 짓을 저질렀으나 오히려 더욱 많은 이들이 그를 추종했다. 이는 조조가 지닌 인격이 상당한 매력을 지녀 많은 이들을 현혹했음을 보여준다.

여씨 집안사람들을 모조리 죽인 후 조조는 계속해서 도망치다가 중모현中牟縣에 이르렀을 때 그곳 정장亭長에게 발각되고 말았다.

정장은 지금의 마을 치안위원회 주임 정도지만 하찮은 말단 관리라고 우습게 볼 일이 아니다. 정장이 한 번 소리치자 우르르 사람들이 몰려드니 조조인들 별수 없었다. 결국 정장에게 붙잡힌 조조는 현으로 압송되었다.

당시 중모현에도 동탁의 조조 체포령이 떨어진 상태였다. 그러나 현의 말단 직원 가운데 조조를 알아본 이가 현령에게 이렇게 말했다.

"세상이 바야흐로 혼란을 거듭하고 있으니 천하의 빼어난 준걸을 구속하는 것은 마땅치 않습니다."《삼국지 · 위서 · 무제기》주에 인용된《세어世語》

그의 말에 일리가 있다고 생각한 현령은 조조를 방면했다. 작은 현의 말단 관리까지 조조의 이름을 알고 있을 정도이니 당시 조아만曹阿瞞 : 조조의 어릴 적 이름의 명성이 이미 세간에 자자했음을 알 수 있다.

두 차례에 걸쳐 놀라기는 했으되 치명적이지는 않았던 에피소드를 겪은 후에 조조는 고향인 진류陳留로 돌아왔다.《삼국지 · 위서 · 무제기》는 당시 상황을 이렇게 기록하고 있다.

"태조가 진류로 돌아온 후 가산을 풀어 의병을 모집하여 동탁을 주살할 준비 태세를 갖추었다. 겨울 12월 비로소 기오己吳에서 거병했다."

조조가 진류에서 가산을 팔아 5,000여 명의 인마를 모집하여 반동탁 연합군에 참가할 준비를 했다는 뜻이다.

문서를 사칭하여 전화戰禍를 일으키다

조조와 마찬가지로 원소 역시 수도 낙양을 떠나 기주로 도망쳐 훗날을 도모했다. 기주목사 한복은 처음에는 극력 만류했으나 이후에는 원소의 거병을 크게 격려했을뿐더러 자신도 반동탁 연합군에 적극 참가했다. 한복은 왜 생각을 바꾼 것일까?

한복은 사람됨이 성실하고 온순하여 조정의 말이라면 군말 않고 따랐다. 물론 그 역시 조정이 동탁의 손아귀에서 놀아나고 있다는 사실을 알고 있었지만 그에겐 그래도 조정이었던 것이다. 그래서 원소가 동탁을 토벌하겠다고 병사를 일으킬 준비를 하자 몇 번이나 사람을 보내 그를 감시하고 만류했다.

한복은 동탁의 사람이 아니었다. 오히려 그는 원씨 집안과 관련이 깊었다. 그래서 원소가 그에게 몸을 의탁한 것이다. 그가 원소를 감시했던 것은 조정에서 동탁을 토벌하라는 공문을 받지 못했기 때문이었으나, 이보다 더 큰 원인은 자신의 기반인 기주에서 혹여 원소가 성가신 일을 벌일까 두려웠다는 점이다.

원소가 한복의 감시로 인해 도무지 거병할 기회를 얻지 못하고 있을 때, 동군태수 교모가 경성의 삼공이 각 주현에게 보내는 문서를 위조하여 동탁의 갖가지 죄악을 나열하였다. 이것이 이른바 '이서移書'다.《삼국연의》에 보면 문서를 위조하여 지방의 군사를 일으킨 이가 조조라고 하였으나 사실은 교모였던 것이다.

'이서' 안에는 이렇게 적혀 있었다.

"핍박을 받아 스스로 구원할 방법이 없으니 각지에서 의병을 일으켜 국난을 해소하기를 바라 마지않는다."

한복 역시 그 문서를 받고 여러 부하들에게 물었다.

"어떻게 하면 좋겠느냐? 원소를 도와야겠느냐, 아니면 동탁을 도와야겠느냐?"

휘하 누군가가 대답했다.

"지금 우리가 병사를 일으키는 것은 국가를 위함입니다. 동탁을 돕자는 것도 아니고, 그렇다고 원소를 돕자는 것도 아닙니다. 오로지 국가를 위해 행하는 것입니다."

그 말을 들은 한복은 심히 부끄러운 기색이 역력했다.

부하가 말을 이었다.

"병사를 일으킨다는 것은 아이들 장난처럼 단순한 일이 아닙니다. 예부터 병기란 상서롭지 못한 기물이라는 말이 있지 않습니까? 먼저 병사를 일으키기보다는 일단 사람을 보내 다른 곳의 상황을 살펴보는 것이 좋을 것이라 사료됩니다. 다른 이들이 움직이면 그때 거병하여 호응하면 됩니다. 군이 앞장설 필요도 없고, 그렇다고 너무 늦게 따라가는 것도 좋지 않습니다. 앞을 대면 머리를 치고, 뒤를 대면 엉덩이를 치면 됩니다."

한복은 그의 말이 이치에 맞다고 생각했다. 그래서 원소에게 서신을 보내 동탁의 죄악을 통탄하면서 그가 거병하기를 격려했던 것이다.

맹장 손문대

장사태수 손견의 자는 문대文臺이며, 집안 대대로 오吳에서 관리를 지냈다. 손씨 집안사람들은 손무孫武의 후대라 자칭했으나 혹자가 말한 것처럼 집안을 내세우기 위한 과대 치장일 뿐, 별 관계가 없는 듯하다.

전하는 말에 따르면, 손견이 태어나기 전에 손씨 선조의 무덤에서 여러 갈래 빛이 번쩍이고 오색구름이 하늘에 잇닿아 몇 리나 펼쳐졌다. 인근 사람들이 모두 이런 광경을 보았는데, 쉽게 볼 수 있는 것이 아닌 데다 공짜로 불꽃놀이보다 멋있는 광경을 보았으니 모두 넋이 나갈 만하다. 여기긴 마을 부모들은 이는 예사로운 광경이 아니니 손씨 집안이 틀림없이 강성해질 것이라고 말했다.

손견의 모친이 그를 임신했을 당시, 어느 날 창자가 배 밖으로 튀어나와 오나라 땅 창문昌門을 감도는 꿈을 꾸었다. 꿈에서 깨어나 두려움에 떨던 모친이 이웃 노파에게 꿈 이야기를 했다. 그러자 노파가 대답했다.

"길조이니 두려워할 필요 없어요."

이윽고 시간이 흘러 손견이 태어났는데 과연 생김새가 비범한 것이 예사 인물이 아니었다.

손견은 성정이 활달하고 기백이 넘치며 특히 의협심이 남달랐다. 그의 나이 17세 때 부친과 함께 배를 타고 전당錢塘으로 가는 길에, 도적들이 상인의 재물을 빼앗아 강변에서 장물을 나누고 있는 광경을 보았다. 동행하던 상인들은 그 모습을 보며 두려움에 한 발자국도 떼지 못하고, 배도 감히 더 이상 나아가지 못했다.

손견이 이를 보고 부친에게 말했다.

"저 도적들을 제가 처리하도록 해주십시오."

자신이 가서 모조리 없애버리겠다는 뜻이다.

이에 부친이 타이르며 말했다.

"네가 도모할 일이 아니다."《삼국지·오서吳書·손견전孫堅傳》

쉽게 말해 이는 경찰이 할 일이지, 네가 상관할 것이 아니라는 뜻이다.

하지만 손견은 아비의 말을 듣는 둥 마는 둥 하면서 어느새 칼을 들고 강변으로 달려가기 시작했다. 달려가면서 목소리를 다해 소리치고 손짓을 하는 것이 마치 진짜 관병이 나타나 도적들을 일망타진하려고 쫓아가는 듯했다.

도적들이 멀리서 보고는 관병이 오는 줄 알고 대경실색하여 훔친 재물을 그대로 놔둔 채 줄행랑을 놓았다. 보통 같으면 손견이 도적을 내쫓았으니 도적들이 남긴 재물을 그가 독차지해도 과히 낫하는 사람이 없을 것이다. 그러나 그는 재물에는 손 하나 대지 않고 도적들을 몰아낸 후 '쿨'하게 돌아왔다. 이후로 손견의 이름이 널리 퍼지면서 군郡에서조차 그를 불러 교위로 삼고자 했다.

현지에서 양명황제陽明皇帝라 자칭하는 이가 수만 명을 모아 반란을 일으켰다. 손견은 군의 사마 신분으로 용맹한 병사 1,000여 명을 모집하는 한편 주군의 관병과 협력하여 그들 세력을 섬멸했다.

자사가 조정에 손견의 공로를 상주하여 손견은 현승縣丞, 즉 지금의 민정국 국장 겸 경찰국장 정도의 직책을 얻었다.

손견은 세 군데 현의 현승을 역임하면서 가는 곳마다 이름을 널리 알렸다. 그는 향리의 나이 든 명인들과 의협심 강한 젊은이들과 어울렸다. 손견은 그들을 친척이나 자제처럼 진심으로 대했다. 그렇기 때문에 관리든 일반 백성이든 모두 그를 따르고 좋아했다.

황건의 난리가 일어나자 조정은 동원할 수 있는 모든 역량을 황건군 진압에 쏟아부었다. 중랑장 주준朱儁이 명을 받들어 낙양을 위협하는 황건군 진압에 나섰는데, 조정에 주청하여 손견을 좌군사마佐軍司馬로 삼았다. 손견은 지방에서 일부 사병을 모집하는 한편 자신을 따르는 동향 젊은이들을 모아 1,000여 명의 정병을 마련했다. 손견은 그들과 함께 주준을 따라 전투에 나섰다.

손견은 용맹무쌍하여 죽음도 불사할 정도였다. 한번은 승기를 얻어 적을 추격하느라 단기필마로 적진 깊은 곳까지 들어가 적들의 매복에 걸리고 말았다. 부상을 입고 말에서 떨어진 그는 적군에게 들키지 않도록 숲 속에 몸을 숨겼다.

당시 군사들은 분산하여 작전하는 바람에 그가 어디 있는지 알 수 없었다. 요행히 손견이 타고 있던 군마가 주인의 심정을 알았는지, 군영으로 들어가 병사들 앞에서 큰 소리로 울부짖었다. 병사들이 그 말을 따라가자 숲 속에 빈사 상태의 손견이 누워 있는 것이 아닌가. 손견은 이렇게 구사일생으로 구출되어 10여 일 동안 치료를 받고 겨우 일어섰는데, 주변의 만류에도 불구하고 또다시 전쟁터로 달려갔다.

여주汝州와 영주穎州 등지에 주둔하고 있던 황건군은 곤경에 빠져 퇴로를 확보할 수 없게 되자 완성宛城을 고수하며 장기전에 돌입했다. 이에 손견이 병사들을 이끌고 화살과 돌이 빗발치는 적진으로 달려가 제일 먼저 성벽을 오르기 시작했다. 그러자 병사들도 용기백배하여 그의 뒤를 따랐다. 마침내 완성을 점령한 후 주준은 손견의 전공을 조정에 알렸고, 조정은 그를 별부사마別部司馬로 승진시켰다.

이후 변장과 한수가 양주涼州에서 반란을 일으켰을 당시 중랑장 동탁이 토벌에 나섰지만 별 효과가 없었다. 이에 조정은 사공 장온을 거기장군으로 삼아 서쪽으로 보내 변장의 무리를 토벌토록 했다. 장온이 조정에 주청하여 손견과 동행했다.

장온은 군사를 이끌고 장안에 주둔하면서 조서를 통해 동탁을 불렀다. 하지만 동탁은 반나절 넘게 지체하다가 늦게서야 얼굴을 들이밀었다. 장온이 기분이 좋을 리가 없었다.

'주장인 내가 부르고 게다가 조정의 조서까지 보냈는데도 느릿느릿 이제야 나타나니, 도대체 뭘 하자는 것인가?'

장온은 내심 이렇게 생각하며 몇 마디 질책을 더했다.

하지만 동탁은 오히려 "내가 늦게 왔다고 어쩌시려는데?"라고 말하며 오만불손하기 그지없었다.

때마침 현장에서 동탁의 방자하고 무례한 태도를 목도한 손견이 장온에게 다가와 귓속말을 했다.

"명공께서는 친히 관병을 이끌어 천하에 위엄을 떨치셨는데, 어찌 저런 자에게 의지하려 하십니까? 동탁 저자가 말하는 것을 보십시오. 명공에게 예를 다하지 않으니, 윗사람을 경시하고 예의가 없는 것이 첫 번째 죄입니다. 변장과 한수가 제멋대로 날뛴 지 1년이 넘어 때에 맞춰 군사를 출동시켜 토벌하려고 했으나 동탁은 병사를 움직일 수 없다고 했습니다. 이렇듯 군대의 사기를 떨어뜨리고 민심을 미혹한 것이 두 번째 죄입니다. 동탁은 임무를 부여받았으나 공을 이룬 것이 없고, 부름을 받았으나 급히 오지 않았으며, 태도 또한 오만하기 그지없으니 이것이 바로세 번째 죄입니다."《삼국지·오서·손견전》

이렇듯 손견은 동탁의 죄목을 조리 있게 나열하면서 장온에게 당장이라도 동탁을 처치할 것을 건의했다. 하지만 아쉽게도 장온이 지나치게 우유부단하여 실행에 옮길 수 없었다.

얼마 지나지 않아 손견이 동탁의 세 가지 죄상을 지적하고, 장온에게 동탁을 주살할 것을 권했다는 이야기가 세간에 퍼졌다. 이리하여 손견과 동탁 두 사람은 철천지원수가 되었다.

홍두문건이 살인 기구가 되다

얼마 후 조정에서 손견을 의랑으로 임명했다. 나중에 장사에서 반란이 일어나 1만여 명이 성읍을 공격하는 일이 벌어졌다. 조정은 손견을 장사태수로 임명하여 반란군을 섬멸하도록 했다.

손견은 임지에 도착한 후 뛰어난 관리들을 선발하여 백성들을 다스리도록 했다. 그는 휘하 관리들에게 분명하게 당부했다.

"너희들은 백성들에게 잘 대하고 공문서를 잘 처리하며, 규정에 따라 일을 처리하라. 군내郡內 도적들은 내가 직접 해결할 것이다."

이렇게 말한 후 그가 전략을 짜고 군사들을 이끌어 1개월 만에 도적들을 모두 제거하니 군내 백성들이 너 나 할 것 없이 탄복했다.

얼마 후 조정에서 논공행상을 하면서 손견을 오정후烏程侯에 봉했다.

동탁이 경성인 낙양에서 전횡을 일삼으며 발호하고 제멋대로 행동하자 이를 알게 된 손견이 장탄식을 하며 되뇌었다. '연전에 장사공張司空이

내 말을 들었다면 지금 조정에서 어찌 이런 재앙이 일어났겠는가!' 이후 교모의 '이서'가 전해지자 손견 역시 분연히 병사를 일으켜 호응했다.

거병한 지 얼마 되지 않아 손견은 두 가지 큰일을 행했다. 하나는 형주로 진격하여 자사 왕예王叡를 죽인 것이고, 다른 하나는 남양으로 진격하여 태수 장자張咨를 죽인 일이다. 손견은 왜 이런 일을 저지른 것일까?

왕예는 손견과 함께 영릉零陵, 계양桂陽을 공격한 적이 있다. 손견이 무관이라는 이유로 왕예는 이야기할 때 멸시하는 듯한 태도를 보이곤 했다. 중국 역사에서 문관과 무관의 불화는 하루아침의 일이 아니다. 특히 문신들이 무관을 깔보았는데, 그들이 무식하다고 여겼기 때문이다. 손견은 그의 태도에 불만을 품고 있었다.

왕예는 또한 무릉武陵 태수인 조인曹寅과도 사이가 좋지 않았다. 그래서 조인을 먼저 죽이겠노라고 떠벌렸다. 조인은 살해될까 두려워 상관의 격문을 사칭하여 손견에게 보냈다. 격문에는 왕예의 죄상이 낱낱이 적혀 있었으며, 손견에게 그를 처단하라는 내용도 담겨 있었다.

손견이 긴가민가하고 있는데, 마침 누군가 확 불을 댕겨버렸다. 격문이 진짜든 가짜든 쳐들어가보자는 것이었다.

왕예는 군사들이 몰려오고 있다는 소식을 듣고 망루에 올라가 바라본 후 사람을 보내 병사들이 오는 이유를 묻도록 했다. 손견 휘하 병사가 대답했다.

"오랫동안 외지에서 전투하느라 고생만 죽도록 하고 있으니 상금이라도 얻으려 합니다. 이전에 받은 것으로는 군복을 마련하기도 부족하지요. 이번에 우리가 온 것은 공께서 은사를 베풀어 재물을 하사하시기를 바라기 때문이오."

왕예는 그의 말이 진짜인 줄 알고 속으로 이렇게 생각했다.

'까짓것 그깟 것이 뭐 대수라고! 내가 누구냐, 자사다. 돈이라면 뭐가 부족하겠느냐!' 그는 당장 창고를 열어 병사들에게 마음대로 가지고 가라고 명했다.

참으로 멍청하기 그지없는 친구였다. 병사들이 성루로 몰려든 후에야 왕예는 손견을 발견했다. 깜짝 놀란 그가 소리쳤다.

"병사들이 상금을 타고자 왔다더니 손부군孫府君은 어찌 왔는가?"

손견이 대답했다.

"격문을 받들어 네 수급을 얻으러 왔다."

"내가 무슨 죄를 졌다고 그러느냐?"

"나는 알 바 아니다. 여하간 홍두문건紅頭文件 : 중앙에서 하달한 문건—역주이 여기 있으니 한번 보겠느냐? 공문에서 너를 죽이라 하였으니 그대로 따를 뿐, 네가 무슨 죄를 졌는지 나는 알 바 아니다."

왕예는 손견의 군사에게 포위된 꼴이었으니 더 이상 어쩔 도리가 없음을 알고 스스로 목숨을 끊었다.

손견은 왕예를 죽음으로 몰고 나서 군사를 이끌고 남양으로 들어갔다. 그는 남양태수 장자에게 공문을 보내 군량을 제공해줄 것을 요청했다. 장자가 휘하 관리에게 어찌하면 좋겠느냐고 묻자 그가 대답했다.

"손견은 이웃 군의 태수이니 우리에게 군량을 내놔라 마라 할 자격조차 없습니다."

장자는 그의 말이 일리가 있다고 여기고, 손견이 보내온 공문을 완전히 무시했다.

그러나 손견이 예물을 마련하여 장자를 예방하니 장자 역시 어쩔 수 없이 답례를 해야만 했다. 손견이 그를 위해 반찬을 마련한 후 술이 몇 순배 돌아 얼큰하게 취했을 때 다짜고짜 장자를 끌어내어 참수해버렸다. 난데없이 수장이 참수되니 남양군의 관리들은 대경실색하여 어쩔 줄 몰랐다.

"아이고 맙소사, 명을 듣지 않으면 그 즉시 죽음이로구나!"

이렇게 해서 손견 부대는 남양에서 원하는 만큼 얻을 수 있었다.

천하에 조가*가 없을 수 없다

새는 우두머리가 없으면 날지 않고, 뱀은 머리가 없으면 갈 수 없다. 마찬가지로 군중 역시 이끄는 이가 없으면 제대로 힘을 발휘할 수 없다. 반동탁 연맹 역시 맹주가 필요했다. 사람들은 발해태수 원소를 적극 추천했다. 원소가 명망 있는 집안 출신이고, 낙양 시절 동탁을 향해 칼을 겨눌 정도로 용맹과 기백을 갖추었기 때문이다.

원소는 거기장군으로 자칭했고 여러 장수들 또한 각기 관호를 받았다. 원소는 하내군태수 왕광王匡과 하내에 주둔하고, 기주목사 한복은 업성鄴城을 지키면서 삼군의 군량을 책임졌다. 후장군 원술은 노양魯陽, 조조를 포함한 그 밖의 군사들은 산조酸棗에 주둔했다. 그래서 이번 연맹을 산조연맹이라고 한 것이다.

당시 각로의 군사는 수만 명에 달했다. 여러 장수들이 함께 모여 원소를 맹주로 추대했다. 얼핏 보기에 산조연맹은 위세가 대단하고 모든 이들이 합심하여 당장이라도 목적을 달성할 것만 같았다.

그래서 연맹군이 거병하자 동탁은 황급히 장안으로 천도하는 대책을 마련했던 것이다. 그는 이렇게 생각했다. '황제를 네놈들한테서 멀리 떨어뜨려놓았는데, 너희들이 어찌 겁박하겠느냐?' 그는 이미 잿더미로 변한 낙양에 군영을 꾸리고 일전에 대비했다.

동탁이 낙양에 주둔하자 산조연맹의 맹주인 원소를 비롯하여 각로의

---

* 조가操哥 : 사천四川 방언으로 '보스' 또는 '큰형님'이라는 뜻이나. 그러나 여기서는 조조 형님을 가리키는 말이다.

장수들은 양주군凉州軍의 막강한 실력을 잘 알고 있었기 때문에 감히 선봉에 서는 이가 없었다. 모난 돌이 정을 맞는다고, 괜히 앞장섰다가 먼저 죽기를 꺼렸기 때문이다.

그때 조조가 나서서 사람들에게 말했다.

"역적을 주살하고 난리를 평정하기 위해 의롭게 일어나 대군이 집결하였는데, 여러 장수들은 어찌하여 주저하고 계신 것이오? 지금 동탁은 궁전을 불태우고 천자를 핍박하여 천도하였으며, 전국을 뒤흔드는 난리에 백성들은 누구를 따라야 할지 모르는 상황이오. 이것이야말로 동탁을 멸망시키기 위해 하늘이 우리에게 기회를 준 것이 아니고 무엇이겠소. 일전으로 천하를 평정합시다!"

그래서 조조가 군사를 이끌고 서진하여 성고成皐로 출격했다. 장막張邈이 일부 군사를 차출하여 부장 위자衛茲에게 주어 조조를 따라가도록 했다. 조조의 군사는 형양滎陽에 도착하여 동탁의 부장 서영徐榮과 맞닥뜨렸다. 쌍방이 교전하여 조조의 군사가 패배했다. 조조는 유시流矢 : 누가 어디서 쏘았는지 모르게 날아오는 화살에 맞아 피를 흘렸고, 그가 타고 있던 말도 부상을 당했다.

목숨이 위태로운 순간에 조조의 사촌 동생인 조홍曹洪이 자신이 타고 있던 말을 조조에게 주면서 빨리 올라타라고 말했다.

"이게 무슨 말이냐? 내가 네 말을 타고 가면 너는 어쩌려고 그러느냐?"

놀란 조조가 이렇게 말하자 조홍이 답했다.

"천하에 조홍은 없어도 되지만 형님이 없으셔야 되겠습니까!"

결국 조조가 말에 올라타고 조홍은 그 뒤를 따르면서 어둠을 틈타 도주하기 시작했다.

서영은 조조의 군사가 비록 많지 않았음에도 불구하고 하루 온종일 싸워 겨우 물리칠 수 있었기에 결코 만만한 상대가 아니라는 생각이 들었다. 산조연맹을 쉽게 무너뜨릴 수 없음을 깨달은 그는 일단 군사를 뒤로 물렸다.

스스로 불길에 뛰어들다

패배하여 산조로 돌아온 후, 조조는 동탁 토벌을 기치로 내세운 10여만의 연맹군이 매일 술잔치나 벌이고 마작이나 하면서 도무지 진취적인 모습을 보이지 않자 울분을 터뜨렸다. 조조가 그들을 질책하며 나름의 책략을 제시했다.

"원소 장군이 하내의 군사를 이끌고 맹진으로 진격하도록 청하고, 산조에 주둔하고 있는 각로의 장수들이 성고를 기반으로 오창敖倉을 점령하여 요충지를 차지하며, 원술 장군이 남양군을 이끌고 무관武關으로 진격하여 삼보를 위협하기를 청한다. 각 부대는 보루를 높이 쌓고 수비를 위주로 하되, 군병이 많은 것처럼 위장하여 천하의 대군이 결집하고 있다는 진세를 보여야 한다. 그런 다음에 명분을 바로 하여 역적을 토벌하면 전세를 뒤집어 평정할 수 있을 것이다. 그런데 지금 우리는 의병이라고 하면서 머뭇거리며 한 걸음도 나아가지 않으니 천하 사람들에게 실망을 주는 것은 물론이고 나 또한 수치심에 얼굴을 들 수가 없도다."

하지만 조조의 말에 응대하는 이가 아무도 없었다. 조조는 어쩔 수 없이 부하인 사마司馬 하후돈夏侯惇을 양주揚州로 보내 병사들을 모집하도록 했다. 그는 1000여 명을 모집하여 돌아온 후 하내군에 주둔했다. 얼마 후 산조에 주둔하고 있던 각로의 연합군은 식량이 다 떨어졌다는 이유로 모두 흩어지고 말았다.

연맹군은 계속해서 내홍으로 혼란스럽기만 했다. 적군이 쳐들어온 것도 아닌데 지신들이 먼저 난리를 피우기 시작한 꼴이다. 중국인들이 지닌 가장 큰 결점이 바로 여기에 있다. 환난을 극복할 때는 함께하지만 부귀는 나눌 수 없다는 것이 바로 그것이다. 아직 부귀해질 때가 된 것도 아니고, 연맹을 성립한 것도 바로 엊그제일 뿐이다. 더군다나 동탁이 무슨 조치를 취한 것도 아닌 상황에서 스스로 섶을 지고 불길로 뛰어든 꼴이니, 참으로 한심하지 않을 수 없다.

연주자사 유대劉岱는 본래 충효와 인의를 중시하는 겸손하고 고상한 군자(충효와 인의를 중시하는 척했으나 표면적으로 그럴 뿐인 거짓 군자)였다. 그는 동군태수 교모에게 이상한 편견을 지니고 있었다. 사실 교모가 황제의 조서를 위조하지 않았다면 산조연맹은 아예 꾸려질 수도 없었을 것이다. 그럼에도 그는 교모를 살해했을 뿐만 아니라 그의 세력 기반까지 접수해버렸다.

청주자사 초화焦和도 동탁 토벌을 위해 출병했는데, 그의 군대가 황하를 넘자 황건군의 잔여 부대가 청주 경내로 들어갔다. 청주는 지금의 산둥山東으로 물산이 풍부한 곳이다. 초화의 부대는 진용이 대단하여 장관이었으나 어찌된 일인지 청주 황건군을 만나기가 무섭게 줄행랑을 놓아 한번도 제대로 싸워본 적이 없었다. 그러니 현지 백성들의 생명과 재산을 보호하는 일은 아예 생각조차 하지 않았다.

초화라는 작자는 유별나게 복괘를 좋아하고 귀신을 맹신했다. 만약 그를 만나 이야기를 나눈다면 금세 당당하고 유창한 담론에 고상한 어투, 조리 정연한 논설과 박학다식함에 놀라게 될 것이다. 하지만 자세히 살펴보면 치적이라고 할 것도 없이 상벌은 불공평하기 그지없고 행정은 엉망인 시라 주군에 서는 이늘이 별고 없이 폐여나 다를 바 없었나. 근본적으로 능력이나 재능이 있는 이가 아니었다. 얼마 후 병이 들어 죽었는데, 원소가 장홍臧洪을 파견하여 청주자사를 겸하도록 하면서 자신의 주군과 합병해버렸다.

동탁 토벌 연맹군이 성립한 지 2~3개월이 다 되도록 동탁의 군대와 제대로 싸워보지도 못한 상황에서 내부적으로 심각한 투쟁이 벌어졌다. 이처럼 속으로 곪아들고 있는 연맹이 무슨 능력으로 동탁 토벌전에서 승리를 구가한단 말인가?

6강　누가 역적 동탁을 칠 것인가?

　　《삼국연의》를 읽어봤다면 십팔로十八路 제후들이 동탁을 타도할 당시 관우關羽가 데운 술이 식기 전에 화웅華雄을 단칼에 베어버린 유명한 이야기를 기억할 것이다.

　　이야기에 따르면 동탁 휘하에 화웅이란 장수가 있었는데, 무예가 출중하여 연합군 각로의 장수들은 그의 적수가 될 수 없을 정도였다. 이에 관우가 따뜻하게 데운 술 한 잔을 시킨 후 화웅과 겨루고 돌아왔는데, 화웅의 머리는 이미 땅에 떨어졌으나 술은 아직 식지 않았더라는 이야기다.

　　그렇다면 과연 역사에서 그런 일이 진짜로 있었을까? 앞서 말했다시피 원소를 비롯한 여러 사람들이 동탁 타도를 내세워 군사를 일으킨 데는 나름의 정당한 이유가 있었다. 바로 동탁이 소제를 폐위해 황통의 질서를 문란하게 만들었다는 점이다. 새로 등극한 황제 유협을 원소 등은 전혀 인정하지 않았다. 심지어 원소는 유협이 한 영제의 아들이 아니라 뿌리를 알 수 없는 사생아에 불과하다고 한마디로 잘라 말했다.

　　동탁이 새로운 황제를 옹립했으니 옛 주인(소제)에게 연민의 정을 지닌 이가 적지 않았다. 동탁이 심복인 이유를 보내 폐제 홍농왕 유변을 독살했기 때문에 더욱더 그러했다. 이유는 동탁의 명을 받고 유변에게 독주를 내밀며 이렇게 말했다.

"폐위되어 홍농왕으로 강등되니 억울하고 고통스러워우신가? 자, 이 술잔을 받아 죽 들이켜시게. 그러면 모든 것이 끝나는 것이야."

유변은 그것이 독주라는 것을 알았다. 그것을 마시면 죽는다는 것도 뻔히 알았다. 하지만 잔혹한 동탁의 무리 앞에서, 피비린내 진동하고 창검이 푸른빛을 발하는 상황에서 어린 폐제는 아무것도 할 수 없었다. 결국 술잔을 받아 들고 다 들이켜 짧은 인생을 마감했다. 한 소제는 이렇게 동탁에게 독살된 것이다.

이후 동탁은 원소 등에게 투항할 것을 권유했다. 동탁은 사신 다섯을 원소의 진영에 파견하여 동탁에게 귀순하라고 유세토록 했다. 하지만 그 가운데 네 명은 원소의 손에 황천으로 직행하고 말았다.

그들 가운데 유일하게 살아남아 옥에 갇힌 이가 반동탁 연맹의 중요 인물인 하내태수 왕광에게 서신을 보냈다.

"제가 동탁과 친척이라도 된단 말입니까? 제가 왜 죽어야만 합니까? 또한 제가 동탁과 마찬가지로 용서받지 못할 죽을죄라도 지었단 말입니까? 승냥이처럼 입을 벌리고 뱀의 독을 내뿜으며 역적 동탁에 대한 원한을 모두 나에게 돌리시니 이 무슨 해괴한 짓이란 말입니까? 저 역시 죽는 것이 두렵습니다. 하지만 단순히 죽음이 두려워 서신을 보내는 것이 아니라, 미친놈에게 피해를 입는 것을 도저히 용인할 수 없기 때문입니다. 죄도 없이 죽임을 당한다면 황천에 올라가서도 반드시 당신들의 죄행을 고할 것입니다."

사실 사신으로 파견된 다섯 사람은 동탁의 심복이 아니라, 반동탁 연맹에 속한 이들과 마찬가지로 사대부일 따름이었다. 하지만 원소를 위시한 동탁 토벌 연맹군은 그들을 제멋대로 살해하여, 자신들이 근본적으로 한 헌제를 인정하지 않음을 보여주었다. 이처럼 무고한 이들을 제멋대로 살해한 것을 보면, 동탁 토벌을 명분으로 군사를 일으킨 이들 역시 정의의 군사들은 아니었음을 알 수 있다.

한 소제 유변이 독살되자 연맹군은 난감해졌다. 그들이 인정하는 황상이 죽었으니 동탁을 토벌한다는 명분이 바래졌기 때문이다. 복위시킬 대상이 사라졌으니 이제 연맹군은 한 헌제에게 복종하여 동탁이 장악하고 있는 조정의 명령을 듣거나, 아예 철저하게 헌제 정권을 부정하고 새로운 군주를 세울 수밖에 없었다.

그렇지 않아도 연맹군은 이놈저놈이 뒤죽박죽으로 섞여 심각한 분열상을 보이고 있었다. 어쩌면 처음부터 뭉칠 수 없는 집단이었을지도 모른다. 이런 상황에서 한 소제가 죽었다는 소식이 전해지자 여러 장수들은 산조에서 서약문을 낭독하며 동탁과 끝까지 싸울 것을 다짐했다.

그러나 맹세의 의식을 거행하면서 기이한 일이 벌어졌다. 제단을 설치했으니 올라가 맹세 의식을 하면 그뿐인데, 장수들마다 겸양하며 아무도 먼저 단에 오르려고 하지 않았다. 고상한 기풍과 예절을 갖추어 서로 사양하는 것이 아니라, 괜스레 선두에 섰다가 자칫 일을 그르쳐 동탁에게 첫 번째 타도 대상이 될까 두려웠기 때문이었다.

동탁의 서량군은 전투력이 막강할뿐더러 용맹하여 감히 대들기 어려웠다. 게다가 당시 보스라고 칭할 수 있는 원소나 원술, 한복, 왕광 등은 제각기 진영을 꾸려 이번 회맹에 참가하지 않은 상태였다.

제각기 딴마음을 품고 모였던 회맹은 용두사미로 끝나고 말았다. 동탁을 타도하자는 명분으로 모여들었던 연맹군은 각기 자신들의 진영으로 돌아가 예전과 다름없이 소일거리를 찾았다. 장수들은 연일 음주가무에 취해 더 이상 앞일을 도모하지 않았다.

새로운 군주를 세우기 위해 고심하다

하지만 원소는 그럴 시간이 없었다. 그는 새로운 군주를 옹립할 생각에 몰두했다.

원소와 한복 등은 같이 일을 도모하면서, 헌제는 나이가 어리고 멀리 장안에서 동탁의 통제를 받고 있는 터라 생사를 알 수 없으니, 현재 유주목幽州牧으로 있으며 종실에서 가장 현명한 이로 알려진 유우劉虞를 황제로 옹립할 준비를 하고 있었다.

하지만 조조가 앞에 나서 반대 의사를 표시했다. "우리들이 거병하자 사람들이 원근을 막론하고 호응했던 것은 근본적으로 우리의 행위가 정의롭다고 여겼기 때문입니다. 정의를 잡고 가슴에 원한을 품어 일당백으로 간적을 소탕하자고 맹세하지 않았습니까? 현재 황제께옵서 유약하시어 간신에게 휘둘리고 있다 하나 죄를 범한 것은 아닙니다. 만약 우리가 다른 이를 황제로 옹립한다면 천하에 누가 이를 받아들이겠습니까? 기어코 북쪽에서 유우를 영입하여 황제로 삼고자 한다면 나는 서쪽의 황제를 받들겠습니다."

조조가 반대하자 원소는 자신을 지지할 다른 이들을 찾았다. 그는 사촌 동생에게 서신을 보내 이렇게 말했다. "지금 황상은 영제의 아들이 아니다. 그렇기 때문에 우리는 주발周勃, 관영灌嬰 등이 소주를 폐출하고 대왕을 옹립한 선례에 따라 유우를 황제로 모시려고 하는데 자네의 생각은 어떠하신가?"

하지만 원소는 사촌 동생이 스스로 황제기 되려는 야심을 가지고 있다는 사실을 전혀 눈치채지 못하고 있었다. 천하에 주인이 없게 된 것은 군웅이 쫓아냈기 때문이 아니겠는가? 원술은 표면적으로 군신대의를 앞세우며 한복과 원소의 제의를 그럴듯하게 거절했다.

원소는 재차 원술에게 편지를 보내 말했다.

"지금 서쪽에 명목상 어린 황제가 있다고 하나 황가의 혈통이 아닐세. 공경대부나 조정의 대신이라는 자들은 동탁에게 아첨을 떨 뿐인데 자네가 어찌 그들을 믿는단 말인가? 지금 우리는 군사를 보내 관문을 막아 그들을 모두 압살해버릴 것일세. 그런 다음에 동쪽에 새로운 천자를 세우면 태평세월을 보낼 수 있을 것일세. 그런데 어찌 자네는 주저하며 결단을 내리지 못하는가? 더군다나 우리 집안사람들이 얼마나 죽었는가? 그 옛날 오자서伍子胥가 부모 형제 원수를 갚기 위해 어떻게 했는가를 생각해보시게. 설마 자네가 그런 황제에게 신하라 칭할 수 있겠는가?"

원술은 회신에서 이렇게 말했다.

"지금 난신적자인 동탁이 나라가 위급한 틈을 타 문무백관을 우롱하고 있으니 이는 대한 왕조의 액운이오. 하지만 지금 천자께옵서 지혜롭고 총명하시니 어찌 황가의 혈통이 아니라 운운할 수 있겠소이까? 무슨 근거라도 있습니까? 아무런 증거도 없이 발설하는 것은 모함일 뿐입니다. 우리 집안사람을 피살하여 신하라 칭할 수 없다고 하셨는데, 우리 집안사람들을 죽인 것은 황상이 아니라 동탁입니다. 이제 의병을 일으키고자 함은 동탁을 제거하는 데 목적이 있지, 새로운 군주를 세우고자 함이 아닙니다."

한복과 원소는 원술이 끝까지 버티며 동의하지 않자 어쩔 수 없이 먼저 사람을 보내 유우를 황제로 옹립하는 문서를 유주로 보내기로 했다. 문서에서 그들은 유우를 황제라고 존칭했다.

유우는 원소가 보낸 사신을 만나 매서운 목소리로 질책했다.

"지금 천하가 사분오열되어 황제께옵서 재난을 당하고 계신다. 나는 국은을 입은 종실 사람으로 아직까지 나라의 치욕을 갚지 못해 그렇지 않아도 통탄하고 있도다. 그대들은 각자 주군을 지키며 마음을 다해 협력해야 하거늘 오히려 모반을 획책하여 나를 더럽히려고 하는구나! 나에게 절대로 그따위 말을 하지 말지어다. 나는 결단코 그리하지 않을 것이다.”

결국, 원소 등은 일단 물러나 차선책을 구하는 수밖에 없었다.

“황상을 하실 수 없다면 상서를 맡으시어 황제 대신 관리들을 다스리는 것은 가능하시겠습니까?”

그러나 유우는 여전히 받아들이지 않았다.

원소는 다급하여 이삼일이 멀다 하고 계속 사람들을 보냈다. 유우는 자신을 계속 다그치자 모진 말을 내뱉었다.

“너희들이 나를 계속해서 핍박한다면 나는 아예 흉노 땅으로 건너가 너희들과 관계를 끊어버리겠다.”

원소는 도무지 방법이 없자 그만 작파하고 말았다. 만약 유우를 핍박하여 다른 곳으로 가게 된다면 천하 군웅에게 웃음거리가 되지 않겠는가!

반동탁 연맹군은 결성된 후 어떻게 하면 동탁을 타도할 것인가를 고민한 것이 아니라 제각기 다른 뜻을 품고 자신의 이익을 위해 가장 좋은 것을 차지하느라 혈안이 되어 있었다. 그래서 조조는 〈호리행蒿里行〉에서 이렇게 비꼬았던 것이다.

관동에 의로운 이들 있어
흉한 무리 치고자 군사를 일으켰다.
맹진에서 만나 처음 기약할 때
마음은 모두 임금 계신 도성에 있었으나
힘을 모음에 가지런하지 못하고
혹은 앞서고 혹은 머뭇거렸다.
세력과 이익, 사람을 다투게 하고

끝내는 서로 죽이며 돌아섰다.

關東有義士, 興兵討群凶.
初期會盟津, 乃心在咸陽.
軍合力不齊, 躊躇而雁行.
勢利使人爭, 嗣還自相戕.

동탁을 어떻게 물리칠 것인가는 고민하지 않고 각기 자신의 그릇만 챙기는 모습을 풍자한 것이다.

붉은 두건은 바람에 펄럭이고

산조연맹 이후 손견과 동탁은 몇 차례 전투를 벌였다.

손견은 처음에 동탁을 토벌하기 위해 거병한 후 형주와 남양 등지의 지방관을 죽이고 군사를 이끌고 하남으로 진격하여 원술과 만났다. 원술은 손견과 연합하기로 결정하고 조정에 장주를 올려, 손견을 파로장군으로 임명하고 예주豫州자사를 겸직하게 해줄 것을 요청했다.

장주는 명의상 조정에 올리는 것이지만 당시 조정은 동탁이 장악하고 있었기 때문에 원술의 추천을 조정이 받아들일 리 만무했다. 그래서 원술은 자신이 직접 손견을 임명하였으니, 이 정도면 나라가 이미 엉망진창이라 아니 할 수 없다.

손견은 노양에서 주둔하며 병마를 다려해 동탁 토벌에 만반의 준비를 갖추었다. 출병하기 전 손견은 군량을 재축하기 위해 부장을 파견하기로 했다. 이를 위해 그는 노양성 동문에 관원을 집합시키고 장막을 설치하여 술을 마시며 길을 떠나는 부하를 환송했다.

동탁은 손견이 거병할 것이라는 소식을 듣고 그 즉시 대장 호진胡軫을 노양성으로 파견했다. 호진의 선봉대가 노양성에 도달했을 때, 손견은 때마침 부하들과 술을 마시며 담소를 나누고 있었다. 손견은 진영을 정돈하고 대오를 갖추었을 뿐 별다른 대응을 하지 않았다. 게다가 술자리를 파하기는커녕 계속 술을 마시며 태연자약하게 대화를 나누었다. 적의 기병이 점점 많아지자 손견은 그제야 천천히 자리에서 일어나 장수들을 지휘하여 일사불란하게 성내로 들어갔다. 손견이 부장들에게 말했다.

"앞서 내가 곧바로 일어서지 않은 것은 병사들이 서로 밟고 밟히다가 제대로 성안으로 들어가지 못하게 될까 걱정되었기 때문이오."《삼국지 · 오서 · 손견전》

말인즉, 적이 쳐들어왔을 때 황급히 일어나지 않은 것은 자신이 일어나 서둘러 철군할 경우 장병들이 뒤엉켜 서로 밟고 밟혀 무수한 사상자가 날 것을 우려했기 때문이라는 뜻이다. 그래서 그는 서둘러 성안으로 후퇴하지 않고 여유를 부렸던 것이다. 그래서 장병들 또한 장수가 태연자약한 것을 보면서 당황하지 않고 질서정연하게 성안으로 후퇴할 수 있었다.

호진은 손견의 군사들이 질서정연하고 군기가 엄격하며 투지가 왕성한 것을 보고 감히 더 이상 진격하지 못하고 철수하고 말았다. 손견은 이렇듯 공성계空城計로 적을 물리친 셈이다.

원소가 천자를 폐위하려고 했던 그해에 손견은 예주병豫州兵 10만을 이끌고 양동梁東으로 진격하여 낙양 공략에 나섰다. 그런데 뜻하지 않게 동탁의 부하인 서영에게 포위되고 말았다.

맹장 서영이 등장하자 손견은 제대로 대응도 하지 못하고 허둥댔다. 손견의 예주병은 대다수 임시로 모집한 병사로 구성되어 전투력이 약했기 때문에 결국 전군이 궤멸하고 말았다. 손견은 겨우 몇십 기가 호위하는 가운데 포위망을 뚫고 도주했다.

손견은 평상시에 융단으로 만든 붉은 두건, 이른바 홍두건紅頭巾을 쓰고 다녔다. 그런데 그것이 너무 선명하여 적에게 쉽게 노출되었다. 그래서 양동에서 포위망을 뚫을 때 상황이 급박해지자 손견은 두건을 벗어 심복 부장인 조무祖茂에게 씌워 적의 시선을 끌도록 했다.

당시에는 사진이 있을 리 만무하니 일반인들이 손견이 어떻게 생겼는지 알 수 있었겠는가. 결국, 동탁의 기병들은 손견이 홍두건을 썼다는 사실을 알고 그저 붉은 두건을 쓴 자만 쫓아갔다. 손견은 그 틈에 겨우 포위망을 뚫을 수 있었다.

황당한 것은 조무였다. 동탁의 기병이 계속 쫓아오자 마냥 도망칠 수도 없고 그야말로 낭패가 따로 없었다.

'됐다. 나라고 어찌 계속 바보짓만 하랴! 저 녀석들이 나를 고기 순대인 줄 알고 따라오는 모양인데, 내가 옥수수에 불과하다는 것을 어찌 알겠는가?'

그래서 그는 묘책을 생각하곤 즉시 말에서 내려 홍두건을 무덤 앞에 불에 탄 기둥에 씌워놓고 자신은 풀숲으로 숨어들었다. 동탁의 기병이 멀리서 바라보니 홍두건이 바람에 펄럭이고 있는 것이 아닌가? 틀림없이 그곳에 손견이 있으렷다. 그들은 신속하게 무덤 주위로 달려가 빽빽하게 둘러쌌다. 그러나 막상 가까이 가보니 손견은 보이지 않고 불에 타시커멓게 그을린 기둥만 보일 뿐이었다. 결국 기병들은 철수할 수밖에 없었다.

손견은 크게 패하여 자칫 목숨까지 위태로웠다. 만약 부하가 의리로 돕지 않았다면 그냥 끝장나고 말았을 것이다.

필사적인 설욕

전투에서 패배했으나 그것으로 주눅이 들 손견이 아니었다. 그는 흩어진 병사들을 수습하여 양인陽人 : 태곡太谷 양인, 지금의 임현臨縣 서쪽으로 들어간 후 이전의 치욕을 갚을 다음 전투를 준비했다.

동탁은 손견이 양인으로 들어갔다는 소식을 접하고 즉시 호진을 대도 독 겸 대도호로 임명하고 여포를 기독騎督으로 삼아 5,000명을 이끌고 공격토록 했다.

호진은 성질이 급하여 출병하기에 앞서 호언장담을 늘어놓았다.

"이번에 출병하면 반드시 녀석의 청수青綬 : 관인을 매는 끈를 끊어 군기를 바로잡으리라!"

'청수'란 무엇인가? 한조 고급 관리들이 사용하는 끈의 일종이다. 삼공 은 금인자수金印紫綬라고 하여 금으로 만든 관인을 자색의 띠로 매고, 그 아래 관리들은 은으로 만든 관인을 푸른 끈, 즉 청수로 맨다. 호진이 청 수를 잡겠다고 한 것은 바로 고급 관리를 죽이겠다는 뜻이다.

여러 장수들이 그의 말을 듣고 기분이 언짢아 그저 미친놈의 소리라고 치부했다. 군대가 양인성에서 수십 리 떨어진 곳에 이르렀을 때 이미 날 은 어두워지고 병마는 피곤에 지쳤다. 동탁이 앞서 세운 작전 계획에 따 르면, 잠시 진군을 멈추고 휴식하면서 다음 날 아침에 성을 공격하기로 되어 있었다.

여러 장수들은 호진을 미워하여 일을 그르치게 할 생각까지 하고 있었 나, 그래서 여포 무리는 사방을 돌아다니며 양인성의 적군이 이미 도망 치고 있기 때문에 빨리 추격해야지, 그러지 않으면 적군을 몰살할 기회 를 놓치고 만다고 떠들고 다녔다.

호진은 멍청하게 전군에게 야습을 명령하여 양인성 아래까지 진격했다. 하지만 양인성의 손견은 이미 철저한 수비망을 구축하고 이전의 패배를 설욕할 기회만 엿보고 있었기 때문에 더 이상 공격할 수 없었다.

당시 동탁의 대군은 허기와 기갈에 시달리며 사기가 곤두박질친 상태였다. 병사들이 갑옷을 벗기가 무섭게 여포 등은 손견이 야습했다는 소문을 퍼뜨렸다. 칠흑같이 어두운 밤인지라 피아 구분이 안 된 상태에서 병사들은 허둥지둥 말안장조차 찾지 못해 우왕좌왕하고 갑옷과 창검을 내던지고 도망치기 바빴다. 이에 손견이 성을 나와 호진의 군대를 크게 무찌르고 호진의 부장인 화웅을 죽였다. 이렇듯 화웅은 손견의 손에 죽은 것이지, 관우와는 아무런 관계도 없다.

손견은 양인전투에서 대승을 거두어 크게 명성을 떨쳤다. 하지만 그럴 즈음 소인배들이 끼어들어 손견과 원술의 관계를 이간질하고 나섰다.

"손견이 낙양을 점거하여 세력을 펼치게 되면 통제하기가 쉽지 않을 것입니다. 만약 그대로 놔두신다면 이리를 쫓아내려다 범을 불러들이는 꼴이 되지 않겠습니까?"

원술은 근본적으로 인격 수양이 모자란 이였다. 소인배의 말을 듣기가 무섭게 손견이 정말로 그럴지도 모른다고 의심하며 더 이상 군량을 보내지 않았다.

손견은 군량이 떨어지자 노심초사하지 않을 수 없었다. 당시 손견이 주둔하고 있던 양인은 원술의 주둔지인 노양과 100여 리 떨어졌는데, 손견은 밤새 말을 달려 노양으로 원술을 찾아갔다.

원술의 막사에 도착한 손견은 그림을 그려가며 형세를 분석하고 이해를 따져가며 걱정거인 어두운 원술에게 말했다.

"출신을 불문하고 위로는 국가를 위해 도적을 도벌하고, 아래로 병사들의 사사로운 원한을 위로하고자 합니다. 저는 동탁과 골육지친의 원한이 없습니다. 그런데도 장군께서는 참언을 듣고 오히려 저를 의심한단

말입니까?"《삼국지·오서·손견전》

말인즉, 자신은 동탁과 원한 관계가 없지만 위로는 국가를 위해, 그리고 아래로는 원술 바로 당신 집안의 원수를 갚기 위해 애쓰는데, 어찌하여 당신은 소인배 간신들의 말만 믿고 나를 시기하느냐는 뜻이다.

원술은 들어보니 참으로 부끄러운지라 아무런 답변도 하지 못했다. 손견이 계속해서 말을 이었다.

"이제 곧 대승을 눈앞에 두고 있는데 군량이 제대로 공급되지 않아, 마치 그 옛날 오기吳起가 서하西河에서 피눈물을 흘리고, 악의樂毅가 성공 직전에 고꾸라진 것과 같습니다. 바라건대 심사숙고하시고 명찰하시어 빨리 결단을 내려주십시오."

원술이 그의 말을 다 듣고 즉각 손견에게 군량을 보낼 것을 명했다.

손견은 곧바로 진영으로 돌아왔다. 그가 도착하기가 무섭게 동탁이 보낸 유세객이 찾아왔다. 동탁은 손견을 두려워했다. 그래서 손견과 사돈 관계를 맺든지, 아니면 그의 자제 가운데 관리가 되고 싶은 사람이 있다면 누구라도 명단에 올려 높은 관직을 추천할 생각이었다.

동탁은 연맹군 중에서 손견을 제외하고 나머지는 모두 뜬구름처럼 허깨비들이라는 것을 알고 있었다. 또한 그는 손견과 면식이 있고 그의 재능을 누구보다 잘 알고 있었기 때문에 사람을 보내 그를 설득하려고 했던 것이다. 하지만 손견은 단호했다.

"동탁은 하늘을 거스르고 잔인무도한 인물이오. 내 오늘 그를 멸족해 천하에 똑똑히 보여주지 못함이 원망스러울 뿐인데, 어찌 그와 인척으로 관계를 맺는단 말이오?"

손견은 진군을 계속했다. 그가 군대를 이끌고 낙양 부근까지 진격하자 동탁이 친히 출격하였으나 크게 패하고 민지澠池까지 퇴각하여 섬현陝縣에서 병력을 추스렸다.

손견은 낙양으로 쳐들어가 여포를 크게 물리쳤다. 이어서 낙양을 점령한 그는 황제의 종묘를 정리하여 제사를 올렸다. 그런데 뜻밖에도 그곳에서 이전에 장양이 소제를 위협하여 도망치면서 잃어버렸던 전국옥새를 찾았다.

연이어 손견은 군사를 나누어 신안과 민지로 진격하면서 동탁을 압박했다. 손견의 군사 행동으로 인해 동탁은 낭패를 금할 수 없었다. 동탁이 휘하 장수에게 말했다.

"관동의 반군들은 여러 차례 패배하여 너 나 할 것 없이 나를 두려워하는데, 오직 손견 그 녀석만 죽을 각오로 덤벼드는구나. 여러 장수들에게 철저하게 방비하도록 일러두어라. 손견은 쓸 만한 재목인데 참으로 아쉽구나. 원가 그 어린 자식을 따라다니다간 언젠가 제명에 죽지 못할 것이로다!"

동탁은 병력을 남겨 산동연맹군의 진격을 막도록 하는 한편 자신은 조정이 있는 장안으로 돌아갔다.

각기 속셈을 품고 내분을 일으키다

동탁이 장안으로 퇴각할 당시 제로의 연맹군은 추격은커녕 내홍으로 인해 더욱 시끄럽기만 했다.

기주자사 한복은 천하의 영웅호걸들이 원소를 따르는 것을 보고 질투심에 마음이 편치 않았다. 그래서 원소 군대에 대한 군량 공급을 제한했다. 군량이 부족하여 저기에 허덕이다 보면 절로 해산할 것이라고 생각했기 때문이다.

원소의 문객이 원소에게 말했다.

"장군께서 동탁을 타도하기 위해 군사를 일으켰으나 군량을 다른 이에게 신세진다는 것은 말도 안 됩니다. 군중에 식량이 부족하면 자중지란이 일어날 것이고, 만약 군량을 공급하는 이가 없다면 아무리 군사가 많다고 해도 절로 해산하고 말 것입니다. 그러니 무엇보다 한 지역을 점거하여 거점으로 삼는 것이 중요합니다. 그렇게 해야만 군량 문제를 해결할 수 있습니다."

문객의 뜻은 기주를 공략하여 점령하자는 것이었다. 원소는 그의 말을 듣고 일리가 있다고 생각했다.

"하지만 지금 기주에 막강한 군대가 주둔하고 있는 데 반해 우리 군대는 굶주리고 물자가 부족한 상태일세. 내가 괜히 한복과 반목하다 일거에 성사하지 못한다면 난 더 이상 설 자리가 없을 것일세."

원소의 말에 문객이 대답했다.

"괜한 걱정이십니다. 한복은 위인이 용졸합니다. 은밀하게 공손찬公孫瓚과 연계하여 기주를 공격하여 압력을 가할 것을 부탁한 다음 장군께서 한복에게 사람을 보내 설득한다면 분명 기주를 헌납할 것입니다."

원소가 듣고 보니 참으로 교묘한 책략이었다. 그래서 곧바로 공손찬에게 서신을 보내 한복을 밀어붙이도록 부탁했다.

공손찬은 그의 부탁을 듣고 별생각 없이 곧이곧대로 기주를 공격했다. 명목상으로 동탁을 타도한다는 기치를 내걸었으나 실제는 한복을 습격하려는 것이었다. 한복은 크게 패하여 엄청난 스트레스를 받았다.

이런 상황에서 원소는 모사를 한복에게 보내 유세했다. 모사가 한복에게 말했다.

"공손찬은 연燕과 대代 땅의 군사를 이끌고 승기를 틈타 남하하여 각지에서 너 나 할 것 없이 호응하고 있으니, 그 예봉을 감당하기 어려울 것입니다. 원본초袁本初:원소도 동쪽으로 군사를 이동하고 있는데 의도를 정확하게 알 수 없으니 실로 다급하게 되었습니다."

한복은 본시 용렬하기 그지없는 일개 관리에 불과하여, 그의 말을 듣기가 무섭게 조급한 마음으로 모사에게 다그치듯 물었다.

"아이고. 그렇게 된다면 어쩌하면 좋겠소?"

모사가 이어 말했다.

"한번 스스로 판단해보십시오. 관대하고 인의를 따질 때 과연 원본초와 비교하실 수 있겠습니까?"

"아무래도 내가 처지지."

한복의 대답에 모사가 다시 말했다.

"위급한 상황에 처하여 과감하게 판단하여 처리하여 지혜나 용맹이 뛰어난 것을 논할 때 과연 장군께서 원본초를 뛰어넘을 수 있겠습니까?"

"그것도 비교할 수 없겠지."

"누대로 널리 은덕을 베풀어 천하 모든 이들이 그 은혜를 입은 것을 가지고 비교한다면 원본초를 능가하실 수 있겠습니까?"

한복이 풀이 죽어 대답했다.

"아니야. 내가 아무래도 그와 비교할 수 없을 것이야."

한복은 누구보다 자신의 분수를 잘 알고 있었다. 그러니 반박할 수가 없었다.

원소의 모사가 계속 말을 이었다.

"원본초는 호걸 중에 호걸입니다. 분명 앞서 말씀드린 세 가지 모두 그를 능가하실 수 없을 것입니다. 하지만 장군의 직급이 그보다 높으니 과연 그가 쉽게 승복하겠습니까? 기주는 천하에서 물산이 가장 풍부한 지역 가운데 하나입니다. 만약 그가 공손찬과 힘을 합쳐 빼앗고자 한다면 장군이 패하는 것은 의심할 여지가 없습니다. 다행히 원본초가 장군과 오래전부터 아는 사이이니, 함께 동맹을 맺어 동탁을 토벌하겠다고 하신다면 그 역시 모진 생각을 접을 것입니다. 지금 처지에 장군께서 기주를 원본초에게 넘기시는 것이 그나마 최선책일 것이니, 그렇게 하면 원본초가 장군의 후덕에 감사를 표시할 것이고, 공손찬도 굳이 그와 다투려고 하지 않을 것입니다. 이렇게 되면 장군은 유능한 이에게 자리를 넘겨주었다는 미명을 남기고 아울러 자신과 가족의 생명을 온전하게 보존하실 수 있을 것입니다."

한복은 천성이 겁이 많았던지라 그의 제안을 그대로 받아들였다. 하지만 그의 부하들은 난데없는 소식에 깜짝 놀라 달려와 만류하기 시작했다.

"강산은 뺏고 빼앗기는 것이지, 어찌 선양禪讓이란 것이 있겠습니까? 우리 기주는 100만 대군을 수용할 수 있을 정도로 넓고 식량도 족히 10년을 버틸 수 있을 만큼 풍족합니다. 원소로 말하자면 군량 부족에 허덕이는 객식구에 불과하여 우리에게 의지하지 않으면 제대로 먹을 수 없는 신세입니다. 그런데 무엇 때문에 기주를 그에게 넘긴단 말입니까?"

그러나 한복은 뜬금없는 소리만 반복했다.

"나는 원래 옛날부터 원씨 집안의 부하 출신인 데다 재간 또한 원소에게 못 미친다. 스스로 자신의 능력이 부족함을 알아 어질고 능한 이에게 양보하는 것을 미덕이라 하지 않더냐. 그런데 너희들은 왜 반대만 하는가?"

결국 한복은 부하들의 반대도 불구하고 자발적으로 기주자사 직책을 양보하기로 마음을 굳혔다. 그는 아들을 보내 원소에게 인끈을 보냈다. 원소는 이렇게 해서 기주의 주인이 되었다. 기주의 명사들이 잇달아 원소를 찾아가 흔히 모시기 되기를 청했다.

식견이 있는 자들은 뻔히 알고 있었다. 이번 사태가 한복이 어질고 유능한 이에게 양보한 것이 아니라 원소의 계략임을. 그렇기 때문에 연맹의 다른 장수들은 이에 대해 불만이 가득했다.

세력 근거를 확보하게 되자 원소와 원술 무리는 자신들이 기의했던 근본 이유를 까맣게 잊고 말았다. 유주자사 유우의 아들 유화劉和는 궁중에서 시종관 노릇을 하고 있었다. 한 헌제 유협은 언제라도 동탁의 통제에서 벗어나 낙양으로 돌아가기만 고대하고 있었기 때문에 유화를 거짓 도망시켜 그의 아비에게 구원병을 이끌고 자신을 영접하도록 하고자 했다.

유화가 남양에 도착하자 후장군 원술은 유화의 부친을 이용할 생각에 그를 잡아두었다. 원술은 자신이 직접 서쪽으로 진격하여 황상을 영접할 수 있다고 자신 있게 떠들면서 유화에게, 부친에게 서신을 보내 이러한 상황을 설명하라고 요구했다.

유우는 아들의 서신을 받고 기병 수천 명을 보냈다. 공손찬은 원술이 별도의 속셈이 있다는 것을 알고 유우를 극력 만류했으나 유우는 듣지 않았다. 공손찬은 원술이 이로 인해 자신에게 원한을 품을까 두려워 입장을 바꾸어 원술을 돕는 쪽으로 마음을 돌렸다. 그는 사촌 동생인 공손월公孫越에게 기병 1,000여 명을 데리고 원술을 돕도록 하는 한편, 원술에게 유화를 감금하고 유우가 아들을 위해 보낸 부대를 차지하라고 부추겼다. 이렇게 해서 유우는 공손찬과 원수지간이 되었다. 함곡관 동쪽 여러 주군의 수장들은 서로 자신의 세력을 확충하기 위해 먹고 먹히는 싸움에 이골이 났다. 원소와 원술 형제 역시 알력이 생겨 서로 쳐다보지도 않을 지경에 이르렀다.

원술은 손견을 보내 동탁을 공격하라고 했다. 손견이 돌아오지 않자 원소는 주앙周昻을 예주자사로 임명하여 손견의 근거지인 양성을 습격했다.

손견이 주먹을 불끈 쥐고 단식하며 밀했다.

"여러 사람들이 거병한 것은 대의를 위하고 국가를 환란에서 구하고자 함이다. 지금 역적 동탁을 타도하기 위해 협력해도 모자라거늘 오히려 나를 이렇게 대하다니! 과연 누구와 함께 손을 잡고 싸운단 말인가?"

그는 탄식을 거두고 출격하여 주앙의 군대를 크게 무찔렀다.

원술은 손견을 돕기 위해 공손월을 보냈는데, 잘못하여 공손월이 유시에 맞아 죽고 말았다. 사촌 동생이 화살에 맞아 죽었다는 소식을 전해 들은 공손찬은 크게 노하며 소리쳤다.

"내 사촌이 죽은 것은 원소의 죄가 크다."

그는 조정에 상소문을 올려 원소의 죄행을 낱낱이 밝히고 원소를 타도하기 위해 군사를 일으켰다. 기주에 속한 여러 성의 주장들도 원소를 배반하고 공손찬 편을 들었다.

놀란 원소는 자신이 차고 있던 발해태수의 인끈을 공손찬의 또 다른 사촌 형제인 공손범公孫範에게 넘겼다. '사촌 하나를 죽이긴 했으나 또 다른 사촌에게 관직을 넘겼으니 이만하면 되지 않겠나!' 원소는 마음속으로 이렇게 생각하고 있었다.

이렇듯 조정의 명호나 직함을 사사롭게 주고받았으니 나라 꼴이 어땠는지 능히 알 수 있다. 원소는 공손범에게 발해태수를 양보하면서 공손찬에게 화해를 요청했다. 하지만 공손범이 과연 원소가 원하는 대로 고분하게 말을 들을까? 그는 여하간 공손찬과 형제지간으로 일가임에 틀림없다. 공손범은 발해태수로 나간 후 즉각 발해군의 군사를 이끌고 공손찬을 돕기 위해 달려갔다. 공손찬은 스스로 기주, 청주, 연주 자사에 취임한 후 군현의 우두머리들을 모두 새로운 인물로 교체했다.

동탁 타도를 위해 모인 장수들은 이처럼 갈등과 알력 속에서 서로 죽고 죽이기를 바쁘게하면서 지리멸렬되 싸우느라 성시이 없었다. 오늘 한자리에 앉아 술을 마시던 친구가 내일 칼을 들고 싸우는 적으로 돌변하는 상황이었다. 자, 그렇다면 이런 동맹군의 마지막 결론은 어떻게 되었을까? 그들이 타도하려는 동탁의 최후 모습은 또 어떠했을까?

7강 여포, 초선에게 홀리다

《삼국연의》는 사도 왕윤이 미인 초선貂蟬을 이용하여 동탁과 여포를 이간질하고 마침내 여포의 손을 빌려 극악무도한 역적 동탁을 주살하는 것으로 묘사하고 있다. 민간 전설에 나오는 초선은 미모가 뛰어난 것은 물론이고 의협심이 대단한 여인이다. 그렇다면 실제로 초선이란 인물이 존재했을까? 그리하여 여포와 초선의 이야기가 실제 있었던 일일까?

문무를 겸비한 서생

동탁이 무력으로 위협하는 가운데 한 헌제는 조정의 대신들과 함께 서한의 고도 장안으로 이주했다. 하지만 동탁은 동맹군의 진격을 방어하느라 낙양에 계속 머물고 있었다. 이런 상황에서 조정의 크고 작은 일은 모두 사도인 왕윤이 책임지고 처리했다.

왕윤은 산서 기현祁縣의 명문 귀족 출신으로 타고난 자질이 총명한 데다 어려서부터 학식과 경륜이 우수했다고 할 정도로 뛰어난 인물이었다. 게다가 더욱 대단한 일은 서생이면서도 뛰어난 무술 실력을 갖추었다는 점이다. 왕윤은 대장군 위청衛靑과 관군후冠軍侯 곽거병霍去病의 용맹과 기백을 앙모하고 나라를 위해 죽음을 불사하는 애국심에 깊이 감동받아

무술을 연마하며 심신을 다스렸다. 수년간에 걸친 힘든 수련을 통해 왕윤은 말 그대로 문무를 겸비하여 어느 것 하나 부족함이 없는 뛰어난 인재가 되었다.

한번은 같은 군에 사는 명사가 왕윤의 부친을 방문하였는데, 공교롭게도 부친이 외출하여 맞이할 사람이 없었다. 왕윤이 비록 나이가 어리나 대범하게 주인의 입장에서 손님을 맞이하였는데 전혀 예에 어긋남이 없었다. 그는 손님과 함께 담론하면서 문무를 막론하고 어떤 주제도 거침이 없었으며, 서로 의견을 나누면서 자신의 풍부한 학식을 드러냄은 물론이고 논설이 조리 정연하고 깊이가 있었다.

그를 찾아온 명사는 왕윤이 어린 나이에도 불구하고 학문과 수양이 대단한 것을 보고 크게 놀랐다. 그는 두 손을 공손하게 모은 후 왕윤을 칭찬하며 이렇게 말했다.

"학문이 날로 발전하여 제왕을 보좌할 인재다."《후한서·왕윤전王允傳》

이후로 왕윤은 산서 지방에서 더욱 명망이 자자해졌다. 얼마 후 조정의 삼공이 동시에 그를 불러 시어사侍御史가 되었다.

조정의 관리가 된 후 얼마 되지 않아 전국 각지에서 황건군이 기세등등하여 소란을 일으켰다. 신속하게 난리를 평정하기 위해 동한 정부는 왕윤을 예주자사로 임명하는 한편, 공융孔融 등 명사를 불러 왕윤을 종사從事로 삼고 황건군을 토벌할 것을 명했다.

왕윤은 처음 출전하는 것이었으나 남들이 흉내낼 수 없는 지략과 전략을 발휘했다. 그는 전투에 앞서 종사나 일반 관병들의 의견을 충분히 청취한 후 수도면밀하게 작전을 짰다. 왕윤은 높은 위치에서 전투를 지휘하는 것에서 그치지 않고 친히 전선으로 나가 적과 싸워 뛰어난 무술 솜씨를 발휘했다. 얼마 후, 예주 일대의 황건군은 철저하게 궤멸되어 사라졌다.

영제의 '아비'도 감당하기 힘든 인물

왕윤은 좌중랑장 황보숭, 우중랑장 주준과 함께 수십만에 달하는 황건군의 투항을 받아들였다. 그 과정에서 만사에 세심한 왕윤은 황건군의 군영을 수색하다가 중상시 장양의 빈객이 쓴 서신을 발견했다. 서신에는 군사기밀에 속하는 내용이 적혀 있었다.

장양은 한 영제가 아버지라고 부를 정도로 신임하는 환관인데, 왕윤은 그가 황건군과 사통하고 있다고 의심했다. 그래서 보다 자세하게 조사하여 세세한 내용까지 밝히게 되었다. 왕윤은 그 즉시 표문表文을 작성하여 황제에게 보고했다.

영제는 그가 올린 표문을 보고 깜짝 놀라 장양을 입궁토록 했다. 그는 노기충천하여 장양을 질책하며 사실 그대로 말하라고 했다. 하지만 장양은 조정에 뿌리박은 지 이미 오래된 거목인 데다 대단히 교활한 인물인지라, 황상에게 대답하면서 자신의 죄행은 죄다 다른 사람에게 미루고 오히려 왕윤이 모함하는 것이라며 억울하다고 호소했다.

영제는 원래 멍청하기도 하고 처음부터 장양을 두둔할 생각인 데다 장양의 말솜씨가 워낙 교묘한지라 죄가 없다고 여기고 더 이상 추궁하지 않았다.

장양은 궁궐 문을 나서면서 이마의 진땀을 닦으며 이를 악물었다. 이후로 그는 왕윤에게 원한을 품고 언젠가 반드시 죽이리라 다짐했다. 이듬해 장양은 마침내 빌미를 잡아 왕윤을 하옥했다.

그러나 장양은 운이 나빴다. 얼마 후 조정에서 대사면이 이루어지면서 왕윤이 석방되어 원래 사리인 자사로 복직했기 때문이다. 하지만 장양이 그것으로 만족할 사람이 아니었다. 간악한 소인배인 그는 작은 원한이라도 반드시 갚아야만 직성이 풀리지, 결코 중도에 포기할 작자가 아니었다. 채 열흘이 되기도 전에 그는 '막수유莫須有*'라는 죄목으로 왕윤의 죄를 날조하여 왕윤을 또다시 감옥에 집어넣었다.

평소 왕윤의 인품을 잘 알고 있던 사도 양사楊賜가, 장양이 고의로 왕윤을 사지로 몰고 있음을 알고 사람을 보내 왕윤에게 권유했다.

"대인께서 하찮은 일로 환관 장양에게 죄를 얻어 한 달 만에 두 번이나 하옥되는 신세가 되셨으니 이는 환관들이 앙심을 품고 있기 때문입니다. 지금 대인께서는 흉사가 많아 생명을 보존하기 힘든 상황이니 큰 뜻을 위해 먼저 한 걸음 뒤로 물러시는 것이 어떠하십니까? 대장부라면 능히 굽힐 수도 있는 법, 애오라지 강하게만 나가신다면 저들이 그냥 놔두지 않을 것 같습니다. 청컨대 깊이 생각해주시기 바랍니다."

왕윤이 두 번째로 옥에 갇히자 휘하 종사들 역시 깊이 걱정하며 그를 구출할 방도를 모색했다. 휘하 관리 한 명이 옥으로 왕윤을 보러 갔다가 통곡하며 장양에게 사죄하기를 간구했다. 그러나 왕윤은 한마디로 거절했다.

그러자 그가 독배를 꺼내놓으며 왕윤에게 말했다.

"옥중에서 고통을 당하시느니, 차라리 이 독주를 드시는 것이 낫지 않겠습니까?"

뜻밖에도 왕윤은 독배를 빼앗더니 매섭게 질책했다.

"나는 당당한 천자의 중신이거늘, 군주가 죄를 주시면 당연히 징벌을 받아야 할 것이니, 왕법에 따라 참수되어 시중示衆 : 여러 사람에게 보임되어 천하 사람들이 나를 본보기로 삼는다면 더 이상 법을 어기지 않을 것이다. 그리하면 될 것을, 내 어찌 형벌을 피하기 위혜 스스로 독약을 마신

---

* 송대 간신 진회秦檜가 악비岳飛를 반역죄로 무고하면서 증거를 묻는 한세충韓世忠에게 했던 말로 "아마도 있을 것이다"라는 뜻이다. 여기서는 터무니없는 죄목을 뜻한다.

단 말이냐! 내 스스로 백성들과 조정과 인연을 끊고 자살하는 일은 절대로 할 수 없다."

왕윤은 이렇게 말한 후 독주를 땅에 뿌려버렸다.

장양이 보기에 왕윤은 말 그대로 똥통에 박힌 돌처럼 냄새가 고약하고 단단하기 이를 데 없는 작자였다. 조만간 자신에게 사죄하러 올 것이라 생각하던 장양은 왕윤이 미동조차 하지 않자 그의 죄상을 더욱 과장하여 떠들고 다녔다.

얼마 후 왕윤의 재판 날이 다가왔다. 그의 부하와 친구는 물론이고 조정의 관리들도 다급해져 장양이 왕윤을 해치지 않도록 최선을 다했다. 대장군 하진, 태위 원외, 사도 양사 등이 연명으로 황제에게 상소하여 왕윤을 사면해줄 것을 청했다.

영제가 상주문을 보고 조정의 중신들이 모두 왕윤을 사면해줄 것을 요청하고 있음을 알고 죽을죄를 사면했다. 하지만 사형은 면했으되, 완전히 풀려난 것은 아니었다. 왕윤은 여전히 감옥에 갇혀 재심을 기다려야만 했다.

겨울이 되자 또다시 조정에서 대사면이 이루어졌다. 하지만 이번에도 장양이 고집을 부려 왕윤은 사면의 대열에 설 수 없었다. 하진과 원외, 양사 등 조정 중신들이 계속해서 사면을 요청하자 마침내 그 이듬해 겨우 석방되었다.

당시 조정은 장양을 비롯한 엄당이 권세를 독점하고 제멋대로 전횡을 일삼았다. 왕윤이 출옥한 후 장양 등 환관들의 행태를 보고 깊이 통절했으니 자신의 힘이 미약하여 어쩔 수 없이 이름을 바꾸고 수도 낙양을 떠나 하내와 진류 등지를 전전하며 살았다. 왕윤은 영제가 붕어했다는 소식을 듣고 조문을 위해 낙양으로 돌아왔다.

그때 대장군 하진은 각지의 관리들이 문상하기 위해 수도로 올라온 틈을 타 그들을 자기편으로 끌어들이기 위해 분주했다. 왕윤이 낙양에 도착하자 하진이 급히 그를 불러들여 군부의 참모 격인 종사중랑으로 임명했다.

하지만 하진은 우유부단하고 능력이 어딘가 부족한 데가 있었다. 결국, 그는 환관들을 제거할 기회를 놓치고 오히려 환관에게 죽임을 당했다. 그가 죽자 장양 등 환관들은 소제와 진류왕을 강제로 끌고 야반도주하고 말았다. 조정의 중신 경대부들이 급변하는 정세에 어찌할 바를 모르고 있을 때, 왕윤만이 과감하게 결단력을 발휘하여 상서 노식과 어가를 호위하고 황제를 모시고 회궁할 수 있었다.

발호跋扈 태사太師의 위세

동탁은 낙양에서 소제를 폐위하고 헌제를 세웠다. 왕윤은 위급존망의 때를 맞이하여 사도의 직무를 맡으면서 삼공의 반열에 올랐다.

헌제가 제위에 올랐지만 외척과 환관의 투쟁은 여전히 지속되었고, 각지의 반란도 잠잘 기미가 보이지 않았다. 지방에 할거하고 있던 세력들이 기회를 틈타 일어서니, 환관 타도를 명분으로 삼았으나 호시탐탐 중앙 정권을 노리는 것이 분명했다. 동한 왕조는 이미 뉘엿뉘엿 지는 해처럼 종말을 향해 내려가면서 마지막 가쁜 숨을 헐떡이고 있었다.

난데없는 동탁의 등장에 왕윤은 직감적으로 그가 장차 조정의 가장 큰 우환거리가 될 것이니 하루라도 빨리 제거해야 한다고 생각했다.

하지만 동탁은 막강한 군사력을 확보하고 있을뿐더러 주변에 측근이 적지 않았고, 무엇보다 그 자신이 흉폭하고 악랄했다. 설사 왕윤이 자력으로 그와 맞부딪친다고 할지라도 계란으로 바위를 치는 것처럼 그 즉시 깨질 수밖에 없었다. 그래서 왕윤은 표면적으로 동탁에게 동조하고 심지어 순종하면서 동탁이 자신에 대한 경계를 풀도록 하는 한편, 암암리에 국적國賊을 제거할 계획을 도모하기 시작했다.

동탁은 낙양으로 들어온 후 입지를 확고하게 굳히고 세력을 확대하기 위해 조정에서 영향력이 있는 관리들을 자기편으로 적극 끌어들였다. 왕윤은 속내를 전혀 드러내지 않고 겉으로는 동탁에게 순종하며 최선을 다해 모셨다. 굴욕적인 태도로 자신의 원칙마저 저버리는 모습이었으나 이를 통해 그는 동탁의 신임을 얻었다.

동탁이 보니 왕윤은 재주와 학식이 풍부할뿐더러 자신에 대한 충성이 남다른지라 자신의 심복으로 여기고 조정의 크고 작은 일들을 모두 그에게 맡겨 처리토록 했다. 왕윤은 그 기회를 이용하여 대외적으로 부족한 점을 보완하는 한편 내적으로 자신의 계획을 실행에 옮겨 황실의 권위를 회복하고 천하를 안정시킬 수 있도록 만반의 준비를 갖췄다. 그는 대인의 풍모를 지니고 있어 천자는 물론이고 조정의 대소 백관늘 역시 그를 신뢰했다.

초평初平 2년(서기 191년), 동탁이 손견에게 패배하여 장안으로 도망치듯 쫓겨 왔다. 그는 자신의 권세를 뽐내기 위해 공경대부들에게 모두 성문 입구까지 나와 자신을 영접하도록 했다.

공경대신들에게조차 이럴 지경이었으니 일반 백성들에 대한 태도는 굳이 말하지 않아도 알 수 있다. 그는 관리와 백성들 가운데 부모에게 불효하거나 형제지간이 불화하고, 신하가 상관에게 충성하지 않거나 청렴하지 않을 경우 명단을 적어 일괄 사형에 처하도록 했다. 물론 재물은 모두 관부에서 빼앗았다.

동탁이 이러한 짓거리를 자행한 것은 무슨 도덕 교화를 시행하기 위함이 아니라 관리와 백성들의 재산을 빼앗기 위함이었다. 이로 인해 사람들은 서로 무고하는 일이 그치지 않았으며, 원한 속에 죽임을 당한 자가 수천 명에 달했다. 백성들은 언제 어디에서 어떻게 당할지 모를 두려움과 증오 속에서 아예 문 밖 출입을 금할 정도였다. 이런 가운데 토벌군과 전투를 한답시고 가는 곳마다 약탈과 겁탈을 자행하니 거의 모든 백성들이 그야말로 죽을 지경이었다.

조정을 꽉 움켜잡기 위해 동탁은 자신의 동생과 조카에게 병권을 맡기고 그 외에 사돈의 팔촌까지 모든 친인척을 동원하여 조정의 핵심 관직에 임명했다. 심지어 그의 소첩이 낳은 갓난아이조차 무슨 후작에 봉하니 관리의 상징인 금인자수가 졸지에 아이 장난감이 되고 말았다.

동탁이 타고 다니는 수레와 입는 관복은 황상과 같았다. 그가 백관들에게 명을 내리면 상서 이하 관원들은 모두 그의 태사부로 와서 보고하고 지시를 받았다. 그는 당시 섬서 미현鄜縣 : 지금의 보계시寶鷄市 미현眉縣에 거대한 성채를 마련했는데, 이를 미오鄜塢라고 불렀다. 미오는 높이가 7장, 너비가 7장이나 되는 거대한 성채로, 그 안에 30년은 넉넉히 먹을 수 있는 식량을 채워놓았다. 동탁의 속셈은 '만약 일이 잘 성사되면 위풍당당하게 이곳에서 천하를 호령하고, 설사 성사하지 못한다고 할지라도 이곳으로 은퇴하여 여생을 즐기겠다'는 것이었다.

안팎이 호응해야 동탁을 멸할 수 있으리라

동탁 토벌군의 내분이 지속되자 목표 달성의 가능성이 점차 희박해졌으며, 반대로 동탁은 조정에서 거의 안하무인으로 못할 일이 없었다. 왕윤등 조신들이 보기에 더 이상 원소를 비롯한 토벌군은 기대할 것이 없었다. 그렇다면 나라를 구하려면 자신들 스스로 나서서 동탁을 주살하는 방법밖에 없었다.

왕윤은 표면적으로 동탁과 계속 관계를 유지하면서 은밀하게 동탁을 주살할 역량을 마련하기 위해 애썼다. 그는 먼저 사례교위 황완과 상서 정공업鄭公業과 함께 동탁을 주살할 계획을 모의하는 한편, 군사력을 확보하기 위한 방안을 마련했다. 우선 황상에게 양찬楊瓚을 좌장군으로 추천하여 군사를 확보하는 한편 집금오執金吾 : 지금의 중앙 위수사령부 사령관에 해당 사손서士孫瑞를 남양태수로 임명하여 지방의 군사력을 확보하도록 했다. 그런 다음에 사손서가 원술을 토벌한다는 명분으로 군사를 이끌고 무관을 넘어 출병토록 했다. 사실은 동탁을 협공하기 위한 계책이었다.

하지만 동탁은 그리 만만한 인물이 아니었다. 그는 이전에 휘하 명사의 말만 믿고 원소를 놓친 적이 있었기 때문에, 왕윤이 비록 자신에게 충성심을 보이기는 하지만 결코 완전히 믿지는 않았다. 결국, 동탁이 왕윤의 행동을 의심하여 만반의 경비 태세를 갖추는 바람에 왕윤의 거사는 실패로 끝나고 말았다.

얼마 후 동탁이 조정에 주청하여 왕윤을 후작으로 봉하고 식읍 5,000호를 하사하도록 했다. 왕윤은 동탁의 제의를 거절하여 천하 사인들의 비웃음을 면하고자 했으나 사손서가 적극 만류했다.

"대사를 이루기 전까지 절대로 발각되어서는 아니 됩니다. 동탁이 공에게 관작을 높여 조정의 백관들에게 공의 숭고한 인품을 더욱 존경하도록 하겠다는데 어찌 기꺼이 받으시려 하지 않으십니까? 결코 감정적으로 처리할 일이 아닙니다."

왕윤의 그의 말에 일리가 있다 여기고 관작을 받았다.

다시 1년이란 세월이 속절없이 흘렀다. 전국이 심각한 자연재해로 인재 힘든 나날을 보내고 있었다. 거의 두 달 내내 비가 내리는 바람에 곳곳에서 수해로 난리가 났다. 왕윤은 사손서, 양찬 등과 고사를 지내면서 긴급히 동탁을 주살할 방안을 논의했다.

사손서가 말했다. "작년부터 지금까지 태양이 어둡고 음산한 비가 연일 계속되어 이제 시기가 성숙되었으니 만약 천기를 잡아 먼저 제압하지 않으면 후환이 그치지 않을 것입니다."

왕윤은 사손서의 의견에 동의하고 기회를 엿보아 동탁을 주살하기로 결정했다. 하지만 동탁이 워낙 주도면밀하게 하수인들을 곳곳에 포진해서 만일의 사태에 대비하고, 그 자신 또한 힘이 엄청나서 쉽게 제압할 수 없었다. 만약 만전을 기하지 못해 자칫 실수라도 하는 날이면 그 결과는 엄청날 수밖에 없었다. 개인의 생명은 오히려 작은 일이고 크게는 국가의 안위가 걸린 일이었다. 마지막으로 왕윤은 동탁의 진영 내부에서 도움을 줄 사람을 찾아 안팎에서 협공을 하기로 마음먹었다. 그는 내심 동탁 휘하의 맹장인 여포를 의중에 두고 있었다.

여포는 무술이 뛰어났을 뿐만 아니라 힘도 장사로, 삼국시대에 제일 센 남자 가운데 한 명이었다. 동탁은 자신이 남들에게 무례하고 제멋대로라는 것을 누구보다 잘 알고 있었기 때문에 혹시라도 누군가에게 공격을 받거나 살해당할 수 있다고 두려워했다. 그래서 어디를 가든 여포를 시위로 데리고 다녔다. 그는 이렇듯 여포를 총애하여 마치 아들처럼 생각했다. 물론 동탁이 이렇게 함으로써 여포를 너끈히 통제할 수 있을 것이라고 생각하는 이들도 있었지만, 반드시 그런 것만도 아니었다. 왜냐하면 여포는 동탁의 주력인 서량군의 직계가 아니어서 진정한 의미의 심복이 될 수 없었기 때문이다. 그래서 동탁은 맹호나 다를 바 없는 그를 항상 데리고 다니면서 자신의 눈에 보여야만 비로소 안심할 수 있었다.

비록 여포는 언제나 머리를 조아리고 동탁을 친아비처럼 모셨지만 때로 미치지 못하는 경우도 있었다. 임금을 모시는 것은 호랑이를 내하는 것과 같다고 했다. 비록 두 사람이 표면적으로는 군신 관계처럼 좋아 보였으나, 사실 그들 사이에도 갈등은 존재했던 것이다.

동탁은 성격이 강퍅하고 각박하여 인정이라고 할 것이 없었다. 언젠가 하찮은 일로 자신의 마음에 들지 않는다고 여포에게 창을 날린 적이 있었다. 여포가 날렵하게 몸을 피했으니 망정이지, 하마터면 정통으로 맞을 뻔했다. 여포는 황급히 고분고분한 태도로 사과하여 겨우 동탁의 노기를 풀 수 있었다.

여포 또한 나름 탁월한 장수로 꿀릴 것이 없음에도 이런 대접을 받으니 내심 속이 편하지 않았다. 당장은 동탁의 권세에 눌려 어쩌지 못하고 그저 좋은 관계를 유지하고 있었지만 이미 악감정이 자리 잡고 있었던 것이다.

얼마 후 여포는 동탁의 시녀를 좋아하게 되었다. 중국 고대에 시녀侍女는 함의가 상당히 넓은데, 때로 희첩姬妾과 다르지 않았다. 그러니 이는 여포가 동탁의 여인, 동탁의 첩과 몰래 사통하고 있다는 뜻이었다. 황음무도하고 잔인하기 그지없는 동탁이 이런 사실을 알게 된다면 어찌될 것인가? 덩치 큰 여포라고 어찌 두려움이 없었겠는가?

여포와 사통하고 있는 시녀는 누구인가? 정사에는 그녀에 대한 기록이 전혀 나오지 않는다. 다만 《삼국연의》는 그녀가 바로 초선이라고 적고 있다. 혹자는 그녀의 본성은 임任이라고도 하고, 또 누군가는 원래 여포의 며느리였다고 말하기도 한다. 그런가 하면 궁중의 궁녀로 초선관貂蟬冠 관리를 맡았기 때문에 초선이란 이름이 붙었다고 말하기도 한다.

나관중의 생동감 넘치는 묘사를 통해 그녀는 왕윤의 수양딸로 변신하여 동탁과 여포를 이간질하는 데 결정적인 역할을 하게 된다. 왕윤은 먼저 그녀를 여포에게 보낸 다음 다시 동탁에게 보내 두 사람의 불화를 이끌었다. 결국 그녀는 멋지게 성공했고, 이를 통해 중국 고대의 4대 미녀 가운데 가장 신비로운 여인이 되었다.

하지만 앞서 밝힌 바대로 사서에는 이 여인에 관한 기록이 전혀 보이지 않는다. 여포와 정을 나눈 시녀가 과연 누구인지 찾을 방법이 전혀 없다. 다만 평서 연의, 즉《삼국연의》에서 말한 것처럼 그녀를 초선이라 불렀다는 것만 알 수 있을 따름이다.

양부를 함정에 빠뜨린 양아들

왕윤과 여포의 관계는 줄곧 괜찮았다. 어느 날 조회하러 나가면서 여포가 왕윤을 보더니 뜬금없이, 자신이 전날 하마터면 동탁이 던진 창에 맞아 죽을 뻔했다는 이야기를 꺼냈다. 왕윤이 그의 말을 들으면서 좋은 기회라는 생각이 들었다. 그래서 조심스럽게 여포에게 동탁 제거를 위한 모의에 대해 이야기하면서 안에서 호응해줄 것을 요청했다.

여포는 막상 듣고 보니 결코 작은 일이 아닌지라 잠시 머뭇거렸다.

"내가 태사와 부자의 정을 나누고 있거늘, 어찌 이런 일을 할 수 있겠소?"

왕윤이 그의 말을 듣고 힐책하듯이 반문했다.

"무슨 부자의 정이오? 장군의 성은 여씨고, 그자는 동씨인데 무슨 관계가 있다고 그러시오? 지금 장군 자신의 생사도 제대로 챙기지 못하면서 무슨 부자의 정을 말씀하신단 말이오? 하찮은 일로 화가 났다고 창을 던지는 아비를 보신 적이 있소?"

여포가 생각해보니 왕윤의 말이 일리가 있었다.

"망할 놈의 노인네가 인정이 없으니 나보고 의리가 없다고 탓할 것도 없네!"

게다가 그는 혹시라도 동탁의 시녀와 사통한 일이 발각될까 두려워하고 있었기 때문에 이판사판이란 심정으로 동탁 제거에 끼어들기로 결정했다.

며칠 후 황상이 환후에 차도가 있어 미앙궁未央宮에서 백관을 모아놓고 조회를 열었다. 동탁이 조복으로 갈아입고 수레를 타고 조정을 향해 떠났다. 군영에서 황궁까지 길가 양쪽으로 군사들이 삼엄한 경비에 나섰다. 왼쪽은 보병, 오른쪽은 기병이 나열하였는데, 여포 역시 무장을 하고 좌우로 돌아가며 지휘했다.

왕윤이 사손서더러 조서를 여포에게 건네주게 했다. 여포는 이숙李肅 등 10여 명의 심복에게, 호위병으로 위장하여 북액문北掖門에 숨어 동탁이 오기를 기다리도록 했다. 동탁이 문에 들어서자 이숙이 창을 빼 들어 찔렀다. 하지만 동탁이 안에 갑옷을 입어 창이 들어가지 않았다.

갑작스러운 습격에 손을 다친 동탁이 수레에서 떨어지며 소리쳤다.

"봉선이, 어디에 있느냐? 내 봉선이, 어디에 있어? 빨리 와서 호위하지 않고 무엇하느냐?"

그러자 그가 그리도 찾던 봉선의 입에서 뜻밖의 말이 튀어나왔다.

"황제의 조령을 받들어 역적을 토벌하노라!"

그제야 동탁은 양아들 놈 때문에 곤경에 빠졌다는 것을 깨달았다. 물론 요즘 아버지들도 자식새끼 때문에 곤경에 빠지는 경우가 적지 않다. 그래봤자 괜히 온라인에서 졸부 흉내를 내거나, 값비싼 외제차를 몰다가 사고를 내서 결국 아비를 관직에서 끌어내리는 정도다. 하지만 여포는 아예 양아버지의 목숨을 빼앗겠다고 달려들었다.

동탁이 입에 거품을 물고 욕지거리를 해댔다.

"너, 이 개놈의 자식! 감히 네놈이 이럴 수가 있어!"

동탁이 입을 채 다물기도 전에 여포가 달려가 창으로 그의 가슴을 깊이 찔렀다.

동탁을 따르던 이들은 순식간에 벌어진 일에 어찌할 바를 모르고 멍하니 쳐다보기만 했다. 태사 동탁이 쿵하는 소리와 함께 땅에 쓰러지자 그제야 사람들은 그에게 달려갔다. 하지만 달려드는 족족 번뜩이는 여포의 창에 찔려 목숨을 잃었다. 잠시 후 여포가 품 안에서 조령을 꺼내 읽기 시작했다. 역적 동탁만 토벌할 뿐, 나머지 사람들은 더 이상 죄를 묻지 않겠다는 내용이었다. 관병들은 괴수魁首만 처리하고 나머지는 그냥 놔둘 것이라는 말을 듣고서야 비로소 창칼을 내려놓고 만세를 불렀다.

동탁이 피살되었다는 소식이 전해지자 백성들이 길가로 나와 환호성을 지르며 축하했다. 백성들이 길거리로 모두 나와 물샐틈없이 가득했다. 장안성의 사인과 부녀자까지 자신들이 지니고 있던 장식이나 의복을 내다팔아 술과 고기를 사서 경축할 정도였다.

동탁의 동생과 조카를 비롯하여 미오에 살고 있던 동씨 집안사람들은 남녀노소를 막론하고 모두 죽임을 당했고, 미오에 쌓아놓은 재물은 관아에서 몰수했다. 동탁의 시신은 길거리에 내팽개쳐져 방치되었다. 더운 날씨가 며칠째 지속되자 시신에서 썩는 냄새가 진동하기 시작했다. 비대한 몸에서 기름기가 흘러 땅바닥을 흥건하게 적셨다. 간수가 큰 심지를 만들어 그의 배꼽에 꽂고 불을 댕겼다. 마치 촛불을 밝힌 양 널름거리는 불꽃이 주야로 그치지 않고 사나흘 동안 지속되었다.

동탁에게 박해를 받아 집안사람들이 몰살된 원씨 가족의 문생들은 이미 찢긴 동탁의 시신을 가져다가 불에 태워 재로 만든 다음 큰길에 뿌려 오가는 이들에게 짓밟히도록 했다.

헌제는 동탁이 주살되자 크게 기뻐했다. 역적 동탁의 위세와 협박으로 인해 그의 생활 또한 전전긍긍이었다. 이제 사도 왕윤이 나라를 위해 역적을 제거했으니 이 어찌 기쁘지 아니하겠는가! 그래서 헌제는 왕윤에게 상서 업무를 맡기는 한편 여포를 분위장군奮威將軍으로 임명하고 온후溫侯로 봉하어 왕윤과 힘께 삼공의 대우를 받으며 조정을 책임지도록 했다.

그러기에 천도는 돌고 돌며, 인과응보는 틀림이 없다고 한 것일 터다. 온갖 죄악을 서슴지 않았던 역적 동탁은 아들이나 다를 바 없는 심복 여포에게 죽임을 당하고 말았다. 왕윤 연출, 여포 주연의 궁정 정변은 이렇듯 동탁 토벌을 기치로 삼았던 여러 장수들이 못다 이룬 일을 마침내 완성했다.

그렇다면 나라의 역적이 죽었으니 동한 조정의 통치 질서도 정상으로 회복될 수 있을까?

8강 호랑이가 죽자
여우가 득세하다

왕윤이 동탁을 제거한 후 동탁의 서량군에서 병변이 발생했다. 그들은 장안성을 공격하여 미친 듯이 보복을 감행하여 장안성을 피로 물들였다. 왕윤은 비겁하게 도망치지 않고 굳건히 환란에 맞섰지만 오히려 역사에서 '서생이 나라를 그르쳤다'는 오명을 뒤집어쓰게 된다. 그렇다면 왕윤이 무엇을 잘못했기에 서량군의 병변을 야기한 것일까? 친히 동탁의 목숨을 빼앗은 여포는 과연 어떤 운명에 처하게 되는가?

꼬리를 내리고 사면을 구걸하다

역적 동탁이 제거되었으니 천하가 태평해질 것인가?

동탁의 직계 부대는 서량군인데, 여포는 그곳 출신이 아니었다. 당시 사람들은 여포를 세 번이나 성을 바꾼 가노家奴라고 부르곤 했다. 원래 성은 여呂인데, 정원을 수양아비로 섬기면서 정丁씨가 되었고, 정원을 죽이고 다시 동탁을 수양아비로 삼았으니 이번에는 동씨가 된 셈이다. 여포가 데리고 있는 병사들도 원래 성원의 병주병并州兵이었다.

동탁이 낙양에서 장안으로 철수한 후 서량군의 주력은 콩알이 흩어지듯 각지로 분산되어 원소의 공격을 방어했다. 그래서 동탁 신변에는 직계 부대가 그리 많지 않았기 때문에 여포가 그 기회를 이용하여 동탁을 해치울 수 있었던 것이다.

비록 동탁은 죽었지만 그의 서량군은 여전히 건재하여 조정에 큰 위협 거리였다. 서량군은 난폭하고 흉악한 데다 막강한 화력을 자랑했다. 그렇기 때문에 동탁이 죽자 그의 부대를 어떻게 처리할 것인가의 문제가 조정, 특히 사도를 맡은 왕윤이 해결해야 할 선결 과제였다.

동탁 서량군의 주력 부대는 장안 동쪽 섬현 일대에 주둔하고 있었다. 그들은 동탁이 죽었다는 소식을 듣고 자중지란에 빠져 난리를 피웠다. 동탁의 사위이자 후계자로 서량군통수인 우포는 부쩍 의심이 많아졌다. 그래서 무당의 말만 듣고 휘하 장수들을 살해했다. 얼마 후 진영에서 난리가 나면서 우포도 살해되고 말았다.

우포가 죽자 서량군은 우두머리가 죄다 사라진 꼴이 되고 말았다. 중급, 하급 군관들이 모여 의견을 내놓았다. "원로들이 모두 사라지고 우리들도 조정에 죄를 지어 잘못하면 죽임을 당하게 될 것이다. 하루라도 빨리 투항하여 조정에 사면을 요청하는 수밖에 없다. 조정에서 우리의 죄를 징치하지 않겠다고 한다면야 어떻게 되든 상관없다."

이렇듯 처음에 서량군의 태도는 조정에 꼬리를 치며 목숨을 구걸하는 모습이었다. 이런 상황에서 왕윤의 태도는 어딘가 애매한 구석이 있었다.

동탁을 막 죽인 후 여포는 왕윤에게 동탁의 잔당들을 모두 죽이자고 말했다. 뿌리째 뽑아 더 이상 되살아나지 못하도록 하자는 것이었다. 하지만 왕윤은 고개를 저으며 그들은 죄가 없으니 죽일 수 없다고 잘라 말했다.

왕윤은 내심 여포를 그저 용맹하기만 할 뿐인 일개 무부로 여기고 극히 무시하는 태도를 보였다. 지략의 책략 같은 것은 애당초 없으니 그에게 조정의 일을 맡길 생각 또한 처음부터 없었다. 하지만 여포는 자신이 동탁을 죽이는 데 절대적인 역할을 했다며 이곳저곳에 자랑을 하고 다넜다. 왕윤은 여포의 그런 꼴을 보면서 마음이 불편하고 심사가 뒤틀려 여포를 압박하는 경우가 많아졌다. 결국 동탁 제거의 원훈元勳이라고 할 수 있는 두 사람의 사이가 점차 벌어지면서 도저히 메울 수 없는 지경에 이르렀다.

서생의 심사를 추측하지 마라

왕윤은 여포의 힘을 빌리긴 했으나 그를 좋아한 것도, 존중한 것도 아니었다. 여포도 왕윤에게서 더 이상 얻을 것이 없자 날이 갈수록 불만만 쌓였다. 왕윤은 성정이 강직한 데다 죄악을 원수처럼 미워했다. 처음에는 동탁의 위세가 두려워 어쩔 수 없이 몸을 낮추었지만, 동탁이 제거되자 더 이상 속마음을 속이며 굴신할 필요가 없었다. 게다가 그가 생각하기에 더 이상 난리도 없을 것만 같았다. 그래서 교만해져 조정에서 이것저 것 지시하면서 행세하기 시작했다.

이러니 그에게 불만을 품는 이들이 점차 많아지고, 그를 옹호하는 이들은 점차 줄어들었다. 서량군이 꼬리를 내리고 목숨을 구걸하자 왕윤은 사손서 등과 상의하여 그들을 사면하는 조서를 내리려고 했다. 그러나 그는 자꾸 머뭇거리며 지체했다.

왕윤이 수하에게 말했다.

"서량군은 그저 동탁을 따라 돌아다니며 그의 명령에 따라 실수를 한 것이니 당연히 죄가 있다고 말할 수 없다. 그런데 지금 갑자기 그들에게 반역죄를 뒤집어씌운 다음 사면하겠다고 한다면 아마도 의구심이 들 것이며, 심리적으로 참기 힘들지도 모른다. 그들을 사면한다고 해서 그들이 마음을 놓을 수 없으니 이는 상책이 아니다. 차라리 그들에게 약간의 징벌을 주는 것만 못하다."

왕윤이 왜 이런 생각을 하게 되었는지 알 수 없으나 그의 태도에 서량군이 심하게 반발한 것은 분명하다. 사면한다는 조서 한 장이면 끝날 것을 왕윤은 먼 길을 돌아가고 있었다. 아무도 생각하지 못할 정도로 뜻밖의 일이었다. 결국 서량군도 다른 출로를 찾지 않을 수 없었다.

왕윤은 그들을 너무 복잡하게 생각하고 있었다. 장병들은 낮이나 밤이나 그저 사면령이 떨어져 속 편하게 생활할 수 있기만을 고대하고 있었다. 그런데 정작 왕윤은 사면령을 내리면 오히려 그들이 반역을 도모할 수 있다고 생각했던 것이다.

왕윤은 사면령 대신 동탁의 부대 전원을 해산하려고 마음먹었다. 그때 누군가 왕윤에게 말했다.

"서량군은 동탁을 토벌하려던 원소를 두려워하고 있습니다. 지금 일단 군대를 해산하고 함곡관의 관문을 열어두면 서량군은 너 나 할 것 없이 원소의 군대가 당장이라도 쳐들어와 자신들을 죽일지도 모른다고 걱정할 것입니다. 그러니 황보숭을 대장으로 임명하여 서량군을 이끌고 섬현에 주둔토록 하여 그들을 위무해야 할 것입니다."

이것이야말로 상책이었다. 해산하는 대신 지휘관을 바꾸면 그뿐이다. 말 그대로 대문을 바꾸고 새로운 깃발만 세우면 만사 오케이라는 뜻이다. 하지만 왕윤은 전혀 달리 생각했다. "원소 무리는 기본적으로 우리와 생각이 같소. 우리 모두는 동탁을 타도하고자 애쓰지 않았소. 이제 동탁이 죽었는데, 그의 군대가 여전히 섬현에서 요충지를 차지하고 있다면 관동의 여러 장수들이 틀림없이 의심할 것이니 그렇게 할 수는 없소이다."

왕윤은 군대란 주방의 식칼처럼 단순한 도구에 불과하다는 것을 알지 못했다. 식칼은 채소나 고기를 자르는 칼이지만 사람을 죽일 수도 있다. 관건은 칼자루를 누가 쥐고 있느냐에 달려 있다. 서량군이라는 칼을 주방장에게 쥐여주면 그들은 더 이상 위협이 될 수 없다. 그렇지만 왕윤은 그 칼을 내던질 생각만 하고 있었다. 그것이 위험하든 위험하지 않든 무조건 해산할 생각만 했다는 뜻이다.

이미 민간에서도 조정이 모든 서량인들을 죽일 것이라는 소문이 파다했다. 동탁의 옛 부대 장병들이 두려움을 느낀 것은 당연한 일이다. 그래서 그들은 서로 연대하면서 군대를 더욱 확고하게 장악해서 스스로 목숨을 보전할 길을 찾았다.

서량인들이 내심 불안해하고 있을 때 채옹이 왕윤에게 피살되었다는 소식이 전해졌다. 서량군의 불안과 공포는 더욱 거세졌다.

탄식 한 번에 목숨을 잃다

채옹, 자는 백개伯喈, 유명한 재녀才女 채문희蔡文姬의 부친이다. 박학다재하여 천하에 명성을 떨쳤으나 동탁과 동당同黨이라는 죄목으로 왕윤에게 목숨을 잃고 만다. 한 시대를 풍미한 명사가 어찌하여 왕윤에게 동탁과 같은 놈이라는 오명을 뒤집어쓴 채로 삶을 마감해야 했을까?

동탁이 피살되었을 당시 채옹은 때마침 왕윤의 집을 방문해 있었다. 동탁이 살해되었다는 소식을 듣고 그는 자신도 모르게 깊은 탄식 소리를 내뱉었다.

앞서 말했다시피 채옹은 동탁의 위협으로 인해 어쩔 수 없이 조정에서 일하게 되었다. 동탁은 그를 초빙한 후 극진하게 예우했다. 그렇기 때문에 나라로 볼 때 동탁은 대역무노한 역적이나, 채옹의 처시에서 본나면 자신을 알아봐 주고 은혜를 베푼 이였다. 그렇기 때문에 채옹의 탄식은 진정 나름의 깊은 뜻이 있었던 것이다.

하지만 왕윤은 노발대발하면서 채옹을 질책했다.

"동탁은 나라의 역적으로 우리 한조를 무너뜨릴 뻔한 대역무도한 자요. 그대는 한조의 대신으로 사사로운 은혜를 생각하며 애통해하다니 이 어찌 동탁과 같다고 하지 않겠소. 당신은 역적 동탁과 같은 작자요!"

왕윤은 즉각 채옹을 체포하여 정위에게 처리하도록 넘겼다.

채옹은 옥중에서 자신의 죄를 인정했다.

"분명 나는 동탁과 같은 무리였소. 하지만 지금 나는 한의 역사를 쓰고 있는 중이오. 조정에서 예전 사마천의 예에 비추어 내 얼굴에 문신을 새기든지, 내 다리를 자르든지 간에 계속해서 사서를 완성하게 해줄 수는 없겠소?"

많은 사대부들이 채옹을 동정하여 그의 구명운동을 했으나 아무 소용이 없었다. 당시 태위 한 사람이 왕윤에게 말했다.

"채옹은 보기 드문 인재로 우리 조정의 전장 제도를 누구보다 훤히 알고 있으니, 그에게 사서를 집필토록 한다면 분명 훌륭한 저작이 될 것입니다. 그는 동탁이 죽었다는 소식을 듣고 한 번 탄식했을 뿐인데 그것을 죄라고 하기에 참으로 미미한 것이 아닐 수 없습니다. 그를 죽인다면 천하 사인들의 비웃음을 살 것입니다."

하지만 왕윤은 요지부동이었다.

"나는 그렇게 생각하지 않는다. 이전 효무황제께서 사마천을 죽이지 않아 그가 지은 비방서誹謗書《사기史記》가 후세에 유전된 것 아니겠는가! 지금 국운이 쇠퇴하여 전마가 그치지 않고 있다. 만약 어린 군주 옆에서 간신배들이 사서를 편찬한다고 알짱거린다면, 이는 지금 왕상의 성덕에도 도움이 되지 않을뿐더러 우리들도 조롱과 풍자를 받게 될 것이다."

왕윤의 말인즉, 한 부제가 사마천을 죽이지 않아《사기》를 완성하여 결국 황제와 관련된 추문이 모두 폭로되어 천하에 유전되었으니, 차후로 결코 이런 일이 있어서는 안 된다는 뜻이다.

여기서 알 수 있듯이 왕윤은 속이 좁아터졌을 뿐만 아니라 문인상경*의 오랜 폐습을 떨쳐버리지 못했다. 채옹은 이렇게 해서 옥중에서 죽고 말았다. 그가 죽자 사대부들이 심히 마음 아파했다. 사실 채옹이 동탁과 무슨 관계가 있단 말인가? 그가 동탁과 한통속이 되어 그에게 영합하고 아첨했다고 비난한다면 왕윤 당신은 그러지 않았던가?

채옹이 죽자 서량군은 더욱 공포에 떨었다. 서량군의 여러 장수들은 서로 연락을 취하며, 채옹이 동탁의 신임이 두터웠다는 이유로 목숨을 잃었으니 조정이 우리를 사면하기는커녕 해산한 후에 모조리 죽일 것이라고 말했다.

당시 서량군을 이끄는 장수는 이각李催과 곽사郭汜였다. 채옹이 피살되었다는 소식이 전해지자 이각과 곽사는 걱정이 태산 같았다. 그래서 사람을 장안으로 보내 재차 사면을 요구했다.

하지만 왕윤은 난색을 표했다. 조정에서 사면령은 1년에 한 번 내리는 것으로 제한되어 있는데, 동탁을 주살했을 당시 이미 사면령을 내렸기 때문에 같은 해에 다시 내릴 수는 없다는 것이었다. 완곡하지만 분명한 거절이었다.

이각과 곽사는 어찌하면 좋을지 알 수 없었다. 그들은 원래 군대를 해산하고 각자 귀향하기로 마음먹은 상태였다. 그러던 차에 서량군 토로교위討虜校尉로 있던 가후賈詡가 반대 의견을 내놓았다.

"지금 우리가 군대를 포기하고 개별적으로 해산한다면 조정에서 군사를 풀어 우리를 추포하고 살해할 것입니다. 차라리 우리 모두 합심하고 힘을 모아 장안으로 진격히여 동대사의 원수를 갚도록 하십시다! 일이

---

* 문인상경文人相輕 : 문인들이 자신의 문재를 자랑하느라 서로 경시한다는 뜻이다. 삼국시대 위魏나라 문제 조비(曹丕 : 조조와 변부인卞夫人 사이에서 태어난 첫째 아들)의 〈전론典論〉에 나오는 말이다.

성사되면 우리가 황제를 옹립하여 천하를 호령할 것이고, 만약 이루지 못하면 그때 각기 흩어져도 늦지 않습니다. 하여튼 이래도 죽고 저래도 죽는다면 어쩌겠습니까? 죽기 살기로 한번 붙어봐야지요!"

이각 등이 들어보니 괜찮다는 생각이 들었다. 기껏해야 실패하여 도망치는 것밖에 더 있겠는가? 그래서 그들은 힘을 합치기로 맹세하고 수천의 병사를 이끌고 밤낮을 도와 장안으로 진격하기 시작했다.

나라를 그르친 서생이 국난을 구하다

서량군이 반란을 일으켰다는 소식이 금세 장안까지 전해졌다. 왕윤이 황급히 양주涼州 일대의 토호들을 불러 그들에게, 이각 등을 만나 오해를 풀어줄 것을 요청했다. 이치대로 하자면 이는 왕윤이 일 처리를 맡기는 것이니 당연히 부탁하는 사람의 태도를 취해야 할 것이다. 그런데 왕윤은 그들을 만나 어떻게 이야기했는가?

왕윤은 짐짓 노발대발하며 이렇게 꾸짖었다.

"이각과 같은 관동의 쥐새끼들이 뭘 하겠다는 건가? 자네들이 데리고 와서 이야기해보라고 하게!"

이러니 양주의 토호들은 왕윤을 위해 좋은 말을 해줬을 리가 없고 오히려 이각과 곽사가 거사하도록 사주했다.

"왕윤이 아예 우리를 인간 취급조차 하지 않더군. 자네들이 우리 고향 사람들을 위해 생색 좀 내야겠어! 저 자식들을 없애버리자고!"

이리하여 이각과 곽사는 옛 부대원들을 긁어모아 장안으로 출발했다. 처음에는 수천 명에 지나지 않았으나 도중에 계속 인원이 늘어 장안에 도착했을 때는 이미 10여만을 헤아렸다. 그들은 동탁의 옛 장병들과 힘을 합쳐 장안을 포위했다.

장안성은 성벽이 높아 함락하기 쉽지 않다. 그러나 성을 포위한 지 8일 만에 여포 휘하의 일부 병사들이 반란을 일으켜 이각과 곽사의 군대를 성안으로 끌어들였다. 여포는 이각 등과 성안에서 싸우다 패배하자 동탁의 머리를 말안장에 매달고 기병 수백 명과 함께 도망쳤다.

여포는 황궁 청쇄문靑瑣門 밖에서 왕윤과 조우하여 함께 가자고 말했다. 그러자 왕윤이 대답했다. "사직의 조종祖宗: 임금의 조상의 보우를 입어 국가를 평안하게 하는 것이 나의 소원이외다. 이를 실현하지 못한다면 차라리 내 목숨을 바치고자 하오. 지금 황상께옵서 어리시어 모든 것은 나에게 의지하고 계시니 국난에 이르러 어찌 혼자 목숨을 구하고자 도망치겠소. 장군이 성을 나선 후에 관동의 여러 장수들을 독려하여 황상과 국가를 염두에 두도록 해주시기 바라오."《후한서 · 왕윤전》

여포가 그의 말을 듣고 속으로 생각했다. '잘됐네. 당신은 황제를 위해 충성을 다하시게나. 이 몸은 물러나겠네!'

여포는 말을 타고 쏜살같이 달려갔다. 그가 떠나자 이각과 곽사가 대군을 이끌고 남궁 액문掖門에 주둔하면서 무차별 보복에 나섰다. 죽임을 당한 관리와 백성이 1만여 명에 이르렀다. 수습되지 않은 시신이 도처에 뒹굴며 길거리마다 쌓여 있었다.

왕윤은 황상을 모시고 선평문宣平門 쪽으로 도피했다. 이각 등이 이를 보고 성 아래 엎드려 고개를 숙였다. 감히 천자를 해할 의도가 아닌 것 같았다. 당시 10대였던 헌제가 용기를 내어 이각 등에게 말했다.

"너희들은 군사를 풀어 무엇을 하려고 하느냐?"

이각 등이 대답했다.

"동태사가 폐하에게 충성을 다하였는데, 아무런 연고 없이 여포에게 살해되고 말았습니다. 지금 저희는 오직 태사의 원수를 갚고자 할 따름이지, 감히 반역은 꿈조차 꾸지 않고 있습니다. 이 일이 해결된 후 정위에게 죄를 청하고자 합니다."

말을 마친 이각 등은 선평문 성루를 둘러싸고 사도 왕윤을 불러내 즉석에서 문책할 것을 요구했다.

왕윤이 어쩔 수 없이 앞에 나섰다. 사태가 이렇게 되었으니 사내대장부로 자기가 한 일에 책임을 져야 하지 않겠는가! 왕윤이 이각, 곽사 등과 만나기 위해 성루 아래로 내려갔다. 그가 내려가기가 무섭게 군사들이 그를 에워쌌다. 헌제도 이각과 곽사의 수중에 잡힌 꼴이 되고 말았다.

며칠 후 왕윤은 처참하게 죽임을 당했다. 그의 시신은 길가에 내던져졌고, 아무도 그의 시신을 수습하는 이가 없었다. 그의 일가친척 또한 모두 살해된 후였기 때문이다.

원씨 형제의 분열

여포는 자신의 병주병을 이끌고 장안성을 나와 무관을 거쳐 남양으로 가서 원술에게 의지했다.

처음에 원술은 여포를 우대했다. 무엇보다 여포는 동탁을 주살하는 데 앞장선 인물로 명성이 자자하고 또한 맹장이기 때문이었다. 하지만 여포라는 인물은 하늘 높은 줄 모르고 땅 두터운 줄 몰라, 말 그대로 분수를 모르고 기고만장하는 스타일인지라 무모한 점이 적지 않았다. '동탁이 원가 당신네 가족 수십 명을 몰살하지 않았는가? 내가 그런 동탁을 죽였으니 당신들을 위해 복수를 해준 셈이로다. 그러니 당연히 이 몸은 당신들의 은인인 셈이지!' 여포는 내심 이렇게 생각하고 있었다. 그래서 여포는 자신의 사병들을 제멋대로 풀어놓았으며, 그들이 원술의 땅에서 사람을 죽이고 재물을 약탈해도 가만히 놔두었다.

이런 모습을 보고 원술은 딱히 뭐라고 말은 하지 않았지만, 그렇다고 속이 편한 것은 아니었다.

"여포, 이놈이 똥오줌도 못 가리고! 내가 거두어 머물게 해주었는데 오히려 제멋대로 못된 짓을 하다니, 정말 말도 안 되는 놈일세!"

여포도 원술이 상당히 불쾌하게 생각한다는 사실을 눈치챘다. 혹시라도 원술이 해를 끼치면 어떻게 하나라는 생각에 불안했던 여포는 곧바로 원술을 떠나 하내에 있는 장양張楊에게로 발길을 돌렸다. 당시 이각 등이 여포에게 현상금을 걸고 여포 체포에 열을 올리고 있었기 때문에 상황이 급박했다. 여포는 아무래도 장양 정도로는 자신을 제대로 보호해 줄 수 없을 것 같다는 생각이 들었는지, 다시 마음을 바꾸어 원소에게 의탁하기로 마음먹었다.

원소에게 왔어도 여포의 행태는 여전했다. 그의 부하들은 장수와 병졸을 막론하고 제멋대로 나쁜 짓을 도맡아했다. 원소가 화를 내는 것은 당연한 일이었다.

"우리는 사당이 작아 자네와 같은 큰 신은 모실 수 없다네. 그대는 하루라도 빨리 다른 좋은 곳으로 떠나시게!"

그래서 여포는 낙양으로 돌아가기를 청했다. 원소는 황제의 명의로 여포를 사례교위로 임명하고, 정예 무사들을 보내 그를 호송하도록 했다. 하지만 원소는 은밀하게 무사들에게 이렇게 분부했다.

"가는 도중에 적당한 곳에서 여포를 해치워버려라!"

하지만 여포는 나름 성미가 꼼꼼한 편이었다. 게다가 그는 지금까지 누군가를 죽였지, 누군가가 자신을 죽이도록 놔둔 적이 없었다. 대충 상황을 눈치챈 여포는 자신의 장막에서 쟁을 연주하도록 한 다음 찢어진 천막 틈새로 몰래 도망치고 말았다. 원소의 무사들이 야심한 시간에 여포를 습격하여 닥치는 대로 칼을 휘둘렀다. 이튿날 날이 밝자 그들은 자신들이 난도질한 것이 사람이 아니라 목침이라는 사실을 알고 경악했다.

원소는 여포가 살아 있다는 소식을 듣고 당황스럽기도 하고 놀라기도 하여 즉시 모든 관문을 닫고 방비에 만전을 기하도록 했다.

왕윤은 비록 동탁을 제거하는 데 성공했으나 뒤처리가 합당치 않아 결국 서량군이 반란을 일으켜 천자를 차지하고 백성들이 곤궁에 빠지게 만들었다. 그렇다면 당시 동탁 토벌에 참가한 이들은 무엇을 하고 있었는가? 동탁이 피살되고, 서량군이 우두머리 없이 우왕좌왕하고 있는 상황에서 그들은 왜 더 이상 진격하지 않았는가?

앞서 말했다시피 동탁 토벌 연맹군은 손견과 동탁이 몇 번 싸운 것을 제외하고 나머지는 그저 자신들의 기반을 만드는 데 열을 올렸다. 맹주인 원소와 공손찬은 기주를 놓고 싸우느라 정신이 없었고, 원소는 자신의 형제인 원술과 심각한 갈등을 빚고 있었다. 처음 원소가 새로운 군주를 세우려고 할 때부터 그들 형제는 이미 등을 돌린 상태였다.

손견이 동탁과 싸울 때 원소가 군사를 보내 손견의 근거지를 습격했다. 원술은 손견과 사이가 좋았기 때문에 원소의 행태에 불만이 컸다. 게다가 공손찬까지 원술과 손을 잡자 이원二袁 : 원술과 원소의 관계는 더욱더 악화되었다.

원술과 원소는 원수지간이 되어 각기 파벌을 만들고 외부 지원을 얻느라 분주했다. 원술은 공손찬과 결탁했고, 원소는 유표劉表와 연합했다. 당시 호걸들이 대부분 원소에게 의탁하자 원술은 불같이 화를 내며 욕설을 퍼부었다.

"미친 것 아냐? 나와 손잡지 않고 왜 내 집의 가노와 함께하겠다는 거야?"

원술이 이렇게 욕지거리를 해댄 것은 나름 복잡한 이유가 있었다. 원소와 원술, 두 사람의 관계에 대해 당형제간이라고 말하는 이도 있고, 이복형제라고 말하는 이도 있는데, 누군가는 특히 원소에 대해 원씨 집안 남자가 다른 여자와 사통해서 낳은 사생아라고 말하기도 했다. 여하튼 원소의 출신이 원술만 못한 것은 분명한 사실이다. 원술이 이복동생이라면 원소는 서출이고 원술은 당연히 적자다. 원술은 공손찬에게 서신을 보내면서, 원소는 근본적으로 원씨 집안의 아들이 아니라 밖에서 주워온 놈이라고 말한 적도 있다. 원소가 그런 사실을 알고 노발대발한 것은 물론이다.

원술은 원소의 적들과 결탁했고, 원소도 똑같은 방식으로 원술의 적인 유표와 손을 잡았다. 유표는 종실의 후손으로 어려서 태학에서 수학한 인재로, 당시 팔준八俊** 가운데 한 명이었다. 당고 시절 핍박을 받아 멀리 도피 생활을 했으며, 해금된 후에 대장군 하진의 부름을 받아 입조하여 북군중후北軍中候로 임명되었다.

형주자사 왕예가 손견에게 피살된 후, 동탁이 상소를 올려 유표가 그 자리를 대신하도록 했다. 하지만 원술이 형주로 통하는 길목을 가로막아 유표가 임지로 가지 못하게 했다. 그래서 유표는 이름을 숨기고 분장을 한 다음 혼자 형주로 부임했다.

원술이 보기에 한조는 이미 사슴을 잃었으며, 천하가 모두 잃은 사슴을 쫓고 있었다. 그는 자신이 황제가 되고 싶었다. 그런데 만약 한실의 종친인 유표가 자신의 기반이 되는 곳과 이어져 있는 형주를 차지하게 된다면 자신에게 이로울 것이 없었다. 그래서 그는 손견을 보내 유표를 공격하게 한 것이다. 이에 유표는 대장 황조黃祖를 번성樊城과 등현鄧縣으로 보내 접전토록 했다. 싸움을 시작하기 무섭게 손견이 황조를 무찔러

** 《삼국연의》에 따르면, 형주 자사 유표는 한실 종친으로 젊은 시절 명사 일곱 명과 우의를 나누었는데, 당시 사람들이 그들을 보고 '강하팔준江夏八俊'이라 불렀다. 여남汝南 진상陳翔과 범방范滂, 노국魯國 공욱孔昱, 발해渤海 범강范康, 산양山陽 단부檀敷와 장검張儉, 남양 잠질岑晊 등이 그들이다. 하지만 '팔준'이라 칭해진 이들이 이들만 있는 것은 아니다. 예컨대 《후한서》에 보면 다른 이름들이 보인다. ― 역주

양양襄陽을 포위했다. 그런데 뜻밖에도 유표가 황조에게 밤중에 몰래 성을 나와 각 군의 원군을 징발하도록 했다.

황조는 군사를 새롭게 충원한 후 다시 양양으로 돌아갔다. 이번에도 손견의 공격으로 황조가 맥없이 무너졌다. 황조가 산중으로 도망치자 손견이 승기를 틈타 계속 추적했다. 그러나 이는 황조의 계략이었다. 황조는 산중에 병사들을 매복시켜놓고 손견이 들어오기를 기다려 일제히 화살을 날렸다. 결국, 손견은 그 화살에 맞아 죽고 말았다.

가련하도다! 한 시대의 영명한 장수 손견이여! 동탁 타도를 위해 선봉에 섰던 맹장이 사인들의 영수인 유표의 손에 죽고 말았으니, 이 또한 황당한 일이 아닐 수 없다.

원술은 맹장 손견을 잃은 후 유표와 싸워 이긴 적이 없다. 이리하여 유표는 형주의 토황제土皇帝 : 지방군벌, 토호가 되어 양양을 다스리며 시대의 변화를 살폈다.

토황제의 시대

당시 동한 제국의 여러 주군들은 실질적으로 현지 제후들이 독차지하여 조정의 통제에서 벗어난 상태였다. 그들 제후 중에는 이미 독립을 꿈꾸며 토황제가 된 이들이 적지 않았다.

동탁이 낙양으로 들어온 후 이전 기주자사였던 공손도公孫度***가 요동군 태수가 되었다. 공손도는 부임한 후 요동군의 권문세가 100여 호를 빕률에 따라 처난하여 인심이 흉흉하기 이를 데 없었다. 이어서 그는 동쪽으로 고구려, 서쪽으로 오환烏桓을 공격하면서 자신의 근거지 확충에

*** 공손탁으로도 알려진 인물이다. – 편집자주

열을 올렸다.

공손도는 남의 신하가 될 마음이 없었다. 그는 '한조의 통치는 이미 끝나고 우리가 새로운 왕국을 건립해야 할 것이다'라고 생각했다.

그는 요동후遼東侯, 평주목平州牧으로 자칭하면서 한 고조 유방劉邦과 세조 광무제 유수劉秀의 사당을 건립하고, 교외에 하늘과 땅에 제사를 올릴 수 있는 제단을 마련하여 적전籍田: 임금이 몸소 농민을 두고 농사를 짓던 논밭. 그 곡식으로 신에게 제사를 지냈다의 예를 거행했다. 그는 황제를 대표하여 호령을 발하고, 황제만 탈 수 있는 난거鸞車를 타고 출입했으며, 우림기사羽林騎士의 호위를 받았다. 이리하여 그의 명성과 위세가 빠르게 대내외로 퍼져나갔다. 중원의 인사들 가운데 전란을 피해 그에게 의탁하는 이들이 점점 많아졌다. '관녕할석管寧割席****'의 주인공인 관녕도 그에게 몸을 맡겼다.

공손도는 이렇듯 요동에서 토황제 노릇을 하며 유유자적했다. 황건군을 진압했던 도겸陶謙도 서주에 할거하면서 조정과 무관하게 생활했다. 한실 종친인 유언劉焉 역시 익주益州에서 은밀하게 독립을 준비했다.

앞서 말한 바와 같이 황건군은 종교 교의를 전파하면서 부흥했다. 그들과 동시기에 촉중蜀中에서 오두미도伍斗米道가 유행하기 시작했다. 입교한 이들이 오두미를 회비로 냈기 때문에 그런 이름이 붙었다.

오두미도의 창시자인 장로張魯는 도교 창시자인 장도릉의 손자다. 장로의 모친은 무술巫術에 능해 유언의 신임을 받았다. 유언은 그녀의 아들인 장로를 독의사마督義司馬로 임명하고 그에게 병사를 이끌고 가서 조정에서 위임받은 한중군태수를 살해하고 익주에서 장안으로 이어지는 길을 봉쇄하여 더 이상 조정의 사신이 오가지 못하도록 했다.

**** 삼국시대 관녕과 화흠華歆이 동문수학했는데, 이후 관녕이 화흠의 사람됨을 경멸하여 자리를 잘라 따로 앉았다는 이야기.

이후 유언은 조정에 다음과 같은 상주문을 올렸다.

"미적米賊 : 오두미교이 길을 끊어 향후 더 이상 조정과 연락을 할 수 없게 되었습니다. 이후로 조정에서도 사신을 보내지 말기 바랍니다. 오가는 길에 죽임을 당할지라도 저는 책임지지 않을 것입니다."

사실 조정에서 보낸 사신을 죽인 것은 유언이 장로를 시켜서 한 짓이 었다. 이후 유언은 여러 가지 구실을 만들어 요동군의 권문세가들을 살해하면서 자신의 권위를 세웠다.

조정에서 파견된 건위군健爲郡태수와 교위 등이 유언의 황당한 짓거리를 반역이나 다를 바 없다고 여기고 군사를 일으켜 유언을 공격했다. 하지만 유언이 즉각 반격에 나서 모두 물리치고 말았다.

이렇게 해서 유언은 더욱더 득의양양하여 우쭐거렸다. 그는 황제만 사용할 수 있는 어거御車를 비롯한 각종 수레 1,000여 대를 제작하여 매일 출행할 때 황제처럼 폼을 잡았다. 유표는 그의 꼴불견에 눈이 시어 더 이상 볼 수 없었다. 그래서 유언이 익주에서 황제를 모방하여 온갖 황당한 짓거리를 행하며 백성들이 그를 익주의 황제로 여기고 있다는 내용의 상소문을 조정에 올려 보냈다.

당시 유언의 세 아들이 헌제를 따라 장안에 머물고 있었다. 한 헌제는 유언이 익주에서 말도 안 되는 일로 소란을 피우고 있다는 소식을 듣고 그의 아들 한 명을 아비에게 보내, 지방관으로서 품위를 유지하며 괜히 천자처럼 위세를 떨치려고 하지 말도록 권유했다.

아들이 돌아오자 유언은 더욱 득의양양했다.

"아이고, 그렇지 않아도 소성에서 내 아들을 죽이면 어떻게 하나 걱정하고 있었는데. 아주 잘되었구나. 보물과 같은 내 자식, 절대로 돌려보내지 않겠다."

그는 계속해서 천부의 나라에서 토황제 노릇을 이어갔다. 원소 등이 동탁 토벌을 기치로 군사를 일으켰을 때 사대부로서 조정에 충성한다는 명분을 내세웠지만 실제는 어떠했는가를 여실히 볼 수 있는 대목이다.

동탁이 흉포한 짓을 할 때는 감히 대들지도 못하고 숨죽이고 있다가, 동탁이 죽자 이제는 조정에 대한 충성을 생각하지 않고 사리사욕을 채우느라 바빴다. 그들은 오로지 어떻게 하면 일부 땅이라도 차지하여 황제처럼 살아갈 것인가를 고민했을 뿐이다. 한때 높이 치켜들었던 동탁 타도 연맹군의 깃발은 이름만 남고 이미 사라진 지 오래였다.

당시 원소와 공손찬은 기주 쟁탈을 위해 허구한 날 싸우느라 정신이 없었다. 그렇다면 과연 그들 가운데 누가 기주의 주인이 되겠는가?

9강 천하를 도모할 삼 형제

유비劉備는 삼국시대 촉한蜀漢의 개국 황제이자 중국에서 가장 유명한 역사 인물 가운데 한 명이다. 《삼국연의》는 황건의 난리가 일어난 후 조정에서 군사를 모집한다는 방문이 사방에 붙으면서 영웅 유비가 등장하여 장비張飛, 관우와 의기투합하는 것에서 시작한다. 세 명의 영웅들은 도원에서 결의를 맺고 대의를 위한 장정에 나선다. 그렇다면 실제 역사 속 유비는 어떻게 정치 무대에 등장했을까? 도원결의라는 아름다운 이야기는 과연 실제로 있었던 일일까?

목숨 걸고 싸우다

《삼국연의》를 읽어본 친구들은 세 명의 영웅이 여포와 싸웠다는 뜻의 '삼영전여포三英戰呂布'를 알 것이다. 동탁 타도 연맹의 각로 대군이 호뢰관虎牢關에 이르렀을 때 명장 여포와 마주쳤는데, 감히 나서는 이가 없었다. 그때 유비와 관우, 장비 세 사람이 여포에게 달려가 싸우기 시작하니 다른 이들은 그저 멍하니 구경만 할 뿐이었다. 이윽고 힘이 빠진 여포가 허공에 헛손질을 몇 번 하더니 화극을 끌고 내빼기 시작했다.

동탁은 이미 목이 떨어졌고, 여포도 사방팔방으로 도망치기 바빴는데, 유비와 관우, 장비가 여포와 싸웠다고 하니 도대체 뭔 말인지 궁금해지기 시작한다. 과연 역사에 그런 일이 있었던 것일까? 유비와 관우, 장비는 도대체 어떤 부대에 속했는가? 이런 문제를 명확하게 따지려면 공손찬에서 이야기를 하는 것이 옳다.

공손찬은 젊은 시절 대유인 노식에게 배웠는데, 당시 동학 가운데 한 명이 바로 유비였다.

공손찬은 효렴으로 천거되어 관직에 나섰다. 젊은 시절부터 이미 대단하여 선비족과 전투를 벌이곤 했다. 나중에 관직이 높아지자 병마를 이끌고 변경에 주둔하며 외적의 침입을 막았다. 공손찬은 일단 전쟁터에 나서면 죽음을 두려워하지 않았다. 적군이 침입했다는 소식을 들으면 그 즉시 목소리와 표정이 사납게 변했는데, 이를 악다물고 노기가 충천하여 마치 부모를 죽인 원수와 싸우는 듯했다. 그는 적을 때려잡기 전까지는 결코 병사를 물리는 법이 없었다. 그래서 오환 등 소수민족 사람들이 특히 그를 두려워했다. 난폭한 자는 무모한 자를 두려워하고, 무모한 자는 죽음을 두려워하지 않는 자를 두려워한다고 했다. 오환 등이 생각하기에 공손찬은 너무 난폭하고 무모하여 아예 건드릴 생각을 하지 않았다.

공손찬은 백마를 탄 수십 명을 우익과 좌익으로 삼았는데, 스스로 백마의종白馬義從이라고 칭했다. 그래서 사람들은 공손찬을 백마장군白馬將軍이라고 불렀다.

청주 황건군이 발해지금의 하북성 남피南皮를 공격하면서 거의 30만에 달하는 무리가 모였으며, 흑산군黑山軍과 연합할 생각이었다.

공손찬이 기병 2만을 데리고 청주 황건군을 대파하고 3만여 명을 참수했다. 황건군이 치중輜重 : 군량을 버리고 황하를 건너 도망치기 시작했다. 공손찬이 추격토록 하여 재차 황건군을 격파하고 수만 명을 살해하니 주변 하천이 온통 피로 물들었다. 이번 전투로 황건군은 7만여 명이 포로로 잡히고 무기와 갑옷, 군량 등 무수한 재정 손실을 입었다. 이로 인해 공손찬은 더욱더 명성이 자자해졌다. 이와 동시에 원소가 한복에게 기주를 얻으면서 공손찬과 이웃이 되었다. 공손찬은 그저 바쁘게 돌아다니며 싸움을 하느라 어느 것 하나 얻은 것이 없었다.

얼마 후 원소와 원술은 원수지간이 되었다. 공손찬의 사촌 동생이 원술과 어울리다가 원소 쪽 사람에게 살해되었다. 이에 노기충천한 공손찬이 병사를 일으켜 원소를 공격했다. 바로 그 부대에 유씨 황족 열여덟 두목 가운데十八杆子 아주 먼 친족에 속하는 유비가 포함되어 있었다.

짚신을 삼던 이의 남다른 포부

유비의 자는 현덕玄德, 탁군涿郡 사람이다. 자칭 서한 경제景帝의 아들인 중산정왕中山靖王 유승劉勝의 후손이다. 유비는 군이 유승의 후대로 자칭했을까? 유승은 생식 능력이 대단한 양반인지라 자그마치 120여 명의 자식을 보았다. 그야말로 다수확이니 그의 후대를 사칭한들 누가 정확하게 조사할 수 있겠는가? 전하는 말에 따르면, 유비의 직계 조상은 유승의 아들인 유정劉貞인데, 그는 탁현에서 후에 봉해졌다. 그는 조정의 제사에 필요한 공물을 헌납했다가 금 함량이 부족하다는 이유로 작위를 잃었고, 이후 가세가 기울기 시작했다.

유비의 조부와 부친은 모두 지방에서 말단 관리였다. 부친이 일찍 세상을 뜨는 바람에 유비는 어려서부터 고아나 다를 바 없었다. '희망 프로젝트*'로 어렵사리 소학교를 마친 후 그는 모친과 짚신을 삼거나 초석을 짜서 생계를 유지했다. 혈연으로 보면 한실의 종친일 수 있으니 그와 깉

---

* 희망 프로젝트希望工程 : 중국 청소년발전기금회 등에서 빈민 지역 미취학 아동들을 돕기 위해 1989년에 시작한 공익사업을 말한다. 희망소학교를 건설하여 빈민 지역 미취학 아동이 학교에 다닐 수 있도록 했다. 저자의 우스개다. ─ 역주

은 종실이 당시 전국에 수십만에 달할 정도였으니 딱히 종실이라고 부르기도 뭐한 상황이었다.

유비가 살고 있는 집 동남쪽에 뽕나무 한 그루가 있었는데, 제법 높이 자라 멀리서 보면 수레의 덮개처럼 보였다. 행인들이 그 나무를 보며 예사롭지 않다고 여기고 틀림없이 귀인이 나올 것이라고 말했다.

유비는 어려서 친구들과 나무 아래에서 놀면서 이렇게 말하곤 했다.

"나는 깃털 달린 덮개가 있는 수레羽葆蓋車 : 새의 깃털로 꾸민 화개거華蓋車로 천자용이다 — 역주를 탈 거야."《삼국지 · 촉서蜀書 · 선주전先主傳》

말인즉 황제의 전용 수레를 타겠다는 뜻이다.

그의 숙부가 놀라 말했다.

"쓸데없는 말 하지 말거라. 자칫하면 멸문을 당할라! 우리 집안이 유씨이긴 하다만, 우리나 황상을 알지, 황상께서 우리를 알기나 하시겠느냐! 그저 죽여라 하면 죽일 것이니 눈 하나 깜빡하지 않을 것이다."

유비가 열다섯이 되었을 때 모친이 공손찬과 함께 대유 노식을 찾아가 배우도록 했다. 공손찬이 나이가 많아 유비는 그를 형으로 대접했으며 서로 사이가 좋았다.

유비는 당시 명유인 노식의 문하에 있기는 했으나 학문에 취미가 있는 우등생은 아니었던 것 같다. 그는 짚신을 삼는 일로 생계를 유지했지만 오히려 지금의 재벌 2세처럼 부잣집 자제 분위기가 농후했다.

사서의 기록에 따르면, 유비는 생김새부터 일반인들과 달랐다.

"신장은 7척 5촌이고 손을 내리면 슬개골 밑까지 내려올 정도로 길었으며, 자신의 귀를 볼 수 있을 정도로 귀가 컸다."《삼국지 · 촉서 · 선주전》

신기하게도 긴팔원숭이와 꼭 닮았다. 지금이라면 농구 선수에 딱 맞는 체형인데, 아쉽게도 당시에는 그런 운동이 없었다.

유비는 비록 퇴폐적인 생활을 추구했지만 성격은 나름 괜찮았던 것 같다. 그는 일단 말이 많지 않았으며, 자신의 감정을 쉽게 드러내지 않았다. 그는 신분이 낮다고 남을 깔보지 않았으며, 오히려 잘 대해주었다. 그는 호협豪俠들과 어울리기를 좋아하여 적지 않은 젊은이들이 그의 주변에 몰려들었다.

현지 대소 상인들도 그를 각별히 생각하여 그에게 적지 않은 자금을 대주기도 했다. 황건군의 난리가 일어나자 각지에서 군대를 조직하여 조정을 도와 반란을 진압했다. 한실의 후예로 자처하는 유비도 당연히 이에 빠질 수 없었다. 그래서 그는 지역 토호들에게 자금을 얻어 1,000여 명의 군사를 모아 황건군 평정에 나섰다. 바로 그 군사들 안에 관우와 장비가 있었다.

삼국의 게이들

관우와 장비도 중국 역사에서 상당히 지명도가 있는 인물이다. 관우의 자는 운장雲長이며, 산서 사람이다. 전하는 바에 따르면, 어린 시절 왈패와 다투다가 때려 죽이는 바람에 고향을 떠나 탁군으로 흘러 들어왔다. 장비의 자는 익덕益德이며 탁군 토박이다. 그러나 언제나 연인燕人 장익덕이라고 자칭했다.

관우는 평민 출신으로 가세家世라고 할 것도 없이 그저 그만그만한 집안의 사람이었다. 혹자는 그가 대추를 팔았다고 하고, 또 어떤 이는 녹두를 팔았다고 하니 아마도 소상인이었을 가능성이 크다. 장비는 돈이 꽤나 있었다. 그는 주로 돼지를 잡아 팔았는데, 당시 도살장을 운영할 정도면 가히 도호土豪라 힐 민하다.

《삼국연의》의 기록에 따르면, 관우는 신장이 9척에 수염이 2척이었으며, 얼굴은 무르익은 대춧빛이고 입술은 연지를 칠한 듯 붉은색이며, 봉황의 눈에 누에 눈썹을 지닌 모습이 늠름하고 위풍당당했다. 장비는 신장이 8척에 장대했으며, 용맹스럽고 사나웠다. 표범 머리에 왕방울 눈, 제비턱에 호랑이 수염으로 사납게 생겼다. 목소리는 우레와 같이 컸고, 기세는 달리는 말처럼 대단했다. 물론 이는 역사소설의 묘사일 뿐, 실제로 그랬는지는 알 수 없다. 장비가 기생오라비처럼 생겼을 수도 있다는 뜻이다.

《삼국연의》는 관우는 청룡언월도靑龍偃月刀, 장비는 장팔사모丈八蛇矛를 사용했는데, 그 솜씨가 귀신같다고 말했다. 당시 주조鑄造 수준이나 무기 사용 습관으로 볼 때 이런 유형의 병기는 전혀 어울리지 않는다. 당시에는 아직 등자**가 발명되기 전이기 때문에, 말에 올라타면 한 손은 고삐를 움켜잡아야 하고 다른 한 손으로 무기를 들어야 한다.

청룡언월도는 무게가 80근이 넘는다고 했으니 만약 이런 무게의 칼을 한번 흔든다면 그 즉시 말에서 떨어지고 말 것이다. 그러니 아마도 일반적인 칼이나 긴 창을 사용했을 가능성이 크다.

유비는 지방 토호들이 기부한 자금으로 병사를 모집하면서 관우, 장비와 의기투합했다. 그들 세 명의 관계는 친형제나 다를 바 없이 상당히 좋았다. 사서의 기록에 따르면 '선주는 향리에서 무리를 규합하였고…《삼국지·촉서·관우전關羽傳》 세 사람은 한 침상에서 잠을 자고 함께 생활하면서 서로 흔들림 없이 믿을 수 있는 이른바 골수 펀드투자자들이 되었다.

《삼국연의》는 그들 세 사람의 우정과 의리를 '도원결의'라는 아름다운 장면을 통해 연출하고 있다. 하지만 과연 그런 일이 있었는지 여부는 확인할 수 없다. 분명한 것은 그들 세 사람의 관계가 남들이 부러워할 정도로 좋았다는 점이다.

** 등자鐙子 : 말을 타고 앉아 두 발로 디디게 되어 있는 물건. 안장에 달아 말의 양쪽 옆구리로 늘어뜨린다.

황건군의 난리가 일어나자 유비와 관우, 장비 삼 형제는 인마를 이끌고 황건군과 맞붙어 싸웠다. 군공을 세워 유비는 안희현安喜縣의 치안장관, 지금으로 보면 현 공안국의 국장이나 인무부人武部 부장 정도의 직급을 얻었다. 일단 관리가 되었으니 더 이상 짚신을 삼을 필요가 없었다.

그러나 조정은 여전히 정신을 차리지 못하고 제멋대로였다. 맷돌을 다 갈자 당나귀를 죽인다고, 일종의 토사구팽兎死狗烹을 시행했기 때문이다. 말인즉 황건군이 평정된 후 군공을 세워 관리가 된 이들 가운데 옥석을 가리겠다는 뜻이었다. 불행하게도 유비는 재신임이 아닌 도태 대상이 되고 말았다.

유비가 소식을 듣고 관리 인사를 책임지고 있는 독우督郵를 만나러 갔으나, 독우는 병을 핑계로 만나주지 않았다. 이에 화가 난 유비는 독우를 매달아놓고 채찍질을 한 후 관우, 장비와 함께 도망치고 말았다.

희곡 〈감로사甘露寺〉에 보면 장비가 '독우를 채찍질하며 불같이 화를 내고, 호뢰관 앞에서 여온후呂溫侯와 세 번이나 맞붙었다'고 노래하고 있지만, 사실 독우를 때린 것은 장비가 아니라 유비였다.

이후 대장군 하진이 사람을 보내 군사를 모집하자 유비가 이에 응했다. 그는 몇 번의 전투에서 전공을 세워 현승이 되었는데, 이는 지금의 민정국 국장에 해당하는 직책이다. 하지만 그가 생각하기에 직책이 너무 낮아 만족할 수 없었다. 그래서 그는 취임한 지 얼마 되지 않아 때려치우고 다시 고당현高唐縣으로 가서 현령이 되었다.

각로의 제후들이 동탁 토벌에 나섰을 때 유비도 참여했으나, 그는 더 이상 자아질 수 없을 정도로 하찮은 인물이었다. 당시 제후들과 비교하면 그는 입에 올릴 수조차 없을 정도로 존재감이 없었다. 그러니 당시 큰 보스들은 그가 있는지조차 잘 모르고 있었다. 과연 그의 부대가 동탁과 몇 번이나 싸웠는지 사서에는 기록된 바가 없다. 그렇기 때문에 호뢰관에서 여포와 싸웠다는 이야기는 소설일 뿐, 사실과 거리가 멀다.

유비는 고당현의 현령도 그리 오래 하지 못했다. 고당현이 도적의 습격을 받았기 때문이다. 유비는 어쩔 수 없이 가솔을 이끌고 자신의 동학인 공손찬을 찾아갔다. 공손찬은 이미 두각을 나타내기 시작하여 당시 북방에서 둘째가라면 서러울 정도의 대군벌이었다. 그는 옛 동학이 의탁하자 기꺼이 받아들였다. 그곳에서 유비는 평생의 지기이자 심복을 만나게 된다. 과연 그는 누구인가?

위기에 몰린 공손찬

그는 바로 조운趙雲 조자룡趙子龍이다. 조자룡은 상산常山 정정正定 사람으로 8척의 키에 위용이 출중했다. 그는 어려서 아문에서 하급 관리로 일했는데, 원소와 공손찬이 기주 쟁탈전을 벌일 당시 상산군의 일부 사람들과 함께 공손찬의 수하로 들어갔다.

공손찬은 대단히 기뻐하며 조운에게 물었다.

"기주 백성들은 대부분 원소에게 의지하기로 했다고 들었는데, 유독 그대는 어떻게 미혹에서 벗어나 나에게 의탁하게 되었는가?"

조운이 대답했다.

"천하가 크게 어지러워 백성들이 두려워하고 있습니다. 제 고향 사람들이 상의하여 인정을 베푸는 곳으로 가기로 결정하였기에 공에게로 온 것입니다."

공손찬이 들으니 민심이 자신을 따르고 있나는 생각이 들어 더욱더 기뻤다. 그는 조운을 거두어 수하 장수로 삼아 전투 때마다 데리고 다녔다.

유비는 공손찬에게 의탁한 후 조운과 만나 친하게 지내면서 그의 정신적 지주가 되었다. 조운 역시 유비를 자신을 알아주는 친구이자 선배로 여기고 의기투합했다.

조운은 공손찬 수하에서 몇 년 동안 전쟁터를 누비면서 찬찬히 살핀 결과 공손찬이 흉중에 큰 뜻을 가진 것도 아니고 사리사욕만 채우려고 하여 더 이상 의지할 만한 인물이 아니라는 생각이 들었다. 그래서 언제라도 떠날 기회를 엿보았다. 그러던 차에 때마침 집안 형님이 돌아가시자 조운은 공손찬에게 귀향을 청했다.

유비는 조운이 한번 떠나면 다시는 돌아오지 않을 것임을 알았기 때문에 그의 손을 꼭 잡고 헤어짐을 아쉬워했다. 조운이 감동하여 유비에게 말했다.

"마음 놓으십시오. 저는 영원히 공의 은덕을 잊지 않을 것입니다."

얼마 후 원소와 공손찬이 계교界橋 남쪽에서 격전을 벌였다. 공손찬은 휘하 3만의 군사를 대동하니 그 맹렬한 기세를 감히 꺾을 수 없었다.

강적과 대면하여 원소는 대장 국의麴義에게 명해 정예병사 800명으로 선봉에 나서고, 좌우로 1,000여 명의 강노强弩 : 위력이 있는 큰 활. 여러 개의 화살을 쏠 수 있음를 배치하여 선제공격하도록 했다. 공손찬은 국의의 군사가 적은 것을 보고 기병으로 돌파하여 순식간에 몰살하려고 했다. 그런데 뜻밖에도 국의의 병사들은 방패를 위로 올리고 그 아래 누워 기병이 가까이 오기를 기다렸다. 공손찬의 기병이 거의 다가오자 돌연 원소 군사들이 강노를 일제히 발사하는 한편 누워 있던 병사들이 갑자기 일어서며 적을 향해 돌격하기 시작했다.

공손찬의 군대는 의외의 타격에 기병은 물론이고 보병까지 줄행랑을 치기 바빠 진군이 혼란에 빠지고 말았다. 국의의 군사늘은 더욱 용기백배하여 서짐없이 적군을 향해 달려가 공손찬의 수하인 기주자사를 포함하여 1,000여 명을 죽이고 계교까지 진격했다.

공손찬은 계교를 방어하며 끝까지 지키려고 했으나 그마저도 빼앗기고 말았다. 그때 원소는 군사들에게 적군을 추격할 것을 명하는 한편 자신도 수십 대의 강노와 창을 든 위사 100여 명의 호위를 받으며 천천히 앞으로 나아갔다. 계교에서 10여 리 떨어진 곳에 이르렀을 때 전방에서 승리의 첩보를 전달받은 원소 일행은 말에서 내려 안장을 풀고 잠시 휴식을 취했다.

그런데 뜻밖에도 공손찬의 잔여 부대 2,000여 명이 갑자기 출현하여 원소 일행을 겹겹으로 에워싸고 한꺼번에 화살을 퍼부었다. 원소의 부하인 전풍田豊이 놀라 원소를 모시고 낮은 담장 뒤편으로 숨으려고 했다.

하지만 영웅의 기개로 충만한 원소는 쓰고 있던 투구를 내던지며 소리쳤다.

"대장부가 되어 적과 싸우다 죽는 한이 있을지언정 어찌 후원 뒷담에 숨어 목숨을 부지하겠는가!"

그가 모질게 마음먹고 결연한 의지를 보이자 휘하 위사들도 크게 고무되었다. 원소는 그 즉시 강노수를 지휘하여 적지 않은 적군을 살상했다.

공손찬의 기병들은 눈앞에 보이는 적군 안에 원소가 있다는 사실을 전혀 눈치채지 못했다. 얼마 후 대장 국의가 병사를 이끌고 달려와 원소를 맞이하는 한편 공손찬의 기병을 몰아냈다.

계교전투 이후에도 공손찬은 여러 차례 원소와 맞붙었다. 하지만 그때마다 패배를 맛보고 말았다. 그래서 공손찬은 유주로 물러나 더 이상 원소와 싸우지 않았다.

원소는 공손찬을 물리친 후 도적을 비롯하여 온갖 적들을 맞이하여 셀수 없는 전투를 수행하면서 호강 가운데 으뜸 장수로 거듭났다. 그럴 즈음 유주로 물러나 있던 공손찬과 유주목 유우 사이에서 소란이 일어나기 시작했다.

호인好人은 잔혹한 군벌을 이길 수 없다

명의로 볼 때 유우는 당연히 공손찬의 상사다. 원소가 유우를 황제로 옹립하려고 했을 때 유우는 확고하게 반대 의사를 표명했다. 이런 점에서도 알 수 있다시피 유우는 군신 간의 대의가 무엇인지 정확하게 인지하고 있는 평화주의자였다. 그는 어떤 전쟁도 반대했으며, 결코 싸우기를 원치 않았다.

공손찬과 원소가 맞붙을 때마다 유우는 공손찬에게 싸우지 말 것을 당부했다. 하지만 공손찬은 전혀 말을 듣지 않았다. 이에 유우는 군량을 삭감해버렸다. 공손찬은 군량 삭감에 크게 노하면서 유우의 명령에 따르지 않고 제멋대로 백성들의 재물을 약탈했다.

유우는 그를 제어할 능력이 없어 공손찬의 죄상을 적어 조정에 올리는 수밖에 없었다. 공손찬 역시 유우가 군량을 떼먹었다고 상소문을 올렸다. 두 사람은 이렇듯 조정에 상주문을 올리며 서로 비난했다. 당시 조정은 자신을 돌보는 것조차 힘들 지경인지라 그저 두루뭉술하게 수습되기를 기다릴 뿐이었다.

공손찬은 계성薊城 동남쪽에 작은 성을 건설한 후 그곳으로 이주하여 살았다. 유우와 같은 성에서 살 수 없었기 때문이다. 유우는 여러 차례 공손찬에게 성으로 들어와 함께 상의할 것을 청했으나 공손찬은 병을 핑계로 들어오지 않았다. 유우는 공손찬이 언젠가 반란을 일으킬까 두려워 휘하 10만 대군을 이끌고 공손찬 토벌에 나섰다.

당시 공손찬의 주력 부대는 외부 전투에 투입되있기 때문에 유우의 군사를 세내도 막아낼 수 없었다. 공손찬은 성 밑으로 구멍을 파서 도망갈 생각까지 했다. 그러나 유우의 군대는 숫자는 많았으나 전투는커녕 훈련조차 제대로 해보지 못한 오합지졸에 불과했다. 게다가 유우는 행여 백

152 삼국지 강의

성들이 다칠까 염려하여 불을 놓는 것을 금지하고, 함부로 살상하지도 못하게 했으며, 그저 공손찬 한 사람만 죽이라고 했다. 그러니 무슨 전투라고 말할 것이 있었겠는가!

유우는 방화를 금지했으나 공손찬은 제멋대로 불을 질러댔다. 공손찬은 불길이 바람을 타고 번지는 틈을 타서 부하들의 호위 속에서 포위망을 뚫었다. 결국 유우의 군사들은 제대로 싸워보지도 못한 채 뿔뿔이 흩어지고 말았다.

유우 본인은 물론이고 그의 가족들까지 모조리 공손찬에게 붙잡혀 계성으로 끌려왔다. 유우를 포로로 잡았으나 공손찬은 계속해서 그에게 공문을 수령하고 보내도록 했다. 하필 그런 상황에서 조정에서 사자가 와서 헌제의 조서를 전달했다. 유우에게 더 많은 봉읍을 주고 여섯 주州의 사무를 관장토록 하며, 아울러 공손찬을 전장군으로 임명하고 역후易侯로 봉한다는 것이었다.

공손찬은 그 기회를 놓치지 않았다. 그는 유우가 원소와 짜고 황제가 되려고 한다고 무고하는 한편, 조정 사자를 위협하여 계성에서 유우와 그의 가족을 처형토록 한 것이다. 당시 사대부들은 누구나 유우가 억울하게 죽었다고 여기고 공손찬의 주변에 모여들어 비난을 퍼부었다. 악랄한 공손찬은 자신을 욕한 사대부들까지 모두 죽이고 말았다.

유우는 사람이 관대하고 두루 인의를 펼쳐 민심을 얻었다. 유주의 백성들은 현지인은 물론이고 외부에서 이주한 이들특히 북표北漂를 말한다. 유주는 지금의 북경北京이다도 그의 죽음을 애석하게 여겼다.

공손찬은 유우를 실해한 후 유주를 독점하여 더욱더 기고만장해졌다. 그는 자신의 무력만 믿고 백성들을 제대로 돌보지 않았으며, 혹여 누구라도 자신에게 반대하거나 비난을 하면 가차 없이 보복했다. 사대부들 가운데 자신보다 명망이 높은 이들이 있으면 어떻게 해서든지 모함에 빠뜨렸고, 재능이 뛰어난 이는 온갖 방법을 다 동원하여 억압하고 곤궁에 빠지게 만들었다.

누군가 공손찬에게 물었다.

"왜 그렇게 사대부들을 닦달하시오?"

공손찬이 대답했다.

"사대부들은 자신들이 마땅히 부귀해야만 하는 줄 알고 있소. 내가 그들에게 부귀를 주어도 감사해할 줄 모른단 말이오. 그래서 내가 그들을 빈한하게 하는 것이오."

공손찬은 이렇듯 사대부들을 천대한 것과 달리 상인이나 지방 토호들은 우대했다. 그는 그들과 형제의 우의를 맺고 통혼하기도 했다. 대상인과 지방 토호들이 일반 백성들을 속이고 재물을 약탈하는 일이 허다하여 백성들의 원한이 크게 치솟았다.

당시 유우의 이전 부하들이 유우의 복수를 하기 위해 남은 인마를 결집하기 시작했다. 그들은 한인은 물론이고 선비, 오환 등 여러 소수민족까지 규합하고 유우의 아들인 유화를 맞이하여 우두머리로 추대했다. 원소 역시 대장 국의를 파견하여 그들과 합세하도록 했다. 10만 대군의 공격에 공손찬의 군사들은 황망히 도망치기 바빴다.

가장 위풍당당한 군벌 원소

당시 민간에 다음과 같은 민가가 유행했다.

"연燕이 남쪽, 조趙의 북쪽 중간에 지리한 땅鄕히 일대 여주 그기는 숫들민 하지민 난세를 피힐 수 있는 곳일세."《우한서 · 공손찬선公孫瓚傳》

공손찬은 민가에서 난세를 피하는 곳으로 지목한 곳이 역현易縣: 지금의 하북이라고 생각했다. 그래서 그는 본거지를 역현으로 옮긴 후 그곳 이름을 역경易京으로 개칭했다. 그는 그곳에 10군데 참호를 파고 그 안에 대여섯 자 높이로 언덕을 만들고 다시 그 위에 높은 누각을 짓도록 했다. 중앙에 있는 가장 높은 누각은 높이가 10여 자로 공손찬 자신이 머물렀다. 누각에 철문을 설치하는 한편 시위들이 주야로 경비하도록 했다. 누각 안에는 7세 이상의 남자는 들어오지 못하도록 했으며, 오직 공손찬과 그의 희첩들만 살았다.

모든 공문서는 끈으로 묶어 성안으로 올려 보고했다. 궁녀들은 목소리를 크게 내는 연습을 하여 성루에서 다른 성루로 명령을 전달했다. 공손찬은 이후로 빈객이나 심복들조차 만나지 않았다. 외부와 전쟁하는 경우도 거의 없었기 때문에 휘하 모사들과 장수들 역시 뿔뿔이 흩어졌다.

이는 동탁이 미오를 건설하여 말년을 기탁하려고 했던 것과 같다. 하지만 미오가 동탁을 구하지 못한 것처럼, 역경 역시 공손찬을 구할 수 없었다.

원소는 매년 공손찬을 공격했지만 완전히 패배시킬 수 없었다. 그래서 공손찬에게 서신을 보내, 과거의 원한을 풀고 자신과 연합할 것을 권유했다. 당시 중원의 상황은 이전과 달리 크게 변화, 발전하고 있었다. 하지만 공손찬은 시대와 같이하기를 거부했다. 그는 원소의 호의를 아랑곳하지 않았으며, 오히려 경비 태세 강화에 몰입했다.

결국, 원소는 군사를 대거 동원하여 또다시 공손찬 타도에 나섰다. 공손찬의 병사들은 제대로 싸우지도 못하고 죽거나 도망쳤으며, 투항하는 이도 부지기수였다. 원소 군대는 계속 진격하여 역경 성문 바로 아래에 노날했나.

공손찬은 황급히 아들을 흑산군에게 보내 구원을 요청했다. 흑산군의 수령인 장연張燕은 공손찬의 아들과 함께 10만 대군을 이끌고 역경 쪽으로 이동하기 시작했다.

원군이 채 도착하기도 전에 공손찬은 밀사를 통해 아들에게 서신을 보냈다. 철기鐵騎 5,000명을 이끌고 북쪽에 도착하여 매복한 다음 횃불로 신호를 주면, 자신이 군사를 이끌고 성 밖으로 나가 원소를 협공하자는 것이었다.

하지만 애석하게도 그가 보낸 밀사가 원소의 순라에게 붙잡히고 말았다. 원소는 이를 역이용하기로 결정했다. 때가 되어 횃불을 올리자 공손찬은 원군이 도착한 줄 알고 성문을 열고 출전했다. 하지만 이미 매복해 있던 원소의 군대에게 크게 패해 어쩔 수 없이 성안으로 퇴각했다.

역경은 상당히 견고하게 지어져 난공불락이라고 해도 과언이 아니었다. 그렇다면 어떻게 할 것인가? 원소는 고민 끝에 병사들에게 지하도를 파도록 명령했다. 높은 하늘을 움직일 수 없다면 깊은 땅을 움직이겠다는 뜻이었다. 공손찬의 부대가 지키고 있는 성루 아래까지 파고 들어갔다가 기둥을 세우고 다시 위로 파고 들어가 나무 기둥에 불을 붙였다. 이렇게 해서 성루가 하나둘 무너지기 시작했다. 마침내 공손찬이 사는 누각까지 지하도를 파고 들어가 불을 놓았다. 공손찬이 위에서 바라보고는 모든 것이 다 끝났음을 자인하고 여동생과 처자식을 목졸라 죽이고 자신도 불길에 몸을 던졌다. 그의 아들도 흉노에게 목숨을 잃었다. 이렇게 해서 유주 역시 원소의 수중으로 들어왔다.

하북 대지에서 오랫동안 지속되었던 원소와 공손찬의 패권 싸움은 결국 원소의 승리로 막을 내렸다. 원소는 이로써 남쪽으로 황하, 북쪽으로 연주, 그리고 그 중간에 있는 유주, 기주, 청주, 병주 등을 모두 차지하여 동한 제국에서 가장 막강한 군벌로 자리매김했다.

원소와 공손찬이 패권을 다투던 10여 년 동안 각지의 제후들 역시 바쁘게 움직이고 있었다. 그렇다면 과연 그들은 어떤 일을 하고 있었는가?

10강 아비의 죽음마저 이용하다

동탁 토벌 연맹군이 해산된 후 조조는 황건군 잔당을 진압하면서 동분서주하다 웅주雄州를 점령하고 막강한 군사력을 갖춘 호강이되었다. 그런데 뜻밖에도 어떤 이가 실세인 조조의 부친을 살해하는 일이 벌어졌다. 과연 그는 누구인가? 그는 왜 막강한 실력자 조조를 건드렸는가? 일대 효웅 조조는 어떻게 아비를 죽인 원수에게 보복했는가?

아만이 근거지를 마련하다

'4대에 걸친 고관官四代'으로 유명한 원소와 북방의 강력한 군벌 공손찬의 대결은 10여 년 지속되다 마침내 원소의 승리로 마감되었다. 원소는이로써 동한 제국에서 가장 막강한 군벌이 되었다. 그 기간에 조정은 물론이고 지방의 형세 또한 큰 변화가 있었다.

조정은 혼란에서 벗어나지 못했으며, 지방은 더욱 혼란스러웠다. 오늘장 자사가 왕 군수를 공격했다면 내일은 왕 군수가 이 현령을 공격하는것처럼 그들이 서로 치고받았던 것은 오직 자신들의 기반을 차지하기위함이었다. 전형적인 약육강식의 시대였다.

이러한 혼란과 지속적인 싸움 속에서 원소의 오랜 친구인 조조 역시점차 실력을 키워 남들이 함부로 대할 수 없는 대어大漁로 성장했다. 산조연맹 당시 조조는 동탁과 몇 차례 싸운 적이 있다. 하지만 동탁 타도 동맹군이 동탁과 싸울 생각은 하지 않고 매일 술이나 마시고 환락에 젖어 있는 것을 보고 동맹군에 대한 환상을 접고 더 이상 기대하지 않았다.

당시 조조의 절친인 포신이 조조에게 말했다.

"원소 저놈이 맹주랍시고 직권을 남용하여 사리사욕을 채우고 있으니 내가 보기에 제2의 동탁이나 다를 바 없네. 지금은 우리 역량이 부족하니 괜히 그를 건드려 성가신 일을 자초할 필요 없네. 차라리 황하 남쪽에서 세력을 키우면서 형세를 관망하는 것이 어떻겠는가?"

조조도 그의 의견에 깊이 동감했다.

때마침 흑산군이라고 부르는 황건군의 잔당들로 백요白繞와 우독于毒이 이끄는 10만 대군이 동군東郡 : 지금의 하남 복양을 공격했다. 흑산군은 기주에서 새롭게 등장한 황건군으로, 하북과 산서 지역에서 활동하면서 도교의 검은 깃발을 표지로 삼았기 때문에 흑산군이라고 부른다.

동군태수가 도저히 막을 수 없자 조조가 자발적으로 군대를 이끌고 달려와 소수의 병력으로 백요가 이끄는 대군을 격퇴했다. 원소는 이를 보고 내심 기쁘기도 하고 놀랍기도 했다.

"역시 믿을 만한 친구들이야. 대단해, 정말 이 정도인 줄은 몰랐네!"

원소는 조조를 동군태수로 적극 추천하고 치소治所를 동무양東武陽에 설치하도록 했다. 조조는 이를 자신의 작은 근거지로 삼았다. 이제 그는 이전처럼 잔챙이들과 어울리는 작은 새우가 아니었다.

여기서 잠시 되돌아가 보자. 당시 조정은 여전히 동탁이 좌지우지하고 있었으니, 원소가 누군가를 추천한다고 해서 동탁이 순순히 받아들일 리가 없었다. 그렇기 때문에 원소가 조조를 추천했다는 것은 곧 원소가 임명한 것이나 다를 바 없었다. 이렇게 조조는 원소의 똘마니가 된 셈이다.

조조는 태수의 자리에 올랐지만 그렇다고 마냥 편하게 쉴 수만은 없었다. 황건의 잔당들이 그를 가만히 놔두지 않았기 때문이다. 우독이 이끄는 황건군이 동무양을 공격할 때 조조는 때마침 서쪽으로 산길을 타고 우독의 본채를 공격하는 중이었다.

조조의 부하가 군사를 돌려 동무양을 구원하자고 요청했으나 조조는 듣지 않았다.

"우리가 역적들의 소굴을 공격한다는 사실을 알게 되면 동무양의 포위는 저절로 풀릴 것이다. 만약 저들이 돌아오지 않으면 우리는 저들의 소굴을 공격하여 차지하면 된다. 하지만 저들은 결코 무양을 점령할 수 없을 것이다."

조조는 왜 이렇게 말했을까? 우독의 소굴은 산채여서 공격하기가 수월하지만, 무양은 성城이어서 쉽게 점령할 수 없었기 때문이다. 조조는 전형적인 위위구조*의 계략을 사용하고 있었다.

"역적들이 무양을 공격하면 우리는 그들의 산채를 점령하면 된다. 쌍방이 자리를 바꾸고 후반전이 이어질 것이다."

조조는 이렇게 말하고 계속 서쪽으로 진격했다.

조조의 군사가 서행한다는 소식을 접한 우독은 조조가 예측한 대로 무양을 포기하고 자신의 산채를 구하기 위해 철군했다. 조조는 승기를 타고 후퇴하는 적을 무찔렀다. 바로 이 싸움에서 조조는 이후 가장 신뢰하고 아끼는 모사 순욱荀彧과 처음 만나게 된다.

---

* 위위구조圍魏救趙 : 전국시대 제나라 군대가 조나라를 공격하고 있는 위나라를 공격하여 조나라에서 철군하도록 만든 것을 말한다. 이후 적의 후방 거점을 공격하여, 진격하는 적군을 물리치는 전술의 뜻으로 사용되었다.

순욱이란 보물을 얻다

순욱은 영천穎川 출신이며 자는 문약文若이다. 전하는 바에 따르면, 전국 시대 사상가인 순자荀子의 후손이다. 순욱의 조부는 신군神君이라 불릴 정도로 상당히 유명한 인물이었다. 그는 아들을 여덟이나 두었는데, 모두 뛰어나 팔룡八龍이라 불렸다. 순욱은 어려서부터 재주가 남달라 남양의 명사들은 그를 '왕좌王佐의 인재'라고 불렀다.

한 영제 재위 마지막 해에 순욱은 효렴으로 천거되어 관리 생활을 시작했다. 소제가 즉위하고 동탁의 난리가 일어나자 순욱은 벼슬을 버리고 귀향했다.

"영천은 사방에서 공격을 받을 수 있는 곳이기 때문에 천하에 변란이 일어나면 언제라도 군대가 충돌하기 마련입니다. 그러니 마땅히 다른 곳으로 이주하고, 오래 머물 곳이 아닙니다."《삼국지 · 위서 · 순욱전荀彧傳》

순욱은 이렇듯 마을 어른들에게 고향에 연연해하지 말고 빨리 다른 곳으로 이주할 것을 권유했다.

하지만 중국인들은 자고로 고향에 대한 애정이 남다르다. 순욱의 마을 사람들도 마찬가지였다. 때마침 당시 기주목으로 있던 한복이 사람을 보내 순욱을 불렀다. 순욱은 마을 사람들에게 함께 떠날 것을 권유했으나 아무도 응하는 이가 없자 하는 수 없이 자신의 친인척만 데리고 기주로 향했다.

순욱이 기주로 이주한 지 얼마 되지 않아 원소가 기주를 차지했다. 원소는 순욱을 각별하게 생각하여 상객으로 대했기 때문에 순욱과 그의 동생은 원소 밑에서 일을 도왔다. 일종의 아르바이트를 한 셈이다. 하지만 순욱은 원소의 인물됨이 여의치 않다는 것을 알고 그를 떠나 조조에게 몸을 맡겼다.

조조는 순욱이 자신의 사람이 되자 크게 기뻐하며 말했다.

"그대야말로 나의 자방子房일세."

순욱이 조조 자신에게 한 고조의 장량張良과 같은 인물이라는 뜻이다. 그는 즉시 순욱을 사마로 임명했다.

당시 동탁은 천하를 주름잡으며 기염을 토하고 있었다. 산조연맹도 시원치 않은 상태에서 조신들도 별다른 계책이 없으니 그저 답답하기만 했다. 이에 조조가 어떻게 하면 좋을지 묻자 순욱이 대답했다.

"동탁은 포악함이 이미 정도를 넘어 조만간 그칠 날이 올 것이니 애써 뭔가 하실 필요가 없습니다."《삼국지 · 위서 · 순욱전》

괜히 두려워할 필요도 없고 서둘러 무언가를 할 필요도 없으니, 그저 관망하는 것이 최선이라는 뜻이다.

이후 동탁은 이각을 관동으로 출병시켰다. 이각의 부대가 영천을 지나면서 일대에서 약탈과 살육을 자행하여 순욱 고향 마을 사람들이 적지 않게 죽거나 다쳤으며, 재물을 빼앗겼다. 사람들은 순욱의 선견지명에 새삼 놀라며 그때 같이 떠나지 않은 것을 후회했지만 이미 엎질러진 물이었다.

조조는 순욱이라는 큰 보물을 얻은 후 점차 군사력을 확대하면서 주변의 농민군들까지 휘하로 편입하기 시작했다.

연주의 주인이 되어 기반을 마련하다

앞서 말한 것처럼 공손찬은 싸움에 관한 한 타의 추종을 불허할 징도로 용맹스러웠다. 그는 적과 싸울 때면 마치 철천지원수를 만난 것처럼 전혀 아량을 베풀거나 용서하는 적이 없었다. 청주의 황건군은 공손찬에게 걸려 진퇴양난에 빠지자 결국 연주 쪽으로 방향을 틀 수밖에 없었다.

연주자사 유대가 출병하여 적을 맞을 준비를 하고 있을 때 조조의 심복인 포신이 그에게 말했다.

"지금 황건군은 백만의 군사를 자랑하고 있어 백성들이 두려움에 떨고 병사들 또한 싸울 의지가 없습니다. 이런 상태에서 정면 승부를 하는 것은 좋지 않습니다. 황건군은 군량이 충분하지 않기 때문에 가는 곳마다 약탈하여 채우고 있을 따름입니다. 그러니 우리는 적과 접전하지 않고 성내에서 수비에 전념한다면 저들은 며칠 안에 군량이 떨어져 틀림없이 흩어지고 말 것입니다. 그때 정예병사를 선발하여 중요 요새를 지키게 하면 역적들을 모두 물리칠 수 있을 것입니다."

하지만 유대는 적에게 약한 모습을 보이기 싫다고 하여 포신의 권유를 무시하고 직접 출전했다가 황건군에게 목숨을 잃고 말았다.

유대가 죽자 연주는 선장을 잃은 배나 다를 바 없었다. 연주는 조조의 근거지와 이웃하고 있기 때문에 잘하면 조조에게 큰 행운이 굴러들어올 수도 있었다.

조조의 부장으로, 경극 〈착방조〉[**]의 주인공인 진궁陳宮은 나름 수준이 있는 이였다. 그가 조조에게 말했다.

"지금 연주는 아무도 관리하는 이가 없습니다. 조정에서 새로 관리를 파견한다고 할지라도 하루아침에 올 수 있는 것이 아닙니다. 그러니 자사부刺史府의 관리들을 구워삶아 공께서 연주자사를 대리할 수 있도록

[**] 착방조捉放曹 : 조조가 낙양을 벗어나 고향으로 돌아가는 길에 중모中牟를 지나다가 관문을 지키던 군사들에게 붙들렸다. 현령 진궁이 조조를 알아보고 그에게 이미곰 가느냐가 좋아하 스스가 고향으로 돌아간 후에 친히의 고사를 불러 무아 동탁을 주멸할 것이라고 하자 그 뜻에 감동하여 조조를 놓아주고 함께 떠났다. 경극 〈착방조〉는 바로 이 내복을 연희화한 것이다. 《삼국연의》에 따르면, 그들 두 사람이 여백사의 집에 투숙했다가 집안사람들이 돼지를 잡으려고 하는 이야기를 듣고 자신을 해치려는 것으로 오해하여 여백사의 가족을 모두 살해하고 만다. 이에 진궁이 조조가 '이리와 같은 마음을 지녔음'을 알고 조조를 버리고 떠난다. 하지만 이는 《삼국연의》의 픽션일 따름이다. 그는 조조의 수하로 있다가 조조가 서주를 공격할 당시 여포와 같은 편이 되어 조조와 싸웠고, 결국 포로가 되어 죽임을 당하고 만다.

하는 것이 좋겠습니다. 그렇게만 된다면 우리는 천하를 차지할 수 있는 자본을 얻는 셈입니다."

조조가 듣더니 과연 좋은 계략인지라 크게 기뻐하며 진궁에게 직접 가서 해결토록 했다. 진궁은 연주로 가서 짧은 세 치 혀로 조조가 왜 연주를 맡아야 하는지 세세하면서도 설득력 있게 이야기했다. 포신도 미사여구를 총동원하여 조조에 대한 찬사를 거들었다. 결국 연주의 관리들은 새로운 연주자사로 조조를 맞이하기에 이른다.

조조는 연주자사 자리에 오른 후에도 황건군과 계속 싸움을 벌여야만 했다. 조조는 상벌을 엄격하게 시행하고 기묘한 계책을 발휘하여 주야로 쉬지 않고 전투하면서 적지 않은 적군을 살상하여 마침내 황건군을 격퇴했다. 하지만 아쉽게도 조조를 위해 자신의 목숨조차 아깝다 여기지 않고 최선을 다했던 포신이 전사하고 말았다. 더욱 마음 아픈 일은 그의 시신을 찾지 못했다는 점이었다.

조조는 진심으로 슬퍼하며 견디기 힘들어했다. 그와 포신은 어린 시절부터 뜻을 같이한 오랜 동료이자 형제와 같은 친구였다. 그가 전사한 것도 슬픈 일인데, 시신조차 찾지 못하니 더욱 애가 탔다. 조조는 현상금을 걸고 그의 시신을 찾고자 했으나 끝내 찾을 수 없었다. 결국 나무로 포신의 몸을 만들어 장례를 치렀다. 조조는 친히 상례에 참가하여 통곡하며 그의 죽음을 애도했다.

황건군과 싸우면서 조조가 살육만 일삼은 것은 아니다. 오히려 그는 황건군의 투항을 받아들이는 데 적극적이었다. 사서의 기록에 따르면, 일반 병사 30여만, 남녀 100여만 명을 받아들였는데, 숫자에 편차가 있기는 하겠으나 그만큼 많은 이들이 투항했다는 것은 분명 사실일 것이다.

이렇게 해서 조조는 더욱더 막강한 병력과 군사력을 갖추게 된다. 그는 잡다하게 모인 병사들 중에서 정예를 선발하고 노약자를 퇴출하면서 마침내 이후 조조 군사의 모태가 되는 청주병靑州兵을 조직하게 된다. 그래서 사람들은 조조가 농민 폭동을 진압하면서 세력을 키웠다고 말하는 것이다.

얼마 후 조정에서 연주자사로 새로운 인물을 임명하여 파견했다. 하지만 조조에겐 그가 안중에 있을 리 없었다. 조맹덕, 내가 과수나무를 심었는데, 네가 따 먹겠다? 말도 안 되는 소리지. 결국 새로 파견된 자는 어쩔 수 없게 되자 원술에게 가버리고 말았다. 이렇게 해서 조조는 연주에서 확고한 기반을 마련하게 되었다.

고심하며 대업을 도모하다

당시 조조는 중무장한 군사를 보유하고 연주를 거점으로 삼고 있었으나 명목상 조정에서 임명한 관리가 아니라 임의로 관직을 차지한 것일 뿐이었다. 게다가 그를 원소의 똘마니로 생각하는 이들이 적지 않았기 때문에 조정의 입장에서 그의 신분을 인정할 리 없었다.

그럴 즈음 조조는 모사 모개毛玠와 천하의 정세에 대해 깊은 대화를 주고받았다. 모개는 조조에게 다음 두 가지를 건의했다.

"현재 천하는 군웅이 할거하고 있으니 누가 누구의 명을 받으려 하겠습니까? 대업을 이루고자 한다면 반드시 다음 두 가지 조건을 갖추어야 합니다. 첫째, 천하와 싸워 이길 수 있는 실력이 있어야 합니다. 둘째, 거병하려면 마땅히 명분이 정당하고 사리에 맞아야 합니다. 그렇기 때문에 향후 대책을 마련해야 합니다. 우선 둔선屯田을 통해 군비를 마련하고 실력을 확보해야 하며, 둘째 천자를 받들고 황상의 명에 따라 처리해야 합니다."

조조는 그의 말에 깊이 동감했다.

당시 군벌들은 혼전을 거듭하면서 생산에 전혀 관심이 없었다. 그런 상황에서 백성들은 난리를 피해 사방팔방으로 도망치니 전원이 황무지로 변하는 것은 당연한 일이었다. 그래서 대다수 군벌들이 식량이 떨어지고 제대로 공급할 수 없게 되면서 결국 뿔뿔이 흩어졌다. 예를 들어 원술의 부대는 회남淮南에서 뽕나무 잎으로 연명했는데, 거의 누에가 될 정도였다. 그렇기 때문에 조조는 둔전양민 정책을 중시하여 장기적으로 착실하게 관철해나가고자 했던 것이다.

동시에 조조는 조정에 사람을 보내 우호적인 제스처를 아끼지 않았다. 조조의 근거지는 장안에서 비교적 멀리 떨어져 있는 데다 중간에 하내 태수 장양이 버티고 있었다. 장양은 원소와 사이가 좋지 않았기 때문에, 원소의 형제나 다를 바 없는 조조에게 길을 비켜줄 까닭이 없었다.

그럴 즈음 장양의 수하 한 사람이 장양에게 이렇게 권유했다.

"비록 원소와 조조가 연맹을 맺고 있다 하나 그리 걱정하실 일이 아닙니다. 제 말 몇 마디면 저들 두 사람도 조만간 깨질 것입니다. 비록 조조는 세력이 아직 약하긴 하지만 그야말로 진정한 영웅입니다. 그러니 기회를 엿보아 그와 좋은 인연을 맺는 것이 좋습니다. 지금 길을 빌리려고 하니 이를 기회로 삼아 그와 친해지시기 바랍니다. 조조가 조정에 상주문을 올릴 때를 기다려 우리도 조조를 추천하는 상주문을 올리면 조조도 틀림없이 우리를 좋아하게 될 것입니다."

장양은 수하의 건의를 받아들여 조조의 사자에게 길을 내주는 한편 조정에 조조를 추천하는 상주문을 올렸다. 장양의 부하는 조조의 명의로 이각과 곽사에게 서신을 보내면서 그들의 권세에 따라 적절하게 문안을 올렸다.

이렇게 하니 이각과 곽사는 덩달아 기분이 좋아졌다. 이각과 곽사가 보기에 관동의 여러 장수들이 한 헌제보다 자신들을 더욱 중히 여기고 있으며, 특히 조조가 파견한 사자가 자신들에게 충성을 보이니 더욱더 기뻤던 것이다.

그러나 이각과 곽사도 마냥 멍청하기만 한 것은 아니었다. 뭔가 의심쩍은 데가 있었다. 조조는 분명 원소의 사람인데, 어찌하여 조정을 중시하는 듯 호의를 보이고 있지? 그들은 이런 생각이 들자 일단 조조가 보낸 사자를 장안에 억류하고 돌려보내지 않기로 결정했다.

당시 황문시랑이던 종요鍾繇 : 중국의 유명한 서예가이기도 하다가 이각과 곽사 두 사람에게 건의했다.

"지금 천하 영웅들이 한꺼번에 굴기하여 너 나 할 것 없이 조종의 명의를 도용하여 전횡을 일삼고 있는데, 오직 조맹덕만은 한마음으로 왕실을 존중하고 있습니다. 만약 조정에서 그의 충정을 거절하고 받아들이지 않는다면 그를 따르고자 하는 이들이 실망할까 두렵습니다."

이각과 곽사가 들어보니 나름 일리가 있는지라 조조를 인정하고 그가 보낸 사자를 대접하였으며, 그에게 풍부한 선물을 주어 돌려보냈다. 하지만 호경기는 그리 오래가지 않았다. 조조가 연주자사가 되고 얼마 되지 않아 원술이 성가신 일을 저질렀기 때문이다.

원술은 형주의 유표에게 패배하여 봉구封丘로 도망쳤다. 봉구는 조조의 터전이니 원술이 사람들을 데리고 조조네 집으로 들어온 것이나 다를 바 없었다. 그러니 조조가 어찌 가만히 있을 수 있겠는가?

"그렇지 않아도 이놈의 자식, 마음에 안 들었어! 오늘 내가 원소 형님 대신 손을 봐주어야겠군!"

그리하여 조조가 인마를 끌고 쳐들어가 원술을 수춘壽春으로 내쫓았다.

'아만(조조) 쪽은 아예 생각도 하지 말고, 이곳에서 잠자코 있어야겠구먼!' 원술은 속으로 이렇게 생각했다.

당시 조조는 불혹의 나이에 나름 강력한 군사력을 확보하고 웅주를 거점으로 천하의 패권을 다투고 있었으니 그야말로 춘풍에 득의양양하던 시절이다. 바로 이런 시기에 멀리서 악몽이 전해졌으니, 바로 집안 노인네가 살해되었다는 소식이다.

아비로 인한 피비린내

과연 누가 감히 떠오르는 패자, 우리의 조조 형님의 부친을 살해했단 말인가? 그것은 바로 서주자사 도겸의 수하가 한 짓이었다.

《삼국연의》에 따르면, 도겸은 도의에 위배되고 감정에 따라 행동하며, 충직한 사람을 멀리하고 소인배를 가까이하는 등 그다지 좋은 인물이 아니다. 경극에서도 흰 수염에 몸을 부들부들 떨며 누군가 부축해야만 겨우 걸을 수 있는 인물로 나온다. 이에 반해 정사는 오히려 강직하고 절개가 있는 인물로 평가하고 있다. 하지만 실제로 그는 그다지 성실하거나 믿을 만한 작자는 아니었던 것 같다.

도겸은 하급 공무원 집안에서 태어나 어려서 아비를 잃고 제멋대로 자라났다. 이른바 문제소년으로 평판도 좋지 않았다. 그러나 운마저 나쁜 것은 아니었다.

어느 날 감甘 아무개라고 부르는 태수가 길거리에서 우연히 도겸을 보게 되었는데, 껄렁껄렁하지만 또한 예사스럽지 않다는 생각이 들었다. 그래서 그를 불러 이런저런 이야기를 나누고는 역시 만만치 않은 인물이라는 것을 알게 되었다. 그래서 감 태수는 아예 자신의 여식을 그에게 시집보내고, 사위가 된 도겸을 환로宦路로 집어넣었다.

이렇게 해서 길거리 무뢰배나 다를 바 없던 도겸은 졸지에 체제 안으로 들어와 승진을 거듭하여 자사까지 올랐다. 황건군이 재차 무장하여 군현을 습격하자 그는 군사를 이끌고 맞서 싸웠다. 주장으로 처음 출정한 그는 주변의 기대에 부응이라도 하려는 듯, 황건군을 크게 격파했다.

도겸은 싸움에 능했을 뿐만 아니라 행정 관리에도 일가견이 있었다. 그는 자신이 관할하고 있는 서주 경내에 둔전을 설치하고 불법을 전파하기도 했다. 당시 북쪽으로 청주와 연주 일대에서 황건군이 기승을 부려 혼란이 그치지 않았으나 그가 다스리던 서주만은 '백성들이 풍요롭고 미곡이 풍부하여 유민들이 서주로 유입되었다.'《삼국지·위서·도겸전陶謙傳》이 역시 모두 도겸의 공로다.

그렇다면 그는 왜 조조의 부친을 살해한 것일까?

조조의 부친 조숭은 환관인 조등을 의부義父로 삼으면서 벼슬길이 열리기 시작하여 태위까지 이르렀다. 조조가 원소를 따라 거병하자 조숭은 어린 아들을 데리고 낭야琅邪로 피신했다. 조조는 연주자사가 된 후 사람을 보내 아비를 모셔오도록 했다.

조숭은 태위로 있을 당시 적지 않은 뇌물을 받아 챙겼기 때문에 이미 상당한 부호였다. 그는 조조에게 가면서 자신이 모은 금은보화를 모두 가지고 갔는데 수레 수백 대가 줄을 이었다.

그가 공교롭게도 도겸의 부하들이 주둔하고 있는 곳을 지나게 되었는데, 그렇지 않아도 허기진 젊은 병사들이 수레 가득한 황금과 온갖 진귀한 보물을 보게 되었으니 군침을 흘리지 않을 수 없었다. 난데없는 황금이며 백은 덩어리를 보았으니 어찌 마음이 동하지 않겠는가! 게다가 자신들에겐 무엇보다 날카로운 칼과 창이 있으니 무엇을 망설이겠는가. 그들은 몰래 조숭 일행을 뒤따르다가 인수와 사주가 집하는 곳에 이르러 일행을 덮쳐 조조의 아비와 동생들을 모두 살해하고 수레에 실은 재물을 훔쳐 달아났다.

이 사건은 도겸의 지시에 따른 것이 결코 아니었다. 하지만 그에게도 당연히 책임이 있었다. 부하를 제대로 단속하지 않았다는 것이다. 조조는 아비가 살해되었다는 소식을 접하고 불같이 화를 내며 소리쳤다.

"도겸, 이놈이 감히 내 아비를 죽여? 내가 네놈의 일족을 몰살하고 말리라!"

이리하여 조조는 즉시 대군을 일으켜 연주에서 서주를 공략할 준비에 돌입했다. 재물에 눈이 먼 아비의 원수를 갚기 위함이었다.

사실 조조는 그리 효성스러운 인물이 아니다. 설사 아비를 죽인 사건이 도화선이 되지 않았다고 할지라도 언젠가는 도겸을 칠 생각이었다. 조조와 도겸 두 사람은 관할 지역이 붙어 있는 데다, 양쪽 모두 상대를 겸병하여 자신의 세력 범위를 확장할 생각을 하고 있었다. 특히 조조는 이미 일찍부터 서주 땅에 눈독을 들이고 있었다. 그러던 차에 아비가 피살되자 조조는 서주를 공격하기 위한 더할 나위 없는 명분을 얻은 셈이다. 그해 가을, 조조는 대군을 이끌고 도겸을 쳤다. 조조 대군은 연달아 10여 개의 성을 함락하고 팽성彭成에 도착하여 도겸의 군대와 일전을 준비했다.

앞서 낙양 일대에서 혼전이 벌어지자 인근 백성들이 모두 동쪽으로 이주하여 서주로 들어갔다. 조조는 오로지 복수의 일념에 불타 무수한 백성들을 살육했다. 서주의 남녀노소 수십만 명이 조조 군사의 창칼에 찔리고 말발굽에 짓밟혀 사수泗水가 막혀 흐르지 않을 지경이었다. 죽은 시신이 하천을 막아 물이 흐르지 않을 정도였다는 뜻이다.

조조는 도겸이 지키고 있는 현성縣城을 수차례 공략하였으나 좀처럼 함락하지 못했다. 그러자 조조의 군사들은 방향을 바꾸어 그 밖의 현성을 공격했다. 조조는 부친의 피살로 인한 분노를 모두 서주의 백성들에게 돌리고 말았다. 조조의 군사들이 쳐들어가는 곳마다 사람은 물론이고 개나 닭 등 가축까지 모두 죽여 남아나는 것이 없었다.

물론 조조가 처음으로 이런 일을 자행한 것도 아니고, 마지막인 것도 아니다. 중국 고대의 통치자들, 특히 개국군주들은 백성을 들판의 잡초나 다를 바 없이 생각했다. 자신의 성공을 위해서라면 얼마나 많은 이들이 희생되든 전혀 개의치 않았다.

작은 산채를 점령하면 토비가 되고, 제법 큰 지역을 차지하면 군벌이 된다. 그러나 수많은 지역을 차지하면 황상으로 칭해지기 마련이다. 마찬가지로 한 사람을 죽이면 범죄자가 되지만 수만 명을 죽이면 장군이 되고, 그보다 많은 수십만 명을 살상하면 황상이 된다. '장수 한 명이 공적을 이루려면 수많은 병졸들이 해골이 되고 만다一將功成萬骨枯'는 말이 어찌 거짓이겠는가!

도겸은 조조의 맹렬한 공격을 견디다 못해 당시 청주자사로 있던 전해田楷에게 다급하게 구원을 요청했다. 전해는 평원국 상相인 유비를 데리고 도겸을 돕기 위해 출전했다.

당시 유비는 수천 명에 달하는 군사를 거느리고 있었다. 도겸이 그에게 4,000여 명의 단양병丹陽兵을 보내 지휘를 맡기자 전해를 떠나 도겸 밑으로 들어갔다.

도겸은 유비를 예주자사로 추천하고 소패小沛에 주둔토록 했다. 때마침 조조 군대는 군량이 떨어져 연주로 철군하려던 참이었다. 조조가 도겸을 공격함으로써, 몰락한 황숙 유비가 오히려 적지 않은 이득을 챙길 것만 같았다. 하지만 일은 아직 끝난 것이 아니었다. 얼마 후에 조조가 또다시 도겸을 공격했기 때문이다.

이번에도 도겸의 운명은 그리 나쁘지 않았다. 조조가 계속 공격을 퍼붓고 있을 때 후방에서 돌연 나쁜 소식이 전해졌기 때문이다. 자신의 심복이나 다를 바 없는 진궁과 오랜 친구 장막이 여포와 한패가 되어 연주를 탈취하려고 한다는 소식이었다.

조조는 긴장했다. '하필이면 내가 도겸을 치러 나섰을 때 후원에 불을 지른단 말인가? 낭패로구나!' 실제로 조조는 당황했다. 그토록 믿었던 도끼에 발등이 찍힌 꼴이었기에 더욱 그러했다. 그렇다면 조조가 형제처럼 생각하던 그들은 왜 등을 돌린 것일까?

배후에서 칼을 꽂은 세 명의 검객

장막은 젊은 시절 의협심을 발휘하여 기꺼이 의로운 일에 앞장섰기 때문에 원소와 조조도 그와 어울리며 의기투합했다. 하지만 나중에 원소가 동탁 토벌 연맹군의 맹주가 되자 사람을 대하는 태도가 예전과 달리 오만해졌다. 이를 참다못한 장막이 정당한 이치에 따라 그를 엄격하게 질책했다.

"원소, 자네는 어찌하여 부귀한 몸이 되었다고 형제들을 잊는단 말인가?"

원소는 그의 말에 부끄럽고 분한 나머지 화가 치솟았다. '그래도 내가 명색이 맹주인데 어찌 감히 나에게 반말 투로 지껄이는가? 아예 내가 안중에 없다는 것이 아니고 무엇이겠는가!' 그는 이렇게 생각하며 조조를 보내 장막을 처리하도록 했다.

여기서 알 수 있다시피 정치가들에게는 우정이라고 할 것이 없다. 그저 적나라한 자신의 이익만 존재할 따름이다. 오늘날도 마찬가지여서 조금 전까지만 해도 함께 길가에서 오줌을 내갈기고 호형호제하던 이들이 다음 날 서로 치고받는 일이 비일비재하다.

조조는 원소의 말을 듣지 않았다.

"맹탁孟卓 : 장막의 자은 우리의 친구 아니오? 설사 그른 생각을 가지고 있다고 할지라도 관용을 보이는 것이 마땅하오. 지금 천하가 아직 안정되지 않은 상태에서 우리들끼리 어찌 자중지란을 일으키란 말이오?"

이렇듯 조조는 극력 장막을 지지하고 보호했다.

조조는 군사를 이끌고 도겸을 치러 떠날 당시 죽음을 무릅쓰고 반드시 원수를 갚겠노라고 다짐했다. 그래서 출전하기에 앞서 집안 식구들에게 이렇게 말했다.

"혹시라도 내가 살아 돌아오지 못한다면 너희들은 장막에게 의지하라!"

여기서도 볼 수 있다시피 조조와 장막의 관계는 형제나 진배없다고 할 정도로 밀접했다. 하지만 아무리 좋은 관계라고 할지라도 권세나 이익의 침투를 막을 수는 없는 법이다.

두 사람이 처음 만났을 때만 해도 장막의 지위나 명성이 조조를 훨씬 능가했다. 하지만 조조가 연주목이 되자 졸지에 장막의 상사가 되고 말았다. 그래서 장막은 조조에 대해 선망과 더불어 질투심이 생길 수밖에 없었다. 그중에서도 질투심이 더욱 심했다.

안목이 있는 이들은 장막과 조조 두 사람이 조만간 갈라설 것이라 예견했다.

"조조는 야심이 커서 사방을 차지하려는 웅지가 있으되, 장막이 조조보다 먼저 뜻을 얻었다. 조조의 권력이 점차 커질수록 장막은 견디지 못할 것이니 장차 무슨 일이 일어날까 두렵다."

하지만 조조와 장막은 바지 하나를 돌아가며 입을 정도로 형제처럼 지냈기 때문에 아무도 그런 이야기를 귀담아듣지 않았다. 실제로 그들 두 사람의 간극은 점차 커져만 갔다.

한편 여포는 장안에서 쫓겨난 후 집 잃은 개처럼 이곳저곳을 유랑하고 있었다. 그가 원소에게서 떨어져 나와 장양에게 갈 때 마침 진류군을 지나게 되었다. 자연스럽게 진류태수인 장막을 방문하고 헤어지면서 굳은 악수로 이별을 고했다.

원소가 그 소식을 듣고 분노가 치밀었다. 앞서 말한 것처럼 원소는 동탁을 제거하기 위해 자객을 보냈다가 실패하고 말았는데, 여포와 장막이 좋은 관계를 유지하는 것을 보고 화가 치솟았던 것이다.

원소가 화를 내자 장막은 내심 불안했다. 당시 조조는 원소의 똘마니 노릇을 하고 있었기 때문에, 장막은 혹시라도 조조가 원소의 말을 듣고 자신을 죽일지도 모른다고 생각했다.

당시 연주 경내에 변양邊讓이라는 명사가 살았다. 그는 뛰어난 문장가이자 명사로 자부심이 대단하여 환관 집안 출신의 조조가 눈에 들어오지 않았다. 그래서 늘 조조에 대해 경멸하는 투의 조소를 보내곤 했다. 조조는 그 사실을 알고 분노하여 변양의 일가족을 몰살하고 말았다. 조조가 명망 높고 재능이 출중한 변양을 살해하자 연주 지역의 사대부들이 모두 조조를 두려워하고 싫어했다.

진궁은 이번 사건에 대해서도 차마 눈뜨고 볼 수 없다고 여기고 분개했다. 그는 무고한 이들을 눈 한 번 깜빡이지 않고 살해하는 조조를 보면서 더 이상 조조와 상종할 가치가 없다고 생각했다. 그는 이전에 자신이 조조가 연주를 손에 넣도록 도와준 것에 대해 가슴을 치고 통탄했다. 결국 그는 조조에게 등을 돌렸다. 그는 장막의 동생인 장초張超를 비롯한 여러 사람들과 의기투합하여 조조를 몰아낼 계책 마련에 나섰다.

진궁이 장막에게 말했다.

"지금 천하가 분열되어 호걸들이 사방에서 분연히 일어나고 있습니다. 태수께서는 천 리의 넓은 지역과 수많은 백성들을 거느리고 있으며, 또한 사방에서 차지하려고 애쓰는 요충지를 차지하고 계시니 마땅히 호걸의 반열에 올라야 하거늘, 오히려 남의 수하 노릇을 하고 계시니 어찌 이런 일이 있단 말입니까? 지금 조조가 대군을 이끌고 동정東征을 떠나 연주가 텅 비었습니다. 여포 또한 장사 중의 장사인 데다 전투에 능한 인물로 비할 자가 없습니다. 이제 그를 맞이하여 함께 연주의 사무를 주관하면서 천하의 형세를 살펴 시국의 변화를 기다린다면 태수께서 종횡무진으로 세력을 펼칠 수 있는 좋은 기회가 올 것입니다."

장막이 듣고 크게 기뻐하며 진궁의 의견을 받아들였다.

당시 조조는 진궁에게 병사를 이끌고 동군에 주둔하도록 했는데, 진궁이 그 기회를 틈타 비밀리에 여포를 영접하여 연주목을 맡도록 했다.

이리하여 장막, 진궁, 여포 세 사람이 한 패가 되어 조조의 등 뒤에서 예리한 칼을 꽂았다. 과연 세 사람의 반란은 성공할 것인가? 조조와 도겸의 원한 관계는 또 어떻게 마무리될 것인가?

11강   어부지리로 얻은 서주를 잃다

     서주는 유비가 자수성가할 수 있었던 첫 번째 근거지다. 《삼국연의》에서 도겸이 서주를 유비에게 주려고 하자 유비는 재삼 사양한 끝에 억지로 받는다. 하지만 역사 기록에 따르면 도겸은 유비에게 세 번이나 서주를 양보한 적이 없다. 그렇다면 유비는 어떻게 서주를 손에 넣었는가? 조조가 대군을 이끌고 서주를 취하러 왔다가 무슨 연유로 유비에게 그냥 넘기고 마는가?

후방의 불 끄기 바쁜 조조

조조의 부친이 서주목 도겸의 부하에게 피살되자 조조는 화가 머리끝까지 치솟았다.

"도겸, 네놈이 아예 죽기를 청하는구나. 내 일찍이 서주를 마음에 두고도 찾지 않았건만 오히려 네가 나를 부르는구나. 내가 아비의 원수를 갚지 않는다면 사람의 자식이 아니다!"

그는 이렇게 삭심하고 아비의 원수를 갚기 위해 서주로 출병했다.

조조는 도겸을 사지로 몰아넣겠다고 마음먹었다. 도겸은 무슨 변명을 늘어놓아도 소용이 없었으며, 용서를 빌어도 마찬가지였다. 어쩔 수 없이 싸움에 응해야 하니 그야말로 죽을 맛이었다. 바로 이런 상황에서 뜻밖에도 조조의 철군 소식이 들려왔다. 이유는 부하의 반란이었다.

앞서 말한 것처럼 반역을 도모한 이는 조조의 부장인 진궁과 장막이다. 두 사람은 조조가 언짢게 생각하고 있음을 알고 연주를 위해 새로운 주인을 찾기로 합심했다. 그들은 집 잃은 개처럼 황망하게 도망 중이던 여포를 마음에 두었다. 소식을 들은 여포는 하늘에서 떨어진 떡을 마다할 이유가 없었다. '내가 마다하면 바보 아니겠어!' 그는 이렇게 생각하며 그 즉시 인마를 몰고 연주로 달려갔다.

여포가 연주에 도착하자 장막이 순욱에게 직접 서신을 보냈다.

"여 장군이 조 자사가 도겸을 공격하는 것을 돕기 위해 왔습니다. 속히 그를 위해 군량을 마련해주기 바랍니다. 주공을 돕는 일이니 죄가 될 것이 없겠지요."

하지만 순욱은 결코 멍청하지 않았다.

"여포가 왜 연주로 왔을까? 게다가 군량까지 보내달라고?! 장막 네 녀석이 말하는 대로 믿으라 이 말이지!"

순욱은 장막이 모반을 일으키려고 하며 여포가 오는 것 또한 불순한 의도가 있다고 여기고 즉각 군사를 보내 방비하는 한편, 동군태수 하후돈에게 구원을 요청했다. 하후돈이 순욱을 구원하기 위해 자리를 비운 사이에 여포가 손쉽게 복양을 차지했다. 여포와 진궁, 장막 등 세 명의 검객이 손을 잡자 연주에 대단히 심각한 위협이 되었다.

당시 조조는 총력을 기울여 도겸 공략에 나섰기 때문에 연주에 주둔하고 있는 병력이 그리 많지 않았다. 게다가 많은 장령과 관리들이 반란군에 합세했기 때문에 조조가 그다지 인심을 얻지 못했음을 알 수 있다. 하후돈이 도착하자마자 반란에 참가한 관리 수십 명을 주살하자 비로소 형세가 안정되기 시작했다.

하지만 여포가 연주로 들어오고 진궁과 장막이 호응하니 영향력이 막강해졌다. 일시에 연주의 여러 군현이 여포에게 호응하고 단지 세 군데 지역의 장수들만 동요하지 않았다. 여포 진영에서 순욱에게 귀순한 이가 말했다.

"진궁이 친히 군사를 이끌고 동아東阿를 공격하고 또 다른 부대를 보내 범현範縣을 공략하려고 합니다."

현재 순욱의 수중에 남은 것은 동아와 범현, 그리고 견성鄄城뿐인데, 그마저도 분위기가 어수선한 것이 공황 상태나 다를 바 없었다.

조조의 군영에서 모사로 있는 정욱程昱이 때마침 동아 출신이었다. 순욱이 그에게 말했다.

"정 형! 현재 대부분 지역에서 모반이 발생하여 겨우 세 군데만 남아 있는 상황입니다. 진궁이 대군을 파견하여 공격할 경우 우리들이 주공을 중심으로 일치단결하지 않으면 세 성마저 동요하게 될 것입니다. 형께서 동아 백성들 사이에서 명망이 있으시니 그곳으로 가서서 위무해주시기 바랍니다."

정욱은 그길로 동아로 떠났다.

당시 범현 현령의 친척들이 모두 여포 쪽으로 갔기 때문에 현령도 여포에게 의지할 가능성이 높았다. 정욱은 먼저 범현으로 가서 격렬하고 날카로운 언쟁을 통해 현령이 여포와 맞설 결심을 하도록 만들었다. 현령은 진궁을 살해할 계획을 짜는 한편 군대를 배치하여 보다 철저하게 방어함으로써 겨우 범현을 지켜낼 수 있었다.

범현을 해결한 후 정욱은 기병을 황하 나루터로 보내 병력 출입을 막도록 냈다. 신궁은 강가에 노식 했으나 강을 건널 방법이 없었다. 이후 정욱은 또다시 동아로 가서 현지 관리들과 죽기 살기로 적을 방어했다. 조조가 서주에서 동아로 돌아온 후 정욱의 손을 꽉 잡고 말했다.

"네가 아니었다면 내가 돌아갈 집이 없었을 것이다."

조조는 정욱을 동평국東平國 상相으로 추천하고 범현에 살도록 했다. 정욱은 이후로 조조의 신임을 받으며, 큰 힘을 발휘했다.

견성을 공격한 여포는 한참을 공격해도 여의치 않자 방향을 바꾸어 서쪽으로 가 복양에서 머물렀다.

"여포가 한꺼번에 주 전체를 집어삼키려고 하니 제아무리 하늘에서 떡이 절로 떨어진다 한들 제대로 소화하지 못할 것이로다. 여포 그자가 동평을 점령하여 험난한 지세를 이용하지 않고 오히려 복양으로 돌아가니 쥐새끼 눈처럼 식견이 좁구나!"

조조는 이렇게 말하며 즉시 군사를 몰아 여포 공격에 나섰다.

여포는 일부 군사를 복양 서쪽에 주둔시키고 있었다. 조조가 야습했다 채 돌아오기도 전에 여포가 보낸 구원병과 부딪혔다. 여포는 병사를 데리고 적진으로 뛰어들어 새벽부터 석양이 물들 때까지 거의 수십 회를 싸웠다. 하지만 쌍방은 서로 버티며 승부가 나지 않았다.

조조는 짧은 시간에 싸워 이길 수 없다는 생각이 들자 선봉대를 조직하여 적진으로 돌격시켰다. 전위典韋가 선봉대를 이끌고 적진으로 쳐들어갔다. 전위는 누구보다 용맹한 장수인데, 《삼국연의》에 나오는 장수들 가운데 굳이 순서를 매기자면 여포와 조운의 뒤를 이어 세 번째 정도가 될 것이다.

당시 여포의 군중에서 일제히 쇠뇌를 발사하니 화살이 비 오듯이 쏟아지기 시작했다. 전위가 선봉에 선 병사들에게 말했다.

"적이 우리의 10보 앞에 왔을 때 나에게 말하라."

잠시 후 병사들이 이미 10보가 되었다고 말했다. 전위가 다시 입을 열었다.

"5보가 되면 말하라!"

적군이 바로 코앞까지 몰려온 것을 보고 놀란 병사들이 소리쳤다.

"적이 왔다!"

전위가 철극을 손에 들고 고함을 내지르며 적진으로 뛰어가자 적들은 혼비백산하여 한꺼번에 뒤로 물러서느라 큰 혼란을 일으켰다. 여포가 이를 보고 어쩔 수 없이 후퇴를 명했다. 하늘이 이미 어두워진 상태에서 조조는 어둠을 틈타 군사를 이끌고 진영으로 되돌아왔다. 돌아온 후 그는 즉각 전위를 도위都尉 : 영관급 군관로 임명하고 그에게 수백 명의 병사를 데리고 자신의 처소를 경비하는 임무를 맡겼다.

닭대가리가 될지언정 소꼬리는 되지 않겠다

여포와 조조가 대치하고 있는 상황에서 또 큰일이 벌어졌다. 복양성에 살고 있는 대성 가운데 하나인 전씨田氏가 여포를 위해 죽음을 무릅쓰고 반간계反間計를 사용한 것이다. 그는 조조에게 내응하겠다고 거짓으로 약조하여 조조를 복양성으로 끌어들였다. 조조는 성으로 들어온 후 성의 동쪽 문을 불태워, 자신이 복양을 점령하지 않으면 결코 후퇴하지 않겠다는 의지를 밝혔다. 하지만 조조는 그것조차 계략이라는 사실을 전혀 눈치채지 못했다. 퇴로가 끊겼으니 어디로 간단 말인가?

조조는 싸우지 않고 평화롭게 복양을 차지할 것이라고 생각하다 뜻밖에도 복병을 만난 꼴이었다. 대패하여 황급히 도피하던 조조는 채 몇 걸음을 떼기도 전에 여포의 부하에게 잡히고 말았다. 다행히도 그리 화려하지 않은 옷차림새 때문에 여포의 부하는 자신이 잡은 이가 바로 조조라는 생각은 꿈에도 하지 못한 채 이렇게 물었다.

"조조는 어디 있느냐? 말한다면 개 같은 목숨 한 번 살려주겠노라!"

당시에 사진이 있을 리 없으니 일개 병사가 조조를 또 어찌 알 수 있었겠는가?

사내대장부가 어찌 대책 없이 당하겠는가? 조조는 목소리를 변조하여 말했다.

"저기 누런 말을 타고 가는 자가 바로 조조올시다."

그의 말에 여포 부하는 조조를 놔주고 누런 말을 탄 이를 쫓기 시작했다. 조조는 이렇게 해서 상처투성이가 된 몸으로 겨우 포위망을 뚫고 자신의 진영으로 도망쳤다.

겨우 군영으로 돌아온 조조는 의기소침하여 풀이 죽은 상태였다. 하지만 그런 모습을 남들에게 보일 수는 없었다. 잠시 진정한 후 그는 군사들을 위로하고 전열을 재정비했다. 그는 군중에서 성을 공격할 수 있는 기계를 제작하여 다시금 복양 공격에 나섰다.

조조와 여포는 100일 이상 대치했으나 끝내 어느 한쪽이 먼저 대결을 풀지 않았다. 그러던 차에 공교롭게도 메뚜기 떼가 하늘을 가득 덮더니 날아가는 곳마다 이제 막 여물기 시작한 곡식은 물론이고 잎사귀 하나 남겨놓지 않았다. 연이어 흉작이 잇달았다. 여포는 물론이고 조조의 군대 역시 군량이 다 떨어져 더 이상 먹을 것이 없었다. 결국 양군은 스스로 각기 철수하고 말았다.

조조가 동아로 돌아오자 큰형님뻘인 원소가 조조에게 사람을 보내 말했다.

"동생, 자네는 겨우 손바닥만 한 땅덩어리를 두고 무슨 힘을 그리 쏟아붓는가? 그냥 나를 따라 하게. 자네 집안사람을 인질로 보내면 내가 덮어주리라. 여포가 또다시 괴롭히면 내가 자네를 도와 혼내주겠네. 하지만 자네도 단단히 마음먹고 내 부하 노릇을 잘해야 할 것이야."

조조는 연주를 잃은 데다 군량까지 거의 바닥난 상태에서 잠시 정신이 나가 원소의 제의를 그대로 받아들이고 말았다. 주공이 바보짓을 하는 모습을 보다 못한 정욱이 끼어들어 말했다.

"장군은 두려워만 할 뿐, 좀 더 주도면밀하게 생각하지 않으시는 것입니까? 원소는 천하를 집어삼킬 야심은 있으되, 그런 대사를 이루기에 지모가 부족합니다. 장군처럼 용과 범의 위용을 지니신 분이 어찌 그의 아랫사람이 되기를 바란단 말입니까? 지금 연주를 빼앗겼다고 하나 아직까지 세 군데 성이 우리의 수중에 건재해 있으며, 군중에도 출중한 병사들이 1만을 넘습니다. 장군의 지략에 더하여 저희들이 좋은 계책을 내놓는다면 능히 패업을 이루실 수 있을 것이니 다시 한 번 고려하시기 바라 마지않습니다."

조조는 그의 말을 들으며 곰곰이 생각에 잠겼다. '맞다. 옛말에 닭대가리가 될지언정 소꼬리는 되지 말라고 했거늘, 내 어찌 원소의 군대에 편입된단 말인가? 내 비록 성이 세 곳밖에 남지 않았지만, 예전에 전단田單이 제나라를 부흥시킨 예를 본받아 나 스스로 우두머리가 되어야 할 것이다.'

가볍게 서주의 주인이 된 유비

조조와 여포가 팽팽하게 대치하고 있을 때 서주의 정세에 변화가 생겼다. 도겸이 죽은 것이다. 조조와 싸움이 시작된 후로 도겸은 매일매일 두렵고 놀란 마음을 진정하지 못하고 어찌할 바를 몰랐다. 그렇지 않아도 노쇠한 몸이 눈에 띄게 쇠약해졌다. 수하에 서주를 지킬 만한 마땅한 후계자를 찾지 못한 그는 유비를 눈여겨보았다.

유비는 별다른 일 없이 시내나가 정주자사를 따라 원소와 싸울 무렵 연이어 전공을 세워 얼떨결에 군수가 되었다. 평원국의 재상에 임명된 후 유비는 외적을 막아내고 선정을 베풀었으며, 백성들과 함께 먹고 자며 생활할 정도로 친근하게 지냈다.

유비는 평원국 재상으로 있으면서 크게 인심을 얻었다. 군민 유평劉平이 유비의 통치에 불만을 품고 자객을 고용하여 유비를 살해하려고 했다. 유비는 그런 사실을 전혀 모른 채, 자신을 죽이기 위해 온 자객에게 예를 갖추고 술잔을 주고받으며 정을 나누었다. 결국 자객은 차마 유비를 죽이지 못하고 이실직고하였다.

"오늘 당신을 죽이러 왔는데, 이렇게 잘 대해주시니 차마 죽일 수 없었습니다."

진수陳壽는 《삼국지》에서 이 장면을 묘사하면서 감탄을 금치 못하고 '그가 인심을 얻음이 이와 같았다'고 말하고 있다.

한편 황건군 잔당의 공격으로 북해국北海國 재상 공융이 적에게 포위되어 위급한 상황에 직면했다. 이에 그는 유비에게 구원을 요청했다. 공융은 이미 명망이 널리 알려져 지금 식으로 이야기하자면 파워블로거에 해당하는 인물이었다. 그런 인물이 딱히 명망이랄 것도 없는 자신을 알고 있을뿐더러 심지어 구원을 요청하자 유비는 그야말로 떨 듯이 기뻐하며 즉각 3,000여 정예병을 보내 그를 구원했다.

황건군은 원병이 온다는 소식에 지리멸렬 흩어졌으며, 공융에 대한 포위망도 풀렸다. 이후 조조가 아비의 원수를 갚는다는 이유로 서주를 공격하자 도겸은 더 이상 견딜 수 없어 전해에게 원병을 요청했다. 유비는 본진의 인마를 데리고 전해와 함께 출병했다. 비록 조조를 격퇴하지는 못했지만 조조의 후원에 불을 질러 조조의 대군이 연주로 철수하게 함으로써 자연스럽게 서주의 포위망도 풀리게 되었다.

서주 포위망이 풀리자 도겸은 유비가 자신이 힘들고 어려울 때 구원해준 것에 대해 깊이 감사하면서, 그를 예주자사로 임명하고 소패에 주둔하도록 해달라는 장주를 조정에 올렸다. 물론 도겸은 일종의 공수표를 날린 셈이다. 우선 예주가 그의 수중에 있지 않았고, 조정에 천거했다고 하나 내가 당신을 미국 대통령으로 임명하는 것처럼 전혀 의미나 효력이 없었기 때문이다. 그래서 유비는 유 예주라고 불리기는 했으나 소패에 계속 머물러야 했다.

도겸은 눈조차 제대로 돌릴 수 없을 지경에 이르자, 마지막 숨을 거칠게 몰아쉬면서 부하들에게 이렇게 말했다.

"유비가 아니면 우리 본주本州 : 서주를 뜻함의 안전을 보장할 수 없을 것이다."

도겸이 숨을 거두자 그의 부하들이 서주 관민을 이끌고 유비를 맞이했다. 호박이 넝쿨째 굴러오고 떡이 저절로 입에 들어온다고 하더니 유비가 딱 그런 상황이었다. 하지만 유비는 차마 그대로 받아들일 수 없었다.

"원술이 가까이 수춘에 있으니 그에게 서주를 넘기시오. 나는 그리 적절치가 않소이다."

유비는 서주가 처음이기 때문에 혹여 군민들이 복종하지 않을까 걱정이었고, 다른 한편으로 자신이 과연 제대로 다스릴 수 있을지 확신이 서지 않았기 때문이었다. '조조나 여포, 원술 등 거두들이 호시탐탐 서주를 잡아먹으려고 하는 상황에서 병력도 많지 않고 경험도 없는 내가 과연 할 수 있을까?'

유비가 이런 생각에 잠겨 있을 때 그의 부하들이 말했다.

"원술은 교만하고 흉포하여 난세를 다스리기에 충분치 않습니다. 만약 우리가 10만 대군을 모으기만 한다면 위로 군주를 보좌하고 백성을 구휼하며 아래로 천하의 한쪽에 할거하면서 강토를 차지할 수 있습니다. 공께서 서주로 들어가시지 않는다면 우리도 확답을 드릴 수 없습니다."

유비가 구해주었던 북해국 재상 공융도 유사한 의견을 내놓았다.

"원술은 자신을 잊고 나라를 걱정할 위인이 아닙니다. 그저 선조들의 명망에 힘입어 으스댈 뿐이니 개의치 마시기 바랍니다. 필경 백성들이

어질고 능한 이를 선택하지 않겠습니까? 이는 하늘에 내리신 기회이니, 거절하신다면 나중에 후회해도 이미 늦을 것입니다."

유비는 여러 사람들이 모두 이렇게 이야기하는 것을 듣고 그들의 요청을 받아들여 서주목을 겸하게 되었다. 《삼국연의》에 따르면, 도겸이 유비에게 서주를 맡아달라고 부탁하였는데, 유비가 세 번씩이나 사양했다고 나온다. 하지만 실제로 도겸은 세 번씩이나 부탁하지 않았고, 유비 또한 세 번 사양한 일이 없다.

인근의 조조 역시 서주를 호시탐탐 노리고 있었는데, 유비가 이처럼 손쉽게 서주의 주인이 되니 과연 어떤 반응을 보였을까?

형편없는 여포

당시 조조는 여포와 싸우느라 정신이 없었다.

여포와 진궁은 군사 1만을 거느리고 조조를 공격했다. 하지만 조조의 군사들은 대부분 보리를 수확하기 위해 밭에 나가는 바람에 겨우 1,000여 명만 군영에 남아 있었다. 영채 서쪽에는 큰 방죽이 있고, 남쪽은 무성한 숲이었는데, 조조는 병사 절반을 방죽 뒤편에 매복시키고, 나머지 절반은 방죽에 노출된 상태로 전열을 갖추어 나름의 진세를 펼쳤다.

여포 군대가 가까이 오자 조조가 경장비 군사들을 보내 도발토록 했다. 쌍방이 교전을 벌이자 그제야 매복했던 군사들이 일제히 쳐들어가 여포의 군영까지 추격했다가 물러났다. 조조는 승기를 잡아 계속 공격함으로써 몇 군데 현성을 수복했다. 여포는 삼국시대 제일의 용장이라고 말하지만 사실 말만 그런 것일 수도 있다. 여포가 싸웠던 전투를 가만히 보면 패배가 승리보다 많다.

여포는 조조에게 패배한 후 동쪽으로 서주로 향해 유비에게 의탁하는 수밖에 없었다. 장막은 여포를 따라가면서 동생 장초에게 가솔을 이끌고 옹구雍丘로 물러나도록 했다. 원래 장막은 원술에게 원병을 청할 생각이었다. 하지만 원술에게 가기도 전에 부하에게 살해되고 말았다. 장초가 옹구를 차지하자 조조가 그를 맹공격하기 시작했다. 장초는 동군 태수인 장홍臧洪이 구해줄 것이라고 믿었다. 실제로 장홍은 원소에게 달려가 맨발로 대성통곡하면서 원병을 보내줄 것을 요청했다. 하지만 원소는 완강하게 거절했다.

당시 조조와 원소는 여전히 같은 진영에서 형제로 여기던 사이였다. 그런 원소에게 조조를 공격해달라고 했으니 아무래도 사람을 잘못 고른 셈이다. 장홍은 원소의 부하였다. 그래서 장홍은 만약 원소가 갈 수 없다면 자신이라도 가게 해달라고 했으나 이 역시 허락을 받지 못했다. 이후 옹구는 조조에게 점령되었고, 장초는 자살로 삶을 마감했으며 그의 가족들도 몰살당하고 말았다.

장씨 형제가 죽자 진궁은 여포를 따랐다. 여포는 서주로 가서 유비에게 의탁했다. 사실 그는 처음부터 유비를 각별히 존중했다.

"우리 두 사람은 모두 변방 출신 아니오. 내가 동탁을 죽인 후에 관동으로 오니, 원소를 비롯한 관동의 장수들이 나를 제대로 대하기는커녕 오히려 죽이지 못해 안달이었소. 지금 그대가 나를 머물게 해주니 실로 감격스럽소이다."

여포는 유비를 자신의 막사에 초청하여 환대하면서 자신의 아내에게 정중하게 예를 올리도록 했다. 아울러 그와 호형호제하기로 했다.

"이제 지금부터 그대는 나의 동생이오. 우리 두 사람은 형제나 진배없소이다."

유비가 듣자 하니 여포가 하는 말이 참으로 말인지 막걸리인지 알 수 없었다. 마음이 불편했지만 그래도 표면적으로는 짐짓 인사치레를 할 뿐이었다.

여하간 여포는 명장임에 틀림없고 휘하에 여러 장수를 데리고 있으며, 특히 병주의 기병을 지니고 있으니 그를 거둔다는 것은 곧 자신의 실력을 확대한다는 것을 의미했다. 그래서 유비는 여포를 거두기로 마음먹고 그와 서주에서 함께 지내기 시작했다. 본래는 유비가 주인이고 여포가 손님인 셈인데, 난세인지라 팔뚝이 굵고 센 사람이 두목이 되는 것이 당연했다. 유비의 팔뚝을 어찌 여포의 팔뚝에 비길 수 있겠는가? 그래서 얼마 가지 않아 두 사람의 위상이 뒤바뀌고 말았다.

유비, 배후에서 칼 맞다

얼마 후 원술의 대군이 서주를 포위 공격했다. 유비는 장비에게 성을 수비토록 하고, 자신이 친히 군사를 이끌고 회음으로 출전했다. 유비는 이기는 경우보다 지는 일이 많아 도망치기 바빴다. 그나마 다행스럽게도 원술 역시 머저리 밥통인지라 쌍방이 1개월 넘게 대치하면서 각기 승리와 패배를 주고받을 뿐, 결말이 나지 않았다.

유비가 원술과 장기전을 대비하던 중 후방에서 돌연 반란이 일어나, 유비가 채 손을 써보기도 전에 그만 서주를 잃고 말았다. 바로 얼마 전에 유비를 주인으로 받아들였던 서주의 군민들이 왜 반란을 일으킨 것일까?

하비下邳의 수장守將인 조표曹豹는 원래 서주목 도겸의 단양 부대 출신으로, 장비와 사이가 좋지 않아 매번 다투다가 결국 장비에게 죽임을 당했다. 그래서 하비에서 반란이 일어난 것이었다. 원술은 이를 기회로 여포에게 서신을 보내 하비를 공략할 것을 사주하면서, 유비를 공격한다면 군량을 제공하겠다고 꼬드겼다. 여포는 본래 견물생심으로 자신에게 이익이 되는 일은 무조건 하는 자인지라 원술의 요구를 받아들여 군사를 이끌고 하비로 쳐들어갔다.

하비에서 유비 수하의 장수가 반역하여 여포를 위해 성문을 열어주니 장비인들 어쩔 수 없었다. 결국 장비는 크게 패해 도망치고, 여포는 유비의 가족을 비롯한 하비성의 관군을 포로로 잡았다. 유비의 서주목 자리는 이렇게 해서 제대로 앉아보지도 못하고 여포에게 넘어가고 말았다. 비록 여포가 솔개가 까치집을 뺏듯 은혜를 원수로 갚는 나쁜 짓을 저지른 것이지만, 유비가 서주를 잃게 된 것은 근본적으로 그가 서주를 철저하게 관리하지 못했기 때문이었다.

원래 도겸은 서주 사람이 아니라 안휘 단양 사람이다. 그래서 그는 단양 출신 고향 사람들을 신임하여 수하 병사들 역시 대부분 그곳 출신이었다. 유비가 서주의 포위를 풀고자 했을 때 도겸이 그에게 4,000여 명의 병사를 보냈는데, 그들 역시 모두 단양 출신이었다. 이렇듯 단양 출신 병사들은 유비의 심복이 아니었기 때문에, 유비는 서주의 주인이 된 후에도 그들을 그다지 믿지 않았다. 게다가 그들 단양병은 조직과 기율이 엉망이고 전투 능력이 떨어지는 반면에 노략질은 능해 유비의 두통거리였다.

서주에서 확실한 기반을 마련하기 위해 유비는 그에게 출병을 요청한 이들과 친밀한 관계를 유지하는 한편, 도겸의 옛 부대원들의 실권을 약화하는 데 주력했다. 그래서 그는 장비를 조표의 신변에 두어 여포 대신 하비성을 관리하도록 한 것이다.

그렇다면 장비가 조표를 살해한 것은 일시적인 격분으로 인한 우연인가, 아니면 유비의 사주에 따른 것인가? 이는 분명하게 단정 짓기 어렵다. 다만 조표가 죽임을 당하자 단양병이 격렬하게 반항하기 시작했다는 것은 분명한 사실이다. 고향 사람을 만나면 절로 눈가에 눈물이 고이는 것이야 인지상정 아니겠는가? 유비가 그런 고향 사람 중에서 대장을 그렇게 만들어놨으니, 사람들이 성문을 열어 여포를 끌어들인 것 또한 인지상정일 것이다.

유비는 우선 여포가 그처럼 뻔뻔하기 그지없는 철면피라는 사실을 전혀 생각하지 못했고, 둘째로 단양 사람들이 그처럼 단결할 줄도 전혀 예상하지 못했다. 그는 그저 조표를 잡으면 나머지는 나무가 쓰러지면 그 위에 있던 원숭이들도 모두 도망치는 것처럼 흩어질 것이라 여겼다. 그런데 뜻밖에도 바로 그런 자들이 서주의 전체 국면을 돌려놓은 것이다. 그렇기 때문에 유비가 서주를 잃은 것은 그가 지나치게 인자하고 여포가 그만큼 뻔뻔했기 때문이 아니라, 유비가 서주를 제대로 관리하고 처리하지 못했기 때문이다.

유비는 전선에서 적들과 대치하다가 여포가 창을 거꾸로 잡았다는 소식을 듣고 서둘러 군사를 돌려 하비로 왔으나 제대로 싸워보지도 못하고 패하고 말았다. 유비의 수하 부대가 대부분 단양병인 까닭도 있지만, 무엇보다 유비의 기반이 너무 허약하여 근본적으로 여포의 상대가 될 수 없었기 때문이다. 그는 어쩔 수 없이 동쪽의 광릉廣陵으로 가서 원술과 겨루다 또다시 패배한 후 해서海西로 물러났다.

당시 유비의 군대는 굶주림에 허덕이는 병사들이 서로 죽고 죽이며 인육을 먹을 정도로 처참한 상황이었다. 전쟁에 참여하여 10여 년 동안 전쟁터를 누비다가 끝내 가지고 있던 땅도 잃고 관직도 빼앗겨 멀리 해서까지 쫓겨온 것을 생각하니 참으로 기가 막힌 노릇이 아닐 수 없었다. 그렇지 않아도 눈물을 흘리거나 애새끼를 내던지는 데 나름 재주가 있는 유비인지라 이런 상황에서 내성통곡이 어찌 없을 수 있겠는가?

미축麋竺은 유비의 사람됨이 충성스럽고 어질며 의롭다는 것을 알고 언젠가 큰일을 할 것이라고 믿었다. 그가 말했다.

"주공은 너무 걱정하지 마십시오. 누구든 질 때가 있는 법입니다. 하늘이 사람에게 큰 역할을 맡기려고 한다면 먼저 의지를 힘들게 만들고 근골을 수고롭게 하며 허기에 시달려 그 몸이 곤궁에 빠지도록 하고, 하는 일마다 어긋나게 한다고 했습니다. 그리하여 그 마음을 움직여 참을성을 길러 불가능한 것을 이룰 수 있도록 보태고 도와주려는 것입니다."*

유비가 입을 열었다.

"말이 중요한 것이 아니올시다. 문제는 현실 상황인 것이지요. 이제 어찌하면 좋겠소이까?"

미축이 말했다.

"이렇게 하는 것이 좋겠습니다. 저희 집에 나귀와 말 1,000필, 황금 1만 냥에 노복이 수백 있는데, 모두 주공에게 드리겠습니다."

유비는 뜻밖의 기쁨에 어찌할 줄 모르며, 의로운 일을 위해 재산을 헌상하는 미축에게 거듭 감사의 뜻을 전했다. 미축이 다시 입을 열었다.

"이왕 이렇게 된 것, 제가 좀 더 쓰지요. 지금 공의 부인이 여포에게 포로로 잡혔다는 이야기를 들었소이다. 마침 나에게 여동생이 하나 있는데 공께 드리겠습니다."

이리하여 미축은 누이동생을 유비에게 시집보냈다. 그녀가 바로《삼국연의》에 나오는 미부인麋夫人이다.

하지만 무턱대고 한곳에 머물러 있을 수만도 없는 일이었다. 그래서 유비는 여포에게 사람을 보내 투항 의사를 밝혔다.

"형께서 서주에서 저에게 신세진 일이 있다는 것을 잊지 않으셨으리라 생각합니다. 서주를 원하신다면 그냥 가지고 가셔도 됩니다. 다만 이 동생이 먹을 것을 남겨주시기를 바랄 뿐입니다. 저도 어쩔 수 없지 않습

---

* 《맹자孟子 · 고자告子》에 나오는 말이다.

니까? 모조리 죽이시지 말고 우리 형제가 함께 먹을 수 있도록 하면 안 되겠습니까?"

여포는 그렇지 않아도 원술이 군량을 보내지 않아 분노하고 있던 차에 유비가 투항하겠다는 의사를 밝히자 그 즉시 유비를 불러 예주자사를 맡겼다.** 이렇게 해서 유비와 여포 두 사람은 더 이상 아무 일도 일어나지 않았다. 여포는 유비에게 자신과 함께 원술을 공격할 것을 요청했다. 한때 주인과 객이었던 두 사람의 위치가 완전히 뒤바뀌고 말았다. 그렇다면 과연 유비와 여포는 원만하게 평화를 유지해나갈 수 있을 것인가?

** 사실 유비는 이미 몇 사람에게서 예주자사로 임명한다는 위임장을 받은 바 있다.

12강 천하의 여포도 죽음을 피하지 못했다

"인걸 중에 여포, 군마 중에 적토."

여포는 용맹하고 싸움을 잘하여 삼국 제일 맹장으로 칭해졌다. 하지만 주군을 맡아 다스려야 하는 영주로서는 정치 능력이 크게 떨어졌다. 그래서 서주를 점거한 지 채 2년이 되기도 전에 휘하 부하들이 곁을 떠나고 급기야 패망에 이르니 '용맹하되 권모술수가 부족했다'는 평가를 받고 말았다. 그렇다면 여포는 서주에서 어떤 실책을 범했으며, 결국 어떻게 죽었는가?

노련한 '중재자'

《삼국연의》에 '여봉선사극원문呂奉先射戟轅門'이라는 소제목의 이야기가 나온다. 원술의 부하 기령紀靈과 유비가 다투자 여포가 양쪽을 무마하기 위해 한바탕 쇼를 벌이는 대목이다. 쌍방에게 겁을 주기 위해 그는 150보를 사이에 두고 자신의 방천화극 위에 작은 가지를 올려놓고 화살을 날려 명중시켰다. 사람들이 손뼉을 치며 환호성하는 가운데 두 사람은 화해를 한다. 과연 이런 일이 있었을까?

유비가 여포에게 기탁하기로 마음먹고 그의 휘하로 들어갔다. 당시 서주와 그 주변은 원술, 여포, 유비 등 세 집단이 공존하고 있었는데, 서로 눈치를 보면서 미묘한 관계를 유지했다.

물론 그 세력 가운데 유비가 가장 약했으며, 원술과 여포는 겉으로는 사이가 좋은 듯했으나 속마음은 달랐다. 여포는 용맹한 무사인지라 전쟁이 일어나면 병마를 책임졌다. 이에 반해 원술은 경제 기반이 튼실했기 때문에 전쟁이 나면 주로 군량을 맡았다. 하지만 여포는 그 자신이 용맹하며 휘하에 병주의 기병을 가지고 있기 때문에 원술은 여포가 심히 껄끄러웠다. 어떻게 해야 하나? 이럴 때 필요한 것이 혼인으로 묶는 일이다.

원술은 자신의 아들과 여포의 딸의 혼사를 준비하여 여포의 허락을 받았다. 여포와의 혼사를 끝낸 후 원술은 유비를 손볼 준비를 하기 시작했다. 당시 유비는 낙담하고 실의에 빠진 상태인지라 잘 익어 잡기만 하면 터질 것 같은 홍시 신세였다. 원술은 기령을 대장으로 삼아 기병과 보병 3만으로 유비를 공격했다. 3만 대군을 유비가 어찌 감당할 수 있겠는가? 그나마 다행인 것은 당시 유비가 여포가 자리 잡은 곳에 기탁하고 있다는 점이었다. 여포가 명색이 형님인데, 일이 생기면 형님을 찾는 것이 당연하지 않겠는가. 유비는 서둘러 여포에게 구원을 요청했다.

"형님네 사돈이 나를 치려고 군사를 보냈는데, 그냥 앉아서 보고만 계실 거요?"

여포의 부하 한 명이 여포에게 달려와, 이번이 유비를 제거할 좋은 기회라고 말하면서, 원술의 힘을 빌려 '귀 큰 놈大耳賊'을 없애버리자고 말했다. 하지만 여포는 동의하지 않았다. '순망치한脣亡齒寒이야. 유비가 결딴나면 그다음은 누구겠어? 차라리 그를 부축하며 법정을 유지하는 것이 좋겠지.' 그는 이렇게 생각하며 황급히 1,000여 명의 병사를 이끌고 유비가 머물고 있는 소패로 떠났다.

비록 여포의 병마가 많지는 않았지만 일찌감치 여온후의 명성을 들은 바가 있는지라 기령은 간담이 서늘하여 병사를 거두어 진영으로 돌아왔다. 여포는 소패성 밖에 주둔하고 있는데, 기령이 사람을 보내 만찬에 초대했다. 이에 여포는 유비와 함께 연회에 참가했다. 《삼국연의》에 보면 기령이 유비를 보고 몸을 돌려 달아나자 여포가 마치 어린아이를 잡는 것처럼 한 손에 그를 잡아 들고 돌아왔다고 했다.

기령은 유비를 보고 놀라 여포에게 물었다.

"나를 죽이려는 것입니까? 저 귀 큰 도적놈을 죽이려는 겁니까?"

"나는 아무도 죽일 생각이 없소이다. 유현덕은 내 동생이오. 동생이 당신들에게 포위되어 곤궁에 처했으니 당연히 내가 도와야겠지요. 하지만 나는 본시 싸우는 것을 좋아하지 않소. 자, 내가 내기를 하겠소. 내가 가진 쇠창을 저기 영문轅門에 세워놓고 그 윗가지에 화살을 쏘아서 명중시킨다면 당신들은 군사를 물리시고, 만약 명중하지 않는다면 싸우든 말든 마음대로 하시오."

병사들이 영문에 창을 세워놓자 여포가 활시위를 가득 잡아당겼다가 놓았다. '쉭' 하는 소리와 함께 화살이 날아가 창끝에 명중했다. 기령을 비롯한 여러 장수들이 그 솜씨에 크게 놀랐다. 이것이 바로 유명한 '원문사극'이다. 이튿날 여포가 연회를 마련하고, 유비와 기령이 서로 웃으며 원한을 씻은 후 각자 군사를 물렸다. 비록 소설이기는 하지만 유비가 이로써 전쟁의 재앙에서 벗어날 수 있었던 것은 분명한 사실이다.

여포는 이렇듯 원술과 유비 사이에 중재자로 등장했으나 얼마 후 그 자신이 오히려 유비와 다투게 된다.

물불 가리지 않는 원술

유비는 소패에서 대략 1만여 명의 군사를 모았다. 여포는 그리 마음이 좋지만은 않았다. 아무리 형제라 한들 동생의 세력이 자신보다 막강하기를 좋아하는 형이 어디에 있겠는가? '유비, 이 녀석이 이렇게 많은 인마를 모집해서 뭘 하겠다는 거야? 설마 다시 서주성을 빼앗겠다는 것은 아니겠지?' 여포는 이렇게 중얼거리며 내심 의심이 들었다.

여포는 사람이 거칠고 상스러운 데다 성질이 불같았다. 그래서 한번 마음에 들지 않거나 기분이 나쁘면 그 즉시 화를 불같이 내고 달려들기 일쑤였다. 이번에도 일단 의심이 들자 물불 가리지 않고 군사를 이끌고 유비에게 달려들었다.

유비는 당연히 여포의 적수가 될 수 없어 금방 패하고 말았다. 갈 데가 마땅치 않았던 유비는 결국 조조에게 달려갔다. 유비는 이미 수많은 형님들을 겪은 바 있다. 여포가 모신 형님보다 많았다. 유비가 제 발로 들어오자 조조는 상당히 기분이 좋았다. 그래서 조정에 부탁하여 그를 예주목으로 임명했다. 그가 받은 관직은 명목만이 아닌 실질적인 것이었으나 문제는 여전히 기반이 없다는 점이었다.

누군가 조조에게 유비는 결코 남의 밑에 있을 사람이 아니라고 하면서 그가 곤궁에 처해 들어왔을 때 제거해야지, 그러지 않을 경우 후환이 있을 것이라고 말했다. 조조가 그 말을 듣고 결단을 내리지 못하고 머뭇거리다가 모사 곽가郭嘉에게 의견을 물었다. 곽가가 말했다.

"분명 유비를 사전에 제거하는 것이 옳습니다. 하지만 공께서 진심으로 천하의 영웅들을 모집하고 계신데, 혹여 그들이 이로 인해 오지 않을까 저어됩니다. 만약 유비가 영웅의 명분으로 몸을 의탁했는데 오히려 그를 죽여버리신다면 능력과 지혜를 갖춘 인사들이 의구심을 지니게 될 것이니, 공께서 누구와 함께 천하를 평정하시렵니까?"

곽가가 말을 마치니 조조도 명확하게 알게 되었다. 그는 유비가 패잔병을 수습하여 여포와 맞서 싸울 수 있도록 필요한 군량을 보냈다. 조조의 도움을 받은 유비는 다시 소패 일대로 돌아갔다. 새로운 주인에게 의탁하면서 유비의 세력도 점차 커지기 시작했다.

이듬해 큰 사건이 일어났다. 여포의 사돈이자 원소의 사촌인 원술, 즉 원공로袁公路가 공개적으로 칭제한 것이다.

동한이 개국한 후 유수가 참위설讖緯說에 따라 황제의 자리에 오르자 참위설이 크게 유행했다. 원술이 칭제할 즈음 민간에서 이런 참어讖語가 떠돌았다.

"한을 대신하는 자는 당도고當途高다."

원술은 여기에 나오는 '도途' 자가 자신의 이름인 '술術'과 자字인 '공로公路'의 뜻과 상응한다는 생각이 들었다. 게다가 한漢은 화덕火德인데, 원씨들이 선조라고 여기는 순舜은 토덕土德에 해당된다. 오행의 정상적인 흐름으로 볼 때, '토'가 '화'를 대신하는 것이 맞다.

원술은 이렇듯 이미 오래전부터 제위를 찬탈할 생각을 하고 있었다. 산조동맹군이 동탁을 공격할 때도 그는 다른 속셈이 있었다. 당시 그는 원소가 유우를 황제로 옹립하는 것에 반대했는데, 이는 그가 한 헌제에게 충성했기 때문이 아니라 자신이 황제가 되고 싶었기 때문이다. 나중에 손견이 전국옥새를 얻었다는 소식을 들은 원술은 손견의 처자식을 억류하여 전국옥새를 탈취했다.

황제가 되기 위해 원술은 여러 사람들에게 의견을 물어보았지만 대다수 사람들이 반대 의견을 내놓았다.

"현재 한실의 기운이 다한 것이 아닌데 그렇게 할 경우 모든 화살이 집중될 것이니, 죽기를 자처한 것이나 다를 바 없습니다."

하지만 원술은 여러 사람의 충고에도 불구하고 자기 고집대로 밀고 나갔다. 그해 봄, 원술은 수춘에서 칭제한 후 구강군九江郡태수를 회남윤淮南尹으로 바꾸었으며, 공경과 백관을 설치하고 교외에서 천지에 제를 올렸다.

명명백백한 거짓 황제이니 인심을 얻을 리 만무였다. 패국沛國 상相 진규陳珪는 어렸을 때부터 원술과 형제처럼 지냈다. 원술이 문서로 진규를 불러들이면서, 혹여 그가 오지 않을까 두려워 그의 자식을 인질로 삼았다. 얼마 후 진규가 회신을 보내왔다.

"조 장군이 조정의 권위를 다시 세우니, 나는 그대가 마음과 힘을 합쳐 왕실을 보좌할 것이라고 믿었다. 그런데 모반을 획책하고 재앙을 야기하면서 나에게 합세하기를 청하니 전혀 뜻밖이로다. 차라리 죽을지언정 따를 마음이 없으며, 설사 내 자식을 억류하고 있다 할지라도 아무 소용이 없을 것이다."

원술이 칭제한 후 사신을 여포에게 보내 여식을 보내줄 것을 요청했다. 여포는 자신의 딸을 사신과 함께 수춘으로 돌려보냈다. 그의 딸이 길을 떠나 얼마 가기도 전에 여포가 돌연 생각을 바꾸더니 딸을 다시 돌아오도록 했다. 여포는 도대체 왜 이랬다저랬다 생각을 바꾸어 공개적으로 파혼을 결심했는가?

여포의 파혼

원술의 부름을 거절하기 전, 진규는 혹시라도 원술과 여포가 혼인을 통해 인척 관계가 될까 두려웠다. 만약 그럴 경우 원술의 청을 거절한 자신에게 큰 화가 올 수도 있었기 때문이다. 그래서 그는 황급히 여포를 찾아가 설득했다.

"조조가 천자를 받들고 조정을 보좌하고 있으니, 장군도 응당 그와 협력하여 대계를 상의하셔야 할 것이오. 만약 원술과 통혼하여 인척 관계를 맺게 되면 필시 불의의 오명이 뒤따를 것이니 계란을 쌓아 올린 것처럼 위태로울 것이외다."

여포는 머리가 나쁘기는 했으나 누군가 조리 있게 이야기를 하면 잘 듣기는 했다. 진규의 간곡한 이야기를 들은 후 그는 아무래도 원술과 엮이면 좋지 않겠다는 생각이 들었다. 그래서 이미 길을 떠난 딸에게 사람을 보내 돌아오도록 한 것이다. 여포는 혼사를 거절하는 것에서 그치지 않고 원술이 보낸 사신까지 길거리에서 죽이고 말았다. 참으로 멍청하기 그지없다. 이렇게 해서 그는 원술에게 죄를 지은 꼴이 되고 말았다.

진규는 아들 진등陳登을 조조에게 보내 알현토록 할 생각이었다. 진등, 자는 운룡雲龍이며 당시 명사로 널리 알려진 인물이다. '진운룡은 호탕한 기운이 넘치는 인물이나 거들먹거리는 기운을 버리지 못했다雲龍湖海之士, 豪氣不除.《삼국지·위서·여포전》 당시 사람들은 그를 이렇게 평가했다. 하지만 여포는 이를 반대했다. 진씨 집안과 조조가 결탁할 경우 여포 자신에게 전혀 좋은 일이 있을 까닭이 없기 때문이었다.

바로 이럴 즈음 황상이 조서를 내려 여포를 '좌장군'으로 임명했다. 조조가 여포를 끌어들이기 위해 직접 서신을 적어 보냈다. 여포는 서신을 보고 크게 기뻐하면서 즉시 진등에게, 황상의 은덕에 감사하는 상주문과 더불어 조조에게 보내는 서신을 가지고 경사로 올라가도록 했다.

진등은 조조를 만난 후, 여포가 용맹하되 무모하고 변덕이 심하기 때문에 가능한 한 빨리 제거하는 것이 좋을 것이라고 말했다. 이에 조조가 답했다.

"여포는 흉악한 야심이 가득하여 오랫동안 다스리기가 쉽지 않을 것이다. 자네 외에 그의 그런 거짓 모습을 통찰하는 이들이 거의 없는 듯하구나."

조조는 진규의 관직을 중이천석中二千石으로 올리는 동시에 광릉태수로 삼고, 이후에도 은밀하게 연락하여 내응할 수 있도록 했다.

반간계로 원술을 물리치다

여포는 진등에게 경사로 가서 조정에 들어가거든 자신을 서주목으로 임명해줄 것을 요청해달라고 말했다. 진등은 돌아온 후 여포에게 서주목 임명 건은 허락이 떨어지지 않았다고 전했다. 여포가 분노하여 들고 있던 창을 내던지며 소리쳤다.

"네 아비가 나에게 조조와 연합해야 한다고 해서 원술과 혼사까지 거절했는데, 지금 벼슬 좀 올려달라고 한 것조차 허락하지 않는단 말이냐? 그런데도 너희 부자는 관직이 잘도 올랐구나. 혹시 나를 팔아먹고 있는 것 아니냐?"

진등이 전혀 내색하지 않고 차분하게 대답했다.

"조조를 만나뵙고 제가 이렇게 이야기했습니다. 여 장군을 기르는 것은 맹호를 기르는 것과 같으니 반드시 배부르게 먹을 수 있도록 해야 하며, 그러지 않을 경우 사람이 먹힐 수 있다 했습니다. 그러나 조조는 이렇게 이야기하더군요. 아니다. 여 장군을 키우는 것은 송골매를 기르는 것과 같아 배가 고파야만 명령에 복종하게 된다. 만약 배가 부르게 되면 날개를 펴고 높은 곳으로 날아올라 어디로 갔는지 찾을 수가 없게 된다. 조조가 공에게 서주목을 허락하지 않은 것은 아마도 배가 불러 자신의 말을 듣지 않을까 두려워하기 때문일 것입니다."

여포가 들어보니 또한 그럴듯하여 노기를 풀었다. 그러면서 어차피 이렇게 되었으니 자신도 굳이 조조를 위해 애쓸 필요가 없다는 생각이 들었다.

여포가 공개적으로 파혼하자 원술은 화가 머리끝까지 치솟았다.

"여포 이놈. 과인은 아예 안중에 없다는 말이로구나!"

그는 대장 장훈과 군벌 한섬韓暹, 양봉楊奉에게 수만 명의 병사를 이끌고 여포를 공격토록 했다. 당시 여포는 보병 3,000명에 전마 400필밖에 없었다. 그가 진규에게 욕설을 퍼부었다.

"이게 전부 너 때문이다. 당초에 네가 파혼을 권하지 않았다면 지금 저들이 수만 대군을 이끌고 날 죽이겠다고 오겠느냐? 우리 병사는 저들의 10분의 1도 되지 않는데 어떻게 싸우란 말이냐?"

진규가 대답했다.

"한섬과 양봉이 원술과 합세한 것은 일시적인 결합에 불과합니다. 저들은 수탉 몇 마리가 한 우리 안에 있는 것과 같아 얼마 가지 않아 흩어지게 될 것입니다. 염려하지 마십시오. 제가 가서 저들을 이간질할 것입니다."

여포는 진규의 계책을 받아들여 한섬과 양봉에게 서신을 보냈다.

"두 분은 친히 천자를 호송하여 관중에서 낙양으로 돌아오시고, 나는 직접 동탁을 죽였으니 우리는 모두 공신들이오. 그런데 지금 그대들은 어찌하여 원술과 합세하여 역적이 되려고 하시오? 원술은 제왕의 존호를 참칭하고 있으니 국가의 죄인이오. 차라리 우리가 힘을 모아 원술을 격파하고 국가를 위해 재앙을 없애는 것만 못하오. 원술의 군수물자와 군량은 모두 그대들에게 주겠소."

한섬과 양봉은 재물을 보면 눈이 뒤집히는 자들인지라 여포의 제의에 크게 기뻐하며 함께 힘을 모아 원술을 타도하기로 결정했다.

여포 대군이 장훈의 영채와 얼마 떨어지지 않은 상황에서 한섬과 양봉이 창을 거꾸로 겨누고 장훈의 진영으로 소리치며 달려갔다. 갑작스러운 반격에 놀란 원술의 군대가 사방으로 도망치자 여포 군사들이 그 뒤를 쫓아 거의 전군을 몰살했다. 여포는 그 기세를 타고 한섬, 양봉의 군대와 합세하여 수춘까지 치고 들어갔다.

그들은 가는 길마다 약탈과 살인, 방화를 일삼으며 황하와 회하를 건넜다. 여포는 원술에게 욕설 가득한 서신을 보낸 다음 군사를 이끌고 회하 북안으로 철수했다. 원술이 보병 5,000명을 이끌고 회하 남안에서 무력을 과시하자 여포의 기병이 북안에서 크게 소리 지르며 비웃었다. 쌍방은 이렇게 한나절 내내 고함과 욕설을 주고받다가 각자 철수했다.

이렇듯 당시 누군가 황제의 존호를 참칭할 경우, 그 즉시 난신적자로 찍혀 모든 이들에게 주살의 대상이 되었다. 그해 9월, 조조는 동쪽으로 원술 정벌에 나섰다. 원술은 조조가 쳐들어온다는 소식을 듣기 무섭게 군대를 내팽개치고 줄행랑을 놓았다. 휘하 몇몇 부장들이 조조에게 대항했으나 여지없이 무너지고 남은 병력 또한 궤멸되었다. 원술은 회하를 건너 회북淮北으로 도망쳤다. 하지만 당시 가뭄이 심하여 백성들이 기아에 시달리는 데다 추위까지 덮치자 원술 부대는 어디에서도 군량을 조달할 수 없어 결국 뿔뿔이 흩어지고 말았다.

이후 원술은 겨우 원기를 회복하고 재결집에 나섰다. 그는 여포와 사이가 틀어진 상태였으나 공통의 이익을 위해 다시 결탁하여 유비와 맞섰다. 여포가 수하 부장을 보내 유비를 공격하자 조조도 부장을 보내 유비를 도왔다. 가을에 패성沛城이 함락되자 유비는 겨우 빠져나와 도망치고, 성에 남은 처자식은 포로로 잡히고 말았다.

유비가 패배하자 조조는 친히 여포를 공략하려고 했다. 하지만 여러 장수들이 적극 만류했다. 유표와 장수張繡가 우리 배후에서 호시탐탐 기회를 엿보고 있기 때문에, 만약 주력군을 이끌고 여포를 공격하면 위기를 맞이할 수 있다는 이유였다. 하지만 모사 순유荀攸는 다른 견해를 내놓았다.

"유표와 장수는 최근에 일어섰기 때문에 감히 경거망동하지 않을 것입니다. 하지만 여포는 용맹하여 당할 자가 없을 정도인 데다 원술의 힘까지 빌려 회하와 사수 인근을 종횡무진으로 돌아다닌다면 틀림없이 주변 호걸들이 호응하여 세력을 결집하게 될 것입니다. 그러니 조정을 배반하여 인심을 잃었을 때를 틈타 공격해야만 합니다."

조조가 그의 말을 듣고 결심을 굳혔다. 여포를 공격하기 위해 대군을 동원하여 진격하던 중에 조조는 패주 중인 유비를 만나게 된다. 당시 유비는 여포에게 패해 팽성에 머물고 있었다.

조조가 친히 대군을 이끌고 쳐들어오자 모사 진궁이 여포에게 쉬면서 힘을 비축하여, 원정으로 인해 피곤에 지친 조조의 대군을 선제공격할 것을 건의했다. 하지만 괴팍스럽고 고집불통인 여포는 일단 그들이 들어오길 기다려 사수에서 몰살하겠노라고 장담했다. 당시 조조의 선봉인 진등이 군사를 이끌고 하비에 이르렀다. 여포는 수차례 조조 군사와 교전했으나 매번 패하고 말았다. 그래서 그는 어쩔 수 없이 성안에서 수비에 치중하며 출전하지 못했다.

조조가 여포에게 서신을 보내 이해관계를 따지면서 투항을 권유했다. 여포는 조조의 서신을 받아보고 마음이 흔들려 투항할 생각을 했다. 진궁이 말했다.

"조조는 멀리서 원정을 왔기 때문에 오랫동안 머물 수 있는 처지가 아닙니다. 장군께서 기병과 보병을 이끌고 성 밖으로 나가 적의 보급로를 끊으시고, 제가 남은 군사를 이끌고 성을 수비하는 것이 좋을 듯합니다. 만약 조조의 군대가 장군을 공격하면 제가 그들의 배후를 칠 것이고, 조조의 군대가 성을 공격하면 장군께서 밖에서 후원하십시오. 1개월이 채

가기도 전에 조조 군대는 양식이 바닥날 것이니, 그때 적들을 반격하면 그대로 무너뜨릴 수 있을 것입니다."

여포도 좋은 생각이라 여기고 진궁과 고순이 함께 성을 지키고 자신은 기병을 이끌고 성 밖으로 나가 조조 군대의 보급로를 끊기로 했다.

여포 마누라가 대사를 그르치다

여포가 진궁의 건의를 받아들여 조조의 보급로를 끊기 위해 출동 준비를 할 때, 돌연 누군가 반대 의견을 내어 진궁의 계획을 수포로 돌리고 여포가 승리할 수 있는 마지막 기회마저 날려버리고 말았다.

반대자는 다름 아닌 여포의 아내였다. 《삼국연의》에 따르면, 중국 고대 4대 미녀 가운데 한 명인 초선, 바로 그녀였다.

"진궁과 고순은 줄곧 사이가 좋지 않기 때문에 장군이 성 밖으로 나가시면 틀림없이 서로 불화하여 제대로 성을 지킬 수 없을 것입니다. 게다가 조조가 일찍이 진궁을 부모가 자식 대하듯 대했는데도 진궁은 그를 버리고 우리 쪽으로 투항했잖아요. 당신이 성지城池를 그에게 주고 처자식을 버리고 외롭게 출전하셨을 때 어느 날 갑자기 변고라도 생긴다면 제가 여전히 당신의 아내일 수 있겠어요?"

말인즉 진궁을 믿을 수 없다는 것이었다.

여포가 그녀의 말을 듣고는 즉각 진궁을 믿을 수 없다고 생각하고 모든 계획을 취소했다. 조조의 대군이 포위망을 좁혀오자 여포는 후안무치하게도 원술에게 원병을 청했다.

"뻔뻔스럽게 또다시 나에게 손을 내밀어? 처음에 자신이 직접 혼사 이야기를 꺼냈다가 제멋대로 파혼하더니 결국 실패하여 이런 꼴이 된 것도 당연하지! 그런데 또다시 나를 찾다니, 뭬! 정말 한심하군."

원술이 이렇게 말하자 여포의 사자가 이렇게 대꾸했다.

"장군께서 여포 장군을 구하지 않으시면 여포 장군은 죽을 것입니다만 장군 역시 그것으로 끝장날 것입니다."

원술이 생각해보니 틀린 말은 아니었다. 순망치한이라고 했으니 여포가 사라지면 결국 나에게까지 불똥이 튀는 것은 당연한 일! 내 어찌 그 이치를 모르겠는가? 결국 그는 전열을 정비하고 여포를 후원하기로 마음먹었다.

여포는 원술이 파병하기로 결정했다는 소식을 듣고, 파혼의 잘못을 보상하는 뜻으로 비단으로 딸의 몸을 치장하고 말에 태워 친히 원술에게 데려가려고 성을 나섰다. 그러나 불행하게도 도중에 조조의 군사와 조우하고 말았다. 조조의 군사들이 일제히 쇠뇌를 발사하자 여포는 더 이상 나가지 못하고 어쩔 수 없이 성안으로 철수하고 말았다.

조조 군사들은 하비성을 포위하고 주변을 물샐틈없이 막아 쥐새끼 한 마리 들고날 수 없도록 했다. 한참을 공격해도 끝내 성을 공략하지 못하고 병사들도 서서히 지치기 시작하자 조조는 철군하기로 마음먹었다. 그때 모사가 조조에게 말했다.

"여포는 용맹하나 지모가 없는 자입니다. 현재 연전연패로 몰리면서 예기가 쇠해지고 삼군의 투지 또한 사라졌으니 이를 틈타 맹공격을 펼친다면 틀림없이 여포를 섬멸할 수 있을 것입니다."

그리하여 조조는 수로를 파고 기수沂水와 사수의 물길을 끌어들여 성 안으로 물을 집어넣고 다시 1개월 동안 포위망을 풀지 않았다.

여포는 더욱더 곤궁에 빠지고 말았다. 어쩔 수 없이 자포자기한 여포는 성루에 올라 조조 군사들에게 소리쳤다.

"관용을 베풀어야 할 때는 또한 너그럽게 관용을 베풀어야 하는 것이니, 너희들은 이리 나를 핍박하지 말라! 내가 명공明公에게 자수할 생각이로다."

진궁이 옆에서 그 말을 듣고는 이맛살을 찌푸렸다.

"조조는 역적에 불과한데 어찌 명공이라 칭할 수 있겠는가? 지금 투항하면 계란으로 바위를 치는 격이 될 뿐이니 어찌 생명을 보존할 수 있으리!"

여포의 수하 부장 가운데 후성侯成이란 자가 있었다. 어느 날 말을 훔친 도적을 잡게 되자 여러 장수들이 그를 칭찬하며 예물을 보냈다. 이에 보답하기 위해 후성이 연회를 베풀어 장수들을 초청하고 자신의 집에 있던 술과 고기를 대접하려고 했다. 당시 금주령이 떨어져 술을 먹을 수 없었기 때문에 후성은 여포에게 술과 고기를 보내고 미리 허락을 받고자 했다. 그러나 여포는 호의를 무시한 채 오히려 금주령을 어겼다고 질책했다.

"내가 금주령을 내렸는데, 너희들은 법령을 어기고 밀주를 만들어 나에게 술을 주면서 음해하려는 것이냐?"

후성은 비위를 맞추느라 온갖 아첨을 다 떨면서도 한편으로 두렵고 또다른 한편으로 화가 치솟았다. 얼마 후 후성은 몇몇 장수를 데리고 진궁과 고순을 붙잡은 다음 성문을 열고 조조에게 투항하고 말았다. 여포는 좌우 심복들을 데리고 백문루白門樓로 올라 조조 군사들이 사방에서 쳐들어오는 것을 보고 대세가 이미 기울어졌음을 깨닫고, 좌우 호위 병사들에게 자신의 목을 쳐서 조조에게 가지고 가서 투항하라고 말했다.

호위 병사들이 차마 칼을 들지 못하자 여포는 그 즉시 아래로 내려가 투항했다. 호위병들이 차마 손을 댈 수 없다면 자신이 직접 목숨을 끊을 수도 있지 않겠는가? 그러니 여포가 진짜로 죽으려고 했던 것이 아님을 알 수 있다. 여하간 내 병사들은 나를 차마 죽이지 못하고, 나 역시 내 자신을 차마 죽일 수 없으니 어쩌겠는가? 성 아래로 내려가 항복하는 수밖에!

한마디 말에 생사가 갈리다

여포는 무공이 남다르니 조조도 섣불리 자신을 죽일 수 없을 것이며, 분명 자신을 거두어 사용할 것이라고 믿었다. 그러나 누군가의 한마디가 조조의 마음을 움직였고, 결국 명장 여포의 목숨을 앗아갔다.

여포는 조조를 만나자마자 이렇게 말했다.

"이제 천하가 조용해지겠구려."

"무슨 말이신가?"

조조의 물음에 여포가 다시 입을 열었다.

"그대가 꺼리던 이는 나 여포뿐인데, 오늘 이렇게 귀순했잖소. 이에 내가 기병을 통솔하고 공께서 보병을 이끈다면 천하에 누가 감히 대적할 수 있겠소?"

여포는 이렇게 말한 후 고개를 돌려 유비를 바라보며 그에게 말했다.

"현덕께선 상좌에 앉아 계시고, 나는 계단 아래 포로의 몸이 되었구려. 이전에 내가 그대를 구해드린 적도 있는데, 오늘 나를 묶은 포승줄이 참으로 단단하구려. 저들에게 조금 느슨하게 매라고 한 말씀 해주시구려."

조조가 웃으며 말했다.

"맹호를 잡았으니 당연히 단단히 묶어야 하지 않겠소? 하하하! 누구 없느냐? 가서 조금 느슨하게 묶도록 하라."

좌우 병사들이 여포에게 다가가려고 하자 유비가 낮은 목소리로 말했다.

"명공께서는 정원과 동탁의 옛일을 잊으셨단 말입니까?"

그의 말 한마디에 조조는 온몸에 식은땀이 흘렀다. '그래, 맞다. 여포 저놈은 반골이니 다시 모반할 상이다. 세 명의 가노 노릇을 하지 않았던가? 따르다가는 곧 모반하고 말았다. 정원을 따르더니 정원을 죽음으로

몰고, 동탁을 따르더니 동탁을 사지로 몰았다. 이런 자는 거둘 수 없다.'
조조는 속으로 이렇게 생각하며 즉시 막사 밖으로 데리고 나가 참수토
록 했다.

여포는 졸지에 목숨을 잃게 되자 눈을 까뒤집어 유비를 째려보며 욕설
을 퍼부었다.

"이 귀만 큰 도적놈아! 예전에 내가 원문에 화극을 던져 너를 도와준
일을 잊었단 말이냐? 우정이라곤 쥐꼬리만큼도 없는 놈 같으니라고!"

그는 채 욕설을 끝내기도 전에 끌려나가고 말았다.

조조가 진궁을 보고 말했다.

"너는 스스로 지모가 대단하다 여겼는데, 지금 이렇게 잡혀 오지 않았
느냐?"

진궁이 여포가 끌려 나간 쪽으로 바라보며 소리쳤다.

"여포가 나의 계책을 쓰지 않아 오늘과 같은 꼴이 되고 말았을 뿐. 내
말을 들었다면 결코 당신에게 잡히지 않았을 것이오. 이미 붙잡힌 몸, 죽
이든 살리든 마음대로 하시오. 나는 더 이상 헛된 말을 하고 싶지 않소."

조조가 물었다.

"네가 죽으면 네 모친은 어떻게 하느냐?"

진궁이 말했다.

"효로 천하를 다스리는 이는 다른 이의 부모를 해치지 않는다고 들었
소. 내 모친의 생사는 당신에게 달려 있지, 나에게 있는 것이 아니오."

조조가 다시 물었다.

"너의 처와 자식들은 또 어떻게 하느냐?"

진궁이 다시 입을 열었다.

"천하에 인정을 베푸는 이는 결코 다른 이의 후대를 끊지 않는다고 들
었소. 내 처와 자식들의 생사 역시 내가 아니라 당신에게 달려 있는 것

아니겠소."

　다음은 조조가 답해야 할 차례였으나 조조는 더 이상 할 말이 없었다. 진궁은 속히 죽여달라는 말을 끝으로 더 이상 고개도 돌리지 않고 문 밖으로 나갔다. 조조는 눈물을 참을 수 없었다.

　진궁과 여포, 그리고 고순까지 모두 교수형을 당했다. 누군가는 참형을 당했다고 말하기도 한다. 조조는 나중에 진궁의 모친을 모셔다가 세상을 뜰 때까지 부양토록 했으며, 진궁의 여식도 혼사를 치르도록 해주었다. 진궁의 가솔들은 진궁이 살아 있었을 때보다 더 풍요롭게 생활할 수 있었다. 물론 이는 인심을 얻기 위함이었다.

　용장 여포는 백문루에서 포로가 되어 결국 죽임을 당하고 말았다. 그는 누구보다 용맹스러웠지만 일개 무부에 불과했으니, 그의 마지막 또한 이럴 수밖에 없었던 것이다.

13강 누구를 탓하랴, 망국의 군주는 머무를 곳이 없도다

동한 최후의 황제인 한 헌제는 후세 사람들에게 유약하고 무능한 꼭두각시 이미지로 남아 있다. 하지만 역사적으로 그는 남다른 정치 수완으로 서량 군벌의 겹겹 포위망을 뚫고 낙양으로 돌아왔다. 후세 사가는 그에 대해 '창생을 저버리지 않았다'고 평했다. 그렇다면 한 헌제의 진실한 모습은 도대체 어떤 것인가?

삼공 머리 위에 올라탄 군벌

동한 말년 왕실이 쇠미해지고 난신적자들이 나라를 혼란스럽게 만들고 군벌들이 설쳐댔다. 원소는 하삭河朔에서 패권을 잡고, 원술은 칭제하며 자립했으며, 여포는 백문루에서 사로잡혀 목숨을 잃었다. 그리고 유비는 의지할 형님을 찾아 사방으로 돌아다녔다. 이외에 크고 작은 군벌들은 너 나 할 것 없이 합병하거나 세력을 확충하느라 정신이 없었다. 하지만 어떤 군벌도 조조만 한 이가 없었다.

조조는 앞날을 멀리 내다보는 식견을 갖추고 있었다. 그의 고수는 그 누구보다 탁월한 신건지명에 있었다. 그렇다면 구체적으로 어떤 것인가?

동탁 사후 조정의 상황에서 이야기를 시작하자. 왕윤과 여포가 공모하여 동탁을 모살했다. 이로써 조정의 가장 큰 두통거리가 사라진 셈이다.

하지만 동탁의 잔당인 양주병을 제대로 처리하지 못함으로써 조정이 또다시 혼란에 빠지면서 왕윤은 피살되고, 여포는 도망쳤으며, 한 헌제 유협은 그저 맹수처럼 용맹하기만 한 장수들의 손아귀에서 꼼짝조차 할 수 없었다.

한 헌제는 시호인 '헌獻'에서 알 수 있듯이 그리 혼매하거나 우둔한 임금이 아니었다. 중국의 고대 시법諡法 : 시호諡號를 의논하여 정하는 법에 따르면 바탕을 알고 성인의 자질이 있는 이를 헌이라고 한다知質有聖曰獻. 그렇다면 그는 성현들이 나라를 다스리는 이치를 알고 있는 군주로, 결코 혼군이 아님을 알 수 있다.

헌제는 14세에 관례를 거행하고 성년이 되었다. 황상이 성년이 되자 관리들이 황후 선발을 주청하였다. 하지만 황상은 전혀 마음이 없었다.

"모친을 안정할 곳조차 아직 정해지지 않았는데, 내 어찌 후비를 선발하는 일을 입에 담을 수 있으랴."

조정 대신들이 알다시피 헌제의 모친은 살해되었기 때문에 이런 일이 생겼다. 그래서 그녀를 영제의 능묘로 합장한 후 존호를 추가했다.

이런 일에서도 헌제가 치국의 도리를 제대로 이해하고 있으며 결코 명청하지 않음을 알 수 있다. 그해에 관중에 큰 가뭄이 들었다. 4월부터 7월까지 비가 한 방울도 내리지 않아 논밭이 쩍쩍 갈라지고 곡물 가격이 상승하여 1곡에 50만 전을 달라고 할 정도였다. 굶주림에 지친 백성들이 자식을 바꾸어 잡아먹는 일까지 일어났다. 헌제가 시어사에게 태창의 곡식을 풀어 굶주리는 백성들에게 나누어주도록 했다. 하지만 어찌 된 일인지 굶어 죽는 이들이 계속 늘어났다.

분명 뭔가 잘못되고 있었다. '매일 이처럼 많은 미곡으로 죽을 쑤어 주는데 여전히 백성들이 굶어 죽는다니, 이는 필시 시어사들이 공금을 착복하기 때문일 것이다.'

헌제는 사람을 보내 식량 다섯 승升：되을 가져오라고 한 다음 자신이 보는 앞에서 죽을 끓이도록 했다. 큰 동이 두 개에 가득 찰 정도로 많은 죽이 만들어졌다. 헌제는 닷 되로 이처럼 많은 죽을 끓일 수 있다는 것을 알고 매일매일 어느 정도의 식량을 태창에서 배급해야 할지 계산했다. 이재민이 몇 명인지 계산하고, 매일 한 사람이 두세 그릇을 먹는다는 가정하에 식량을 배급하니 이재민들도 충분히 배를 불리고 더 이상 굶어 죽는 이들이 생기지 않았다. 그런데 지금 이렇게 많은 이들이 여전히 굶어 죽고 있다는 것은 분명 탐관오리들이 중간에서 장난질을 치기 때문이었다. 헌제는 그 즉시 시어사를 치죄하여 곤장 50대를 치도록 했다. 여기서도 알 수 있다시피 헌제는 상당히 똑똑했으며 올바른 식견을 지니고 있었다. 다만 아직 어리고 조정의 대권이 다른 이들의 수중에 있기 때문에 제대로 일을 할 수 없을 따름이었다.

당시 조정의 실권은 이각과 곽사 등이 쥐고 있었다. 그들은 똘똘 뭉친 이른바 강철대오가 아니기 때문에 얼마 안 가 서로 창칼을 겨누며 싸우기 시작했다. 원소가 동탁을 토벌할 당시 동탁은 조정을 대신하여 서쪽 마등과 한수의 투항을 받아들였다. 영제 말년 한수가 반란을 일으키자 마등이 합세했다. 두 사람의 활동 지역은 동탁의 세력 범위와 멀리 떨어져 있지 않았다. 그렇기 때문에 쌍방의 싸움은 피할 수 없었다.

그들은 동탁의 부름을 받아 병사를 이끌고 장안으로 가는 도중에, 동탁이 피살되고 이각과 곽사가 동탁의 후계자가 되었다는 소식을 들었다. 동탁의 뒤를 이은 이각은 한수를 금성으로 돌려보내고, 마등은 다른 지역을 지키도록 했다.

이는 당연히 정상적인 일이다. 하지만 마등은 이각에게 사적으로 부탁할 일이 있었다. 그래서 이각에게 뇌물을 보내며 아첨을 했지만, 이각은 마등의 요청에 전혀 응하지 않았다. 수치를 느낀 마등은 이렇게 생각했다. '흥, 나잇살이나 먹었다고 까부는 모양인데, 예전 동탁이 있을 때도 나를 이렇게 대하지는 않았다. 완전히 나를 가지고 놀겠다 이거지! 어디 한번 두고 보자!' 수치심이 분노로 바뀌면서 마등은 군사를 일으켜 이각을 공격할 계획을 짰다.

헌제는 또다시 군벌이 혼전을 거듭하자 황급히 사신을 보내 화해토록 했으나 마등이 말을 듣지 않았다. 한수도 내분을 무마하기 위해 군사를 끌고 왔다. 하지만 오히려 마등의 꼬임에 빠져 그와 합세했다. 원래 한수와 마등은 한통속이었기 때문에 연합하여 이각을 공격했다. 당시 조정 대신들 역시 이각과 곽사의 통제에서 벗어나기 위해 마등 등과 힘을 합쳤다.

화해가 불발로 끝나자 싸움이 시작되었다. 이각이 번조樊稠와 곽사, 그리고 조카인 이리李利를 보냈다. 번조는 뛰어난 무술 솜씨로 마등과 한수를 쫓아버렸다. 앞서 마등과 협력했던 대신들도 모조리 번조에게 붙잡혀 죽임을 당했다.

마등이 쫓겨가자 조정은 곽사를 후장군, 번조를 우장군右將軍으로 임명하는 한편 그들이 삼공과 마찬가지로 관서를 설치하여 관리를 둘 수 있도록 했다. 거기장군 이각은 이에 앞서 이런 대우를 받고 있었다. 그들은 삼공의 관서와 합칭하여 육부六府라고 불렸으며, 전국 관리들을 추천하고 선거에 참여할 권리를 가졌다.

이각은 무장 출신인지라 문화적 소양이 그리 높지 않았다. 그는 오로지 자신이 추천한 사람을 뽑을 생각뿐이었으며, 다른 사람들이 조금이라도 의견을 달리하면 벌컥 화를 내기 일쑤였다. 그리하여 삼공이 추천하는 이는 오히려 임용될 기회가 적고 이각이 추천하는 인물들만 뽑혔다. 이름도 없던 지방 군벌이 삼공의 머리 위에 앉아 있는 꼴이 된 셈이다.

내홍이 그치질 않는 서량군

자칭 원로들이나 힘깨나 쓰는 이들이 함께 있으면 언젠가 큰일이 벌어지기 마련이다. 동탁이 죽었을 당시 삼부三府의 백성은 대략 수십만 호였다. 이각의 무리가 제멋대로 약탈하고 난장판을 벌이는 와중에 가뭄이 들어 기아에 허덕이게 되자 삼부의 백성이 2년 만에 절반으로 줄고 말았다. 이런 와중에 서로 자신들의 공적을 자랑하고 사리사욕을 채우느라 몇 번씩이나 치고받고 싸워 거의 폭발할 지경까지 이르렀다. 다행히 모사 가후가 여러 차례 대국을 중시할 것을 건의하면서 내분을 면할 수 있었다. 그리하여 그들은 서로 우호적이지 않았으나 표면적으로는 일치단결한 모습을 보였다.

번조가 마등과 한수를 공격할 당시 이각의 조카 이리가 전투에 진력을 다하지 않는 것을 보고 질책하며 말했다.

"사람들이 네 숙부의 목을 자르겠다고 하는데, 너는 이처럼 해이해져 정신을 차리지 못하니, 내가 네 녀석을 벌주지 못할 것이라고 생각하는 것이냐?"

이리는 차마 직접 대꾸는 하지 못하고 속으로 뇌까렸다. '내 숙부도 그렇게 말하지 않는데, 지가 뭐라고 간섭이야!' 이후로 그는 번조에게 앙심을 품었다.

마등과 한수가 퇴각하자 번조가 군사를 이끌고 진창까지 추격했다. 한수가 번조에게 말했다.

"우리가 싸우는 것은 개인적인 원한 때문이 아니라 국가 대사 때문이오. 그대와 나는 같은 고향 사람이잖소. 이제 내가 떠날 것이니 그대도 더 이상 추격하지 마시오. 몇 마디 말로도 능히 서로 마음을 아실 것이라 믿소."

그리하여 그들은 각자 군사들에게 후퇴할 것을 명한 다음 손을 맞잡고 한참을 이야기한 후 헤어졌다.

대군이 장안으로 돌아온 후 이리는 숙부인 이각에게 몰래 고자질했다.

"번조와 한수가 만나 한참 동안 이야기를 나누었습니다. 무슨 이야기를 했는지는 아무도 모르지요. 여하간 제가 느끼기에 아주 친한 것 같더군요."

이각은 그렇지 않아도 용맹하고 싸움을 잘하는 번조를 시기하는 마음이 있었다. 혹시 부하들이 그를 따르고 추대하여 양주군의 두령으로 삼을지도 모른다고 걱정하기도 했다. 그럴 즈음 번조가 군사를 이끌고 함곡관 동쪽으로 출병하면서 이각에게 병사를 증원해줄 것을 요청하자 더욱더 의구심이 들었다.

"번조, 이 녀석이 나를 넘어서겠다 이 말이지. 그래, 그렇다면 나도 가만히 있을 수 없지. 이왕 손을 댔다면 끝장을 봐야겠지."

이각은 의논할 것이 있다고 말하며 번조를 불러 죽여버렸다. 이후로 양주군은 장수들끼리 시기하고 모함하여 끝내 분열되고 말았다.

번조가 죽자 동탁의 옛 장수로 조정에 남은 원로는 이각과 곽사뿐이었다. 그들 두 사람은 사이가 괜찮았다. 이각은 항상 곽사를 청해 식사를 같이 하고 때로 곽사를 자신의 집에서 머물게 하는 등 친밀감을 표시했다. 그런데 곽사의 마누라는 질투의 화신이라고 할 정도로 투기가 심했다. 곽사가 이씨 집에 있는 예쁜 계집종에게 마음을 빼앗기자, 그녀는 곽사가 아예 그 집에 출입하지 못하도록 계략을 꾸몄다. 그녀의 계략은 그들 두 사람의 사이를 이간질하는 것이었다.

어느 날 이각이 곽사에게 먹을 것을 보내왔는데, 그 안에 콩 찌꺼기 같은 것이 보였다. 곽사 마누라가 일부러 그 찌꺼기를 끄집어내면서 곽사에게 말했다.

"딱 보니 독약이네요. 이각은 좋은 마음을 가진 사람이 아니에요. 당신을 독살하려고 하잖아요. 닭 무리 중에도 수탉이 두 마리나 있을 수는 없는 법이에요. 그런데 왜 당신은 나를 믿지 못하시는지 알 수 없군요."

곽사는 심장이 벌렁벌렁거렸다. 한쪽은 함께 싸웠던 전우이고, 다른 한쪽은 한 이불을 덮고 사는 마누라가 아닌가! 누구를 믿을지는 뻔한 일이었다.

어느 날 이각이 저녁 식사에 곽사를 초대했다. 곽사가 술을 거나하게 마시고 크게 취해 집으로 돌아왔다. 그런데 어찌 된 일인지 계속 배가 아프고 머리가 어지러웠다. 마누라 말처럼 독약이라도 탄 것 아닐까? 그런 생각을 하고 있는데, 마누라가 아예 단정적으로 말했다. "틀림없이 이각 그자가 당신을 해치려고 독약을 넣은 것이 분명해요. 믿지 못하시겠거든 똥물을 한번 드셔보세요. 구역질 난다고 마다하지 말고."

곽사가 코를 붙잡고 똥물을 들이켜기 무섭게 먹은 것을 모두 토해내자 정신이 맑아졌다. '이거 봐라. 과연 이각이 나를 해치려고 하는 것이 틀림없구나.' 곽사는 참으로 멍청한 인물이었다. 술을 다 토해내면 당연히 속도 편해지고 술도 깨는 것 아닌가! 그런데 이 멍청이는 술이 깨기 무섭게 부대를 집합시켜 이각을 치기로 결정했다.

이각이 생각하니 참으로 황당한 일이 아닐 수 없다.

"내가 술 한잔 마시자고 청해서 잘 마시고 돌아가더니 이제는 달려와 나를 치겠다고? 이게 무슨 황당한 짓거리야!"

이각도 즉각 군사를 동원하여 반격에 나섰다. 이각과 곽사가 맞붙으니 죽어나는 것은 조정과 일반 백성들이었다. 헌제가 급히 사람을 보내 중재에 나섰지만 그들 눈에 황제가 보일 리 만무였다. 이각과 곽사는 장안에서 군사를 동원하여 서로 때리고 싸우니 장안성 안팎에 또다시 피비린내가 풍기기 시작했다.

신하의 집에서 기거하는 황제

곽사가 헌제를 겁박하여 자신의 군영으로 데리고 가려고 했다. 하지만 누군가 미리 이각에게 알려주어 이각이 먼저 손을 썼다. 이각은 수천 명의 병사를 이끌고 황궁을 포위한 다음 수레 세 대에 헌제를 태우고 자신의 진영으로 가려고 했다.

그러자 태위 양표가 난색을 표명했다.

"황상께서 민가에 머무르신다는 말을 이제껏 들어본 적이 없소이다. 이 어찌 가능키나 한 일이겠소?"

이각이 사람을 보내 말했다.

"이미 결정된 사항이니 더 이상 말해봤자 도움될 것이 없다. 창검에 어찌 인정이 있겠느냐? 잔말하지 말고 빨리 옮기도록 하라."

군신들도 헌제의 수레를 따라 출궁하는 수밖에 없었다. 이각의 군사들이 궁전으로 들어와 닥치는 대로 기물을 약탈하고 궁녀를 겁탈했다. 이각은 국고에 보관하던 재물을 모두 자신의 집과 진영으로 옮긴 다음 궁전에 불을 질렀다.

이각이 황제를 인질로 잡자 곽사는 대신들을 잡아 오기로 마음먹었다. 곽사는 태위 양표를 비롯한 여러 신하들을 자신의 진영으로 데리고 와서 연회를 베풀며 이각을 어떻게 처리할 것인지 상의했다. 곽사는 그들을 안심시키며 이렇게 말했다.

"당신들은 두려워할 필요 없소이다. 내가 저 이각이 녀석을 처리할 것이니 당신들은 관계없소."

태위 양표가 기가 막힌다는 듯이 그를 쳐다보며 말했다.

"당신은 세상이 어찌 돌아가는지 아시기나 하는 거요? 자신들끼리 싸우면서 한쪽은 천자를 겁박하고 다른 한쪽은 공경대부들을 핍박하고 있으니 이게 무슨 짓이오?"

곽사가 그의 말을 듣기가 무섭게 화를 벌컥 내며 차고 있던 칼을 빼 들고 당장이라도 죽일 듯이 달려들었다. 양표가 전혀 두려워하지 않고 말했다.

"황상조차도 받들지 못하는 자에게 내가 무슨 목숨을 구걸하겠소?"

그러자 곽사의 부하가 말리면서 끼어들었다.

"태사, 그리하지 마십시오. 괜히 저들을 죽이게 되면 천하의 웃음거리가 될까 두렵습니다."

곽사는 그제야 칼을 거두었다.

이각이 수천 명의 강인과 호인을 소집한 다음 그들에게 황실에서 약탈해 온 기물과 비단 등을 선물로 주면서 말했다.

"너희들이 곽사를 잡아 오면 민간의 여인들은 물론이고 궁녀들까지 주겠노라."

곽사는 은밀하게 이각의 부하 몇 명과 내통하면서 이각 타도에 나섰다.

어느 날 곽사가 밤중에 이각을 습격했다. 부하가 쏜 화살이 이각의 왼쪽 귀를 관통하고, 곽사에게 매수된 이각의 부하들이 군영에 불을 질렀다. 심히 위급한 상황에서 이각이 죽을힘을 다해 저항하니 곽사의 군대도 어쩔 수 없이 철수하고 말았다.

썩은 고기를 먹는 황제

며칠이 지나 이각이 헌제를 북오北塢로 옮기고 수하를 보내 감시하면서 외부와 연락을 하지 못하도록 만들었다. 이각은 황제에게 최소한의 음식만 제공했기 때문에, 헌제 좌우의 시종들은 채소뿐인 음식마저 배불리 먹을 수 없었다. 헌제가 시종들을 위해 어쩔 수 없이 이각에게 쌀 다섯

되와 소뼈 다섯 개를 보내달라고 청했다.

"아침저녁으로 식량을 보내는데 무슨 식량이 더 필요하단 말인가?"

이각은 이렇게 투덜거리며 썩은 내 나는 소 뼈다귀 한 무더기를 보냈다. 헌제가 이를 받아 들고 기가 막혀 이각에게 사람을 보내 따지려고 하자 주변에 있는 대신들이 서둘러 황제를 말렸다.

"폐하가 참으셔야 합니다. 그나마 밥은 먹을 수 있으니 굳이 이각을 자극할 필요 없습니다. 괜히 건드렸다가는 목숨을 부지하기 어려울 듯합니다."

황상도 길게 한숨을 내쉬고는 냄새나는 소 뼈다귀를 먹었다.

곽사와 이각 두 사람이 황제 신변에서 싸움을 그치지 않자 헌제는 또다시 대신을 보내 화해하도록 했다. 대신이 먼저 곽사를 찾아가 한참을 설득한 후에야 겨우 싸움을 중지하겠다는 응낙을 받아 체면치레를 했다. 대신은 연이어 이각을 찾아가서 설득했으나 끝내 답변을 얻지 못했다.

"곽사 이놈은 날도적놈이오. 내가 뭘 위해 그런 작자와 함께 자리를 한단 말이오? 내 반드시 그놈을 죽이고야 말겠소. 곽사가 대신들을 인질로 삼고 있으니 이런 악랄한 놈을 죽이지 않을 수 있겠소?"

사신이 대답했다.

"얼마 전 동탁의 세력이 얼마나 막강했는지 장군도 아실 것이외다. 그런데 어느 날 한순간에 동탁의 머리와 몸이 떨어지지 않았습니까? 이는 그저 용맹하기만 하고 책략이 없었기 때문입니다. 만약 지금 공께서 대장이 되면 틀림없이 조정의 총애를 얻게 될 것입니다. 곽사는 대신들을 모아 협박하고 감시하느라 정신이 없지만, 장군은 천자를 모시고 계시지 않소. 과연 누가 더 죄가 크겠소이까? 장제張濟가 이미 곽사와 연합하여 군사력을 확대했다고 하는데 정말 싸움이 붙으면 그들을 쳐부술 수 있을 것이라고 장담하기 어렵습니다. 역시 쌍방이 화해하고 병사를 거두는 것이 좋습니다."

이각이 말을 듣고는 불만 가득한 목소리로 소리치며 사신을 내쫓았다. 사신이 돌아와 황제에게 아뢰었다.

"이각은 조서를 받들지도 않고 언사가 공손치 않았습니다."

헌제가 듣고는 내리 한숨을 쉬면서 체념한 듯 사신에게 말했다.

"네가 이각에게 죄를 얻었으니 서둘러 떠나라. 그래야 죽임을 면할 수 있을 것이다."

헌제는 사신을 멀리 보낸 다음 서둘러 이각의 관직을 더 높였다.

이각과 곽사의 군대는 수개월 내내 장안성 안팎에서 크고 작은 전투를 벌였다. 두 사람 모두 상대에게 굴복하지 않았고, 그저 사상자만 늘어날 뿐이었다. 6월, 이각의 부하인 양봉이 반란을 일으켰다. 반란은 성공하지 못했지만 이로 인해 이각의 세력도 점차 쇠락하기 시작했다.

단식하여 승리하다

이각과 곽사의 싸움이 점차 가열되자 그들 두 사람의 친구인 진동장군鎭東將軍 장제가 섬현에서 장안으로 올라왔다. 두 사람을 화해시키고 헌제를 모셔 홍농弘農으로 가기 위함이었다. 헌제는 옛 수도인 낙양을 그리워했는데, 홍농은 낙양에서 그리 멀지 않았다. 하루라도 빨리 홍농에 가기 위해 헌제는 계속 이각과 곽사에게 사자를 보내 어지를 전하는 한편 더이상 싸우지 않도록 했다. 사자가 오가길 10여 차례 한 후에야 이각과 곽사는 비로소 강화에 응했다. 성의를 보이기 위해 두 사람은 서로 아들을 보내 인질로 삼기로 했다. 그러나 이각의 아내가 차마 아들을 보낼 수 없다고 하여 또다시 회담이 깨지고 말았다.

그즈음 이각의 부대에 있는 강인과 호인들이 헌제가 머물고 있는 곳을 흘낏흘낏 바라보며 수위에게 질문을 던지곤 했다.

"황제가 여기에 계신단 말이오? 이각 장군이 우리에게 주겠다던 궁녀들도 여기에 있소? 준다고 했는데 왜 안 주고 있나 모르겠네. 확 우리가 쳐들어갈까 보다!"

헌제가 심히 불안하여 대신을 가후에게 보내 말했다.

"그대는 이전부터 국가에 충성을 다해 지금과 같은 자리에 올라 총애를 얻게 되었도다. 지금 강인과 호인들이 전횡을 일삼고 있으니 마땅히 대책을 마련해야 할 것이다. 그러지 않으면 당장이라도 저들이 쳐들어올 경우 어찌하겠는가?"

이에 가후가 강인과 호인 수령을 불러 주연을 베풀고 그들에게 작위와 재물을 주는 한편 부족 사람들을 데리고 떠나라고 종용했다. 그리하여 적지 않은 이들이 떠나니 이각의 세력도 더욱 약해졌다. 누군가 재차 화해하기를 청하니 이각도 마지못해 동의했다. 이번에는 아들 대신 딸을 교환하기로 하여 두 사람 모두 상대의 딸을 인질로 삼았다.

화해하고 얼마 후 헌제는 낙양으로 돌아가기 위해 길을 나섰다. 일행이 수레를 타고 선평문을 지나 호성하護城河를 건널 때 곽사의 부하 수백 명이 나타나 길을 막았다. 그러자 이번에는 이각의 부하 수백 명이 어디선가 튀어나와 수레 앞을 막아 섰다. 당장이라도 양쪽 군사들이 맞붙을 기세였다.

대신 한 사람이 큰 소리로 외쳤다.

"이분은 천자이시다."

그러면서 수레의 주렴을 높이 들도록 했다. 과연 황제가 수레 안에 정좌하고 앉아 노한 목소리로 소리쳤다.

"너희들이 어찌 감히 이러느 시존을 범바한냐 밤이냐?"

그 소리에 쌍방의 병마가 모두 물러났다. 저녁 무렵 패릉霸陵에 도착한 황제 일행은 너 나 할 것 없이 굶주림에 시달렸다. 그러던 차에 장제가 음식을 보내와 헌제 일행은 겨우 낭패를 면할 수 있었다.

헌제는 이각의 통제에서 벗어나 장제 쪽으로 왔다. 그는 장제를 표기장군으로 임명하고 관서를 설치하여 휘하 관리를 둘 수 있도록 허가하여 삼공처럼 대우했다. 아울러 이각을 거기장군으로 임명하고 양정楊定을 후장군, 양봉을 흥의장군興義將軍으로 임명하여 모두 열후列侯로 봉했다. 또한 동탁의 사위인 우보의 부하 동승董承을 안집장군安集將軍으로 봉했다.

황제가 장제의 터전으로 거처를 옮기자 곽사는 황제를 고릉高陵으로 데리고 가서 자신이 장악하고자 했다. 하지만 공경대부들과 장제는 모두 홍농으로 모셔야 한다고 주장했다. 그래서 여러 사람들이 모여 논의했으나 쉽사리 결론이 나질 않았다. 헌제가 사자를 보내 곽사에게 말했다.

"나는 홍농으로 가고 싶소. 홍농이 조종의 능묘와 비교적 가까운 곳에 있기 때문일 뿐 다른 뜻이 없으니 장군은 의심하지 마시기 바라오."

곽사가 그래도 악착같이 반대하자 황상은 항의의 뜻에서 식음을 전폐했다. 곽사가 보니 자칫 잘못하여 황상이 굶어 죽는 날이면 그 죄를 어찌 감당하겠는가 싶었다. 그래서 일단 인근 현성으로 가서 다시 논의하기로 했다. 헌제 일행이 신풍에 도착한 후 곽사가 또다시 황제를 협박하여 서쪽으로 돌아가도록 강요했다. 대신들이 소식을 전해 들은 후 은밀하게 양정, 동승, 양봉과 연통하여 신풍에서 회합을 갖기로 약조했다.

곽사는 다른 장수들이 몰려오는 것을 보고 자신의 계략이 어긋났다고 여기고 군대를 버리고 남산으로 도망쳤다. 곽사가 실패하고 물러났지만 헌제의 귀로가 완전히 평탄해진 것은 아니었다. 여전히 그의 앞길은 울퉁불퉁 거칠기만 했다.

동도로 돌아가는 길 험난하여라

곽사는 도망쳤지만 그의 잔당은 여전히 존재했다. 그들은 불을 질러 인심이 소란한 틈을 타서 또다시 헌제를 낚아챌 궁리를 했다. 불길이 오르는 것을 보고 대신들이 헌제에게 다른 군영으로 피신할 것을 권했다. 양정과 동승 등이 헌제를 모시고 양봉의 군영으로 들어갔다. 곽사의 잔여부대를 무찌른 후 헌제는 겨우 포위망을 뚫고 화음華陰으로 도망칠 수 있었다.

화음에 도착한 후 현지 주둔 장수인 단외段煨가 황제를 비롯한 관원들에게 필요한 음식과 물품을 준비한 후 자신의 진영으로 모시려고 했다. 비록 황제가 실권이 없다고 하나 황제를 끼고 있는 것이 여하간 이롭기 때문이었다.

단외는 양정楊定과 원수지간이었다. 그래서 양정과 그의 무리가 황상 앞에서 단외가 역모를 꾀하고 있다고 고발했다. 그러자 태위 양표 등이 단외를 두둔하여 절대로 그럴 리가 없다고 주장했다. 양정 등이 홍농군의 독우를 위협하여 곽사가 단외의 군영에 있다고 보고하도록 했다. 황제는 놀랍고 두려워 차마 단외의 군영에 들어가지 못하고 영외에서 노숙하는 수밖에 없었다.

며칠 후 양정 등이 단외를 칠 준비를 끝내고 황상에게 조서를 내려줄 것을 요청했다.

"단외가 모반했다는 증거가 없는데, 그대들은 무엇을 근거로 나에게 조서를 내리라고 하는 것인가?"

거듭되는 요청에도 불구하고 황제는 끝내 조서를 내리지 않았다.

양정 등은 황제의 조서 없이 직접 단외의 진영으로 쳐들어갔다. 하지만 10여 일을 싸웠으나 별다른 성과가 없었다. 그 기간에도 단외는 황상과 백관들에게 필요한 음식을 계속 제공하면서 자신이 결코 두 마음을 품지 않았음을 보여주었다. 황상이 조서를 통해 양정에게 당장 단외와 화해할 것을 명했다. 양정은 단외를 굴복시키지 못한 데다 황상까지 조서를 내려 화해할 것을 명하는 바람에 어쩔 수 없이 조서를 받들고 자신의 진영으로 돌아갔다.

한편 이각과 곽사 역시 헌제를 홍농으로 보낸 것에 대해 가슴을 치며 후회하고 있었다. 그들은 동탁의 부장들로 한때 같은 밥을 먹던 형제나 다를 바 없었다. '이 모든 것이 저 멍청한 마누라 때문이니, 어찌하면 황제를 다시 우리 손아귀에 집어넣을 수 있겠는가?' 곽사는 이렇게 생각하면서 향후 대책 마련에 골몰했다. 두 사람은 양정이 단외를 공격했다는 소식을 듣고 단외에게 원병을 보내기로 하고, 그 틈에 다시 황상을 납치하기로 마음먹었다.

양정은 이각과 곽사가 쳐들어온다는 소식을 듣고 서둘러 철군을 준비했다. 그러나 중간에 곽사의 군대와 조우하여 크게 패배한 후 겨우 몸만 빠져나와 형주로 도망쳤다. 이어서 장제도 이각, 곽사와 연합했다. 헌제가 홍농에 도착한 후 장제, 이각, 곽사의 군대가 추격하니 홍농 동쪽에서 양쪽 인마가 맞부딪쳤다.

마지막에 헌제의 군사들이 패배하여, 피살된 문무백관과 병사가 다 셀 수 없을 정도로 많았고, 어용 물품과 전적典籍, 문건 등도 거의 모두 불에 타거나 소실되었다. 헌제는 겨우 조양曹陽으로 도피하여 또다시 노숙을 감내해야만 했다.

헌제를 모시고 있는 동승과 양봉은 싸울 병력이 부족하다는 것을 잘 알고 있었기 때문에 이각 등과 연합하는 척하면서 은밀하게 사방에 사신을 보내 원군을 요청했다. 원군의 도움으로 겨우 이각의 군대를 물리친 후 헌제 일행은 계속 동쪽, 낙양으로 걸어갔다.

그런데 예상 밖으로 이각이 또다시 추격하고 있었다. 이번에는 양봉이 크게 패하여 또다시 수많은 대신들이 이각의 군대에게 피살되고 말았다. 당시 어떤 부장이 헌제에게 말했다.

"형세가 위급하니 폐하께옵서 말을 타고 떠나시기 바랍니다."

그러나 헌제는 그의 권유를 마다하며 이렇게 말했다.

"짐은 절대로 백관들을 놔둔 채 혼자 도망칠 수 없느니라. 내가 죽으면 그들도 끝나고 말 것 아니겠느냐. 그런 그들이 무슨 죄가 있다고!"

헌제는 어진 군주였다. 동한 말년에 이런 황제는 그리 많지 않았다. 아니, 거의 없었다. 그렇기 때문에 헌제를 '망국의 군주가 아니라 망국의 운세를 맞이한 군주'라고 말하는 것이다. 그들, 헌제 일행은 길거리에서 가다 서다를 반복하면서 마침내 섬현에 도달하여 한시름을 놓을 수 있었다. 과연 헌제는 힘들고 어려운 귀로를 끝으로 낙양에 안착할 수 있을까?

14강 황상을 끼고
천하를 호령하다

한 헌제는 험난한 역경을 겪으면서 마침내 낙양에 도착했다. 하지만 얼마 후 또다시 조조의 근거지인 허현許縣으로 옮겨가야만 했다. 이로써 '천자를 끼고 제후를 호령하는' 조조의 시대가 열리게 된다. 한 헌제는 왜 허현으로 옮겼을까? 조조는 왜 자신이 천하를 호령하면서 헌제를 앞세웠는가?

타이타닉보다 아슬아슬하게

헌제는 힘들고 어렵게 하남 섬현에 도착하여 이각의 추격에 맞설 대응책 마련에 부심했다. 하지만 당시 황제의 수레를 호위하는 병사는 채 100명이 되지 않았으며, 상황은 전혀 낙관적이지 않았다. 이각의 부대가 이미 도착하여 황제의 영채를 둘러싸고 계속 소리를 질러댔다.

"황제는 나와서 우리랑 마작이나 몇 판 두세."

"빨리 궁녀들이나 우리 형제들에게 나눠줘! 안 그러면 당장 요절을 낼 것이니!"

무뢰배들은 감히 입에 담을 수 없는 악담을 늘어놓았다. 황제 주변 사람들은 대경실색하여, 황제를 따라간들 좋은 일이 있을 리 없다 여기고 서둘러 도망치기 바빴다. 황제 측근 장수들도 이렇게 하다간 황상이 이각과 곽사의 무리에게 붙잡혀, 낙양에 도착하기도 전에 모든 것이 끝나고 말 것이라는 생각이 들었다. 그렇다면 가장 좋은 대책은 황상을 배에 태워 황하 아래로 내려가도록 하는 수밖에 없었다.

이럴 경우 잠시 추격병을 따돌릴 수 있으나 너무 위험한 것이 문제였다. 그러나 목숨을 부지하려면 위험하다고 마다할 수 없었다. 태위 양표는 고귀하기 이를 데 없는 천자의 몸으로 위험을 겪을 수 없다고 하여 먼저 황하를 건넌 다음에 다시 상의할 것을 주장했다. 그는 장수들에게 어둠을 틈타 강을 건넌 후에 비밀리에 배를 준비하고, 불빛으로 신호를 보내도록 했다.

황상과 공경대신들이 황급히 영채에서 나왔다. 동승은 선발대를 보내 황상을 위해 길을 열고, 막는 자는 무조건 죽이라고 명했다. 황후의 오라버니는 한 손으로 황후를 부축하고 다른 한 손으로 비단 10필을 들고 나왔다. 명색이 국구國舅 : 황후의 오라버니로서 재물을 탐했기 때문이 아니라 황실에 남은 재화가 그것뿐이었기 때문이다. 그것마저 없다면 신하들에게 내려줄 상이 황제가 입고 있는 비단옷밖에 없는 상황이었다.

당시 황하의 제방은 수면에서 상당히 높은 곳에 자리했기 때문에 물가까지 내려가기가 쉽지 않았다. 황제가 귀한 몸으로 어찌 직접 뛰어내릴 수 있겠는가? 결국 힘 좋은 병사가 황상을 업고 비단으로 묶은 채로 천천히 기어 내려가도록 했다. 다른 이들도 서둘러 제방 아래로 내려갔다. 어떤 이들은 기어 내려가고 또 어떤 이들은 아예 위에서 뛰어내리기도 했다. 제법 높이가 있는지라 땅바닥에 머리가 먼저 닿아 목숨을 잃는 이도 있었다.

삽시간에 노작하사 사졸들이 앞다퉈 배에 올라타느라 완전히 아수라장이 되었다. 타이타닉 호가 침몰할 당시의 정경에 비할 바가 아니었을 것이다. 동승이 보니 사졸들이 목숨을 걸고 배에 타려고 몰려들고 있었다.

저들을 다 태우면 황상은 어떻게 되겠는가? 어쩔 수 없는 일이었다. 그는 칼을 꺼내 뱃전으로 올라오는 사졸들의 손을 내리쳤다. 배 안으로 우두둑 소리를 내며 떨어지는 손가락들. 그것들을 대충 모아 강물 위로 내던진 후에야 겨우 황상이 앉을 자리가 생겼다.

조롱거리 황제

황제를 따라 강을 건넌 이들은 황후를 포함하여 수십 명뿐이었다. 강을 건너지 못하고 남쪽 강변에 남은 이들은 이각과 곽사의 군대에게 도륙되어 입고 있던 옷마저 모두 빼앗기고 심지어 동사한 이들도 적지 않았다. 이각은 멀리 강변의 불빛을 보며 이상한 느낌이 들었다. 서둘러 기병을 보내 정탐한 결과 황제가 강을 건너고 있다는 사실을 알게 되었다.

이각이 말을 치몰아 강가로 달려와 소리쳤다.

"내놈들이 황상을 어디로 데려가는 것이냐?"

동승은 다급해졌다. 만약 이각이 병사들에게 화살을 날리도록 한다면 배에 탄 모든 이들이 졸지에 고슴도치가 되고 말 것이다. 그래서 서둘러 이불을 펼치도록 하여 손으로 장막을 만들어 화살을 막았다. 황상은 이렇게 낭패 속에서 겨우 북쪽 강가에 도착했다.

헌제는 지방 관리가 헌상한 비단을 시종들에게 모두 상으로 하사했다. 당시 관직은 값어치가 없고 형세가 급박하여 봉하지 않을 수 없었기 때문에 헌제는 관직을 대거 하사했다. 임명된 관원들이 너무 많아 관인을 새길 시간조차 없었기 때문에 뾰족한 송곳으로 파서 대충 해치웠다.

헌제는 궁전은커녕 제대로 머물 곳조차 찾지 못해 잡풀과 가시나무 무성한 낡은 집에서 문도 닫지 못한 채 거주해야만 했다. 조회를 할 때면 사병들이 울타리 위에서 마치 원숭이를 구경하듯이 멀뚱멀뚱 바라보았다. 평상시라면 천안天顔을, 그것도 조회 시간에 바로 코앞에서 뵌다는 것이 가당키나 했겠는가?

이 지경에 이르렀는데, 황제는 이런 생각을 하고 있었다.

"대신, 궁녀와 국고가 이각 등의 수중에 있으니 그들에게서 돌려받아야 한다. 그렇지 않다면 내가 어찌 황상이라 할 수 있겠는가?"

그래서 헌제는 대신을 이각에게 보내 강화를 요청했다. 이각은 비로소 포로로 잡고 있던 공경백관과 일부 궁녀들을 석방하여 일부 어용 기물을 돌려보냈다.

당시 하내태수 장양이 달려와 황제를 알현하고 낙양까지 호위하겠다고 했다. 황상은 일각의 지체도 없이 당장 가고 싶었지만 황상을 호위해 온 장령들이 동의하지 않았다. '우리가 귀한 재물이나 다를 바 없는 황상을 어떻게 모시고 나왔는데, 뜬금없이 네놈이 낚아채어 가겠다고 하느냐?' 그들은 차마 말은 하지 않았지만 이런 생각이었다. 장양은 어쩔 수 없이 그냥 돌아가고 말았다.

황상이 장안을 떠난 후 장안성은 무정부 상태가 되고 말았다. 사지가 멀쩡한 사람들은 모두 사방으로 이주하거나 떠나고, 노약자나 병든 이들만 남아 서로 먹고 먹히면서 참혹한 시간을 보내고 있었다. 이후 2~3년이 지나자 관중 800리 진천秦川은 인적조차 드문 황무지로 변하고 말았다.

보배인 황제를 놓치다

여불위呂不韋가 한단邯鄲 길가에서 진나라의 이인異人을 주워 일생일대의 기회를 만든 것처럼 상이며, 그런 기회를 잡으리란 마음 먹지 않았다. '황상은 폐물이 아니라 보배야! 그를 수중에 넣어야만 해!'

과연 이런 생각을 한 이가 누구일까? 아마도 대다수 사람들은 조조를 제일 먼저 떠올릴 것이다. 하지만 아니다. 이를 제일 먼저 눈치챈 이는 원소의 모사였다. 당시 원소는 기주에서 확실한 기반을 마련한 상태였다. 황상이 사방으로 유랑하고 있다는 소식을 전해 들은 후 그가 부하들을 모아 대책을 논의했다.

"장군은 누대로 국가의 중신으로 충의를 다하셨습니다. 지금 조정이 무너지고 종묘가 훼손되어 천자가 갈 곳을 잃고 헤매고 있습니다. 여러 주군에서 겉으로 의병을 모은다고 말하지만 실제로는 서로 도모할 생각만 가득하여, 사직을 보존하고 백성들을 구휼할 뜻이 없습니다. 지금 장군은 기주의 너른 땅을 평정하여 병사들은 막강하고 장수들은 명에 복종하고 있습니다. 만약 장군께서 서쪽으로 천자의 수레를 맞이하여 업성으로 천도하여 천자를 끼고 제후를 호령하고, 병마를 모아 조정에 복종하지 않는 역적을 토벌한다면 천하에 누가 감히 장군에게 대항할 수 있겠습니까?"《후한서 · 원소전》

모사가 원소에게 이야기한 내용은 명확하다. 핵심은 천자를 끼고 제후를 호령하라는 것이다. 황상의 깃발을 들고 만천하에 군림하라는 뜻이니, 말을 듣지 않는 자가 있다면 황제를 대신하여 징벌할 수 있지 않겠는가? 원소는 그의 말을 듣고 기분이 좋았다.

"좋은 생각일세. 내가 황상을 손에 얻는다면 내가 2인자가 되는 것 아니겠는가? 내 말이 곧 황상의 말이 되겠지!"

하지만 반대자들도 있었다.

"한조는 이미 몰락한 지 오래되었습니다. 근본적으로 부흥할 가망이 없다는 것이지요. 지금 영웅호걸들이 곳곳에서 병사를 일으키고 각기 주군을 찾아 거점을 마련하는 것은 무엇보다 천하의 왕이 되고자 함입니다. 만약 천자를 영입한다면 사사건건 주청을 올리면서 자신의 수족을 꽁꽁 묶어둬야 하지 않겠습니까? 만약 복종하지 않는다면 성지를 어겼다는 죄목을 받겠지요. 장군께서 어른이 되셔야지, 왜 다른 어른을 청하려 하십니까?"

천자를 영입하자는 이가 말했다.

"지금 천자를 영접하여 군신대의에 부합하는 것이 시기적으로 유리합니다. 만약 우리가 하지 않는다면 다른 이들이 손을 쓸 것입니다."

원소는 식견이 부족하고 안목이 좁았다. 한참 이리저리 생각하던 그는 결국 황상을 받아들이지 않기로 결정했다. 이렇게 그는 쉽지 않은 기회를 한순간에 날려버리고 말았다.

건안 원년(서기 196년)에 동승, 장양이 헌제를 모시고 낙양으로 돌아왔다. 황궁은 이미 오래전에 동탁의 방화로 잿더미로 변했기 때문에 중수하는 수밖에 없었다. 사람들이 형주목 유표에게 말했다.

"그대는 종실 출신이지 않소. 현재 천자께서 곤경에 처하셨는데, 그대가 가만히 있다면 부끄러운 일이 아니겠소이까?"

결국 유표가 식량과 재물을 내놓아 겨우 황상의 생활이 나아질 수 있었다.

그해 8월, 헌제가 낙양 남궁으로 들어갔다. 당시 궁전과 관아가 모두 부서지고 불탔기 때문에 백관들은 가시나무를 베고 쑥 덤불을 헤쳐 자리를 만들고 무너진 담장에 기대어 쉬는 수밖에 없었다. 주군의 장관들은 자체 군대를 마련하고 독자적으로 관리하면서 세금은커녕 공물조차 보내지 않았다. 조정에 식량과 물자가 부족하자 상서랑尙書郞 이하 관원들은 직접 산으로 들로 나가 먹을거리를 찾아야만 했다. 황상은 비록 이각과 곽사에게서 벗어나 더 이상 흉악한 꼴을 당하지 않게 되었으나 이제는 아무아무의 끼니를 걱정해야만 했다.

원소 그대가 원치 않으면 내가 하겠소

한 헌제는 낙양으로 돌아왔지만 생활이 비참하기 이를 데 없었다. 낙양에서 그리 멀지 않은 곳에 주둔해 있는 조조는 여기에서 기회를 찾았다.

"원소 자네가 하지 않는다면 내가 하지!"

조조는 이렇게 생각하면서 황상을 영접하기 위해 준비했다. 하지만 조조의 휘하 참모들 가운데 반대하는 이도 적지 않았다. 효산崤山 동쪽이 아직 평정되지 않았으며, 양봉 등은 자신들이 황상의 수레를 호위한 공이 있다고 제멋대로 횡포를 부리고 있는데 제압하기가 쉽지 않았기 때문이다.

조조가 머뭇거리고 있을 때, 모사들 가운데 조조의 신임이 가장 두터운 수석 모사 순욱이 간언했다.

"이번 일은 발전의 여지가 크다고 말씀드릴 수 있습니다. 옛날에 진 문공 중이重耳는 주 양왕을 영접하여 각 제후국이 그를 패주로 천거하였습니다. 한 고조께옵서 의제義帝를 위해 상례를 치르자 천하 백성들이 진심으로 마음을 돌렸습니다. 현재 성가聖駕 : 황제의 수레가 낙양으로 돌아왔습니다만 옛 도읍지 낙양은 이미 폐허나 다를 바 없습니다. 충의지사들은 근본으로 보전할 수 있기를 원하고, 일반 백성들은 옛 군주를 그리워합니다. 우리가 천자를 받들어 민심을 따르게 되면 지금 시기에 가장 적절한 행동입니다. 만약 당장 결단을 내리지 못하고 다른 호걸에게 선수를 빼앗긴다면 이후 아무리 계책을 쓴다고 해도 이미 늦습니다."

조조가 그의 말을 듣고 고개를 끄덕였다. 조조는 즉시 조홍을 낙양으로 보내 헌제를 영접하도록 했다. 동승 등은 황제가 조조의 수중에 떨어져 농락당하지 않도록 하기 위해 지세가 험준한 곳을 막아 조홍이 더 이상 나아갈 수 없도록 만들었다. 조조의 모사인 동소는 저들 가운데 양봉이 막강하기는 하지만 외부 원군이 없다는 것을 알고 조조의 명의로 양봉에게 편지를 보내기로 결정했다. 편지에서 조조는 이렇게 말했다.

"나와 장군은 서로 존경해 마지않고 있소이다. 지금 장군이 어려움 속에서 천자를 구하여 고도인 낙양으로 호송하고 있으니 그 공훈이 세상을 덮고도 남음이 있소이다. 애석하게도 여전히 불법을 저지르는 무리들이 중원을 어지럽혀 천하가 평안할 때가 없소이다. 황상의 평안이 무엇보다 중요하니, 우리가 필시 함께 노력하여 온갖 장애를 제거해야 할 것이외다. 지금 나에게 군량이 있고, 장군에겐 병마가 있으니 우리 함께 도우며 생사를 같이하고 화복을 나누십시다."

양봉은 조조의 편지를 받고 기분이 우쭐했다. 그가 다른 장수들에게 말했다.

"조조에게 병사와 군량이 있으니 조정이 기댈 데가 생겼소이다."

그래서 여러 장수들이 연명으로 표문을 올려 조조를 진동장군으로 임명하고, 아비 조숭의 작위인 비정후費亭侯를 계승할 수 있도록 해달라고 요청했다. 양봉은 이렇게 해서 조조와 관련을 맺게 되었다.

얼마 후 동승도 조조와 관계를 맺었다. 한섬이 황제를 호위하는 데 공을 세웠다고 전횡을 일삼으면서 동승과 사이가 틀어졌다. 이에 동승은 은밀히 사람을 보내 조조를 낙양으로 오도록 했다. 조조가 친히 대군을 이끌고 낙양으로 들어와 헌제에게 한섬과 장양의 불법 행위에 대해 상주했다.

헌제는 한섬과 장양이 자신을 호위하여 낙양까지 데리고 온 것이 고마운지라 더 이상 추궁하지 말도록 하는 한편, 조조를 사례교위로 임명하고 상서尙書 업무를 주관하도록 했다. 조조는 다시 천자에게 상주하여 동승 등 열세 명을 열후로 봉하고 그들이 어가를 호위한 공로를 인정하여 포상할 것을 건의했다. 이리하여 헌제는 실질적으로 조조의 손에 통제되기에 이른다.

헌제를 수중에 넣은 조조는 다음 단계로 헌제를 자신의 근거지인 '허현'으로 데리고 가는 일을 꾸미게 된다.

사탕수수도 양쪽이 다 달지는 않다

조조가 동소를 불러 옆에 앉힌 다음 나지막한 목소리로 물었다.

"이제 낙양에 왔으니 다음 수순은 무엇인가?"

"오로지 천자의 수레를 허창許昌으로 행차시키는 것이 묘책일 따름입니다. 하지만 조정은 유리流離되어 있고 옛 수도로부터 돌아온 지 얼마 되지 않습니다. 멀건 가깝건 간에 모든 이들이 발돋움하여 바라보고 있고, 하루아침에 안정을 찾기만을 바라고 있습니다. 그런데 다시 천자의 수레를 옮긴다면 분명 민심이 좋지 않을 것입니다. 무릇 평범하지 않은 일을 해야만 평범치 않은 공적이 있기 마련입니다. 원컨대 장군께서 그 이익이 많은 것을 헤아려주십시오."

동소의 말이 참으로 교묘하다. 그의 말에 따르면, 황상을 허현으로 옮기는 것이 최선이나, 천자가 궁 밖에서 유랑하다 이제 막 돌아온 상황이고 많은 이들이 무엇보다 정치적 안정을 바라고 있으니 지금 어가를 옮긴다면 민심을 얻을 수 없다. 하지만 사탕수수는 위아래로 똑같이 단 것은 아니라는 중국 속담처럼 어떤 일이든 두 가지 모두 다 잘할 수는 없는 법이니 하나를 택해야 한다. 동소는 이렇게 조조에게 사안의 경중을 따져 결정하라고 말한 것이다.

이에 조조가 답했다.

"나의 본래 뜻도 그러하다. 그런데 양현에 주둔하고 있는 양봉이 나름

정예 군사를 데리고 있다고. 하는데 과연 나를 방해하지 않을까?"《삼국지·
위서·동소전董昭傳》

양봉이 걱정이라는 뜻인데, 조조는 당시 동소가 이미 자신의 명의를
빌려 양봉을 꼬드겨놓았다는 사실을 전혀 모르고 있었다. 여하간 양봉
역시 전혀 장애가 될 수 없었다.

동소가 계속 말했다.

"양봉은 외부의 후원이 없으니 반드시 주공과 관련을 맺고자 할 것입
니다. 주공께서 진동장군, 비정후가 되신 것은 바로 그가 표문을 상주했
기 때문입니다. 그러니 먼저 사자를 보내 정중하게 감사의 뜻을 표하시
어 그를 안심시키시고, 그런 다음에 낙양에는 양식이 없으니 황제를 잠
시 노양으로 옮기도록 할 것이라고 말씀하십시오. 노양은 허현과 가깝고
교통이 편리하니 식량이 부족해지는 우환을 덜 수 있을 것입니다. 양봉
은 용맹하나 지모가 없으니 분명히 의심치 않을 것입니다."

조조가 듣고 크게 기뻐하며 사자를 양봉에게 보냈다. 헌제를 호위하여
낙양으로 모시고 온 여러 사람들을 설득한 후에야 허현으로 천도하는
계획이 본격적으로 실천에 옮겨지기 시작했다.

그해 8월 말, 헌제가 허현으로 이주하고 허현을 허도許都로 개칭했다.
아울러 조조를 대장군으로 임명하고 무평후武平侯로 봉했다. 이외에 헌
제는 허도에 황가 선조의 종묘를 건설하고 국가의 상징인 사직단을 만
들기도 했다.

조조가 천도하면서 황상을 호송할 때 이상한 기미를 눈치챈 양봉이 출
병하여 어가를 막고자 했으나 이미 늦었다. 황상이 허도에 도착한 후 조
조는 군사를 보내 양봉을 공격했다. 이에 양봉은 어쩔 수 없이 남쪽으로
원술에게 몸을 의탁하고, 그가 차지하고 있던 지역은 조조에게 모두 빼
앗기고 말았다.

새로운 도읍지에 안착한 후 황상은 조조의 요청에 따라 원소를 책망하는 조서를 내렸다. 광활한 토지에 수많은 병력을 소유하고도 곤궁에 처한 황상을 돕기 위해 병사를 보내지는 않고 제멋대로 정복 전쟁을 일삼았다는 것이다. 이에 원소는 황급히 상주문을 올려 변명을 늘어놓았다. 자신은 결코 그런 자가 아니며, 좋은 사람이라는 것이었다. 헌제는 이후 조조의 뜻에 따라 원소를 태위에 임명하고 업후鄴侯에 봉했다.

　원소는 기분이 언짢았다.

　"조조, 이 시퍼런 놈이! 내 수하에서 똘마니 노릇하던 때가 엊그제 같은데, 이제 와서 내 머리 꼭대기에 올라서겠다! 흥, 천자를 옆에 끼고 나에게 뭐라고?"

　열불이 난 원소는 곧바로 황상에게 상소를 올렸다.

　"까짓것 태위인지 업후인지 나는 관심 없으니 그냥 가져가시오. 나는 필요 없소이다."

　설사 소소가 황상을 쏵 쥐고 있다고 할지라도 원소까지 어쩔 수 있는 것은 아니었다. 원소가 화를 내며 만만치 않게 굴자, 조조는 자신이 맡았던 대장군 직위까지 원소에게 넘겨주고 말았다. '왜 더 높은 것을 원하냐? 대장군이나 맡아라. 어떻든 너는 멀리 하북에 있어 허도까지 간여하지 못할 것이나 황상은 내 수중에 있도다. 나는 그따위 허명은 필요치 않다.' 조조는 이렇게 생각했다. 조정은 조조를 사공에 임명하고 거기장군 직책을 대행하도록 했다. 거기와 표기 장군은 대장군 바로 아래 직급이다. 이렇게 해서 명목상 원소가 여전히 제일 높고 그다음이 조조였다.

제2의 황제로 변신하다

황상을 허도로 영접한 후 조정은 여러 관직에 맞는 인재가 무엇보다 필요했다. 이에 맞추어 조조는 널리 인재를 구하기 시작했다.

조조는 우선 순욱을 시중으로 삼아 상서령尚書令을 대신하도록 하는 한편 그에게 인재 선발을 맡겼다. 순욱의 조카인 순유와 영천 사람 곽가는 당시 순욱이 천거한 인물들이다. 조조는 순유를 징소한 후 크게 기뻐하며 이렇게 말했다.

"순유는 정말로 심상치 않은 인물이다. 그와 대사를 상의할 수 있게 되었으니 천하에 무슨 우환이 있겠는가?"

곽가 역시 뛰어난 인재다. 그는 어린 시절부터 탁월한 견해를 드러내어 많은 어른들을 깜짝 놀라게 했다. 처음에는 원소에게 몸을 맡겼는데, 그의 능력을 알아본 원소 역시 그를 중용했다. 하지만 얼마 후 원소가 큰일을 할 인물이 아니라는 것을 알게 된 곽가는 그길로 원소를 떠나고 말았다. 나중에 조조를 만난 곽가는 함께 천하 대사를 논의한 후 크게 기뻐하며 이렇게 말했다.

"이제야 영명한 주군을 만났도다!"

조조 역시 기뻐하며 응답했다.

"내가 대업을 성취할 수 있다면 분명 이 사람 덕분일 것이다."

당시 원술은 황제의 자리에 오르느라 바쁘고, 원소는 하북에서 패권 쟁탈에 정신이 없었으며, 유비는 자신이 의지할 큰형님을 찾아 헤매느라 바빴다. 그러나 조조는 시국과 형세를 살피다가 기회를 잡아 황상을 허도로 옮기고 조정을 수중에 넣었다. 이렇게 해서 조조는 한순간에 조정의 대변자이자 제2의 황제로 변신할 수 있었다.

이는 이후 조조의 성공에 가장 중요한 작용을 했다. 이후로 조조는 곧 조정이고, 조정은 곧 조조나 다를 바 없었다. 당연히 나머지 사람들은 모두 조정, 아니 조조에게 복종해야만 했다. 이렇듯 조조는 동한 말년 여러 군벌들 가운데 가장 독특한 신분을 지닌 이였다. 비록 실력이 가장 강력했던 것은 아니지만 그는 가장 중요한 본전을 확보하고 있다. 즉 '천자를 끼고 제후를 호령하는 일'이었다.

15강　강동에 자리 잡은 소패왕

　　'소패왕'이란 별명으로 더 유명한 손책은 오군吳郡 회계會稽를 휩쓸고 강동의 패권을 장악하여 오나라의 기틀을 마련한 삼국의 영웅 가운데 한 명이다. 손책이 부친의 유업을 이어받은 때는 겨우 10대였으나 부친의 휘하 장수와 관리들이 모두 그에게 의탁했다. 젊은 손책은 어떻게 창업의 기틀을 만들었는가? 그는 또 어떤 험난한 역정을 거쳐왔는가?

세습관료 집안 간의 교류

조조는 천자를 데리고 자신의 터전인 허현으로 옮겨 온 후 여러 군벌들 가운데 이른바 소프트 파워가 가장 막강한 집단이 되었다. 유비는 여전히 역량이 부족하여 관우, 장비 등과 함께 의탁할 곳을 찾아 천하를 헤매고 있었다.

　　그렇다면 당시 손씨네는 상황이 어떠했는가? 초평初平 원년(서기 190년) 원술은 손견에게 장강을 넘어 유표를 공격하도록 했는데, 그 과정에서 손견이 유표의 부하가 쏜 화살에 맞아 죽고 말았다. 손견의 조카는 손견의 부속部屬을 데리고 원술에게 의탁했다. 표면적으로 볼 때 손선이 힘들고 어렵게 세운 집안이 완전히 몰락한 셈이나 마찬가지였다. 하지만 손견은 죽었으나 대단한 아들이 둘 있었다. 그들 두 명이 창업과 수성을 맡아 이후 손씨 집안의 찬란한 업적을 완성하게 된다.

손견의 본처는 오씨吳氏다. 오부인은 손견과의 사이에서 아들 넷과 딸 하나를 두었다. 동한 말년 사회가 소란스럽고 불안한 가운데 손견은 항상 전쟁터를 누비고 다녔기 때문에 양육의 중임은 고스란히 오부인 몫이었다. 그녀는 자식 교육에 나름의 방법이 있었다고 전해지는데, 지금 식으로 이야기하면 일종의 계발식 교육법이라 할 수 있다. 다시 말해 아이들 스스로 판단하고 깨치도록 유도하여 창조성을 발휘할 수 있도록 만드는 것이었다.

어렸을 때부터 이런 교육을 받은 아이들은 점차 나이가 들면서 경륜과 주장을 확고하게 지닐 수 있었다. 특히 손권의 장자인 손책은 어린 시절부터 현지 명사들과 두루 사귀면서 자신의 세계를 확립해갔다. 그가 사귄 명사들 중에서 역사적으로 가장 유명한 인물 가운데 한 명이자 능력과 자질이 뛰어나고 이후 손책의 둘도 없는 원군이 되었던 인물, 주유周瑜가 있다.

동한 시절에는 이른바 세습관료 집안이 적지 않았는데, 조조와 원소 등은 모두 이러한 세습관료의 후손들이다. 주유 역시 세세대대로 관료를 배출한 집안의 자식으로 여강廬江 서현舒縣 사람이다. 비록 짚신을 삼아 생계를 유지했다고는 하나 유비 역시 나름 관리 집안 출신이다. 그의 부친과 조부는 하급이기는 하나 관리였고, 또한 자칭 중산정왕의 후손이니 황족이었다. 이렇듯 당시에는 몇 대에 걸친 관료 집안이 아니라면 길거리에서 다른 이들과 아는 체하기도 쉽지 않았다.

주유와 손책은 나이도 같고 어려서부터 조숙한 것이나 준수한 용모에 품위 넘치는 태도까지 엇비슷하여 지금 식으로 소녀들의 우상과도 같았다. 손책의 명성을 들은 후 주유가 그를 찾아갔다. 두 사람은 처음 보자마자 오랫동안 친구였던 것처럼 한눈에 알아보았으며, 좀 더 일찍 만나지 못한 것을 탓하며 의형제를 맺었다.

'창업 자본'을 구하다

손견이 전사했을 당시 손책은 만 16세였다. 지금 학제로 보면 고등학교 1학년 학생이다. 부친의 관을 고향으로 모시고 와서 안장한 후 손책은 장강을 건너 강도江都로 향했다. 지금의 강소성江蘇省 중부다. 그는 널리 천하 호걸들과 교제하면서 확고하게 뜻을 세우는 한편 아비의 복수를 위해 칼날을 갈았다.

당시 강도에 널리 알려진 명사인 장굉張紘이 살았다. 모친이 별세하여 삼년상을 치르느라 때마침 강도에 머물고 있었는데, 손책이 그를 찾아가 만났다. 손책이 먼저 자신의 생각을 이야기했다.

"지금 한조의 운명이 쇠미하여 영웅호걸들이 군대를 보유하고 자신의 지위를 강화하면서 발전을 도모하고 있습니다만 위기에서 벗어나 세상을 구할 인재는 찾아보기 힘듭니다. 제가 비록 나이가 어리고 식견이 짧습니다만 큰 사업을 하려는 마음만은 간절합니다. 제가 원술에게 온 것은 그에게 청하여 선부께서 남기신 옛 부대를 통솔하기 위함입니다. 그런 다음에 단양으로 가서 외숙인 오경吳景에게 의탁하면서 흩어진 병사들을 모집하고 동쪽으로 오군 회계를 거점으로 지난 원수를 갚고자 합니다. 선생께서 보시기에 제 생각이 어떠합니까?"

장굉이 다 듣고는 미소를 지으며 입을 열었다.

"저는 시골에 살고 있는 일개 문사로 견식이 좁고 누추한 데다 상중인지라, 선생께서 하시는 말씀이 무슨 말인지 제대로 알지도 못하겠거니와 도와드릴 능력 또한 없습니다. 그러니 다른 분을 찾아가 보시는 것이 좋을 듯합니다."

손책이 황급히 다시 입을 열었다.

"선생의 명성은 이미 멀리까지 전파되어 천하 사방의 사람들이 앙모한 지 오래되었다고 들었습니다. 제 생각이 과연 가능할는지, 무엇이 좋고 무엇이 나쁜지 말씀해주십시오. 만약 제가 뜻하는 바를 이루어 원한을 갚게 된다면 오늘 선생께서 가르쳐주신 은혜를 절대로 잊지 않겠습니다."

이렇게 말하는 7척 남아의 눈에서 눈물이 비 오듯이 흘렀다.

장굉이 손책을 바라보니 늠름하고 호기가 넘치는데 특히 언사가 강개하고 얼굴빛에 충의가 넘쳐 깊은 감동을 받았다. 이에 다시 입을 열고 소견을 밝혔다.

"주나라 왕실이 쇠미해지자 비로소 제 환공과 진 문공이 시대의 요청에 따라 세상에 나오게 된 것입니다. 공께서 현재 부친의 위업을 계승하여 용맹스럽게 선전하고 계신데, 만약 진실로 단양에 몸을 맡겨 오군 회계의 병마를 소집하고 군웅을 제거하여 한실을 부흥시키신다면 그 공적이 제 환공과 진 문공에 손색이 없어 천고에 아름다운 이름을 남기실 것입니다. 다만 목전에 세상사가 험난하여 만약 건공입업을 행하고자 하신다면 남쪽 강남으로 가시는 것이 좋을 듯합니다. 저와 저의 친구들도 함께 지지하겠습니다."

손책이 장굉의 말을 듣고 격앙된 목소리로 답했다.

"좋습니다. 한마디 말이면 충분합니다. 저는 곧 행동에 들어가겠습니다. 다만 저에게 노모와 어린 동생들이 있는데 동행할 수 없어서 선생께 부탁드리니, 잘 돌봐주시어 뒷근심이 없도록 해주시기 바랍니다."

"알겠습니다. 반드시 명을 따르겠습니다. 서둘러 길을 떠나십시오."

당시 손책의 외숙 오경은 원술의 추천을 받아 단양군태수를 맡고 있었다. 손책의 사촌 형인 손분孫賁은 단양 도위로 있었다. 손책은 모친과 어린 동생을 장굉에게 부탁한 후 수춘으로 가서 원술을 만났다. 그가 얼굴 가득 눈물을 흘리며 원술에게 말했다.

"선부께서 동탁을 토벌하실 당시에 공과 함께 동맹을 맺으셨으나 불행하게도 중도에 위난을 만나시어 공업을 끝내 완성하지 못하셨습니다. 공께서 선부에게 은혜를 베풀어주신 것에 감사드리며, 앞으로 제가 힘을 다해 보답하고자 하오니 살펴주시기 바랍니다."

원술은 손책이 말하는 것이나 취하는 태도, 주변 여건에 적절하게 대응하는 것을 보면서 과연 뛰어난 인물이라는 생각이 들었다. 그러나 막상 손견의 옛 부대를 그에게 돌려주자니 어딘가 내키지 않는 부분이 있었다. 그래서 그는 손책에게 이렇게 말했다.

"내 이미 자네의 숙부 오경을 단양군태수로 임명하고, 당형 손분도 도위로 임명하여 단양에서 정예병을 기르고 있다네. 자네는 차라리 그들에게 가서 모병하는 데 도움을 받으면 어떨까?"

손책은 원술의 말에 따라 숙부 오경의 도움으로 현지에서 병사를 모집하기 시작했다. 하지만 수백 명을 모으기가 무섭게 토호 조랑祖郎의 습격을 받아 거의 전원이 몰살당하고 말았다. 손책은 어쩔 수 없이 다시 원술을 만나러 갔다. 원술은 그제야 손견의 옛 부대원 1,000여 명을 손책에게 돌려주었다. 이후로 손책은 점차 영웅의 본색을 드러내면서 사람들의 주의를 끌었다.

믿을 수 없는 상사가 손책을 내쫓다

당시 태부는 애의로 손책을 상소敞召하고 손책을 회의교위懷義校尉로 임명해줄 것을 표문으로 상주했다. 원술 휘하의 대장 교유橋蕤와 장훈張勳 역시 손책을 존경하고 좋아했으며, 원술조차도 손책을 소년 영웅으로 칭찬하면서 이렇게 말하곤 했다.

"만일 내 자식이 손랑孫郎과 같다면 죽은들 또 무엇을 탓하리!"《삼국지 · 오서 · 손책전孫策傳》

어느 날 손책의 부하가 군법을 어겼다가 문책이 두려워 원술의 군영으로 도망쳐 마구간에 숨었다. 손책이 병사들을 보내 수색한 끝에 그를 찾아 참수했다. 손책은 일을 마무리한 후 원술을 찾아가 전후사정을 이야기하면서 사과했다.

"그자가 공의 군영으로 도망쳤기에 제가 추포하여 참수했습니다. 당시 시간이 여의치 않아 미리 보고드리지 못하고 버릇없이 굴었습니다. 양해해주시기 바랍니다."

그러자 원술이 말했다.

"병사들이 반란을 일으키는 것은 흔히 있는 일이다. 반역자들을 만나면 당연히 그렇게 해야 하거늘, 무엇 때문에 사죄한단 말인가?"

이번 사건으로 손책의 명성이 더욱 높아졌고, 부하들도 더욱 경외하니 감히 군법을 어기는 이가 없었다.

원술이 서주를 공격할 당시 여강태수 육강陸康에게 쌀 3만 섬을 요구했다. 하지만 여강태수가 주지 않자 원술은 크게 화가 났다. 공교롭게도 손책 역시 여강태수와 사이가 좋지 않았다. 그래서 원술은 손책에게 여강태수를 치도록 했다.

원술은 사람이 말만 하고 때로 실천하지 않아 믿음성이 부족했다. 이전에도 그는 손책을 구강태수로 임명하겠노라고 큰소리를 쳤으나 얼마 후 자신의 측근을 내려보낸 적이 있었다. 이번에도 원술은 손책에게 장담했다.

"지난번에 자네를 구강태수로 임명하지 않아 후회했네. 이번에 자네가 여강을 쳐서 빼앗는다면 마땅히 자네에게 여강을 줄 것일세."

손책은 그의 말을 듣고 이제 곧 여강을 손에 넣을 것이라는 생각에 힘이 불끈 솟았다. 그런데 뜻밖에도 원술은 또다시 약속을 이행하지 않고 자신의 측근을 여강태수로 임명했다. 손책은 더욱더 실망하지 않을 수 없었다.

이전에 한 헌제는 유요를 양주자사로 임명했는데, 양주의 옛 치소인 수춘은 원술이 점령하고 있었다. 그래서 오경과 손분의 협조를 얻어 유요는 손씨의 고향인 곡아曲阿를 관소로 삼았다. 손책이 여강을 치자 유요는 심히 걱정스러웠다. 그는 오경과 손분이 원술 사람인 데다 손책이 그들과 친인척 관계라는 사실을 알고 내심 그들이 원술이나 손책과 연합하여 자신을 칠지도 모른다고 걱정했다. 그래서 그는 선수를 친다고 오경과 손분을 무력으로 몰아냈다.

오경과 손분은 어쩔 수 없이 자신의 터전을 떠나야 했다. 유요는 수하 장수를 험한 요충지에 주둔시켜 원술에게 맞서도록 했다.

원술은 예전 부하인 혜구惠衢를 양주자사로 삼고 오경을 독군중랑장으로 삼아 손분과 함께 병사들을 이끌고 장영 등을 치도록 했다. 하지만 몇 해가 지나도록 무찌르지 못했다. 손책은 원술을 위해 힘을 다했지만 더 이상 발전을 기대할 수 없음을 깨닫고 자신이 직접 창업하기로 결심했다. 당시 전혀 진전이 없는 전투 상황은 손책이 자신의 길을 찾아가는 데 기회를 제공했다.

당시 단양군의 군위는 손견의 옛 부하였다. 그는 원술이 뛰어난 주군이 아니라는 생각이 들자 소주少主 손책에게 강동을 접수하여 창업할 것을 적극 권유했다. 이에 고무된 손책은 원술을 만나 이렇게 말했다.

"사의 집안은 해하니 강동 사람들에게 많은 은혜를 남겼습니다, 제가 생각건대 병사를 이끌고 외숙을 도와 횡강橫江을 토벌하고, 횡강을 공격한 후에 현지에서 사병들을 모집한다면 대략 3만 명은 족히 될 것입니다. 그렇게 되면 그들을 이끌고 공이 천하를 평정하고 대업을 도모하시는 데 도움을 드릴 수 있으리라 생각합니다."

원술은 그의 말을 듣고 내심 주판을 굴려보았다.

'이 친구 보게나. 내가 자네의 속셈을 모르겠는가? 더 이상 내 곁에 있지 않고 독립해보겠다 이 말씀이지!'

하지만 원술은 이미 유요가 곡아를 점령하고 왕랑王郎이 회계를 차지하고 있는 상황에서 손책도 그리 쉽지만은 않을 것이라고 생각했다. 그래서 그의 요구를 받아들이는 한편 조정에 표문을 올려 손책을 절충교위로 삼아줄 것으로 요청했다.

손책은 부친의 옛 부대원들과 자신의 문객 수백 명을 이끌고 동진하기 시작했다. 가는 길에 적지 않은 이들이 의기투합하여 그의 부대로 들어오니 인원이 날로 불어났다. 오경 주둔지에 도착했을 때는 이미 대오가 5,000~6,000명을 헤아렸다. 당시 주유의 숙부가 단양태수로 있었는데, 주유가 병사를 이끌고 손책을 영접하고 군량을 세공했다. 손책이 기뻐하며 주유에게 말했다.

"내가 공근公瑾, 그대를 얻었으니 대업을 이룰 수 있을 것이오."

이후 손책은 군사를 이끌고 장강을 건너 유요를 쳐서 연전연승을 거두었다. 한말 군벌은 싸움을 할 때 무슨 도의라고 할 것이 없어 그저 사방을 돌아다니며 약탈과 도살을 일삼았다. 그런 까닭에 백성들은 손책의 군대가 쳐들어온다는 소식에 전전긍긍하면서 두려움에 떨고, 관리들 역시 놀라 성을 버리고 도망치기 일쑤였다. 하지만 손책의 병사들은 군기가 삼엄하여 백성들의 재물이나 곡식을 약탈하거나 무고한 인명을 살상하는 일이 없었기 때문에 백성들이 크게 기뻐하며 앞다퉈 군량을 나르는 등 도움을 주었다.

손책은 성격이 활달하고 솔직하며 대범한 데다 사람들의 의견을 잘 들고 아울러 인재를 적재적소에 잘 활용할 줄 알았다. 그는 또한 용모가 수려하고 농담을 좋아했는데, 하루 종일 인상을 찌푸리며 마치 5,000년 장구한 역사의 풍상을 모두 얼굴에 새겨 넣은 듯한 이들과는 전혀 다른 인물이었다. 그래서 사인과 백성들은 그를 만나기만 하면 마음을 다하지 않는 이가 없고, 기꺼이 그를 위해 목숨을 바쳐 충성을 다했다.

손랑이 화살을 맞아 죽었다고?

손책의 군사가 출격하면 지나가는 곳마다 초목이 쓰러지듯 승승장구하니 누구도 손책 군사의 예봉을 피할 수 없었다. 특히 유요를 쳐부수고 그의 군량을 확보하면서 손책의 군대는 수많은 군량과 군수품을 바탕으로 세력이 점점 더 커졌다.

당시 팽성국彭城國의 상은 설예薛禮, 하비국의 상은 착융笮融이었는데, 두 사람 모두 유요를 따랐다. 손책은 먼저 하비국을 공격하여 5만여 명을 참살하여 착융을 혼비백산하게 만들었다. 연이어 팽성국을 공격하여 설예가 군량을 내팽개치고 도망치게 만들었다. 유요의 부하들이 또다시 군사를 규합하여 공격하자 손책은 즉각 회군하여 1만여 명을 포로로 잡고 재차 착융을 공격했다.

전투 중에 손책은 허벅지에 화살을 맞아 말을 탈 수가 없었다. 부하들이 그를 군영으로 모시고 와서 상처를 치료했다. 착융의 부하가 착융에게 손랑이 화살을 맞아 죽었다고 보고했다. 당시 손책은 스무 살쯤이었는데, 절충교위라는 관직이 있었지만 사람들은 그를 손랑이라고 불렀다. 손책이 화살에 맞자 착융은 기뻐 어쩔 줄 몰랐다.

그는 손책이 죽은 줄 알고 즉각 군사를 출진시켰다. 손책은 우선 날랜 병사를 뽑아 적진 앞에서 욕설을 퍼부으며 약을 올리는 한편 복병을 숨겨놓았다. 착융은 아무것도 모른 채 그저 신이 나서 달려들었다. 적을 유인하여 복병으로 섬멸하려는 손책의 전략이 그대로 맞아떨어졌다. 착융의 인마가 포위망 안으로 들어오자 손책의 명령에 따라 숨어 있던 병사들이 갑자기 일어나 순식간에 1,000여 명의 적군을 죽이고 승기를 타 계속 착융의 진영까지 달려갔다.

"우리 손 장군에게 항복하라!"

손책은 병사들에게 이렇게 외치게 하면서 독전했다. 젊은 병사들이 너나 할 것 없이 큰 소리를 내지르며 둑이 터지듯 빠른 기세로 적을 쫓아갔다. 사방에서 고함 소리가 천둥 치듯 들려오고 지축이 울리듯 군사들이 들이닥치자 적병들은 어찌할 바를 모르고 어둠을 틈타 도망가기 바빴다. 착융은 손랑이 죽지 않고 건재한 것을 보고 깜짝 놀라 그대로 줄행랑을 놓아 자신의 진영으로 들어가 문을 닫아버렸다.

손책은 착융이 더 이상 상대하지 않고 성안으로 들어가 꼼짝하지 않자일시에 공략하기 쉽지 않다는 판단하에 일단 병사를 이끌고 남쪽으로철수했다. 손책은 돌아오는 길에도 강남의 여러 지역을 공략하여 군세를넓혔다. 마침내 곡아에 도착한 손책은 전열을 정비하고 유요와 결전을벌였다.

정찰대장, 적군을 만나다

유요와 같은 군 사람으로 태사자太史慈라고 부르는 이가 때마침 유요를찾아왔다. 태사자는 젊은 시절 군수 밑에서 일을 하다 청주목에게 죄를지어 요동으로 도망친 일이 있었는데, 이로 인해 세상에 이름을 알리게되었다. 당시 명사로 북해국의 상으로 있던 공융이 그 일을 듣고 태사자를 남다른 인물로 알고 예물을 보내기도 했다.

공융은 당시 널리 알려진 명사로, 북해태수로 있기는 했으나 그리 능한 관리는 아니었다. 황건군의 난리가 터졌을 때 공융이 군대를 출동시켰으나 오히려 적들에게 포위를 당하고 말았다. 때마침 태사자가 요동에서 돌아왔다가 평소 공융의 보살핌을 받은 모친의 명에 따라 공융을 돕기 위해 성안으로 들어갔고, 이후 황건군의 포위망을 뚫고 평원국의 상으로 있던 유비에게 구원병을 요청했다. 당시 유비는 공융과 같은 명사가 자신을 알아준 것을 크게 기뻐하며 병사 3,000명을 보내 태사자를 따라가서 공융을 구원하도록 했다.

황건군의 포위망을 뚫고 유비에게 구원병을 얻고 돌아오자 공융은 태사자를 더욱 귀하게 여겼다. 태사자는 유요와 같은 군郡 출신인데 요동에서 돌아온 후 공융을 돕고서 강을 건너 유요를 만나러 갔다. 그런데 공교롭게도 그때 손책이 유요를 공격하기 위해 곡아로 진격한 상태였다. 유요의 부하가 말했다.

"손책은 1만 명의 병사로도 쉽게 감당하기 어려운 용맹한 자이니 아무나 맞설 수 없습니다. 때마침 천하에 이름을 떨친 태사자가 왔으니 대장군으로 임명하여 손책과 맞서게 하는 것이 좋을 듯합니다."

그러나 유요는 "내가 만일 자의子義 : 태사자의 자를 쓴다면 허자장許子將 : 허소이 나를 비웃을 것이다"라고 하면서 거절하고, 대신 태사자에게 적군 정찰을 맡겼다. 태사자가 기병 한 명을 데리고 정찰을 나섰다가 길에서 손책을 만났다. 애초 전쟁터에서도 만나지 않을 두 사람이 협로에서 만났으니 한바탕 혈전이 불가피했다.

당시 손책을 따라 나선 열세 명의 기병은 한당韓當, 송겸宋謙, 황개黃蓋 등 비신부터 손선을 따라다니던 맹장들이었다. 하지만 태사자는 전혀 두려워하는 기색 없이 앞으로 나가 싸우다가 마침 손책과 정면으로 맞붙게 되었다. 손책은 태사자의 말을 찌르고 그가 등 뒤에 메고 있는 수극手

戟을 빼앗았다. 그러자 태사자도 손책의 투구를 빼앗았다. 두 사람은 계속 싸우다가 쌍방의 증원군이 한꺼번에 달려와서 흩어지게 되었다.

이후 손책이 곡아로 진격했는데, 유요는 손책의 상대가 될 수 없었기 때문에 그대로 패주하여 도망치고 말았다.

손랑, 강동에서 위세를 떨치다

처음에 백성들은 너 나 할 것 없이 놀라고 당황하여 혼비백산 도망치기 바빴으며, 관리들 역시 손책이 온다는 소리에 성을 탈출하여 무성한 숲 속으로 피신했다. 이후 사람들은 손책의 군사들의 군기가 엄정하여 백성들의 재물을 함부로 빼앗거나 살상하는 일이 없음을 알고 비로소 안도의 한숨을 내쉬었다. 백성과 관리들은 숨어 있던 숲 속에서 나와 일상생활로 돌아갔다.

손책은 병사들에게 상을 나누어주고 포고문을 내려 하남 각 현에 다음과 같이 통지했다.

"유요와 착융의 부하 가운데 투항한 이들은 더 이상 죄를 묻지 않을 것이며, 종군을 원하는 자는 종군하되 집안의 부세나 용역을 면제하고, 종군을 원치 않는 사람일 경우 여비를 주어 귀향시킬 것이니 절대로 강제하지 말라."

포고문이 내걸리자 사방에서 귀부歸附하고 따르려는 자들이 말 그대로 운집했으며, 얼마 가지 않아 2만여 명의 병사가 증원되었다. 당시 손책은 명목상 원술을 따르고 있었기 때문에 원술이 표문을 올려 그를 진구장군殄寇將軍으로 추천했다. 이후로 손책은 강동에서 위세를 떨치게 된다.

당시 유요는 계속 서쪽으로 도망쳤다. 이렇게 해서 손책은 얼마 후 오군吳郡 전체를 차지하게 된다. 이후 그는 군대를 이끌고 전당을 거쳐 회계로 들어갔다. 전당에는 엄백호嚴白虎라는 도적이 살고 있었는데 실제로는 1만여 명의 무리를 이끌고 있는 지역 호강이었다. 손책의 부하들이 먼저 엄백호를 잡을 것을 건의했다. 손책은 엄백호는 그저 강도에 불과하여 서두를 필요가 없다고 여기고 먼저 절강을 건너 회계와 동야東冶를 함락한 후 엄백호를 쳤다.

회계태수 왕랑의 부하가 왕랑에게 권했다.

"손책은 용병에 능하니 일단 예기를 피하는 것이 좋을 듯합니다."

그러나 왕랑은 그의 말을 듣지 않고 고릉固陵으로 출병했다. 손책이 몇 차례 전당강을 건너 싸웠으나 승리를 얻지 못했다. 그의 숙부인 손정孫靜이 권유했다.

"왕랑이 험준한 곳에 의지하여 성을 지키고 있으니 신속하게 공략하기 어려울 것이네. 병법에 이르기를 준비되지 않은 곳을 치라 하지 않았는가. 여기서 남쪽으로 수십 리 떨어진 사독查瀆은 요충지이니 마땅히 그곳을 좇아 왕랑의 후방을 공략해야 할 것이야."

손책이 좋은 전략이라 여기고 즉시 시행에 들어갔다. 왕랑과 대치하고 있는 상황에서 그는 불을 연이어 놓아 왕랑의 군대를 속이고 곧바로 군사를 나누어 야밤에 배후를 습격했다. 왕랑이 크게 놀라 황급히 맞서 싸웠으나 크게 패하여 도주하고 말았다. 이후 그는 손책에게 붙잡혀 투항했다. 왕랑을 물리친 후 손책은 스스로 회계태수 자리에 올랐다.

역대로 가장 귀한 것은 역시 인재다. 당시 수많은 사인들이 손책의 명성을 듣고 찾아와 몸을 맡겼다. 그가 진구장군이 되었을 때, 이전에 이미 전공을 세운 바 있는 장군 여범呂範이 스스로 자신의 직급을 낮추어 손책의 밑으로 들어와서 진중의 사무를 맡겠다고 칭했다. 또한 손책은 장성을 정의교위正議校尉로 삼고, 장소를 장사長史로 삼아 언제나 두 사람 가운데 한 명은 후방에 남아 지키고 다른 한 명은 자신을 따라 출정하도록 했다.

손책은 장소를 스승이나 친구처럼 대했으며, 행정이나 군사 업무를 모두 그에게 처리하도록 했다. 당시 장소는 북방 사대부의 편지나 상소를 받았는데, 그 안에서 강동의 치적을 모두 장소의 공으로 돌리는 내용이 적혀 있었다. 장소는 숨기자니 사사로운 감정이 있다고 의심받을까 두렵고, 드러내자니 적절치 않아 고심하고 있었다. 그 사실을 알게 된 손책은 화를 내지도 않았으며, 오히려 기쁘게 웃으며 말했다.

"이전에 관중이 제나라 재상으로 있을 때 모든 일을 그에게 맡겨 처리하도록 하여 마침내 제 환공이 오패伍覇의 으뜸이 되었소이다. 지금 장소가 현명하여 내가 그를 임용할 수 있었으니 그의 공명이 바로 나의 공명 아니겠소이까?"

이렇듯 손책은 인재를 제대로 쓸 줄 알았으며, 머리 또한 총명하여 단기간 내에 영토를 크게 확장할 수 있었다. 너른 지반을 마련하고 팔뚝도 제법 굵어지자 상사나 다를 바 없는 원술과의 관계가 섬섬 소원해지기 시작했다.

원술은 손책에게 동쪽 정벌을 맡기면서 관직을 약속했지만 끝까지 이행하지 않고 자신의 심복에게 그 자리를 넘겼다. 신의를 중시하지 않는 원술에 대해 손책은 불만이 많았다. 그러던 차에 원술이 칭제를 도모하자 그 소식을 들은 손책이 서신을 보내 단호하게 반대 의견을 표시했다.

"정말 공은 동탁보다 더하시오. 동탁이 천자를 바꾸고자 할 때 천하의 제후들이 모여 반대했으며, 나의 집안 어른 역시 동탁을 극력 반대한 장수들 가운데 한 분이었소이다. 그런데 지금 스스로 황제의 자리에 오르겠다고 하시니 누가 공을 지지하겠소이까?"

원술은 처음에 자신이 회남 병력을 화보하고 있으며, 손책도 자신을 옹호할 것이라고 믿고 있었다. 그런데 손책이 서신을 보내 자신의 칭제를 반대하자 열불이 터져 병이 들 정도였다. 하지만 그는 손책의 의견은 무시한 채 황제라 자칭했다. 손책은 이렇게 생각했다.

'네가 조정을 배신한 이상 우리 둘은 이제 일도양단으로 관계를 끊을 수밖에 없을 것이다. 이제 너는 너의 양관도陽關道로 가고 나는 나의 외나무다리를 걸어갈 터이니 상관하지 말지어다.'

손책이 금세 커버리자 원술은 시기와 질투를 숨기지 않았으며, 다른 군벌들 또한 새삼 그를 주목하지 않을 수 없었다. 난세에 소년 영웅 손책은 과연 어떤 모습을 보여줄 것인가?

16강 소년 영웅,
별이 되어 떨어지다

소년 영웅 손책은 원술과 완전히 결별한 후 계속해서 기반을
확대하여 26세에 이미 강동의 패자가 되었다. 하지만 바로 그해, 손책은
아직 젊은 나이에 세상을 뜨고 만다.《삼국지》의 기록에 따르면, 모사 곽
가가 손책은 '필부의 손에 죽을 것이다'라고 말했다는데, 그렇다면 과연
그는 누구의 손에 죽었단 말인가?

조조를 따르는 소년 영웅

소년 영웅 손책은 사람의 능력을 잘 파악하여 적재적소에 임용하는 데
능했다. 그리하여 4~5년 만에 단양과 회계 등 여러 주군州郡을 공략하여
멀리까지 명성을 떨치면서 세력 기반을 확보했다. 그 기간에 이전 상사
였던 원술은 손책에게 나름 도움을 주었다. 하지만 손책이 날로 강대해
질 때 원술은 자신이 직접 황제의 자리를 차지하여 황관을 쓰고 싶었다.
손책은 이에 불만을 표시하고 원술과 관계를 끊고 반목했다.

원술이 스스로 황제의 자리에 오르자 천하 모든 이들이 반대하며 그
를 타도 목표로 삼았다. 당시 조조는 황제를 모시고 허도로 천도한 후 황
제의 대변인이자 비서실상ㅇ로 변신했다. 손수는 원술 같은 거짓 황제의
존재를 인정할 수 없었다. 그래서 마음속으로 이렇게 생각했다. '너 나

할 것 없이 제각기 황제가 되겠다고 설친다면 내가 한 헌제를 보양하는 것이 무슨 의미가 있겠는가?' 그래서 조조는 원술과 같은 괴뢰 정권, 거짓 황제를 깨부수려고 마음먹었다. 다시 말해 명분은 역적 토벌이었으나 실상은 자신의 세력 기반 확대였다는 뜻이다.

당시 손책의 근거지는 원술의 근거지와 접해 있었다. 손책은 젊고 총명하며 무예가 뛰어난 데다 원술과의 관계를 끊으려고 했기 때문에 조조 역시 자연스럽게 그와 합세하여 원술을 제거할 생각이었다. 그래서 조조는 사자에게 한 헌제의 조서를 보내서 손책을 기도위로 임명하고, 아울러 부친인 손견의 작위를 계승하고, 회계태수를 겸임하도록 했다.

손책은 이전에 회계태수를 자칭한 적이 있었는데, 이제 황제의 조명詔命을 통해 정식으로 태수 자리에 오른 셈이었다. 손책은 조서를 받아 들고 기뻐했지만 기도위라는 직책은 불만이었다. 기도위는 장군보다 한 등급 아래였기 때문인데, 사실 그는 장군이 되고 싶었다. 영리하게 그의 의도를 간파한 사자는 기지를 발휘하여 한 헌제의 명의로 손책에게 명한장군明漢將軍이라는 봉호를 수여했다.

장군에 봉해지고 태수를 겸직하며 후작까지 받으니 손책도 크게 만족해했다. 그는 원술과 싸우기 위해 즉시 대군을 일으켜 출발 준비를 마쳤다. 전당에 이르렀을 때 오군태수가 손책의 세력 거점을 겸병하기 위해 토호 조랑 및 대도 엄백호 등과 결탁하여 손책을 살해할 계책을 마련했다. 손책이 다행스럽게도 사전에 정보를 얻어 미리 대책을 마련하여 오군태수 일당을 격파했다.

조조는 친히 군사를 이끌고 원술을 토벌하기 위해 나섰다. 그가 원술 ██ ███ ███████ ████ ████████ ████████ ████ ████ ███████. 손책은 조정에서 임명한 명한장군으로 조조와 합세하여 원술 토벌에 나섰다. 이렇게 하여 손책은 조정(실제적으로 조조)과 관계를 맺게 된 셈이다.

손책은 명의상 조정의 신하이니 여하튼 조정에 충성과 경의를 표시하는 것이 당연했다.

건안 3년(서기 198년), 손책은 모사 장굉을 허도로 파견하여 지역 특산물을 공물로 바쳤다. 비록 값비싼 것은 아니었지만, 당시 조정을 중시하여 충성을 다하는 제후들이 그리 많지 않았고, 대다수 사람들이 황제가 아예 없는 것처럼 행동했기 때문에 손책의 행동은 특히 조조를 상당히 기쁘게 만들었다.

그리하여 조조는 손책을 자기편으로 끌어들이기 위해 나름 신경을 썼다. 우선 표문을 올려 그를 토역장군討逆將軍으로 임명하고 오후吳侯로 봉할 것을 건의했으며, 자기의 조카딸을 손책의 동생과 결혼시키고, 자기의 아들은 손책의 사촌 형 손분의 딸과 결혼시켰다. 또한 손책의 동생인 손권과 손익孫翊을 경사로 불러들여 중앙 관직을 수여했다.

물론 조조가 손책의 두 동생을 경사로 불러 직무를 맡긴 것은 자기편으로 끌어들이겠다는 뜻도 있지만 일종의 대비책이기도 했다. 다시 말해 손책의 동생을 인질로 삼았다는 뜻이다. 조조가 생각하기에 손책은 젊은 나이에 상당히 넓은 지역을 근거지로 삼고 확고한 기반을 마련한 상태이기 때문에 향후 어떤 일을 할지 아무도 추단할 수 없었다. 하지만 여하튼 당시 손책과 조조 집단은 상당히 가깝고 친하게 지냈다.

적들이 함께 모이다

조조가 손책을 자기편으로 끌어들일 당시, '황제'가 된 원술도 결코 한가하지 않았다. 그는 노숙魯肅, 주유가 자신의 터전에서 현령을 맡도록 했다.

노숙은 성격이 호방하고 솔직하며, 독서를 좋아하고 말타기와 활쏘기에 능했다. 당시 사대부들은 문무를 겸비하여, 고리타분한 서생이 아니라 제법 힘깨나 쓰는 이들이었다. 노숙은 읍내에서 소년들을 모집하여 무예를 배우도록 하고 의로운 일에 재물을 아끼지 않아 마을 사람들이 좋아하고 따랐다. 한번은 주유가 식량이 부족하여 노숙에게 구원을 청했는데, 노숙은 식량 3,000곡을 아깝다 여기지 않고 주유에게 보냈다. 이후 두 사람은 친구가 되어 대사를 함께 의논했다. 희곡 무대에서 노숙은 나약하고 무골호인인 것처럼 나오지만 실제 역사에 나오는 노숙은 그런 인물이 아니었던 것이다.

당시 노숙과 주유는 모두 원술에게 임명장을 받았는데, 그들 두 사람 모두 원술이 큰일을 하기에 적합한 인물이 아님을 알고 관직을 거절하고 손책에게 몸을 맡겼다.

손책은 크게 기뻐하며 주유를 건위중랑장에 임명했다. 이후 노숙도 손책의 근거지로 이주했다.

원술은 자신은 늦가을 메뚜기처럼 살날이 며칠 남지 않은 신세로 전락하고 손책이 오히려 날로 강대해지는 것을 보면서 내심 기분이 언짢았다.

'흥! 어린것이 오늘날과 같이 된 것도 순전히 내가 보살펴준 덕분 아니겠어? 그때 군사 1,000여 명을 준 것도 바로 나잖아! 그런데 지금 와서 감히 내 머리 위로 올라서겠다!' 도저히 참을 수 없었던 원술은 밀사를 파견하여 단양 지역 수령에게 인수印綬를 하사하면서 동남 지역 소수민족을 동원하여 손책을 공격하라고 선동했다.

당시 원술이 사람들을 선동하여 손책을 공격한 것 외에도 이전에 손책과 싸웠던 양주자사 유요도 당시 예장像章을 지키기 위해 팽택에 주둔하고 있었고, 뛰어난 맹상 태사사 역시 단위 무호蕪湖 산간으로 도망가서 단양태수를 자칭하며 산월山越 지방 사람들의 추대를 받았다. 이들 모두 손책의 적들이다.

손책은 밥은 한 입 한 입 제대로 먹어야 하고, 적은 하나씩 차례대로 해치워야 한다는 것을 잘 알고 있었다. 그래서 그는 제일 먼저 조랑을 쳤다. 손책은 대단한 무용을 자랑하며 조랑을 생포했다. 손책이 조랑에게 말했다.

"너는 이전에 나를 공격한 적이 있지만 지금 나는 대업을 이루고자 하기에 옛 원한을 문제 삼지 않고 유용하다면 적극 임용하고자 한다. 너는 두려워하지 말라. 나를 따르기만 하면 호의호식할 수 있도록 하겠다."

자신을 죽이지 않겠다는 말을 듣고 조랑은 손책에게 귀순하여 충성을 다하기로 다짐하고 머리를 숙이고 죄를 청했다. 이에 손책은 즉시 포승줄을 풀어주라 이르고 조랑을 공조功曹 : 인사 담당로 임명했다.

이어서 손책은 태사자를 공격했다. 태사자는 용장이나 손책의 상대는 아니었다. 몇 번 싸워보지도 못하고 붙잡히고 말았다. 태사자가 꽁꽁 묶인 채 압송되자 손책은 태사자의 결박을 풀어주고 그의 손을 잡으며 말했다.

"장군, 우리가 신정神亭에서 만났던 일을 기억하시오? 만일 그대가 그때 나를 붙잡았다면 어떻게 했겠소?"

태사자가 대답했다.

"잘은 모르겠으나 아마도 죽였겠지요."

손책이 크게 웃으며 말했다.

"오늘 내가 큰 사업을 시작하려는데 마땅히 장군과 함께 시작해야겠소! 장군은 담력과 식견이 뛰어나고 충성스럽고 용감하여 천하의 지사라는 말을 들은 바 있소이다. 애석하게도 그대와 같은 명주가 어둠 속에 버려진 채 있으니, 이는 그대가 따르는 주군이 현명하지 않기 때문이오, 이제 나와 군신의 관계를 넘어 지기가 될 수 있을 것이니 행여 여의치 않음을 걱정하지 마시오."

태사자는 그의 말을 듣고 즉시 심복하여 충성을 맹세했다. 손책은 그를 문하독門下督의 관리로 임명하고, 나중에는 절충중랑장으로 임명했다.

손책의 대군이 출병할 때면 조랑과 태사자가 선봉에 서서 길을 열었다. 전군의 장령들은 한때 강적이었던 두 사람이 손책에게 패배한 것은 물론이고, 귀순하여 충성을 맹세한 것을 심히 자랑스럽게 생각했다.

화흠이 단호하게 수령을 거절하다

태사자가 손책에게 귀순하고 얼마 되지 않았을 때 유요가 죽었다. 유요의 부하 1만여 명이 예장태수 화흠華歆을 수령으로 추천했으나, 화흠은 상사喪事의 틈새에 권력을 빼앗는 일은 남의 부하로서 할 일이 아니라고 여겼다. 그래서 유요의 부하들이 몇 개월 동안 요청했음에도 불구하고 화흠은 여전히 수령을 맡을 수 없다고 사양하고 그들을 돌려보냈다. 결국 유요의 부하들은 우두머리가 없이 방황하는 수밖에 없었다.

손책이 이러한 사실을 알고 태사자에게 유요의 부하들을 위로하도록 시켰다. 태사자가 떠나기 전에 손책이 말했다.

"유주목 유요가 살아생전에 내가 원술을 도와 여강을 공격한 것을 비난했는데, 당시에는 어쩔 수 없었소. 내가 대업에 뜻을 두고 있는데 어찌 독불장군으로 마음대로 할 수 있었겠소? 그래서 어쩔 수 없이 원술에게 고개를 숙인 것이오. 유주목이 살아 있을 때 그러한 연유를 밝히지 못한 것이 참으로 후회가 되오. 지금 유주목의 아들이 예장에 있으니 그대가 나 대신 찾아봐 주시고, 나의 뜻을 그의 수하들에게 알려주시오. 만약 그들이 기꺼이 따르려고 한다면 그대와 함께 오고, 그렇지 않을 경우 그대가 나를 대신하여 위로해주시오. 가는 길에 태수 화흠이 어떻게 다스리고 있는지 살펴보시오. 병력이 필요하다면 얼마든지 요청하시오."

태사자는 손책의 말을 듣고 말했다.

"소장小將은 용서할 수 없는 중죄를 지었음에도 장군께서 제 환공과 진 문공의 도량으로 받아주셨으니 제가 죽음으로 보답하고자 합니다. 지금은 우리와 유주목의 잔여 부대가 교전하고 있는 상태가 아니니 굳이 많은 병력은 필요 없고 기병 수십 기만 데리고 가면 될 것입니다. 이제 출발하겠습니다."

주위 사람들이 말했다.

"태사자를 보내시면 안 됩니다. 그가 북쪽으로 가면 절대로 돌아오지 않을 것입니다."

손책이 껄껄 웃으며 말했다.

"자의가 나를 버린다면 또 누구를 따를 수 있겠소? 너무 걱정들 마시오."

손책은 즉시 잔치를 열어 태사자의 장도를 축하했다. 떠나기 전 손책이 태사자에게 물었다.

"언제쯤 돌아올 수 있겠소?"

태사자는 2개월 정도면 될 것이라고 말하고 곧바로 말에 올라타 예장군으로 떠났다.

그리고 채 60일이 되기도 전에 돌아왔다. 그가 돌아오자 손책이 물었다.

"내가 가는 길에 화흠에 대해 알아보라고 한 일이 있었는데, 잘 처리하셨소?"

태사자가 말했다.

"화흠은 인품이 좋은 인물인지라 태평성세라면 군현을 다스리는 데 문제가 없을 것입니다. 하지만 그는 그저 자신을 부흥할 정도이니 난세에는 적합한 인물이 아닙니다. 그의 수하들이 많은 지역을 점령하고 있습니다만 그의 명령을 듣지 않으니, 그는 그저 멍하니 눈을 뜨고 바라보는 수밖에 없는 듯합니다."

손책이 듣자마자 크게 웃으며 말했다.

"그렇다면 예장군도 곧 내 것이 되겠군!"

손책이 예장군을 손에 넣기 위해 애쓰고 있을 때 군웅들의 쟁패에 거대한 변화가 생겼다. 원소는 마침내 공손찬을 격파하여 북방을 차지하고, 원소의 사촌 동생이자 손책의 맞수인 원술은 실의에 빠져 결국 죽고 말았다.

원술은 어쩌다 이런 지경에 이르렀나?

건안 6년(서기 201년), 원소는 마침내 공손찬을 격파하고 전국에서 가장 막강한 군벌이 되었다. 그러나 그의 사촌 동생인 원술은 그해에 결국 삶을 마감하고 만다.

원술은 칭제하여 제위에 오른 후 황음무도하여 사치와 탐욕이 지나쳤다. 후궁의 비빈과 궁녀 수백 명이 죄다 능라 주단을 입고 산해진미를 먹으며 호사스러운 생활을 했지만, 군사들은 기아에 허덕이며 뽕잎을 따다 허기를 때워야 할 정도였다. 그러나 원술은 전혀 관심이 없었다. 결국 재물이 소진되어 더 이상 화려한 삶을 유지할 수 없게 되자 원술은 몇몇 부장에게 몸을 맡겼다.

하지만 평소 제대로 대접을 받지 못한 부장들이 원술을 좋아할 리가 없었다. '애당초 호의호식할 때는 아랑곳도 하지 않더니 이제 먹을 것이 떨어지고 쓸 곳조사 없으니 우리에게 붙으시겠다! 흥, 어림도 없는 소리!' 부장이라고 몇 명 남지도 않은 이들의 속내는 이러했다. 결국 부하들은 그를 떠나고 힘없는 궁녀들만 남아 제대로 먹지도 못하고 있으니 절로 한심한 생각이 들었다. 이처럼 곤궁하고 답답했으나 그렇다고 무슨 대책이 있는 것도 아니었다.

결국 원술은 사람을 보내 사촌 형 원소에게 황제의 존호를 건넸다. 그가 원소에게 말했다.

"한조는 천운이 다했으니 원씨가 응당 천명을 받아 왕의 자리에 올라야 합니다. 이는 부명과 상서로운 기운에서 명백하게 보입니다. 지금 형님은 사방 네 군데 주의 땅을 차지하시고 100만이 넘는 인구를 지니고 있으시니 제가 하늘이 부여하는 사명을 형님께 헌납하겠습니다. 청컨대 대업을 밝게 빛내시기 바랍니다."

원소는 자신을 인정하지 않던 사촌 동생 원술이 무릎을 꿇고 굴복하는 것을 보고 크게 기뻐하며 아들 원담袁譚을 보내 청주에서 원술을 영접하도록 했다.

당시 유비는 조조를 도와 여포를 사로잡는 데 공을 세웠으며, 이후 조조의 명에 따라 원술이 원소에게 가는 길을 막게 되었다.

원술은 서주에서 유비의 군대에 막혀 계속 쫓기다가 군사의 태반을 잃고 수춘으로 돌아가려다 도적 떼의 습격을 받아 더 나아가지 못하고 그해 6월 강정江亭에 머물렀다. 남은 무리를 수습해보니 군대라고 1,000여 명이 남았는데 노약자가 대부분이었고, 남은 군량은 보리 30섬인데 그마저도 군사들에게 나누어주니 먹을 것이 없어 굶어 죽는 이들이 속출하는 실정이었다. 6월 한더위에 원술이 거친 밥이 목에 걸려 넘어가지 않자 수하에게 한숨을 내쉬며 말했다.

"여봐라, 여기 꿀물이라도 한 그릇 내놓아라!"

시종이 쓴웃음을 지으며 대답했다.

"꿀물이 어디에 있겠습니까? 있는 것이라곤 진흙탕뿐입니다."

원술이 그의 말을 듣고 한참을 탄식하더니 말했다.

"원술이 이런 지경까지 이르렀단 말인가!"《삼국지 · 위서 · 원술전袁術傳》주에 인용된《오서》

그는 이렇게 버럭 소리를 지르다 쓰러지더니 피를 한 말씩이나 토하고 그대로 죽어버렸다.

가련한 원술! 사세삼공이란 말 그대로 4대 선조 중에 세 명씩이나 고관대작을 역임한 명문 출신임에도 불구하고 참언 한마디에 눈이 뒤집혀 스스로 황제의 자리에 올랐다가 결국 이처럼 서글픈 종말을 고하고 말았다.

원술이 패망한 후 남은 부하들은 대부분 여강태수 유훈에게 귀순했다. 그리하여 유훈의 세력이 강대해지자 손책은 내심 꺼리는 바가 있었다. '같은 지역에서 살고 있는데, 네가 강해지면 나는 어떻게 하란 말이냐?' 그래서 손책은 거짓으로 동맹 관계를 맺고 유훈에게 예장의 상료上繚를 취하라고 권유했다. 유훈이 출발하자 손책은 정예부대를 보내 유훈의 근거지인 환성皖城을 점령했다.

손책은 환성을 공략한 후 원술과 유훈의 가솔을 포함하여 3만여 명을 자신의 근거지인 오군으로 이주시켰다. 근거지를 잃게 된 유훈은 어쩔 수 없이 북쪽으로 조조에게 가서 몸을 의탁했다.

손책은 유훈의 잔여 병사를 흡수했을 뿐만 아니라 선박 1,000여 척까지 포획했다. 12월, 손책은 승세를 타고 황조를 공격했다. 유표는 조카를 보내 5,000여 명으로 황조를 구원하도록 했다. 양군이 혼전을 거듭하다 유표의 군사가 크게 패하면서 황조도 단신으로 도망쳤다. 이로써 손책은 아비의 원수를 갚은 셈이다. 일련의 승리를 거둔 후 손책은 대군을 거느리고 예장군 공략에 나섰다.

평화적으로 예장군을 얻다

예장군을 공략하기에 앞서 손책은 회계태수 왕랑의 공조인 우번虞翻에게 말했다.

"예장군태수 화흠은 명망이 높지만 절대로 나의 적수가 될 수 없소이다. 만약 그가 성문을 열지 않아 일단 공격이 시작되면 틀림없이 사상자가 생길 것이오. 하늘에 호생지덕好生之德: 생명을 아끼는 덕이 있으니 사람을 죽이는 것이 무슨 좋은 일이겠소. 그러니 그대가 가서 투항을 권유하면 어떻겠소? 예장군의 '평화적 해방' 말이오!"*

그래서 우번은 화흠에게 가서 투항을 권유했다.

"태수님과 전임 태수 왕랑은 모두 중원에서 높은 명성을 지니신 분들인지라 제가 오래토록 경모해왔습니다."

화흠은 자신은 왕랑만 못하다고 겸손해했다. 다시 우번이 입을 열었다.

"태수께서 명성이 왕랑만 못하다고 하신 것은 겸양의 말씀이시지만 병력만은 분명 회계에 못 미칩니다. 우리 손 장군의 용병술은 귀신과 같아 양주자사 유요를 격파하고 회계군을 평정한 것은 이미 들어보신 적이 있으실 것입니다. 지금 태수께서 고립된 성을 지키고 계신데 하루라도 빨리 대책을 세우시지 않으면 나중에 후회해도 소용이 없을 것입니다. 명일 정오까지 손 장군을 영접한다는 격문을 보내시지 않으면 제가 더 이상 태수님을 뵐 기회가 없을 듯합니다."

정중하지만 할 말은 다 한 다음 우번은 화흠과 작별 인사를 나누었다.

화흠은 그의 말을 듣고 곰곰이 생각해보니 아무래도 손책에게 투항하는 것이 좋을 것만 같았다. 그는 이런 생각이 들었다. '누구 밑에 있든 똑

---

* '평화적 해방'은 현대적인 어투로 중국 공산당이 즐겨 사용하는 말이다.

같은 것 아니겠는가. 사실 나는 전투에 능한 재목은 아니지.'

화흠은 밤새도록 손책을 받아들이는 방문을 써서 인편으로 손책에게 보냈다. 손책은 곧바로 군사를 이끌고 예장군으로 들어갔다. 멀리서 화흠이 머리에 갈건을 쓰고 평복 차림으로 자신을 맞이하는 것을 보고는 즉시 말에서 내렸다.

"태수께서는 높은 연세에 덕망이 있으시고 또한 명성이 천하에 널리 알려져 있으신 분입니다만, 저는 아직 어리고 식견이 많지 않으니 마땅히 자제가 웃어른을 찾아뵙는 예로 태수님께 인사를 드려야 할 것입니다."

손책은 공손하게 자제의 예로 화흠에게 인사를 올렸다. 예장군을 손에 넣은 후 손책은 예장군 일부를 나누어 별도로 여릉군廬陵郡을 설립했다. 그는 사촌 형인 손분을 예장태수, 손보孫輔를 여릉태수로 삼는 한편 주유에게 파구巴丘에 주둔하도록 했다. 이로부터 강동 각지가 손책의 기반이 되어 '손孫' 자가 적힌 큰 깃발이 바람에 펄럭이게 되었다.

손책은 전투에 능한 맹장일뿐더러 인재를 적재적소에 임용할 줄 아는 식견을 갖추었기 때문에 특히 사대부 계층의 호감을 얻었다. 환성을 공략한 후 손책은 원술의 처자식을 돌봐주었으며, 예장군으로 들어간 후에는 유요의 관곽을 고향으로 보내주고 그의 가솔을 후대했다. 이로 인해 많은 이들이 손책에게 찬사를 보냈다.

회계군에 위등魏騰이란 공조가 있었는데 성격이 강직하고 솔직하며 아첨할 줄 몰랐다. 그는 일을 처리할 때도 원칙을 고수할 뿐, 융통성이 없었다. 그러니 요즘처럼 장관이나 윗사람의 의지에 따라 원칙이나 방침이 바뀌는 일이 없었던 것이다. 그러던 어느 날 위능이 손책의 지시를 위반하여 손책을 화나게 만들었다. 손책은 불같이 화를 내고 벽력같은 소리를 내지르며 당장이라도 위등을 죽이려고 했다. 휘하 사람들은 손책이 화를 내니 그저 두려워만 할 뿐이었다. 분명 위등에게 억울한 점이 있음을 알고 있으면서도 아무도 손책을 설득하려고 들지 않았다.

그러던 차에 손책의 모친인 오부인이 이런 사실을 알게 된 후 즉시 우물가로 달려가 목숨을 끊겠노라고 말했다. 놀란 아랫사람들이 손책에게 달려가 보고했다.

"장군, 큰일 났습니다. 모친께서 우물에 뛰어들어 죽으려고 하십니다."

영문을 알 수 없는 손책은 위등을 어쩔 겨를도 없이 즉시 모친에게 달려갔다.

"무슨 일이십니까? 하고 싶은 일이 있으시다면 저에게 말씀하시면 될 것을, 어찌 우물에 뛰어들려고 하십니까?"

그러자 오부인이 우물가에 기대어 말했다.

"자네는 새롭게 강남에 기반을 마련했다고 하나 아직 확고한 발판을 마련한 것이 아니다. 하여 어진 선비를 예로 대하고, 그들의 공로를 표창하고, 아랫사람의 실수나 잘못을 캐는 데 주력해서는 안 된다. 그래야만 많은 이들이 너에게 몸을 의탁할 것이다. 듣자 하니 위등은 법도를 준수하고 자신의 책무를 다하고 있다는데 오늘 네가 그를 죽인다면 내일이면 다른 이들도 너를 버리고 떠날 것이다. 차마 내가 너에게 화가 미치는 것을 볼 수 없어 이렇게 먼저 우물에 몸을 던져 스스로 목숨을 끊고자 한다."

손책은 그제야 모친의 마음씀씀이가 어떠한지를 알고 진정으로 반성했다. 그는 곧 위등을 석방하고 적절하게 예우했다. 당시 회계군과 강동 지역의 명문 대가들 가운데 손책과 적대적인 집안이 아직도 적지 않았다. 강동에 뿌리를 내리고 장기적으로 번영을 구가하려면 그들과 관계를 개선하는 것이 무엇보다 중요했다. 손책이 모친의 말씀을 듣고 위등을 석방한 것은 강동의 민심을 얻는 데 큰 도움이 되었다.

손책은 용맹하여 당할 자가 없을 정도였으며, 특히 용병술이 뛰어난 명장이었다. 그래서 당시 강동 지역의 패자가 될 수 있었던 것이다. 하지만 그는 치명적인 약점이 있어 결국 젊은 나이에 목숨을 잃으니 참으로 유감스러운 일이 아닐 수 없다.

사냥하다 목숨을 잃다

손책은 전투에 능하다는 점 말고도 부친의 강직하고 의연한 성격도 그대로 물려받았다. 때로 그는 남의 의견을 받아들이는 데 소극적이었는데, 이러한 약점이 그의 비극적 인생에 복선이 되었다.

손책은 야외에서 사냥하기를 좋아했다. 한번은 우번이 손책에게 이렇게 간언했다.

"명부明府 : 태수에 대한 존칭께서는 가볍게 무장하고 편복으로 출행하시어 은밀하게 움직이시려는데 수행 관리들은 경비할 틈조차 없고 교통관제도 할 수 없습니다. 그러니 아랫사람들이 늘 고민거리로 생각하고 있습니다. 군주가 된 자가 장중하지 않으면 위엄이 없습니다. 그래서 백룡白龍일지라도 일단 물고기처럼 보이게 되면 어부의 작살을 맞을 수 있듯이, 존귀한 이가 평민의 옷을 입으면 예차豫且의 화살에 눈이 맞게 되는 것입니다. 백제白帝의 아들인 백사白蛇 또한 스스로 방종하여 유계劉季 : 한 고조가 그를 죽였습니다. 그러니 이를 유념하여 항시 조심하셔야 합니다."

손책은 그의 말이 옳다며 여러 차례 알겠노라고 말했으나 끝내 버릇을 고치지 못했다.

건안 3년(서기 200년), 손책이 서쪽으로 황조를 공격할 당시 광릉태수 진등이 도적 엄백호의 잔당을 이끌고 손책의 후방을 어지럽힐 생각이었다. 손책이 이를 눈치채고 회군하여 단도丹徒에 주둔하며 군량이 오기를 기다리고 있었다. 당시 오군태수로 있던 허공許貢이 조조에게 밀서를 보내다가 손책에게 걸려 죽임을 당했다. 이에 허공의 문객이 허공의 원수를 갚기 위해 손책을 죽일 계획을 짰다. 그들은 손책이 사냥을 좋아한다는 것을 알고 기회를 노리다가 마침내 정보를 얻어 사냥 나가는 길에 매복했다.

손책이 말을 타고 달려가니 호위병들이 제대로 쫓아가지 못했다. 손책이 한창 말을 채찍질하며 사냥감을 쫓아가는데 돌연 허공의 문객 세 사람이 매복하고 있다가 달려들었다. 그 가운데 한 명이 쏜 화살이 손책의 뺨에 꽂혔다. 때마침 수하들이 달려오자 손책이 소리 높여 외쳤다.

"저놈들을 죽여라!"

손책의 부하들이 달려들어 허공의 문객을 난도질하여 죽였다. 하지만 손책 역시 심한 부상을 입어 위급한 상황이었다.

이후 끝내 병석에서 일어나지 못한 손책은 장소를 비롯한 부하들을 모아놓고 이렇게 말했다.

"천하가 크게 어지러운 상황에서 우리 오월吳越은 삼강三江의 험한 요충지를 끼고 있어 능히 큰 뜻을 펼칠 수 있는 곳이오. 그대들에게 부탁하니, 부디 내 아우(손권)를 보필하여 대업을 이루도록 하시오."

손책은 인수를 가져오라고 하여 손권에게 건네며 다시 말을 이었다.

"강동의 인마를 이끌고 전쟁터를 누비며 여러 영웅들과 천하를 다투는 일은 아무래도 네가 나보다 힘에 부칠 것이다. 그러나 어진 이를 임용하여 그들이 각기 힘을 발휘하고 충성을 다하여 강동을 지키는 데는 네가 나보다 나을 것이다. 너는 아버님과 내가 창업하면서 겪은 어려움과 고통을 잊지 말고 부디 나의 유지를 받들어 가업을 유지하도록 하여라."

소설에 보면 손책이 죽기 전 손권에게 이렇게 말한 것으로 나온다.

"만약 안에서 어려운 일이 있으면 장소에게 묻고, 밖에서 결단하기 어려운 일이 있다면 주유에게 묻도록 하라.”

어떤 일이든 제대로 결정하거나 판단할 수 없을 경우 그들 두 사람에게 물어보면 적당한 답을 찾을 수 있을 것이라는 뜻이다.

결국 손책은 깊은 한을 품은 채 세상을 떠나고 말았다. 당시 나이 겨우 26세였다. 손책이 만약 우번의 간언을 깊이 새겨듣고 조심했다면 이처럼 젊은 나이에 요절하는 재앙은 없었을 것이다. 적이 도처에 있으니 어찌 그리 쉽게 돌아다닐 수 있겠는가?

소년 영웅이 세상을 떠나자 강동의 패권은 더욱더 젊은 손권의 어깨에 떨어졌다. 그 무렵 중원 대지에도 군웅 간의 투쟁에 적지 않은 변화가 일고 있었다.

17강 여자가 그리 좋더냐

허도 후방에 있는 완성은 후원에 울짱을 쳐놓은 듯 조조의 확장에 걸림돌이 되었다. 하지만 조조는 완성전투에서 크게 패했다. 역사는 당시 싸움이 조조의 일생에서 가장 치욕적인 패배 가운데 하나였다고 말한다. 언뜻 보기에 별것 아닌 것 같은 완성이 어떻게 해서 조조에게 전대미문의 실패를 안겨준 것일까?

성을 지키지 못한 멍청이 공융

비운의 군주 헌제는 제위에 오른 후 하루도 편안한 날을 보낸 적이 없었다. 호랑이 아가리에서 벗어났다고 채 안심하기도 전에 이번에는 이리 굴로 잡혀 들어가는 신세가 되었다. 역적 동탁의 통제에 있다가, 그가 죽자 서량군의 잔당 이각과 곽사의 수중에 떨어져 온갖 수모를 당했으며, 천신만고 끝에 낙양으로 돌아온 후에는 조조의 손아귀에 떨어지고 말았다.

조조는 헌제에게 비교적 공손하게 대했다. 그는 황상을 모시면서 먹고 싶은 대로 먹고 입고 싶은 대로 입도록 해주었다. 하지만 황상은 손가락 하나 까딱할 권력조차 가지지 못했다. 조조의 야심은 이각과 곽사보다 더하면 더했지, 결코 덜하지 않았다. 이각과 곽사는 머릿속에 든 것 없는 무뢰배, 지방 군벌에 지나지 않았다. 조조가 황제를 자신의 수중에 넣고 모신 것은 천자의 명의로 천하의 제후들에게 명을 내리기 위함이었다.

하지만 당시 모든 군벌이 황제의 명령을 따르는 것이 아니었기 때문에, 조조가 자신의 의지를 더 넓은 범위에서 관철하려면 더 많은 기반을 확보해야만 했다. 그렇지 않고 모든 이들이 대수롭지 않게 여기는 황상에게 기대어 그저 명분을 세우고 조리를 따지기만 할 뿐 실력이 없다면, 당연히 아무도 복종은커녕 관심조차 없을 것이니 모든 것이 헛수고가 될 뿐이다. 쇠를 치려면 우선 팔뚝 힘부터 길러야 하는 것이 당연한 일이 아니겠는가!

헌제를 허도로 옮겨 온 후 조조는 조정부터 대폭 손보았다. 무엇보다 자신의 전횡에 위협이 될 인물은 집에 돌아가 발 씻고 자도록 하고, 자신의 심복들은 모두 요직에 앉혔다. 하지만 무릇 인사란 무조건 자기편을 끌어들이는 것만 능사가 아니다. 주위 여건이나 시선에 따라 체면치레로 천하의 저명인사를 끌어들이기도 하는 법인데, 공융이 바로 그런 이유로 조조의 휘하로 들어왔다.

《삼자경三字經》에 따르면, 공융은 네 살 때 부친이 배를 사주면서 골라 먹으라고 하자 그중에서 가장 작은 것을 골라 먹으면서 큰 것은 형에게 양보했다는 이야기의 주인공이다. 그러나 그것 외에 대단한 일을 한 적은 없는 것 같다. 어쩌면 부친이 배를 사다 준 날 배가 아팠을 수도 있고, 그냥 배가 불러 먹을 생각이 없었을 수도 있는데, 여하튼 배 한 알을 양보했다고 2,000년 동안 칭송된 이는 아마도 공융 한 사람뿐일 것이다.

공융은 커서 당연하게 관리 생활을 하였는데, 실제로 그가 행정 관리에 능했던 것 같지는 않다. 그는 나름 포부가 대단했으나 재주가 이를 따르지 못하는 백면서생일 뿐이었다. 그래서 인사나 금전 따위와 일절 거리가 멀면서 걸핏하면 어려운 말로 학식을 자랑할 뿐이었다. 북해태수로 임명된 후에도 고담준론을 좋아할 뿐, 구체적인 행정 업무에는 그리 정통하지 못했다. 임용에서도 나름 차별화 전략을 가지고 사람을 뽑는다고 뽑았으나 기용된 이들은 그저 영악하고 경박한 이들뿐이었다.

황건군이 쳐들어왔을 때도 공융은 제대로 응전하지 못하고 유비에게 도움을 청했다. 나중에 원소의 아들이 기반을 빼앗기 위해 공격해 오자 그때도 제대로 싸워보지도 못하고 군사 태반을 잃고 말았다. 당시 적의 화살이 빗발치는 가운데 공융은 격식을 갖추고 서안에 앉아 책을 읽으며 태연자약 담소를 즐겼다. 결국 야밤에 성이 함락되자 그제야 겨우 빠져나갔다. 하지만 그의 처자식은 모두 포로가 되고 말았다.

조조와 공융은 좋은 친구였다. 공융은 이미 전국에서 손에 꼽힐 만큼 유명한 명사였다. 그래서 조조는 공융이 터전 없이 돌아다니는 것을 보고 그를 불렀던 것이다. 조조는 조정을 통해 공융을 징소하여 대장大匠을 맡겼는데, 지금으로 말하자면 주택건설부 장관급에 해당하는 관직이다. 공융은 조정으로 들어온 후 조조에게 한 명을 추천했는데, 그가 바로 경극〈북을 쳐 조조를 욕히다擊鼓罵曹〉의 주인공인 예형禰衡이다.

예형이 북을 치며 조조를 비난하다

공융과 예형은 관계가 아주 좋았다. 그래서 공융이 예형을 조조에게 적극 추천했던 것이다. 하지만 공융은 그가 고상하게 굴며 마뜩지 않게 생각할 줄은 전혀 몰랐다.

"형께서 나를 조조에게 추천하셨으니 그를 만나기는 해야겠는데, 나와 같은 명사는 아시다시피 격식을 따지는 것을 좋아하지 않습니다."

그는 이렇게 말하고 병을 핑계로 나가지 않았다. 이후 억지로 나가 조조를 만나기는 했으나 언행이 모두 불손하기 이를 데 없었다. 조조 역시 기분이 좋지 않았다.

어느 정도는 상식에 어긋난 행동으로 자신이 다르다는 티를 내는 것이 있었는지도 모른다. 다행히 당시 조조는 널리 인재를 모은다고 공언한 마당인지라 비교적 자신의 언행에 주의했다. 그래서 비록 화가 치밀었지만 상대를 죽이지는 않았다. 물론 조조의 입장에서 본다면 예형을 죽이는 것은 그저 개미 한 마리 눌러 죽이는 것만도 못한 일이었을 것이다. 하지만 그는 그렇게 하지 않았다. 당시 조정에서 명사를 죽이려면 이것저것 따져야 할 것이 적지 않았다.

대신 조조는 다른 방법을 쓰기로 했다. 조조는 예형이 북을 치는 데 나름 조예가 있음을 알고 그를 아침 조회나 잔치에서 북을 치는 고사鼓史로 삼았다.

어느 날 조조가 빈객들을 모아놓고 예형에게 북을 쳐 흥을 돋우도록 했다. 이렇게 해서 예형에게 모욕을 주어 오만한 기세를 꺾기 위함이었다.

당시 관습에 따르면, 고사가 북을 치려면 전문 의복으로 갈아입어야 했다. 물론 다른 고사들은 이에 따라 자신의 옷을 벗고 전문 의복으로 갈아입었다. 이윽고 예형이 북을 칠 차례가 되었다. 그가 〈어양漁陽〉의 곡조를 두드리자 그 소리와 박자가 교묘하게 어울리고 비장하여 모든 이들이 감탄했다. 그런데 누군가 왜 옷을 갈아입지 않았느냐고 나무라자, 예형은 돌연 옷을 서슴없이 벗어 던져 알몸을 드러냈다. 연회에 참가한 주빈이며 빈객들이 너 나 할 것 없이 민망한 낯으로 차마 바로 보지도 못하고 쩔쩔매니 잔치가 엉망이 되고 말았다.

조조는 도저히 참을 수 없었던지 벌컥 화를 내며 애꿎은 공융에게 소리쳤다.

"사내가 나에게 서서를 추천한다더니, 누, 벗긴고! 내가 이자를 죽이는 것이야 쥐새끼를 잡는 것과 다를 바 없겠네만, 내가 보기에 저자는 그저 헛된 명성이 있다고 소문이 났으니 내가 지금 그를 죽이면 사람들이 나를 너그럽지 못하다고 여기겠지. 그래서 차마 죽이지 않고 명줄을 남겨놓는 것일세. 저자는 정말 말이 되질 않는군."

조조는 이렇게 말하며 남의 칼을 빌려 사람을 죽이는 또 다른 방법을 생각해냈다. 예형을 형주로 보내 그곳 유표에게 항복을 권유하도록 하자는 것이었다.

"이번 일을 잘 처리하면 너를 믿고 조정에 표문으로 상주하여 반드시 임용되도록 하겠다."

예형은 조조의 말에 따라 서신을 받아 들고 남쪽으로 유표를 설득하러 떠났다.

유표 역시 알아주는 명사로, 지난 당고의 화로 인해 사대부들이 고통과 시련에 닥쳤을 때 함께했던 팔준 가운데 한 명이다. 그는 예형이 오자 예를 다해 귀한 손님으로 대접했다. 예형은 유표에게는 딱히 어쩌지 않았으나 그의 측근들이 거슬렸다. 그래서 예전 버릇대로 그들을 가지고 놀았다. 유표의 측근들은 열을 받았으나 주군의 빈객인지라 차마 어쩌지 못하고, 유표 앞에서 그가 주군을 모욕했다고 모함했다.

유표도 화가 났지만 체면 때문에 차마 죽이지 못하고 강하江夏태수인 황조에게 보내기로 마음먹었다. 황조는 성격이 포악하고 더러운지라 알아서 처리할 것이라 여겼기 때문이다. 예형이 워낙 알려진 명사인지라 황조도 처음에는 잘 대했다. 그러나 제 버릇 개 못 준다는 말처럼 예형은 이번에도 황조를 비꼬고 조롱하다가 결국 목숨을 잃고 말았다.

자기 재간만 믿고 남을 깔보다가는 결국 이런 꼴을 당하고 만다. 게다가 예형이 도대체 얼마나 재능이 뛰어났는지 모르나 실제로 드러난 것은 북을 잘 쳤다는 사실 외에 없다. 비록 후세에 유비를 높이고 조조를 낮추는 관점에서 예형을 긍정적인 인물로 그려내긴 했으나, 그렇다고 그가 역사적으로 무슨 대단한 일을 했다고 말할 수는 없다.

비록 조조가 징소한 예형은 명분과 실질이 딱 들어맞는다고 할 수 없으나 인재를 널리 징소하는 조치는 이후 조조가 패업을 달성하는 데 결정적이고 중요한 작용을 했다. 조조는 허도에서 대규모 인사 조정 외에도 또 하나 중요한 사업을 실시했는데, 그것은 바로 둔전이다.

허도의 둔전

조조가 연주에 있을 당시 모개를 불러 치중종사治中從事로 삼았다. 당시 모개가 조조에게 건의한 내용 가운데 핵심은 '천자를 받들어 신하들을 호령하고, 농경에 힘쓰며 군수 물자를 축적하라'였다. 당시 천하는 이리저리 분열되고 혼란하여 백성들이 마음 편하게 농사에 치중할 수 없었기 때문에 일반 백성들은 물론이고 군량 역시 1년을 버틸 수 없을 정도였다. 군사들은 배가 고프면 민간에서 식량을 약탈하고 배부르면 내팽개칠 뿐이었다. 그래서 적의 공격이 아니더라도 절로 와해될 지경이었다. 하북을 점령한 원소의 군사들은 뽕나무 오디를 따 먹으며 연명했고, 장강과 회하 일대를 차지한 원술의 군사들은 부들과 우렁이를 먹으며 견뎌야만 했다. 심지어 백성들은 서로 잡아먹고 먹히는 까닭에 고을이 텅 비는 지경까지 이르렀다.

조조는 부하들의 둔전 요청을 적극 수용했다. 예를 들어 우림감羽林監 조저棗祗가 당장 둔전을 설치하자고 조조가 수용했다. 둔전에 사용하는 토지는 주로 주인이 없는 황무지였다. 중국 고대부터 토지 사유제를 시행했기 때문에 정부는 지주의 토지를 배분할 권리가 없다. 그것이 사유재산이기 때문이다. 하지만 당시는 전쟁 중이니 세가가 사망하거나 도망가면서 무연고 황무지가 많아졌다. 이는 다시 말해 분배할 토지가 많아졌다는 뜻이다. 이외에 농사에 필요한 노동력과 경우耕牛 : 농우 그리고 농구 등은 황건군을 진압하면서 대량 확보했다.

둔전은 군둔과 민둔 두 가지로 나뉜다. 민둔은 50명을 1둔으로 했는데, 사마를 설치하고 그 위에 전농도위, 전농교위, 전농중랑장을 설치했으며, 군현에 예속되지 않고 수확물을 국가와 나누었다. 관에서 빌려준 농우를 사용할 경우 관청이 6할, 개인이 4할의 수확물을 가졌고, 개인이 자신의 농우를 사용할 경우 관청과 개인이 절반씩 나누었다. 둔전의 농민들은 마음대로 둔전을 벗어날 수 없었기 때문에 실질적으로 토지에 예속된 종속민이나 다를 바 없었다. 그런 까닭에 관청의 입장에서 관리하기가 편했다.

군둔은 사병들이 직접 경작했는데, 60명을 1영營으로 조직하여 변경을 지키면서 둔전을 경작하도록 했다. 허도에서 둔전제를 실시하면서 첫해에 수확한 곡물이 100만 곡斛을 넘었다.

이렇게 해서 "주군마다 전관田官을 배치하고 곳간마다 가득 찼다. 사방을 정벌하면서도 군량을 운반하는 수고를 덜고 여러 도적들을 겸병하여 천하를 평정할 수 있었다."《삼국지 · 위서 · 무제기》주에 인용된《위서》

이렇듯 허도의 둔전은 이후 조조의 대업 달성에 대단한 물질적 토대가 되었음은 말할 것도 없다. 다른 군벌들이 사방에서 민간의 식량을 약탈하느라 정신이 없을 때, 조조는 이미 둔전을 통해 대량의 군량을 확보하고 있었던 것이다.

수중에 먹을 것이 있으면 마음이 안정되기 마련이다. 조조의 둔전 사업이 제 궤도에 오르고 있을 때 그는 새로운 적들을 만나게 된다.

무력시위로 완성을 빼앗다

조조의 새로운 적은 서량군의 옛 장수인 장제의 조카 장수張繡다.

헌제가 동쪽으로 낙양으로 돌아온 후 장제가 이각과 곽사의 무리와 함께 추격해 왔다. 이후 강화회담을 통해 이각과 곽사는 관서關西로 돌아가고 장제는 홍농에 남게 되었다. 조조는 헌제를 얻은 후 병사를 일으켜 이각을 죽이고, 곽사도 부장에게 피살되었다. 장제는 홍농에서 식량이 부족하여 병사를 이끌고 형주 유표의 땅으로 쳐들어가 양성穰城을 공격하다가 화살에 맞아 죽고 말았다. 숙부가 죽자 조카인 장수가 장가군張家軍의 주장으로 떠올랐다.

장제가 죽자 형주의 관원들은 모두 유표에게 축하의 말을 건넸다. 그러나 유표는 전혀 기뻐하지 않으며 이렇게 말했다.

"장제는 곤궁한 상황에 처하여 형주 내 쪽으로 왔는데, 나는 주인으로서 빈객을 맞이하여 예를 다하지 못했소. 결국 쌍방이 교전하게 되었으니 이는 나의 본뜻이 아니오. 그러니 나는 단지 애도만 받을 뿐, 축하의 말은 받지 않겠소이다."

유표는 사람을 보내 장제의 군사들을 거두었다. 장제의 군사들은 이런 소식을 듣고 매우 기뻐하며 유표에게 귀순했다. 더 이상 사방팔방으로 떠돌지 않아도 되기 때문이었다. 장수는 장가군을 이어받아 완성, 즉 유수의 고향인 남양에 주둔했다.

유표가 장수를 받아들인 것은 사실 그에게 북대문을 지키도록 하여 조조의 침략을 막기 위함이었다. 장수가 완성에 주둔해 있을 때, 서량군의 ㅗ이 ㅔㅎ에 �ㅔ ㅛ뻔 ㅅㅜ ㅣ 그ㅔㅅㅔ ㅛ을 ㅔ뗐ㅣ.

가후는 이미 몇 번 언급한 바 있다. 예전에 동탁의 수하인 우보 밑에 있을 당시, 그는 동탁의 무리가 병사를 해산시키고 귀향하려고 할 때 오히려 양주병 스스로 대오를 확충하여 장안을 공격하자고 주장했다. 그래서 후세 사람들은 가후를 '독사毒士'라고 부르기도 한다. 한 헌제가 장안을 떠날 때 가후는 화음으로 가서 단외에게 의탁했다. 가후는 평소 명망이 있었기에 단외의 군사들도 그를 좋아하고 우러러보았다. 단외 역시 가후를 대단히 존경하고 중시했지만 다른 한편으로 혹여 군대를 빼앗길까 봐 걱정하고 있었다. 가후도 단외의 극진한 대접을 감사하게 생각하면서도 그를 떠나 장수에게 기탁하려고 생각했다.

"단외는 당신을 후하게 대접하고 있거늘, 어찌하여 그대는 그를 버리려는 것입니까?"

가후가 대답했다.

"단외는 성품이 의심이 많아 군중에서 내가 위망威望이 있음을 시기하였소. 비록 그가 지금은 나를 잘 예우하고 있기는 하나 필시 오래가지 않을 것이오. 어느 날 무정하게 얼굴을 돌린다면 나는 죽임을 당하지 않겠소이까? 내가 지금 떠나면 그는 반드시 기뻐할 것이오. 게다가 그는 내가 밖에서 그를 응원해줄 것을 희망하고 있으니 틀림없이 나의 처자식들을 잘 대접해줄 것이오. 장수의 군대에는 특별한 모사가 없어 나를 얻고자 했던 것이니, 이리하여 나와 내 집안 모두 안전하게 생명을 보전할 수 있을 것이오."

장수는 가후가 오자 특별히 공경하며 맞이하였다. 가후는 그곳에서 자신의 솜씨를 내보이며 명망을 이어갔다. 단외 역시 가후의 가솔을 잘 대우했다. 가후는 완성에 도착하여 장수를 설득하여 유표와 화친을 맺도록 했다. 장수가 동의하자 가후가 다시 유표를 만나러 갔다.

유표 역시 가후를 극진하게 대했다. 가후가 돌아오자 장수가 그에게 물었나,

"유표는 어떤 인물이던가요? 그쪽으로 귀순하는 것이 좋겠습니까?"

가후가 대답했다.

"천하가 태평하다면 유표는 대단한 인재일 것입니다. 하지만 그는 난세의 여러 가지 변화를 제대로 보지 못하고 있으며, 의심이 많고 결단력이 부족하여 제대로 일을 하지 못할 것입니다. 우리가 무턱대고 그를 따라가다가는 나무에 목이 매달려 죽을 수도 있습니다."

장수는 허도 후방의 완성을 지키고 있었기 때문에 조조에게 위협이 아닐 수 없었다. 천하를 평정할 야심이 있는 조조의 입장에서 볼 때 뒤통수에 있는 못부터 빼내는 것이 급선무였다. 건안 2년(서기 197년), 조조가 아직 기반이 불안정한 장수를 향해 진격하기 시작했다. 조조 군사의 기세가 막강하여 장수 정도로 막을 수 있는 것이 아니었다. 장수는 자신의 능력이 부족함을 알고 서둘러 무리를 이끌고 투항했다.

숙모를 희롱하지 말라

장수가 투항한 후 조조는 그와 여러 장수들을 초청하여 주연을 베풀었다. 연회에서 조조가 돌아가면서 술을 따라줄 때 전위는 큰 도끼를 들고 그 뒤에 서 있었는데, 도끼날이 한 척이나 되었다. 조조가 누군가 앞에 가면 전위도 즉시 도끼를 들고 그를 주시했다. 혹시라도 자객일지 모른다는 이유였다. 이렇게 주연이 끝날 때까지 장수와 그의 수하들은 조군의 기세에 눌려 조조 및 그의 휘하 장수들을 감히 제대로 쳐다보지도 못했다.

조조군의 위세에 눌려 전전긍긍하는 장수였으나 조조가 완성에서 한 짓을 보고 또다시 거병하여 반란을 일으켰다.

완성의 승리는 조조 자신도 전혀 예상치 못한 것이었다. 그는 그저 무력시위만 했을 뿐인데 적이 싸울 생각도 하지 않고 그냥 투항하니 조조가 더욱더 기고만장한 것도 당연했다.

그런 와중에 여색을 좋아하는 조조가 장수의 숙모에게 정분이 나는 일이 일어났다. 조조가 완성으로 들어가 주둔하면서, 죽은 장제의 처 추^鄒씨가 경국지색이란 말을 듣고 그녀를 만나 즉시 자신의 여인으로 만들었다.

이런 사실을 전해 들은 장수는 참으로 부끄러워 견딜 수가 없었다. '조아만 이놈이 완전히 나를 능욕하는구나. 도대체 우리 집안을 뭘로 보고 이따위 짓을 하는 것이냐?'

이외에도 장수의 심사를 뒤틀리게 한 일이 또 있었다. 장수는 휘하의 호거아^{胡車兒}라는 용맹한 장수를 신임하였는데, 조조가 그를 좋아하여 친히 상금을 주면서 자신에게 오도록 꼬드겼다. 나중에 이런 사실을 알게 된 장수는 기분이 좋을 리가 없었다. '내 쪽 사람을 끌어다가 나중에 내 등 뒤에서 칼을 꽂겠다는 것인가!'

이 두 가지 사건이 한데 얽히면서 장수는 마침내 분노를 폭발하고 말았다. 그는 선수를 쳐서 조조를 죽이기로 작정했다. 이번에도 가후가 계책을 알려주었다. 상대방이 방심한 틈을 타서 허를 찌르자는 것이었다. 장수는 그의 계책에 따라 야심한 시각에 조조의 장막을 습격하기로 했다. 당시 장수는 투항한 지 겨우 10여 일밖에 되지 않았기 때문에 돌연 다시 반역을 취할 것이라고는 아무도 생각하지 못했다.

조조가 자신의 장막 안에서 추씨와 더불어 술을 마시고 있을 때 밖에서 난데없는 아우성이 들리더니 마초를 쌓아놓은 수레에 불이 났다는 보고가 들어왔다. 잠시 후 사방에서 불길이 치솟자 조조는 사태의 심각성을 깨닫고 황급히 전위를 불렀다. 조조는 전위가 앞문을 막고 싸우는 사이에 황망히 뒷문으로 나가 말을 타고 도망치기 시작했다. 그러니 적군이 쏜 화살이 말에 명중하여 조조는 말과 함께 나뒹굴고 말았다. 조조가 탄 말이 더 이상 움직이지 않자 조조의 아들 조앙曹昻이 자신이 타던 말에 부친을 태웠다. 이리하여 조조는 겨우 무사히 달아날 수 있었다. 하지만 조앙은 적군에게 난도질당하고 말았다. 앞서 달음박질로 조조를 뒤따르던 조카 조안민曹安民 역시 이미 어육이 된 후였다.

당시 전위는 영채 안에서 조조를 엄호하여 도피시킨 후 몰려드는 적병을 맞이하여 일당백의 기세로 싸우고 있었다. 하지만 적병은 점점 많아지고 포위망은 좁혀지는데 손에 든 칼은 무뎌져서 더 이상 쓸모없게 되었다. 칼을 내던지고 육박전에 돌입한 전위는 적군을 한 손에 한 사람씩 움켜쥐고 날려 보내 순식간에 예닐곱 명을 해치웠다. 하지만 빗발치듯 날아오는 화살을 어찌 다 막아내랴. 적병이 던진 창이 전위의 등을 꿰뚫으니 천하의 맹장도 끝내 어쩌지 못하고 크게 소리를 지르고는 결국 쓰러져 숨을 거두고 말았다.

조조는 참담한 패배를 당했고, 병사들은 뿔뿔이 흩어졌다가 자신의 상관이 어디에 있는지도 몰라 제각기 귀대할 지경이었다. 다만 평로교위 우금于禁만은 휘하 수백 명의 군졸을 지휘하면서 싸우기도 하고 물러나기도 했다. 형세가 긴박하여 사상자도 속출했으나 결코 흩어지거나 도망치지 않았다. 적의 공세가 약해지자 우금은 다시 전열을 가다듬고 북을 치며 물러났다. 행군하던 길에 우연히 발가벗은 상태로 상처를 입고 도망치는 병사 10여 명을 만나게 되었다. 그들에게 물어보자 청주병에게 약탈을 당했기 때문이라는 것이었다. 이전에 황건군 가운데 투항한 이들을 받아들여 청주병이라고 부르며 관용을 베풀었는데, 바로 그들이 약탈을 자행한 것이었다. 우금은 크게 노해 청주병을 토벌하고 그들의 죄상을 수궁했다. 청주병들이 조조를 찾아가, 우금이 자신들을 공격하여 숨였노라고 고자질했다.

어떤 이가 우금에게 말했다.

"청주병이 조공에게 이미 당신에 대해 이야기했으니 속히 조공을 만나 전후사정을 설명해야 합니다."

우금이 대답했다.

"지금도 여전히 적이 후방에 있어 언제라도 쫓아올 수 있으니, 제때 방비하지 않는다면 무엇에 의지하여 적을 맞이하여 싸우겠소? 조공이 똑똑히 판단하시니 참언을 쉽게 믿지 않으실 것이외다."

우금은 이렇게 말하고 영채를 제대로 꾸린 후 들어가 조조를 만나 상황을 보고했다. 조조는 그의 말을 다 듣고 크게 기뻐했다.

우금의 예상대로 장수의 군사가 조조의 뒤를 따라 쳐들어왔다. 우금이 곧 말을 몰고 나가 맞서 싸웠다. 이번에는 준비를 철저히 했기 때문에 장수를 물리칠 수 있었다. 조조는 승기를 타고 반격하여 남양 등지를 점령했다. 장수는 양성으로 물러났다가 다시 유표에게 사람을 보내 합류 의사를 타진했다.

조조가 우금에게 말했다.

"육수淯水 싸움에서 실패한 후 내가 너무 다급했소. 장군이 혼란 중에서 전열을 가다듬어 폭도들을 토벌하고 군영을 견고하게 하였으며, 꺾이지 않는 절개를 보여주었소. 옛 명장이라도 어찌 이보다 더하겠소이까?"

《삼국지 · 위서 · 우금전于禁傳》

허도로 돌아온 후 조조는 우금에게 상을 내리고 익수정후益壽亭侯로 봉했다. 조조는 특히 자신을 위해 헌신한 전위의 공로를 추념하면서 그의 아들에게 관직을 주어 자신의 신변에 두었다. 전위가 사망한 곳을 지날 때면 언제나 잊지 않고 제를 지냈다.

건안 2년(서기 197년), 거짓 황제 원술이 진陳 땅을 침범하자 조조가 군사를 이끌고 토벌에 나섰다. 당시 전투에서 원술은 패주했고, 조조는 맹장 허저許褚를 얻었다. 허저는 조조와 동향인 초국譙國 초현譙縣 사람으로 신장이 8척 남짓하고 허리둘레가 10위圍며 용력이 대단하여, 조조가 그를 보고 한눈에 마음에 들어 이렇게 외쳤다.

"이 사람이 나의 번쾌樊噲 : 한 고조 유방의 시위侍衛로다!"

조조는 그 즉시 허저를 도위로 임명하고 그를 따르는 소년 협객들도 모두 호위무사로 삼았다. 조조는 미처 손쓸 새도 없이 장수의 공격에 참패를 당하고 부상을 입었으며, 맏아들과 조카, 아끼는 부하까지 잃고 말았다. 그렇기 때문에 당연히 그대로 멈출 수 없어서 전후 세 차례에 걸쳐 남정南征하여 장수를 공격했다.

보복! 장수를 정벌하기 위한 세 번의 전투

조조가 첫 번째 남정하여 장수를 칠 때, 일찍이 조조에게 투항한 남양을 비롯한 몇 군데 군현에서 또다시 반란을 일으켰다. 조조는 조홍을 보내 진압하도록 했으나 승리를 얻지 못했다. 장수와 유표가 득세하여 여러 차례 병사를 이끌고 소란을 피웠다. 장수의 위협을 제거하기 위해 조조는 그해 11월 재차 남정에 돌입하여 작은 승리를 거두었다. 그 이듬해 조조는 제3차 장수 정벌 전쟁을 준비하였는데, 이번에는 군사 순유가 막고 나섰다.

순유가 조조에게 말했다.

"장수와 유표는 서로 의지하여 막강한 역량을 갖추었습니다. 하지만 장수의 군대는 객일 뿐이니 유표가 제공하는 군량에 전적으로 의지하고 있습니다. 유표는 장기간에 걸쳐 군량을 제공할 수 없을 것이니 조만간 다툼이 생길 것입니다. 우리는 출병을 늦춰가며 변화를 기다리면 장수를 유인하여 투항하도록 할 수 있을 것입니다. 그러나 만약 우리가 저들을 몰아세우면 틀림없이 서로 구원하게 될 것입니다."

조조는 순유의 건의를 듣지 않고 양성까지 진군하여 장수의 군대와 싸웠다. 순유가 예상한 대로 조조의 군사들이 양성을 포위하자 장수는 유표에게 도움을 요청했고, 유표는 즉각 원군을 보내 북상토록 했다.

그때 허도에서 소식이 전해졌다. 반란을 일으킨 원소의 부하가 순욱에게 밀고한 것인데, 내용인즉 원소의 모사인 전풍이 원소에게 서둘러 허도를 습격하여 천자를 끼고 제후를 호령하면서 천하를 평정할 것을 권유했다는 것이다.

순욱은 즉각 이 소식을 조조에게 알렸다. 조조는 대경실색하지 않을 수 없었다. '천자를 끼고 제후를 호령하는 것은 나 조조의 몫이거늘, 어찌 네놈 원소가 나의 몫을 차지하려 든단 말이냐? 있을 수 없는 일이로다.' 조조는 이렇게 생각하면서 곧 철군을 명했다.

조조가 철군하자 장수가 직접 추격전에 나섰다. '우리 집이 무슨 시장이라도 된단 말이냐? 네가 오고 싶으면 오고, 가고 싶으면 가게!' 장수는 이리 생각하며 맹렬하게 추격했다.

조조는 진영을 유지한 채로 조심스럽게 철군했기 때문에 속도가 매우 늦었다. 때마침 유표가 원군을 보내 철군하는 조조의 퇴로를 막을 생각이었다. 이렇게 되면 조조의 군사들은 배후에서 적의 공격을 받아 힘들 수밖에 없었다. 장수의 군사들은 원군이 도착하자 사기 백배하여 계속 진격하며 속도를 늦추지 않았다.

조조는 그제야 후회가 들었다.

"그대의 말을 받아들이지 않아 이 지경에 이르렀구려."

그러나 여기서 막을 내릴 조조가 아니었다. 그는 마침내 곤경에서 벗어나 적을 제압할 방법을 찾아냈다. 그가 순유에게 편지를 보내 말했다.

"적이 우리를 추격하고 있으나 우리는 하루에 몇 리밖에 행군하지 못하고 있다. 예상컨대 안중현安衆縣에 도착하면 반드시 장수를 격파할 수

있으리라."《삼국지·위서·무제기》

말인즉 안중현에 도착하면 틀림없이 장수를 잡을 것이니 조급하게 생각할 필요 없다는 뜻이다.

안중현에 도착하니 유표와 장수의 군대가 합류하여 요충지를 지키고 있었다. 조조의 군대는 앞뒤로 막혀 자칫 잘못하면 협공을 당할 위험성이 농후했다. 하지만 조조는 사전에 짠 작전대로 굴을 파서 지하도를 만들고 치중을 죄다 운반해놓은 다음 기습할 군사를 매복시켰다.

장수가 이른 아침에 보니 조조가 퇴각하려는 것이 분명했다. 그래서 서둘러 출병하려고 하자 가후가 그를 말리며 말했다.

"추격하면 안 됩니다. 추격하면 반드시 패할 것입니다."

장수는 듣지 않고 출병했다가 결국 크게 패하고 돌아왔다. 조조가 사전에 매복했던 기습 병사들이 보병, 기병과 협공하여 달려들었기 때문이다.

장수가 진영으로 돌아오고 얼마 되지 않았을 때 가후가 다시 그에게 말했다.

"속히 조조의 군사들을 추격하여 싸우면 반드시 승리할 것입니다."

장수가 그의 말을 들으니 머리가 어질했다.

"조금 전에 그대의 말을 듣지 않고 추격했다가 이 꼴이 되었는데, 어찌 또다시 출병한단 말이오?"

가후가 마치 준비하고 있었던 것처럼 거침없이 말하기 시작했다.

"전쟁의 형세는 끊임없이 변화합니다. 지금 서둘러 추격하면 반드시 승리하실 것입니다."

장수가 이번에는 그의 말을 듣고 즉각 출병하였는데, 과연 얼마 힘도 들이지 않고 큰 승리를 얻고 돌아왔다.

진영으로 돌아온 후 장수가 가후에게 가르침을 청했다.

"처음에 정병을 이끌고 조주의 퇴각하는 군대를 추격하려고 하니 반드시 패할 것이라고 말했고, 패한 이후에 전투에서 진 병사들을 이끌고 승리를 거둔 조조 군사를 공격하면 반드시 이길 것이라고 했소. 모든 것이 공의 말처럼 되었는데, 도대체 어찌 된 일이오? 공이 나를 일깨워주시오."

가후가 말했다.

"그다지 어려운 일이 아닙니다. 장군께서는 비록 용병에 뛰어나시지만 조조의 적수라고 할 수는 없습니다. 비록 패했지만 조조의 군대는 철군하면서 용맹한 군사를 뒤에 배치하여 주도면밀하게 추격을 따돌리기 위해 준비했을 것입니다. 그러니 추격하는 이들이 정예병사라고 할지라도 적수가 될 수 없으며, 조조가 뒤를 끊기 위해 배치한 병사들도 틀림없이 정예병사이니 추격하게 되면 반드시 실패한다고 말씀드린 것입니다. 조조가 장군을 공격했을 당시 별다른 실수도 없는데 자신의 실력을 채보이기도 전에 물러나려고 했으니, 이는 틀림없이 후방에 변고가 생겼기 때문입니다. 조조는 이미 장군과 싸워 이겼으므로 틀림없이 경기병輕騎兵 : 민첩하게 활동할 수 있도록 가볍게 무장한 기병으로 빠르게 전진했을 것입니다. 설사 후방에 장수를 남겨 뒤를 끊도록 했을지라도 그들 부장의 실력은 장군의 적수가 될 수는 없습니다. 그래서 장군이 패한 병사들을 이끌고 싸우더라도 반드시 승리를 얻을 것이라고 말씀드린 것입니다."

장수는 그의 말을 듣고 진심으로 탄복했다.

한편 조조가 허도로 돌아온 후 순욱이 조조에게 물었다.

"어떻게 안중에 이르러 장수의 군대를 물리칠 것이라고 생각하신 것입니까?"

순욱의 질문에 조조가 답했다.

"적들이 우리의 퇴로를 막아 완전히 사지死地로 몰아세웠지. 만약 우리 군대에 퇴로가 마련된다면 굳이 죽으라고 싸우지 않을 것이나, 퇴로가 없으니 죽기 살기로 싸워 승리할 수 있었던 것이오."

　장수와 조조의 싸움에서 이득을 본 사람은 아무도 없었다. 조조는 세 번이나 장수를 공격했지만 마치 대바구니로 물을 푸는 듯 아무런 실효도 없었다. 그렇다면 장수와 조조, 그들 두 사람의 대치 상황은 과연 어떤 결말이 나는 것일까?

18강 지렁이도 밟으면 꿈틀댄다

조조는 완성에서 큰아들과 조카, 그리고 총애하는 부하를 잃으며 장수와 철천지원수가 되었다. 하지만 장수는 나중에 자발적으로 조조에게 투항한다. 깊은 원한이 맺힌 장수와 맞대면한 조조는 오로지 복수를 꿈꾸었던 지난날의 기억은 모두 잊어버리고 화해의 손을 내민다. 그는 왜 그랬을까?

헌제의 대변인 자리를 놓고 벌이는 싸움

조조는 원대한 식견을 지녔다. 그래서 헌제가 천덕꾸러기로 왕따를 당하자 선수를 쳐서 재빨리 황상을 허도로 데리고 갔다. 황상을 수중에 넣으면서 조조는 천자의 홍보대사 겸 대변인이 되었으며, 조정도 헌제가 아닌 조조의 조정이 되었다. 헌제는 허도로 온 후 그나마 생활 형편이 크게 나아졌다. 적어도 고기반찬에 술도 넉넉히 마실 수 있었으니 그럴 만도 했다. 하지만 여전히 꼭두각시 노릇에는 변함이 없었고, 쥐꼬리만 한 권력조차 허여되지 않았다. 뭔가 하고 싶은 일이 있다면 그것이 무엇이든 조조의 허락을 받아야만 했다.

황상도 이제 스무 살이 훌쩍 넘어 청년이 되었다. 이전 동탁과 이각, 곽사 무리들에게 꼼짝 못하던 어린아이가 아니라 이제 자신의 생각을 내놓을 수 있는 나이가 되었다는 뜻이다. 조조의 전횡이 심해지면서 황상도 불만을 품게 되었다. 하지만 황상이 조조에게 불만을 품은 것은 둘째 문제이고, 실제로 더 큰 문제는 당시 정국에서 가장 큰 영향력을 지닌 원소가 조조에게 심히 불만을 보이고 있다는 점이었다.

원소가 그리된 것은 조조가 자초한 바가 크다. 조조는 황상을 수중에 넣은 후 우쭐대면서 자신이 천자라도 된 양 거들먹거리며 원소를 질책하는 조서를 내리기도 했다.

"원소 그대는 대대로 황은을 입었거늘 어찌하여 보은할 생각을 하지 않느냐? 조정에 대해 관심이 없어 공물도 보내지 않고, 헌납도 하지 않으니 이 무슨 까닭이냐?"

원소는 당시 공손찬과 하북을 놓고 싸움에 한창이었는데, 조서를 본 후 그것이 조조의 간계임을 간파했다. 원소는 화가 치솟았다. '조아만, 이놈! 남들에게 혼꾸멍나고 있을 때 내가 도와주지 않았다면 네 녀석이 지금 살아 있기나 하겠느냐? 네가 지금 방자하게 날뛰고 있다마는 자신이 몇 푼어치나 되는지도 모르고 어찌 까부느냐!'

원소는 화가 나서 천자의 조서는 아랑곳도 하지 않고 직접 조조에게 서신을 보냈다. 서신은 오만하고 비꼬는 어투로 조조를 한껏 비난하는 내용이었다.

조조가 보니 원소는 근본적으로 천자의 홍보대사인 자신을 전혀 아랑곳하지 않는 듯했다. 심기가 불편해진 조조는 즉시 원소 토벌을 작심했다. 하지만 원소와 비교하면 전투력이나 병력 면에서 여전히 뒤떨어지는 것이 분명했다. 원소가 공손찬과 대적하느라 전력 손실이 적지 않다고 일시나도 자신이 최상의 실력을 보유하고 있기 때문이었다. 그때서 그는 는 일단 심복 모사인 순욱과 곽가에게 대책을 물었다.

그들 두 사람은 원소의 역량이 막강한 것은 분명한 사실이지만, 겉은 금옥이나 안은 낡은 솜으로 이루어진 것처럼 빛 좋은 개살구에 불과하기 때문에 근본적으로 대업을 이룰 수는 없을 것이라고 판단했다. 그들은 조조에게 일단 관중의 마등과 한수를 같은 편으로 끌어들여 역량을 기르는 것이 중요하다고 건의했다. 조조는 두 사람의 건의에 따라 마등과 한수에게 사람을 보내 조정에 귀순할 것을 권유했다. 마등과 한수는 한 영제 시절에 조정에 반기를 든 적이 있지만 조조의 한마디에 귀순하고 말았다. 이렇게 해서 관중이 조조의 세력 범위가 되었다.

조조는 황제의 명의로 동정서토東征西討하면서 세력을 넓혔다. 처음에 천자를 끼고 제후를 호령할 수 있는 기회가 있었지만 스스로 물리친 원소는 지금에야 후회막심이었으나 이미 엎질러진 물이었다. 조조 세력이 점차 커지자 원소는 더욱 기분이 언짢았다.

'이놈이 황상의 팻말을 내걸고 오늘은 여기, 내일은 저기를 집어삼키고 시도 때도 없이 조서를 내려보내 건방을 떨고 있으니 황상을 손에 넣은 것이 과연 좋기는 하구나. 이래서는 안 되지. 이익이 있다면 고루 나눠야 되지 않겠나! 나도 황제 덕을 좀 봐야겠다.' 이런 생각을 하면서 원소는 황제를 자신과 가까운 곳으로 데리고 와야겠다고 작심했다.

원소는 사자를 보내 조조에게 말했다.

"허도는 지역이 낮아 홍수가 나기 쉬운 곳인지라 한번 큰물이 나면 황궁도 모두 물에 잠길 것이니 있을 곳이 되지 않소. 낙양은 이미 파괴되어 여우며 토끼가 출몰하는 곳이니 황상을 족제비가 사는 곳에 둘 수는 없지 않겠소? 그러니 비교적 풍요로운 견성으로 천도하는 것이 좋을 것이오."

'족제비가 닭에게 세배를 하는 꼴이로구나. 그런 거짓 호의에 안심하여 올가미에 빠질 수는 없지! 너의 터진에 황상을 모셔놓고 제멋대로 하겠다는 말 아니겠느냐! 천자를 모시고 있는 것이 어떤 의미인지 이제야

아는 모양인데, 아쉽게도 너무 늦었다. 한번 기회를 놓치면 다시 잡기 어려운 법이지!'

조조는 이렇게 속으로 되뇌며 원소의 제의를 묵살했다.

그럴 즈음 원소의 모사인 전풍이 이렇게 간언했다.

"천도하자는 건의를 거절하였으니 하루라도 빨리 허도를 공격하여 천자를 받들어 전국을 호령할 수 있어야 합니다. 그렇지 않으면 우리가 오히려 명령을 받게 되니 나중에 후회해도 소용없습니다. 조조는 좋은 말로 해서 듣지 않을 것이니 무슨 수단을 쓰든 그를 깨부수고 황상을 빼앗아야 합니다."

하지만 원소는 전풍의 건의를 받아들이지 않았다. 원소는 사람됨이 우유부단했는데, 당시 그가 결심을 하지 못하고 머뭇거린 것은 여전히 공손찬과 교전 중이었기 때문이다. 원소는 아직 결심을 하지 못했지만 허도를 공격한다는 소식이 전해지자 조조는 놀라 식은땀을 흘리며 장수를 정벌하려던 계획을 중도에 포기하고 허도로 철군했다.

마침내 원소는 공손찬을 물리치고 유주, 기주, 청주, 병주 등 네 개의 주를 독점하는 최대의 군벌 자리에 올라섰다. 누군가 그에게 건의했다.

"주공께서는 막강한 전력을 확보하시고 천하 13주 가운데 네 개의 주를 확보하셨습니다. 그러니 민의를 따라 칭제하시는 것이 마땅한 줄 아옵니다. 아우님도 황제가 되셨는데 주공께서 어찌 불가능하겠습니까?"

원소는 그의 말을 듣고 마음이 동했다. 황제를 누군들 하고 싶지 않겠는가? 원소는 그의 건의를 휘하 관원들에게 전하고 분위기를 살폈다. 그런데 뜻밖에도 모든 이들이 이는 대역무도한 일이라고 입을 모으고, 건의한 사늘 참누뎅에 처해야 한나고 소리 높여 주장했나. 원소는 사신이 제위에 오르라고 주장한 이를 죽여 자신의 뜻이 아님을 밝히는 수밖에 없었다. 이렇듯 아첨도 일종의 기술인지라 자칫 잘못하다가는 목이 달아

나는 수가 있다.

모사가 많아도 걱정

원소는 비록 칭제하지 않았지만 조조에 대해 도무지 참을 수가 없었다. 그는 공손찬의 잔당을 섬멸하는 기회에 조조까지 평정할 생각이었다. '저 녀석이 황제의 깃발을 흔들며 허장성세로 협잡질을 하지 못하도록 기선을 잡아야지.' 원소는 이렇게 생각하며 정병 10만에 양마 1만 필을 마련하여 일거에 허도를 점령하려고 했다.

원소 수하의 모사인 저수沮授가 간언했다.

"공손찬을 토벌하느라 수년 동안 전란이 지속되어 백성들의 고통이 말이 아닙니다. 곳간에는 비축한 곡식이 없고 백성들은 늘어난 부역에 시달리니 나라의 큰 근심거리가 아닐 수 없습니다. 먼저 사신을 보내 천자에게 승전 보고를 하고, 백성들이 농사에 전념하며 편안히 살 수 있도록 해야 합니다. 만약 제대로 보고할 수 없다면, 조조가 방해하여 조정과 관계를 끊으려고 한다고 표문을 올려야 합니다. 그런 다음 출병하여 여양黎陽에 주둔하면서 하남을 다스리고 무기를 수리하며, 다른 한편으로 정병을 파견하여 조조의 변경을 소란스럽게 하여 상대를 불안하게 만들면 우리는 안정을 취할 수 있습니다. 이렇게 하면 그냥 앉은 채로 너끈히 천하를 평정할 수 있습니다."

원소는 저수의 의견을 다 들은 후 다른 이들의 의견을 물었다. 원수 수하의 곽도郭圖와 심배審配가 저수의 말을 듣고 반론을 제시했다.

"명공은 귀신과 같은 용병술로 북방의 강병을 이끌고 있으니 조조를 토벌하는 일쯤은 손바닥을 뒤집는 것처럼 쉽거늘 어찌하여 번거롭게 하십니까?"

저수가 다시 반박하며 말했다.

"우리가 난리를 평정하고 포악한 자들을 응징하였기에 의병이라 칭해졌습니다. 만약 군사가 강한 것만 믿고 뽐낸다면 그런 이들은 교병驕兵이라고 합니다. 자고로 의병은 무적이지만 교병은 반드시 망한다고 했습니다. 조조는 천자를 받들어 천하를 호령하고 있습니다. 만약 우리가 군사를 일으켜 남하한다면 이는 군신의 도의를 깨뜨리는 일입니다. 게다가 조조는 법령을 엄격하게 시행하고 평소에도 군사들을 조련하고 있습니다. 그는 공손찬처럼 얼뜨기가 아닙니다. 지금 만전의 책략을 버리고 명분 없이 군사를 일으키면 참으로 승리를 얻기가 힘들 것 같습니다."

하지만 곽도와 심배가 다시 반박하며 원소에게 출병할 것을 권유했다.

"저수의 말은 듣지 마시기 바랍니다. 명공께서는 신묘한 무공을 갖추고 계시며 장수들은 앞다퉈 전공을 세우려고 하는데, 이 기회에 대업의 기틀을 마련하지 아니하시고 또 무엇을 기다린다는 말입니까?"

원소는 눈앞의 이익에 급급하고 식견이 짧은 데다 책략마저 부족하여, 저수의 의견을 저버리고 곽도 등의 건의를 받아들였다. 곽도 등은 자신들의 의견이 받아들여지자 한 걸음 더 나아가, 저수를 중용해서는 안 된다고 하면서 견제구를 던졌다.

"저수는 내외를 총괄하면서 삼군에 위엄을 떨치고 있습니다. 만약 그의 세력이 점차 확대된다면 어떻게 그를 통제할 수 있겠습니까?"

원소가 그 말을 듣고 저수가 통솔하던 군대를 셋으로 나누어 저수, 곽도, 순우경에게 하나씩 맡겼다. 원소가 출병하기 전 누군가 또다시 그를 만류했다. 천자가 허도에 있는 것은 민심의 향배이기도 하니 진격해서는 안 된다는 밝이었다. 하지만 원소는 그의 말을 듣기는커녕 오히려 그를 잡아 감옥에 처넣었다.

철천지원수와도 손을 잡을 수 있으리

원소가 대거 허도로 진격하고 있다는 소식이 전해지자 조조 막하의 장수들은 심히 두려워했다. 하지만 조조는 전혀 두려워하는 기색이 없었다.

그가 사람들을 안심시키며 말했다.

"나는 원소의 사람됨을 잘 알고 있소. 뜻은 크지만 지략이 부족하고, 시기심이 강하고 인정이 각박하며 위엄이 없소이다. 비록 병력이 많다고는 하나 적절하게 배치되지 않고 장수들은 교만하며 명령 체계가 통일되어 있지 않소. 토지가 넓고 양식이 풍부하지만, 이는 조만간 우리를 위한 제물이 될 것이오."

장작대장將作大匠 : 토목, 건축을 맡은 장관인 공융이 조조의 말을 듣고 뭔가 중얼거리더니 순욱에게 이렇게 말했다.

"원소는 영토가 넓고 군사력이 강합니다. 전풍과 허유처럼 지략이 뛰어난 이들이 그를 위해 계책을 마련하고, 심배와 봉기逢紀 같은 충성스러운 자들이 그를 위해 일하며, 안량顏良과 문추文醜처럼 삼군을 통솔할 능력을 갖춘 장수들이 군대를 이끌고 있지요. 그러니 원소를 이기기가 쉽지 않을 것이오."

순욱이 대답했다.

"원소의 병마가 비록 많다고 하나 기율이 엄격하지 않습니다. 수하의 전풍은 강인하다고 하나 윗사람을 거스르기 일쑤이고, 허유는 탐욕스러우며, 심배는 독단적이고, 봉기는 자기만 옳다고 여깁니다. 그들 몇 사람을 한데 모아놓으면 틀림없이 서로 어울리지 못하고 내홍을 일으킬 것입니다. 안량과 문추는 그저 필부의 용맹을 지녔을 뿐이니 한 번 싸움으로 사로잡을 수 있습니다."

비록 조조와 순욱이 원소를 별것 아니라고 말하기는 했지만 사실 그들이 중시한 것은 공격이 아니라 방어였다. 건안 4년(서기 199년) 8월, 조조가 여양으로 진군했다. 그는 수하 대장들에게 정예병사를 이끌고 청주로 가서 동쪽 변방을 사수하도록 하는 한편, 우금에게 황하 근처에 주둔하여 연진延津을 방어하도록 했다. 9월이 되자 조조는 허도로 돌아와 군사를 나누어 관도官渡를 수비했다.

원소의 대군이 쳐들어오고 후방에서 장수의 위협이 사라지지 않았기 때문에 조조는 그야말로 위급한 상황에 처했다. 하지만 이처럼 긴급한 상황에서 장수가 돌연 조조에게 투항했다.

원소가 조조를 치려면 무엇보다 도움의 손이 필요했다. 적의 적은 친구라고 했던가. 원소는 장수가 조조와 맞붙어 싸우면서 조조의 맏아들과 조카, 그리고 가장 좋아하던 장수까지 죽였기 때문에 원소에게 합세하기를 기대했다. 그래서 원소는 사자를 보내 장수를 설득하는 한편, 장수의 모사인 가후에게 서신을 보내 도와줄 것을 요청했다.

장수는 원소가 보낸 서신을 보고 적극 응할 생각이었다. 하지만 가후는 생각이 달랐다. 가후는 장수가 사자를 만난 자리에서 노골적으로 반대 의사를 전했다.

"돌아가셔서 원소의 호의는 감사하나 형제끼리도 서로 받아들이지 못하는데 어찌 천하의 호걸을 받아들이시겠느냐고 전해주시기 바랍니다."

사자가 그의 말을 듣고 발끈하며 얼굴빛이 변하더니 즉시 자리에서 일어나 작별을 고했다.

장수가 놀라고 또한 두려워 가후를 책망하며 말했다.

"그대는 어찌 그렇게 말을 하시오? 원소에게 죄를 지었으니 우리는 누구를 의지한단 말이오?"

가후가 대답했다.

"조조를 따르는 것만 못합니다."

"어찌 이리 답답하시오? 원소는 세력이 막강하고 조조는 약하지 않소. 게다가 내가 그의 아들까지 죽인 상황에서 어찌 그를 따라간단 말이오?"

가후가 다시 입을 열었다.

"바로 그것 때문에 우리는 조조에게 귀부해야 합니다. 우선 조조는 천자를 받들어 역신을 토벌한다고 하니 명분이 정당합니다. 둘째, 원소는 강성하여 우리가 적은 병력으로 그를 따라가면 필시 우리를 중시하지 않을 것입니다. 하지만 조조는 세력이 약하기 때문에 우리를 얻으면 틀림없이 기뻐할 것입니다. 셋째, 조조는 천하를 제패할 뜻을 가지고 있어 사사로운 원한을 없앰으로써 천하에 은덕을 밝히고자 할 것이니 이전의 원한 관계를 따지려고 하지 않을 것입니다. 그러나 장군께서는 의심하지 마시고 서둘러 조조에게 귀순하시기 바랍니다."

장수는 재삼 고려하였으나 가후의 말이 일리가 있었다. 그해 11월, 장수는 휘하 군사들을 이끌고 조조에게 투항했다.

장수와 조조의 원한 관계는 실로 심각한 것이 아닐 수 없다. 조조의 맏아들, 조카, 맹장 전위까지 모두 장수로 인해 죽었기 때문이다. 그러니 조조의 입장에서 볼 때 장수를 붙잡아 회를 쳐 먹어도 시원치 않을 정도였을 터이다. 그러나 장수가 투항하자 조조는 그의 손을 붙잡고 함께 연회를 즐기며 자신의 아들을 장수의 딸과 혼인시켰다. 원수지간의 두 사람이 이제 사돈지간이 된 셈이다. 조조는 표를 올려 장수를 양무장군揚武將軍으로 임명하고, 가후를 집금오로 삼고 도정후都亭侯로 봉했다.

절개를 지킨 호인 한숭

원소는 장수가 자신과 같은 길을 가지 않고 오히려 조조에게 투항하자 어쩔 수 없이 형주의 유표에게 눈을 돌려 함께 조조를 치자고 꼬드겼다.

유표는 그러겠다고 응답은 했지만 차일피일 미루며 좀처럼 병사를 일으키지 않았다. 그렇다고 조조를 돕자고 나선 것도 아니었다. 그는 원소와 조조가 싸우는 것을 멀리서 관망하겠다는 뜻이었다.

유표의 수하인 한숭韓嵩과 별가別駕 유선劉先이 그에게 말했다.

"지금 원소와 조조 양 진영이 대치하고 있으니, 천하의 중대한 일이 장군에게 달려 있습니다. 장군이 큰일을 하시려고 한다면 그들이 싸워 쇠미해진 틈을 타서 군사를 일으키시면 될 것입니다. 만약 그럴 뜻이 없으시다면 장군은 반드시 한 명을 선택하여 그를 원조하셔야 합니다. 지금 우리는 10만 군대를 가지고 있으면서도 어찌하여 형세를 관망하고만 있습니까? 만약 도움을 청해도 돕지 않고 현명한 이를 보고도 귀부하지 않으면 쌍방의 원망이 모두 장군께 쏠릴 것이니 아마도 중립을 지킬 수 없을 듯합니다."

그들은 계속 말을 이었다.

"구체적으로 조조는 용병에 능한 인물로 천하의 준걸지사俊傑之士들이 그에게 의탁하여 힘을 쏟고 있으니 필시 원소와 싸워 승리를 얻을 것입니다. 일단 원소를 물리친 후 그는 장강과 한수를 건너 진격해 올 것입니다. 그렇게 되면 장군은 맞서 싸우기 힘듭니다. 그러니 지금 입장에서 조조에게 귀부하는 것이 만전지책萬全之策이 될 것입니다. 그리하면 조조는 반드시 장군에게 감격할 것이고, 장군도 오랫동안 복을 누리실 수 있을 것이며, 그 은택이 후대까지 전해질 것입니다."

또 다른 모사도 유표가 여전히 주저하며 결정을 내리지 못하는 것을 보고 다시 한 번 조조에게 귀부할 것을 권유했다. 하지만 유표는 일단 상황을 보고 결정하기로 마음먹었다. 그래서 모사 한숭을 허도로 보내 정황을 살피도록 했다. 그가 한숭에게 말했다.

"지금 상황에서 과연 누가 마지막에 천하를 얻게 될지 알 수 없소. 조조가 천자를 모시고 허도에 있으니 그대가 직접 그곳에 가서 형세를 살펴보시게."

한숭이 대답했다.

"저는 지조를 중시하는 사람입니다. 지금은 당연히 장군의 관료이므로 장군의 명령만 따릅니다. 하지만 이제 곧 조조가 천하를 통일하게 될 것입니다. 만약 장군이 위로 천자를 받들고 아래로 조조에게 귀순하신다면 저를 허도에 파견하셔도 기꺼이 받아들일 수 있습니다. 하지만 여전히 주저하며 결정을 내리시지 못하고 계신데 제가 허도에 갔을 때 만에 하나 천자께서 저에게 관직을 내리신다면 저는 물리칠 방법이 없습니다. 그렇다면 천자의 신하가 되는 것이니 더 이상 장군을 위해 목숨을 바칠 수 없게 될 것입니다."

한숭의 말은 분명했다. 내가 허도로 가서 상황을 살피는 것쯤이야 그다지 큰 문제가 아니다. 하지만 당신이 투항하지 않은 상태에서 조정이 내가 마음에 늘어 관직을 순다면 더 이상 당신의 부하가 될 수 없을 것이다. 하지만 유표는 그의 말뜻을 못 알아들었다. 그는 그저 한숭이 허도로 가는 것을 두려워할 뿐이라고 생각하여 억지로 가도록 했다. 한숭이 허도에 도착하자 조조는 황상에게 조서를 내리게 해 한숭을 시중 겸 영릉군태수로 임명했다.

한숭은 허도에서 돌아온 후 조조의 위엄과 은덕에 대해 열심히 설명하면서 유표에게 아들을 인질로 보내도록 권유했다. 유표가 버럭 화를 내며 소리쳤다.

"너 이놈, 한숭아! 네놈은 도대체 누구의 사람이냐?"

유표는 한숭을 죽일 생각에 전체 관료들을 소집했다. 관료들이 모두 모인 자리에서 유표가 한숭에게 물었다.

"너는 어찌하여 두 마음을 먹었단 말이냐?"

신료들은 한숭이 걱정되어 당장 유표에게 사죄하라고 권유했다. 그러나 한숭은 오히려 담담했다.

"나는 장군의 신의를 저버린 적이 없소이다."

그는 허도로 떠나기 전에 했던 말을 그대로 다시 말했다.

"제가 앞서 말씀드린 바대로 일단 허도로 가서 조정이 저에게 관직을 주게 될 경우 당연히 천자의 신료가 되는 것이니 더 이상 장군을 위해 힘을 쓸 수 없습니다."

그때 유표의 아내 채씨蔡氏가 유표에게 은근히 권했다.

"한숭은 명망이 있는 선비인 데다, 그의 말에도 일리가 있습니다. 그러니 굳이 그를 죽일 필요가 있겠습니까?"

유표는 비록 화가 났지만 한숭이 일부러 배반한 것이 아니니 죽일 수도 없었다. 그래서 감옥에 처넣도록 했다.

헌제의 의대조

원소와 조조가 결전을 준비하고 있을 무렵, 조조 진영 내부와 조정 안에서 조조를 반대하는 세력들이 결집하여 조조를 살해할 계획을 진행하고 있었다.

한번은 조조를 호위하는 병사 서타徐他 등이 국가와 조정을 위한 것인지, 아니면 다른 이유가 있는 것인지 알 수 없으나 여하간 음모를 꾸며 조조를 살해하려고 했다. 하지만 언제나 허저가 조조를 호위하여 감히 행동에 옮기지 못하고 있다가, 어느 날 허저가 잠시 쉬러 간 사이에 칼을 숨기고 조조의 장막으로 들어갔다 이제 막 거사를 벌이려고 하는 찰나, 왠지 불안한 마음이 들어 장막으로 돌아온 허저와 맞닥뜨렸다. 아연실색하여 어쩔 줄 모르는 서타를 보고 의심이 든 허저는 즉시 그들에게 달려들었다.

허저는 한 명이고 그들은 여러 명이었으나 그들이 어찌 허저의 상대가될 수 있겠는가? 허저는 순식간에 그들을 죽여버렸다. 군중에서 일어난반란은 몇 명을 죽이는 것으로 간단하게 끝낼 수 있었다. 하지만 조정에서 조조를 살해하려는 움직임은 상당히 조직적이고 은밀하게 이루어지고 있었다.

앞서 말했다시피 황상의 나이가 점점 많아지자 조조의 전횡에 대한 불만이 날로 고조되었다. '조아만, 네가 참으로 방자하기 이를 데 없구나.짐은 아예 안중에도 없다 이 말이지. 아, 내가 호랑이 입에서 벗어나 승냥이 굴로 들어왔구나.'

헌제는 이런 생각에 잠을 이룰 수 없었다. 이런 상황에서 조정의 신하들도 날이 갈수록 조조에 대한 불만이 쌓여만 갔다.

조조를 없애고 싶은 마음이야 굴뚝같지만 그렇다고 황상이 직접 나설수는 없는 일이었다. 그는 자신의 장인이자 거기장군인 동승에게 그 일을 맡기기로 마음먹었다. 동승은 국척國戚으로 헌제의 귀비의 부친이다.황상은 그와 이번 거사를 의론할 생각이었다. 하지만 이는 쉬운 일이 아니었다. 무엇보다 궁중에 조조의 이목이 너무 많았다. 이런 상황에서 어떻게 황상이 조조를 죽일 마음이 있다는 사실을 다른 이들에게 전달할수 있을 것인가?

그래서 생각해낸 것이 바로 '의대조衣帶詔'였다. 의대는 옛날 관리들이차는 옥대로 지금으로 말하면 허리띠이니, 의대조란 바로 그 허리띠 안에 조서를 숨겨 보낸다는 뜻이다. 헌제는 조조를 주살하라는 조서를 적어 잘 접어서 옥대 안에 넣고 바느질하여 봉했다. 그런 다음 동승이 궁실에 들어왔을 때 이대를 건넸다. 조서에서 황제는 조조가 어떻게 발호하여 황제인 자신을 핍박하고 있는지 설명하고, 조조를 죽여 사직을 다시 잡겠다는 굳건한 의지를 밝혔다.

동승이 집으로 돌아와 조서를 살펴보니 황상이 자신에게 조조를 죽이라고 부탁하고 있는 것이 아닌가! 참으로 놀랍고 두려웠다. 조조는 결코 쉬운 상대가 아니었다. 그러나 황상이 내리신 어명을 어찌 받아들이지 않을 수 있겠는가! '여하간 한 사람의 힘만으로는 조조를 제거할 수 없다.' 동승은 이런 생각에 사람들을 모으기 시작했다.

거사에 동참할 이들을 모으는 일은 생각했던 것보다 그리 어렵지 않았다. 조조에게 불만을 품은 이들이 그만큼 많다는 뜻이다. 그렇게 해서 모인 사람들 중에 유비도 포함되어 있었다. 유비는 여포에게 밀려 갈 곳을 잃고 조조에게 몸을 맡긴 상태였다. 조조와 함께 허도로 온 유비는 황제를 알현한 자리에서 자신의 가보家譜를 아뢰었는데, 헌제가 세보를 따져보니 자신의 숙부뻘인지라 편전으로 청해 숙질간의 예를 베풀었다고 한다. 이로써 유비는 유 황숙劉皇叔, 즉 황제의 숙부가 되었다. 과연 진짜로 그러했는지는 알 수 없는 일이되, 유비가 의대조를 받아 동승과 반조反曹 집단을 결성한 것은 분명하다.

반도叛徒 유비의 도주

유비는 반조 집단에 기꺼이 참여하겠노라고 약조한 후 얼마 되지 않아 황제의 밀조는 내팽개치고 허도를 떠나게 된다.

그 이전 어느 날 조조가 유비를 청해 주연을 차렸다. 술이 도도해지자 조조가 문득 유비에게 이렇게 말했다.

"지금 천하에 영웅이 있다면 그대와 나뿐이니, 본초本初 : 원술와 같은 무리는 그 안에 낄 수도 없소이다."《삼국지 · 촉서 · 선주전》 유비는 마침 밥을 먹고 있었는데, 그의 말을 듣고 깜짝 놀라 숟가락과 젓가락을 떨어뜨리고 말았다. '이자가 무슨 소문을 들었기에 나더러 영웅이라고 하는가? 설마 나를 타도 대상으로 삼고 있는 것이 아닐까?' 유비는 문득 이런 생각이 떠올랐다.

때마침 비가 억수같이 쏟아지면서 우렛소리가 크게 울렸다. 유비는 짐짓 우렛소리에 놀라 젓가락을 떨어뜨린 양 이렇게 말했다.

"성인도 '갑작스러운 번개와 매서운 바람이 불면 반드시 얼굴빛이 변한다'고 말씀하셨는데, 과연 그렇군요. 한 차례 우레의 위세가 가히 이에 이를 정도입니다."《삼국지 · 촉서 · 선주전》주에 인용된《화양국지華陽國志》

그러자 조조가 껄껄 웃으며 말했다.

"피비린내에 칼과 창이 부딪치는 소리 요란한 전쟁터를 누빈 분이 어찌 우렛소리를 무서워한단 말이오."

이것이 바로 소설에서 흥미진진하게 이야기하고 있는 '청매자주논영웅靑梅煮酒論英雄', 즉 '푸른 매실 안주로 술을 데우며 영웅을 논하다'라는 대목이다.

이 일이 있은 후 유비는 동승과 그 밖의 대신들을 만나 말했다.

"조조를 살해할 계획을 조속히 실행에 옮겨야 할 것 같습니다. 조조가 저를 의심하는 눈치입니다."

유비는 비록 동승 등과 결탁했으나 '영웅을 논함' 이후 내심 두려움이 엄습했다. '조조가 왜 이처럼 나를 치켜세우지? 설마 나에게 따끔한 맛을 보여주려고 저러는 것은 아니겠지? 허도는 역시 오래 있을 곳이 아니니 서둘러 떠나야겠다.'

기회가 곧 왔다. 당시 원술은 완전히 깨져 북방의 원소에게 의탁할 생각이었다. 앞서 말했다시피 원소에게 가려면 도중에 서주를 지나야만 한다. 그래서 유비는 조조에게 자신이 직접 출병하여 원술의 발목을 잡겠다고 말했다. 서주는 유비가 한동안 머물던 곳이라 누구보다 지리에 익숙했기 때문이다. 그래서 조조는 유비에게 군사 5만을 주는 한편, 대장을 따라 보내 원술을 공격하도록 했다. 유비는 서둘러 행장을 꾸려 곧 바로 출발했다. 자칫 늦었다가는 조조에게 작살날 수도 있기 때문이다.

유비가 떠난 후 조조의 모사인 정욱과 곽가가 출장을 갔다가 돌아왔다. 그들은 유비가 떠났다는 소식을 듣고 황급히 조조를 만나, 호랑이를 산으로 돌려보낸 꼴이니 뒷일을 상상하기 어렵다고 하면서 당장 쫓아가 돌아오도록 해야 한다고 말했다. 조조는 그제야 자신이 실수했음을 깨닫고 허저에게 500명을 데리고 추격하도록 했다. 그러나 유비는 이미 멀리 떠난 후였다.

교룡이 물을 만난 것처럼 자유의 몸이 된 유비는 우선 원술을 차단하여 원소와 합류할 수 없도록 했다. 원술은 어쩔 수 없이 수춘으로 돌아갔다가 결국 허망하게 죽고 말았다. 조조가 파견한 대장은 조정으로 귀환했지만 유비는 절대로 돌아갈 수 없었다. 유비는 서주자사를 죽이고 관우를 남겨 하비를 지키게 하는 한편 자신은 소패로 돌아갔다.

소패는 확실히 유비에게 익숙한 곳이었다. 그가 도착하자 당시 민간의 군소 수령들이 모두 조조를 배반하고 그에게 귀부했다. 어느새 유비의 군대는 수만 명으로 늘어났다. 유비는 사자를 보내 원술과 연합하여 간적 조조를 토벌하기로 했다. 오늘은 동지로 함께 술을 마시다가 내일이면 적이 되어 칼을 겨누는 꼴이니, 당시 상황이 바로 이러했다.

조조는 유비가 자신을 배반하자 대로하여 즉각 유대를 보내 공격하도록 했다. 하지만 유비도 어제의 그가 아니었다. 몸집이 커진 유비의 군대는 유대를 맞이하여 깔끔하게 물리쳤다. 유비는 유대에게 이렇게 소리쳤다.

"너희들은 수백 명이 와도 나를 어쩌지 못할 것이다. 혹시 조공이 직접 오면 모를까!"

유비는 제때 도망치고 아울러 제자리를 찾았지만 동승을 비롯한 반조 집단의 운명은 그리 좋지 않았다. 유비가 소패를 차지하고 얼마 후 동승 등이 조조를 주살하려던 계획이 발각되고 말았다. 조조는 즉시 동승과 모의에 참가한 이들을 삼족까지 모두 주살하고 대군을 동원하여 유비를 타도할 준비를 했다.

그러자 조조의 장수들이 모두 만류하며 이렇게 말했다.

"주공과 천하를 다투는 이는 원소이지, 유비가 아닙니다. 지금 원소의 대군이 바싹 접근하고 있는데 어찌 유비를 치겠다고 하십니까? 유비가 도대체 뭡니까? 정찬은커녕 기껏해야 전채 정도밖에 되지 않는 작자이니 조급해하실 필요 없습니다. 만약 주공이 유비를 먼저 치신다면 원소가 틀림없이 배후에서 우리를 공격할 것이니 그러면 어떻게 되겠습니까?"

그러자 조조가 말했다.

"그대들의 말은 틀렸다. 유비는 무리 가운데 틀림없는 호걸이다. 지금 그를 치지 않는다면 나중에 후회할 일이 있을 것이다."

곽가도 비슷한 말을 했다.

"주공의 말씀이 맞습니다. 원소는 더디고 의심이 많아 설사 공격해 온다고 할지라도 그리 빠르지 않을 것입니다. 유비는 뛰어난 인걸임에 틀림없습니다. 이제 막 창업하여 인심을 모두 얻지 못한 상황이니 서둘러 진격하면 저들을 물리칠 수 있을 것입니다. 유비를 물리친 후 원소를 토벌해도 늦지 않습니다."

그리하여 조조의 군사들은 동쪽으로 유비 정벌에 나섰다. 조조의 군대가 유비를 치자 원소의 모사인 전풍이 원소에게 간언했다.

"조조와 유비의 싸움은 단시간에 승부가 나지 않을 것입니다. 장군께서 군사를 이끌고 조조의 후방을 공략하신다면 틀림없이 승리하실 것입니다."

그런 원소는 아들이 병이 나서 병원에 데리고 가느라 정신이 없어 제때 출병하지 못했다. 전풍은 원소의 그런 모습을 보면서 땅을 치며 탄식했다.

"천재일우의 기회를 얻었는데 아들이 병이 났다고 포기하니 참으로 애석한 일이로다. 이 어찌 대세가 아니겠느냐!"

조조는 유비를 공략하여 완전히 궤멸했다. 유비는 겨우 목숨을 건졌지만 그의 처자식은 이번에도 모두 포로가 되었다. 생각해보면 유비의 가족은 정말 재수가 없다. 걸핏하면 포로가 되니 말이다. 유비가 과연 고조 유방의 직계 또는 방계 후손인지 정확하게 따질 수는 없지만 그와 비슷한 부류라는 것은 분명하다. 왜냐하면 어떤 경우라도 절묘하게 도망쳐 자신의 목숨을 부지하면서 처자식은 나 몰라라 내팽개쳐 포로가 되기 일쑤이기 때문이다.

조조는 계속해서 하비를 공격하여 관우까지 생포했다. 유비는 패잔병을 이끌고 원소에게 달려갔다. 이렇게 해서 천하의 형세는 두 명의 영웅이 쟁투를 벌이는 형국이 되었다. 이제 조조와 원소의 전쟁이 일촉즉발의 상태가 되었다.

19강 조조, 원소를 꺾다

관도전투는 중국 역사상 약세의 군대가 막강한 전력을 자랑하는 강군에게 승리한 것으로 유명하다. 조조는 원소에 비해 훨씬 못 미치는 병력으로 1년여 동안 대치하다 결국 승리를 얻어냈다.《삼국지》는 제갈량諸葛亮의 말을 빌려 이렇게 평가했다.

"이는 하늘의 뜻이 아니라 사람이 도모한 까닭이다."

당시 전투에서 조조는 과연 어떤 하늘의 뜻을 얻게 될 것인가? 또한 그는 어떤 책략으로 진세를 역전시켜 강직을 물리칠 수 있었던 것인가?

간언에 귀 막은 원소

유비는 조조에게 패하고 청주로 도피한 후 원담을 통해 원소에게 몸을 의탁했다. 원소는 유비가 온다는 소식에 매우 기뻐하며 친히 업성에서 200리 떨어진 곳까지 나가 유비를 영접했다. 유비가 업성에서 1개월 정도 머무는 동안, 흩어졌던 병사들도 점차 그의 주위로 몰려들었다. 원소 역시 조조와 대결전을 준비하였다.

조조는 유비를 물리치고 관우를 생포한 후 관도로 돌아와 원소와 대치했다. 원소는 허도를 공략할 계략을 짜기 시작했나 앞서 말했다시피 조조가 유비를 칠 당시 전풍이 원소에게 기회를 틈타 후방을 공격할 것을 권유했으나 원소의 아들이 병에 걸리는 바람에 기회를 놓치고 말았다. 지금은 조조가 관도로 돌아가서 이미 방어 준비를 완료한 상태였기 때문에 공격 시기가 좋다고 말할 수 없었다.

전풍은 원소에게 이렇게 권했다.

"현재 조조는 만반의 준비 태세를 갖추고 있습니다. 워낙 용병에 능한 자인지라, 병력이 적다고 하여 가볍게 보면 안 됩니다. 차라리 잠시 군사를 움직이지 말고 대치 상황으로 가는 것이 좋을 듯합니다. 동시에 농경에 힘쓰면서 군비를 증강하고 정병을 선발하여 조조를 교란하면 틀림없이 지쳐서 도망칠 것입니다. 그러면 우리는 굳이 전쟁을 일으키지 않아도 조조를 곤경에 빠뜨려 머지않아 승리를 얻게 될 것입니다. 그러지 않으면 우리가 패할 것이니 그때 가서 후회한들 이미 늦습니다."

전풍의 간곡한 간언 역시 원소에게 받아들여지지 않았다. 오히려 거듭되는 간언에 원소는 화를 벌컥 내면서 전풍을 질책했다. 원소는 문득 전풍이 군심을 교란한다는 생각이 들었다. '매번 내가 조조를 이길 수 없다고 말하는 것은 무슨 의도인가? 네놈이 나를 무시하려는 게냐? 아니면 조조의 첩자라도 된단 말이냐?' 결국 원소는 전풍을 감옥에 가두고 형구를 채우라고 명했다.

이후 원소는 공문을 각 주군에 보내 조조의 죄상을 널리 알렸다. 당시 원소를 도와 격문을 작성한 사람은 이른바 '건안칠자建安七子' 가운데 한 사람인 진림이다. 그는 격문에서 조조는 물론이고 그의 조상에 대해서도 심한 욕설과 비난을 퍼부었다. 그의 선동적인 격문을 읽은 조조는 화가 머리끝까지 치밀어 올랐다.

칼로써 복을 되찾는다고 어찌 분세를 해설할 수 있겠는가? 원소는 곧바로 행동에 옮겼다. 그는 기병 1만에 보병 10만을 모집하여 조조 토벌을 준비했다. 이듬해 2월, 원소의 대군이 여양으로 진격했다. 비록 진림이 격문을 통해 조조에게 심한 욕설을 퍼부으며 기세를 돋우고, 원소가 10만 대군을 출병했으나 접전하기도 전에 원소의 부하들은 이미 대국이 불리하여 패배할 수밖에 없음을 알고 있었다.

옥에 갇힌 전풍 외에 모사인 저수도 원소가 이번에 완전히 망할 것이라는 생각이 들었기 때문에, 출병에 앞서 친인척을 모아놓고 가산을 분배했다. 그의 아우가 이상하게 여겨 물었다.

"조조의 병마가 우리보다 한참 못 미치니 우리가 공격하는 데 전혀 문제가 없을 듯한데, 형님께서는 무엇을 두려워하십니까?"

그러자 저수가 대답했다.

"조조의 지혜와 계략은 우리가 따라가지 못한다. 비록 우리가 공손찬과 싸워 이기기는 했다만 병사들은 심히 피곤하여 지쳤고 주상은 기고만장하고 장수들 또한 교만하니 한 번 싸움에 전군이 몰살될 수도 있을 것이다."

하지만 원소는 진히 그렇게 생각하지 않았다. 그는 병력이 우세하고 군량 또한 넉넉하기 때문에 조조와 싸워 승리를 얻는 것은 자신의 손바닥을 뒤집는 것처럼 쉬운 일이니 그를 죽일 날도 머지않았다고 장담했다. 원소의 군대는 여양으로 진군한 후 황하를 건너 조조의 주력군과 맞붙기로 했다. 원소는 우선 대장 안량을 백마로 보내 황하 남쪽 요충지를 점령함으로써 주력군이 안전하게 도하할 수 있도록 만들라고 했다.

모사 저수가 만류하며 말했다.

"안량이 용맹하기는 하나 성격이 조급하여 혼자 힘으로 감당하기 힘들 것입니다. 그는 장수이니 적진으로 돌격하여 적을 무찌를 수는 있습니다만 통솔하고 지휘할 능력이 없습니다."

하지만 원소는 모사의 말을 듣지 않고 제 고집대로 안량을 출전시켰다. 원소가 거듭되는 모사들의 간언을 거부한 것을 보면 이미 그의 실패는 예견된 것이라는 생각이 든다. 조조 쪽은 안량이 백마로 진격했기 때문에 주도권을 잡아 초반 승리를 쟁취하기 위해 조조가 친히 병사를 이끌고 백마의 포위망을 풀기 위해 북상했다.

관우가 조조에게 보은하다

당시 조조의 모사 순유는 원소의 병사가 많으니 성동격서聲東擊西 : 동쪽을 친다고 소리친 후 서쪽을 공격하는 병법 전략으로 병력을 분산할 것을 제안했다. 《삼국연의》에 따르면, 관도대전 당시 원소 군대는 70만, 조조 군대는 7만이었는데, 지나치게 과장한 숫자다. 당시 원소 군대는 대략 10여만, 조조 군대는 3~4만 정도였다.

순유는 우선 군사를 이끌고 연진으로 가서 강을 건너는 척하다가 원소의 배후를 공격하여 병력을 분산하고, 그다음 경기병을 보내 신속하게 백마의 원군을 습격하여 허를 찌르는 공격을 감행할 것을 건의했다. 조조는 순유의 건의를 받아들였다. 순유의 예측대로 조조군이 강을 건너는 척하자 원소가 병력을 분산해 연진 쪽으로 보냈다. 원소가 병력을 분산하기 무섭게 조조는 군사를 이끌고 곧바로 백마를 향해 진격했다. 백마에서 10여 리 떨어진 곳까지 진격했을 때 원소의 장수 안량이 소식을 전해 듣고 전열을 가다듬지도 못하고 허둥지둥 출전했다. 조조는 대장 장료張遼와 관우를 선봉으로 삼아 안량을 공격하도록 했다.

장료는 원래 여포의 부하로 매우 용맹한 장수였는데, 여포가 죽은 후 조조에게 귀순했다.

《삼국연의》에 따르면, 조조는 관우를 맞이한 후 3일에 한 번씩 작은 잔치를 벌였고, 5일에 한 번씩 큰 잔치를 벌였으며, 금전과 여자, 진귀한 말과 화려한 수레 등을 제공하여 관우는 부족한 것이 없었다고 한다. 전하는 말에 따르면, 여포가 타던 적토마도 조조가 빼앗아 관우에게 주었는데, 여하간 원하는 것은 무엇이든 얻을 수 있을 정도였다.

이번 조조와 원소의 전쟁에 관우도 따라갔다. 쌍방이 대치하는 가운데 관우가 말을 몰아 거침없이 적진으로 들어가 수많은 군사들을 헤치고 안량을 죽이고 수급을 잘라 돌아왔다. 원소의 대군은 감히 대항하지 못하고, 백마의 포위망도 금세 풀렸다.

싸움에서 패배하자 원소는 대군을 총동원하여 황하를 건너 조조 군대를 추격했다. 저수가 간곡하게 권고했다.

"승패의 변화는 일정함이 없으니 반드시 신중하게 생각하셔야 합니다. 지금은 대군을 연진에 주둔하고 일부 군사만 분산해 관도로 보내는 것이 좋습니다. 아군이 승리하여 돌아오면 그때 가서 대군을 영접해도 늦지 않습니다. 그러지 않고 대군 전체가 황하를 건너 남하했다가 만에 하나 실수한다면 살아서 돌아올 수 없을 것입니다."

원소는 여전히 고집불통으로 이떤 제안도 듣지 않고 오로지 자기 생각대로 밀고 나갔다. 내가 이렇게 하겠다는데 너희들이 어쩔 거냐는 식이었다. 저수는 어쩔 수 없이 대군을 따라 황하를 건넜다. 그의 입에서 절로 장탄식이 흘러나왔다.

"주군이 안하무인인지라 장수들은 전공을 탐해 무모하게 돌진만 할 줄 아는구나! 유유히 흐르는 황하여! 과연 우리가 이룰 수 있겠는가?"

내 말을 듣지 않는다면 내 어찌 당신과 같이 있을 수 있겠는가? 저수는 이렇게 생각하고 병을 핑계로 사직서를 제출했다. 하지만 원소는 허락하지 않았다. '영명한 주군 수하에 있으면서 감히 병을 핑계로 사직하려고 하다니 절대로 허락할 수 없다.' 원소는 이렇게 생각하고 있었다.

원소의 대군이 연진에 도착한 후 대장 문추와 유비가 계속해서 조조를 추격했다. 당시 조조군은 기마병 600명이 고작이었으나 원소군은 기마병 5,000~6,000명이 앞장서고 보병이 그 뒤를 따르고 있었다. 만약 양군이 맞붙었다면 조조는 끝났을지도 모른다. 하지만 조조가 기지를 발휘하여 병사들에게 안장을 풀고 말을 방목하며 의도적으로 군량을 길가에 버리도록 했다. 과연 원소군은 이에 속아 넘어가 길가에 버려진 군량을 줍느라 정신이 없었다.

원소군이 군량을 차지하느라 정신이 없을 때 조조 군사가 기습하여 원소군을 격퇴하고 대장 문추를 죽였다. 《삼국연의》에 따르면, 관우가 문추를 죽였다는데, 누가 죽었는지 지금은 정확하게 고증할 수 없다. 혹자는 조조의 대장인 서황徐晃이 죽었다고 하며, 또 어떤 이는 말에 밟혀 죽었다고 말하기도 한다. 여하간 관우가 죽인 것은 분명 아니다. 이후 조조는 병사를 이끌고 관도로 되돌아왔다.

관우가 조조에게 투항한 후 조조는 특히 관우의 사람됨을 좋아했는데, 인정이 있고 의리도 있으며 일편단심으로 충성을 다하는 것에 깊이 감동을 받았다. 하지만 조조는 관우가 오래 머물 뜻이 없다는 느낌이 들어 장료를 보내 관우의 생각을 알아보도록 했다. 장료의 물음에 관우가 답했다.

"조공께서 나를 후대하신다는 것을 잘 알고 있소이다. 하지만 나는 유장군의 두터운 은혜를 입고 함께 죽기로 맹세한지라 결코 배신할 수 없소이다. 끝까지 머물 수는 없고, 조공에게 공을 세워 보답한 후에 떠나겠소이다."《삼국지 · 촉서 · 관우전》

관우의 말인즉, 유비의 은혜를 입고 그와 생사를 같이하기로 맹세했기 때문에 조만간 조조를 위해 전공을 세운 후 유비를 찾아 떠날 것이라는 뜻이나.

장료는 관우의 말을 조조에게 보고했고, 조조는 관우의 의리에 탄복했다.

관우가 안량을 죽이자 조조는 그가 곧 떠날 것이라고 생각했다. 관우 스스로 공을 세운 후 떠나겠다고 말했기 때문이다. 그래서 조조는 관우에게 후한 상을 내리고 한수정후漢壽亭侯에 봉했다. 한수는 지명이고, 정후는 후작 가운데 가장 낮은 작위다.

관우가 정후가 된 후 유비가 원소의 진영에 있다는 소식을 듣고, 조조에게 상으로 받은 모든 물건을 봉한 후 이별 서신을 남겨놓고 떠나니, 이것이 바로 '봉금괘인사간조封金掛印辭奸曹', 즉 금은보화를 봉하고 관인을 걸어놓은 후 간웅 조조에게 작별을 고하는 대목이다. 관우는 이렇게 유비를 만나기 위해 원소군 쪽으로 갔다.

관우가 떠나자 조조의 장수들이 뒤쫓으려 했다. 하지만 조조는 각기 제 주인을 섬기는 법이니 쫓아가지 말라고 했다. 하지만《삼국연의》에는 천 리 길을 단기單騎로 가면서 다섯 관문을 통과하며 여섯 장수를 참하는 장면이 나오는데, 과연 실제로 그랬는지는 확인할 수 없다.

장기전이 원소에게 우세하다

원소는 조조와 몇 번의 전쟁에서 모두 패배하고 안량, 문추 등 대장을 잃었지만 중요 근골까지 상한 것은 아니었다. 이후 원소가 유비를 파견하여 여주汝州와 영주潁州 두 곳을 공격하자 허도 이남의 관민들이 불안하여 수많은 주현이 원소 쪽으로 귀순했다. 원소는 비록 우유부단한 인물이었으나 선정을 베풀었기 때문에 하남 백성들이 너 나 할 것 없이 그를 따랐다.

조조는 조인에게 기병을 이끌고 유비를 공격하도록 했다. 유비는 처음으로 원소의 군대를 이끌었기 때문에 적응 기간이 얼마 되지 않아 패전하고 말았다. 그가 점령했던 주현도 다시 조조에게 빼앗기고 말았다. 유비는 원소 휘하에서 1년 남짓 있으면서 원소의 인물됨을 깊이 파악했다. 원소는 고집스럽고 독선적이며, 능력으로는 조조를 뛰어넘을 수 없다는 생각이 들었다. 유비는 조용히 원소를 떠나기로 마음먹었다.

유비는 원소에게 형주의 유표와 연합할 것을 권유하는 책략을 생각해 냈다. 하지만 원소는 내심으로 다른 생각을 하고 있었다. '그래, 당신들은 모두 한실 종친이니 유씨劉氏로 한집안이라 이 말이지. 그래, 당신이나 가시오.' 원소는 유비에게 본부의 군사를 이끌고 여남汝南으로 가도록 했다. 유비는 여남에 도착하여 황건군의 공도龔都, 또는 공도共都와 연합하여 군사가 수천 명으로 불어났다.

7월, 원소 대군은 양무陽武에 진주하여 허도로 남하할 준비를 했다. 저수가 또다시 원소에게 계책을 내놓았다.

"아군은 비록 병력이 많기는 하나 전투력은 조조 군대에 못 미칩니다. 조조군은 군량과 마초가 부족하니 물자 비축량이 아군에 못 미칩니다. 그러니 조조는 속전속결이 이롭고, 우리는 장기전이 이롭습니다. 응당 장기적인 계획을 짜고 시간을 끌어야 합니다."

하지만 원소는 온갖 고난을 겪으면서도 이전과 크게 달라진 바가 없었다. 그는 이번에도 저수의 건의를 묵살하고 말았다. 정말 원소가 왜 그렇게 많은 모사, 책사를 옆에 두고 있는지 모르겠다. 설마 그네들이 모두 원소 자신보다 못하다는 것을 보여주기 위해 그들의 의견을 전혀 받아들이지 않는 것일까?

원소 대군은 진격하여 사구沙丘에 진영을 꾸렸는데, 동서로 수십 리에 달했다. 조조는 부대를 분산해 주둔하면서 원소 진영과 대치했다. 조조는 출병하여 원소와 교전하였으나 승리를 얻지 못하자 진영으로 돌아가 수비에 치중하며 나오지 않았다. 원소가 군중에 높은 망루를 세우고 흙산을 쌓아 높은 곳에서 조조의 진영을 향해 화살을 쏘았다. 조조군은 걸어 다닐 때도 방패로 날아오는 화살을 막아야 하는 등 상황이 긴박했다.

다행히 조조 군중에 있는 뛰어난 장인들이 투석기投石機를 제작하여 원소 진영의 망루를 무너뜨려버렸다. 당시 사용했던 투석기는 중국 최초의 '포'인 셈이다. 망루가 무너지자 원소군은 땅굴을 파서 공격하기로 했다.

조조군은 원소군이 땅굴을 파는 것을 보고 진영 주변에 참호를 파서 영채와 외부의 간격을 넓혔다. 결국 원소가 판 땅굴은 참호로 인해 진영 안까지 이어질 수 없었다. 이렇듯 원소는 하늘에서 땅까지 모든 수단을 동원하여 조조의 진영을 공격했으나 끝내 성공하지 못했다. 하지만 시간이 지나면서 조조군은 군량이 점점 줄어들고 병사들도 피곤에 지치기 시작했으며, 백성들은 과중한 부역과 세금을 더는 감당하지 못해 조조를 버리고 원소 쪽으로 돌아서기 시작했다.

이미 상황은 조조에게 심히 불리했다. 하지만 원소와 달리 조조는 좋은 계책을 적극 받아들여 위급한 고비를 넘기고, 모사들의 권고를 적극 수용하여 마침내 난관을 극복할 수 있었다.

구원자를 맨발로 맞이하다

원소의 지상과 공중의 입체 작전이 연일 지속되자 조조는 걱정이 태산이었다. 그는 허도에 남아 있는 순욱에게 편지를 보내, 일단 관도를 버리고 허도로 후퇴하는 것에 대해 의견을 물었다. 원소 군대를 근거지로 유인하여 이른바 인민전쟁의 망망대해로 몰아넣겠다는 전략이었다. 하지만 순욱의 견해는 달랐다.

순욱은 즉각 회답을 보내왔다.

"원소는 주력부대를 관도에 집결해서 주공과 승부를 내려고 하는 것 같습니다. 주공은 약한 군사로 최강의 군사를 맞이하게 되었는데, 만약 막아내지 못하면 필시 상대에게 결정적인 기회를 주게 될 것이니, 이는 천하 대사를 결정짓는 데 관건이 되는 일이 아닐 수 없습니다. 현재 주공은 일당백으로 요충지를 지키고 있기 때문에 원소는 이미 반년을 허비하고도 더 이상 전진하지 못하고 있습니다. 형세는 이미 분명하여 돌아설 여지가 없습니다. 머지않아 급변의 상황이 생길 것입니다. 이는 두 사람이 눈싸움을 하는 것과 같습니다. 누구든 먼저 눈을 깜빡이는 자가 지게 되어 있습니다. 절대로 우리가 먼저 눈을 깜빡이면 안 됩니다."

조조는 순욱의 회신을 받고 일리가 있다 여기고 진영을 굳게 지키며 원소와 대치했다. 문제는 군량미가 점차 떨어지고 있다는 점이었다. 그는 군량과 마초를 운반하는 이들을 위로하며 "보름이 지나면 원소를 물리칠 것이니 그대들이 더 이상 수고하지 않아도 될 것이다"라고 말했지만 결코 장담할 수 없었다. 그러던 차에 원소가 치중을 운반하여 조만간 관도에 이를 것이라는 첩보가 들어왔다. 순유가 조조에게 말했다.

"원소의 치중 운반을 책임지고 있는 장수는 한맹韓猛인데, 용맹하나 무모하니 습격하면 능히 격파할 수 있습니다."

"좋은 생각이오. 그럼 누구를 보내면 좋겠소?"

조조가 묻자 순유가 대답했다.

"서황이 가장 적합합니다."

조조는 순유의 건의를 받아들여 즉각 편장군偏將軍 서황을 보냈다. 서황은 도중에 한맹을 공격하여 성공적으로 격퇴하고 원소의 치중을 실은 수천 대의 수레를 모두 불태워버렸다.

순식간에 겨울이 왔다. 원소는 또다시 대량의 군량과 마초를 준비하여 1만여 명의 군사가 호위하는 가운데 대장군 순우경에게 호송독독 하여 원소의 대영大營에서 북쪽으로 40리 떨어진 오소烏巢에 주둔토록 했다. 병마가 움직이기 전에 군량을 마련하는 것이 중요하다. 군사 문제에서 풋내기는 전략과 전술을 따지지만, 진짜 전략가는 병참을 중시하는 법이다. 군량이 부족하면 근본적으로 싸움을 할 수 없으니 군량이야말로 승부를 가르는 관건이라는 뜻이다.

저수가 원소에게 군사를 파견하여 치중을 운반하는 부대의 외곽을 순찰하면서 적의 습격에 대비하는 것이 좋겠다고 권유했으나, 원소는 지난번과 마찬가지로 듣지 않았다.

모사 허유가 원소에게 건의했다.

"조조는 병력이 적은 관계로 우리 군대를 전력으로 공격하고 있으니 허도의 방비가 허술할 것입니다. 만약 이때를 틈타 군사를 나누어 야습한다면 허도를 수중에 넣을 수 있을 것입니다. 그리하면 조조를 사로잡고 천자를 모실 수 있을 것입니다. 설사 그들을 완전히 무너뜨릴 수 없다고 할지라도 머리와 꼬리처럼 앞뒤를 공격하면 제대로 건사할 수 없으니 분명 바삐 돌아다니느라 기진맥진하고 말 것입니다."

그러나 이번에도 원소는 말을 듣지 않았다.

이때 업성에 남아 있는 허유의 가족 가운데 한 명이 범법 행위를 하여 업성을 지키고 있던 심배가 그들을 체포했다는 소식이 전해졌다. 이에 원소의 비난을 받은 허유는 낙심하지 않을 수 없었다. '나의 간언은 받아들이지 않고, 주공의 심복인 심배마저 나를 정치적으로 박해하는구나! 이곳에서 나를 받아주지 않더라도 나를 받아줄 곳이 있겠지!' 그는 내심 이렇게 생각하고 그날 밤으로 원소를 떠나 조조에게 달려갔다.

조조는 허유가 투항했다는 소식을 듣고 너무도 기쁜 나머지 옷도 제대로 갖춰 입지 못하고 맨발로 달려 나와 옛 친구를 맞이했다.

"자원子遠 그대가 먼 길을 마다하지 않고 오셨으니 이제 나의 대업이 이루어지는가 보오."

허유가 조조에게 물었다.

"원소는 세력이 막강한데 공은 무슨 방법으로 대적하시려고 하오? 현재 군량은 얼마나 되오?"

조조는 대답했다.

"믿는 이에게 어찌 거짓말을 하겠소? 대략 1년 정도는 견딜 만하오."

허유가 크게 웃으며 귀신 씻나락 까먹는 소리 하고 있다는 듯이 조조를 바라보았다.

"솔직히 말해보시오."

조조가 다시 말했다.

"한 반년 치는 되지 않겠나 싶소."

"허허."

허유가 끌탕을 치며 정색하고 자리에 일어섰다.

"내가 진심으로 찾아왔건만 계속 거짓말을 늘어놓으니 어찌 믿고 의탁할 수 있겠소? 사실대로 말하지 않는다면 떠나는 수밖에."

조조가 그제야 겸연쩍게 웃으며 말했다.

"사실 이달 먹을 양식밖에 남아 있지 않소이다. 그러니 내가 어찌하면 좋겠소?"

"그야말로 고립무원 상태에서 군량까지 이미 소진하였으니 참으로 긴급한 상황이외다. 현재 원소의 군량과 치중은 모두 오소에 있는데, 순우경이 지키고 있으나 워낙 술을 좋아하여 방비가 소홀할 것이오. 그들이 방심하고 있는 틈을 타서 경기병으로 습격하여 군량과 치중을 모두 불살라버리면 원소의 군사는 사흘도 못 되어 무너지고 말 것이오."

조조는 크게 기뻐하며 자신이 직접 5,000명의 군사를 이끌고 출격했다.

1천여 명의 코를 베다

조조의 군사들은 원소의 군기軍旗로 위장하고, 병사들은 입에 작은 막대기를 물어 함매銜枚하고 말은 방울을 떼고 재갈을 물리며 말굽을 천으로 감싸 전혀 소리가 나지 않도록 했다. 조조의 군사들은 병영을 나가 오솔길을 따라 발걸음을 옮겼다. 병사들의 손에는 각기 건초 묶음 한 다발이 들려 있었다. 물론 방화용이었다. 군사들은 원소의 진영을 지나면서 원소의 군사들에게 몇 번이나 검문을 받았지만 그때마다 원소가 조조의 기습을 방어하기 위해 보내는 군사라고 속였다. 원소의 군사들은 내막을 전혀 알 수 없었기 때문에 그저 수비를 강화하기 위해 보내는 군사들로 알고 전혀 경계하지 않았다.

마침내 오소에 도착한 후 조조의 군사들은 가지고 온 건초 묶음을 치중 주변에 깔고 불을 질렀다. 원소의 진영은 큰 혼란에 빠졌다. 점차 날이 밝아오는 가운데 원소의 대장 순우경이 조조의 병력이 얼마 되지 않는다는 것을 알고 영채 밖에서 진세를 꾸렸다. 하지만 조조의 군대가 맹공을 가하니 순우경도 더 이상 막아내지 못하고 원소에게 구원을 청했다. 원소가 아들에게 말했다.

"나는 지금 조조의 대영을 공격하겠다. 설사 그가 순우경을 격파한다고 할지라도 나 역시 본진을 쳐서 돌아갈 곳이 없도록 하겠다."

원소는 대장 장합張郃과 고람高覽을 보내 조조의 진영을 치게 했다. 장합이 원소에게 말했다.

"조조는 꾀가 많은 인물이니, 자신이 밖으로 나갈 경우 틀림없이 내부적으로 방비를 해놓았을 것입니다. 그런데 지금 우리가 조조의 영채를 치러 갔다가 실패하고 오소에서 순우경마저 격파당한다면 치중이 결딴나면서 형세가 기울어질 수 있습니다. 그러니 먼저 순우경을 구하고 그다음에 조조의 대영을 치는 것이 맞습니다."

그러나 곽도는 끝까지 조조의 진영부터 칠 것을 주장했다. 원소는 그의 말을 따라 경기병만 순우경에게 보내고, 나머지 대군은 자신이 이끌고 조조의 본영으로 진격했다.

조조의 진영은 경비가 삼엄했으며, 조홍과 순유가 철저하게 방어하고 있기 때문에 공격하기가 쉽지 않았다. 한편 순우경을 돕기 위해 경기병이 오소에 도착하자 누군가 조조에게 말했다.

"뒤에 적의 기마병이 점점 가까워지고 있습니다. 군사를 나누어 막도록 하십시오."

조조가 소리쳤다.

"적이 등 뒤까지 이르거든 다시 보고하라."

기병들이 바로 코앞까지 달려들자 조조 군사들은 앞뒤로 협공을 당하여 죽기 아니면 까무러치기로 달려들 수밖에 없었다. 조조 군사들이 이렇듯 죽기를 각오하고 달려드니 원소의 군사들은 그 기세를 당해낼 수 없었다. 원소 군대를 대파한 조조는 순우경을 참살하고 원소 군대의 모든 군량과 마초를 태워버렸으며, 1,000여 명에 달하는 포로들의 코를 모두 베어버렸다. 또한, 잡은 소와 말의 혀도 모두 베어 원소 군사들에게 보냈다.

원소군의 병사들은 조조군의 잔혹함에 크게 놀라 두려워했다. 곽도는 자신의 계략이 실패로 끝나자 내심 부끄러웠다. 그는 원래 못된 심보를 가졌는지 아니면 주공이 책임을 물을까 겁을 냈는지 간에 자신의 죄를 인정하는 대신 남을 무고하는 쪽으로 방향을 틀었다.

"장합과 고람이 대인 전투에서 패배된 것을 내심 기뻐할 것입니다. 처음부터 싸울 생각이 없었는데 명령을 받아 억지로 싸울 수밖에 없었으니 패배한 것을 기뻐했겠지요."

이때 장합은 조조를 공격하느라 여념이 없었는데, 곽도가 주군 앞에서 자신을 모함했다는 소식을 듣고 한편으로 두렵고 다른 한편으로 원한이 맺혔다. 그는 내친김에 끝장을 보리라 생각하고 고람과 더불어 공성攻城 장비 등을 몽땅 태워버리고 조조 진영으로 가서 투항했다. 조홍은 계략에 빠질까 두려워 장합과 고람의 투항을 마땅치 않게 생각했다. 그러자 순유가 말했다.

"장합은 자신의 계책을 원소가 받아들이지 않아 분노하여 투항한 것이니 무엇을 의심하십니까?"

조홍은 곧 장합과 고람 두 사람의 투항을 받아들였다.

원소는 군량과 마초가 모두 불에 타고 휘하 장수들까지 조조에 투항하자 더 이상 버틸 힘이 없었다. 원소와 원담 부자는 겨우 800명의 기병만 데리고 황하를 건너 멀리 도망쳤다. 조조는 끝까지 추격할 수 없었으나 원소의 모든 군수품과 도서, 진귀한 보물 등을 빼앗았다. 패전하여 포로로 잡힌 원소의 병사들은 조조의 명에 따라 생매장되었다.

인재를 귀히 여기는 자와 도량이 좁은 자

'일장공성만골고一將功成萬骨枯', 장수 한 명이 공명을 세우려면 병졸 1만 명의 희생이 뒤따라야 한다는 뜻이다. 고금을 막론하고 전쟁에서 수많은 병사들은 때로 영문도 모른 채 죽어가야만 했다. 관도대전에서 조조에게 죽임을 당한 원소의 병사는 7만여 명에 달했다고 한다. 병력이 적은 조조의 입장에선 그처럼 많은 포로를 소화할 수 없었을 것이고, 혹시라도 거짓 투항하여 나중에 폭동을 일으킨다면 진압하리란 보장이 없었다. 그래서 그는 아예 전부 생매장하고 말았다.

저수는 원소를 따라 강을 건너지 못하고 결국 조조 병사들에게 붙잡히고 말았다.

"나는 투항한 것이 아니라 붙잡혔을 뿐이다."

그는 이렇게 소리쳤다. 조조는 평소 저수란 인물에 대해 알고 있었기 때문에 직접 그를 보고 말했다.

"오늘 나에게 잡힐 줄은 정말 몰랐소."

저수가 한탄하면서 입을 열었다.

"원본초가 실책을 자초하고, 나의 재주와 능력을 제대로 발휘할 수 없어 결국 이렇게 잡히고 말았소이다."

"원소가 어리석어 그대의 계책을 받아들이지 못했소. 아직 천하의 환란이 가시지 않고 있으니 그대가 나에게 머물면 어떻겠소? 우리 함께 커 갑시다."

저수가 장탄식을 하며 말했다.

"제 숙부와 아우의 목숨이 모두 원소의 손안에 있소이다. 그저 나를 빨리 죽여주시오. 이것이 내가 원하는 바올시다."

조조가 탄식하며 말했다.

"내가 일찍이 그대를 얻었더라면 천하의 형세도 근심하지 않았을 터인데."

조조는 저수를 사면하고 후하게 대접했다. 그러나 저수는 숙부와 아우의 목숨이 원소에게 달려 있기에 몰래 원소에게 돌아가려다 붙잡히고 말았다. 조조는 진노하여 그를 죽였으나 곧 후회했다.

관도대전 후 원소는 도서와 공문서 등을 모두 조조에게 빼앗겼다. 조조는 빼앗은 문서와 서신을 통해, 허도의 수많은 관리와 장수들이 원소와 빈번히에 내통했음을 날세 되었다. 사람들은 그렇지 않아도 자신이 내통했다는 사실이 드러날까 전전긍긍하고 있었다. 조조는 여러 사람들 앞에서 서신을 모두 불태우면서, 과거의 잘못은 묻지 않겠다는 뜻을 밝혔다.

"원소가 강성했을 때는 나도 내 자신을 지킬 수 없었는데, 일반 대중이야 오죽했겠는가?"

원소는 전쟁에서 패배하여 겨우 800명만 데리고 하북으로 돌아갔다. 뿔뿔이 흩어져 있던 원소의 패잔병들은 주군이 여양에 있다는 소식을 듣고 하나둘 모여들었다. 어느 정도 세력이 회복되자 원소는 기주의 여러 주현을 평정하였다.

원소가 크게 패했다는 소식이 전해지고 얼마 후, 옥리가 감옥에 있는 전풍에게 축하의 말을 전했다.

"주공께서 이번 싸움에 크게 패하셨다고 합니다. 그러니 돌아오시면 별가 어른을 중용하시지 않겠습니까?"

전풍이 고개를 저으며 말했다.

"아닙니다. 원소 장군은 겉으로 보기에 관대한 것 같으나 속은 그렇지 않소이다. 바른말을 꺼리고 시기심이 강하니 나의 충성을 알아보실 리가 없지. 나는 이미 여러 차례 직언을 하다 노여움을 산 바가 있소이다. 이번에 대승을 거뒀다면 혹시 기쁜 마음에 나를 용서했겠지만, 싸움에 크게 패했으니 분명 부끄러워 어찌 나를 다시 보고 싶어 하겠소? 그러니 내 어찌 살기를 바라겠소?"

원소가 패전하고 돌아온 후 원소 군사들은 때로 가슴을 치며 통곡하면서 이렇게 중얼거리곤 했다.

"전풍이 있었다면 이렇게 실패하지는 않았을 것을!"

원소도 사실 전풍의 말을 듣지 않고 군사를 일으켰다가 대패하고 돌아와 참으로 면목이 없다는 생각을 하고 있었다. 그러던 차에 장병들 입에서 이런 말을 들으니 절로 탄식이 나왔다.

"기주에 남아 있는 이들이 내 실패 소식을 들으면 나를 염려하겠지. 다른 이들과 달리 전풍은 출전을 그리도 말렸지. 참으로 부끄럽구나!"

옆에 있던 모사 봉기가 은근히 전풍을 무고했다.

"전풍은 주공께서 조조에게 크게 패배했다는 이야기를 듣고 박장대소하며 자신의 말이 적중한 것을 기뻐했다고 들었습니다."

원소는 그의 말을 확인조차 하지 않고 금세 화를 내며 소리쳤다.

"내가 그놈의 계책을 사용하지 않았다고 비웃더란 말이지."

결국 그는 전풍을 죽이라는 명령을 내렸다. 전풍이 자신의 죽음을 예언한 것이 정확하게 맞은 셈이다.

관도대전은 중국 역사상 적은 병력으로 많은 병력을 물리친 대표적인 전투였다. 조조는 적은 병력으로 약세에 처했으나 원소의 우세한 군사를 무찔렀다. 이번 전쟁은 당시 전국의 형세를 변화시키는 데 커다란 영향을 끼쳤다.

20강 주인 잃은 북을 통일하다

관도전투 이후 조조의 세력이 강대해지면서 원소의 기반까지 호시탐탐 노리기 시작한다. 얼마 후 원소는 피를 토하며 세상을 하직한다. 원소의 장남 원담은 원수인 조조에게 투항한다. 원담은 왜 조조에게 투항했는가? 이는 향후 북방 형세에 어떤 영향을 끼칠 것인가? 조조는 과연 원씨 세력을 완전히 소탕하고 북방을 통일할 수 있을까?

누가 후계자인가?

관도전투에서 원소는 우세한 병력을 지니고도 조조에게 패배당해 패잔병 800명만 데리고 하북河北으로 돌아갔다. 사마광은《자치통감資治通鑑》에서 이에 대해 다음과 같이 평가했다.

"원소는 겉으로 보기에 관대하고 문아하며, 나름 도량이 있고 얼굴에 기쁨이나 노여움 등을 잘 드러내지 않았으나, 본성이 오만하고 고집불통인지라 다른 이들의 정확한 의견을 잘 듣지 않았다. 그래서 실패하고 말았다."《자치통감》63권, 원래《후한서 · 원소전》에 나오는 말이다 - 역주

사람이 점잖고 후덕하다고 하나 자기 고집만 피우며 남의 말을 듣지 않았기 때문에 결국 전쟁에서 패했다는 뜻이다

원소는 비록 패배했으나, 낙타는 말랐다고 할지라도 말보다 큰 법이

다. 그렇기 때문에 패배하여 하북으로 돌아왔으나 짧은 시간 내에 관도 전투에서 잃은 주현을 되찾을 수 있었다. 조조는 물론 병든 호랑이가 서 서히 회복하는 것을 가만히 보고만 있지 않았다. 건안 6년(서기 201년), 조 조가 군사를 이끌고 황하를 따라 전진하여 창정倉亭에 주둔하고 있던 원 소의 군대를 공격하여 또다시 원소를 패배로 몰고 갔다.

건안 7년(서기 202년), 조조는 관도에 군대를 주둔시키고 계속해서 원소 에게 무용을 뽐내며 위엄을 과시했다. 조조가 오늘은 현 한 군데, 내일은 군郡 한 군데를 잠식하는 것을 보면서 원소는 화가 치솟고 답답하기 이 를 데 없어 그야말로 죽을 지경이었다. 아니나 다를까. 그해 여름, 원소 는 극심한 스트레스로 인해 병석에 눕더니 결국 피를 토하고 세상을 떴 다. 명문세가 출신의 호강으로 군사를 일으켜 동탁을 토벌했고, 하삭에 서 여러 영웅들과 패권을 다투었으며, 관도에서 조조와 싸웠던 원소는 이렇게 삶을 마감했다.

원소는 하북에서 덕정을 펼쳤기 때문에, 그가 세상을 뜨자 하북의 백 성들이 친척이 죽은 것처럼 슬픔에 잠겨 눈물을 흘렸다.

원소는 비록 죽었으나 그의 세력이 완전히 사라진 것은 결코 아니었 다. 기반이 건재한 상태에서 수많은 백성이 남아 있으니 당연히 우두머 리가 있어야만 했다. 좌판이 크면 매니저가 있어야 하지 않겠는가. 원소 는 원담, 원희袁熙, 원상袁尙 등 세 명의 아들을 두었다. 원소의 후처인 유 씨는 원상을 편애하여 항상 원소 앞에서 그를 칭찬했기 때문에 원소 역 시 그를 후계자로 삼을 생각이었다.

조조가 유비를 공격할 당시 모사가 원소에게 이를 틈타 조조를 공격할 것을 건의했는데, 원소는 원상이 병세에 누워 있다는 이유로 출병하게 않았다. 참으로 좋은 기회를 아들이 아프다는 이유로 놓치고 말았으니, 그가 막내아들인 원상을 얼마나 애지중지했는지 능히 알 수 있는 대목이다. 그러나 그는 막내아들을 후계자로 세우기 위해 장남을 폐위할 생각은 없다고 분명하게 단언한 바 있었다.

그렇다고 막내를 내칠 수는 없는 일이었다. 그러던 차에 원소는 나름 좋은 방법을 생각해냈다. 장자인 원담이 이미 세상을 뜬 형을 잇도록 하여 대본영인 업성을 떠나 청주자사를 맡도록 하는 것이었다. 이는 황제가 어떤 황자가 싫을 경우 그를 번왕藩王으로 책봉하여 도성 밖으로 내보내는 방식을 따른 것이다. 그러자 저수가 원소에게 간언했다.

"원담은 주군의 장자이니 후계자로 삼아야 마땅합니다. 주군께서 그를 밖으로 내치신다면 반드시 환난이 생길 것입니다."

그러나 원소는 충언을 듣지 않았다.

"나는 자식들에게 각기 한 주州를 맡도록 하여 그들의 능력을 살피고 싶은 것이지, 장자를 폐출하고 어린 황자를 세우려는 뜻이 아니오."

장자를 폐출하려는 뜻이 없다는 것을 보여주기 위해 원소는 차남을 유주자사로 임명했고, 조가인 고간高干은 병주자사를 맡도록 했다.

원소는 이렇듯 후계자 문제를 우유부단하게 처리하여 이후 원씨 집단이 분열하는 단초를 제공했다.

조조는 어부지리를 얻고

원소의 부하인 심배 일가는 예전부터 원담과 사이가 나빴다. 원소가 죽은 후 그들은 허위로 원소의 유언을 전하여 원상을 후계자로 책봉하였다. 원담이 청주에서 소식을 듣고 달려왔지만 부친의 직무를 인계받을 수 없어 스스로 마차를 타고 여양에 가서 군대를 주둔시킬 수밖에 없었다.

여양은 원씨와 조조가 맞붙고 있는 최전선이다. 원상은 원담에게 거우 군사 5,000명을 보내면서 심복인 봉기를 딸려 보냈다. 형을 믿을 수 없어 일종의 감시조로 보낸 것이다. 원담이 원병을 늘리고 군량을 보완해달라고 요청했지만, 원상은 심배의 진언에 따라 한 명도 보내지 않았다. 사자가 빈손으로 돌아오자 원담이 대로하여 봉기를 요절냈다.

그해 9월, 조조는 원수인 원소가 죽고 쓸모없는 인간 몇몇이 상속권을 위해 끊임없이 다투고 있는 것을 보고, 진두지휘하여 황하를 건너 원담을 공격했다. 원담은 조조가 쳐들어오자, 부친인 원소조차 적수가 되지 못했음을 상기하고 아우 원상에게 구원을 요청했다.

만약 원담이 조조의 공격을 막지 못하고 투항이라도 할 경우, 둘이 힘을 합쳐 공격한다면 부친이 힘들게 마련한 기반조차 위험해질 수 있었다. 원상은 이렇게 생각하고 형의 요청을 들어주기로 했다. 혹여 원군을 보내면 원담에게 붙을 수도 있다 여기고, 원상은 자신이 직접 군사를 이끌고, 심배에게 업성을 지키도록 했다.

원담은 여양성 안에 주둔하고 원상은 성 밖에 진영을 꾸려 기각지세掎角之勢 : 양면 작전의 형세를 이루었다. 형제가 힘을 합쳐 조조에게 대항했으나, 조조는 번번이 이기고, 형제는 계속 패했다. 강호의 능구렁이 원소조차도 조조의 적수가 되지 못했는데, 하물며 하룻강아지나 다를 바 없는 어린것들이 어찌 당해내겠는가? 결국 두 사람은 후퇴하여 수비에 치중할 수밖에 없었다.

패전을 거듭하자 형제는 다른 군벌에게 도움을 요청하기로 마음먹었다. 그러나 그들이 서량의 마등, 형주의 유표와 유비, 심지어 흉노까지 찾아가 구원을 요청했지만, 모두 강 건너 불구경하듯이 멀뚱히 쳐다보며 말로만 약속하거나, 어렵사리 구원병을 얻었으나 모조리 조조에게 패하고 말았다. 건안 8년(서기 203년) 2월, 조조가 여양을 다시 공격하여 원씨 형제를 패주시켰다. 그들은 업성으로 철수했다.

4월, 조조 군대가 업성까지 추적하여 때마침 수확기에 있던 보리를 수확하여 돌아갔다. 이로써 조조 군대는 군량을 확충하고, 반대로 원상의 군대는 군량과 마초를 잃은 꼴이 되고 말았다. 여러 장수들이 승세를 타고 업성을 치자고 했으나 책사인 곽가가 저지하며 말했다.

"우리 군대가 몰아세우면 그들 형제는 합세하여 우리와 싸울 것이고, 느슨하게 풀어주면 그들 형제는 분명 권력과 이익을 다투게 될 것입니다. 그러니 남쪽으로 유표를 정벌하는 것이 더 나을 것 같습니다. 형세의 변화를 기다려 형제가 내분을 일으켰을 때 다시 공격한다면 단번에 평정할 수 있을 것입니다."

조조가 듣고 그의 제안이 옳다고 여기고 군대를 철수시켜 허도로 돌아가는 한편 부장들을 여양에 주둔시켰다.

조조가 군대를 철수시키자 원담이 아우에게 말했다.

"내 부하들은 무기가 좋지 않아 조조에게 패배하고 말았다. 이제 조조 군대가 철수하고 백성들이 고향으로 돌아가고 싶어 하니 그들이 황하를 건너기 전에 추격하면 틀림없이 전군을 궤멸할 수 있을 것이다. 이처럼 좋은 기회를 놓쳐서는 안 된다."

원상은 내심 기분이 언짢았다.

'나한테 군사 장비를 얻으려고 하는 것 아니오? 무기며 군량을 주고 나서 막강한 군사력을 갖춘 후 나를 모른 척하면 나는 뭐야?'

원상은 이런 생각을 하며 원담에게 장비를 내주지 않았다.

원담이 크게 노하여 곧바로 원상을 공격하니 쌍방이 업성 밖에서 싸웠다. 실제로 원담은 무기며 갑옷 등 군수품이 시원치 않아 한 번에 뚫리고 말았다. 원상이 친히 군사를 이끌고 자신의 형인 원담을 공격하니, 원담은 크게 패해 평원平原까지 철수하여 성을 굳게 지키며 나오지 않았다. 원상이 업성을 포위하고 맹공격을 가했다. 마지막에 이른 원담은 궁여지책으로 외부에서 원조를 구할 수밖에 없었다.

누구에게 원조를 구할 것인가? 적군의 적군은 친구인가? 원담은 신비
辛毗를 보내 철천지원수 조조에게 구조를 청했다. 실로 당황스럽고 혼란
하여 어찌할 바를 몰랐음을 능히 알 수 있는 대목이다. 원담의 요청을 받
고 조조의 일부 모사들은 형주에 거점을 틀고 있는 유표를 없애는 것이
목적이니 원씨 형제의 골육상쟁을 모른 척 놔두는 것이 좋을 것이라고
말했다. 하지만 조조의 생각은 달랐다.

독주로 갈증을 풀려는 원담

그때 순유가 조조에게 말했다.

"천하에 바야흐로 변란이 생기려고 하는데, 유표는 장강과 한수 일대
에서 그저 주저앉아 지키느라 여념이 없으니 더 이상 원대한 포부가 없
음을 알 수 있습니다. 원씨 일가는 네 군데 주(기주, 청주, 유주, 병주)를 근거
지로 삼아 10만 명의 군사를 이끌고 있습니다. 원소는 관대하여 많은 이
들을 얻었기 때문에, 만일 두 아들이 화목하여 부친의 대업을 지키려고
한다면 천하의 환란은 가라앉지 않을 것입니다. 하지만 지금은 형제가
싸우고 있어 둘 다 세력이 온전치 못합니다. 만약 그들 가운데 한쪽이 다
른 쪽으로 합병된다면 그들의 힘이 하나로 합쳐져 우리가 평정하기 힘
들 것입니다. 그러니 그들이 서로 다투는 틈을 타서 공격하여 취한다면
천하를 평정할 수 있을 것입니다. 기회를 놓치면 안 됩니다."

원담은 책사인 곽도의 말을 듣고 조조에게 투항하기로 마음먹었다. 그
는 신비를 조조에게 사자로 보냈다. 신비가 예를 올리고 자신이 온 경위
를 이야기하자 조조가 물었다.

"원담이 투항하려고 하는 것이 진심이오? 아니면 거짓이오? 내가 원
상의 군대를 치면 이길 수 있겠소?"

신비가 말했다.

"명공께서는 진위 여부를 따지기 전에 대세를 먼저 살피시는 것이 옳을 줄 압니다. 원씨는 몇 해 동안 전쟁에 패해 밖으로는 군사들의 사기가 떨어지고 안으로는 모사들이 죽임을 당했으며, 이간질로 인해 형제까지 갈라져 나라가 분열된 상태입니다. 하늘 또한 원씨를 버린 지 오래라, 명공께서 군사를 일으켜 업군을 치시면 원상은 즉시 돌아와 자신의 근거지를 잃지 않기 위해 대항할 것입니다. 그러면 원담이 그 뒤를 쫓아 공격할 것이니 형제끼리 싸우는 꼴이지요. 명공의 위엄으로 싸움에 지친 무리를 치신다면 마치 가을바람에 낙엽 쓸리듯 일시에 몰아낼 수 있을 것입니다."

조조가 신비의 말이 옳다 여기고 즉시 군대를 일으켜 원담을 구원하러 갔다. 조조군은 여양에 진군하여 원담을 도와 원상을 쳤다. 원상은 조조군이 강을 건넜다는 소식을 듣고 서둘러 평원에서 철수하여 기주로 돌아갔다. 회군하면서 여광呂光과 여상呂翔에게 원담의 추격을 막도록 했는데, 그들 두 사람은 오히려 원담의 말에 넘어가 투항하고 말았다. 원담은 그들을 데리고 가서 조조에게 투항하도록 했다.

조조는 원담이 두 장수를 데리고 오자 크게 기뻐했다. 사실 조조는 원담이 진심으로 투항한 것이 아님을 잘 알고 있었다. 그래서 일단 원담에게 자신의 딸을 시집보내겠노라고 약조하면서 안심시켰다. 이후 조조는 원상이 후퇴하자 군사를 물리는 한편 원담과 원상이 싸우기를 기다렸다.

조조가 떠난 후 얼마 지나지 않아 원상은 또다시 군사를 일으켜 평원으로 진격했다. 원담이 급히 조조에게 연락하여 구원을 요청했다. 조조는 기주성을 에워싸고 주위에 토산을 쌓는 한편 아래로 땅굴을 파서 성을 공략할 준비를 마쳤다. 이는 예전에 원소를 공략할 때 사용했던 방법 그대로였다.

원상은 대장이 모성毛城에 주둔하면서 상당上黨으로 통하는 보급로를 보호하도록 했다. 조조는 조홍이 업성을 공격하도록 하고 자신은 직접 군사를 이끌고 모성으로 갔다. 조조는 적군의 보급로를 끊어 고립무원의 상태로 만드는 작전에 능했기 때문에 얼마 가지 않아 모성을 함락하고 연이어 원상을 공격하여 한단을 점령했다.

조조는 업성 주위 40여 리에 빙 둘러 도랑을 파도록 했다. 도랑을 얕게 팠기 때문에, 업성을 지키고 있던 심배도 별거 아니라 여기고 그저 비웃을 뿐, 대책을 마련하지 않았다. 그날 밤 조조는 군사를 대거 보내 도랑을 더욱 깊게 파도록 했다. 하룻밤 사이에 도랑의 깊이가 두 길이나 되었다. 조조는 장하漳河의 물을 끌어들여 깊게 판 도랑으로 흘러가게 했다. 물길이 넘실대며 도랑 안으로 흘러가자 업성은 외부와 완전히 단절되었을 뿐만 아니라 성안까지 물이 흘러 들어갔다.

7월, 원상이 군사를 이끌고 업성으로 향했다. 그는 심배에게 자신이 구원하러 왔음을 알려주어야만 했다. 그렇다면 누구를 성안으로 보내야만 하는가? 원상의 뇌리에 주부인 이부李孚가 떠올랐다.

성 안팎을 자유롭게 오간 이부

조조 대군이 겹겹으로 둘러싼 업성으로 들어가기란 말처럼 쉬운 일이 아니었다. 하지만《자치통감》에 따르면, 이부는 전혀 거리낌 없이 업성으로 들어갔을 뿐만 아니라 손가락 하나 다치지 않고 쉽게 성 밖으로 나왔다.

이부는 출발하기에 앞서 나뭇가지를 베어 채찍을 만들어 말 옆에 묶었다. 그런 다음 조조의 도독都督처럼 차려입고 세 명의 기마병을 이끌고 저녁 무렵 조조의 진영에 도착했다. 이부는 전혀 거리낌 없이 진영 안으로 들어가 마치 감찰이라도 나온 양, 업성을 포위하고 있는 병사들에게 군기가 해이해졌다고 소리치고 채찍질을 하면서 돌아다녔다. 이렇게 설레발을 치며 기회를 엿보다 마침내 조조 군사들이 쳐놓은 울타리를 넘어 쏜살같이 업성 아래로 달려갔다. 이부가 성 안쪽을 향해 소리치자 그의 목소리를 익히 알고 있는 심배가 문을 열어주도록 했다.

이부는 이렇듯 기지 넘치는 인물이었다. 심배는 당연히 이부를 만나 놀라고 또한 기뻤다. 한편 멍하니 있다 당한 조조의 군사들이 조조에게 보고했다.

"우리가 녀석한테 당하고 말았습니다. 도독 차림으로 우리 병사들에게 욕설을 내뱉고 심지어 채찍질까지 했습니다. 그러다가 순식간에 성안으로 도망치는 바람에 쫓아가지도 못하고 말았습니다."

조조가 껄껄 웃으며 말했다.

"대단한 능력이로다. 성에 들어갔으니 틀림없이 나올 것이니라. 그때 잡으면 되지 않겠느냐."

이부는 조조 군사들이 더욱 삼엄하게 지키고 있기 때문에 또다시 위장만으로는 조조의 진영을 통과할 수 없다는 생각이 들었다. 그는 심배와 상의하여 성안에 양식이 없어 항복하는 것처럼 꾸미고, 노약자들을 뽑아 성 밖으로 내보내도록 했다. 그날 밤 수천 명의 노인과 아녀자들이 백기를 손에 들고 성문 밖으로 쏟아져 나오기 시작했다. 이부는 함께 왔던 세 명의 병사와 함께 허름한 옷을 입고 인파에 묻혀 성 밖으로 나왔다.

성안에 들어갔으니 틀림없이 나올 것이라는 조조의 말은 적중했다. 하지만 당시에 사진이 있는 것도 아니고 인상착의 또한 크게 달라졌을 터이니 수천의 인파 속에서 그들을 어찌 찾을 수 있겠는가? 결국 이부는 무사히 성 밖으로 탈출했다.

마침내 업성이 무너지다

원상은 군사를 이끌고 업성에서 17리 떨어진 곳에 진영을 꾸렸다. 이부가 심배에게 말해준 것처럼 한밤중에 불을 놓아 성안의 군사들에게 자신들이 도착했음을 알리고, 성안에서도 마른 풀에 불을 질러 신호를 보냈다. 심배가 군사를 이끌고 성을 나서자 성 밖에 주둔하고 있던 원상도 출격했다. 하지만 조조의 역습으로 심배는 성안으로 도주했고, 원상 역시 조조의 군대에게 패하여 장하까지 후퇴하여 겨우 진영을 꾸렸다.

조조는 한편으로 업성을 포위하고 다른 한편으로 원상의 진영을 에워쌌다. 원상은 진영을 꾸리기가 무섭게 서둘러 사자를 보내 조조에게 항복을 받아줄 것을 요청했다. 하지만 조조는 무시했다. '투항이 진심인지 거짓인지 알 수 없는데 어찌 받아줄 수 있으리!' 조조는 이렇게 생각하며 더욱더 포위망을 좁혀갔다. 결국 원상은 야밤에 몰래 도망치고 말았다.

조조가 군사를 이끌고 바짝 추격하자 원상의 부장 몇 명이 투항하고 연이어 패배하여 군사들이 뿔뿔이 흩어지고 말았다. 원상은 중산中山으로 쫓겨 갔다. 조조는 원상의 치중을 모두 빼앗고 원상의 인수와 절장節杖, 황월黃鉞, 의복 등을 얻었다. 조조 군사들이 빼앗은 물품을 업성의 군사들에게 보여주자 업성을 지키고 있던 병사들은 싸울 의지가 순식간에 사그라졌다. 그러자 심배가 병사들을 다그치며 죽기로써 싸울 것을 명했다.

조조가 진영을 나와 병사들을 순시할 때 심배가 궁수들에게 화살을 날리도록 명했다. 화살이 빗발치듯 쏟아지면서 하마터면 조조를 맞힐 뻔했다. 심배는 궁서와 수비는 겸하면서 업성은 견고하게 지켜냈다. 하지만 심배의 조카인 심영審榮이 혹여 성이 함락되면 가족들이 무사하지 못할까 두려워 몰래 밀서를 써서 화살에 매어 조조 진영에 날려 보냈다. 조조가 공격할 때 성문을 열어 호응하겠다는 내용이었다. 결국 업성은 무너지고 심배는 조조 군사들에게 포로로 잡히고 말았다.

조조가 심배를 보고 물었다.

"어제 내가 순시를 나갔을 때 화살을 빗발치듯 쏘아대던데, 무슨 화살을 그리 많이 쏘아댔는고? 성안에 화살이 많이 있었던 모양일세."

심배가 말했다.

"많은 것이 아니라 화살이 적어 조아만 당신을 죽이지 못한 것이 한이외다."

조조가 다시 입을 물었다.

"원씨에 대한 그대의 충성은 능히 그럴 수 있을 것이라 생각하오."

심배의 책략이 어떻든지 간에 그의 충의와 기개만은 전혀 흠잡을 데가 없었다. 그는 굴복하여 자신을 용서해달라는 말을 한마디도 하지 않았다. 자신의 주군에게 충성을 다하겠다고 하는데 어찌 하겠는가? 죽여줄 수밖에. 조조는 그를 참수한 후 그의 충의를 가상히 여겨 정중하게 장사 지내주도록 했다.

이어서 그는 원소의 아내를 위로하는 한편 빼앗은 금은보화를 돌려주고 능라주단을 하사하였으며, 생활비까지 대주었다.

업성이 무너지자 조조가 기주목을 겸했다. 원소의 외조카 고간도 조조에게 투항하면서 병주를 갖다 바쳤다. 이렇듯 조조는 원소의 일부 영역을 점령했으나, 원상이 중산에 도사리고 있으면서 재기할 날만 고대하고, 원희가 유주를 점유하고 있었다. 또한 원담은 투항했으나 마음속으로 언제든지 반역할 뜻을 버리지 않았다. 조조에게는 아직 갈 길이 많이 남았다.

군벌 원씨 가문의 패망

조조가 업성을 포위 공격할 때 조조에게 투항했던 원담은 원씨 집안의 영역을 모두 잃게 될까 두려워 조조를 배신하고 몇 개의 주, 현을 공격하여 빼앗았다. 그러나 이처럼 절체절명의 순간에도 원담은 아우와의 원한을 잊지 않았다. 그가 중산에 주둔하고 있는 원상을 공격하자, 원상은 패배하여 유주자사로 있는 둘째 형 원희에게 도망쳤다. 원담이 원상의 남은 부대를 수용하여 진용을 개편했다.

이런 소식을 들은 조조가 원담에게 서신을 보냈다.

"그대가 맹세를 위반하였으니 나 역시 그대에게 딸을 보낼 수 없다."

그는 이렇게 말한 후 곧바로 원담 토벌에 나섰다. 정월에 조조 군대가 남피를 공격했으나 원담의 부대에게 고배를 마시고 막대한 손실을 입었다. 잠시 공세를 줄일 준비를 하고 있던 차에 책사가 조조에게 말했다.

"지금 우리 군사들은 단독으로 적진 깊은 곳까지 들어왔기 때문에 오래 버티기가 어렵습니다. 당장이라도 적의 성을 공략하지 못한다면 군의 위세가 크게 떨어질 것입니다."

조조가 그의 말을 듣고 친히 전고를 치면서 군사들을 독려했다. 마침내 남피를 함락한 조조군은 도망친 원담을 쫓아가 죽여버렸다.

원담이 죽은 후 곽가가 조조에게 유주, 기주, 청주, 병주 등에 있는 관리들을 함부로 살해하지 말고 좋은 말로 귀순시킬 것을 건의하자 조조가 받아들였다.

관도대전 당시 원소가 문사 진림에게 조조를 토벌하기 위한 격문을 쓰니고 명인 식이 있었나. 냅성을 심먹인 우 노누누누기 구근기를 닐고 보른데 자세히 보니 이전에 격문을 썼던 진림 바로 그자였다. 조조가 빈정대듯이 말했다.

"네가 지난날 원소를 위해 격문을 쓸 때, 나의 죄상만 밝히면 될 것인데, 어찌하여 내 부친과 조부에게까지 욕설을 퍼부었단 말이냐?"

진림이 황급히 머리를 조아리며 사죄의 뜻을 밝혔다. 여러 사람들이 당장 죽이라고 권했으나 조조는 잠시 뜸을 들이더니 이렇게 말했다.

"됐다. 이미 지나간 일이다. 너는 문장이 좋으니 이제부터 종사로 삼으리라."

조조가 자신을 욕한 진림까지 받아들이는 것을 보고 다른 문사들도 마음이 놓여 순순히 귀순했다.

원담은 사라졌지만 원회와 원상에게는 아직 유주가 남아 있었다. 이후 원회는 수하 부장의 반역으로 원상과 같이 요서遼西의 오환* 부족에게 몸을 의탁하는 수밖에 없었다. 수하 부장은 모든 군현의 장관들에게, 원씨 일가를 배반하고 조조에게 귀순하라고 위협했다. 이리하여 유주도 조조의 수중에 들어가고 말았다.

예전에 북흉노가 패퇴한 후 오환과 선비가 유리한 형세를 이용하여 일어서기 시작했다. 당시 원소는 여러 부족의 추장들을 선우單于로 봉하고 일반 백성의 딸을 자신의 딸인 양 가장하여 선우에게 시집보내 사돈 관계를 맺었다. 이로써 오환 부족과 가까워졌다.

요서의 오환족 추장 답돈踏頓이 특히 원소에게 후대를 받았기 때문에 원상 형제가 그에게 몸을 의탁한 것이다. 답돈은 원상이 이전에 가지고 있던 영토를 되돌려주고 싶었다. 그래서 여러 차례 남하하여 조조와 맞붙었다.

건안 12년(서기 207년), 조조가 출병하여 오환을 정벌하고 원씨 형제와

---

* 오환은 동호족東胡族의 지파로 진나라 말기에 흉노족과 싸워 패배한 후 오환산烏桓山으로 쫓겨났기 때문에 오환이란 이름이 붙었다. 한 무제 시절 조정에 귀순하여 지금의 하북성 북부 및 요녕성遼寧省 광대한 지역에 분포하였다. 원소가 패배한 후 그의 두 아들 원회와 원상이 오환에게 투항하여 조조의 우환거리가 되었다.

오환 연합군을 패퇴시켰다. 회군하는 길에 자신의 감개를 읊은 것이 바로 유명한 〈관창해觀滄海〉다.

동쪽 갈석산에 이르러 푸른 바다를 바라보니,

물결은 돌연 출렁이고 섬은 산처럼 우뚝 솟았구나.

수목은 빽빽하고 온갖 풀들이 우거져 있는데,

가을바람 소슬하고 큰 파도 용솟음치도다.

일월의 운행이 그 안에서 다 이루어지는 듯하고

찬란한 은하수 또한 그 안에 자리 잡은 듯하여라.

정말 다행이로다. 노래로나마 마음의 뜻을 펼칠 수 있으니.

東臨碣石, 以觀滄海.

水何澹澹, 山島竦峙.

樹木叢生, 百草豐茂.

秋風蕭瑟, 洪波涌起.

日月之行, 若出其中.

星漢燦爛, 若出其里.

幸甚至哉, 歌以咏志.

_〈보출하문행步出夏門行〉, 〈관창해〉

오환이 조조에게 패배하자 원상과 원희는 수천 명의 기마병을 이끌고 요동태수 공손강公孫康에게 도망갔다. 공손강은 공손도의 아들이다. 그들 부자는 황제처럼 생활하면서 한 조정을 아예 상대조차 하지 않았다. 당시 누군가 조조에게 승세를 타고 원상, 원희를 추격할 것을 건의했으나 조조는 그럴 필요 없다고 하면서, 공손강이 곧 원상과 원희의 머리를 보내올 것이라고 말했다.

조조의 말대로 공손강은 원씨 두 형제가 자신에게 오자, 혹여 자신의 터전을 빼앗을지도 모른다고 여기고 이참에 그들의 목을 베어 조조에게 보내 환심을 살 생각이었다. 공손강이 도부수를 벽 뒤에 매복시킨 후 원씨 형제를 불렀다. 원씨 형제가 채 앉기도 전에 도부수들이 일제히 달려나와 원씨 형제의 목을 베어버렸다. 요동에서 사자가 와서 원희와 원담의 머리를 바쳤다. 조조의 부하들이 한편으로 기뻐하고 또한 의아해하며 조조에게 물었다.

"승상께서 정말 귀신처럼 알아맞히셨습니다. 아군이 한발 물러나면 공손강이 원씨 형제를 죽일 것을 어떻게 아셨습니까?"

조조가 말했다.

"뭐가 그리 어려운가? 공손강은 그동안 원씨 형제들을 두려워하고 있었으니, 만약 내가 성급하게 공격했다면 그들은 필시 합세하여 항전했을 것이네. 내가 한발 물러나자 그늘이 서로 숙고 숙인 것이지. 이는 원담과 원상 형제의 관계나 다를 바 없네."

원씨 형제가 죽자 하삭을 호령하던 원씨 군벌 집단은 완전히 무너지고 말았다.

21강 유비, 제갈공명을 얻다

유비가 기갈에 허덕이듯 인재에 목말라할 때 후세 사람들이 《삼국연의》에서 가장 좋아하는 인물 제갈량이 정식으로 출현하게 된다. 두 사람의 만남은 '삼고초려三顧草廬'라는 이야기로 꾸며져 천고의 미담이 되었다. 하지만 사학계에서는 삼고초려를 둘러싼 진위 여부에 관한 쟁론이 여전히 그치지 않고 있다. 그렇다면 사서에선 당시 상황을 어떻게 기록하고 있을까?

삼국의 뛰어난 모사 곽가

관도전투가 끝난 후 원소는 화병이 들어 결국 세상을 뜨고 말았다. 그의 자식들은 화목하지 못해 분쟁을 일삼았다. 이에 조조는 기세를 몰아 북방의 네 개 주를 차지했다. 원소의 아들들도 조조에게 죽임을 당하니 원소 일가의 대가 끊어지고 말았다.

전하는 말에 따르면, 이를 둘러싼 치정癡情 사건이 연출되었다. 원소의 둘째 아들인 원희의 아내 견씨甄氏는 천하의 미색으로, 보는 이들마다 마음이 설렐 정도였다. 원소 일가가 망한 후 조조의 아들 조비曹丕가 견씨를 취했다. 또 다른 전설에 따르면, 조조의 또 다른 아들 조식曹植도 견씨를 사모했다. 그래서 〈낙신부洛神賦〉를 지어 견씨에게 보내기도 했는데,

견씨를 찬미하는 그의 마음이 참으로 간절하다.

    말을 입안에 품어 아직 뱉지 않았는데도
    그 향기 그윽한 난초 향이네.
    꽃같이 아름다운 모습
    절로 침식을 잊게 하누나.

    含辭未吐, 氣若幽蘭.
    華容婀娜, 令我忘餐.

항간에 떠도는 이야기에 따르면, 조조 역시 견씨가 마음에 들었는데 아들에게 선두를 빼앗겨 어쩔 수 없었다. 하지만 그저 입과 귀로 전해지는 옛이야기는 진위 여부를 가리기 어렵다.

하북을 평정한 후 조조는 당연히 기쁘고 즐거웠다. 하지만 그새 그를 애상에 젖게 만드는 일이 일어났다. 측근이자 심복인 책사 곽가가 한창 나이에 세상을 떴기 때문이다. 관도전투에서 곽가는 여러 차례 기이한 책략을 조조에게 내놓았다.

원상이 오환으로 도망치자 조조는 끝까지 추격하여 완전히 정벌하고 싶었다. 하지만 조조의 여러 장수들이 완강하게 반대했다.

"원상은 이미 집을 잃은 개와 같으니 관외關外의 호인들도 그를 도와주지 않을 것입니다. 만약 원정에 나선다면 유비가 유표를 부추겨 허창을 습격하도록 할 것이니 만에 하나 변수가 생기면 어찌하시렵니까?"

몇 년간 휴식기를 통해 사회를 안정시키고 경제력을 회복하면서 유비는 형주의 유표에게 기대 상당한 실력을 축적했다. 조조는 나름 유비라는 인물을 알고 있었기 때문에, 혹시라도 원정을 떠날 경우 유비가 배후를 칠지도 모른다는 걱정이 들었다.

그러나 곽가는 여러 장수들의 주장에 동의하지 않고 당당하게 말했다.

"명공께서는 마음 편히 원정을 떠나십시오. 허도를 텅 빈 채 남겨두어도 무방합니다. 감히 말씀드리건대 유비는 절대로 우리를 성가시게 굴 수 없을 것입니다. 그가 원치 않기 때문이 아니라 누군가 공을 대신하여 그를 저지할 것이기 때문입니다. 그는 바로 유표이지요."

사람들이 그의 이야기를 듣고 시끌벅적 말이 많았다.

"어찌 그럴 수 있단 말이오? 너무 터무니없지 않소?"

곽가는 오환 원정의 가능성과 중요한 역사적 의의에 대해 두 가지 측면에서 상세하게 발언했다.

"우선 호인들은 자신들이 먼 곳에 있다는 것만 믿고 아무런 방비도 하지 않고 있을 것입니다. 그러니 갑자기 그들을 습격하면 틀림없이 멸할 수 있을 것입니다. 원소가 지난날 오환에게 많은 은혜를 베풀었기 때문에 오환은 옛 은덕을 생각하여 틀림없이 원씨를 도울 것입니다. 그렇게 되면 오환은 조만간 우리에게 큰 우환거리가 되겠지요. 아직 원소의 영향력이 남아 있기 때문에, 원상을 그대로 남겨놓은 채 남정南征하실 경우 원상이 오환족의 도움을 받아 옛 신하들을 끌어들여 우리를 공격할 것이니 후방의 안전을 담보할 수 없을까 두렵습니다."

그가 계속 말을 이었다.

"다음으로 유표는 그저 팔짱을 끼고 음풍농월이나 할 줄 아는 정객에 불과합니다. 그는 자신이 유비보다 재주가 못하며, 유비를 제어할 능력이 부족하다는 것을 잘 알고 있습니다. 그런 까닭에 분명 유비를 경계하고 있으니 그의 부추김에 쉽게 넘어가시지 않을 것입니다. 우리가 비록 허도를 비워두고 원정을 떠날지라도, 유비가 무슨 힘으로 우리를 번거롭게 하겠습니까? 한 번 고생으로 영원히 평안을 얻으니 더 이상 후환이 없을 것입니다."

곽가의 말은 정곡을 찌르고 있었다. 조조가 고개를 끄덕였다.

"봉효奉孝 : 곽가의 자의 말이 옳소."

조조는 마음을 놓고 요동을 공격하기 시작했다.

궁지에 몰린 원상은 하는 수 없이 요동태수 공손강에게 달려갔다.

조조군이 역현易縣에 이르자 곽가가 행군 속도가 느린 것을 알고 조조에게 말했다.

"군사를 움직일 때는 신속한 것이 우선입니다. 천 리 원정길에 전력으로 달려야 하는데 치중이 너무 많아 행군이 너무 더딥니다. 적군이 눈치를 채면 반드시 방비할 것이니, 치중을 남겨두고 가볍게 무장한 병사들에게 신속하게 전진하여 무방비 상태의 적을 공격하도록 하십시오."

'병귀신속兵貴神速'이란 성어는 바로 여기에서 나오는 말이다.

조조는 일부 군사를 철수시키는 척하면서 장료에게 은밀하게, 가볍게 무장한 정예군사를 이끌고 오환 수령의 배후를 치도록 했다. 조조군이 갑자기 출현하자 오환 군사들은 어찌할 바를 모르고 우왕좌왕할 뿐이었다. 결국 오환 수령은 조조군에게 목이 잘리고 말았다.

당시 원정길은 극히 험준하고 열악하여 행군하기가 쉽지 않았다. 게다가 오랜 가뭄으로 장장 200리 길에 물을 찾을 곳이 없었다. 군량조차 다 떨어져 조조군은 군마를 죽여 허기진 배를 채워야만 했다. 이렇게 어려움을 겪으면서 마침내 목적지에 도착한 것이다.

그해 가을, 공손강은 자신에게 의지하러 온 원희와 원상의 목을 잘라 조조에게 바치고 투항했다. 곽가의 계책에 따라 조조는 북방을 모두 평정하고 황하 이북을 통일할 수 있었다. 하지만 열악한 기후에 수질과 풍토가 맞지 않은 데다 밤낮으로 강행군을 하느라 지신 곽가가 병을 얻어 결국 세상을 뜨고 말았다. 세상에 드문 인재가 유성처럼 한순간에 스러지고 만 것이다.

곽가는 지모가 뛰어났을뿐더러 조조에게는 친구와 같은 존재이기도 했다. 전하는 말에 따르면, 조조는 행군 때는 곽가와 같은 수레를 타고, 앉을 때는 자리를 함께했다. 그래서 조조는 이렇게 말한 것일 터다.

"오직 봉효만이 나의 뜻을 알 수 있소이다."《삼국지 · 위서 · 곽가전郭嘉傳》

곽가는 죽었을 때 겨우 38세였다. 그래서 조조는 더욱 슬퍼했는지도 모른다.

"그대들은 모두 나와 동년배인데 유독 봉효만은 가장 젊소. 천하를 평정하는 대사를 끝내면 후사를 그에게 맡기려고 했는데, 중년에 요절했으니, 참으로 하늘의 뜻인가 보오!"《삼국지 · 위서 · 곽가전》

조조는 이렇듯 곽가를 아쉬워했다.

한 번에 두 개의 유劉를 쓸 수는 없다

곽가가 죽고 요동을 정벌한 후에도 조조의 발걸음은 멈추지 않았다. 북방 통일만이 그의 목적은 아닌 것 같았다. 그는 업성을 본거지로 삼고 현무지玄武池를 만들어 수군을 훈련시키는 데 사용했다. 그의 의도는 명백했다. 다음 목표는 형주를 차지하고 있는 유표였던 것이다.

유표, 자는 경승景升이고 훤칠하게 생긴 인물로 정통 황친이다. 관도대전이 한창일 당시 유표는 조조가 북방에서 바쁜 틈을 타 빼앗긴 군현을 되찾아 영토를 확장했다. 그는 남쪽으로 영릉과 귀양貴陽, 북쪽으로 한천漢川을 차지하여 수천 리 강역을 확보했으며, 10여만 명의 갑병甲兵 : 부장병사을 소유하고 있었다. 그는 더 이상 황제에게 조공을 바치지 않았으며 스스로 황제처럼 행동했다. 교외에서 하늘과 땅에 제사를 올리고, 복식과 거처, 기물 등은 모두 황제의 것을 모방했다. 유표가 황제처럼 행동한 것은 원술에 비해 이치에 맞았다.

비록 유표가 황제에게 신하의 도리를 하지 않은 것은 분명하나, 나라를 잘 다스려 백성이 안주할 수 있도록 했기 때문에 여러 사대부들도 그를 옹호했다. 당시 많은 이들이 형주를 일종의 피난처이자 낙원으로 여겼다.

유표는 본래 사인士人의 영수로 '당고의 화' 때 유명한 팔준 가운데 한 명이었다.* 그는 형주목에 임명된 후 위엄과 자비를 적절하게 운용하여 통치함으로써 백성들이 진심으로 설복하고 심지어 지방의 도적들이나 호강들까지 무리 없이 이끌었다. 관서와 연주, 예주 등지에서 형주로 1,000여 명의 사인들이 이주했으며, 그들 모두 나름의 소임을 맡았다.

하지만 유표는 나이가 들면서 진취적인 면이 점차 줄어 그저 자신이 소유한 땅을 건사하는 데 만족했다. 관도대전 당시 원소가 유표에게 도움을 청하자 유표는 원소를 지원하고 조조에게 대항하겠다고 말했다. 하지만 말만 그러했을 뿐 군대를 파견하지도 않았고, 그렇다고 조조를 도운 것도 아니었다. 일종의 공수표만 남발한 셈이다. 그는 그저 장강과 한강이 만나는 강한江漢 일대지금의 호북성湖北省에 안주하면서 천하의 변화를 관찰할 뿐이었다. 하지만 이러한 기회주의적인 태도는 그다지 현명한 것이 아니었고, 오히려 양쪽의 노여움만 살 뿐이었다.

관도대전이 시작된 후 유비는 원소를 떠나 자신의 군사를 데리고 일부 지역을 빼앗았다. 하지만 조조는 유 황숙이 제 마음대로 하는 것을 볼 수 없었다. 그래서 직접 군사를 이끌고 여남으로 출정하여 유비를 쳤다.

---

* 동한 환제와 영제 시절 환관이 득세하여 발호하자 귀족과 태학생들이 외척과 손을 잡고 비판하고 나섰다. 환관들이 이에 맞서 탄핵 상소를 올리면서 두 번에 걸친 당고의 화가 일어났다. 당시 내혈에 입류한 사인들 가운데 인품이 고상한 이들을 일러 삼군三君, 팔준八俊, 팔고八顧, 팔급八及, 팔주八厨라고 불렀다. 《삼국지》에 따르면, 유표는 팔준이었다고 하는데, 일설에 따르면 팔준이 아니라 팔급이라는 말도 있다.

유비가 어찌 조조의 대군을 이길 수 있겠는가! 패주 끝에 유비는 형주로 가서 또 다른 큰형님 유표에게 몸을 맡길 수밖에 없었다.

이전에도 유비는 공손찬, 조조, 원소, 도겸, 심지어 여포까지 여러 형님들 밑에 들어간 적이 있었다. 하지만 그때마다 그리 길지 않은 시간을 허여했을 뿐, 결국 다른 길을 찾아 떠났다. 유비가 유표에게 몸을 맡기겠다는 것은 일방적인 희망일 뿐이었다. 희망은 아름다운 것이지만 과연 그 희망이 받아들여질지는 자신이 아니라 남의 손에 달린 문제다. 유비가 유표에게 손건孫乾을 보냈다.

유표의 모신 채모蔡瑁는 유비에 대해 그다지 좋은 감정이 아니었기 때문에 받아들이기를 꺼렸다.

"유비는 불운아이기 때문에 그와 엮이면 누구든 끝이 좋지 않습니다. 유비가 처음 몸을 의탁했던 공손찬은 역경에서 원소에게 포위되어 결국 죽고 말았습니다. 조조가 물러난 후에 도겸이 병으로 죽었고, 여포는 백문루에서 붙잡혀 조조에게 죽임을 당했습니다. 이들 모두 유비가 몸을 의탁한 이들입니다. 또 한 명 원소 역시 관도대전에서 참패를 당했지요. 한 주인을 섬겨 번번이 끝을 보지 못했으니 그 사람됨을 알 수 있지 않겠습니까?"

그러나 손건이 정색하고 나서서 반박했다.

"한 번에 두 개의 유劉 자를 쓸 수는 없습니다만, 두 분 모두 한실의 후예로 같은 종친이시며, 또한 조조가 두 분을 눈엣가시처럼 여기고 있으니 한쪽이 망하면 다른 한쪽도 보전하기 어렵다는 사실을 잊지 마시기 바랍니다."

유표가 그의 말에 넘어가 유비를 받아들이기로 결정하고 직접 형주성 30리 밖까지 나가 유비를 영접했다. 이후 두 사람은 친형제처럼 다정하고 친밀한 관계를 유지했다. 유표는 매우 친밀하고 다정스러웠다. 유표가 상빈上賓: 최고 귀빈의 예로 유비를 받아들였을 뿐 아니라 그에게 병력까지 증원하여 신야新野에서 주둔하게 했다. 이로써 유비는 더 이상 이리저리 돌아다니지 않고 형주에서 수년간 태평한 생활을 할 수 있게 되었다.

싸우지 않으니 군살만 생기다

어느 날 유표가 베푼 술자리에서 유비가 잠시 변소에 다녀오더니 소리 없이 눈물을 흘리며 탄식했다. 유표가 이상하게 여겨 유비에게 물었다.

"무슨 일이라도 있으시오?"

유비가 대답했다.

"저는 늘 말안장을 떠나지 않았기에 넓적다리에 군살이 없었습니다. 그런데 지금은 말을 타지 않아 넓적다리에 군살이 생겼습니다. 세월은 이처럼 빠르게 지나가고 사람은 점점 늙는데 아무런 업적도 이루지 못했으니 참으로 슬프기 그지없습니다."《삼국지·촉서·선주전》의 주에 인용된《구주춘추九州春秋》

유표가 유비의 말을 듣고 내심 언짢은 생각이 들었다.

'너무 큰 뜻을 가지고 있군. 내가 지금 이렇게 좋은 대접을 하고 있는데 무슨 불만이 또 있다는 것인가? 도대체 무엇을 하려는 것일까? 업적? 무슨 업적을 바라는 것이야? 혹시 내 가업을 빼앗으려는 것은 아닐까?'

유표가 이렇게 생각한 데에는 나름 이유가 있었다. 유비가 처음 왔을 때, '형주의 호걸 중에서 유비에게 기탁하는 자가 날로 많아졌다.'《삼국지·촉서·선주전》 이로 인해 유표는 유비를 의심하기 시작했다.

'네가 나에게 온 후로 내 동생들까지 함께 어울려 지내고 있으니 내가 무슨 재미가 있겠느냐?' 그는 이렇듯 기분도 상하고 적지 않은 위협을 느껴 유비를 방비하기 시작했던 것이다.

이후 유비는 신야를 엿보는 조조의 군사를 막기 위해 북쪽으로 출전했다. 조조는 하후돈과 우금을 보내 맞서게 했다. 적이 다가오자 유비는 갑자기 자신의 군영에 불을 지르게 하고 퇴각하기 시작했다. 하후돈이 군사를 이끌고 추격하자 대장 이전李典이 말했다.

"유비가 이유 없이 퇴각하였으니 틀림없이 매복이 있을 것입니다. 게다가 남쪽으로 난 길이 협소하고 초목이 무성하니 매복하기에 좋은 곳입니다. 장군께서는 뒤쫓지 마십시오."

"군사가 저 꼴인데 무슨 복병이란 말인가! 설사 복병이 있다 한들 무엇이 두렵겠는가?"

하후돈은 이렇게 말하고는 이전에게 남아 지키도록 하고 자신은 계속 도망치는 유비군을 추격했다. 그러다가 결국 박망파博望坡에 이르러 매복한 군사에게 걸려 참패하고 말았다. 이전이 원병을 이끌고 하후돈을 구하러 오자 유비는 비로소 군사를 철수시켰다. 이것이 바로《삼국연의》에 나오는 '화소박망파火燒博望坡 : 박망파 전투'다. 다만 이러한 계략을 꾸민 이가 유비가 아니라 공명에게 돌아간 것이 다를 뿐이다.

건안 연간에 조조가 북방에 있는 오환을 정벌하기 위해 허도를 떠났다. 이에 유비가 유표에게 허도를 공격할 것을 권유했으나 유표는 듣지 않았다. 조조가 승리하고 허도로 귀환한 후에야 유표가 유비에게 말했다.

"현덕, 자네의 말을 듣지 않아 후회가 되는구려. 매우 좋은 기회였는데."

유비가 답했다.

"지금은 천하가 분열되어 전투가 끊이지 않으니 다음에 기회를 잡아 이루면 될 것입니다."

황숙의 마음속 복룡

비록 유비가 형주에서 실질적인 업적을 세우지는 못했지만 그의 인생에 큰 영향을 주는 몇 명의 인재를 만날 수 있었다. 앞서 말했듯이 유표로 인해 많은 문인, 사대부들이 형주를 피난처로 여기고 몰려들었는데, 그 가운데 한 명이 바로 서서徐庶다.

서서는 본래 단가單家 : 빈천한 집안 출신으로 어려서부터 무예를 좋아하고 의협심이 강했다. 일찍이 남을 대신하여 원수를 갚아준 뒤 "얼굴에 석회를 바르고 머리를 풀어 헤친 채 달아나다가 관리에게 붙잡혔다. 관리가 이름을 물었으나 아무 대답도 하지 않았다." 당시에는 인상착의를 증명할 수단이 있을 리 없고, 당사자가 끝까지 자백하지 않고 버티니 결국 관리도 어쩔 수 없이 풀어주고 말았다.

동료들이 자신을 곤경에서 빼내주자 감격한 나머지 칼과 창을 내던지고 허름한 누건에 홑옷 차림으로 학문에 정진하기 시작했다. 이후 한실이 쇠락하고 군웅이 할거하며 중원에서 전란이 벌어지자 서서는 가족과 함께 남쪽으로 내려와 형주에 자리를 잡았다.

그는 형주에서 지향이 일치하는 여러 벗을 만나게 되는데 특히 제갈량과 친분이 두터웠다. 형주에서 있을 때 유표가 여러 차례 예의를 갖추어 서서를 초빙했다. 그러나 서서는 유표가 비록 황실 후손으로 나름 덕망이 있고 예의가 바르며 겸손하다고 하나 우유부단하여 악을 보고도 제거하지 않고 선을 보고도 적극 권하지 않아 허명무실인지라 받아들이지 않았다.

이에 반해 유비는 비록 유표에게 몸을 의탁하고 있는 신세이기는 하나 가슴에 큰 뜻을 품고 재략이 뛰어나며 부하들에게 잘 대해주는 등 덕망이 있었기 때문에, 자신이 직접 신야로 가서 그를 만났다. 유비는 그렇지 않아도 식견이 탁월한 인재에 목말라하고 있던 터라, 서서가 제 발로 찾아오자 더할 나위 없이 기뻤다. 유비는 서서의 재능과 인품을 신뢰했기 때문에 그에게 중임을 맡기고 진영에 남아 병사들을 훈련시키도록 했다.

서서는 능력이 뛰어나 유비를 도와 진영 안팎의 업무를 조리 있게 잘 처리했다. 유비가 크게 기뻐하면서 서서에게 왕을 보좌할 만한 능력이 있음을 칭찬했다. 그러자 서서가 말했다.

"그리 대단한 것이라 할 수 없습니다. 저의 벗인 제갈공명과 비교한다면 그저 반딧불이가 반짝이는 정도의 빛밖에 되지 않으니 밝은 달에 어찌 견줄 수 있겠습니까? 장군께서 제갈공명을 얻으신다면 큰일을 도모하실 수 있을 것입니다."

유비가 형주에 있으면서 수경水鏡 선생 사마휘司馬徽를 만나러 간 적이 있었다. 유비가 사마덕조司馬德操 : 덕조는 사마휘의 자에게 세상일에 대해 묻자 그가 말했다.

"저처럼 속된 유생이 어찌 세상사를 제대로 볼 수 있겠습니까? 시국의 중요한 일을 아는 이는 영걸英傑이니, 그런 일에는 역시 복룡伏龍과 봉추鳳雛가 있을 뿐입니다."

유비가 황급히 그들이 누구냐고 물었다.

사마휘가 대답했다.

"복룡은 제갈공명, 봉추는 방사원龐士元 : 사원은 방통龐統의 자입니다."

유비가 제갈공명의 이름을 들은 것은 그때가 처음이었다. 그러던 차에 서서가 제갈공명을 적극 추천하자 유비는 당장이라도 그를 데려올 생각에 마음이 분주해졌다.

유표의 조카사위

제갈량의 자는 공명孔明이며 호는 와룡臥龍이다. 서주 낭야 양도陽都 : 지금의 산동 임기臨沂 사람으로, 동한 말년에 태산군승泰山郡丞을 맡은 제갈규諸葛珪의 둘째 아들로 태어났다. 명문 귀족 출신으로 그의 선조인 제갈풍諸葛豊은 서한 원제 시절 사례교위를 맡았다.

하지만 제갈량은 불행하게도 3세에 모친을 여의고 8세에 부친까지 여의었기 때문에 부득이 아우 제갈균諸葛均과 함께 숙부 제갈현諸葛玄에게 맡겨졌다. 숙부 제갈현은 원술에게 예장태수로 임명되어 제갈량 형제를 데리고 부임했는데, 얼마 후 한나라 조정에서 주호朱皓를 파견하여 제갈현의 자리를 대신 맡겼다. 졸지에 관직을 잃은 제갈현은 갈 곳이 막막했다. 그래서 평소 친분이 있던 형주목 유표에게 찾아가 몸을 맡겼다. 제갈현이 세상을 뜨자 제갈량 형제는 양양성에서 서쪽으로 20리 떨어진 융중隆中에 살면서 농사를 지으며 생활했다.

숙부가 세상을 뜰 때 제갈량은 이미 16세가 되었다. 그는 날이 맑으면 농사일에 전념하고 비가 오는 날이면 독서에 전념했다. 평소 〈양보음梁父吟〉을 즐겨 노래했던 그는 키가 여덟 자로 늘 자신을 관중管仲과 악의에 견주었으나 다른 이들은 전혀 받아들이지 않았다. 16세면 지금의 고등학교 1학년인데, 감히 관중과 악의를 자신과 비교하니 분수를 몰라도 이만저만이 아닌 꼴이었다. 하지만 서서를 비롯한 제갈량의 좋은 벗들은 이미 그의 능력과 재주를 알고도 남음이 있었다.

당시 서서는 양양의 명사 사마휘, 방덕공龐德公, 황승언黃承彦 등과 친교를 맺었는데, 방덕공은 방통의 숙부이고, 황승언은 유표와 동서지간이다. 황승언이 아내와 유표의 아내가 채씨 자매였기 때문이다.

황승언은 제갈량이 마음에 들어 자신의 딸을 시집보내고 싶어 했다.

"자네가 아내 될 사람을 찾는다고 들었네. 우리 집에 못난 딸이 하나 있는데, 누런 머리에 얼굴이 거무튀튀하지만 재주 하나만은 그대와 배필이 될 만하네. 그 아이와 혼인을 하면 어떻겠나?"

제갈량이 허락하자 곧 그녀를 실어 보냈다. 당시 사람들이 이를 웃음거리로 삼고 제갈량의 안목을 비웃었다. 심지어 향리 사람들은 속어諺를 지어 이렇게 놀려대기도 했다.

"공명이 부인 고르는 것은 배우지 마라. 아승阿承: 황승언의 애칭의 못난 딸을 얻으리라."

이렇게 해서 제갈량과 유표는 인척이 되었다. 제갈량의 처가 유표를 이모부라고 부르니 그는 유표의 조카사위가 되고, 유표의 아들과는 촌수가 같아지는 셈이다.

짐짓 잘난 체하며 좋은 이야기를 늘어놓다

유비가 제갈량을 한번 만나보고 싶어 서서에게 물었다.

"그대가 제갈공명을 청해 오실 수 있으시겠소?"

서서가 대답했다.

"이 사람은 가서 볼 수는 있지만 억지로 오도록 할 수는 없습니다. 장군께서 진정 만나고 싶으시다면 몸소 굽혀 수레를 타고 찾아가셔야 합니다."

서서와 제갈량에 관한 이야기는《삼국연의》에 아주 재미있게 묘사되어 있다. 조조가 서서의 모친을 붙잡아 서서를 불러들이도록 협박한 것이며, 효성스러운 서서가 조조의 진영으로도 떠나면서 배웅 나온 유비에게 마지막으로 인사를 하면서 제갈량을 추천하는 대목이 그것이다.

또한 유비가 관우와 장비 두 사람을 데리고 제갈량을 찾아가는 이야기도 흥미진진하다. 처음 갔을 때는 제갈량이 외출한 터라 만나지 못했고, 두 번째 갔을 때도 출타 중이라 만나지 못했으나 대신 그의 아우와 장인을 만난다. 며칠 후 유비가 또다시 제갈량을 만나러 갈 채비를 하자 관우와 장비가 언짢은 얼굴로 이렇게 내뱉는다.

"까짓것 시골뜨기에 불과한 자를 형님께서 또 찾아보려 하시오? 이번에는 굳이 형님이 가실 게 아니라 사람을 보내 불러들입시다. 만약 안 오면 내가 오랏줄로 꽁꽁 묶어 끌고 오리다."

유비가 정색하며 장비를 꾸짖었다.

"너는 주 문왕이 강자아姜子牙를 찾아갔을 때의 일도 모르느냐? 문왕 같은 분도 현자를 그리 공경하셨는데, 네가 어찌 이리도 무례하게 군단 말이냐! 너는 이번에는 따라오지 말거라. 내가 관운장하고만 갔다 오겠느니라."

세 번째 찾아갔을 때는 제갈량이 잠을 자고 있었다. 한낮에 낮잠을 자고 있을 리 없으니 사실 의도적으로 뻗대는 것이니 다를 비 없었다.

유비가 문 앞까지 와서 동자에게 말했다.

"한나라 좌장군 의성정후宜城亭侯 예주목 황숙 유비가 선생을 뵙고자 찾아왔노라고 여쭈어라!"

"이리 존함이 길고 어려운데 제가 어찌 다 외우겠습니까? 그냥 유 황숙께서 찾아왔다고 전하면 되겠습니까?"

동자가 내실로 들어간 지 한참이 지났는데도 제갈량은 일어서는 기색이 없었다. 화가 치민 장비는 당장이라도 초가집을 불에 태워버리고 싶었다. 그리고 한참 시간이 흐른 뒤에야 제갈량이 유비와 만나게 된다. 이것이 바로 '삼고초려'다.

정시에서는 이에 대해 자세한 기록이 나와 있지 않기 때문에 소설가들에게 상상력의 여지를 준 셈이다. 여하간 오랜 세월 입과 귀로 전해지면서 모든 이들에게 익숙해졌고, '삼고초려'라는 말도 현인을 찾는 미담이 되었다.

유비는 제갈량을 만난 후 주변 사람들을 물리치고 이렇게 말했다.

"한나라 황실이 이미 쇠락하여 간신들이 부당한 방법으로 조정의 실권을 잡아 황제께서 모욕을 당하셨습니다. 저는 자신의 덕행과 역량을 헤아리지도 못하고 천하의 대의를 펼치려 했으나 지혜와 재략이 모자라 좌절하고 실패하여 이 지경에 이르렀습니다. 그러나 큰 뜻은 아직 저버리지 않았으니, 선생께서 이제 어떻게 해야 좋을지 말씀해주시기 바랍니다."

제갈량이 깃털 부채를 가볍게 흔들고 미소를 지으며 말했다.

"지금 조조는 백만 대군을 거느리고 천자를 끼고 제후들에게 호령하고 있으니 그와 무력으로 맞설 수 없습니다. 또한 손권은 강동을 지배한 지 이미 삼대가 지나 나라가 튼실해졌고, 백성들이 믿고 따르며, 훌륭하고 능력을 갖춘 이들이 그의 밑에서 일하고 있습니다. 그렇기 때문에 그와 손잡을 수는 있으나 없앨 수는 없습니다. 형주는 북쪽으로 한수와 면수가 있어 경제적 이익이 남해까지 이르고, 동쪽으로는 오군과 회계군에 잇닿아 있으며, 서쪽으로는 파군과 촉군으로 통합니다. 이런 점에서 무력으로 다퉈볼 나라인데, 그 주인(유표)은 지켜내지 못할 것입니다. 아마도 하늘이 장군에게 쓰도록 준 것일 텐데 장군께서는 혹시 뜻이 있으십니까?"

제갈량이 말을 이었다.

"익주는 요새가 튼튼하고 옥토가 천 리에 펼쳐져 있는 천혜의 땅입니니, 그리하여 고조께서 이를 토대로 제업을 이루었던 것이지요. 그 땅의 주인인 유장劉璋은 어리석고 유약하며, 장로가 북쪽으로 그를 위협하고 있습니다. 인구가 많고 풍요로운 곳이지만 백성을 보살피는 일에 마음을 쓸 줄 모르기 때문에 지혜와 재능이 있는 이들은 현명한 군주를 얻고 싶어 합니다. 장군은 황실의 후예인 데다 믿음과 의리가 천하에 빛나며, 영웅들을 널리 받아들이고 목마른 이처럼 현인들을 갈망하고 계십니다. 만약 형주와 익주를 차지하고 요충지를 지키며, 서쪽으로 융인戎人과 화평을 유지하고 남쪽으로 이월夷越을 위로하며, 밖으로 손권과 동맹을 맺고 안으로 정치를 개혁하여, 천하에 변고가 생기면 상장上將에게 형주의 군사를 맡겨 완현宛縣 : 하남 남양을 말함과 낙양으로 진군시키시고, 장군께서는 익주의 군사를 이끌고 진천秦川으로 출정하신다면, 백성들이 어찌 대그릇에 밥을 담고 병에 장을 담아 들고서 장군을 맞이하지 않겠습니까? 진실로 이와 같다면 패업이 이루어지고 한실이 부흥할 것입니다."〈융중대隆中對〉

제갈량의 말인즉, 지금 처지에서 볼 때 조조나 손권과 싸워 이길 수 없으니 같은 황친인 유표와 유장에게 손을 써서 천하삼분의 기틀을 마련하는 것이 급선무라는 뜻이다.

유비가 그의 견해를 듣고 감탄을 금치 못했으며, 그를 자신의 진영으로 초청했다. 유비가 제갈량을 가까이 대하고 무한한 신뢰를 보내자 관우와 장비는 뭔가 찝찝하고 불만스러웠다.

"도원결의로 형제의 의를 맺어 지금까지 잘 지내왔는데, 뜬금없이 나타난 자를 이리도 좋아하시니. 이제 막 온 자에게 너무 잘 대해주시는 것 아니오?"

유비가 말했다.

"내가 공명을 얻은 것은 물고기가 물을 만난 것과 같다. 그러니 자네들은 더 이상 이에 대해 거론하지 말았으면 좋겠구나."

관우와 장비는 그제야 원망하는 마음을 접었다. 이해는 건안 12년(서기 207년)으로 유비가 46세, 제갈량이 겨우 26세 때의 일이다. 마음이 통하는 군신이 만나니 천하에 큰 변화가 있을 듯하다.

당신이 모르는 '삼고초려'

삼고초려에는 일반 사람들이 잘 알지 못하는 또 다른 버전이 있다.

조조는 하북을 점령한 후 막강한 군사력으로 형주를 호시탐탐 노렸다. 제갈량이 형주에서 농사를 지으며 생활하고 있을 때 형주가 매우 위급한 상황임을 직시했으나 유표가 연로하여 진취적이지 못하고 군사 업무에 밝지 못한 것을 알고 자신이 직접 유비를 찾아갔다.

유비는 제갈량이 젊고 준수한 공자처럼 보였기 때문에 재주 많은 젊은이 정도로 여기고 대수롭지 않게 생각했다. 모임이 끝나고 사람들이 모두 떠났는데 제갈량만 남아 있었다. 유비는 그냥 그러려니 생각하고 자신이 평소 좋아하던 매듭을 만들었다. 유비는 깃털로 만든 장식결리 : 結氂을 좋아했는데, 때마침 누군가 소꼬리를 주어 그것으로 매듭을 만들려고 했던 것이다.

제갈량이 유비의 곁으로 다가가 말했다.

"장군께서는 천하의 큰 영웅으로 원대한 포부가 있으실 것 같은데 어찌하여 매듭만 엮고 계신 것입니까?"

유비가 문득 예사로운 인물이 아니라는 생각이 들었다.

"그게 무슨 말이오? 잠시 걱정을 잊고자 함이오."

제갈량이 한 걸음 더 나아가 유비를 압박했다.

"장군께서는 유경승과 조맹덕 가운데 누가 더 대단하다고 생각하십니까?"

"서생의 견해로 본다면 조조가 백만 정예부대를 소유하고 있으니 당연히 조조가 대단하지 않겠소?"

제갈량이 또 물었다.

"그렇다면 장군과 조맹덕을 비교하면 어떻습니까?"

유비가 쓴웃음을 지으며 말했다.

"내가 연전에 조조에게 패하여 신야에서 잠시 거하고 있는데, 어찌 조조와 비교할 수 있겠소?"

제갈량이 말했다.

"유경승은 조맹덕에게 비교가 되지 않고, 장군 역시 조맹덕과 비교할 수 없습니다. 게다가 장군께서 거느리는 군사는 겨우 수천 명에 불과합니다. 이런 상황에서 어찌하여 아무런 방비도 없이 형주가 점령되기만을 기다린단 말입니까?"

유비가 말했다.

"난들 죽고 싶겠소? 방법이 없어 이러는 것 아니겠소."

제갈량이 말했다.

"제게 방법이 있습니다. 현재 형주의 가장 큰 문제는 북방에서 피난 온 유민들이 많다는 것입니다. 그들은 호적이 없으니 인력과 재력을 어느 정도인지 파악하기가 힘들지요. 그러니 장군께서 진남(유표)에게 말씀드려 유민들에게 스스로 신고하여 호적에 올리고, 세금을 납부하도록 하며, 힘을 쓸 수 있는 사람은 힘을 쓰고, 병역에 복무할 자들은 군사로 삼아야 합니다. 이렇게 하면 형주가 강대해질 것입니다."

유비가 그의 말을 듣고 깜짝 놀라 말했다.

"참으로 좋은 생각이오. 그대의 성함이 어떻게 되시오?"

제갈량이 미소를 지으며 말했다.

"제갈공명이라 합니다."

유비가 마치 꿈속에서 깨어난 듯 그제야 상대가 누군 줄 알고 말했다.

"아, 당신이 바로 명성이 자자한 와룡 선생이시구려. 정말 실례했소이다."

이것이 삼고초려의 다른 버전으로《삼국지 · 촉서 · 선주전》주에 인용된 손성孫盛 : 진晉나라 사람의 《위략魏略》과 사마표司馬彪의 《구주춘추》에 나오는 이야기다.

아무튼 유비는 형주에서 제갈공명과 친분을 맺었다. 제갈공명을 얻었으니 그의 큰 뜻이 이루어질 것인가? 과연 형주의 정세는 또 어떻게 될 것인가?

22강 형주를 조조에게 바치다

　　조조가 군사를 이끌고 형주로 진격했을 때, 형주의 주인 유표는 중병에 걸려 세상을 뜨고 만다. 형주에 의지하고 있던 유비는 수년 동안 각고의 노력으로 인심을 얻어, 그에게 기탁하는 이들이 날로 많아지고 나름 실력을 갖춘 장수와 모사들도 그의 휘하로 들어왔다. 유비가 형주를 차지할 수 있는 기회가 무르익었다. 하지만 유비는 기회를 잡기보다는 오히려 형주를 두 손으로 조조에게 바쳤다. 무슨 이유였을까?

공융을 죽여 조정을 안정시키다

조조는 북방을 평정한 후 재차 남방을 조준했다. 첫 번째 표적은 형주의 유표였다. 이유는 두 가지다. 첫째, 형주는 물산이 풍부한 곳이다. 둘째, 유표는 오랫동안 조조와 관계가 좋지 않았다. 이전에 조조가 원소와 싸울 당시 유표는 원소의 편을 들었고, 지금은 귀 큰 도적놈인 유비를 받아들였으니 조조가 달가울 까닭이 없었다.

　'유경승, 이놈의 자식! 형주를 날로 먹고 파락호破落戶 : 몰락한 집안인 유비까지 받아들이다니. 내가 너를 손보지 않는다면 누구를 손보랴!'

　출병하기에 앞서 조조는 조정을 안정시킬 필요가 있었다.

　'내가 출정하면 허도가 빌 텐데, 혹여 황상이 또다시 예전 의대조 사건

처럼 무리를 모아 나를 몰아내고자 한다면 큰일이로다.'

이렇게 생각하던 조조는 나름 확고한 조치를 취했다. 우선 자신을 승상으로 높이고, 다음으로 명사인 공융을 살해했다.

조조가 공융을 죽인 것은 조정에서 확고한 토대를 마련함과 동시에 일관된 기준과 위세를 보여주기 위함이었다. 공융을 죽여 다른 이들에게 경고를 한 셈이다. 공융은 본래 조조와 관계가 좋았다. 그래서 조조가 받아들인 것이다. 하지만 공융은 자신의 재능을 믿고 다른 이들을 깔보았으며, 때로 조조를 희롱하거나 비웃는 등 지나친 행동을 서슴지 않았다. 영도자가 뭐라 하든 자신이 최고였던 것이다.

시간이 지나면서 조조는 안하무인인 공융을 어찌해야 할지 고민이 아닐 수 없었다. 표면상으로 그의 과도한 언행을 참고 견뎠지만 그렇다고 무조건 받아줄 수만은 없었다. 공융도 눈치가 없긴 했으나 조조만 보면 불쾌한 감정을 감출 수 없었다.

'그래도 나는 공자의 후손이고, 너는 일개 환관의 자손인데 어찌 국가의 대신 노릇을 한단 말인가?'

이렇게 생각하던 공융은 여러 차례 공개된 장소에서 조조를 난처하게 만들었다. 한번은 조조의 아들 조비가 원희의 처인 견씨를 첩으로 들이자 공융이 조조에게 서신을 보내 말했다.

"옛날에 무왕이 주紂를 토벌한 후 달기妲己를 주공周公에게 하사했습니다."

이는 사적에 기록되거나 전고가 있는 말이 아니다. 다시 말해 뻥이란 뜻이다. 나중에 이상하게 여긴 조조가 공융에게 묻자 공융의 말이 걸작이나.

"현재의 일에 비추어보면 당시에도 그랬을 것이라 사료됩니다."

조조가 분노한 것은 당연한 일이었다. 이외에 조조가 오환을 원정하는 것에 대해서도 비웃은 적이 있다. 그러니 그도 참을 만큼 참은 셈이다. 만약 그래도 참았다면 스트레스로 더 일찍 죽지 않았을까? 결국 승상은 자신의 죽음 대신 공융과 일가족의 죽음을 택했다.

앞서 말했다시피 공융을 죽인 것은 사실 조정의 공경대신들에 대한 경고의 메시지이기도 했다. 앞으로 알아서 하시라! 공자의 후손으로 누구보다 명성이 자자한 공융조차 요절냈는데, 나머지야 무슨 거리낌이 있겠는가! 이후로 조정의 공경대신들은 승상 조조가 있다는 것만 알 뿐 천자는 아예 무시하였으며, 오로지 조조에게 충성을 다하며 신처럼 모셨다. 조정이 안정되자 조조는 비로소 군사를 몰고 유표 정벌에 나섰다.

운이 나쁘다고 사회를 탓하면 되겠는가

유표는 병세가 위독해지자 후계자 문제를 심각하게 고려하기 시작했다. 유표에게는 유기劉琦와 유종劉琮 두 아들이 있었다. 유표의 후처는 제갈량의 장모인 채씨의 친언니인데, 그녀는 자신의 조카딸을 유종에게 시집보냈다. 그러니 막내아들 유종이 조카사위가 된 꼴이다. 여하간 채씨는 당연히 유종을 매우 좋아했다. 채씨의 남동생 채모와 유표의 조카 장윤張允은 모두 유표의 측근으로, 항상 유종을 칭찬하고 유기를 헐뜯었다.

유기는 이에 대해 매우 불안해했다.

'장자인 내가 부친의 자리를 계승하기는커녕 자칫 내 생명까지 위협받겠구나.'

그래서 그는 명목상 숙부인 유비에게 도움을 청했다.

유비가 말했다.

"이는 너도 어찌할 수 없구나. 내가 비록 조카의 숙부라 하나 사실상 성만 같을 뿐 제삼자나 다를 바 없으니 도와줄 힘이 없구나. 그러니 제갈공명 선생을 찾아가 뵙도록 하여라. 높은 식견을 가진 분이니 도움이 될 것이다."

유기가 듣고는 도움을 받을 수 있으리라 생각하고 마음이 편해졌다.

'그래, 제갈공명을 찾아가면 도움이 될 것이다. 그분은 나의 친척이기도 하지 않은가!'

그러나 제갈량은 한사코 조언을 하지 않았다.

"나는 잠시 손님으로 와서 머물고 있는 처지인데, 어찌 남의 집안일을 함부로 말할 수 있겠습니까? 천문지리나 세상사에 관한 것이라면 모를까. 말씀드릴 수 없습니다."

제갈량이 손사래를 치며 마다하자 유기가 꾀를 하나 냈다. 그는 고서가 한 권 있으니 한번 봐달라고 하면서 제갈량을 누각으로 인도했다. 누각에 오르자 유기가 공명 앞에서 울며 간청했다.

"계모의 미움을 받아 목숨이 조석에 달려 있는데, 선생께서는 끝까지 저를 모른 척하시겠습니까?"

제갈량이 유기에게 속은 것을 알고 불쾌한 마음으로 누각을 내려가려는데 올라올 때 분명히 있었던 사다리가 보이지 않았다.

그냥 뛰어내리기에는 너무 높고, 그렇다고 쉽사리 계책을 말해줄 수도 없는 터라 제갈량은 잠시 당황했다. 유기가 다시 무릎을 꿇고 애걸하자 마침내 제갈량이 입을 열었다.

"공자는 춘추시대 진나라 태자인 신생申生과 중이重耳의 이야기를 아시지요? 신생은 안에 있다가 죽고, 중이는 밖에 나가 있어 화를 면했습니다."

유기가 여기까지 듣자 바로 무슨 뜻인지 알아차렸다.

"고견이십니다."

제갈량이 말했다.

"나는 단지 옛이야기를 했을 뿐입니다."

때마침 유표의 부장인 황조가 죽어 강하를 지킬 사람이 없었다. 유기는 자신이 황조의 직무를 대신할 것을 청했다. 유표는 어린 자식이 제법 세상물정을 아는 것 같기도 하고, 또한 그를 별로 좋아하지 않았기 때문에 그를 강하태수로 임명했다.

유기가 떠난 지 얼마 되지 않아 유표의 병세가 위독해지자 유기가 병문안을 위해 강하에서 양양으로 돌아왔다. 채모와 장윤은 그들 부자가 만나면 혈육의 정이 도타워져 유기를 후계자로 삼을지도 모른다는 생각이 들었다. 그래서 유기를 먼저 만나 이렇게 말했다.

"공자는 부친의 명을 받들어 강하를 지키는 막중한 소임을 맡았거늘, 이렇게 함부로 떠나왔으니 이 틈에 동오東吳의 군사가 쳐들어오기라도 한다면 어찌할 생각이시오? 공연히 주공을 뵈었다가 주공께서 역정이라도 내셔서 병세가 더욱 위중해지면 도리어 불효막심한 죄를 짓게 될 것이니 지체하지 말고 강하로 돌아가시오."

그들은 이렇게 말하며 유기를 내쫓고 유표를 만나지 못하게 했다. 유기는 한바탕 통곡을 하고 양양을 떠나 강하로 돌아갔다.

유표가 세상을 뜨자 채모와 장윤이 유종을 옹립하여 형주의 주인으로 삼았다. 소식이 강하에까지 전해져 유기가 대로하여 인신印信을 땅에 버리고 문상의 명분을 빌려 양양으로 출발했다. 아우를 토벌하기 위함이었다.

유기가 출정하기 무섭게 조조가 형주로 남하한다는 소식이 전해졌다. 유기의 입에서 절로 신음 소리가 흘러나왔다.

"이런, 조조가 오면 내가 어찌 막을 수 있겠는가?"

결국 그는 황급히 강을 건너 강남江南으로 몸을 맡기기 위해 출발했다.

한편 유종은 운 나쁘게도 부친의 자리를 이어받자마자 조조의 대군에게 공격을 받는 처지가 되고 말았다. 그의 책사들이 너 나 할 것 없이 조조에게 투항할 것을 권유했다.

"신하의 신분으로 천자를 거역하는 것은 나라를 배반하는 일입니다. 승상 조조는 남북으로 정벌을 하면서 모두 조정의 명이라고 하고 있는데, 만약 주공께서 저항하신다면 조정을 따르지 않는 것과 같습니다. 게다가 주공께서 자리에 오르신 지 얼마 되지 않아 안팎으로 편안하지 않은 때라, 형주와 양양의 백성들이 조조의 대군이 몰려온다는 말만 듣고 싸우기는커녕 간담이 서늘해질 것인데 무슨 수로 조조를 대적할 수 있겠습니까?"

이에 상빈으로 대접받고 있던 왕찬王粲이 입을 열었다.

"조조는 군사가 강하고 용맹스러운 장수를 많이 거느리고 있는 데다 지혜가 출중하고 꾀가 많습니다. 하비성에서 여포를 사로잡았고, 관도전투에서는 원소를 물리쳤지요. 또한 농우에서 유비를 내쫓고, 백랑에서 오환을 물리쳤습니다. 그런 그가 대군을 이끌고 내려오는데 무슨 수로 당해낼 수 있겠습니까?"

유종이 그들의 말을 듣고 고개를 끄덕였다.

"그대들 말이 맞소이다."

그리하여 조조의 군사가 신야에 도착하자 사람을 보내, 조정에서 하사한 부절符節과 인신을 조조에게 바치라 일렀다.

유종은 조조에게 투항했다는 사실을 유비에게 알리지 못했다. 한참이 지난 후에야 유비가 이상하게 여기고 측근을 보내 유종에게 물었다.

"도대체 무슨 일이 있으시오?"

유종이 다시 사람을 보내 유비에게 일렀다.

"조조에게 투항하여 형주를 내주었으니 조만간 조조가 완성으로 올 것이오."

낭패한 황숙은 도망치고

유비는 소식을 듣고 대경실색하여 사자에게 말했다.

"너희들이 조조에게 투항하려고 했으면서도 어찌하여 나에게 일찍 알리지 않았느냐?"

그는 칼을 빼 들고 사자에게 겨누면서 다시 입을 열었다.

"당장이라도 네 목을 베어 원한을 풀고 싶다만 사내대장부로 너와 같은 녀석을 벤들 무엇하겠느냐. 어서 꺼져라!"

이어서 유비는 부하들을 모아놓고 대책을 상의했다. 유종을 공격하여 형주를 되찾자는 말이 대부분이었다. 그러나 유비는 생각이 달랐다.

"형님께서 임종하시면서 내게 어린 자식들을 부탁하시었소. 만약 내가 신의를 저버리고 그 아들을 사로잡고 사사로이 이득을 도모한다면 나중에 죽어 구천에 가서 무슨 낯으로 형님을 뵙겠소?"

그리하여 유비는 휘하 군사를 이끌고 철수했다.

양양을 지나게 되자 유비는 양양성 동문에 이르러 잠시 말을 세우고 큰 소리로 말했다.

"조카 유종은 들어라. 나는 오로지 백성을 구하려 할 뿐, 다른 생각이 없도다. 지금도 늦지 않았으니 빨리 생각을 바꾸어 성문을 열도록 하라!"

그러나 유종은 행여 조조가 알까 두려워 감히 얼굴도 내밀지 않았다. 유종의 신하를 비롯하여 형주의 여러 인사들이 유비의 뒤를 따랐다. 때마침 유표의 무덤 앞을 지나게 되자 유비가 수하 장수들을 이끌고 묘 앞에서 절하고 엎드려 울며 고했다.

"어리석은 아우 유비가 재주도 없고 덕도 없어 결국 형님의 말씀을 저버리게 되었습니다. 형님, 어찌 용의 몸에서 저리 못난 자식이 태어나 형님이 만들어놓으신 기업을 망쳐놓았단 말입니까?"

유비를 따르는 군사와 백성들이 점차 늘어나 이미 10만을 넘어섰으며, 크고 작은 수레가 수천 채에 이르렀다. 노인네를 부축하고 어린아이의 손을 잡아 군사의 뒤를 따르는 이가 헤아릴 수 없이 많으니 걸음이 늦춰질 수밖에 없어 하루에 10리 가기가 힘들었다. 유비는 관우에게 수백 척의 크고 작은 배로 사람들을 운송하여 강릉에서 부대와 합류하도록 했다.

수하 장수가 유비에게 말했다.

"강릉은 요충지인지라 적을 충분히 막아낼 수 있습니다. 하지만 지금 우리는 수만 명의 백성을 이끌고 하루에 10리도 채 행군하지 못하고 있으니 어느 세월에 강릉에 도착하겠습니까? 이런 상황에서 조조의 대군이라도 쳐들어온다면 어찌 대적하겠습니까? 잠시 백성들을 놔두고 가시는 것이 좋을 듯합니다."

유비가 대답했다.

"큰일을 이루려면 반드시 백성을 근본으로 삼아야 하오. 지금 백성들이 나를 믿고 따르는데 내가 어찌 저들을 버리고 갈 수 있겠소."

다른 한편 유종의 부장이 유종에게 건의했다.

"장군이 투항하고 유비가 도망쳤다는 것을 알면 조조가 틀림없이 경계를 늦추고 방심하여 경무장한 선봉대만 이끌고 올 것입니다. 저에게 수천 명의 기병을 주신다면 지세가 험한 곳에 매복하고 있다가 공격하면 조조를 사로잡을 수 있을 것입니다."

하지만 유종은 겁이 많고 소심한 자인지라 일언지하에 거절하고 말았다.

유종이 투항했다고 하나 유비는 아직 건재한 상태였다. 강릉에 군량과 마소 등을 잔뜩 쌓아놓은 터라, 만에 하나 유비가 강릉을 사시하면 소소의 입장에서 낭패가 아닐 수 없었다. 그래서 조조는 치중을 가볍게 한 채로 대군을 이끌고 강릉을 향해 밤낮으로 달렸다.

양양에 도착한 후 조조는 유비가 바로 코앞에 있다는 소식을 전해 듣고 그 즉시 5,000여 명의 정예기병을 앞세워 추격하기 시작했다. 하루 밤낮을 가리지 않고 쫓아간 후 마침내 당양현當陽縣 장판長坂에 이르렀다. 조조는 유비가 이끌고 있던 수많은 인마를 손에 얻었을 뿐만 아니라 수많은 치중까지 모두 빼앗았다.

당시 유비 수하에는 전투력을 갖춘 병력이 많지 않았기 때문에 조조의 정예기병에게 속절없이 무너지고 말았다. 유비는 어쩔 수 없이 처자식까지 내팽개치고 제갈량, 장비 등 몇 명의 장수와 수십 명의 기병만 데리고 도주했다.

한참을 도망치고 있는데 누군가 달려와 다급한 목소리로, 조운이 북쪽으로 달려가는 것을 보았는데 조조에게 투항하러 가는 것 같다고 말했다. 그러자 유비가 대로해서 보고한 자를 향해 칼을 휘두르며 소리쳤다.

"허튼소리 하지 말라! 조자룡은 나를 버리고 갈 리가 없도다."

조운은 공손찬 휘하에 있다가 관도내전 당시 유비와 만나 뜻을 같이했다. 이후 그는 구름이 용을 따르고 바람이 호랑이를 쫓듯이 유비를 따르고 보호했다. 그런 그가 자신을 버리고 원수나 다를 바 없는 조조에게 투항했다는 말을 유비는 믿을 수 없었던 것이다.

과연 얼마 후 조운이 멀리서 모습을 드러냈다. 유비의 아들인 유선劉禪을 품에 안고 나타난 것이다. 《삼국연의》는 이에 대해 '유현덕은 백성을 이끌고 강을 건너고, 조자룡은 단기필마로 아두를 구하네'라는 소제목으로 흥미진진하게 풀어나가고 있다. 장비가 장판교에서 장팔사모를 비껴들고 서 있는 모습 또한 바로 이 대목에서 볼 수 있다.

유비 일행은 조조의 추격을 겨우 따돌리고 계속 도망치다가 관우와 만나 겨우 안숨을 돌리고, 다시 유표의 아들 유기의 원병을 만나 마침내 하구夏口 : 지금의 호북성 무한武漢에 도착할 수 있었다.

한편 조조는 강릉으로 진군하여 유종을 청주자사로 임명하고 열후로 봉했다. 아울러 유종의 수하로 있으면서 조조에게 투항할 것을 종용했던 모사들도 후작으로 봉하니 전체 열다섯 명이었다. 형주가 조조의 손에 들어가니 그의 기반이 더욱더 확대되었고, 형주와 강 하나를 사이에 둔 강동은 자못 긴장하지 않을 수 없었다.

손중모와 같은 아들을 낳아야 하리

당시 강동의 주인은 손권이었다. 손권, 자는 중모仲謀이며, 어려서부터 학문에 힘쓰고 무술을 연마하여 문무를 겸비한 인물로 명성이 있었다. 그는 어린 나이에 부형을 따라 출전하면서 여러 차례 전투 경험을 쌓았다. 책읽기를 좋아했던 그는 문학과 역사 등 여러 방면의 전적을 두루 섭렵했다. 손권은 성격이 대범하고 밝았으며, 두루 인재를 받아들였다. 그렇기 때문에 부친을 비롯하여 여러 형제들 사이에서 가장 명망이 좋았다.

부친이 전사한 후 형님인 손책이 대사를 맡았는데, 손권은 항상 그의 곁에서 책략을 건의하고 도움을 주었다. 빈객들을 초대하여 주연을 열 때면 손책은 언제나 아우 손권을 불러 이렇게 말하곤 했다.

"네 눈앞에 있는 저들 문인과 무장들이 장차 모두 너의 수하가 되어 네가 대업을 이루는 데 도움을 줄 것이다."

손책은 아우를 하루라도 빨리 뛰어난 인물로 만들기 위해, 나이 열다섯의 어린 손권에게 현장縣長을 맡겨 행정을 경험하도록 했다. 손책이 죽자 손권은 비통한 나머지, 군정이든 행정이든 아무것도 맡을 생각이 들지 않았다. 그때 손책의 생사인 장소가 손권에게 말했다.

"손효렴孫孝廉, 지금 울고 있을 때가 아닙니다."

그는 손권의 상복을 평복으로 바꿔 입게 하고, 밖으로 나가 말에 올라타 군대를 순시하도록 했다. 아울러 조정에서 손책의 죽음을 아래 군현으로 통보하는 한편, 각지 관리들에게 엄중하게 맡은 바 직책에 충실하도록 지시했다. 한편 손권의 형인 손책의 둘도 없는 벗 주유 역시 파구에서 병사를 이끌고 문상을 왔다가 장소와 함께 군정 업무를 맡았다. 이리하여 강동 정권은 영도자의 죽음에도 불구하고 별다른 혼란 없이 안정될 수 있었다.

당시 손책은 강동의 여섯 군을 차지하고 있었다. 평서 연의에서는 6군 81주라고 했으나 주는 군 아래에 있으니 6군 81현縣이 정확한 말이다. 하지만 산골이나 시골 깊은 곳까지 완전히 통제하고 있었던 것은 아니다. 고향을 버리고 강남으로 이주한 사대부들은 잠시 피난을 위해 내려온 것이었기 때문에 손씨 집권 세력과 확실한 군신 관계를 맺지 않았다. 다만 장소와 주유 등은 손권을 인정하고 그와 함께 대업을 이루기를 희망했기 때문에 전심전력으로 그를 보필했던 것이다.

강동 경영의 터전을 마련하다

손권의 막하에 유명한 모사 노숙이 있었다. 노숙은 자가 자경子敬이며, 임회군臨淮郡 동성현東城縣 사람이다. 어린 나이에 아비를 잃고 조모와 함께 살았다. 집안이 꽤나 부유했으며 천성이 베풀기를 좋아했다. 손책이 살아 있을 때 노숙은 이미 강동에 내려와 있었다. 손권이 강동을 맡은 후 그는 북방 고향으로 돌아가고자 했으나 주유가 재삼 만류한 후 손권에게 그를 추천했다.

"노자경은 재주가 출중하니 중임을 맡길 만합니다."

손권이 노숙을 규합하여 여러 재주 있는 빈객들을 초청하여 연회를 베풀었다. 빈객들이 모두 물러나고 노숙도 인사하고 나가려고 하는데 손권이 유독 그만 남게 하여 함께 앉아 술을 마셨다. 손권이 노숙을 바라보며 물었다.

"지금 한실은 쇠미하여 위험한 지경이고, 천하 사방은 구름이 일어나듯 시끄럽고 어수선하기만 하오. 나는 부형이 남기신 기업을 계승하여 제나라 환공과 진나라 문공과 같은 공업을 세우려고 하고 있소. 자경 선생은 나를 어떻게 보좌할 생각이시오?"

노숙이 답했다.

"지난날 한나라 고제께서 마음을 다해 초나라 의제義帝를 존중하고 모시려고 하였으나 뜻대로 되지 않은 것은 항우項羽를 해롭게 여겼기 때문입니다. 오늘의 조조는 예전 항우와 같습니다. 장군께서 어떻게 하면 제 환공과 진 문공처럼 되실 수 있겠습니까? 제가 보건대 한나라 황실은 다시 일어날 수 없고, 조조는 쉽게 제거되지 않을 것입니다. 장군께서는 강동을 차지하고 천하의 추이를 지켜보시는 것이 유리합니다. 조조는 북방에서 병력을 운용하느라 남쪽을 돌아볼 여유가 없습니다. 그런 틈을 타서 황조를 제거하고 나아가 유표를 토벌하여 장강 일대를 손에 넣으면 제왕의 대업을 세우실 수 있을 것입니다. 이것이 한 고조께서 펼치신 사업이었습니다."

이것이 바로 노숙이 손권에게 올린 탑상책榻上策으로, 제갈량의 융중대와 유사한 책략이다. 이렇듯 당시 손권과 유비의 모사들은 비슷한 대책을 올린 바 있다. 다시 말해 한조는 더 이상 가망이 없으니 조조와 정립鼎立하기를 도모할 것이지, 한실의 부흥은 꿈에도 생각하지 말라는 것이다.

손권은 노숙의 말을 듣고 강동을 안정시키고 영지를 확대하기 시작했다. 그는 제일 먼저 산월인의 소요 사태를 해결했다. 산월인은 진한 시절 백월百越이라고 불리는 종족의 후손들로, 손권에게 조세를 납부하기를 거절했다. 손권은 군사를 일으켜 먼저 산월인의 수령을 붙잡은 후 나머지 사람들은 구분하여 처리했다. 젊은이들은 군사로 충원하고, 노인과 부녀자들은 일괄 관리하여 농업에 종사하도록 했다.

산월인의 문제를 해결하자 후방이 절로 안정되었다. 손권은 계속해서 장강 상류에 거점을 두고 있는 강하태수 황조를 공략했다. 출병하기도 전에 황조의 부장 감녕甘寧이 황조의 인정을 받지 못하자 손권에게 투항했다. 손권은 인재를 알아보고 감녕을 옛 신하들과 마찬가지로 대우했다.

강동이 대체적으로 안정권에 들면서 군사력이 확충되고 군량도 충분해졌다. 감녕은 먼저 황조를 취한 후에 파군과 촉군을 도모할 것을 건의했다. 손권은 그의 건의를 수용하고 출병의 믿음을 더욱 다질 수 있었다.

손권이 대군을 이끌고 쳐들어온다는 소식을 들은 황조는 황망히 전투 준비에 나섰다. 그는 강안에 수중 진지를 설치하여 거대한 전선 두 척을 횡렬로 배치하고 배 위에 1,000여 명의 궁수를 태운 다음 각각 강궁强弓과 경노勁弩로 무장하여 공격에 대비토록 했다. 아울러 큰 밧줄에 묶은 거석을 닻 대신 강물 아래로 짐놀시켜 전선을 고정했다. 거대한 전선이 마치 물속의 성곽처럼 장강을 가로지르고 있었다.

하지만 손권의 수군은 전혀 두려움이 없었다. 겹으로 갑옷을 입고 단단한 칼로 무장한 병사들이 죽음을 무릅쓰고 황조의 전선을 향해 돌진하여 거석을 묶은 동아줄을 잘라버렸다. 강동 수군의 공세 앞에 황조가 보낸 장수들은 맥없이 쓰러지고 죽임을 당했다. 황조는 겨우 도망을 쳤다가 결국 손권 군사에게 붙잡혀 목숨을 잃고 말았다. 이리하여 황조의 터전 역시 강동의 판도 안으로 수용되었다.

불과 몇 년 만에 손권은 반란을 평정하고 강토를 넓혔다. 그의 신변에는 여몽呂蒙과 감녕 등 용맹한 장수들까지 늘어섰으니 조조가 자못 부러워할 만했다. 손책이 막 죽었을 때 조조는 원소와 싸우느라 정신이 없었기 때문에 강동을 공략할 여력이 없었다. 건안 7년(서기 202년), 조조는 손권에게 조정의 문서를 보내, 그의 동생이나 아들을 조정의 중앙 관리로 삼겠다고 말했다. 사실상 인질을 보내라는 뜻이었다.

손권은 백관을 불러 모아 이 일에 대해 상의했으나 별다른 결론을 내리지 못했다. 그래서 그는 주유를 데리고 자신의 모친인 오부인을 뵈러 갔다. 주유가 오부인을 뵙고 아뢰었다.

"옛적 초나라가 주 왕실에서 제후국으로 봉토를 얻었는데, 사방 100리가 되지 않았습니다. 이후 어질고 능한 국군과 신하들이 강토를 개척하여 양주와 형주를 점령하면서 왕업을 이룬 지 이미 900년이란 세월이 흘렀습니다."

그는 이렇게 말한 후 손권을 보며 계속해서 말했다.

"지금 장군이 부형의 기업을 계승하여 정병을 육성하고 군량을 풍족하게 마련하였으며, 경내에 백성들이 풍요롭게 살아가며 안정을 이루었는데, 왜 군이 조조에게 인질을 보내려 하십니까? 인질을 한번 보내면 어쩔 수 없이 조조와 계속 관련을 맺어야 할 것입니다. 조서 한 장으로 허도로 올라오라 하면 어찌 하실 것입니까? 당장이라도 올라가야겠지요. 허도에 올라가면 기껏해야 태수를 맡거나 후작에 봉해져 서너 필의 비루먹은 말에 예닐곱 명의 시종이 따라다니겠지요. 장군이 남방에서 과인이라 칭하는 것과 어찌 필적이나 할 수 있겠습니까? 그런 까닭에 저는 인질을 보내지 말고 천천히 사태의 변화를 관망하는 것이 좋으리라 생각합니다. 만약 조조가 진정으로 군신의 대의로 천하를 다스린다면 장군께서 그때 가서 그를 받들어도 늦지 않습니다. 만약 그가 모반을 획책하여 반란을 일으켜 한실의 역적이 된다면 자신을 구하기도 바쁠 것이니 어찌 남을 핍박할 수 있겠습니까?"

오부인이 말을 다 듣고 고개를 끄덕이며 말했다.

"공근의 말이 이치에 맞으니 인질을 보내지 않도록 하시오."

그리하여 손권은 인질을 보내라는 조조의 지시를 거절했고, 조조는 더욱더 손권을 미워하게 되었다.

파락호와 토호의 결합

유표가 죽었다는 소식을 듣고 노숙이 손권에게 이렇게 건의했다.

"형주는 우리와 접해 있는 데다 지형이 험준하고 옥토가 1만 리나 펼쳐질 정도로 비옥하고 백성들은 부유합니다. 만약 우리가 형주를 점령한다면 제왕의 기업基業을 마련할 수 있을 것입니다. 지금 유경승이 죽고 그의 두 아들이 반목한 지 오래되었으니 군사들도 양쪽으로 분열되어 있을 것입니다. 유비가 유표 쪽에 의탁하고 있는데 조조와 원한지간에 놓여 있습니다. 만약 유비가 유표의 아들들과 합심하여 세력을 키운다면 우리는 마땅히 그들과 평화공존하면서 동맹을 맺으면 될 것이고, 만약 유비가 그들과 사이기 벌어져 멀어져 나간다면 우리는 별도로 일을 도모하여 대업을 이루면 될 것입니다. 그러니 제가 유표를 문상하러 가서 그들 군중의 여러 장수들을 위로하고 아울러 유비에게 함께 힘을 합쳐 조조를 공격하자는 뜻을 전하겠습니다. 유비는 틀림없이 좋아하며 우리의 의견을 받아들일 것입니다. 지금 빨리 가지 않으면 조조가 선점할까 두렵습니다."

손권은 급히 노숙을 하구로 보냈다. 그러나 조조의 대군이 형주로 진격하자 남군의 유종이 이미 투항했으며 유비는 남쪽으로 철수했다는 소식이 들리자, 노숙은 직접 유비를 찾아가기로 마음먹었다. 그들 두 사람은 장판에서 만나 의견을 나누었다.

노숙이 유비를 만나 정중하게 손권의 뜻을 전했다.

"유 예주께서는 이제 어디로 가시려고 하십니까?"

"막상 나서기는 했으나 어디로 가야 할지 막막합니다. 하지만 창오蒼梧 태수 오거吳巨가 나의 오랜 친구인지라 그에게 가서 의탁하려고 합니다."

노숙이 다시 입을 열었다.

"안타깝게 되었습니다. 그런데 우리 손 장군(손권)은 6군을 거느리고 호랑이처럼 웅거하고 계신데, 군사는 정예롭고 군량도 넉넉하니 대업을 이루기에 족합니다. 게다가 현자를 공경하고 어진 선비를 예로 대우하는지라 강동의 영웅들이 모두 모여 있지요. 유 예주께서 믿을 만한 사람을 강동으로 보내시어 손장군과 대사를 함께 논하기를 요청하시면 어떠하실까요? 그러시면 굳이 군사도 적고 군량도 닉닉지 않은 오거에 의탁하지 않으셔도 될 듯합니다. 오거는 필부에 불과하고 지역 또한 편벽된 곳이니 언제라도 남에게 병탄되기 쉽지 않겠습니까?"

유비는 그의 말을 듣고 내심 뛸 듯이 기뻤으나 일단 침묵하고 제갈량을 쳐다보았다. 노숙이 이번에는 제갈량을 향해 말했다.

"저는 자유子瑜와 친구입니다."

자유는 제갈량의 형인 제갈근諸葛瑾을 말한다. 제갈근이 난리를 피해 강동으로 내려왔을 때 손권의 장사를 맡았다. 그렇기 때문에 제갈량은 노숙과도 좋은 친구였다. 유비는 노숙의 건의를 받아들여 번구樊口로 가서 손권과 연합하여 조조를 공격할 준비를 하기 시작했다.

이렇듯 몰락한 집안, 즉 파락호나 다를 바 없는 유비와, 자못 행세깨나 하는 토호 집안의 손권이 손을 잡았는데, 그렇다면 그들은 조조의 침공을 맞이하여 어떻게 대응해나갈 것인가?

23강 적벽을 불태우다

　　적벽전투에서 손권과 유비 연합군은 화공으로 조조의 대군을 물리치고 삼국정립三國鼎立의 기틀을 마련한다. 하지만 전쟁 초기 유비는 조조의 추격을 겨우 따돌리면서 병력 손실이 심각한 상황이었다. 손권은 비록 유비와 연합하여 조조에게 대항할 생각이 있기는 했으나 차일피일 결심을 늦추고 있었다. 이런 상황에서 두 사람은 어떻게 맹우가 되어 조조에게 대항하기로 결정한 것일까? 적벽대전! 과연 정말로 그런 전투가 있었던 것인가?

청하는 것보다 자극하는 것이 더 낫다

제갈량은 노숙과 함께 손권을 만나려 시상柴桑에 도착했다. 당시 상황이 미묘하여 손권은 짐짓 수수방관하는 척 지켜보기만 할 생각이었다. 그도 순망치한의 도리를 알고 있어, 유비가 끝장난다면 자신도 무사하지는 못할 것이라는 정도는 능히 짐작하고 있었다. 하지만 다른 한편으로 요행이 없는 것이 아니었다. 말인즉 조조가 자신은 놔두고 유비에게만 관심을 갖기를 희망했다는 것이다.

　　제갈량이 시상에서 손권을 만나 말했다.

　　"지금 천하가 혼란스러워 장군께서 장강 동쪽에서 거병하시고, 유 예주는 한수漢水 이남을 거두어 조조와 더불어 천하를 다투었습니다. 그런데 지금 조조는 북방의 강적을 물리치고 남하하여 형주를 손에 넣어 그 기세가 사해를 떨칠 듯합니다. 이러한 조조 대군 앞에서 영웅일지라도 무력을 쓸 곳이 없기에 우리 유 예주는 몸을 피해 이곳에 머물면서 장군이 역량을 안배해주실 것을 희망하고 있는 것입니다. 만약 장군이 능히 맞설 수 있으시다면 한시라도 빨리 조조와의 관계를 단절하셔야 하며, 만약 그렇지 못하다면 속히 군사를 거두고 무장을 해제하여 그에게 신하로 칭하시는 것이 옳습니다. 사정이 이러한 지경에 이르렀는데도 과감하게 처리하지 않으신다면 분명 더 큰 재앙이 닥쳐올 것입니다.”

분명 도움을 청하는 것이 아니라 오히려 자극을 주는 화법임에 틀림없다. 손권, 당신이 조조를 이길 수 없다는 생각이 든다면 굳이 번거롭게 달리 생각하지 말고 속히 투항하면 그뿐이다. 손권은 당연히 그의 말에 화가 나지 않을 수 없었다.

“정세가 그렇다면 유 예주는 어찌하여 속히 조조에게 굴복하지 않으시는 게요?”

제갈량이 말했다.

“예전에 전횡田横은 제나라 장수일 뿐인데 오히려 의리를 지켜 굴욕적인 투항을 하지 않았습니다. 하물며 유 예주는 왕실의 후예로 영명한 재능이 세상을 덮어 모든 선비들의 추앙을 받고 있는 것이 마치 물이 바다로 흘러가는 것과 같습니다. 일이 이루어지지 않는다면 이는 하늘의 뜻이거늘, 어찌 몸을 굽혀 조조의 밑으로 들어갈 수 있겠습니까?”《삼국지 · 촉서 · 제갈량전諸葛亮傳》

말인즉 제나라의 일개 장수조차 굴욕적인 투항을 하지 않는데, 황실의 후예인 촉한의 유비가 어찌 조조에게 항복하여 그 밑으로 들어가겠느냐는 뜻이다.

제갈량의 이 말은 약간 억지를 부리는 경향이 농후하다. 유비는 이전에 조조 밑에서 잘 참고 견딘 적이 있었다. 그때도 물론 유 황숙이란 타이틀이 있었다. 그런데 지금 제갈량은 절대로 조조 밑으로 들어갈 수도 없거니와 그를 형님으로 모실 수 없다고 말하고 있다.

　손권은 아직 젊어서인지 격하게 화를 냈다.

　"예전에 돗자리나 짜고 짚신이나 삼던 당신네가 조조에게 투항하지 않는다면 나 역시 절대로 조조에게 항복하는 일이 없을 것이오. 내 어찌 현덕보다 못할 수 있겠소? 하지만 당신네 유 예주가 근래 패전하였는데, 어찌 조조를 감당할 수 있겠소이까?"

　제갈량은 재빨리 입을 열었다.

　"유 예주의 군대가 비록 장판전투에서 패배했지만 현재 귀대하는 병사와 관우의 수군을 합쳐 정예병사 1만이 있습니다. 유기가 강하군에서 모집한 군사도 1만보다 적지 않을 것입니다. 조조의 군대는 먼 길을 왔기 때문에 지쳐 있습니다. 제아무리 강한 활에서 떠난 화살이라도 마지막에 가서는 노나라 명주조차 뚫을 수 없다고 하지 않았습니까? 그래서 병법에서는 이러한 일을 꺼리어 '반드시 상장군이 다치게 된다'고 말한 것입니다. 게다가 북방 사람들은 수전에 익숙하지 않으니 결코 그들이 우세라고 할 수 없습니다."

　그가 말을 이었다.

　"이외에도 형주 백성들이 조조에게 의탁하고 있는 것은 조조가 강경책과 회유책을 병행하면서 압박을 가했기 때문이지, 충심으로 복종하는 것이 아닙니다. 만약 장군께서 진실로 용맹한 장수에게 병사 수만 명을 이끌고 유 예주와 힘을 합심하여 노력하도록 한다면 반드시 조조를 물리칠 수 있습니다. 조조의 군대는 패배하여 북방으로 돌아갈 것이고, 이와 같이 되면 천하는 삼국이 정립하는 형세를 갖추게 될 것입니다."

손권은 제갈량의 이야기를 들은 후 매우 기뻐했다.

"좋소. 선생은 잠시 숙소에서 쉬고 계시오. 부하들과 상의를 해보겠소."

집안사람들의 이야기를 듣다

이때 조조는 손권에게 서신을 한 통 부쳤다. 편지에서 그는 이렇게 말했다.

"근자에 죄상을 들어 죄지은 자들을 토벌하고, 군기가 남쪽으로 향하자 유종이 항복했소. 이제 수군 80만 명을 훈련시켜 장군과 오 땅에서 자웅을 가려보려고 하오."《삼국지·오서·오주전吳主傳》에 인용된〈강표전江表傳〉

자못 도발적인 내용이었다. 봐라! 나는 병력도 충분하고 기세도 대단하다. 똑똑하다는 유종도 눈앞의 이익에 연연해하지 않고 투항하지 않았느냐! 자, 손권 자네는 어떤 생각이신가? 나의 80만 수군과 한번 붙어보시겠다는 것인가? 아니면 그대로 투항하실 것인가? 겨루기 힘들 것 같다는 생각이 들면 유종을 따르라. 그리하면 호의호식하는 데 전혀 부족함이 없도록 해주마!

손권은 서신을 휘하 신료들에게 보여주었다. 신료들은 너 나 할 것 없이 대경실색했다.

장사 장소가 손권에게 말했다.

"조조는 흉악무도하게 천자를 끼고 사방을 정벌하며, 걸핏하면 조정의 명의로 명령을 남발하고 있습니다. 우리가 저항한다면 명분이 서지 않고 조리에 맞지 않을 것 같습니다. 우리가 조조를 막을 방도는 장강이라는 자연 요새뿐인데, 지금 조조는 형주를 점령하고 유표의 수군과 수천 척에 달하는 전선을 차지했습니다. 이렇게 되었으니 장강이 험난한 요새라고 한들 조조와 우리가 공유하는 것이 되고 말았습니다. 쌍방의 수적 차이는 근본적으로 논할 수 있는 수준이 아닙니다. 그렇기 때문에 저는 투항하는 것이 좋을 것이라 사료됩니다."

거의 모든 모사들이 그의 생각에 동의하여 손권에게 깊이 생각해볼 것을 권유했다. 여러 장수와 모사들이 손권에게 조조를 맞이하여 투항하라고 권유하자 손권은 마음이 불편하여 잠시 일어나 밖으로 나갔다.

노숙이 그 뒤를 따라 처마 아래까지 갔다. 손권이 노숙의 마음을 알고 그의 손을 잡으며 말했다.

"자경은 무슨 말을 하려 하시오?"

"여러 사람들의 의견을 들어보니 장군을 잘못된 길로 이끌고 있다는 생각이 듭니다. 그들과는 큰일을 논의할 수 없습니다. 제가 보기에 저와 같은 사람들은 조조에게 항복할 수 있지만 장군 같은 분은 그럴 수 없습니다."

"그것이 무슨 뜻이오?"

손권이 물었다.

"만약 제가 조조에게 투항한다면 기껏해야 하조종사下曹從事쯤으로 시작하여 소가 끄는 수레나 타고 관리나 병사들이 시종으로 따르게 하면서 세월이 흘러 운이 좋으면 삼공구경을 할 수도 있을 것입니다. 그러나 장군이 항복하신다면 무엇을 하실 수 있겠습니까? 주유가 말한 것처럼 야윈 말 서너 마리에 예닐곱 명의 시종을 뒤따르게 하여 허도로 끌고 갈 것입니다. 장군의 원대한 계획과 뜻은 먼지가 되어 사라지겠지요. 원컨대 조속히 큰 계획을 정하시고, 다른 이들의 의견을 듣지 마십시오."

손권이 그의 말을 듣고 한숨을 내쉬며 말했다.

"장소와 같은 이들은 그저 자신과 가족의 안위만을 생각하고 있으니 참으로 실망스럽소. 오늘 그대가 말한 내용은 내가 생각하는 것과 일치하오."

이렇듯 손권을 설득하여 조조에게 대항하게 만든 것은 바로 노숙과 주유다.《삼국연의》에서 제갈량이 여러 유자儒者들과 설전을 벌이는 대목은 나관중 선생이 지어낸 이야기에 불과하다. 손권이 조조와 맞서기로 결심한 것은 결코 제갈량의 유세 때문이 아니다. 어디까지나 제갈량은 외부 사람인데, 손권이 외부 사람의 말에 심사가 흔들렸겠는가? 듣더라도 자기 내부 사람들의 이야기를 더 경청하지 않겠는가?

비록 노숙의 지지가 있었지만 손권은 여전히 걱정이 많았다. 어쨌든 너무 많은 사람이 반대했기 때문이다. 때마침 주유가 명을 받들어 파양鄱陽에서 군사를 훈련시키고 있었는데, 노숙은 손권에게 그를 불러 대사를 의논할 것을 건의했다.

실패한 유세객 장간

손씨 정권에 대한 주유의 충성심은 변함이 없었다. 〈강표전〉에 따르면, 조조는 주유를 자기 사람으로 만들기 위해 장간蔣干을 보내 유세하도록 했다. 장간은 용모가 뛰어나고 재능이 뛰어날 뿐만 아니라 유세를 잘해 강회江淮에서 비길 사람이 없었다. 비록《삼국연의》에서 그를 조금 모자란 인물로 묘사했지만, 실제 역사에서 그는 고상하고 예의 바른 서생이었다.

조조의 명을 받은 장간은 머리에 갈건을 쓰고 무명옷을 입어 마치 한적하게 오랜 벗을 만나러 온 것처럼 꾸미고 주유를 만났다. 하지만 주유는 그가 온 까닭을 능히 짐작하고 남음이 있었다. 서로 만난 후 주유가 먼저 물었다.

"먼 길을 오셨는데, 조조의 세객이 되어 오신 것이오?"

장간은 자신의 계략을 들켜 난감했지만 짐짓 태연하게 대답했다.

"오랫동안 만나지 못해 회포나 풀려고 왔는데, 어찌하여 나를 세객으로 보시나! 굳이 그러시다면 나는 그냥 가겠네."

주유가 재빨리 그를 붙잡으며 말했다.

"내 비록 사광師曠 : 춘추시대 진나라 악사처럼 귀가 밝지 못해 그대의 지음知音이라 말할 수 없네만, 그래도 현弦의 소리나 노래를 들으면 아곡雅曲 : 전아한 악곡을 분간할 수 있을 정도는 되네."

말인즉, 당신의 마음을 잘 알고 있다는 뜻이다. 주유는 장간을 병영으로 데리고 가서 연회를 베풀며 성대하게 접대했다. 주연이 끝나자 주유가 장간에게 말했다.

"군중에 기밀이 있어 잠깐 자리를 비워야 하니, 그대는 먼저 숙소에 들어가 계시오. 일이 해결된 후 다시 청하러 가리다."

3일 후 주유가 다시 장간을 군영으로 불러 두루 구경시켰다. 병사들이 갑옷을 입고 훈련을 하는 모습이며, 병장기를 두루 보여준 다음 막사 안으로 들어오니 편장과 비장들이 은빛 갑옷을 입고 줄지어 서 있었다. 서로 인사를 나눈 후 다시 주연을 시작하면서 주유가 장간에게 말했다.

"대장부로 세상에 태어나서 자신을 알아주는 주군을 만나 밖으로 군신의 의리로 의탁하고 안으로 골육과 같은 인연을 맺어, 말을 하면 반드시 행하고 계획을 세우면 반드시 좇으며 길흉화복을 함께해야 하지 않겠는가! 그리하면 설사 소진蘇秦과 장의張儀 : 전국시대 종횡가로 유명한 유세객나 역이기酈食其 : 한나라 고조의 모사가 다시 소생한다고 해도 오히려 쓰다듬고 완곡하게 말하며 달랠 것인데, 어찌 자네가 내 마음을 움직일 수 있겠는가?"《삼국지 · 오서 · 주유전周瑜傳》의 주에 인용된 〈강표전〉

말인즉, '나 주유는 주공의 말이라면 무엇이든 따를 것이니, 설령 소진과 장의와 같은 종횡가나 역이기와 같은 모사가 되살아나 유세를 한다고 해도 전혀 듣지 않을 것인데, 장간 자네와 같은 잔챙이의 유세에 끄떡이나 하겠는가'라는 뜻이다.

장간은 더 이상 할 말이 없어 그저 미소를 지을 뿐이었다.

"좋네. 그럼 나는 물러나겠네."

돌아온 후 장간이 조조에게 보고했다.

"주유의 기량은 보통이 넘습니다. 말로 움직일 자가 아닙니다."

이렇게 해서 천하의 선비들이 주유를 더욱 존경하게 되었다.《삼국연의》는 이를 '군영회에서 장간이 계략에 빠지다群英會蔣干中計'라는 제목으로 장황하게 묘사하고 있다.

주유는 조조에게 투항할 의사도 없을뿐더러 그럴 수 있는 처지도 아니었다. 무엇보다 그와 손씨 집안이 인척 관계이기 때문이다. 강동 교공橋公은 두 딸을 두었는데, 참으로 절세미인이었다. 손책이 그 언니를 아내로 맞이하고 주유는 동생을 아내로 맞이했으니, 두 사람은 동서지간이다.《삼국연의》나 그 밖의 문학작품에서는 그들 자매를 대교大喬와 소교小喬라고 불렀다.

요즘 영화나 문학작품을 보면 특히 이를 강조해서 마치 조조가 이교二喬를 위해 강동을 침공한 것처럼 이야기한다. 이러한 전설은 다음과 같은 시에서 유래한다.

부러진 창 모래에 묻혀 채 삭지 않았는데
절로 드러난 것 갈고 닦아 보니 옛것이로세.
동풍이 주유의 편을 들어주지 않았다면
동작대 깊은 봄에 이교 그곳에 갇혔으리.

折戟沈沙鐵未銷, 自將磨洗認前朝.
東風不與周郎便, 銅雀春深鎖二喬.
_두보杜甫,〈적벽赤壁〉

시에서 두보는 조조를 호색한으로 상정하여 동작대銅雀臺를 이교를 위한 안가安家로 삼은 것처럼 묘사하고 있다. 심지어 어떤 영화에서는 소교가 단신으로 조조의 진영에 가서 직접 조조를 만나는 것으로 그리고 있는데, 당연히 허튼소리다.

주유, 주군의 마음을 안정시키다

주유가 명을 받들어 손권을 만나러 왔다. 그가 손권에게 말했다.

"조조는 스스로 한나라 승상이라 칭하지만 실상은 한나라의 역적입니다. 장군께서는 신무神武를 갖춘 영웅으로 부친과 형님의 위업을 물려받아 강동을 다스리시는데, 사방 천 리의 너른 땅을 통치하시며 수만의 정예병을 확보하고 계십니다. 조조가 죽음을 자초하고 있는데 어찌 항복할 수 있겠습니까?"

주유는 계속해서 손권에게 천하의 형세와 더불어 조조의 상황에 대해 설명했다.

"지금 마초馬超와 한수의 무리들이 함곡관 서쪽에 주둔하여, 북방을 제대로 평정하지 못하고 있다는 것이 조조의 우환거리입니다. 또한 조조는 수전에 어두운데 말과 안장을 버리고 배와 노를 저어, 수향水鄉에서 나고 자란 강동 사람과 싸우려고 하고 있습니다. 이는 쥐가 고양이 수염을 잡겠다는 것이니, 스스로 죽을 길을 찾겠다는 것이나 다를 바 없습니다. 게다가 엄동설한에 군마를 먹일 꼴을 찾지 못할 것이며, 중원의 병사들을 몰고 멀리 강을 건너오면서 기후와 풍토가 맞지 않으니 병에 걸리는 군사가 태반일 것입니다. 이는 용병에서 크게 꺼리는 일입니다. 조조는 이렇듯 무모하게 행동하고 있으니 장군께서 반드시 이번 기회를 잡으셔야 합니다. 저에게 정병 수만 명을 주시면 하구에 주둔하여 장군을 위해 적군을 물리치겠습니다."

주유가 이렇게 말하자 손권도 배짱이 생겼다.

"사악한 적이 한나라 왕실을 폐하고 스스로 일어서려고 한 지가 오래되었는데, 단지 두 명의 원씨(원소와 원술)와 여포, 유표, 그리고 나만을 꺼렸을 뿐이오. 지금 그 가운데 몇몇은 이미 죽었고, 오직 나만 남아 있소. 나는 악독한 역적과 양립할 수 없소. 그대가 응당 공격해야 한다고 말한 것은 내 생각과 심히 부합하오. 이는 하늘이 그대를 내게 준 까닭이외다."《삼국지 · 오서 · 주유전》

손권은 이렇게 말한 후 허리에 차고 있던 보검을 빼들어 앞에 있는 주안奏案을 내리쳤다. 한칼에 주안의 모서리가 떨어져 나갔다. 그가 다시 외쳤다.

"누구든 조조에게 투항하자고 말한다면 바로 이 꼴이 될 것이다."

문무 관료들은 감히 더 이상 말을 꺼내지 못했다.

손권은 조조와 대대적으로 맞붙기로 작심했다. 그날 밤 주유가 또다시 손권을 찾아가 말했다.

"신료들이 조조에게 항복하자고 장군을 설득한 것은 조조가 수륙 80만 대군을 동원했다는 격문만 믿었을 뿐, 그 안에 허실이 있음을 분석하지 않았기 때문입니다. 실제로 조조가 동원한 중원의 군사는 많아야 15~16만 명에 지나지 않으며, 그나마 1년 내내 출정하여 지나치게 피로가 쌓인 상태입니다. 새로 유표의 군사를 얻었다고 하나 그 역시 7~8만에 지나지 않는 데다, 그들은 조조에게 진심으로 복종한 상태가 아닙니다. 조조 또한 그들에 대한 의심을 풀지 않고 있습니다. 군대는 정예가 중요하지, 수사는 그 나음입니다. 3만의 군사만 주신다면 조조의 군사를 제압할 수 있을 것이니 주공께서는 너무 심려하지 마십시오."

손권이 매우 기뻐하며 주유의 등을 어루만지며 말했다.

"공근의 말 한마디가 나를 안심시켰소. 장소는 이렇다 할 계책도 없이 사심을 드러내 정말 실망하였소. 그대와 노숙만이 나와 생각이 같소이다. 그대들 두 사람이야말로 하늘이 나를 보좌하라고 내려보내 주신 것이 아닌가 싶소. 5만 정병을 일시에 집결하기가 쉽지 않으니 일단 3만 병사를 보낼 것이오. 전선과 군량, 병장기는 이미 준비되었소이다. 그대와 노숙, 정보程普가 군사를 거느리고 출전하시오. 나는 계속해서 병력과 군마를 소집하여 후원하겠소. 조조의 군대를 이길 수 있다 싶으면 시기를 놓치지 말고 즉각 결단하고, 여의치 않다면 곧바로 돌아오시오. 내가 직접 조조와 결전을 벌이리다."

손권은 곧바로 주유와 정보를 좌우독左右督으로 삼아 군대를 이끌고 유비의 군대와 합세하도록 했다. 아울러 노숙을 교위校尉로 임명하여 전략을 짜도록 했다.

조조가 앞서 손권에게 서신을 보내 강동에서 사냥을 하고 싶다고 한 것은 사실 투항을 권유한 것이니 다를 비 없었다. 형주를 손에 넣은 후 즉각 손권을 공격할 것인가 여부에 대해 조조 진영 내부에서도 의견이 분분했다. 가후는 조조에게 일단 공격을 유예하고 백성들을 편안하게 하는 것이 우선이라고 말했다. 유비가 손권에게 도움을 청할 당시, 조조 진영의 모사 중에는 손권이 유비를 죽이고 조조에게 투항할 것이라고 말하는 이도 있었다.

단지 정욱만은 다른 견해를 제시했다.

"조공은 천하에 적수가 없으며, 마침 형주를 공략하여 강표江表 : 장강 이남에 위세를 떨치고 있습니다. 하지만 손권은 이제 막 자리에 올랐기 때문에 설사 계략을 꾸민다고 한들 혼자서 조공을 당해낼 수는 없을 것입니다. 유비는 영명한 인물인 데다 휘하에 관우와 장비, 조운 등 1만 명의 적을 능히 감당할 수 있는 이들이 있고, 와룡이라 부르는 제갈공명까지 얻은 상태입니다. 손권은 분명 그들에게 도움을 요청하여 우리 군대를 막으려고 할 것입니다."

과연 정욱의 말대로 손권은 유비에게 군사를 제공하여 함께 조조를 공격했다. 손권과 유비가 손을 잡기 전에 출병했어야 했는데! 조조는 후회했지만 이미 때는 늦고 말았다. 손권과 유비가 이미 연맹을 결성했음에도 조조는 하루라도 빨리 천하를 통일하겠다는 마음에 강동으로 진격할 것을 결정했다.

흔들리는 배에 괴로워하는 조조의 군사들

당시 번구에 주둔하고 있던 유비는 수중에 한 푼 없는 빈털터리나 다를 바 없었다. 얼마 되지 않는 병사들은 이제나저제나 강가에 나가 동오의 지원군을 눈이 빠져라 기다렸다. 그러던 어느 날 병사들이 저 멀리 전선이 오는 것을 보고 즉시 진영으로 돌아가 유비에게 보고했다. 유비가 즉시 사람을 보내 위로하자 주유가 말했다.

"군사 기밀을 아무에게나 보낼 수 없으니 유 예주가 직접 오신다면 더할 나위 없이 좋겠소."

유비는 하는 수 없이 작은 배를 타고 주유를 만나러 갔다.

"지금 우리가 함께 힘을 합쳐 조조에게 대항하게 되었으니 참으로 현명한 일입니다. 장군께서는 병력이 얼마나 되는지 궁금하군요."

주유가 대답했다.

"우리에겐 3만 명의 병력이 있습니다."

유비는 너무 적나는 생각이 들었다. 뜸새를 재고 주유가 다시 입을 열었다.

"이 정도면 충분합니다. 유 예주가 보시기에 어떻게 하면 조조를 격퇴할 수 있겠습니까?"

"일단 노자경魯子敬: 노숙을 청해 함께 이야기를 나눌 수는 없겠습니까?"

주유가 대답했다.

"노숙이 시간이 날지 모르겠습니다. 만나시기를 원한다면 직접 찾아가 보시지요."

유비는 계면쩍기도 하고 또한 기쁘기도 했다. 주유의 군대가 엄정한 기율을 보이고 있어 기뻤고, 자신은 막상 돕자니 변변한 것이 없는 듯하여 부끄러웠던 것이다.

번구에서 유비와 만난 후 주유는 손권과 유비 연합군을 이끌고 계속 전진하여, 적벽에서 장강을 건너는 조조의 군대와 조우했다. 당시 조조의 진영에는 역병이 유행하여 사상자가 속출하고, 남방의 습하고 더운 날씨에 적응하지 못해 풍토병을 앓는 이가 적지 않았다. 또한 병사 대부분이 북방 사람들이라 수전水戰에 익숙지 않아 배만 타면 멀미를 하고 토하기 일쑤였다. 더군다나 새로 편성한 수군과 투항한 형주의 수군이 화합이 되지 않아서 사기가 부족했다. 조조의 군대는 시작하자마자 열세에 봉착했다.

이로 인해 조조군은 처음부터 주유의 수군에게 패배하여 어쩔 수 없이 수군을 강북에 주둔시켜 육군과 합류하도록 했다. 그들은 전함을 북쪽 강안에 있는 오림烏林에 정박하고 수군을 훈련시키면서 기회를 엿보았다. 《삼국연의》에 따르면, 조조가 병마 80만을 이끌고 강남으로 내려갔는데, 이는 당시 정황상 불가능하고 아무리 많아야 20만 정도였을 것이다.

주유는 전함을 남쪽 적벽 부근에 결집하여 장강을 사이에 두고 조조군과 대치했다. 북방 출신 병사들은 배를 타는 것에 익숙하지 않아 뱃멀미를 하는 등 여러 가지 문제가 생겼다. 조조는 이를 해결하기 위해 영수에서 투항한 장수들의 건의를 받아들였다. 전선끼리 이물과 고물을 연결해 움직이지 않도록 하고 전선 사이에 나무 널빤지를 깔아놓으면 병마가 왕래할 수도 있고 평지처럼 돌아다닐 수 있다는 것이었다.

적벽대전의 진상

손권과 조조의 군대가 강을 사이에 두고 마주 보고 있었다. 비록 조조가 주도적으로 진격을 감행할 수는 없었으나, 그렇다고 주유 역시 한 번에 조조군을 격퇴할 만한 전력을 갖춘 것은 아니었다. 이렇게 시간만 허비하는 것이 현명한 일은 아니었다. 노장 황개가 주유에게 말했다.

"지금 적군은 숫자가 많고 우리는 적으니 장기전으로 돌입할 수 없습니다. 조조의 전선은 서로 수미를 연결하고 있으니 우리가 화공火攻으로 밀고 나가면 승산이 있습니다."

주유도 좋은 생각이라 여기고 화공으로 대응할 준비를 시작했다. 화선火船 열 척을 준비하여 배 안에 마른 섶과 갈대, 장작을 가득 싣고 그 위에 생선 기름을 부은 다음 유황과 염초 등 인화물질을 발라놓았다. 그리고 기름을 먹인 푸른 천으로 덮어 군량선으로 위장하고 뱃머리에 청룡아기靑龍牙旗를 꽂았으며, 고물에는 작은 쾌선을 매어놓아 전령사들이 쉽게 오가도록 했다.

이렇게 만반의 준비를 갖춘 후 황개는 비밀리에 사람을 통해 조조에게 편지를 보냈다. 투항할 계획이니 받아주기 바란다는 내용이었다. 《삼국연의》는 이를 고육지계苦肉之計로 엮어 '주유가 황개에게 곤장 100대를 치고, 황개는 거짓으로 조조에게 투항한다'는 식으로 이야기를 풀어나갔다.

이윽고 동남풍이 기세게 불기 시작하는데, 물론 이 역시 제갈량이 신통력을 발휘하여 그리된 것이 아니다. 여하간 황개는 동남풍에 기대어 열 척의 화선을 몰고 조조의 수채水寨로 나아가기 시작했다. 황개가 탄

배에는 청룡아기가 꽂혀 있고, 큰 깃발 위에 '항조降曹 : 조조에게 투항함'라고 적힌 돛이 달려 있었다. 조조의 군사들이 바라보며 비웃어댔다.

"황개가 투항하러 왔단다. 강동도 정말 한심하구나."

현대 식으로 이야기하자면 원로 혁명가가 투항하는 꼴이니 이런 말이 나올 만도 하다.

조조의 수채가 채 2리도 남지 않았을 때 황개의 신호에 따라 앞서가는 화선에서 갑자기 불길이 솟구치기 시작했다. 강한 동남풍에 불길이 거세지면서 벌건 화염이 사방에서 넘실대기 시작했다. 배는 쏜살같이 앞으로 돌진했다. 이윽고 조조의 전선들은 순식간에 불길에 휩싸였다. 하늘이고 강이고 할 것 없이 온통 화염에 휩싸이자 어디로 도망갈 길조차 찾을 수 없었다. 불길은 언덕 위 영채까지 넘실대더니 순식간에 사방으로 번져가기 시작했다. 눈 깜짝할 사이에 화염과 연기가 하늘을 뒤덮고 태양을 가렸다. 조조의 군사와 군마는 불에 타 죽거나 물에 빠져 죽고 말았는데, 그 수를 헤아릴 수조차 없을 정도였다.

주유는 정예 수군을 이끌고 화선을 바싹 뒤따랐다. 북소리가 하늘에 울려 퍼지면서 주유의 군사들이 용감하게 앞으로 진격하여 조조의 군사들을 마구 베기 시작했다. 조조군은 어찌할 바를 모르고 그저 허둥지둥 갈피를 잡지 못하고 헤매다 죽거나 다치고, 그나마 살아남은 자들은 무조건 도망치기 시작했다. 조조 역시 별다른 방법이 있을 리 없으니 남은 군사를 데리고 화용도華容道에서 퇴각했다. 그러나 앞은 온통 진흙길이고, 돌연 큰바람에 도무지 전진할 수가 없었다. 조조는 노쇠하거나 부상당한 병사들에게 건초를 등에 지고 길에 엎드리도록 한 후 기병들에게 서둘러 통과하도록 했다. 진흙탕에 엎드린 늙고 부상당한 병사들은 군마의 발길에 차이거나 진흙구덩에 빠져 목숨을 잃는 이가 부지기수였다.

유비와 주유의 군사들은 수륙으로 조조를 추격하여 남군南郡까지 몰아냈다. 조조군은 전투에서 불에 타 죽거나 물에 빠져 죽었으며, 이외에 굶주리고 병들어 죽는 이가 속출하여 절반 이상이 돌아오지 못했다. 조조는 조인曹仁, 서황은 강릉江陵을 지키도록 남겨두고, 악진樂進은 양양襄陽에 주둔하도록 한 후, 자신은 남은 군사를 이끌고 북방으로 돌아왔다. 이것이 바로 중국 역사상 소수의 병력으로 다수의 군대를 격파한 전투로 유명한 적벽대전이다.

역사적으로 적벽대전에서 가장 큰 공을 세운 사람은 주유다. 소식蘇軾은 〈염노교念奴嬌·적벽회고赤壁懷古〉에서 이렇게 읊었다.

큰 강은 도도하게 동쪽으로 흘러가며
다 씻어 가버렸네, 천고의 영웅들을.
옛날 보루의 서쪽
사람들은 말하네.
삼국시대 주유가 대승한 적벽이라고.
삐죽 솟은 바윗돌은 구름을 무너뜨리고,
놀란 파도 강가 절벽을 두들기며
무더기로 눈더미를 말아 올린다.
그림 같은 강산에
한때 얼마나 호걸이 많았던가!

멀리 주유가 활약했던 때를 생각하니,
소교는 갓 시집왔었고
융뜱찬 자태에 재기 넘쳤으리.
깃 부채 들고 윤건綸巾 : 명주실로 짠 두건 쓰고
담소하는 사이에

적의 배는 불에 타서 연기 속에 사라졌으리.

고향 땅으로 내 마음 달리나니

다정한 그대는 나를 보고 틀림없이 웃겠지.

흰 머리카락 일찍도 났다고.

인생은 꿈만 같은 것

한 잔의 술 강물에 비친 달에 붓는다.

大江東去, 浪淘盡, 千古風流人物.

故壘西邊, 人道是, 三國周郎赤壁.

亂石穿空, 驚濤拍岸, 卷起千堆雪.

江山如畫, 一時多少豪杰.

遙想公謹當年, 小喬初嫁了, 雄姿英發.

羽扇綸巾, 談笑間, 强虜灰飛煙滅.

故國神游, 多情應笑我, 早生華髮.

人間如夢, 一尊還酹江月.

하지만 이후 제갈량이 신격화되면서 초선차전草船借箭이니 동남풍이니 하면서, 손권과 유비 연합군이 거두어들인 성과를 제갈량의 신통력에 의한 것으로 만들고 말았다.

적벽대전은 강동의 영토를 보존하는 데 결정적인 역할을 했을 뿐만 아니라 이후 천하삼분의 토대를 마련한 전투였다. 그렇다면 적벽대전 이후 손권, 조조, 유비, 이 세 명이 주도하는 천하의 형세는 어떻게 발전해 갔는가?

24강 선한 군주는
익주를 유비에게 바치고

       유비가 세운 정권은 촉을 중심으로 했기 때문에 '촉한蜀漢'이라고 불렀다. 하지만 적벽대전 이후에도 촉 지역은 여전히 종실인 유장의 수중에 있었다. 당시 형주에 머물고 있던 유비는 그다지 힘이 없었다. 더구나 북쪽으로 조조, 동쪽으로 손권이 건재해 유비는 마음 편할 날이 없었다. 그렇다면 유비는 언제, 어떻게 촉 땅을 차지하게 된 것일까?

유비, 어린 처녀를 아내로 맞이하다

이야기가 지금에 이르기까지 유비는 성도成都와 전혀 관계가 없었다. 그는 하루 종일 자신의 형제들과 동분서주하면서, 길거리에서 보험을 판매하는 이들처럼 힘든 생활을 영위했다. 길거리 보험 판매원들은 자신의 업적을 쌓기 위해 쏘다니지만 비록 영업이 시원치 않더라도 삶의 질이 조금 떨어질 뿐, 생명에 지장이 있는 것은 아니었다. 하지만 유비 일행은 그야말로 목숨을 걸고 뛰어다녀야만 했다. 손발을 부지런히 움직이고 머리를 제대로 쓰지 못하면 그 즉시 다른 곳으로 옮겨가야만 하니 이 또한 쉬운 일이 아니었다.

  하지만 적벽대전 이후 유 황숙은 달라진 삶을 직접 느낄 수 있었다. 말 그대로 비통한 운명은 끝나고 행운이 찾아들기 시작한 것이다. 유비가 이후 건공입업, 즉 평생의 공적을 세울 수 있었던 것은 마땅히 주유라는 은인에게 공을 돌려 두고두고 감사해야 할 것이다. 적벽대전에서 주공근은 조맹덕을 쫓아내는 한편 유비에게는 적지 않은 전리품을 안겼다.

조조는 패전한 후 군대를 이끌고 북방으로 돌아가면서 조인을 남겨놓았다. 이전에 조조에게 투항했던 형주 지역 사람들은 연이어 반기를 들고 유비 쪽으로 기울기 시작했다. 물론 유비에 앞서 유표를 따른 것으로, 그를 큰형님으로 여겼던 것이다. 이리하여 무릉, 장사長沙, 계양, 영릉 등 네 군이 모두 유비에게 투항했다.

유비는 제갈량을 중랑장으로 삼아 세 군데 군을 다스리면서 세금을 징수하고 군수품을 조달하도록 했다. 아울러 편장군 조운이 계양태수를 겸직하도록 했다. 이때에 이르러 유비는 마침내 형주 일대에서 터전을 확보할 수 있게 되었다.

한번 운이 트이기 시작하면 끝이 없는 법이다. 1년 남짓한 시간 동안 주유는 조조가 남겨둔 장수 조인을 철저하게 깨부수었다. 조인은 더 이상 당해낼 재간이 없어 결국 성을 버리고 도망쳤다. 이로써 손권과 유비 동맹은 또다시 커다란 기반을 마련하게 된다.

세력 기반이 커지자 손권과 유비는 지분을 나누기 시작했다. 유비는 조정에 표문을 올려 손권을 거기장군 겸 서주목으로 추천했고, 손권은 유비를 형주목으로 천거했다. 형님, 아우가 주거니 받거니 서로 치켜세우고 비위를 맞추니, 마치 중국의 소학교나 중학교에서 신체, 학습, 품행이 뛰어난 이른바 '삼호생'을 선발하면서 서로 한 표씩 주고받는 것과 같은 행태였다.

손권은 형주 장강 이남의 일부분을 유비에게 나누어주었다. 유비는 유

---

* 삼호생三好生 : 세 가지가 뛰어난 학생이란 뜻으로 모범학생을 말한다.

구油口에 군영을 설치하고 공안公安으로 이름을 바꾸었다. 손권은 유비에게 기반을 마련해주었을 뿐만 아니라 자신의 여동생까지 주었다. 당시 손권이 28세였으니 그의 여동생은 당연히 더 어렸다. 하지만 당시 유비는 이미 50세 중늙은이였다. 전형적인 늙은 남편과 젊은 아내인 셈이다.

손권이 여동생을 유비에게 시집보낸 것은 전형적인 정치적 혼사였다. 그가 정략적인 혼인을 결정한 것은 다음 두 가지 때문이다. 첫째, 유비를 자신의 편으로 만들기 위함이다. 둘째, 그를 통제하기 위함이다.

"손권은 자못 그를 경외하여 누이동생을 보내 관계를 좋게 하려고 했다."《삼국지 · 촉서 · 선주전》

이렇듯 손권은 유비가 간단하게 처리할 수 있는 인물이 아니라 여기고 자신의 누이동생을 그에게 시집보내 화목을 추구했다.

손부인의 명성이 어떠했는지는 정확하게 말하기 어렵다. 하지만 전하는 말에 따르면, 그녀는 사고력이 뛰어나고 민첩하며 성격이 강직하고 매서워, 여자이긴 하나 결코 남자에게 뒤떨어지지 않았다. 경극 〈용봉정상龍鳳呈祥〉을 보면 이런 구절이 나온다.

"동방洞房에 화촉 밝히고 첫날밤 맞이할 때 시녀들이 창검을 배열하고 있으니 놀란 유비 감히 신방에 들어가지도 못하네."

이렇듯 유비는 안채에 들어갈 때마다 혹여 손권의 여동생이 자신을 해치는 것은 아닐까 두려워했다고 한다. 그러니 그들 부부의 관계가 과연 얼마나 좋았을지 굳이 물어보지 않아도 알 것이다.

인민 내부의 모순

유비는 형주 남쪽에 적지 않은 기반을 마련했지만 유표의 이전 부하들이 모두 그를 따르는 상황에서 세력 기반이 부족하다는 생각이 들었다.

그래서 그는 직접 경구京口로 와서 손권을 만나 형주 전체를 자신의 관할로 넘겨줄 것을 요청했다.

유비의 제안에 손권 수하의 신하들이 저마다 한마디씩 했다.

"호랑이를 산으로 돌려보내면 안 됩니다."

"그가 오면 반드시 죽여야 합니다."

주유 역시 손권에게 생각을 전했다.

"유비 역시 일대 효웅입니다. 관우와 장비 등 용맹한 장수들이 보좌하고 있으니 분명 다른 사람 밑에서 오랫동안 머물며 쓰임을 당하지 않을 것입니다. 장기적으로 볼 때 유비를 우리 쪽 오군에 안치하는 것이 좋습니다. 그를 위해 대대적으로 토목공사를 벌이고 여러 미녀와 진귀한 보물을 하사하십시오. 그런 다음 관우와 장비를 떨어뜨려 각기 다른 지역에 주둔하도록 하고 우리 측에서 통솔하게 되면 천하의 대사를 도모할 수 있을 것입니다. 만약 과도하게 토지를 하사하여 자본으로 삼게 만든다면 틀림없이 더 이상 다른 사람 밑에서 굴종하지 않을 것입니다."

유비가 길을 떠나려고 하자 제갈량은 그곳에 가면 흉한 일이 많고 길한 일은 적을 것이라고 예측했다. 《삼국연의》에서 말하고 있는 것처럼 제갈량은 조운에게 유비를 호위토록 하는 한편 비단 주머니 세 개를 건네주며 필요할 때 열어보도록 당부했다. 당시 손권은 조조가 북방에 건재하고 있기 때문에 자신은 널리 영웅호걸을 모아 함께 조조의 침략에 대응해야 한다고 생각했다. 그가 생각하기에 자신과 조조의 모순은 일종의 계급모순이지만, 유비와의 모순은 인민 내부의 모순일 뿐이었다. 그렇기 때문에 그는 수하들의 건의와 주장을 받아들이지 않았던 것이다.

유비는 공안으로 돌아가 한참 시간이 흐른 뒤에야 이런 내막을 알게 되었다. 그가 장탄식하며 말했다.

"천하의 지략가, 모사들의 생각은 과연 비슷하구나! 당시 공명 선생이 나에게 가지 말라고 권한 것도 이런 일이 발생할까 걱정했기 때문이로다. 위험에 처해 모험을 무릅쓰지 않을 수 없었으니, 하마터면 주유의 손에 죽을 뻔하지 않았던가!"

그럴 무렵 유비는 또 한 명의 저명한 모사인 봉추 방통을 얻게 된다. 방통이 유비의 수하가 되었을 때 처음 맡은 직책은 현령이었다. 하지만 그는 현령이 되고 얼마 후 정무를 소홀히 했다는 이유로 면직되고 말았다. 사서의 기록에 따르면, 당시 노숙이 유비에게 다음과 같이 서신을 보냈다.

"방통의 재주와 능력으로 사방 100리밖에 되지 않는 자그마한 현을 다스리게 할 수는 없습니다."

제갈량도 유비에게 이렇게 말했다.

"방통의 재주와 능력은 저보다 위에 있지, 결코 아래 있지 않습니다."

그리하여 유비는 방통을 직접 만나 천하의 대사에 대해 의견을 나누었다. 방통의 탁월한 견식과 재주에 놀란 유비는 즉시 그를 시중으로 임명했다. 그에 대한 신임과 대우는 제갈량에 버금갔다. 그는 제갈량과 더불어 군사 중랑장을 맡았다.

익주가 유비를 향해 손짓하다

적벽대전 이후 2년 동안 유비는 형주에서 평화로운 나날을 보냈다. 유비는 형주를 손에 넣었으며, 얼마 후 익주까지 그를 향해 손짓했다.

익주의 주인인 유장은 종실 사람이긴 하나 개인적인 수준이나 능력이 보잘것없었다. 이전에 유장은 조조가 형주를 점령했다는 소식을 듣고 혹시라도 조조가 익주를 도모할까 두려워, 부하인 장송張松을 조조에게 보내 이렇게 굽실거렸다.

"아이고 형님, 대단하십니다. 저희는 무조건 형님과 함께할 것입니다. 제발 저희를 공격하지 말아주시기 바랍니다."

장송은 몸이 왜소하고 제멋대로인 데다 지조를 지키지 않아 정도를 지키는 이라고 말할 수 없으나, 사리가 밝고 영리하며 결단력이 있었다. 조조는 장송의 용모가 변변치 않음을 보고 그다지 중시하지 않았다. 조조는 의기양양할 때면 언제나 장송 앞에서 자신이 얼마나 대단한 인물인지 큰소리를 쳤다. 주부인 양수楊修가 장송을 불러 속관으로 삼을 것을 건의했으나 조조는 받아들이지 않았다.

"어디 어울리기나 하겠나? 예형만도 못하던데!"

그뿐만 아니라 조조는 여러 사람들 앞에서 장송을 우스개로 만드는 일도 있었다. 장송이 속으로 원한을 품고 조조를 비난했다.《삼국연의》를 보면 이와 관련한 다채로운 묘사가 적지 않다. 예를 들어 조조가 자신은 싸우면 언제나 이기니 백전백승이라고 자랑하자, 장송이 고개를 끄덕이며 이렇게 말했다.

"과연 그러시지요. 장수랑도 싸우시고, 여포도 치셨지요….."

조조가 싸워서 패배한 전투만 골라 말한 것이다.

한번은 조조가《맹덕병법孟德兵法》을 썼다고 자랑하자, 장송이 표절한 것이라고 하면서 당장이라도 인민법원(지방법원)에 고소라도 할 것처럼 말했다. 조조가 화를 벌컥 내며 소리쳤다.

"누가 그러던가? 내가 모두 창작한 것인데."

그러자 뛰어난 암기력을 지닌 장송은 조조의 병서 내용을 술술 풀어내기 시작했다. 그러면서 내용이 이미 오래전에 쓰인 것들인지라 병서가 나오기도 전에 암기하고 있었다고 했다. 조조는 당장이라도 자신의 병서를 태워버리고 싶을 정도로 화가 났다.

이리하여 조조는 더욱더 장송을 싫어하게 되었으며, 장송 또한 마음속 원한이 더욱 깊어만 갔다. 익주로 돌아온 후 그는 자신의 주공인 유장에게 조조와 관계를 단절할 것을 강력히 권유했다.

"그를 신경 쓰지 마십시오. 우리들은 어찌 됐건 한나라의 종실입니다. 어떻게 한조의 역적과 친교를 맺을 수 있겠습니까? 지금 우리가 친교를 맺어야 할 사람은 바로 유비입니다."

유약하고 무능한 유장은 장송의 말에 일리가 있다 여기고 그의 의견을 따랐다.

유장의 수하 중에는 유비와 관련을 맺는 것이 좋다고 생각하는 이들이 있었다. 그들 가운데 법정法正이라는 책사가 있었는데, 비록 재능이 뛰어났으나 중용을 받지 못해 고향 사람들에게 무시를 당하기 일쑤였다.

또한 장송 역시 자신의 능력에 나름 자부심을 지니고 있었으나 주군에 대해서는 불만이 적지 않았다. 무엇보다 유장이 그냥 평범하기만 하여 딱히 성취할 것이 없었기 때문이다. 그래서 그는 남몰래 탄식하곤 했다. 장송은 법정과 친했는데 때로 자신들의 주군인 유장에 대해 아쉬움을 표하며 유비에게 의탁할 생각을 주고받았다. 그런 까닭에 유장이 유비와 관련을 맺고자 하면서 사자를 누구로 할 것이냐고 장송에게 묻자 대뜸 법정을 추천했던 것이다.

전하는 말에 따르면, 법정은 장송이 그린 서천西川 지도를 유비에게 헌상했다. 법정은 유비를 만나고 돌아온 후 장송에게 이렇게 말했다.

"유비는 재능이 뛰어나고 지략이 원대하니 마땅히 익주의 주인이 되어야 할 것일세."

그리하여 두 사람은 서둘러 유비를 익주의 주인으로 맞이할 준비를 하기 시작했다. 이런 점에서 볼 때 유장이란 인물은 참으로 비참하다. 수하의 사람들까지 그의 지분을 다른 사람에게 넘기려고 하고 있으니 이 어찌 슬프지 않은가!

이럴 즈음 조조는 한중을 점거하고 있는 장로 정벌에 나서고 있었다. 만약 조조가 한중을 점령한다면 그다음은 분명 익주일 것이다. 더 이상 기다릴 수가 없었다. 장송이 유장을 찾아가 간곡하게 설득했다.

"조조의 군대는 천하무적이니 우리 병력만으로 막을 수 없습니다. 유비는 주공과 마찬가지로 종실로, 조조와는 철천지원수입니다. 또한 용병에 능하니 분명 장로의 군대를 격파할 수 있을 것입니다. 그에게 장로를 쳐부수도록 하면 장로는 반드시 무너질 것입니다. 장로가 무너지면 익주의 세력이 강해질 것이니 조조를 겁내지 않아도 될 것입니다. 지금 우리 장령들은 자신의 공적이 높은 것만 생각하고 교만 방자하며, 외부에 의지할 생각만 하고 있습니다. 만약 안팎에서 협공한다면 모든 것이 그대로 끝입니다."

유장은 진실로 그렇다 여기고 법정에게 4,000명을 이끌고 가서 유비를 영접하도록 했다. 유장은 실로 사람을 알아보는 안목이 없었다. 과연 유비를 제어할 수 있으리라 생각하고 그를 불러오는 것인가? 당시 수부인 황권黃權이 유장을 설득하며 말했다.

"산중에 두 마리 호랑이가 있을 수 없고, 한 나라에 두 명의 주군이 있을 수 없습니다. 만약 손님이 태산처럼 견고하여 안정된다면 주인은 쌓아 올린 계란처럼 위험하게 됩니다. 변경을 봉쇄하고 시국이 안정될 때까지 기다리는 것만 못합니다."

황권이 유장에게 이렇게 말할 당시 이미 유비와 여포의 사례가 있었음에도 불구하고 유장은 전혀 듣지 않았다. 오히려 황권을 광한현으로 좌천시키고 말았다. 심지어 어떤 이종사 왕루王累는 유장을 막아보려고 성문에 목을 매달아 자살로 간언했으나 전혀 소용없었다.

얼굴 팔아 밥을 먹으니 얼굴에 상처 나면 아니 되오

법정은 형주에 도착하여 유비에게 계책을 내놓으며 말했다.

"장군의 영명함과 능력으로 유장의 나약함과 무능함을 이용하시는 것이 좋습니다. 장송은 익주의 중요 관리이니 그가 안에서 호응하면 익주를 취하는 일은 손바닥 뒤집는 것처럼 쉬운 일입니다."

하지만 유비는 여전히 주저하면서 고민에 고민을 거듭했다.

방통이 유비에게 말했다.

"우리 형주는 황폐해졌고 딱히 인물도 없습니다. 동쪽으로 손권, 북쪽으로 조조가 자리하고 있어 뜻을 이루기가 쉽지 않습니다. 지금 익주는 호구가 100만에 토지가 비옥하고 물산이 풍부합니다. 익주를 얻어 자산으로 삼는다면 대업을 이룰 수 있을 것입니다."

유비가 듣고 난 후 입을 열었다.

"물론 난들 왜 그런 이치를 모르겠소? 다만 현재 나와 조아만은 물과 불처럼 병립할 수 없소. 조조가 조급하게 굴면 나는 느긋하게 나가고, 조조가 사납게 굴면 나는 어질게 했으며, 조조가 속이면 나는 정직하려고 애썼소. 이렇듯 늘 정반대로 했더니 일이 비로소 이루어진 셈이오. 이제 사소한 이익을 탐하려다 천하에 신의를 저버리게 된다면 나는 결코 할 수 없소이다."

유비가 걱정하는 것은 주로 자신의 명성에 관한 것이었다. 나야말로 얼굴을 팔아 밥을 먹고 인의를 팔아 출세하려는 처지인데, 다른 이의 터전을 빼앗는다면 이것이야말로 내 스스로 내 얼굴에 먹칠하는 것이 아니고 무엇이겠는가?

방통이 유비에게 답했다.

"천하가 크게 혼란스러우면 한 가지 방법만으로 천하를 차지할 수 없습니다. 약한 자는 병합하고 어리석은 자는 공격하기 마련이니, 이는 예전에 오패伍覇가 이미 했던 일입니다. 예의에 맞지 않는 방법으로 천하를 얻더라도 예의에 맞는 방법으로 다스리니, 이는 옛사람들이 숭상했던 바입니다. 일을 이룬 후에 유장을 대국大國으로 봉한다면 어찌 믿음과 의리에 어긋난다고 할 수 있겠습니까? 지금 취하지 않으면 익주는 결국 남의 손에 넘어가고 말 것입니다."

유비는 이 말이 마음에 들었다. 그는 제갈량과 관우를 형주에 남겨 지키게 하고, 조운에게 유영사마留營司馬를 맡겨 후방을 지키면서 향후 명령을 기다리게 한 다음, 자신은 보병과 기병 수만 명을 이끌고 장강을 거슬러 익주를 향해 떠났다.

익주는 또한 손권의 목표이기도 했다. 하지만 중간에 형주가 있으니 말 그대로 국경을 넘어 손을 쓸 수는 없었다. 그런 상황에서 유비가 익주를 취한다는 소식을 듣자 손권의 속내가 좋을 리가 없었다. '유비, 자네가 익주를 차지하겠다면 형주는 나에게 돌려주셔야겠네. 내 여동생도 더 이상 늙은 자네를 따를 이유가 없겠지.' 손권을 곧 배를 보내 여동생을 데려오도록 했다.

손권의 여동생은 그렇지 않아도 유비의 아들 유선을 데리고 오군에 있는 친정으로 돌아가 남편을 통제할 생각이었다. 하지만 장비와 조운이 군사를 배치하여 손권이 보낸 배를 가로막고 유선을 빼앗아 형주로 데리고 왔다. '강을 가로막아 아두를 빼앗다截江奪斗'라는 제목의 희극은 이를 근거로 만든 것이다. 여하간 손권의 여동생과 유비의 혼인은 실제로 짧게 끝나고 말았다.

연극은 끝나고 싸움이 벌어지다

유비가 온다는 소식을 들었지만 유장은 장차 무슨 일이 벌어질지 전혀 모르고 있었다. 그저 유비가 자신을 도우러 오는 것이라 여기고 연도의 각 군현에 연락하여 유비를 위해 물자를 제공할 것을 명령하기까지 했다. 유비는 익주에 들어서자 고향에 돌아온 것처럼 잘 먹고 마실 수 있었다. 유장은 또한 유비에게 쌀 20만 곡, 기병 1,000필, 수레 1,000승, 비단과 솜 등 수많은 군수품을 제공하기도 했다.

유비가 계속 북행하여 부현涪縣에 도착하자 유장이 보병과 기병 3만여 명을 이끌고 휘장을 단 수레를 타고 화려한 모습으로 유비를 만나러 왔다. 장송은 법정을 유비에게 보내, 두 사람이 만나는 기회를 빌려 유장을 없애기를 건의했다. 그러나 유비는 중요한 일이니 서두르면 안 된다고 말했다. 그러자 이번에는 방통이 나서서 거들었다.

"이번 회합 때 유장을 잡는다면 장군께서는 군사를 동원하지 않고도 가만히 앉아 주州 하나를 평정하실 수 있을 것입니다."

유비는 여전히 너무 서두른다는 생각이 들었다.

"적절하지 않소. 이제 남의 나라에 막 들어왔는데, 아직 은덕과 신의를 드러내지 못했으니 그렇게 할 수 없소."

그는 명성을 중시하여 익주를 원하지만 체면을 포기할 수는 없었던 것이다. 그리하여 유비와 유장 두 유씨는 함께 만나 호형호제하면서 100일이 넘도록 즐겁게 어울렸다. 이후 유장은 유비에게 병력을 보충해주고, 대량의 군수품을 제공하는 한편 유비가 자신을 대신하여 군대를 지휘하니 장로를 성멸해줄 것을 요청했다.

유장이 보낸 병력까지 더하자 유비의 군사는 이미 3만 명이 넘었고 수레, 갑옷과 투구, 병기, 군량, 군비 등 모든 것이 풍족해졌다. 유장이 성도로 돌아간 후 유비는 북쪽을 향해 진군하다가 가맹葭萌에 도착하여 행군을 멈췄다. 그는 그곳에 이르러 장로를 토벌하는 대신 은덕을 베풀며 백성들의 마음을 사는 일에 열중했다.

유비가 가맹에 터를 잡자 방통이 성도를 빼앗기 위한 전략으로 다음 세 가지 계책을 올렸다.

"지금 정예병을 선발하여 밤낮으로 쉬지 않고 내달려 곧바로 성도를 습격해야 합니다. 유장은 군사에 무지하고 아무런 방비도 하지 않고 있으니 대군이 급습하면 단번에 평정할 수 있습니다. 이것이 상책입니다. 유장의 부하 가운데 명장인 양회楊懷, 고패高沛가 각기 막강한 병사를 거느리고 관구關口를 지키고 있습니다. 그들은 여러 차례 유장에게 상소를 올려 장군을 형주로 돌려보내야 한다고 주장했다고 합니다. 장군께서 도착하기에 앞서 그들에게 사람을 보내, 형주에 긴급한 상황이 벌어져 회군하여 지원할 생각이라고 말하시고, 일부 군사들에게 군장을 꾸려 돌아가는 것처럼 꾸미십시오. 장군께서 떠난다고 하면 그들은 반드시 경무장한 채로 장군을 찾아올 것입니다. 그 기회에 그들을 붙잡고 군사를 빼앗아 성도로 진격하십시오. 이는 중책입니다. 이것도 저것도 아니라면 백제성白帝城으로 물러나 형주 쪽과 힘을 합쳐 천천히 일을 도모하십시오. 이는 하책입니다. 고민만 하다가 일을 지체해서는 안 됩니다. 서둘러 결정하시기 바랍니다."

유비가 상책을 쓰라는 방통을 바라보며 이렇게 말했다.

"상책은 다급하고 하책은 더디니 중책을 취하는 것이 좋겠소."

그즈음 조조가 손권을 공격하자 손권이 유비에게 회군하여 지원해줄 것을 요청했다. 손권과 유비는 전략적 협력 파트너이니 조조가 한쪽을 공격하면 다른 한쪽은 마땅히 후원해야만 했다. 이는 절묘하게 유비가 서둘러 형주로 돌아가는 거짓 행동에 빌미를 제공했다.

"손권과 저는 입술과 이처럼 가까운 관계이고, 청니靑泥 : 지금의 양변襄樊 서북쪽에서 조조의 대장 악진과 대치하고 있는 관우의 병력이 많지 않아 조조의 군사를 당해낼 수 없습니다. 지금 구원하지 않으면 조조가 형주를 탈취하고 이어서 익주를 공격할 것입니다. 이는 장로보다 더 큰 걱정거리입니다."

유비는 기회를 틈타 유장에게 병사 1만 명과 군수품을 증액해줄 것을 요청했다. 하지만 유장은 군사 4,000명만 주고 나머지 군수품 또한 절반만 주었다. 과연 유비가 예상하던 바와 거의 들어맞고 있었다. 유비는 짐짓 화를 벌컥 내며 군사들을 선동했다.

"우리는 갖은 고생을 하며 힘들게 먼 길을 거쳐 이곳에 와서 익주를 위해 강한 적을 토벌하느라 군사들이 지쳐도 편히 쉬지 못했다. 그런데 유장은 창고에 재물을 쌓아놓고도 전공을 세운 이들에게 상을 내리는 데 인색하니 어찌 사람들이 그를 위해 목숨을 바쳐 싸우길 바라겠는가?"

부하들도 화를 내며 차라리 유장을 해치우자고 소리쳤다.

내 터전이니 내가 주인이 되겠다

장송은 유비가 손권을 지원하러 간다는 말을 듣고 유비와 법정에게 편지를 보냈다.

"이제 곧 큰일을 이루려는 순간에 무슨 까닭으로 이곳으로 포기하고 떠나려 하십니까?"

그러나 장송은 일처리가 시빌아시 못아여 사신의 낭에게 비밀을 누설하고 말았다. 장송의 형이자 광한태수였던 장숙張肅은 자신에게 화가 닥칠까 두려워 유장에게 장송의 음모를 보고했다. 유장은 장송을 체포하여 목을 베었다. 동시에 여러 관소關所를 지키는 장수들에게 통보하여 향후 더 이상 유비와 관계를 맺지 않도록 명령했다. 이렇게 유비와 유장의 짧은 밀월이 끝났다. 유비는 유장의 부하인 양회와 고패를 불러 무례하다는 이유로 목을 베고 그들의 군사를 빼앗았다.

유비가 태도를 바꿨다는 소식이 전해지기가 무섭게 유장의 손에 계책이 들어왔다.

"유비는 고군분투하며 먼 길을 걸어왔고, 병사들도 1만이 되지 않아 마음이 편안한 상태가 아닙니다. 또한 군수품이 부족하여 민간의 농작물을 약탈하여 끼니를 때우고 있습니다. 백성들이 터전을 버리고 다른 곳으로 이주하면서 논밭의 농작물을 죄다 태워버린 후 조용히 기다리는 것이 가장 좋을 듯합니다. 유비의 군사들이 더 이상 약탈할 농작물이 없어 철군할 경우 우리가 출전하면 단번에 몰살할 수 있습니다."

유장은 이야기를 다 듣고 나서 고개를 저으며 말했다.

"나는 적에게 대항하여 백성을 보호했다는 말은 들어보았으나, 백성을 옮기고 적을 피했다는 말은 들어본 적이 없다."

참으로 장령들이란 자들이 너무 책을 읽어 책벌레가 되었는지, 내놓는 전략이란 것이 죄다 한심한 것뿐이었다.** 그나마 명장이라고 할 수 있는 양회와 고패는 유비에게 이미 죽임을 당했고, 남은 장수들은 쓸모가 없었다. 그리하여 유비의 세력은 더욱 강해지고, 부하 장령들은 곧이어 수많은 현성을 점령할 수 있었다.

건안 19년(서기 214년), 제갈량은 관우에게 형주를 맡기고 장비, 조운을 데리고 장강을 거슬러 올라 파동巴東을 공략했다. 이후 유비가 다시 장비

** 하지만 이는 견벽청야堅壁淸野라고 하여 성벽을 튼튼히 하고 농작물이 있는 들판을 깨끗이 없애는 뛰어난 전략이기도 하다.

와 조운을 보내 익주의 거대한 토지를 평정토록 했다.

당시 유비는 낙성雒城 : 지금의 사천 광한廣漢을 포위한 지 1년을 맞이하고 있었다. 그 기간에 한 시대를 풍미한 명사 방통이 화살에 맞아 생을 마감했다. 이런 상황에서 법정이 자신의 이전 주공인 유장에게 서신을 보내 형세와 시국을 논하며 이렇게 말했다.

"저는 비록 충성스럽지 않다는 비난을 받았지만 제 스스로는 장군의 은덕을 저버린 적이 없으며, 명분과 정의를 생각하며 실제로 장군을 위해 가슴 아파하고 있습니다. 좌장군은 장군과의 관계가 뿌리부터 들린 이래로 과거의 은혜를 잊지 않았고, 장군에게 악의를 지니고 있는 것도 아닙니다. 제가 생각하기에 책략을 바꾸신다면 일가를 보존하실 수 있을 것입니다."

그러나 유장은 회답하지 않았다. 서기 214년 여름, 유비는 낙성을 함락하고 마침내 성도로 진격했다. 제갈량, 장비, 조운 등도 군사를 이끌고 합류하여 성도를 포위했다. 유비는 사람을 성안으로 보내 유장에게 투항할 것을 권유했다.

당시 성안에는 정예병사 3만과 1년을 버틸 수 있는 식량과 비단(피복), 그리고 충성스러운 관리와 백성이 있었다. 하지만 유장은 더 이상 싸울 마음이 없었다.

"나는 부친 때부터 스무 해 넘게 익주를 다스렸지만 백성들에게 어떤 은덕도 베풀지 못했다. 지난 3년간 전쟁을 치르느라 백성들이 고군분투하다 황량한 들판에 시신으로 널려 있는 것은 모두 나로 인한 것이니 내 마음인들 어찌 편할 수 있겠는가? 됐다! 더 이상 저항하지 않겠다. 백성들은 무엇을 따르든 편안하게 지내면 그뿐 아니겠는가!"

마침내 유장이 성문을 열고 유비가 투항을 권고하기 위해 보낸 간옹簡雍과 함께 수레를 타고 나와 항복했다. 유장의 부하들은 주공이 지나치게 어질어 선조의 대업마저 지키지 못한 것을 안타까워하며 상심하여 눈물을 흘리지 않는 자가 없었다.

유비는 유장을 남군 공안으로 보내고, 그의 재산과 이전에 지녔던 진위장군振威將軍의 인수를 돌려주었다. 이후에도 적병이 성도를 쳐들어오면 성도의 통치자들은 백성들을 고생시키지 않기 위해 별다른 저항 없이 투항했다.

이렇게 해서 유비는 익주 현지의 역량과 배합하여 유장의 터전까지 확보했다. 유비에게 이는 대단히 중요한 역사적 의의를 지닌다. 왜냐하면 이는 누가 준 것이 아니라 그가 직접 차지한 것이기 때문이다. 이제 유비는 더 이상 도처를 떠돌아다니며 남에게 얹혀살 필요가 없었다. 이제 진정 주인 노릇을 할 수 있는 터전이 생겼기 때문이다.

익주를 차지하고 얼마 지나지 않아 또 한 명의 명장이 유비에게 몸을 의탁했다. 과연 그는 누구일까?

25강 마초마저 유비에게 몸을 의탁하다

　　돗자리를 짜고 짚신을 삼아 생계를 유지하던 유비는 적벽대전 이후 말 그대로 고생 끝에 낙이 온 것과 같았다. 우선 형주와 기주를 장악하고 많은 영웅호걸을 자기 사람으로 만들었다. 영웅호걸 중에 이후 유비의 오호상장五虎上將 가운데 한 명이 된 마초가 있다. 그렇다면 마초는 어찌하여 유비 사람이 된 것인가? 어떤 우여곡절이 있는가?

혼혈아 마초

마초는 자가 맹기孟起이며, 마등의 아들이다. 마등은 강족의 피를 받은 혼혈인이다. 그는 당시 반란이 직업이라고 할 정도로 반란과 투항을 거듭했다. 의형제 한수와 반란을 일으키더니 곧바로 귀순하고, 또다시 반란을 일으켰으니 하는 말이다. 일종의 직업 혁명가라고나 할까?

　이런 점에서 마초는 2대에 걸친 관리 집안 출신이자 역시 2대에 걸친 검은 조직 출신이라 할 수 있다. 부친이 조정 관리였던 적도 있고, 반란군의 수뇌인 적도 있었기 때문이다. 그는 태어났을 때부터 반란과 투항, 지역 할거 등을 눈으로 직접 보고 경험했다. 충군이나 애국, 한실漢室의 정통 등과 같은 관념은 그의 머릿속에 애초부터 자리한 적이 없었다.

　건안 원년(서기 196년), 마등과 그의 의형제 한수 사이에 갈등이 생기면서 사이가 벌어졌다. 두 도적은 갑자기 낯빛을 바꾸고 언제 의형제였느냐는 식으로 완전히 원수지간이 되고 말았다. 심지어 한수는 마등의 아내와 장남을 살해하는 잔인한 짓도 마다하지 않았다. 그래서 마초는 마등의 장자가 되었다.

마초는 성장하면서 훤칠한 키에 용맹함이 남달랐다. 당시 서량군은 날쌔고 용맹하기로 유명했는데, 그중에서도 맹장이라 칭할 정도였다. 도적이나 다를 바 없는 부친과 한수 등과 함께 생활하면서 그는 힘세고 싸움 좋아하는 난폭한 인물이라는 인상을 주었다.

건안 7년(서기 202년), 조조는 종요에게 평양平陽에서 남흉노의 선우를 공략하도록 했다. 오랫동안 공격했으나 평양은 쉽게 넘어오지 않았다. 그런 와중에 적의 원군이 도착하자 종요는 마등을 설득하여 귀순토록 했다.

"마등, 자네도 이미 나이가 있으니 하루 종일 산속에서 도적질만 하지 마시고 이번 기회에 조정으로 들어와 함께 일을 도모하세. 우리 형님께서도 자네를 푸대접하지는 않으실 것일세."

마등에게 무슨 원대한 정치적 이상이 있을 리 만무였다. 그는 그저 한 지역의 토호로 무리의 우두머리가 되면 그뿐이었다. 게다가 이번 싸움은 조조와 선우 사이에 일어난 일로 자신과 아무런 관계도 없으니 그저 수수방관하면 될 것이라 여겼다.

그러던 차에 어떤 부하가 그에게 이렇게 말했다.

"옛말에 덕을 따르면 창성하고 어기면 망한다고 했습니다. 조조는 천자를 받들어 난리를 평정하고 기율이 엄격하며 정치가 깨끗하다고 들었습니다. 이것이야말로 덕을 따르는 것이 아니고 무엇이겠습니까? 하지만 원씨는 자신들의 세력만 믿고 변란을 일으켜 하실을 범하고 흉노와 결탁하였으니 이는 덕을 거스른 것입니다. 지금 장군께서 조정을 받들지 않고 오히려 성패를 좌시하기만 하신다면, 승부가 갈린 후에 조조가 성지를 받들어 죄를 물어 토벌할까 두렵습니다. 조조는 제일 먼저 장군을 죽이려 할 것입니다."

그 말을 들은 마등은 순간 등골이 싸늘해짐을 느꼈다.

"그럼 어찌하면 좋겠느냐?"

"지혜로운 자는 화를 복으로 바꿀 수 있다고 했습니다. 현재 조조는 원소를 제압할 수 없는 상황인데, 곽원郭援과 고간高幹이 합세하여 하동을 공격하려고 합니다. 조조가 책략이 뛰어나다고 하나 하동의 위기를 쉽게 구할 수 없을 것입니다. 이럴 때 장군께서 곽원을 토벌하겠다고 나서서 안팎으로 협공한다면 틀림없이 승리를 거두실 수 있습니다. 이렇게 하면 원씨의 팔을 자를 수도 있고 하동을 위기에서 구할 수 있을 것이니, 조조도 장군에게 깊이 감격하겠지요."

부하의 설득에 넘어간 마등은 아들 마초에게 1만 병사를 주어 종요와 합세하도록 했다. 전투에서 마초 휘하의 장수 방덕龐德이 적장 곽원의 머리를 베어 조조에게 바쳤다. 이로써 마초의 이름이 천하에 알려졌다.

마등은 한수와 반목한 후 조조의 부하에게 넘어가 상경하기로 작심했다. 조정은 그를 위위衛尉로 임명했다. 이후 조조는 그의 아들 마초를 편장군으로 임명하여 아비 마등의 부대를 이끌도록 했다. 마등의 가족은 업성으로 이사했다.

아비가 떠나자 아들 마초가 우두머리가 되어 무리를 이끌었다. 어린 나이에 아비의 뒤를 이어 군사 수뇌가 된 셈이다. 당시 마초의 근거지는 기주와 한중에서 가까웠기 때문에 유장이나 장로와 관계가 애매했다. 군벌 간의 관계는 시시때때로 변하는 까닭에 아무도 정확하게 말할 수 없다. 오늘 호형호세하며 술을 마시던 이들이 내일이면 목숨을 걸고 싸우는 일이 허다하기 때문이다. 물론 이는 모두 사사로운 이익 때문이다. 당시 세 사람의 관계는 매우 복잡했다.

마초와 그가 의부로 모시는 한수의 관계는 더더욱 복잡했다. 한수는 마초의 모친과 형을 살해했으니 분명 철천지원수다. 그러나 그는 하루 종일 한수와 함께 생활했으며, 나름 돈독한 관계를 유지했다.

관중의 여러 장수들을 한꺼번에 처리하다

건안 16년(서기 211년) 3월, 조조는 사예교위 종요를 파견하여 장로를 토벌토록 했다. 또한 하후연夏侯淵에게 대군을 이끌고 하동을 출발하여 종요와 회합하도록 했다. 장로를 토벌하려면 관중의 마초가 있는 지역을 지나야만 했다. 조조는 이번 기회에 장로를 토벌한다는 명분을 빌려 마초를 토벌할 생각이었다. 이른바 가도멸괵*의 전략이었다. 나를 따르든지, 아니면 반역일 뿐이다! 조조는 이렇게 생각했기 때문에 마초 무리의 할거를 절대로 용인할 수 없었다.

조조가 길을 빌려 장로를 친다고 하자 관중의 여러 장수들은 아니나 다를까 조조의 저의를 의심했다.

'관중은 우리가 떡하니 자리 잡고 맛난 음식을 먹고 있는데, 조아만 네 녀석이 젓가락을 집어넣겠다 이거지!'

마초와 한수를 비롯한 관중의 여러 우두머리들은 조조의 계략을 간파하고 즉시 반란을 일으켰다. 인원을 합해보니 10만여 명에 달했다. 그들은 동관潼關에 모여 방어 태세를 갖추었다.

조조는 안서장군 조인을 파견하면서 휘하 장수들에게, 성급히 출전하지 말고 영채를 굳건히 지킬 것을 당부했다. 그런 다음 자신이 친히 대군

---

* 가도멸괵假道滅虢 : 진晉나라가 우虞나라에 길을 빌려 괵虢나라를 무너뜨린 뒤 우까지 멸망시켰다는 고사에 나오는 말이다.

을 이끌고 마초 공격에 나섰다.

군무에 참여한 이들이 조조에게 간언했다.

"관서는 예로부터 강병이 나오기로 유명한데, 그곳 병사들은 장창을 잘 쓴다고 했습니다. 정예부대로 선봉을 세우지 않으면 막아내지 못할까 염려됩니다."

조조가 답했다.

"싸우고 말고는 나에게 주도권이 있도다. 저들이 장창을 잘 쓴다 한들 어찌 나를 찌를 수 있겠느냐? 내가 그리하지 못하도록 할 것이니 걱정하지 말라."

8월, 조조는 친히 군사를 이끌고 동관에 이르러 마초와 사이를 두고 진영을 꾸렸다. 그는 자신이 직접 나섰음을 보이며 마초에게 압력을 가하는 한편, 은밀하게 서황과 주령朱靈에게 명하여 보병 4,000명을 이끌고 황하를 건너 서쪽에 주둔하도록 했다.

한 달 후 조조는 정예병사 일부를 동관에서 북쪽으로 황하를 건너도록 하고, 자신은 호분무사虎賁武士:호위병 100여 명의 호위를 받으며 황하 남쪽 강안에서 대기했다. 그때 갑자기 마초가 1만 병사를 이끌고 달려오기 시작했다. 조조는 적군이 가까이 다가오는데도 말 위에 앉아 움직이지 않았다. 놀란 허저가 조조를 부축하여 배에 오르니 마초의 궁수들이 화살을 쏘기 시작했다. 날아오는 화살에 맞아 호위무사들은 물론이고 배를 젓던 병사들까지 고꾸라졌다. 허저는 방패를 챙기지 못해 왼손으로 말안장을 높이 들어 조조를 보위하는 한편 다른 한 손으로 노를 저었다.

그때 누군가 영채 안에 있는 말과 소를 모조리 밖으로 몰아냈다. 마초의 군사는 정규군이 아닌 까닭에, 소와 말이 뛰어다니자 이를 잡느라 자신이 전투 중이라는 것도 잊고 말았다. 그 와중에 조조는 겨우 목숨을 부지할 수 있었다.

조조는 황하를 건넌 후 강기슭을 따라 용도甬道 : 담을 쌓아 만든 통로를 만들어 마초의 군사를 유인했다. 조조는 용도에 군사들이 지키고 있는 것처럼 가장한 후 위수渭水로 진입하여 부교를 설치했다. 밤이 되자 조조는 군사를 분산해 위수 남쪽에 영채를 세우고 군사들을 매복시켰다. 마초가 야밤에 군영을 급습할 것임을 예상하고 있었던 것이다. 아니나 다를까 마초는 선봉에 서서 조조의 군영을 급습했다가 매복에 걸려 크게 패하고 말았다.

마초는 위수 남쪽까지 퇴각한 후 사자를 보내 조조에게 화친을 청했다. 그러나 조조는 마초가 황하 서쪽을 할거해줄 것을 요청했기 때문에 일언지하에 거절했다. 9월이 되자 조조의 군사들이 모두 위수를 건넜다. 마초가 여러 차례 도발했지만 조조는 영채를 지킬 뿐 출병하지 않았다.

만약 조조를 이기지 못하면 어떻게 될까? 마초는 문득 이런 생각이 들었다. 조조에게 화친을 청하면서 토지를 할양해줄 것을 요구하고 대신 아들을 인질로 보내겠다고 말했다. 그러나 조조는 응답하지 않았다.

사실 마초가 토지 할양을 요구한 것은 남의 것을 가지고 선심을 쓰는 격이다. 왜냐하면 그 땅은 조조의 것을 빼앗은 것이기 때문이다. 아들을 볼모로 보내겠다고 했지만 그것 또한 그에겐 그리 대수가 아니었다. 본시 야박하기로 소문난 그였기에 아내나 자녀들은 그의 안중에 없었다. 필요 없으면 버리면 그뿐이라는 생각이었다.

조조도 마냥 모른 척할 수는 없었다. 그가 모사에게 물었다.

"어찌하면 좋을까? 그의 요청에 응하는 것이 좋겠는가?"

가후가 답했다.

"군사에는 속임수를 꺼리지 않는다고 했습니다. 일단 동의하는 것처럼 보이십시오."

조조가 다시 물었다.

"동의한 다음에는 어떻게 하는가?"

가후가 다시 입을 열었다.

"한수와 마초를 이간질하면 단번에 그들을 격파할 수 있습니다. 그들은 본래 원수지간이었습니다. 반간계를 써서 이간질하면 분명 갈라설 것입니다."

조조는 가후의 의견이 옳다 여기고 즉시 마초에게 답신을 보냈다.

조조는 마초를 만나는 대신 명목상 관서군의 우두머리인 한수를 만나기로 했다. 물론 사전에 계획된 일이었다. 조조와 한수가 만날 때 마초도 따라갔다. 마초는 산을 뽑을 만한 자신의 힘을 믿고, 조조를 만나는 즉시 그를 잡아 자루에 넣겠노라고 다짐하고 큰 자루를 준비했다. 그러나 막상 교섭 장소에 도착하자 조조 옆에 맹장 허저가 눈을 부릅뜬 채 노려보고 있어 어찌할 도리가 없었다. 담판이 끝난 후 조조는 마초가 자신을 잡기 위해 마대 자루를 가져왔다는 이야기를 듣고 껄껄 웃으며 말했다.

"하마터면 교활한 도적에게 속을 뻔했구나!"

조조와 한수는 이전부터 안면이 있었다. 두 사람은 진영에 들어가기에 앞서 부둣가에서 만나 말머리를 나란히 하고 이야기를 나누었다. 함께 경사에서 지낼 때 어떠했던가를 이야기하고, 세월이 하수선하여 어쩌다 이렇게 만나게 되었는가에 대한 이야기도 오갔다. 두 사람은 화기애애하게 이야기를 주고받으며 때로 큰 소리로 웃기도 했다. 이렇게 제법 긴 시간을 함께 보내면서 그들은 군사에 관해서는 전혀 언급하지 않고 그저 지난날의 추억만 주고받았다.

군사들 가운데 관중 출신이나 호인들은 조조를 처음 보는지라 너 나 할 것 없이 진영 밖으로 나와 신기한 것을 구경하는 듯 쳐다보았다.

조조가 그들을 보며 호령하듯이 소리쳤다.

"너희들도 이 조조를 보려고 하느냐? 나도 사람이라 눈이 넷인 것도 아니고 입이 둘인 것도 아니다. 다만 지략이 다를 뿐이니라.”

두 사람의 만남이 끝난 후 마초가 한수에게 물었다.

“조조와 제법 장시간 이야기를 나누시던데, 어떤 이야기를 하셨습니까?”

한수가 말했다.

“별다른 이야기는 없었네. 그저 지난 추억에 대해 이야기했을 뿐일세.”

마초는 의심이 생기기 시작했다. ‘멀리서 보니 서로 크게 웃고 손뼉을 치며 즐거워하던데. 아무 말도 하지 않았다니 도대체 무슨 말을 나눈 것일까?’

며칠이 지난 후 조조는 한수에게 서신 한 통을 보냈다.

조조가 보낸 서신을 보니 일부러 지우거나 고쳐 쓴 부분이 적지 않았다. 마치 한수가 마초에게 이러저러한 내막을 보이기 싫어 일부러 그리한 것 같았다. 마초는 서신을 본 후 부쩍 의심이 들었다. 그가 한수에게 물었다.

“서신은 누가 고쳐 쓴 것입니까?”

한수가 대답했다.

“나도 모르네. 조조에게 서신이 왔을 때부터 이렇게 되어 있었네.”

마초가 말했다.

“그럴 리가 없습니다. 조조는 빈틈없는 위인인 데다 나름 문인을 자처하고 있는데 이렇게 초고를 보냈을 리가 없습니다.”

마초는 조조와 한수가 분명 작당을 하고 있다는 생각이 들었다.

조조는 잇달아 두 번의 반간계를 써서 마초와 한수를 이간질한 후 일자를 정해 마초와 싸움을 벌이기로 했다. 조조는 가볍게 무장한 군사를 보내 도발한 다음 정예부대를 보내 마초를 크게 격파하고 휘하 장수들을 참살했다. 한수와 마초는 양주로 퇴각할 수밖에 없었다.

당시 전투에서 관중의 여러 장수들이 한수, 마초와 합세하여 조조군과 싸웠다. 적은 점점 불어나는데 조조는 오히려 기뻐했다.

"그래, 왔느냐? 좋다. 잘했다. 너도 왔느냐? 그래, 잘 왔느니라!"

휘하 장수들은 전혀 이해하지 못해 의아한 심정이었다.

"적이 점점 많아지는데 어째서 기뻐하십니까?"

조조는 말했다.

"그대들은 모를 것이다. 관중 지역은 광활한 곳인지라 한꺼번에 토벌하기가 쉽지 않다. 만약 저들이 멀리 변방에서 각기 중요한 요충지를 지키고 있다면 그들을 어찌 한꺼번에 정벌할 수 있겠느냐? 그런데 제 발로 모여들어 한꺼번에 달려들고 있지 않느냐. 장수들은 많다만 각기 자신이 우두머리라 여기고 있어 오히려 처리하기가 수월하니 이 어찌 기쁜 일이 아니겠느냐?"

수하 장수들은 조조의 깊은 뜻에 또 한 번 감탄하지 않을 수 없었다.

일은 조조의 예상대로였다. 관중의 여러 장수들은 조조의 군사에게 차례대로 격파되어 뿔뿔이 흩어졌다. 다만 마초는 죽지 않고 어디론가 도망치고 말았다.

"마초 이놈을 죽이지 않으면 내가 죽어서도 장사 지낼 자리가 없겠구나."

12월, 조조는 회군한 후 위위 마등을 죽이고 삼족을 멸했다. 아들 마초가 반란을 일으킨 결과였다. 마초는 이후 촉 후주 유선에게 올린 상주문에, 조맹덕이 자신의 가족을 몰살했다고 적었는데, 바로 이를 말하는 것이다.

충성 여부와 관계없이 모두 죽임을 당하다

마초가 패배한 후 조조는 후방에서 반란이 일어나 군대를 철수할 수밖에 없었다. 마초와 한수는 그제야 한숨을 돌리며 양주로 귀환하여 인근 소수민족을 책동하여 농서로 들어갔다. 그곳은 마초의 부친인 마등의 근거지였다. 마초와 한수는 강인과 호인을 이끌고 농서의 여러 군현을 공략했다. 대다수 군현이 투항했으나 양주 주부州府인 익성翼城만 유독 완강하게 버텼다.

마초는 신속하게 농서의 모든 부대를 겸병했다. 한중에 할거하고 있는 장로가 군마를 보내 마초를 지원했다. 마초는 1만여 명을 이끌고 익성을 공략하여 이듬해 정월부터 8월까지 공격을 멈추지 않았다. 조조는 반란군을 평정하느라 원군을 보낼 수 없는 상황이었다. 양주자사가 별가 염온閻溫을 보내 하후연에게 구원을 요청하도록 했다.

마초의 군대는 익성을 몇 겹으로 포위하고 있었기 때문에 염온은 포위망을 피해 호성하護城河를 통해 빠져나갈 수밖에 없었다. 일단 성 밖으로 빠져나오긴 했으나 온몸이 젖은 상태였다. 말도 타지 않고 젖은 발로 흙길을 밟고 가니 발자국이 선명하게 남을 수밖에 없었다. 날이 밝자 마초의 초병이 발자국을 발견하고 즉각 추격에 나섰다. 염온은 얼마 가지 못해 잡히고 말았다.

마초가 염온을 성벽 아래로 끌고 와서 이렇게 다그쳤다.

"성안의 사람들에게 원군이 오지 않을 것이라고 말하라! 그리하면 너를 살려줄 것이다."

그러나 염온은 마초의 예상 밖으로 전혀 다른 소리를 내질렀다.

"3일 안에 원군이 올 것이니 그때까지만 견디십시오."

성안 수비군은 그의 말을 듣고 뜨거운 눈물을 흘리며 만세를 불렀다.

마초는 화가 치밀었지만 일단 그를 살려두었다. 장기간에 걸친 공격에도 함락하지 못한 상황에서 그를 이용하여 자사에게 항복을 권유하기 위함이었다. 그러나 염온은 여전히 완강하게 투항을 거부했다.

"군주를 모시는 자는 죽을지언정 두 마음을 품을 수 없느니라. 그대는 내가 도리에 어긋나는 말을 하리라 생각하지 말라."

마초는 더 이상 안 되겠다는 생각이 들어 그를 참수했다. 시간은 자꾸 흘러 3일이 훌쩍 지났다. 그러나 원군은 코빼기도 보이지 않았다. 도대체 얼마나 더 기다려야 한단 말인가? 어찌하여 아직까지 아니 오는가?

자사 위강韋康이 투항하려 하자 부하 양부楊阜가 울면서 만류했다.

"우리가 부형자제父兄子弟 : 아버지나 형의 가르침을 받고 자란 젊은이를 이끌고 대의로써 서로 격려하며 죽을지언정 두 마음을 품지 않기로 맹세한 것은 바로 이 성을 굳건히 지키기 위함이었습니다. 그런데 어찌 쉽게 얻을 수 있는 공훈을 내던지고 불의라는 죄명을 뒤집어쓰고자 하십니까?"

그러나 위강은 양부의 간절한 권유에도 불구하고 성문을 열어 마초의 부대를 맞이했다. 마초는 성안으로 들어오기 무섭게 자사를 죽여버렸다. 그는 스스로 정서장군征西將軍으로 칭하고 병주목을 겸임하며 양주의 군사를 총괄했다.

이리저리 도망치며 도움을 청하다

조조는 익성이 다급하다는 소식을 전해 듣고 하후연에게 당장 군사를 이끌고 익성을 구원하도록 했다. 그러나 원군이 도착하기 전에 익성은 이미 마초에게 투항한 상태였다. 하후연이 익성을 ※※여 리 남겨놓았을 때 마초가 군사를 이끌고 하후연과 싸워 크게 이겼다. 저족氏族의 수령이 병사를 이끌고 가세하는 바람에 하후연은 더 이상 접전하지 못하고 철군했다.

익성이 넘어가자 자사에게 투항하지 말도록 권유했던 양부는 오히려 마초에게 중용되었다. 얼마 후 아내가 사망하여 양부는 장례를 위해 휴가를 청했다. 양부의 사촌 형 강서姜叙가 무이장군撫夷將軍으로 역성歷城에 살고 있었는데, 마침 그곳에 들러 강서와 그의 모친을 만난 양부는 계속 눈물을 흘렸다. 강서가 물었다.

"왜 그러는가?"

양부가 말했다.

"익성을 건사하지 못하고 장관마저 피살되었는데, 나는 함께 죽지도 못했으니 이 세상에서 무슨 면목으로 살 수 있겠습니까? 마초는 부친과 황상까지 배반하고 장관을 살해했는데 저는 아무런 힘도 없으니 참으로 힘들고 아쉽기만 합니다. 형님께서 강한 군사를 거느리시고 명을 받아 이 지역을 관할하고 계십니다만 도적을 토벌할 마음이 없으시니 참으로 견디기 힘들군요. 마초는 비록 상대하다고 하나 도의를 모르는 자입니다. 그러니 약점이 많아 오히려 대처하기가 어렵지 않습니다. 형님, 서둘러 병사를 일으키시기 바라 마지않습니다."

뜻밖에도 강서의 모친이 양부의 말을 듣고는 시원스레 말했다.

"아들아! 위韋 자사가 위난한 지경에 이른 것은 너에게도 책임이 없다고 할 수 없느니라. 사내대장부라면 마땅히 가치 있는 죽음을 맞이해야 한다. 나는 상관하지 말고 서둘러 행동에 옮기도록 하여라."

강서는 모친의 말에 따라 역성의 군민을 모집하여 마초 토벌을 준비하는 한편, 은밀하게 익성으로 사람을 보내 마초의 부장 두 사람과 내통하여 안팎에서 호응하기로 약조했다.

마초는 강서와 내통한 부장에게 뜬금없이 아들을 볼모로 내놓으라고 요구했다. 부장이 집에 돌아와 아내에게 말했다.

"마초를 몰아내기 위해 계획을 꾸미고 있는데 능히 성공할 수 있을 것이오. 하지만 그가 내 아들을 볼모로 잡고 있으니 참으로 난감하구려."

혹여 눈물을 보일까 걱정하던 차에 그의 아내가 오히려 정색을 하며 입을 열었다.

"임금과 아비의 치욕을 갚을 수 있다면 머리가 떨어져 나가도 애석하지 않을 것인데, 어찌 아들을 걱정하십니까?"

9월에 들어와 양부와 강서가 거병하자 마초 수하의 여러 장수들이 분분히 마초에게 등을 돌렸다. 은밀히 내통하고 있던 부장이 기회를 틈타 마초에게 이런저런 이유를 대며 직접 군사를 이끌고 양부를 공격하라고 꼬드겼다. 마초가 출전하자 두 부장은 곧바로 익성의 성문을 닫고 마초의 아내와 자식을 죽여버렸다. 오늘날 경극 무대에서 마초가 성문을 나가자마자 부하 무장 둘이 바로 익성의 성문을 닫고 마초의 아내와 자녀를 살해하는 무생武生의 경공극硬功戱 〈전기주戰翼州〉는 바로 이 대목을 연출한 것이다.

마초는 진퇴양난에 빠져 졸지에 비적 신세가 되고 말았다. 그는 역성을 습격하여 강서의 모친을 붙잡아 아들에게 항복을 권유하도록 다그쳤다. 하지만 강서의 모친은 오히려 마초를 질책했다.

"부친을 배반한 불효자식이자 장관을 살해한 도적놈은 하늘도 용납하지 않을 것인데, 무슨 낯으로 사람을 대하는가?"

마초는 분노하여 강서의 모친을 살해하고, 볼모로 잡고 있던 부장의 아들까지 모조리 살해하고 말았다. 양부는 비록 전투 중에 여러 곳을 다쳤지만 끝까지 분투하여 마침내 마초를 물리쳤다. 마초는 막다른 길에 몰리자 하는 수 없이 남쪽으로 내려가 장로에게 귀순했다. 장로는 마초를 거두고 딸까지 그에게 주려고 했다. 그러나 수하의 모사가 적극적으로 말리며 간언했다.

"마초는 집안사람들을 눈곱만큼도 생각하지 않는데 어찌 다른 이를 사랑할 수 있겠습니까? 생각을 거두십시오. 그로 인해 따님이 죽음으로 내몰릴 수도 있습니다."

장로는 그의 말을 듣고 굳이 불구덩이에 뛰어들 필요가 없다 여기고 딸을 시집보내려는 생각을 접었다.

건안 19년(서기 214년) 봄, 마초는 장로에게 군사를 빌려줄 것을 요청했다. 북쪽으로 양주를 공략하여 자신의 기반이자 고향을 되찾기 위함이었다. 장로는 마초에게 군사를 이끌고 기산祁山을 포위하도록 했다. 양주 지역의 크고 작은 군벌들도 마초가 거병했다는 소식을 듣고 뒤따라 병사를 일으켰다. 기산을 지키고 있던 장수는 즉시 하후연에게 소식을 알렸다. 하후연의 수하 장수가 위공에게 보고할 것을 준비하자 하후연이 말했다.

"위급한 상황을 대처하기에 너무 늦다. 위공께서는 지금 업성에 계신데 보고를 하려면 왕복 4,000리를 오가야 한다. 명령을 기다리려면 이미 꽃이고 잎이고 다 떨어신 후가 될 것이니 강서도 너 이상 버티시 못하고 패배할 것이다."

그는 이렇게 말한 후 즉각 대장 장합에게 보병과 기병 5,000명을 이끌고 선봉대로 나서도록 했다.

마초가 기산을 앞에 두고 한 달 넘게 포위하고 있던 차에 장합이 원군을 이끌고 들이닥쳤다. 잃었다가 다시 찾은 농산隴山을 또다시 잃을까 잠시 주저했으나 마초는 어쩔 수 없이 철군을 택해 황급히 한중漢中으로 돌아갔다. 장합은 마초가 남긴 공성 기계를 승리의 부산물로 거두었다. 하후연은 관중의 대소 군벌들에게도 한 방 날리는 것을 잊지 않았다.

한중으로 철수한 후 마초는 장로 수하의 장수와 관리들이 자신을 못마땅하게 여기고 있음을 알고 심사가 뒤틀렸다. 삼보와 농서가 모두 조조의 통제하에 들어갔으니 한중은 완전히 조조에게 노출된 셈이나 마찬가지였다. 그럼에도 불구하고 장로는 싸울 생각도, 의지도 없었다. 만에 하나 조조가 원정을 온다면 어찌 되는 것인가? 결코 목숨을 보전할 수 없을 것이 분명했다. 때마침 유비가 사람을 보내 자신에게 귀순할 것을 권유하자 마초는 두말하지 않고 투항 의사를 밝혔다.

유비는 마초가 오자 더없이 기뻐했다. 그는 마초에게 일부 병력을 내주고 성도 북쪽에 주둔하도록 했다. 마초는 평서장군에 임명되고 이후 철저하게 유비와 함께했다.

한편 성도의 사람들은 마초가 온다는 소식에 깜짝 놀랐다. 그자가 누군가! 사람을 죽이고도 눈 하나 깜짝하지 않는다던 바로 그 사람 아니던가. 불과 한 달도 되지 않아 이번에는 유장이 유비에게 귀순했다.

익주와 형주를 점령하니 유비의 힘도 원소의 절반 정도로 커졌다. 남에게 붙어 살 때를 생각하면 참으로 천양지차天壤之差가 따로 없었다. 자, 이제 손권과 조조, 그리고 유비, 세 사람 사이에 어떤 이야기가 펼쳐질 것인가?

26강 한중을 얻어야 촉이 평안해진다

형주와 익주로 별 힘 들이지 않고 오게 되었으니 유 황숙은 더할 나위 없이 기뻤다. 왠지 자신이 훨씬 커진 듯한 느낌이 들기도 했다. 농隴을 평정하면 촉까지 점령하고 싶다고 했던가得隴望蜀! 말을 타면 경마 잡히고 싶은 것이 인지상정일지도 모른다. 여하간 유비가 한중을 점거할 생각에 골몰할 때 뜻밖에도 조조가 선점하고 말았다. 한중에 할거하고 있던 장로가 조조에게 투항했기 때문이다. 유비는 한중을 얻기 위해 어떤 준비 작업을 하였는가? 한중은 누구의 수중에 떨어질 것인가?

도교를 창립한 장천사

장로를 이야기하려면 그의 조부인 장릉張陵부터 이야기를 꺼내야 한다. 장릉은 장도릉이라고 부르기도 하는데, 바로 도교에서 유명한 장천사, 바로 그 사람이다. 장천사는 유후留侯 장량의 후대라고 하는데, 장량은 공명을 세우고 물러난 후 불로장생의 도를 깊이 연마했다. 한때 고조 유방을 함께 모셨던 한신韓信 등의 결말이 어떠했는지 누구보다 잘 알고 있기 때문에 자신만은 토사구팽의 신세가 되지 않기 위함이었다. 그래서 그의 자손들은 그런대로 생계를 유지할 수 있었다.

장릉은 어려서부터 영특하기로 소문이 자자했다. 7살 때부터 유교의 오경伍經을 두루 읽었고, 커가면서 천문지리에 대한 이해를 넓혀가며 이후 한나라 최고학부인 낙양의 태학에 진학했다. 그는 태학에서 오경에 두루 통하여 포학지사飽學之士 : 학식이 풍부한 인사가 되었고, 태학을 졸업한 후 제자들에게 경전을 가르치면서 전국적으로 유명해졌다. 몇 년이 지나자 그의 제자가 1,000명을 넘어섰다. 그래서 사람들은 그를 대유로 칭했다.

20대에 들어선 후 그는 현량방정賢良方正으로 군수의 추천을 받아 조정에 보고되었으며, 얼마 후 현령에 임명되었다. 현령으로 재직하면서 그는 지방 토호들의 전횡과 관리들의 부정부패, 그리고 굶주리는 백성들의 고통을 목도해야만 했다. 이런 참혹한 세상은 일개 서생의 노력과 힘만으로는 결코 바꿔지지 않음을 깨달은 것도 바로 그때였다.

그래서 그는 선조인 장량의 뒤를 따라, 조정의 만류에도 불구하고 관직을 내던지고 낙양으로 북상하여 북망산北邙山에 은거했다. 북망산은 주周, 진秦, 한漢, 당唐에 이르기까지 여러 황제의 능묘가 자리한 곳인데, 장릉은 바로 그곳에서 오로지 황로학黃老學 연구에 매진하면서 장생의 도를 추구했다.

이후 조정에서 또다시 조서를 내려 관직을 하사했으나 이미 그는 관록을 초개처럼 여기고 있던 터라 거절하고 나가지 않았다. 그럼에도 불구하고 조정에서 계속 조서를 내리고 사람을 보내 귀찮게 하니 그는 아예 경사를 떠나기로 마음먹고 명산대천을 유람하면서 선술仙術을 배우고 익혔다.

한 순제順帝 시절, 장릉은 파촉 지역에 명산이 많고 인심이 순박하여 교화하기 쉽다는 이야기를 듣고 제자들을 데리고 촉지蜀地로 들어갔다. 그는 악명산鶴鳴山에서 노를 닦아 태상정일맹위도太上正一盟威道를 창립하였다. 그가 창시한 도교는 노자老子를 교조로 삼아 태상노군太上老君이라 존칭했다. 도교에서 노자를 신선으로 섬기기 시작한 것은 바로 이때다.

교단 조직 강화를 위해 장릉은 신도들의 신앙심을 보다 견고하게 다지기 시작했다. 무엇보다 신심이 해이해지면 관리하기가 어렵기 때문이다. 그는 신도들에게 닷 되의 미곡을 헌납하도록 했기 때문에 그의 교단은 오두미교라는 이름을 얻었다. 물론 쌀만 헌납한 것은 아니었다. 돼지나 생선, 포백布帛이나 토산물을 대신 헌납할 수도 있었다. 다만 무엇인가는 반드시 내야만 했다.

그는 신도들에게 원시천존元始天尊과 태상노군을 숭배하되, 다른 잡귀 잡신에게 함부로 제사를 올리면 안 된다고 못 박았다. 또한 신도들에게 가정에서는 자애하고 효도하며, 밖에서는 공경하고 양보하며, 송사를 하거나 싸움질을 해서는 안 된다고 가르쳤고, 세상 사람들에게 사기나 나쁜 짓을 해서도 안 된다고 규정했다. 오두미교는 규율이 엄격하고 교풍이 올바르기 때문에 민간에서 급속도로 퍼져나갔다. 이윽고 사람들은 장릉을 천사天師라고 부르기 시작했다.

장릉은 이렇게 해서 인마는 물론이고 적지 않은 터전까지 마련했기 때문에, 비록 할거 세력은 아니나 정교일치의 작은 왕국이라고 하기에 충분한 기반을 마련했다. 그가 죽은 후 천사의 자리는 그의 아들이 계승했으며, 이후 손자에게 넘어갔다. 그 손자가 바로 장로이며, 제3대 천사다.

정교일치의 소왕국

장로는 익주의 주인과 밀접한 관계를 유지했다. 유장의 부친인 유언이 익주목으로 재임할 당시, 장로의 모친은 유언과 관계를 맺기 시작했다.

장로의 모친은 매우 아름다웠다고 하는데 남편이 죽은 후 유언과 더욱 밀접한 관계를 유지했다. 사료에 따르면, 장로의 모친은 신비한 도술에 능했으며, 유언의 집에 자주 출입했다. 오밤중에 과부가 외간 남자의 집에 자주 드나드니 소문이 나지 않을 수 없었다. 하여간 모종의 관계가 있었는지 알 수 없으되, 이로 인해 유언이 오두미교의 세력 확산을 눈감아준 것은 분명한 것 같다.

이후 유언은 장로와 그가 이끄는 오두미교가 이용할 만한 가치가 있다는 것을 알고 장로를 독의사마로 임명한 후 별부사마와 함께 한중태수 소고蘇固를 공격하도록 했다.

싸우기도 전에 한중태수가 죽자 장로는 유언이 파견한 자를 죽이고 한중을 점거했다. 유언이 화가 치솟아 중얼거렸다.

'독의사마로 임명한 것은 나를 위해 싸우라는 뜻이었거늘, 도리어 나를 배신하고 한중을 차지했단 말이지. 배은망덕한 놈이로고! 네 모친과의 관계를 생각하지 않았다면 이미 일찌감치 죽였을 것을.'

그러나 얼마 지나지 않아 유언도 저세상 사람이 되었다. 유언은 아들이 몇 명 있었으나 다들 일찍 죽고 그나마 살아남은 아들이 가장 멍청한 유장이었다. 유장은 부친의 자리에 오르자 장로가 가장 눈에 거슬렸다.

'조신하게 부녀자의 도리를 지켜야 하거늘 과부의 몸으로 내 부친과 놀아나다니 이 무슨 해괴한 일인가! 그 어미에 그 자식이라더니 너도 별수 없구나. 한중을 공격하라고 했지, 차지하라고 했느냐? 기다려라. 언젠가 네놈을 없애주리라!'

유장이 이렇듯 작심하고 있는데 장로가 스스로 찾아왔다. 다들 알다시피 유장은 유씨 집안에서 가장 무능하고 멍청한 자였다. 장로는 내심 이런 생각이 들었다.

'네 아비조차 나를 건들지 못했는데, 너와 같은 멍청이가 나를 어찌 할 수 있겠는가?'

장로는 아예 유장의 지시를 따르지 않았으며, 오히려 유장의 터전에서 소란을 피우곤 했다.

유장은 장로의 도발을 참을 수 없어 익주에 남은 장로의 남동생을 죽였다. 이로써 두 사람 관계는 완전히 갈라졌고 서로 공격하기 바빴다. 유장은 명색이 조정이 임명한 관리였으나, 장로를 신처럼 모시는 이들이 그의 명령을 따를 리 만무였다. 진파산秦巴山 : 지금의 진령秦嶺 지역에 사는 토착민들까지 장로의 편에 서자 유장은 장로를 감히 어찌할 수 없었다.

장로는 한중을 점령한 후 도술로 백성들을 이끌면서 스스로 사군師君이라고 불렀다. 도술을 익히는 이들은 처음에는 귀졸鬼卒이라고 불렀으며, 본격적으로 도술을 익혀 의심스럽거나 미혹되는 것이 없게 된 자들은 좨주라고 불렀고, 좨주들은 각기 신도들을 거느렸다. 그중에서 신도 수가 많은 이를 치두대좨주治頭大祭酒라고 불렀다.

요술로 백성을 교화하고 심지어 병을 치료하는 것은 정치 목적을 위해 종교를 이용하는 중요 수단 가운데 하나다. 장로도 예외가 아니다. 그렇다면 어떻게 병을 치료했을까? 우선 병이 있으면 자신의 잘못을 고백하도록 했다. 그리고 그를 위해 하늘에 기도를 올렸다. 실제로 어떤 도움이 있었는지 알 수 없으나 어리석은 백성들은 전혀 의심치 않고 더욱더 장로를 의지하고 숭배했다.

장로는 한중에서 관직을 설치하지 않고 천사도의 수령인 좨주들이 각종 행정 사무를 수행했다. 현지 백성들은 주로 토착민들이었는데, 장로가 시행하는 제도를 좋아했다. 외지에서 들어온 이들도 감히 천사도를 신봉하지 않을 수 없었다. 이렇게 세월이 흐르면서 장로가 차지하고 있는 지역은 정교일치의 소왕국으로 변했다.

교주가 한 지방의 수령이 되면 좀처럼 지위가 흔들리지 않기 마련이다. 행정의 우두머리는 전혀 신비롭지 않기 때문에 설사 그를 전복한다고 해도 하늘이나 신이 벌을 주지는 않는다. 하지만 교주는 다르다. 신의 아들이거나 신과 동격인 사람에게 죄를 지으면 어떻게 되는가? 신이 곧

바로 벌을 내린다. 이것이 그냥 우두머리와 교주의 차이점이다. 장로는 이러한 방식을 통해 효과적으로 백성들을 통제했다.

후에 장로가 파군巴郡을 점령했다. 조정은 장로를 정벌할 능력이 없었기 때문에 그에게 사자를 보내 진이중랑장鎮夷中郎將과 한녕태수漢寧太守로 임명했다. 하지만 장로는 조정에 충성을 다하기는커녕 그저 공물을 헌상하며 최소한의 의무만 수행했을 뿐이다. 하지만 자신이 다스리는 백성들에게는 최선을 다했다. 좨주들로 하여금 길가에 의사義舍:일종의 여관를 지어 편리를 봐주게 하고 의미義米, 의육義肉을 내놓아 배고픈 자들이나 길을 떠난 이들에게 먹을 것을 제공하기도 했다. 백성들이 도움을 얻으니 당연히 장로를 숭배하지 않을 수 없었다.

어느 날 한 신도가 땅에서 옥인玉印을 파냈다. 신도들이 이를 헌상하면서 장로를 받들어 한녕왕漢寧王으로 삼으려고 했다.

'과연 하늘이 나에게 왕이 되라는 소리인가?'

장로는 내심 이렇게 생각했을지 모른다. 하지만 장로의 부하들은 어떻게 생각했을까?

'당신이 황제가 되면 우리는 제후가 되는 것 아니겠소!'

어쩌면 이리 생각했을지도 모를 일이다.

멍청한 병사들이 승리를 이끌다

조조는 장로가 한중을 할거하고 있는 것에 대해 불만이 많았다.

'한중이 네놈의 세습 왕국인 줄 아느냐? 분명히 고하건대, 한중은 대한 세국人漢帝國의 땅보다. 내인세국의 실실직인 병노사니사 숭싱인 나 소로스는 네 녀석이 조정의 명령을 따르게 할 의무와 책임이 있느니라!'

건안 20년(서기 215년), 조조가 친히 군사를 이끌고 장로 정벌에 나섰다.

조조군은 맹렬한 기세로 한중으로 진격했다. 조조의 군사들이 서쪽으로 진군하자 이전에 양주涼州에서 조조에게 반기를 들었던 자들이 조조군의 기세가 예전과 다르다는 것을 알고 서둘러 귀순하는 한편 한수를 죽여 그의 머리를 조조에게 헌상했다.

같은 해 7월, 조조의 대군이 양평관에 도착했다.

'조조가 쳐들어오면 내가 막아내기 역부족이다. 귀신 수작이야 내 전공이지만 싸움은 나와 관련이 없다.'

장로는 상황이 여의치 않음을 알고 이런 생각을 했다. 그는 차라리 한중을 조조에게 내주고 투항하는 것이 낫겠다는 생각이 들었다.

'땅이야 내주면 그뿐이고 왕후王侯의 자리만 보장한다면 무엇을 못하리!'

하지만 장로의 남동생인 장위張衛의 생각은 달랐다. 그는 병사 수만 명을 이끌고 10여 리에 성벽을 쌓아 조조군과 맞설 준비를 했다. 그를 도와 방어진에 힘세한 이는 이전에 마등 수하에서 가장 용맹한 장수 방덕이었다. 마등의 아들 마초가 한동안 장로를 따라다닐 무렵 방덕도 따라갔는데, 이후 마초는 유비에게 귀순했지만 방덕은 그대로 남았다. 그래서 방덕이 장위와 함께 조조와 붙게 된 것이다.

본격적인 전투가 벌어지기 이전에 조조는 장로를 굴복시킬 수 있을 것이라는 말을 들었고, 양평이란 지역 역시 방어에 좋은 지형이 아니라고 알았기 때문에 평소와 달리 약간 여유를 가졌다. 그러나 현지를 살펴본 후 조조는 한숨을 내쉬면서 이렇게 말했다.

"누가 이곳이 방어하기 어려운 곳이라고 했는가? 양평관이야말로 방어하기에 유리하고 함락하기 어려운 곳인데 척후가 말도 안 되는 보고를 했구나."

양평관은 지세가 험준하여 공략하기가 쉽지 않았다. 하지만 그렇다고 멀리서 원정한 마당에 그냥 돌아갈 수도 없는 노릇이었다. 조조는 일단 숨을 고른 후 공격 명령을 내렸다. 결과는 뻔했다. 승리는 고사하고 수많은 사상자가 발생했으며, 군량은 거의 바닥을 보이고 있었다. 번민 끝에 조조는 철수를 결심했다.

조조는 하후돈과 허저에게 산에 있는 병사들을 철수시키라고 명했다. 해가 지고 어둑어둑한 시간에 산길을 내려오던 병사들은 도중에 길을 잃고 멍청하게 장위의 진영까지 들어가고 말았다.

장위는 조조와 몇 번 싸워 크게 손해를 보지 않았기 때문에 기강이 해이해져 진영의 수비가 허술하기 이를 데 없었다. 길을 잃은 조조의 병사들은 장위의 병사들이 잠을 자거나 술에 취해 비틀거리는 것을 보고 아예 습격하여 진영을 빼앗기로 마음먹었다.

조조의 병사들은 얼마 되지 않았으나 전혀 예상치 못한 습격이었으므로, 장위의 군사들은 제대로 싸워보지도 못하고 갑옷과 칼까지 내버리고 도망치기 바빴다. 병사들은 자신들도 믿기 어려운 승전 소식을 대장인 하후돈과 허저에게 전달했다. 하후돈과 허저 역시 처음에는 믿지 않다가 직접 현장에 가보고는 그제야 기뻐하며 조조에게 보고했다.

조조는 보고를 받기 무섭게 군사들을 출격시켜 장위를 공격했다. 결국 조조는 멍청한 병사들 덕분에 양평관전투를 승리로 장식했고, 대장군 방덕은 조조에게 투항했다.

양평관 함락 소식을 들은 장로는 유일한 요충지를 잃었으니 더 이상 가망이 없다 여기고 투항을 지시했다. 그러자 모사 염포閻圃가 나서서 말했다.

"지금은 우리의 상황이 급박하여 투항해봤자 쓸모가 주니에게 노움이 될 것이 아무것도 없습니다. 두획杜濩 : 두음후의 의견대로 박호樸湖로 도망쳤다가 어느 정도 항거한 후에 귀순한다면 대우가 달라질 것입니다."

그래서 장로는 파중巴中으로 도망쳤다.

장로의 부하들이 한중에서 철수하여 파중으로 들어갈 때 진귀한 보물을 쌓아놓은 창고를 모두 불태우려고 했다. 그러자 장로가 말했다.

"나는 조정의 명에 따라 귀순하려고 하나 실현될 수 없을 것이오. 지금 이곳을 떠나는 것은 조조 군대의 예봉을 피하려는 것이니 나쁜 뜻은 없소이다. 진귀한 물품을 쌓아놓은 창고는 국가의 소유이니 함부로 태워서는 아니 될 것이오."

그는 이렇게 말하고 창고에 딱지를 붙이고 떠났다.

조조가 남정南鄭으로 입성하여 장로가 창고를 불태우지 못하도록 했다는 이야기를 듣고 그를 칭찬하면서, 그가 본래 귀순할 뜻이 있다 여기고 사람을 보내 설득했다. 그해 11월, 장로가 가족을 데리고 나오자 조조는 그를 영접하여 진남장군鎭南將軍으로 삼아 빈객의 예우를 했으며, 낭중후閬中侯로 봉했다. 장로의 다섯 아들과 염포 등은 열후로 삼았으며, 방덕은 입의장군立義將軍으로 임명했다.

장비의 허장성세가 들통나다

한중을 욕심내기는 유비도 마찬가지였다. 한중은 무엇보다 익주의 보호벽이기 때문이었다. 장로가 파중으로 도망치자 황권이 유비에게 말했다.

"한중을 잃는 것은 촉지蜀地의 팔다리를 자르는 것과 마찬가지여서 삼파三巴 : 파중, 파서, 파동를 지키기 어렵게 됩니다."

그의 말을 듣고 유비는 황권을 호군護軍으로 임명하여 장로를 영접할 것을 명했다. 하지만 장로는 유비군을 만나기도 전에 조조에게 투항하고 말았다. 조조는 장로의 투항을 받은 후 하후연과 장합에게 한중을 지키도록 했다.

유비가 틈을 타서 파촉을 공격하여 기반을 확보하려고 했다. 하지만 하후연과 장합은 조조 수하의 명장들이었다. 장합은 군사를 이끌고 파서를 공략하여 그곳 백성들을 한중으로 이주시킬 생각이었다. 하지만 장비가 정예병사 1만여 명을 이끌고 장합과 맞붙어 장장 50여 일 동안 치고받으며 치열한 전투를 벌였다.

산길이 협소했기 때문에 장합은 참패하여 패잔병 10여 명을 데리고 남정으로 돌아갔다. 이로써 유비는 파서 지역을 보전할 수 있었다. 비록 파서는 지켰지만 한중은 이미 조조의 수중에 넘어갔다. 그렇다면 익주는 언제라도 떨어질 것 같은 칼을 머리 위에 달고 있는 것이나 다를 바 없었다. 조조가 마음먹는다면 언제라도 익주를 칠 수 있었기 때문이다.

법정이 유비에게 건의했다.

"조조가 장로의 투항을 받아 한중을 점령했습니다만 계속해서 파촉을 공격하지 않고 하후연과 장합만 남기고 급히 북쪽으로 돌아간 사유가 궁금합니다. 이는 조조군의 병력이나 능력이 부족하기 때문이 아니라 분명 내부에 무슨 문제가 생겼기 때문일 것입니다. 하후연과 장합은 우리 장군의 상대가 되지 않기 때문에 지금 공격하면 승리를 얻을 수 있습니다. 한중을 점령한 후 농지를 개간하고 군량과 마초를 저장하고 유리한 기회를 기다릴 수 있습니다. 만약 성공한다면 조조를 격퇴하고 한실의 부흥을 기대할 수 있을 것이며, 설사 그리되지 않는다고 할지라도 옹주雍州와 양주涼州를 점령하여 영토를 확대할 수 있을 것입니다. 적어도 장기간에 걸쳐 영토를 지키고 조조와 대치할 수 있겠지요. 이는 하늘이 준 기회로, 한 번 놓치면 다시 오지 않을 것입니다."

유비는 법정의 제안을 받아들여 장비, 마초, 오란을 내보내고 깊이 한중을 공격하도록 했다. 조조는 대장 조홍을 원군으로 보내 싸우도록 했다. 조홍이 오란을 공격하려고 하자 장비가 군사를 이끌고 조조 원군의 퇴로를 차단할 것이라고 떠들고 다녔다.

조홍은 내심 걱정이었다.

'어떻게 하지? 오란을 치면 장비가 퇴로를 차단할 것이고, 그렇다고 오란을 치지 않으면 다른 장수들이 힘들어질 것인데.'

그가 다른 장수들과 상의하고 있을 때 기도위 조휴曹休가 입을 열었다.

"장비가 정말로 우리의 퇴로를 차단할 뜻이라면 군대를 은밀하게 파견해야 할 것입니다. 그런데 지금은 우리조차 다 들을 정도로 소리 높여 외치고 다니니 아무래도 그럴 능력이 부족한 것 같습니다. 장비는 허장성세를 잘하기로 유명한 자입니다. 적군이 아직 정비되지 않은 상태에서 신속하게 오란을 공격하면 큰 무리가 없을 것입니다. 오란을 꺾으면 장비는 절로 철수할 것입니다."

조홍의 그의 말을 듣고 습격을 감행하여 오란을 죽였다. 장비와 마초는 조휴의 예상대로 철수하고 말았다.

27강 빌리고 돌려주지 않다

　　《삼국연의》에서 유비는 충직하고 성실한 인의仁義 군자로 형상화되고 있다. 과연 실제 역사 속의 유비도 그처럼 충직하고 성실한 군자였을까? 한어의 헐후어* 가운데 이런 것이 있다.

　　"유비가 형주를 빌리다."

　　앞부분에 나오는 말인데, 과연 무슨 뜻일까? '빌리기는 했으나 갚지 않는다'는 뜻이다. 그런가 하면 '빌리고 돌려주지 않으면 군자가 아니다'라는 속담도 있는데, 이런 것을 보면 민간에서 유비에 대한 비난이 적지 않음을 알 수 있다. 유비는 지금까지 자신의 이미지를 상당히 중시했는데, 어떤 이유로 형주 문제를 제대로 해결하지 못해 지속적인 화제로 남겨 놓았을까?

주유는 분사憤死한 것이 아니다

적벽대전에서 가장 많은 전력을 발휘한 손오孫吳는 형주의 강하군과 남군을 얻었다. 손권을 따라다니며 이런저런 명목으로 갈취를 일삼은 유비

---

* 헐후어歇后語 : 숙어의 일종으로 앞뒤 두 부분으로 나뉘어 있다. 앞부분은 수수께끼의 문제와 같고, 뒷부분은 수수께끼의 답안과 같다. 보통 앞부분만 얘기하고 뒷부분은 상대방이 깨닫도록 남겨둔다.

는 장사, 영릉, 계양, 무릉 등 네 개 군을 얻었다. 숫자상으로 보자면 유비의 이익이 더 많았다.

다만 유비는 형주의 네 개 군을 차지하였으나 기반은 여전히 손권의 것이기 때문에, 유비는 사용권만 있을 뿐 소유권이 없었다. 유비는 그것이 싫어 자신이 직접 통치할 수 있기를 희망했다. 주유는 유비에게 기반을 빌려주는 것을 반대했으며, 그저 강동에 머물며 한가롭게 사치스러운 생활이나 즐기다가 늙어 죽게 하자고 손권에게 건의했다.

건안 15년(서기 210년), 주유는 손권에게 익주를 차지할 것을 건의했다. 강동과 익주 사이에 유비가 막아서 있기 때문에 손권은 유비에게 친히 사람을 보내 서신을 전달했다.

"'미적'' 장로는 파巴에 있는 한중을 차지하고 조조의 눈과 귀가 되어 익주를 빼앗으려 호시탐탐 노리고 있습니다. 유장은 용맹하나 위엄과 세력이 작아 스스로 지켜낼 수 없지요. 만약 조조가 촉을 손에 넣는다면 형주도 위태로워질 것입니다. 지금 유장을 선세공격하여 익주를 빼앗고 나아가 장로를 토벌한다면 오에서 초까지 앞뒤로 이어 통일할 수 있을 것이니 조조가 있어도 걱정할 필요가 없습니다."

말인즉 이런 것이다.

"매부, 우리 둘이 함께 힘을 합쳐 익주를 점령하는 것이 어떠시오? 나의 군사들이 형주를 거쳐 익주를 칠 수 있도록 매부께서 알아서 길을 내주시기 바라오."

그러나 유비는 이미 오래전부터 사심을 가지고 있었다.

'익주는 바로 내 옆에 있는데 왜 군이 자네와 맛난 고깃덩어리를 나누겠는가?'

** 미적米賊 : 오두미도의 신도를 폄하하는 말.

내심 이렇게 생각하며 익주를 독점하려고 했다. 그래서 손권에게 이렇게 말했다.

"익주는 백성들이 부유하고 많으며 지세가 험준합니다. 유장이 비록 약하다고 하나 충분히 자신을 지킬 수 있습니다. 장로는 진실하지 않으니 조조에게 충성을 다할 것이라 생각되지 않습니다. 지금 갑자기 촉으로 군사를 보낸다면 1만 리나 멀리 떨어진 곳까지 군량을 날라야 하므로 승리한다고 할지라도 불리할 것입니다."

이렇듯 손권이 익주를 칠 준비를 마쳤으나 유비는 오히려 대문을 꽝하고 닫아 손권의 군대가 국경을 넘지 못하도록 했다. 손권은 이번 일로 유비의 얄팍한 이해타산을 완전히 간파했다.

주유가 또다시 익주와 한중을 공격하자고 건의하자 손권도 동의했다. 하지만 주유는 강릉으로 가서 출정을 준비하고 파구를 지나다 중병에 걸려 병석에 눕고 말았다. 더 이상 가망이 없는 것처럼 보였다. 죽음에 이르러 주유는 손권에게 상소를 올렸다. 유서가 된 셈이다.

"사람의 수명은 하늘의 뜻이니 보잘것없는 이 한 몸이 죽는 것은 그리 애석하지 않습니다. 다만 마음속 포부를 끝내 펴보지 못함이 아쉬울 뿐입니다. 지금 조조는 북쪽으로 호시탐탐 동오를 노리고, 유비는 우리에게 의탁하여 형주에 기거하고 있으나 집 안에 범을 키우고 있는 것이나 다를 바 없어 참으로 염려스럽기만 합니다. 노숙은 충성스럽고 극진하여 소임을 소홀히 하는 법이 없으니 주유 이 사람이 맡은 바를 대신할 수 있을 것입니다. 마지막 저의 뜻을 깊이 새겨주신다면 죽어도 결코 썩지 않을 것입니다."

이렇듯 주유는 죽는 날까지 동오의 앞날을 걱정하고 우임을 써서하며 세상을 떠났다. 향년 겨우 36세였다. 주유가 죽자 손권은 통곡하며 친히 상복을 입고 애도했다. 주유의 영구가 오군으로 운송되자 손권이 직접 무호로 나가 맞이하고 성대한 장례를 치르며 모든 비용을 대주었다. 지금 식으로 말하자면 국장國葬인 셈이다.

주유는 영준하고 멋진 남자였다. 특히 음악에 정통했는데, 술에 취해서도 연주하는 음악의 미세한 실수까지 잡아낼 정도였다. 때로 음악을 듣다 악사가 틀리게 연주하면 그쪽으로 고개를 돌리곤 했다. 그래서 당시 민요에 이런 말이 유전된다.

"악곡에 잘못된 점이 있으며 주랑이 돌아보네曲有誤, 周郎顧."

경극 〈와호조효臥虎吊孝〉를 보면 제갈량이 '주랑이 악곡이 틀려 고개를 돌리는 풍류 참으로 부럽다'라고 감탄하는 대목이 나올 정도로, 주유는 음악에 조예가 깊었다.

주유는 문무에 능했을 뿐만 아니라 사람을 대할 때 공손하고 예의가 발랐다. 손권이 왕후가 아닌 장군으로 있을 당시, 다른 장수들과 빈객들은 손권에 대한 예절이 제멋대로였다. 예를 들어 황개는 동오 왕실에서 3대에 걸쳐 두터운 은혜를 입고 손권의 부형父兄과 함께 생활했기 때문에 손권을 그리 중시하지 않았다. 그러나 주유만은 손권에게 공손했으며, 언제나 군신의 예로 대했다.

주유는 넓은 마음과 후덕한 인품으로 사람들을 대했는데, 단지 정보와 약간의 불화를 겪었다. 적벽대전 당시 주유는 총사령관, 정보는 부사령관이었다. 정보는 자신이 나이가 많은데 주유의 밑에 있다는 점을 달갑게 여기지 않고, 여러 차례 주유의 명령을 따르지 않는 등 무시하는 태도를 보였다. 그러나 주유는 시종 자신을 낮추고 끝까지 정보와 다투지 않았다. 정보는 나중에 감복하여 친하게 지냈을뿐더러 그를 진심으로 존중했다. 그래서 그는 다른 이들에게 이렇게 말했던 것이다.

"주공근주유 : 공근公瑾은 그의 자과의 사귐은 마치 향기롭ㄱ 맛있는 술을 마시는 것과 같아 자신도 모르는 사이에 취하게 된다."

후세 사람들은 주유가 도량이 협소하여 어질고 능력 있는 이를 시기하다 결국 분을 못 이겨 죽고 말았다고 말하고 있다. 하지만 이는 소설가의 허구일 뿐, 믿기 어렵다.

주유의 재능은 유비와 조조, 손권 모두 잘 알고 있었다. 유비는 언젠가 주유와 손권의 관계를 이간질하려고 했던 적이 있다. 손권과 장소가 유비를 배웅하러 갔다가 장소가 먼저 떠나고 손권과 유비가 이야기를 나누는데, 유비가 일부러 탄식하며 이렇게 말했다.

"주공근은 문무에 모두 능하고 책략이 뛰어나 뭇사람 가운데 으뜸이니, 그 기량의 광대함을 생각건대 남의 신하로 오랫동안 있지 못할 것 같군요."《삼국지 · 오서 · 주유전》의 주에 인용된 〈강표전〉

그런가 하면 조조는 손권에게 서신을 보내면서, 고의로 적벽대전에서 주유의 역할을 낮게 평가하기도 했다.

"적벽대전에서 내 진영에 전염병이 돌고 풍토가 맞지 않아 병사들이 고생하기에 내가 배를 거두어 스스로 물러난 것이오. 그런데 주유가 하찮은 전과를 거저 얻어 일거에 명성을 차지하게 될 줄은 정말 몰랐소이다."

이렇듯 조조는 주유를 헐뜯었지만 은밀하게 장간을 보내 주유를 설득하려고 애썼다.

이상에서 보다시피 조조와 유비는 모두 주유를 대단한 인물로 여기고 있었다. 그런 까닭에 손권과 주유 사이를 이간질하여 시비를 일으키려고 하는 등 비열한 수단까지 동원했던 것이다. 하지만 손권은 분명하게 알고 있었기에 주유가 세상을 뜨자 대성통곡했던 것이다.

"공근은 왕을 보좌할 자질이 있는데, 홀연 단명하여 내 곁을 떠나니 이제 나는 누구를 의시한단 말인가!"《자치통감》 권66

관이야 화를 내다

주유가 죽자 손권은 주위 인물들을 두루 살폈다. 역시 주유가 추천한 노숙이 눈에 들어왔다. 손권은 노숙을 분무교위奮武校尉로 임명하여 주유를 대신해 군대를 통솔하도록 하고, 아울러 노장 정보에게 남부태수南部太守를 겸임하도록 했다. 노숙은 형주를 유비에게 빌려주어 우호 관계를 더욱 견고하게 만들 것을 건의했다.

노숙은 줄곧 손권과 유비 동맹의 지지자였다. 적벽대전 이전 그는 강릉으로 가서 허실을 살핀 후 유비에게 합세하여 조조를 격파할 것을 청한 바 있었다. 그는 계속해서 형주를 유비에게 빌려줄 것을 제의했는데, 주유의 반대로 성사하지 못했다. 이제 주유가 죽고 노숙이 실세로 등장하니 손권도 그의 제의를 무시할 수 없었다. 손권은 강동의 안위를 위해 노숙의 제의에 동의했다.

일마 후 손권의 대장 징보가 강릉에서 깅하로 물러나고 노숙이 육구陸口를 맡았다. 공안 서쪽과 형주 장강 연안의 중요 지역은 모두 유비의 수중으로 들어갔다. 이제 유비는 형주 다섯 군데 군을 차지한 셈이다.

이후 유비가 익주로 달려가 유장의 기반을 빼앗자 손권은 화가 치밀어 욕설을 퍼부었다.

"이 교활한 자가 실로 비열하구나. 당초 내가 유장을 치겠다고 하자 안된다고 하더니 이제는 네 녀석이 독식할 생각이로구나!"

그리하여 손권은 유비의 아내이자 자신의 여동생인 손부인을 강동으로 몰래 빼냈다. 손부인이 유비의 유일한 혈육 아두를 데리고 가는 바람에 하마터면 빼앗길 뻔했으나 조자룡 등이 막아냈다.

유비와 제갈량은 이어어 촉 땅으로 진입하여 익주 겸영에 박차를 가하는 한편 관우를 남겨놓아 강릉 일대를 수비하도록 했다. 노숙의 방어 구역이 관우의 지역과 이웃하였는데, 관우는 노숙이 혹시라도 공격을 하거나 형주를 빼앗아 갈지도 모른다고 염려했다.

관우는 노숙을 경계했지만 노숙은 오히려 관우에게 우호적으로 대하며 도발하지 않았다. 두 사람은 사자를 교환하고 안부를 물었다. 요즘으로 말하자면 설이나 명절에 선물도 보내고 시간 날 때마다 웨이신微信 : 중국의 SNS으로 안부를 묻는 식이었다. 당연히 관우의 태도도 누그러지고 서로 안심하기에 이른다.

앞서 말했다시피 손권은 유비에게 속았다는 것을 깨닫고 화도 나고 억울한 느낌이 들기도 했다. '익주를 얻어 몸 편히 쉴 곳이 생겼으니 형주는 돌려줘야 할 것 아니냐! 익주는 너희들이 살기에 충분히 크고 넓다. 이제 형주를 돌려줄 때가 되었다.'

손권은 이런 생각이 들자 제갈량의 형인 제갈근을 사자로 삼아 유비에게 보냈다.

손권이 그를 보낸 것은 나름 깊은 뜻이 있었다.

'유비의 군사인 제갈량의 형님을 보내니, 유비도 체면을 봐서 좋은 결과를 내놓겠지. 만약 제갈근을 보냈는데도 형주를 돌려주지 않는다면 유비의 속셈은 명확하다. 절대로 돌려주지 않겠다! 분명 이 뜻일 것이다. 그러니 설사 다른 이가 가도 소용이 없을 터다.'

제갈근이 유비를 만나러 온 이유를 설명했다.

"유 황숙께서는 광대한 익주를 차지하게 되셨으니 이제 형주를 우리에게 돌려주시지요."

유비는 단호하게 거부하기도 마땅치 않고, 그렇다고 내주겠다고 말할 수도 없는지라 이런저런 이유를 대며 늦장을 피웠다.

"지금 나는 양주涼州를 손에 넣으려고 하오. 양주를 차지한다면 형주를 모두 오에 돌려드리겠소이다."

말은 그럴듯했지만 이는 분명한 거절이었다. 양주를 손에 넣은 후에는 또 옹주를 취한 다음에 주겠다고 말할 것이고, 옹주를 취한 다음에는 아예 조조를 없애버린 다음에 형주를 돌려주겠노라고 말할 것이라는 사실을 누구나 알 수 있었기 때문이다. 보고를 받은 손권은 유비가 시간만 질질 끌려고 한다는 것을 간파하고 불같이 화를 냈다.

"빌린 땅을 돌려주지 않으려고 괜히 핑계를 대며 시일만 끄는구나!"

손권은 유비가 점거하고 있는 형주 남쪽의 장사, 영릉, 계양 등 세 군데 군에 장리를 임명하여 유비가 어떻게 나오는지 관망했다.

'내가 내 땅에 관리를 보내는데 감히 네가 어쩔 것이냐?'

손권이 파견한 세 군데 군의 장리가 형주 경내로 들어가자 당시 형주를 맡고 있던 관우가 버럭 화를 내며 그들을 모두 쫓아냈다.

'뭐야? 러시아 사람을 왜 워싱턴 시의 시장으로 임명하겠다는 것이야? 완전히 돌았네! 비록 군사軍師 : 제갈량가 익주로 가면서 재차 강동과 좋은 관계를 유지하라고 당부했지만, 군사도 부재중인 상황에서 동오의 손권이 저리도 오만방자하니 가만히 있을 수 없구나. 기껏해야 토호 집안의 2세에 불과한 작자가 황숙 집안의 둘째 나리二爺인 나에게 도발하려는 게냐? 형주는 바로 나 관이야關二爺의 소관이로다!'

관우는 대략 이런 생각을 했을 것이다.

관우가 관리들을 모두 내쫓자 대로한 손권은 여몽에게 병사 2만 명을 이끌고 출전하여 세 군데 군을 모두 빼앗도록 했다.

선비는 헤어진 지 사흘이면 눈을 씻고 봐야만 하리

여몽의 자는 자명子明이며, 강동 4대 영웅 가운데 한 명으로 진정한 인재라 할 수 있다. 젊은 시절 자형인 등당鄧當 : 당시 등당은 손책의 부장이었다을 따라 수차례 산월을 정벌한 적이 있다. 여몽은 16세 무렵부터 등당을 따라 전쟁에 나가길 원했는데, 아직 어리다는 이유로 등당이 반대했다. 사실 열여섯 살이면 지금 나이로 중학교를 갓 졸업한 정도이니 싸움터에 나가겠다는 것이 말이나 되겠는가? 하지만 여몽이 몰래 참전하는 바람에 깜짝 놀라 꾸짖었으나 결국 말릴 수 없었다.

전투에서 돌아온 후 등당은 여몽의 모친이자 자신의 장모에게 이런 사실을 알렸다.

"처남이 어찌 저러는지 모르겠습니다. 아직 나이도 어린데 몰래 나를 따라 전쟁터에 나가 하마터면 죽을 뻔했습니다."

모친이 화를 내며 때리려고 하자 여몽이 말했다.

"가난과 미천함은 참아내기 어려운 것입니다. 잘못을 벗어버리고 공을 세우면 부귀에 이를 수 있지요. 또한 호랑이 굴에 들어가지 않고 어찌 호랑이 새끼를 얻을 수 있겠습니까?"《삼국지 · 오서 · 여몽전呂蒙傳》

여몽의 모친이 아들의 말을 듣고는 큰 포부가 있음을 알고 더 이상 책하지 않았다.

'그 정도면 됐다. 아들이 다 자라면 어미 맘대로 할 수 없는 법. 그래, 나가 싸우거라!'

당시 등당 수하의 관리들은 여몽이 어리다고 경시하며 말했다.

"저 아이가 무엇을 할 수 있겠는고? 전쟁터에 나가 싸우는 것은 굶주린 호랑이에게 고기를 던져주는 것이나 마찬가질세."

어떤 날 무슨 연유인지 알 수 없으나 관리 한 사람이 또다시 여몽을 면전에서 모욕을 주었다. 여몽이 크게 노해 칼을 뽑아 그자를 죽였다.

군인이 적군이 아닌 아군, 그것도 관리를 죽이니 예삿일이 아니었다. 여몽은 같은 마을 사람 집에 숨었다가 나중에 교위 원웅袁雄을 통해 자수했다. 원웅이 그를 위해 정황을 이야기하여 목숨을 부지할 수 있었다. 이후 손책이 여몽을 불러 만나보고는 남다른 인물이라 여기고 곁에 두었다. 몇 해가 지난 후 등당이 죽자 장소가 여몽을 추천하여 자형 대신 별부사마를 맡도록 했다.

건안 5년(서기 200년), 손책이 암살당하고 손권이 대권을 장악하였다. 새로 부임한 관리가 세 개의 횃불처럼 기세등등하다는 말이 있다. 손권 역시 새로 정권을 장악하자 나름 기세 있게 군사, 행정을 정리하기 시작했다. 그 가운데 하나는 제대로 역량을 발휘하지 못하는 장수의 휘하 군사를 병합하려는 계획이었다.

'내 부대가 합병되면 수하 병사도 없게 될 것이니 이후에 무엇을 할 수 있겠는가?' 이런 생각이 든 여몽은 남모르게 돈을 빌려 병사에게 붉은 군복과 행전을 지급했다. 검열하는 날 손권이 보니 병사들이 빛이 나고 잘 훈련되어 있었다. 손권이 크게 기뻐하며 그에게 병사를 늘려주었다. 이후 여몽은 전공을 세워 편장군에 임명되었으며, 심양령尋陽令을 겸임했다.

여몽은 어린 시절부터 군대에 있었기 때문에 문장을 읽은 적이 별로 없었다. 어느 날 손권이 여몽에게 말했다.

"자명子明: 여몽의 자은 요직을 맡고 막강 군사를 이끌고 있으니 전적을 많이 읽어야 하지 않겠는가?"

여몽이 답했다.

"군중 사무가 많은지라 책을 읽을 시간적 여유기 없습니다."

"누가 학자가 되라고 하였는가? 그저 전적을 가까이하여 지난 일에 대해 두루 살펴보라는 것일세. 그대가 업무가 과다하다고 하나 나만 하겠는가? 나 역시 항시 책을 읽으며 많은 도움이 된다고 여기고 있네."《자치통감》권66

여몽은 이후로 독서에 유념하여 손에서 책을 떼지 않았다手不釋卷. 독서량과 열의로 보면 결코 명유名儒에 뒤떨어지지 않았다.

건안 15년(서기 210년), 주유가 병으로 죽자 노숙이 이어받았다. 노숙은 명실공히 유장儒將이라 부를 만큼 문무에 정통했는데, 그런 까닭에 무술에만 능한 여몽을 무시하는 경향이 있었다. 그러던 어느 날 누군가 노숙에게 말했다.

"자명이 많이 달라졌습니다."

노숙이 여몽을 보러 가자 여몽이 술상을 차려 극진히 대접하였다. 주흥이 도도해지자 여몽이 노숙에게 물었다.

"관할 지역이 관우와 이웃하고 있는데 사이가 어떠신지 모르겠습니다. 혹여 예기치 않은 상황이 벌어질 경우 어떻게 방비하시려는지요?"

노숙은 갑자기 질문을 받자 순간 당황하여 이렇게 답했다.

"아, 글쎄요. 적군이 공격해 오면 장수가 나가서 막고, 물이 들어오면 흙으로 막는다고 했으니 정황에 맞게 해결해야겠지요."

여몽이 다시 입을 열었다.

"지금 동쪽(오)과 서쪽(촉)이 한집안이라고 하나, 관우는 곰이나 범처럼 무서운 사람입니다. 어찌 미리 계획을 세워두시지 않습니까?"

그는 이렇게 말하면서 노숙을 위해 몇 가지 방안을 제시했다. 노숙이 그의 말을 듣고 크게 놀라 자리에서 일어나 그에게로 다가가 그의 등을 치며 말했다.

"여자명, 그대의 재략이 이 정도인 줄은 정말 몰랐소이다."

그러자 여몽이 말했다.

"선비가 헤어진 지 사흘이면 눈을 씻고 봐야 한다고 하지 않았소이까?"

이렇게 해서 나온 고사성어가 바로 '오하아몽'***과 '괄목상대刮目相待'다. 이렇듯 노숙은 여몽을 만나 예전 오나라 시절의 아몽阿蒙이 아니라 그야말로 '괄목상대'할 만한 인물이라 여기고 친교를 맺었다.

형주 재산권 분쟁을 해결하다

손권은 여몽에게 형주 공격을 명했다. 유비가 그 사실을 알고 친히 촉에서 공안에 이르러 관우에게 세 군데 군(장사, 영릉, 계양)을 빼앗도록 했다. 가까스로 얻은 형주를 어찌 돌려달라고 말하는가? 손권 역시 세 군데 군을 둘러싼 전투를 중시하여 친히 육구에 진영을 꾸리고 각 군軍을 지휘했다.

손권은 노숙에게 병사 1만을 거느리고 익양益陽에 군영을 세워 관우와 싸우도록 하는 한편, 급히 여몽을 불러 영릉을 놔두고 노숙을 지원하도록 했다. 당시 여몽은 장사를 평정하고 영릉으로 가려고 영현酃縣을 지나는 길에 남양의 등현지鄧玄之를 만나 수레에 태우고 갔다. 등현지가 영릉태수 학보郝普의 친구이기 때문에 그에게 학보를 설득하게 하기 위함이었다. 그러던 차에 손권의 편지를 받자 여몽은 이를 비밀에 부치고 부하장수들을 모아 영릉 공격에 대한 작전 방안을 논의했다. 여몽이 등현지에게 말했다.

"학자태郝子太 : 자태는 학보의 자가 충의지사忠義之士가 되고 싶어 한다는

*** 오하아몽吳下阿夢 : 예전 오나라에 있을 때의 여몽, 즉 무식한 여몽이란 뜻. 이외에도 수불석권手不釋卷이란 말도 여몽과 관계된 말이다.

것은 이해할 수 있소이다만 그는 때를 알지 못하는 것 같소이다. 지금 유비는 한중에서 하후연에게 포위되어 있고, 관우는 남군에 있소. 지금 우리 주군이신 손중모께서 친히 정벌에 나서고 계시오. 그들은 머리와 꼬리가 거꾸로 매달려 있어 목숨을 보존하기조차 넉넉지 않거늘 어찌 힘이 남아 영릉을 구원하겠소? 내가 영릉을 공격하면 하루를 넘기지 못하고 성이 무너질 것인데, 성이 무너진 다음에 그가 죽는다 한들 무슨 도움이 될 것이며, 그와 연루되어 백발 노모조차 주살될 것이니 이 어찌 가슴 아픈 일이 아니겠소? 이는 학자태 그 사람이 바깥세상과 단절되어 그저 구원병이 오려니 믿고 있기 때문이오. 그대는 그를 만날 수 있으니 직접 가서 그에게 이러한 형세를 말해주시오."

등현지가 성안으로 들어가 학보를 만나 여몽의 뜻을 전달했다. 학보는 그의 말을 듣고 깜짝 놀라 서둘러 성 밖으로 나와 투항했다. 여몽이 친히 영접하며 그의 손을 이끌고 함께 전선에 올랐다. 그리고 손권이 보낸 서신을 꺼내 학보에게 보여주었다. 학보는 서신을 보고서야 유비가 이미 공안에 자리하고 있으며, 관우는 익양에 주둔하여 자신이 그리도 기다리던 구원병이 바로 지척에 있음을 알고 후회막심하여 당장이라도 강에 빠져 죽고 싶은 마음이었다. 여몽은 손교孫皎를 남겨 뒷일을 부탁하고 자신은 군대를 이끌고 익양으로 달려갔다.

본래 노숙은 손권과 유비 동맹의 충실한 지지자로, 상호 관계가 어그러지기를 바라지 않았다. 그렇게 되면 누구보다 조조에게 이롭다고 여겼기 때문이다. 그래서 노숙은 관우를 직접 만나 이에 대해 속을 터놓고 이야기하고 싶었다. 수하 장수가 혹여 변고가 생길까 염려하여 노숙에게 가지 말라고 권유했다.

"유비는 비열하게 우리의 터전을 빌리고도 돌려주지 않고 있습니다. 관우 역시 신의를 저버리면 어찌합니까? 게다가 털보 관우는 무술이 뛰어난데 만에 하나 장군을 붙잡기라도 하면 어떡합니까?"

노숙이 말했다.

"일이 이 지경에 이르렀으니 가장 좋은 방법은 직접 만나 설득하고 타이르는 것일 터다. 유비는 아직 옳고 그름을 정하지 않았으니, 관우도 감히 내 생명을 해치지는 않을 것이다."

노숙은 관우에게 사람을 보내 만나기를 청했다. 각각 병마를 100보 밖에 놔둔 채 짧은 단도만 차고 만나자는 것이다. 이것이 유명한 '단도회單刀會'인데,《삼국연의》는 지나치게 노숙을 희화화하고 관우를 미화한 점이 없지 않다. 사실 당시 '단도회'에서 돋보인 이는 노숙이지, 관우가 결코 아니다.

두 사람이 대면한 후 노숙은 관우에게 세 군데 군을 반환하지 않는 것에 대해 꾸짖으며 말했다.

"우리 군주가 성의를 보여 그대들에게 땅을 빌려준 것은 그대들이 전쟁에서 패배하여 멀리서 왔고 의지할 곳이 없었기 때문이오. 이제 익주를 얻고도 형주를 돌려줄 생각을 하지 않고, 우리가 그대들에게 세 군데 성만 돌려달라고 하는데도 명에 따르지 않고 있으니, 어찌 된 일이오?"

관우가 그의 말이 끝나기 무섭게 입을 열었다.

"오림전투(적벽대전)에서 좌장군(유비)은 군중에서 지내시며 잠을 잘 때도 갑옷을 벗지 않았소이다. 서로 힘을 합쳐 위나라 군사를 물리치면서 이렇듯 고생을 마다하지 않았는데 토지 한 조각 갖지 못한단 말이오?"

노숙이 반박했다.

"그렇지 않소. 장군의 말이 틀렸소. 내가 처음 장판에서 유 예주를 만났을 때 예주가 이끄는 군사를 보니 영 형편없었소이다. 계책은 바닥나고 힘은 다 써버려 멀리 달아나려고 해도 그리할 수 없었소. 우리 주공께서 예주가 몸을 기댈 곳이 없음을 가련하게 여기시고 땅과 사람을 아낌

없이 내주면서 의지하게 하여 어려움에서 구하셨소이다. 그런데 예주께서는 우리 주공의 호의와 은덕을 저버리고 이제 서쪽 땅을 얻고도 형주의 땅을 차지하려고 하오. 이는 범부도 차마 하지 못할 짓인데 한 나라의 주군께서 어찌 그럴 수 있단 말이오?"

관우는 노숙의 말을 듣고 그만 말문이 막혀 더 이상 아무 말도 하지 못했다.

그럴 즈음 조조가 한중을 치려 한다는 소식이 전해졌다. 유비는 조조가 한중을 친 후에 익주를 공략할까 두려워 서둘러 손권에게 사자를 보내 강화를 청하였다. 손권은 제갈근에게 명하여 유비에게 다시 한 번 화의하기로 화답하도록 했다. 북방의 강적이 아직 사라지지 않았기 때문이다. 쌍방은 상수湘水를 경계로 장사, 강하, 계양 동쪽을 손권에게 돌려주고, 남군, 영릉, 무릉은 유비가 차지하는 것으로 약조했다. 이렇게 해서 형주의 재산권 분쟁은 일단 막을 내렸다.

이후 유비는 군사를 이끌고 조조와 맞붙어 한중을 되찾았다. 유비가 한중을 얻은 후 형주도 비로소 안정을 유지할 수 있었다.

그렇다면 유비의 오랜 적수 조조는 한중을 잃은 후 또 무엇을 하고 있었는가?

28강 권력에 대한
속내를 드러내다

조조가 세운 동작대에 대해 혹자는 그것이 조조의 권력 찬탈을 위한 기지였다고 하고 혹자는 금옥장교*를 위한 것이라고 말하곤 한다. 만약 적벽대전에서 조조군이 승리했다면 조조가 정말로 동오의 미녀 대교와 소교를 동작대에 숨겨두었을지도 모를 일이다. 그렇다면 조조는 왜 동작대를 지은 것일까? 동작대에 관해 전해지는 이야기는 도대체 어떤 것인가?

황제 자리에 오를 것인가, 말 것인가?

전하는 말에 따르면, 조조가 원씨 형제를 제거하고 하북을 점령한 후 업鄴에서 지낼 때 어느 깊은 밤 땅에서 금빛이 솟구치는 것을 보았다. 무슨 보물이 숨겨져 있는 것 같아 병사들에게 파내도록 하니 동작銅雀 : 동으로 만든 봉황이 나왔다. 수하의 군신과 책사들이 모두 길조라 여기며 축하했다. 특히 책사 순유는 조조에게 이렇게 말했다.

"순임금의 모친은 옥으로 만든 새를 품는 꿈을 꾼 후 순임금을 낳았습니다. 이번에 나온 동작도 길조임에 틀림없습니다."

---

* 금옥장교金屋藏嬌 : 화려한 집에 대교와 소교를 숨겨둔다는 뜻.

조조는 그의 말을 듣고 매우 기뻐하며 창수彰水 위편에 동작대를 지어 자신이 사해를 평정한 업적을 선양하기로 했다. 동작대는 건안 15년(서기 210년)에 완성되었는데, 건안 13년(서기 208년)에 적벽대전이 일어났으니 동작대와 적벽대전은 전혀 관련이 없다.

동작대銅雀臺는 '銅爵臺'라고 칭하기도 하는데, 적지 않은 전적에 '銅爵臺'로 표기되어 있다. 물론 '銅爵臺'보다 '銅雀臺'라는 명칭이 더 많이 알려져 있다.** 동작대는 매우 웅장하여 높이가 10장丈에 이르고 주위에 120칸의 전당殿堂이 자리하고 있다. 우선 평지에 높은 대를 짓고 그 위에 누각을 만들어 더욱 높아 보였다.

동작대가 완성되자 조조는 아들 조비에게 누대에 올라 부賦를 짓도록 했다. 문무를 겸비한 조비는 동작대에 올라 "날아오르는 듯 전각 우뚝 솟았고, 누대 층층으로 쌓여 하늘에 닿을 듯하구나飛閣嶠其特起, 層樓儼以承天"라고 읊었다. 셋째 아들 조식도 문장이 능한지라 붓을 들기 무섭게 〈등대부登臺賦〉를 완성했다.

명후(승상 조조)를 좇아 노닐다 누각에 올라 맘껏 즐기노라.

하늘을 바라보니 넓고 크기만 하고 아래를 바라보니 성덕으로 이루신 업적이라.

우뚝 솟은 전각에 들쑥날쑥 양편의 높은 누각 창공에 떠 있네.

아름다운 누각 하늘가에 닿았고, 멀리 서역까지 이어졌구나.

장하의 물 굽이굽이 흐르고 정원은 푸른빛으로 우거졌네.

따스한 봄바람 맞으며 온갖 새들 지저귀는 소리 듣는다.

아글로 시눗은 높은 누식 세워시니 십인 이른의 바림보 일핀끼리다.

** 동작銅爵은 원래 구리로 만든 술잔을 말하며, 준마의 이름이기도 하다. 동작銅雀은 봉황을 뜻한다.

천하에 인정을 베풀어 경사를 더욱더 공경하리니.

제 환공이나 진 문공에 견주어도 부족함 없나니 어찌 성명聖明의 주군
이 아니리.

아름답고 훌륭하여라. 그분의 은택 천하에 멀리 이르도다.

......

從明后而嬉游兮, 登層臺以娛情.
見太府之廣開兮, 觀聖德之所營.
建高門之嵯峨兮, 浮雙闕乎太清.
立中天之華觀兮, 連飛閣乎西城.
臨漳水之長流兮, 望園果之滋榮.
仰春風之和穆兮, 聽百鳥之悲鳴,
天雲垣其旣立兮, 家願得而獲逞.
揚仁化於宇內兮, 盡肅恭於上京.
惟桓文之爲盛兮, 豈足方乎聖明.
休矣美矣, 惠澤遠揚.

......

《삼국지 · 위서 · 임성진소왕전任城陳蕭王傳》 주에 인용된 〈동작대부銅雀
臺賦〉《삼국연의》 본과 약간 차이가 난다 - 역주다.

조식의 뛰어난 문재를 여실히 엿볼 수 있는 문장이다. 그의 말대로 동
작대는 높은 지대에 지었기 때문에 상당히 높아 멀리 사방을 돌아볼 수
있었던 것 같다.

동작대 동편에 동작원銅雀園이 있는데, 그곳은 당시 조조가 문인들과
시를 지어 화창하고 연회를 열던 정원이다.

동작대가 완공된 후 조조는 수하 문신이나 장수들과 이곳에서 국가 대사를 의논하거나 시문을 지으며 즐거움을 나눴다. 조조 수하의 많은 문신과 무장들은 아부하고 비위를 맞추면서 조조에게 천자의 자리에 오를 것을 건의하기도 했다. 왕찬과 진림 등도 시부를 지어, 조조의 업적이 비할 바 없이 위대하며, 그런 까닭에 천명을 받아 마땅하다고 찬양했다. 특히 진림은 예전에 원소를 위해 조조를 토벌해야 한다는 격문을 써서 조조는 물론이고 조조의 집안까지 한바탕 욕설을 퍼부은 적이 있었다. 하지만 나중에 조조에게 의탁하게 되자, 조조는 전혀 아무렇지도 않은 양 껄껄 웃으며 그의 귀순을 받아들였다. 그런 까닭에 진림은 더욱더 조조의 은덕에 감사해했으며, 천명을 받은 이라고 여겼다.

하지만 조조는 천자의 자리를 함부로 넘볼 수 없었다. 우선 손권과 유비는 조조가 명목상으로 한나라 재상인 척하지만 실제는 한나라를 빼앗으려는 '도적'이라고 비난했다. 조조가 정말로 황제 자리에 오른다면 그들이 지어낸 구실을 스스로 증명하는 셈이 되고 만다. 둘째로 당시 조정 내에는 여전히 한나라 왕실에 충성하는 이들이 적지 않았다. 그들은 조조에게 군권을 포기하고 그저 얌전히 호화스러운 생활에 만족할 것을 권유했다. '황제라고 마냥 명청한 것이 아니외다. 승상은 이미 사해를 평정하시었으니 한가롭고 호화로운 여생을 누리시면 되지 않겠습니까? 만약 승상께서 황제에게 정권을 돌려주신다면 손권과 유비도 감히 조정의 명령을 공개적으로 거역할 수 없을 것입니다.' 그들은 이렇게 주문했다.

조조에게 한나라를 폐하고 자신의 국가를 세우고 싶은 마음이 왜 없었겠는가? 하지만 앞서 말한 이유로 감히 그럴 수 없었던 것이다. 한나라 헌제는 그의 이런 마음을 진작 알지 못했기 때문에 언제가 조조가 자신을 죽일지 모른다고 여기고 전전긍긍했으며, 그저 조조의 봉지를 늘려주느라 급급했다. 이미 만인지상, 일인지하의 승상이 되었으니 황제를 빼놓고 더 이상 어떻게 올라갈 수 있겠는가?

조조는 조정 안팎에서 자신이 불신지심不臣之心 : 신하로 있지 않고 임금을 배반하려는 마음을 가지고 있다는 추측들을 누그러뜨리기 위해, 공식적인 문서를 통해 전혀 그런 마음이 없음을 밝혔다. 그것이 바로 〈양현자명본지령讓縣自明本志令〉이다.

글에서 조조는 자신의 종군 생활을 회고하며 한나라 황제에 대한 자신의 충성심이 전혀 변하지 않았고, 스스로 황제가 되고 싶은 생각이 전혀 없다고 밝혔다. 그는 병권을 포기하고 제후로 돌아갈 수 없는 이유에 대해, 자기 자신을 지키기 위한 것이자 국가를 보위하기 위함이라고 말했다. 또한 조정에서 자신의 세 아들을 후侯로 봉했을 때도 사양하고 받지 않았으나 나중에 마음을 바꾸어 은상恩賞이라 여겨 받아들인 것 역시 그들을 원군으로 삼아 조정과 자신을 위한 만전지책萬全之策으로 삼으려는 의도라고 말하기도 했다. 마지막 부분에서 조조는 자신이 받은 봉지를 국가에 반납할 것이라고 말하기도 했다. 황제가 하사한 봉지 2만 호를 국가에 돌려주고 자신은 1만 호만 남겨두겠다는 뜻이었다.

하지만 조조의 '양현讓縣'은 사실 겉으로만 그럴싸한 계책에 불과했다. 조조가 국가에 헌납했다는 현은 나중에 그의 아들의 봉지가 되었으니 제 논에 물을 댄 것이나 다를 바 없었다. 조정에서 조조의 위세는 날로 높아졌다. 급기야 건안 17년(서기 212년)에 황제는 다음과 같은 조령을 내렸다.

"짐을 배알할 때 사의司儀는 관직명만 말하고 본명은 말하지 않아도 된다. 조정에 들어올 때도 잰걸음으로 걷지 않아도 되며, 검을 차고 신발을 신은 채로 어전에 오를 수 있도록 한다."

이는 영화 〈적벽〉에도 나오는 대목인데, 다만 시간적으로 앞당겼을 따름이다.

식충이들이 순욱을 죽음으로 몰았나?

같은 해 10월, 조조가 동쪽의 손권을 정벌하고자 했을 때였다. 수하의 책사 동소董昭가 조조에게 말했다.

"자고이래로 남의 신하 된 자가 세상을 바로잡은 경우에 승상만큼 위대한 공적을 이룬 이는 없었습니다. 또한 지금과 같은 공적을 쌓고도 오랫동안 남의 신하로 남은 경우도 없었습니다. … 명공께서는 승상으로 계시지만 공적이 뛰어납니다. 사람들은 명공께서 위대한 업적을 이루실 것을 의심하지 않습니다. 이제 황제의 자리에 오르시는 문제를 신중하게 고려하셔야 합니다."

말인즉 조조가 황제가 되지 않겠다고 말하기는 하지만 사람들은 모두 조조가 황제를 찬탈할 것이라고 여기고 있으니, 괜히 그런 오명을 뒤집어쓰고 끙끙 앓지 말고 아예 황제가 되라는 뜻이다.

동소가 정식으로 조조에게 황제의 자리에 오를 것을 권하자 다른 신하들도 이구동성으로 등극할 것을 소리쳤다.

"우리 승상은 마땅히 더 높은 자리로 올라가야 합니다. 승상께서 황제가 되는 것을 바라지 않는다면 이참에 공작公爵으로 승진시킵시다."

주나라 무왕은 개국 후 공公, 후侯, 백伯, 자子, 남男으로 제후의 등급을 다섯 가지로 나누었다. 당연히 공작이 가장 높은 자리다. 성姓이 다른 공신 제후들 중에는 아직 공작 작위를 받은 이가 없었는데 다만 왕망王莽이 안한공安漢公으로 공작 자리에 올랐을 뿐이다. 따라서 조조를 공작으로 승급시킨다는 것은 조조가 한나라를 대신하여 국가를 세울 야심이 있음을 밝힌 셈이나.

하지만 조조의 책사들 가운데 으뜸이라고 할 만한 순욱은 반대 입장을 고수했다.

"조공께서 군사를 일으키신 것은 조정을 바로잡고 천하를 안정시키기 위함이었습니다. 군자는 덕으로써 백성을 사랑해야 하거늘, 불신지심을 품어서는 안 됩니다."

순욱의 이런 태도에 조조는 기분이 상했다.

'그대는 나의 책사들 가운데 으뜸이거늘, 어찌하여 다른 이들이 모두 나의 등극을 원하는데 자네가 내 발목을 잡으려는 것인가?'

그가 '마음이 불편하다'고 말한 것은 바로 이런 생각을 했기 때문일 것이다.

사실 순욱은 한나라의 충신이 되고자 했던 사람이다. 그가 조조를 도운 것은 탁월한 인재이자 무장이었던 조조가 한나라 왕실을 보필하여 천하를 안정시킬 수 있을 것이라 여겼기 때문이다. 그러나 지금 조조는 위공이 되기를 바라고 있다. 이는 신하의 예에 크게 어긋나는 일이었다. 최근 조조가 의기양양해서 황제를 안중에 두지 않는 듯한 행동을 일삼는 것은 결코 신하로서 행할 지세가 아니다. 이런 생각을 하고 있던 순욱은 점점 조조에게 불만을 품게 되었으며, 이로 인해 두 사람의 관계 또한 점차 소원해졌다.

손권을 정벌하러 가는 길에 조조는 순욱에게 함께 출정하도록 했다. 그러나 도중에 순욱이 회남 기후에 적응하지 못해 병이 나서 수춘에 남게 되었다. 조조는 계속 진군하여 유수濡須까지 들어갔다. 교전 기간에 손권이 조조에게 달콤하고 바삭바삭한 간식거리酥를 보내왔다.

"우리가 비록 교전 중이기는 하지만 그대는 내 부친과 동년배이니 나에겐 선배이기도 하오. 우리 지역 특산품을 보내니 한번 맛보시기 바라오."

조조는 혹여 독이 들었을지도 모른다는 생각이 들기는 했으나 괘념치 않고 한 입 먹었다. 막상 먹어보니 무척 맛있었다. 그는 붓을 들어 상자

위에 '일합수一合酥'라는 세 글자를 썼다. 장수들에게 한번 먹이리라 생각하던 차에 손권의 군사가 쳐들어왔다는 소식을 접하고 황급히 군막을 나섰다.

얼마 후 장수들이 군영으로 돌아와 조조의 군막에 들어왔는데, 조조는 보이지 않고 탁자 위에 있는 상자 하나가 눈에 들어왔다. 상자 위에 쓰인 글을 보며 무슨 뜻인지 어리둥절해하던 차에 조조의 주부인 양수가 다짜고짜 상자를 열더니 속에 든 간식을 한 입 베어 먹었다. 그러고는 모두에게 말했다.

"자, 한 입 드시지요."

"승상이 우리더러 먹으라고 했는가?"

양수가 말했다.

"승상께서 상자 위에 '일합수一合酥'라고 쓰시지 않았습니까? 글자를 풀어보면 '한 사람이 한 입씩一人一口'이란 뜻이 아니고 무엇이겠습니까?"

장수들이 '역시 양수는 똑똑해!'라고 생각하며 상자 안에 든 간식을 모두 먹어치웠다. 상자 하나에 들어 있는 간식을 다 먹고 난 후 식탐이 있는 자들과 아직 먹어보지 못한 자들이 또 다른 상자에 들어 있는 간식까지 모두 먹어치웠다. 그러고는 빈 상자의 뚜껑을 덮고 원래 자리에 놓아두었다.

이때 조조가 군막 안으로 들어왔다. 상자 안이 텅 비어 있자 조조가 물었다.

"누가 나의 뜻을 알아챘는가?"

그들이 양수라고 말하자 조조가 내심 기쁘기도 하면서 어딘가 찝찝한 마음을 버릴 수 없었다.

'양수가 총명하긴 하구나. 한 입씩 먹어보라는 뜻을 알아챘단 말이지!'

조조는 문득 순욱이 수춘에서 요양하고 있다는 사실이 생각났다. 그래서 바로 사람을 보내, 아직 먹지 않은 또 다른 상자의 간식을 순욱에게 갖다 주도록 했다. 조조는 상자를 열어보지 않았으니, 안에 들어 있어야 할 간식도 모두 먹어치워 텅 비었다는 사실을 전혀 알지 못했다.

강남의 겨울은 으스스한 것이 한기가 뼛속까지 스며들었다. 순욱은 수춘에서 요양하면서 고뿔에 걸려 연신 기침을 해댔다. 조조가 보내온 상자를 보니 내심 승상이 자신을 염려해주는 것 같아 마음이 따뜻해졌다. '승상이 나의 안부를 염려하시는 게야.' 그는 이런 생각을 하며 상자를 열었다.

'아니, 상자 안이 텅 비었지 않은가?'

순욱은 가슴이 철컹 내려앉았다.

'조공은 정교한 사람이니 실수로 나에게 빈 상자를 보냈을 리가 없다. 그렇다면 나에게 자결을 명하신 것인가? 정말로 그가 불신지심을 지녔단 말인가? 그렇다면 나도 더 이상 어쩔 수 없다.'

그는 이렇게 해서 독약을 먹고 스스로 목숨을 끊었다.

이는 논란의 쟁점이 되고 있지만 지금은 고증할 방법이 없다. 어쩌면 조조가 정말로 상자가 비어 있다는 사실을 몰랐을 수도 있다. 그렇다면 이는 오해다. 순욱이 옹졸하여 스스로 목숨을 끊은 것이다. 물론 조조가 뻔히 알고 빈 상자를 보냈을 수도 있다. 여하간 순욱이 죽자 조조는 더 이상 거리낄 것이 없었다.***

*** 《삼국지 · 위서 · 순욱전》의 주에 따르면, 순욱은 조조가 보낸 빈 찬합을 보고 독약을 마시고 자살했다고 한다. 조조가 의도적으로 빈 찬합을 보낸 것인지, 아니면 실수였는지는 알 수 없다. 양수가 '일합수'의 뜻을 눈치챘다는 내톡 역시 《심국연의》에 나오는 이야기일 뿐, 실세 사실인시 여부를 확인힐 수 없다. 게나가 소소는 양수를 징산한 것이 아 l라 요히려 불편하게 생가했다. 양수의 촌명함은 그의 생면을 단축하는 빌미가 되었다. 또한 《삼국연의》에 따르면, '수酥'는 손권이 보낸 것이 아니라 북방에서 보내온 것이다. 이렇게 볼 때 저자는 교묘하게 순욱과 양수의 일을 섞어 새로운 이야기를 꾸며낸 셈이다.

헌제는 극도의 괴롭힘을 당했다

건안 18년(서기 213년), 한나라 헌제는 조조를 위공에 봉했다. 사실 조조 스스로 위공이 된 것이나 진배없다. 조조가 하겠다는데 황상인들 어찌 동의하지 않을 수 있었겠는가? 조정은 기주에 속한 열 개 군을 조조의 봉지로 하사했고, 승상과 기주목을 겸임하도록 했다. 동시에 구석九錫**** 까지 수여했으니 황제가 해줄 수 있는 최고 예우를 다한 셈이다.

같은 해 7월, 조조의 공국公國*****에서 토지신과 곡물신에게 제사를 지낼 제단과 조씨 선조를 모시는 종묘를 세웠다. 11월 위국魏國에 상서, 시중, 육경六卿을 설치하여 명실상부한 독립왕국이 되었다.

이듬해 3월, 헌제가 조서를 내려 위공 조조의 지위가 제후 위에 있음을 확인했다. 건안 22년(서기 217년), 조조에게 천자의 깃발을 달도록 하고, 금으로 만든 옥새와 제왕이 사용하는 붉은색 인끈과 허리띠를 하사하는 한편 제후 전용의 원유관遠游冠을 바꿔 쓰도록 했다. 이렇게 조조의 위상이 황제와 버금가기에 이르자 헌제와의 관계도 점점 악화될 수밖에 없었다.

한나라 헌제는 허도로 천도한 이후 완전히 장식품으로 전락해 겨우 황제 자리만을 보전하고 있었다. 수행원들도 어느 하나 조조의 사람이 아닌 자가 없었다. 헌제 곁을 지키던 의랑 한 명이 헌제에게 지금 일어나는 사건을 분석해주고 대책을 알려주었는데 결국 조조의 미움을 사서 피살되었다. 헌제도 지능이 모자란 인물이 아니었으므로 조조가 자신을 꼭두

**** 특별한 공로가 있는 신하에게 황제가 하사하는 아홉 가지로 은전恩典, 거마車馬, 의복, 악기樂器, 주호朱戶, 납폐納陛, 호분虎賁, 궁시弓矢, 부월斧鉞, 거창秬鬯을 말한다.
***** 공국 : 오등작五等爵에서 최고의 위치가 공작이다. 공작이 다스리는 나라를 공국公國이라 한다.

각시로 만들자 견디기가 매우 힘들었다.

한번은 조조가 일을 처리하기 위해 궁궐에 들었을 때 헌제가 도저히 참을 수 없는 일이 벌어졌다. 이에 황제가 조조를 나무랐다.

"그대가 짐을 보좌하고자 한다면 짐의 권력과 지위를 존중하시오. 그렇게 하지 않겠다면 차라리 나를 죽이시오."

헌제의 말은 너무 노골적이어서 조조는 식은땀을 흘렸다.

"당치 않습니다. 당치 않습니다."

그는 이렇게 대답하고 재빨리 물러났다.

한나라 예법에 따르면, 군사를 이끄는 삼공三公 : 태위, 사도, 사공이 황제를 알현할 때는 호분무사가 칼을 들고 황제를 호위하는 것으로 규정했다. 조조는 헌제가 대전大殿에서 무사들에게 명하여 자신을 죽일까 두려웠던 것이다. 물러나는 조조의 등 뒤로 식은땀이 흘렀다. 조조는 이때부터 다시는 헌제에게 알현을 청하지 않았다.

군신으로 더 이상 만나지는 않았지만 조조는 황제의 장인이었다. 이는 이전에 벌어진 의대조 사건과 관련이 있다. 당시 동승이 피살될 때 그의 딸 동귀인과 복중에 있던 무고한 아기도 함께 피살되었다. 이 일로 인해 헌제의 황후인 복황후伏皇后는 공포에 휩싸였다.

'저 포악한 조조가 황제를 대할 때도 저리 오만방자한데 황후인 나에게는 얼마나 더할 것인가?'

그래서 그녀는 자신의 부친이자 황제의 장인인 복완伏完에게 편지를 써서, 조조가 황제를 핍박하는 흉악한 짓을 거침없이 저지르고 있다고 호소했다.

낮말은 새가 듣고 밤말은 쥐가 듣는 법. 조조가 이를 모를 리가 없었다. 건안 19년(서기 214년), 조조는 어사대부 치려郗慮에게 부절과 위임장을 주고 황후의 옥새와 허리띠를 몰수해 오도록 했다.

상서령 화흠이 병사를 이끌고 복황후를 잡기 위해 입궁했다. 자신을 잡으러 왔다는 사실을 알고 복황후는 문을 닫고 벽장에 숨었다. 화흠은 황궁임에도 불구하고 벽장문을 깨부수고 황후의 머리채를 붙잡고 끌고 나왔다.

황후가 맨발에 머리를 산발한 채로 끌려가다 외전에 있던 황제 옆을 지나며 외쳤다.

"폐하, 저를 구해주세요."

헌제가 혼잣말처럼 중얼거렸다.

"나도 언제 죽게 될지 모를 일이오."

그러고는 눈물을 흘리며 치려에게 말했다.

"치공, 천하고금에 이런 일이 또 있었는가?"

이에 치려도 고개를 내저으며 탄식할 뿐이었다. 복황후는 궁중 감옥에 연금되어 있다가 죽었고, 황후가 낳은 두 아들도 독살되었으며, 황후의 일가족 100여 명도 모두 죽임을 당했다.

황후가 죽자 조조는 후궁 자리를 비워둘 수 없다고 생각했다. 그래서 자신의 딸을 궁으로 보내 황후로 만들고 다른 두 딸도 귀인貴人으로 보냈다. 이렇게 해서 조조는 황제의 장인이 되었다.

건안 22년(서기 217년), 조조는 몇 가지 특권을 더 누리게 되었다. 황제는 조조에게 황궁을 출입할 때 천자의 깃발을 달도록 하고, 계엄청도******를 실시하도록 했으며 12류旒의 면관冕冠을 쓰고 말 여섯 필이 끄는 금근거金根車를 타며 계절에 따라 오색 부거副車를 두도록 했다. 이제 조조는 황제나 다를 바 없었다.

****** 계엄청도戒嚴淸道 : 행차 시에 경비를 세우고 길을 치움.

두 아들이 아버지의 총애를 다투다

조조는 황제의 자리에 단 한 걸음만 남겨두고 있었다. 그러나 세월이 흐르면서 자신이 늙었다는 사실을 부정할 수 없었다. 그는 무엇보다 후계자를 고민해야 했다. 조조의 여러 아들 가운데 가장 총애를 받는 이는 조비와 조식이었다. 조조의 본처인 정씨 부인은 아들을 낳지 못했지만 첩유씨의 아들 조앙을 자신이 낳은 것처럼 정성껏 키웠다. 하지만 조앙은 조조가 장수에게 기습당했을 때 아비를 피신시키느라 목숨을 바치고 말았다. 이 일로 인해 정씨 부인은 조조와 계속 다투었고, 결국 조조에게 쫓겨났다. 조조는 변씨卞氏를 정부인으로 삼았다.

변씨는 아들 넷을 낳았는데, 막내 조웅曹熊은 일찍 죽고 조비, 조창曹彰, 조식 세 아들만 남았다. 조창은 활쏘기와 수레 몰기에 능하고, 맹수를 맨손으로 잡을 정도로 근력이 뛰어나 조조 수하의 장수로 아비를 모셨다. 그러나 그는 글 읽기를 싫어하는 용부에 불과했다. 누구보다 문학 애호가였던 조조는 조창이 비록 용맹하기는 하나 자신의 과업을 계승할 만한 인물은 아니라고 보았다. 결국 세자가 될 수 있는 인물은 조비와 조식두 사람으로 압축되었다.

조비는 어려서부터 고금의 경전과 제자백가서를 통독하면서 학식을 갖추었으며, 말타기, 활쏘기, 격검擊劍 등에도 능해 그야말로 문무를 겸비한 인물이었다. 그의 시는 고상하고 함축적이었으며, 문인 칠언시의 효시가 될 정도로 탁월한 시재를 지녔다. 또한 그가 저술한《전론典論·논문論文》은 중국문학비평사에서 최초로 문학을 전문적으로 논한 글로, 후대 문론에 막대한 영향을 끼쳤다.

그의《전론·자서自序》를 보면 그가 무술에도 상당한 실력을 지녔음을 알 수 있는 대목이 나온다. 어느 날 조비가 평로장군平虜將軍 유훈, 분위장군奮威將軍 등전鄧展과 함께 술을 마시고 흠뻑 취했다. 마침 숙취를 깨기 위해 사탕수수를 먹고 있었는데, 조비가 수숫대를 집어 들고 등전에게 대련을 신청했다. 등전은 다섯 가지 창을 다루는 데 정통한 인물로, '빈손으로 칼날이 난무하는 곳에 들어갈 수 있다'고 할 정도로 뛰어난 무공을 자랑하는 이였다. 조비는 서너 합 만에 등전의 팔을 내리쳤다. 옆에서 구경하던 이들이 크게 웃었다.

"등전, 자네 허풍을 떤 것 아닌가?"

등전이 불복하고 다시 한 번 대련하기를 청했다. 하지만 이번에도 조비가 압승이었다. 조비의 수숫대가 등전의 이마를 쳤기 때문이다. 만약 진검이었다면 등전은 이미 죽고 말았을 것이다. 주위 사람들이 크게 놀란 것은 보지 않아도 알 일이다. 이렇듯 조비는 상당한 무술 실력의 소유자였다.

조비는 문무를 겸한 인재였을 뿐만 아니라 장자이기 때문에 부친의 과업을 계승할 우세한 위치에 있었다. 그러나 뛰는 놈 위에 나는 놈이 있듯이 그의 동생 조식 또한 대단한 인물이었다.

조식의 자는 자건子建이며 어려서부터 총명하고 지혜로웠다. 10세 때 이미 시문을 두루 통독하고 언사의 논리가 분명하고 정확했다. 게다가 탁월한 글솜씨를 자랑하여 조조의 총애를 받았다.

조조는 조식이 어렸을 때 지은 시부를 읽고 너무나 훌륭하여, 아직 어린 조식이 직접 썼다고 믿을 수가 없었다. 그래서 분명 다른 이를 시켜 짓게 한 것이라고 생각했다. 그러자 조식이 부친에게 말했다.

"그럼 아버님 앞에서 글을 지어볼 테니 주제를 내주십시오."

마침 동삭대가 완성될 때여서 조조는 아들들을 데리고 동작대를 구경하고 있었다. 그래서 그에게 〈동삭대부〉를 짓도록 했다. 조식이 붓을 들어 바로 써 내려갔는데, 명문으로 일가견이 있는 조조가 보기에도 참으로 놀랄 만한 문장이었다.

조식은 해박한 학식과 더불어 영민한 기지로 유명했다. 조조가 질문할 때마다 조식은 늘 즉석에서 대답하여 조조의 총애가 더욱 깊어만 갔다.

건안 17년(서기 212년), 조비는 오관중랑장伍官中郎將에 올라 승상의 조수 역할을 맡았다. 조비는 비록 장남이나, 그렇다고 위국의 왕세자로 완전히 낙점을 받은 것은 아니었다. 무엇보다 걱정인 것은 동생 조식의 주위에 여러 명사들이 포진하고 있었다는 점이다. 그 가운데 특히 유명한 이는 정의丁儀와 양수였다.

정의는 조비와도 관련이 있다. 조조가 정의의 능력이 비범함을 듣고 딸을 그에게 시집보내고자 조비에게 의견을 물어보았다. 조비가 대답했다.

"정의는 애꾸눈입니다. 누이가 한쪽 눈이 먼 사람에게 시집을 간다면 행복해질 수 없을 겁니다."

조조는 그 말을 듣고 생각이 달라졌다.

'그래, 내가 어찌 귀한 딸을 애꾸눈에게 시집보낸단 말인가?'

후에 조조가 정의를 만났는데 크게 감탄하면서 좀 더 일찍 만나보지 못한 것을 한탄했다. 조조는 문득 이런 생각이 들었다. '이런 사람이라면 양쪽 눈이 멀었다 해도 딸을 시집보냈어야 하는데.' 그러나 아쉽게도 조조의 세 딸은 모두 이미 한나라 헌제에게 시집을 보낸 후였다. 정의가 이런 사실을 알고 조비가 중간에서 방해하여 자신이 위왕의 사위가 될 좋은 기회를 놓쳤다고 생각했다. 정의가 조식 편에 선 것은 이런 이유도 있었다.

양수는 승상의 주부였다. 조조의 측근으로 일했기 때문에 조조의 언행과 생각, 감정을 누구보다 잘 이해했다. 양수는 조조가 조식을 총애한다는 사실을 알고 있었고, 조식 또한 양수의 지위와 역할을 잘 알고 있었기 때문에 두 사람은 자연스럽게 친근해지면서 각별한 우정을 쌓았다.

"오랫동안 그대를 못 만나니 보고 싶어 병이 날 지경이오. 그대도 분명 그러하리라 생각하오."

조식이 양수에게 보낸 편지에서 이렇게 쓸 정도였으니 두 사람의 우정이 어땠는지 짐작할 수 있다.

조식은 조조의 총애를 받기는 했지만 문인의 기질이 너무 강했다. 이는 조식이 조조의 총애를 받을 수 있던 이유였지만, 또한 태자 자리다툼에서 실패한 원인이기도 했다.

조조가 병사를 이끌고 출정하던 날, 조비와 조식이 길가에서 조조를 전송하고 있었다. 조식은 말을 뱉으면 바로 글이 될 정도의 솜씨인지라, 그가 조조의 공덕을 칭송하자 주위 사람들이 모두 칭찬했고 조조 또한 매우 기뻐했다. 조비는 이에 낙담해서 조금 심란해졌다. 그때 책사가 조비의 귀에 대고 말했다.

"위왕이 이제 길을 떠나실 테니 눈물을 흘리며 우십시오."

작별 인사를 하게 되자 조비는 슬피 울면서 엎드려 절을 했다. 그러자 조조와 부하들이 이를 보며 매우 슬퍼했다. 그들은 조식은 말솜씨가 좋으나 진심이 조비에는 미치지 못한다고 생각하게 되었다.

조비가 이렇게 점수를 땄고 그때부터 더욱 신중하고 성실하게 생활했다. 조비는 각별한 사이이자 '독사'라고 불리는 가후에게, 자신의 지위를 공고히 할 수 있는 방법을 물었다. 가후는 조비에게 이렇게 말했다.

"장군께서 덕행과 기개를 선양하고 아침저녁으로 꾸준히 노력해서 좋은 아들이 되기만 하면 됩니다."

조비는 가후의 말을 듣고 더욱 겸허하고 신중한 자세로 자신을 연마했나

술로 인해 세자의 자리를 잃다

하루는 조조가 모두를 물러가게 한 후 가후에게 물었다.

"자환子桓과 자건子建 모두 훌륭하다. 과연 누구를 나의 계승자로 삼아야 할 것인가?"

가후는 아무런 대답도 하지 않는 것이 마치 조조의 말을 듣지 못한 것 같았다. 조조가 다시 물었다.

"내가 지금 그대에게 하문하였는데 어째서 대답이 없는가?"

가후는 갑자기 뭔가 생각이 난 듯한 얼굴로 대답했다.

"죄송합니다. 생각을 좀 하고 있었습니다."

"무슨 생각을 하였는가? 내 질문에 대답도 하지 못할 정도로."

가후가 대답했다.

"저는 원본초와 유경승의 일을 생각하고 있었습니다."

말이 끝나자 조조가 크게 웃었다. 가후는 정말 총명했다.

'저는 승상께 누구를 세자로 세우라고 말하지 않겠습니다. 다만 원소와 유표가 당시에 어떻게 했는지를 생각하고 있을 뿐입니다. 두 사람 다 장자를 폐하고 아우를 세웠다가 그 소동이 일어난 게 아닙니까? 저의 생각은 분명합니다. 승상의 집안에 그들과 같은 일이 벌어지지 않기만을 바랄 뿐입니다.'

조조의 마음속 저울대는 천천히 조비 쪽으로 기울고 있었다.

조식은 재기가 뛰어났다. 그러나 시인의 기질로 인해 피해를 자초하기도 했다. 그는 자신의 재능만 믿고 남들 앞에서 오만했으며, 그런 까닭에 주위 사람들도 대부분 겉만 화려하고 실속이 없었다. 조비와의 싸움에 불리한 것은 보지 않아도 알 일이다. 조식은 문인 기질로 인해 쉽게 감성을 노출하고 세세한 일에 신경을 쓰지 못했다. 사서의 기록도 이를 증명한다.

"그는 제멋대로 행동하고, 스스로 연마하지 않았으며, 음주에 절제가 없었다."《삼국지 · 위서 · 진사왕전陳思王傳》

그는 술만 마셨다 하면 예에 어긋난 행동을 하곤 했다. 이백李白이 〈장진주將進酒〉에서 '예전에 진왕이 평락전에서 잔치할 때陳王昔時宴平樂'라고 읊었는데, 여기에 나오는 '진왕'이 바로 조식이다.

조식은 자신이 보기에 대수롭지 않은 작은 사건 하나로 인해, 그의 오른팔인 정의와 양수가 공들여 만들어놓은 세자 책봉의 길을 한순간에 무너뜨리고 만다.

조식이 술에 취해 누군가의 꼬드김에 넘어가 사마문司馬門을 열고 밖으로 나갔다. 사마문은 조조가 행차할 때만 사용하게 되어 있는 길이었다. 조식이 본분을 잃고 제멋대로 행동하자 조조는 크게 화가 났다. 조조는 즉각 궁문을 관리하는 공거령公車令을 참수했다.

'너희들은 내 아들 조식이 대사를 결정하리라 여기고 있다면 이번 일로 나는 그를 달리 보게 되었다. 어떻게 달리 보았는가? 그는 세자가 될 수 없도다!' 대략 이런 뜻이었다.

건안 22년(서기 217년), 조비는 조조에 의해 위나라 왕세자가 되었다. 이로써 조조의 집안 문제는 일단락되었으며, 작위 또한 계속 높아지고 있었다. 그렇다면 그 기간에 유비와 손권은 무엇을 하고 있었는가? 장차 그들과 조조 사이에는 어떤 일들이 벌어지게 되는가?

29강 10만 대군으로도
합비를 얻지 못하다

적벽대전 이후 손권은 의도적으로 북상하여 기반 확충에 나섰다. 하지만 두 번에 걸친 합비合肥 공격은 모두 실패로 끝나고 말았다. 당시 손권은 10만 대군을 동원하여 고립무원의 위나라 군사 7,000여 명을 포위 공격했다. 이처럼 우세한 상황에서도 손권은 합비를 공략하지 못하고 오히려 수많은 병력을 잃었으며, 심지어 패주하는 과정에서 위군에게 생포될 뻔한 위기에 처하기도 했다. 얼마 전 적벽대전에서 대승을 거둔 손권이 어찌하여 합비에서 거듭 패배하고 말았는가? 합비의 실패는 동오에 어떤 영향을 끼칠 것인가?

짚더미 배로 화살을 얻은草船借箭 또 한 명의 인물

건안 18년(서기 213년), 손권 휘하의 장수 여몽이 회하 양쪽에 영채를 만들었다. 공사가 끝날 무렵 기병과 보병 40만을 헤아리는 조조의 대군이 들이닥쳤다. 조조의 군대는 첫 전투에서 승리하여 손권의 영채를 격파하고 장수들을 포로로 잡았다.

조조의 군대가 손권의 영채를 공격하자 손권은 수군을 보내 반격을 가했다. 조조의 군대는 수전에 약해 크게 패하고 3,000여 명이 포로로 잡혔으며, 익사한 이들도 적지 않았다. 조조는 이전 적벽전투의 패배를 떠올리고 크게 두려워하면서 영채를 지키며 손권과 대치했다.

당시 조조의 군대는 40만 대군이라고 했으나 실제로 그런 것은 아니고 많으면 십수만에서 20만 정도였고, 손권의 군대는 7만여 명이었다. 양군은 1개월 넘게 대치 상태를 유지했다. 손권의 장수들이 여러 차례 군사를 이끌고 나와 도발했으나, 조조의 군대는 자신들이 수전에 능하지 않다는 것을 누구보다 잘 알고 있었기 때문에 수비에 치중하면서 맞붙지 않았다. '아무리 어르고 달래도 나오지 않으니 좀 더 큰 미끼를 던져야겠구나.' 손권은 이렇게 생각하고 자신이 직접 가벼운 배에 올라타 조조의 군영 가까이 다가가 전선 시찰에 나섰다.

조조 진영에서는 이번에도 손권의 장수 한 명이 도발하는 줄 알고 조조에게 출전을 허락해달라고 요청했다.

"아니다. 이번에는 손권이 오는 것이 틀림없다."

그는 출전하는 대신 궁수들에게 손권의 배를 향해 일제히 화살을 날리도록 명했다. 손권은 조조의 진영에서 5~6리 떨어진 곳까지 진격한 후에 악대의 주악 속에서 영채로 돌아왔다.

사서 기록에 따르면, 당시 유수濡須전투에서 손권은 조조의 대군을 시찰하러 갔고, 조조는 수만 발의 화살을 쏟아부었다. 배 한쪽으로 화살이 많이 박혀 기울면서 전복할 위험에 빠지자, 손권이 뱃머리를 돌려 다른 쪽으로 화살을 맞도록 하여 평형을 이루었다. 고슴도치가 된 손권의 배는 오히려 주악을 울리며 의기양양 귀환했다. 짚더미 배로 화살을 얻었다는 이야기는 아마도 여기에서 나온 것 같다. 여하간 유수전투로 손권의 명성이 높아진 것은 분명한 사실이다.

조조는 손권의 세력이 융성하고 군사들이 엄정한 것을 보고 탄식하듯 말했다.

"아들을 낳으려면 손중모 같은 자식을 낳아야지, 유경승의 자식 따위는 개돼지에 불과하다."

손권을 형인 손책과 다름없는 인물로 칭찬한 것이니, 참으로 형제가 실로 대단한 인물이었다.

장기간 대치하던 어느 날 손권이 홀연 조조에게 서신을 보냈다.

"바야흐로 봄물이 넘쳐나는데 공은 마땅히 물러가야 할 것이오."

서신의 다른 면에 이렇게 썼다.

"그대가 죽지 않으면 나는 평안을 얻을 수 없으리."

조조는 서신을 읽은 후 껄껄 웃으며 철군을 명했다.

좁은 길에서 만나면 용감한 자가 이긴다

적벽전투에서 패배한 후 조조는 북방으로 철수하면서 조인과 서황, 악진 등을 형주 북부에 남겨두었다. 이는 영토 확장에 뜻을 둔 손권에게 거추장스러운 위협이 아닐 수 없었다. 그래서 손권은 먼저 단양군을 평정할 요량으로 조조의 군사들이 점거하고 있는 합비를 노렸다.

손권은 대장 주유에게 강릉에 있는 조인을 격파할 것을 주문하고 자신은 직접 합비를 공격하기로 했다. 양로로 병진하여 적을 섬멸할 계획이었다. 당시 합비는 유복劉馥이 지키고 있었다. 손권은 합비를 포위한 후 장소를 보내 구강을 손에 넣도록 했으나 성공하지 못했다.

손권의 군사들이 합비를 포위했다는 소식을 접한 조조는 장군 장희張喜를 급파했다. 건안 14년(서기 209년), 적벽대전 다음 해까지 손권은 합비를 손에 넣을 수 없었다. 아직 젊고 기세등등한 손권은 자신이 직접 경기병을 이끌고 적을 습격하고자 했다. 그러자 모사가 적극 만류하며 간언했다.

"무릇 병기는 상서롭지 못한 도구이고, 전쟁은 위험한 일입니다. 주공께서 왕성하고 장대한 기백에 의지하여 막강하고 포악한 적을 경시한다면 삼군의 군사들 가운데 마음이 섬뜩하지 않은 자가 없을 것입니다. 설사 적 장수의 목을 베고 깃발을 빼앗아 전쟁터에서 위세를 떨친다고 할지라도 이는 편장군의 임무이지, 주장主將이 마땅히 해야 할 일이 아닙니다."《삼국지 · 오서 · 장굉전張紘傳》

실제 전쟁은 텔레비전에 나오는 전쟁 드라마와 달리 정말로 사람이 죽고 죽이는 일이며, 군사를 이끌고 습격을 감행하는 것은 편장의 몫이지 대장의 역할이 아니라는 뜻이다. 손권은 모사의 말을 받아들여 스스로 편장이 되는 일을 하지 않았다.

조조는 장희를 파견하여 합비의 포위를 풀라고 했는데, 장희는 배탈이라도 났는지 당장 출전하지 않고 심히 굼떴다. 당시 합비는 손권의 군대가 계속 공격한 데다 연일 비가 내려 성벽이 당장이라도 무너질 것만 같았다. 그래서 유복은 건초와 종려 잎 등으로 성벽을 보수하고 밤마다 환하게 불을 밝혀 적의 진격에 대비했다.

원군이 아직 도착하지 않은 상황에서 별가 장제蔣濟가 유복에게 묘책을 제시했다. 사방에서 원군이 이미 도착했다고 속이고 주부를 파견하여 장희를 영접하는 척하면서 세 명의 장수에게 몰래 성 밖으로 나왔다가 다시 성안으로 들어가도록 한 것이다. 세 명의 장수 가운데 한 명만 성공적으로 성 밖으로 나갔다가 돌아왔을 뿐, 나머지 두 명은 손권의 군사에게 포로로 잡혔다.* 하지만 손권은 지원병이 도착한 것으로 여기고 스스로 철군했다. 이것이 손권과 조조 간에 벌어진 제1차 합비전투다.

전투가 끝난 후 조조는 합비의 중요성을 거듭 깨달았다. 그래서 그해

---

* 《삼국지 · 오서 · 장제전蔣濟傳》에 따르면, 장제는 장희에게 거짓 편지를 받은 것처럼 위장하여 장희가 이끄는 군사가 벌써 우루현雩婁縣에 도착했으니 주부를 보내 장희를 맞이하라고 했다. 세 명의 사자에게 편지를 갖고 성안 수비 대장에게 보고하도록 했는데 두 명의 사자는 손권의 군사들에게 붙잡히고 나머지 한 명만 성으로 들어갔다.

7월 대군을 이끌고 회하로 진격하여 비수淝水를 건너 합비에 주둔하면서 수리 시설을 재정비하며 장기적인 수비 태세를 갖추었다.

조조가 합비에 주둔하고 얼마 되지 않아 여강 사람 진란陳蘭, 매성梅成이 여섯 군데 현을 점거하고 반란을 일으켰다. 이에 조조는 대장 우금, 장패臧覇를 보내 매성을 토벌하는 한편, 장료에게 장합을 이끌고 진란을 토벌토록 했다. 매성은 우금에게 거짓 투항하였는데, 우금은 진짜인 줄 알고 철수하고 말았다. 그러자 매성이 그 틈에 잔여 병사를 이끌고 진란에게 도망쳤다.

두 사람은 산속 깊은 곳으로 들어가 산채를 만들었다. 산채 앞에 산세가 험한 산이 우뚝 솟아 있어 들어가는 길이 험하고 좁았다. 진란이 산속 영채로 피신하여 나오지 않자 장료는 군사를 이끌고 직접 진격하기로 마음먹었다. 하지만 여러 막료들이 강력히 만류했다.

"산세가 너무 험한 데다 병력이 그리 많지 않습니다. 만에 하나 적이 매복하여 공격할 경우 완전히 만두를 빚는 꼴이 되이 꼼짝없이 당하게 될 것입니다."

하지만 장료는 달랐다.

"이는 일대일의 전투이니, 용맹한 사람만 있으면 이길 것이오."

그리하여 장료는 산 아래에 영채를 세우고 병사를 이끌고 진군하여 진란과 매성의 수급을 잘라 오니 나머지 병사들도 모두 투항하고 말았다.

조조는 그 소식을 듣고 크게 기뻐하며 이렇게 말했다.

"천주산에 올라 험준한 길을 밟으며 진란과 매성의 수급을 취한 것은 탕구장군蕩寇將軍의 공로로다."《삼국지·위서·장료전張遼傳》

조조는 장료의 식읍을 올려주는 한편 장료와 악진樂進, 이전李典 등에게 군사를 이끌고 합비에 주둔하면시 철저하게 방비할 것을 지시했다.

여러 차례 도읍지를 옮기다

손권은 북쪽으로 영토 확장이 힘들어지자 후방인 교주交州 쪽으로 눈독을 들이기 시작했다. 한말 이래로 교주는 지역적으로 편벽한 곳에 자리하여 통치하기가 쉽지 않았다. 그래서 몇몇 자사들이 부임했다가 쫓겨나거나 심지어 피살되는 경우도 있었다.

유표가 형주를 관리할 당시 뇌공賴恭에게 교주자사를 맡겼으며, 오거를 창오태수로 파견했다. 유비가 신야를 버리고 번성으로 들어가고, 다시 당양으로 갔다가 하구에서 패배했을 때 뇌공은 오거에게 의탁했다. 두 사람 사이에 갈등이 생기면서 오거가 뇌공을 영릉으로 내쫓았다. 뇌공이 손권에게 구원을 요청하자 손권이 보즐步騭을 교주 자사로 임명하고 무중랑장으로 임명하여 군사 1,000여 명을 이끌고 남쪽으로 가서 교주를 접수하도록 했다.

이듬해 손권이 보즐에게 사지절使持節 및 정남중랑장의 관직을 더 주었다. 보즐은 부임한 후 오거가 다른 마음을 품고 말을 듣지 않자 오거를 죽였다. 손권의 명성이 널리 알려지면서 교주태수가 무리를 이끌고 투항했다. 하지만 이전 자사 휘하의 장수들이 여전히 산두와 칭웅 등지에 할거하고 있었다. 보즐은 그들을 차례대로 섬멸하여 마침내 교주에서 질서가 잡히고 중원의 법령이 제대로 시행되기에 이르렀다. 이렇게 해서 교주 역시 손권의 판도 안으로 들어왔다.

건안 17년(서기 212년), 손권은 또 한 번의 중요한 결정을 하게 된다. 자신의 치소, 즉 행정중심지를 건업建業 : 지금의 남경南京으로 옮기는 것이었다. 손권 정권의 최초 치소는 오군이었다. 그렇지 않아도 조조가 동남쪽으로 노리고 있는 마당에 오군은 지나치게 동남쪽에 치우쳐 있어 수비에 불리했다. 그래서 전략적인 이유로 손권은 경구京口 : 지금의 진강鎭江를 행정중심지로 삼았다. 적벽전투가 일어난 해에 손권은 치소를 경구로 옮겨 철옹성鐵甕城을 건설했다.

유비가 형주를 빌리기 위해 손권을 찾아갔을 때 손권에게 이렇게 건의했다.

"진강과 경구는 장강이 바다로 들어가는 나팔의 입구에 속해 장강 하류에 지나치게 편중되어 있으니 말릉秣陵만 못합니다."

손권의 모사들도 말릉이 산천이 웅장하고 수려하며 지세가 험난한 곳으로 제왕의 기운이 서려 있다고 말하면서 치소로 삼을 것을 적극 권유했다.

그래서 손권은 석두성石頭城을 건설한 후 치소를 말릉으로 옮겼으며, 말릉이란 이름을 건공입업建功立業의 뜻인 건업建業으로 개칭했다. 건업은 실질적으로 손권의 수도나 다를 바 없었으나 손권이 아직 한실의 대신이기 때문에 수도라고 말할 수 없었을 따름이다.

이후 동진과 남조의 송宋, 제齊, 양梁, 진陳 네 나라가 모두 그곳을 수도로 삼았다. 그래서 이를 총칭하여 육조六朝라고 한다. 이렇듯 건업, 지금의 남경은 육조의 고도다. 손권의 능묘는 지금의 남경시 자금산紫金山 기슭에 명 태조의 효릉과 중산릉(손문의 무덤) 부근이라고 하나 아직까지 정확한 장소를 찾지 못하고 유적지만 남아 있다.

나무에 목을 매달 수는 없다

수유전투를 통해 손권은 위세와 명성을 얻었다. 하지만 조조는 아무것도 얻지 못했을 뿐만 아니라 오히려 멍청한 짓을 하고 말았다. 그는 장강 일대의 군현을 손권이 빼앗을까 두려워 백성들을 내륙 쪽으로 이주시킬 생각이었다. 그래서 장제에게 이에 대해 하문했다.

"예전에 내가 관도에서 원본초와 대치하고 있을 때 연燕 땅과 백마白馬의 백성들을 이주시킨 적이 있는데, 당시 백성들이 흩어져 도망치지도 않고 적군도 감히 침략하지 않았소. 지금 내가 회하 남쪽에 있는 백성들을 이주시키려고 하는데 그대는 어떻게 생각하시오?"

장제가 대답했다.

"천부당만부당합니다. 당시에는 아군은 약하고 적은 강성했기 때문에 백성들을 이주시키지 않았다면 모두 원소에게 투항하고 말았을 것입니다. 하지만 지금 위공께서는 천하에 위세를 떨치시고 계시니 백성들이 다른 마음을 품을 이유가 없습니다. 또한 백성들은 고향에 연연하여 이주하기를 원치 않습니다. 만약 강행하신다면 이주하기를 두려워하고 내심 기뻐하지 않을 것입니다."

조조는 장제의 의견을 따르지 않았다. 이런 소식이 전해지자 백성들이 놀라고 두려워 불안에 떨었다. 대대손손 장강 인근에서 살아왔는데 누가 내지로 이주하고 싶겠는가? 결국 여강과 구강 등 장강과 회수 일대에 살던 백성 십수만 호가 가족을 이끌고 장강을 건너 오나라 땅으로 도주했다.

장강 서쪽은 인가가 보이지 않을 정도로 적막해졌고, 합비 이남으로 조조의 수중에 있는 땅은 환성이 유일했다.

조조는 후회막심이었으나 이미 엎질러진 물이었다. 그는 여강태수 주광朱光을 환성으로 보내 토지를 개간하고 곡식을 경작하도록 했다.

건안 19년(서기 214년), 여몽이 손권에게 건의했다.

"환성은 토지가 비옥한 땅입니다. 일단 수확을 하게 되면 조조의 군사가 확충될 것이 분명합니다. 곡식이 익기 전에 환성을 빼앗아야 합니다. 이렇게 몇 해가 지나면 조조의 세력이 강대해질 것이니 서둘러 제거해야 합니다."

손권은 그의 말에 동의하고 친히 군사를 이끌고 환성을 공격했다.

장수들이 흙으로 산을 쌓고 공성 무기를 더 만들려고 했다.

여몽이 반대하며 이렇게 말했다.

"공성 기계를 준비하고 흙산을 만들려면 그만큼 시간이 걸리기 마련입니다. 적들이 성을 보다 굳건하게 방비하고 구원병이 도착한다면 손을 쓸 수가 없습니다. 더욱이 비가 많이 오는 틈을 타서 진격할 터인데 만약 시간을 끈다면 큰물이 물러나면서 돌아오기가 힘들어질 것입니다. 지금 살펴보니 성이 그리 견고하지 않습니다. 우리 군사들은 사기가 드높으니 사방에서 몰아붙이면 쉽게 성을 함락할 수 있을 것입니다. 그런 다음 큰물이 들어오기 전에 물러나면 확실하게 승리할 수 있습니다."

손권은 여몽의 의견에 따랐다. 여몽은 감녕을 추천하여 이번 전투의 선봉으로 삼도록 했다. 감녕은 밧줄을 잡고 성벽을 기어오르며 앞장서서 공격을 주도하고, 여몽은 정예군을 이끌고 그 뒤를 따랐다. 여몽이 직접 북채를 잡고 독려하자 군사들이 용기백배하여 성벽을 올라탔다. 손권의 군사들은 새벽에 공격을 시작하여 진시辰時 : 오전 7~9시가 되기도 전에 성을 함락하고 주광을 비롯한 적군 수백 명을 포로로 잡았다.

조조는 환성이 다급해졌다는 소식을 듣고 다급히 대장 장료를 보내 지원했으나 도착하기도 전에 이미 성이 함락되었다는 소식을 들어야만 했다. 이번 전투는 손권이 강회 지역을 통치하는 데 무엇보다 중요했다. 손권은 여몽을 여강태수로 임명하고 자신은 철군하여 심양尋陽으로 돌아왔다.

조조는 환성을 잃었다는 소식을 듣고 불같이 화를 내며 당장 친정에 나설 태세였다. 하지만 여러 차례 거병하고 승리를 얻지 못하자 내심 의기소침하여 다른 방안을 생각했다. 손권과 장기간 대치하고 있으니 차라리 서쪽으로 장로를 공격하여 차지하는 것이 낫겠다는 생각이었다. 굳이

한 나무만 고집할 필요가 어디 있겠는가? 그래서 조조는 군사를 이끌고
북쪽으로 장로를 치기 위해 나섰다. 이제 유비와 한중을 놓고 한 판 붙겠
다는 뜻이었다.

조조의 낭묘계囊妙計

조조는 장로를 정벌하기 전에 합비의 호군 설제薛悌에게 은밀하게 지령
을 내렸다. 지령의 봉투 위에는 이렇게 적혀 있었다.

'적군이 오면 꺼내보라.'

손권이 10만 대군을 이끌고 공격하는데 조조군은 겨우 7,000명의 병
력으로 고립된 성을 수비하게 되었으니 그야말로 절체절명의 순간이었
다. 이에 설제는 조조가 보낸 봉투를 열어 지령을 읽었다.

"만약 손권이 대군을 이끌고 공격하면 장료와 이전은 군사를 이끌고 출
전하고, 악진은 성에 남아 수비를 전담할 것이며, 설제는 참전하지 말라."

조조군의 몇몇 장수들이 의아하게 생각하며 이구동성으로 성을 지켜
야 한다고 주장했다.

"위공께서 내리신 지시는 약간 문제가 있어 보이오. 지금 적은 많고 아
군은 적은데, 병력 대비가 참으로 현저하오. 만약 성을 버리고 출전하여
적을 맞이한다면 양이 호랑이 입으로 들어가는 꼴이니 어찌 되겠소?"

그리하여 여러 장수들은 조조의 지시를 따르지 않고 성을 굳건히 지키
며 원병이 오기를 기다리자고 주장했다.

다만 장료만은 생각이 달랐다.

"위공은 지금 장로를 토벌하러 원정을 나가셨으니 위공을 기다리다가
는 노란 국화가 다 떨어질 때가 될 것이오. 적군이 아직 다 결집하지 않
았으니 이 틈에 일격을 가하면 예기를 꺾을 수 있을 것이오. 이렇게 아군

의 사기를 높여놓은 다음 수성에 나서도 늦지 않소이다.”

장료가 이렇게 말하자 악진 등은 아무 말도 하지 않았지만 내심 탐탁지 않게 생각했다. 장료가 벌컥 화를 내며 말했다.

“승부의 관건은 이번 일전에 있소이다. 여러 장수들이 의문을 갖는다면 나 장료가 혼자 출전하여 승부를 가르겠소.”

이전은 원래 장료와 사이가 좋지 않았지만 장료의 격앙된 발언을 듣고는 자신도 모르게 감격하여 소리쳤다.

“나는 개인적인 은원(恩怨)으로 공적인 일을 해치고 싶지 않소. 위공이 말씀하신 대로 함께 해봅시다.”

그날 밤 장료는 병사 800명을 선발한 후 소를 잡아 주연을 베풀고 특별히 후한 상을 내렸다. 이튿날 새벽 장료가 갑옷을 챙겨 입고 창검을 들은 후 선봉에 서서 적진으로 돌격했다. 순식간에 적장 두 명을 포함해서 적군 수십 명이 비명을 지르며 쓰러졌다. 장료는 거칠 것 없이 달려가 손권의 내장기가 펄럭이는 곳까지 달려갔다.

손권은 크게 놀라 높은 언덕으로 피신했다. 장료가 달려가며 큰 소리로 외쳤다.

“손권아! 자신이 있으면 내려오거라. 한번 붙어보자꾸나!”

손권이 감히 꼼짝도 하지 못하고 있다가 장료의 군사가 그리 많지 않을 것을 보고는 휘하 장수들에게 장료를 겹겹으로 포위하도록 했다.

장료는 죽기 살기로 혈로를 뚫어가며 휘하 수십 명의 병사들과 포위망을 뚫기 시작했다. 나머지 병사들도 고함을 쳤다.

“장군, 저희들은 버리십니까?”

그 소리에 다시 몸을 돌려 적진으로 달려간 장료가 나머지 병사들을 이끌고 다시 포위망을 뚫었다. 그날 싸움은 새벽에 시작하여 정오까지 계속되었다. 결국 강동의 군사들은 먼지바람이 부는 것만 보고도 도망치기 바빴고, 완전히 투지를 상실하고 말았다. 장료는 비로소 군사들에게 철수할 것을 명하여 성안으로 돌아왔다. 조조군의 사기가 백배 드높아진 것은 말할 필요도 없다.

장료가 첫 번째 전투에서 크게 승리하자 7,000명 조조군의 투지가 되살아났다. 반면에 손권의 군사들은 사기가 뚝 떨어진 데다 군중에 전염병이 돌기 시작했다. 손권은 이번 출병이 잘못되었음을 깨닫고 어쩔 수 없이 강남으로 철군했다.

손권, 목숨을 잃을 뻔하다

손권은 여몽 및 수하 장령 1,000여 명을 데리고 합비 동쪽 소요진逍遙津에서 주력군의 철수를 엄호했다. 장료가 성 위에서 이런 광경을 쳐다보다 손권 수하에 1,000여 명밖에 없는 것을 보고 즉각 출병하여 추격하기 시작했다.

주력군이 철수한 마당에 난데없이 조조 군사가 달려들자 감녕과 여몽 등이 선봉에 나서 적을 막아냈다. 능통凌統은 호위병을 이끌고 손권을 엄호하며, 포위망을 뚫으면서 달려오는 장료와 맞서 싸웠다. 능통은 주변의 병사들이 모두 전사하고 자신도 부상을 입은 상태에서 손권을 피신시킨 후 틈을 타 적의 추격을 따돌렸다.

손권은 소수 호위병의 보호를 받으며 말을 타고 다리를 건너려는데 어찌 된 일인지, 있어야 할 다리가 보이지 않았다. 조조군은 점점 다가오는데 건널 강은 넓기만 하고 다리는 철거하여 없어졌으니 그야말로 진퇴양난이었다.

손권의 측근 신하가 황급히 말했다.

"주공께서는 말안장을 꽉 잡으시고 말고삐를 놓으십시오."

손권이 말안장을 꽉 잡고 말고삐를 놓자 신하가 말 엉덩이를 채찍으로 세게 갈겼다. 그러자 놀란 말이 손권을 태우고 훌쩍 뛰어올라 소요진을 날듯이 달려갔다. 부장 하제賀齊가 맞이하니 그제야 손권은 위험에서 벗어나 한숨을 돌릴 수 있었다.

남쪽 강안에 도착한 후 손권은 수하 장수들과 회합하여 배 위에서 연회를 열었다. 하제가 자리에서 나오더니 갑자기 통곡하며 눈물을 쏟았다.

"주공께서는 비할 바 없이 존귀한 분이니 매사에 근신하셔야 합니다. 그런데 오늘 사태가 위급하여 하마터면 큰 재난이 일어날 뻔했나이다. 저희는 두렵고 무서운 것이 하늘이 무너지고 땅이 꺼지는 것 같았나이다. 바라건대 이번 일을 교훈 삼아 강동의 주인으로 절대로 위험한 일에 친히 나서지 마십시오."

손권이 듣고 나서 친히 하제의 눈물을 닦아주며 말했다.

"참으로 부끄럽네. 마음 놓으라. 이번 교훈을 내 가슴 깊은 곳에 새겨놓고 나시는 이런 일이 없노록 하겠네."

이것이 손권과 조조의 두 번째 합비전투다. 이번 전투에서 장료는 7,000명의 병사로 손권의 10만 대군을 대파하고 손권을 사로잡을 뻔했다. 이로 인해 그의 명성이 크게 높아졌다. 《삼국연의》에 따르면, 이번 전투로 인해 강동 사람들은 장료란 이름만 들어도 울던 아이가 울음을 그쳤다.

소요진전투 이후 세 군데 세력 사이에 또 어떤 일이 벌어질 것인가?

30강 유비, 왕이라 불리다

건안 18년(서기 213년), 조조는 위공으로 승진하기 위한 수속을 밟아 명목상 황제의 인가를 얻었다. 당시 유 황숙 역시 성도를 차지하여 점차 세력을 확대하고 있었는데, 수하의 모사들은 유비에게 칭왕稱王을 권유했다. 조정은 과연 유비를 왕으로 부르는 데 동의할까? 유비는 이를 위해 어떤 노력을 했을까?

토비나 다를 바 없는 군사들

성도를 포위 공격할 당시 유비는 부하들에게 다음과 같이 약조했다.

"형제들이여! 성도를 공격하여 점령하면 관부의 창고를 열어 그대들 마음대로 가져갈 수 있도록 할 것이로다."

성을 점령하기가 무섭게 병사들은 병기를 내던지고 창고로 달려가 재물을 약탈하기 시작했다. 촉 땅은 전란이 그리 많지 않았기 때문에 유언과 유장 부자가 쌓아놓은 재물이 상당히 많았다. 병사들이 마치 은행이라도 털려는 듯 성안으로 진격하여 관아의 모든 창고를 샅샅이 뒤지기 시작했다. 토비나 다를 바 없는 병사들의 약탈에 창고는 눈식간에 텅 비고 말았다.

관아의 창고가 텅 비니 군량을 마련할 돈조차 없었다. 병사들도 정당하게 번 돈이 아닌지라 아까운 줄 모르고 제멋대로 먹고 마시며, 도박과 계집질에 탕진하고 말았다. 빈손이 된 병사들은 또다시 군량을 내놓으라고 시끄럽게 떠들기 시작했다.

원래 유장의 부하였던 누군가가 유비에게 이런 의견을 내놓았다.

"백전짜리 동전을 주조하여 물가를 억제하고 관리를 선발하여 일을 맡겨야만 해결할 수 있을 것입니다."

유비는 그의 건의를 받아들였다. 몇 개월 후 창고의 재물이 어느 정도 충족되었다. 하지만 그 몇 개월 동안 병사들은 군량을 받지 못했으니 백성들의 재물을 강탈하는 것 외에 다른 방도가 없었다.

유비는 오십이 조금 넘은 나이에 성도로 진입하니 정말 신이 났다.

"유비 이 사람이 마침내 기반을 마련하였으니 어찌 축하를 하지 않을 수 있겠는가? 한 번 크게 잔치를 벌여야겠노라!"

물론 잔치를 벌이는 것도 좋고, 축하를 하는 것도 좋은데 사람들을 모이 먹이고 재우며, 환영의식을 마련하는 것은 물론이고 붉은 카펫에 화려한 꽃 장식, 음료수와 광천수, 심지어 행사 도우미에 이르기까지 모든 것이 돈이 아니겠는가!

경축하기 위해 사람들이 모였으니 포상이 따르지 않을 수 없다. 제갈량, 관우, 장비, 조자룡 등 혁혁한 전공을 올린 이가 한둘이 아닌데, 어찌다 포상할 수 있겠는가? 그들 모두에게 상을 하사하려고 한다면 또다시 백성들을 착취하지 않을 수 없다. 그렇게 되면 유비는 익주에서 민심을 잃게 될 것이고, 백성들은 '형주에서 온 녀석들이 알고 보니 순 날강도들이다'라고 욕을 해댈 것이다.

누군가 유비에게 말했다.

"지희는 주공을 따라 생사를 함께하였습니다. 아예 성도 주변의 비옥한 땅과 주택을 저희들에게 나눠주시는 것이 어떻습니까?"

유비가 대답했다.

"맞다! 내 형제들이야말로 내가 가장 어렵고 힘들 때도 나를 떠나거나 버리지 않았다. 우리는 결코 쉽게 지금에 이른 것이 아니다. 당연히 지금 우리가 가진 모든 것을 함께 나눠야 할 것이다."

조운이 즉각 제지하고 나섰다.

"예전에 곽거병은 '흉노를 아직 섬멸하지 않았는데 무슨 가정을 꾸린단 말인가?'라고 말한 바 있습니다. 지금 국적國賊은 흉노와 비길 바가 아니며, 한조의 3분의 2 이상을 점령하고 있는데 우리가 개인적인 향락을 탐할 수 없습니다. 천하가 안정된 후에 장병들이 고향으로 돌아가 자신의 논밭에서 농사를 지을 수 있을 때가 되어야 각기 얻을 바가 있을 것입니다."

조운이 계속 말을 이었다.

"익주의 백성들은 전화에 허덕이고 있으니, 토지를 원래 주인에게 돌려주고 백성들이 편안히 생업에 종사할 수 있도록 하여 생산을 회복하고, 그런 다음 인원을 징발하여 병역에 충당하고 조세를 거두어들여야 합니다. 이렇게 해야만 백성들의 호감을 얻을 수 있습니다. 그런데 오히려 그들의 재물을 탈취하여 자신이 총애하는 장수들에게 분배한다면 익주의 민심을 완전히 잃게 될 것입니다."

유비는 그의 말을 듣고 기분이 좋지 않았으나 그의 말이 틀림없는지라 따르기로 했다.

비상시에는 비상 수단이 필요하다

문제를 발견한 후 유비와 제갈량은 일련의 조치를 취해 민심을 구슬리고 잘못된 점을 고쳤다. 우선 행정 문제에 착수하여 각기 능력에 따라 적절한 관직을 주어 행정의 효율성을 극대화함으로써 정권을 안정시켰다. 《삼국지·촉서·선주전》은 다음과 같이 기록하고 있다.

"선주께옵서 익주목을 다시 취하시고 제갈량을 수족으로 삼으시고 법정을 수석 모사, 관우, 장비, 마초를 이기利器로 삼으셨으며, 허정許靖, 미축, 간옹을 빈객이나 친구로 생각하셨습니다. (후략)"

유비에게도 적지 않은 이들이 모여들었다. 그중에는 처음부터 그를 따라다닌 이들도 있고, 형주나 익주에서 새로 참가한 이들, 그리고 유장과 관련이 있는 이들도 있었다. 유비 정권은 당시 그를 따라다니던 모든 이들이 참가했다고 말할 수 있다. 당연히 다섯 손가락처럼 각기 크기도 다르고, 위치도 다르며 중요성 또한 같을 수 없었다. 그중에서 비교적 중요한 위치를 차지하고 있던 이들은 유비와 초기부터 어울렸던 이들과 형양荊襄 출신 인사들이었다. 그들에 비해 익주 사인들은 유비 집단에서 상대적으로 약세를 보이고 있었다. 무엇보다 유비가 그들에게 특별한 신임을 보이지 않았기 때문이다.

관리 임면에 관한 인사가 모두 확정된 후 유비는 사회 질서 확립에 나섰다. 성도는 여전히 혼란한 상태였기 때문에 이대로 놔두었다가는 백성들이 반역을 꾀하게 될 것이고, 자신 또한 기반을 잃고 또다시 천하를 떠도는 신세가 될 수도 있었다. 유파劉巴의 경제 회복에 관한 의견을 따르는 한편 유비는 제갈량의 건의를 받아들여 익주에서 엄격한 법 시행에 나섰다.

익주로 들어온 후 제갈량은 유비 그룹의 제2인자가 되었다. 사서 기록에서 이를 확인할 수 있다.

"성도가 평정되자 제갈량을 군사장군軍師將軍으로 임명하여 좌장군부(당시 유비의 작위가 좌장군)의 사무를 처리하도록 했다. 선주가 출성할 때면 제갈량이 늘 성도에 남아 지키면서 군량과 병력을 풍족하게 준비했다."

제갈량의 이러한 방식에 이견을 제시하거나 등 뒤에서 욕하는 이들도 적지 않았다. 유장 부자가 취했던 관리 이념과 크게 달랐기 때문이다. 유장 부자는 형벌을 줄이고 형 집행과 통치 또한 비교적 관대하고 느슨했다.

법정이 제갈량에게 말했다.

"예전 한 고조께서 함곡관으로 들어가셨을 때 법률을 세 가지로 단순화해서 현지 백성들이 크게 감읍하였습니다. 지금 군사께서 권세를 통해 익주를 점령하여 겨우 나라를 세웠는데, 은혜와 덕행을 통해 백성들을 위로하시지 않고 오히려 강력한 법 집행을 주장하고 계십니다. 군사께서는 외부에서 들어오신 분이지만 익주 백성들은 말 그대로 현지 사람들입니다. 객이 주인을 따르는 것이 당연하며, 객의 자세는 당연히 낮추는 것이라 할 것입니다. 바라건대 군사께서 금령을 줄이시어 현지 주민들의 의견에 영합하소서."

제갈량이 고개를 가로저으며 말했다.

"그렇지 않소이다. 법정 선생은 하나만 아시고 둘은 모르시오. 진은 포악무도하고 법령이 가혹하여 백성들이 원한에 사무쳤소이다. 그래서 일개 평민들조차 팔을 휘두르며 큰소리를 쳤으며, 결국 흙이 무너지듯이 붕괴되고 말았지요. 이런 상황에서 고조 황제는 관대한 정책을 채용하여 마침내 성공하였습니다. 그러나 유언부터 유씨 가문은 전장예의에 전적으로 의지하여 상하 관계를 유지하였습니다. 덕정이 시행될 수 없으니 형벌도 위력을 잃게 되었습니다."

법정은 이야기를 다 들은 후 더 이상 아무 말도 하지 않았다.

제갈량의 방법은 당시 특별한 조건하에서 신속하게 사회 질서를 안정시키는 데 가장 강력한 수단이었던 셈이다. 하지만 당시 사람들은 그렇게 생각하지 않았다. 같은 그룹에 속해 있던 이들도 이에 대해 원망의 말을 내놓기도 했다. 그래서 사서는 이렇게 말하고 있는 것이다.

"제갈량은 형법이 준엄하고 다급하여 백성에게 가혹했으며, 순자나 소인 모두 원한과 탄식을 품었다."《삼국지·촉서·제갈량전》, 주에 인용된 곽충郭冲의 〈조진제갈량오사條陳諸葛亮伍事〉

사람을 보고 요리 접시를 내놓다

《삼국지》를 보면 당시 촉의 법령이 얼마나 엄격하고 삼엄했는지 능히 짐작할 수 있다.

간옹은 유장을 직접 만나 유비에게 투항하도록 설득했던 공신 가운데 한 명이다. 유비가 그를 중용한 것은 당연한 일이다. 어느 해 가뭄이 심해지자 농작물 수확에 큰 영향을 주어 작황이 좋지 않았다. 이에 유비 정권은 금주령을 내려 식량을 아끼도록 했다. 술을 빚으려면 곡식이 필요한데, 먹을 식량조차 부족한 마당에 술을 빚을 수는 없었기 때문이다. 술을 빚으면 곧 죄를 범하는 것이었으며, 집 안에서 술 빚는 도구가 나올 경우에도 죄를 면할 수 없었다.

술 빚는 도구만 가지고 있어도 죄로 다스린다는 것은 지나친 일이 아닐 수 없다. 예전에 집에서 술을 빚었기 때문에 그 도구를 그대로 간수하고 있다고 치자. 그런데 우리 집에 예전에 쓰던 것이 있다고 해서 내가 죄를 지었다고 할 수 있을까?

간옹은 아무래도 유비에게 간언할 필요가 있다는 생각이 들었다. 하지만 법령을 엄격하게 시행하겠다는 것은 이미 최고 통치자인 유비가 승인한 것이니 제멋대로 그가 정한 법을 부정할 수는 없는 일이었다. 그래서 간옹은 기회를 엿보며 고심을 거듭했다. 그러던 어느 날 유비와 함께 외출했다가 길거리에서 남녀 한 쌍이 걸어가는 것을 보고 그가 말했다.

"저기 남자와 여자가 보이시지 않습니까? 보아하니 저들이 통간을 하려는 듯한데, 어찌하여 당장 잡아들이지 않으십니까?"

유비가 기이하다는 듯이 그를 쳐다보며 물었다.

"그대는 왜 저들이 통간하리라고 생각하시오? 그저 길거리를 걷고 있을 뿐인데, 무슨 이유로 저들을 잡아넣는다는 말씀이오?"

간옹이 정색을 하며 대답했다.

"저들은 통간의 수단(남녀 생식기를 빗댄 말)을 가지고 있으니 당연히 통간한다고 봐야겠지요."

유비가 그의 말을 듣고 껄껄 웃었다. 그제야 그는 간옹이 집 안에 술 빚는 도구가 있다고 해서 밀주를 빚는 일과 동일하게 처벌해서는 안 된다는 뜻을 넌지시 밝혔음을 알아챘다.

이렇듯 당시 법령은 말이 안 된다 싶을 정도로 엄격했다. 하지만 '형벌은 대부 이상은 해당되지 않고, 예는 서인들까지 내려가지 않는다'라고 했으니 엄격한 법령일지라도 예외가 있었다. 예를 들면 법정의 경우가 그러했다.

법정은 유비의 중용을 받았다. 하지만 밴댕이 소갈머리에 은혜와 원한이 분명한지라 한 끼 밥을 얻어먹더라도 반드시 답례를 하고, 상대가 눈을 부릅뜨기라도 하면 똑같이 눈을 까뒤집어야만 직성이 풀리는 그런 자였다. 그래서 그는 자신에게 피해를 준 이들을 거침없이 살해하기도 했다. 누군가 제갈량에게 말했다.

"법정이 제멋대로 날뛰는 것이 정도를 벗어났으니 군사께서 주공에게 보고하시어 그의 세도를 제한하는 것이 좋을 듯합니다."

그러자 제갈량이 이렇게 대답했다.

"주공이 공안에 계실 적에 북쪽으로 조조가 점차 강대해지고, 동쪽으로 손권의 위협이 그치지 않은 것을 걱정하시고, 게다가 손부인이 집 안에서 내란을 일으키지 않을까 두려워하셨소이다. 하지만 법정이 주공의 오른쪽 날개처럼 보좌하여 감히 아무도 주공을 어쩌지 못했소. 그러니 그가 알아서 하도록 놔두십시다."

이렇듯 제갈량은 비록 형벌과 법령을 엄격하고 가혹하게 시행했으나 실제로는 사람을 보고 요리 접시를 내놓는 것처럼 사람들에 따라 다른 대우를 했음을 알 수 있다. 당시 이러한 엄격하고 가혹한 조치로 인해 익주의 사회가 빠르게 안정되어갔다.

암호는 계륵

손권과 유비의 연맹이 처음처럼 우호적으로 유지되자 조조는 한중에서 익주를 위협하기 시작했다. 건안 20년(서기 215년), 유비가 처음 촉 땅으로 들어왔을 때 조조의 주부인 사마의司馬懿가 조조에게 한중을 공격할 것을 건의했다.

"유비는 간계로 유장을 협박했을 뿐이지, 촉 땅 사람들이 모두 유비에게 복종하고 있는 것은 아닙니다. 우리가 한중을 공격하면 익주는 틀림없이 충격을 받을 것입니다. 천시를 어길 수는 없는 법입니다. 좋은 기회를 놓치지 마시기 바랍니다."

당시 조조는 이미 나이가 많아 예전처럼 남다른 승부욕에 불타는 일이 드물었다.

"사람들은 만족할 줄 몰라 오히려 고통을 받는단 말이야. 이미 농隴: 감숙과 섬서 중간 지역을 손에 넣었는데 촉 땅까지 차지하길 바라는가?"

조조가 머뭇거리자 또 다른 모사가 입을 열었다.

"유비는 뛰어난 호걸인지라 일을 하는 데 나름의 방식이 있으며 단지 조금 늦을 뿐입니다. 그가 촉 땅을 얻은 지 그리 오래되지 않았으며, 우리는 이제 막 한중을 수중에 넣었습니다. 촉 땅의 사람들이 공황에 빠져 스스로 붕괴하고 말 것입니다. 영명하신 지혜와 능력으로 이번 기회에 대군을 일으켜 압박하십시오. 자칫 늦어져 촉 땅 백성들의 삶이 안정되고 험한 요충지를 틀어쥐고 철저하게 방어한다면 우리가 공격하기 쉽지 않을 것입니다. 지금 출병하여 점령하지 않으면 장래에 후환이 있을까 두렵습니다."

하지만 조조는 여전히 듣지 않았다.

이레 후 촉 땅에서 사람들이 투항해 왔다. 수하가 조조에게 말했다.

"촉에서 매일 수십 차례 소동이 일어나 장수들이 주동자를 참살하여 겨우 진압하고 있답니다. 촉지가 이리도 어지러우니 공격할 수 있지 않겠습니까?"

모사가 말했다.

"아니 됩니다. 지금 촉지는 이미 초보적으로 안정된 상태에 진입했기 때문에 더 이상 진격해서는 안 됩니다."

그래서 조조 역시 더 이상 촉 땅을 넘보지 않았다. 조조가 성도를 공격하지 않음으로써 유비는 한중을 건사할 수 있었다. 건안 24년(서기 219년), 정군산定軍山에서 일전을 벌이면서 노장 황충이 조조의 대장 하후연을 베고, 온몸에 담력이 두둑한 조자룡이 가세하자 조조도 어쩔 수 없이 철군을 명했다.

조조가 유비와 대치하고 있을 때 부하들이 그에게 밤참을 보내왔다. 계탕鷄湯이었다. 조조가 물끄러미 쳐다보니 탕 안에 계륵이 들어 있었다. 그러던 차에 누군가 들어와 묻는다.

"승상, 오늘 저녁 암호는 무엇으로 할까요?"

그의 말에 조조는 무심결에 이렇게 내뱉었다.

"계륵!"

하후돈이 여러 장수들에게 오늘 밤 암호는 계륵이라고 전해주었다. 행군주부行軍主簿인 양수가 암호가 계륵이라는 것을 알고 수하 군사들에게 군장을 꾸려 집으로 돌아갈 준비를 하라고 일렀다. 누군가 물었다.

"우리가 철군할 것이라고 누가 말했습니까? 왜 뜬금없이 군장을 싸라고 하시는 겁니까?"

양수가 대답했다.

"오늘 밤 암호를 듣고 위왕께서 곧 철군하실 것임을 알게 되었네. 계륵은 먹자니 딱히 먹을 만한 것이 없고, 버리자니 아까운 그런 것이다. 지금 진격하자니 승산이 없고, 그렇다고 물러서자니 사람들의 비웃음이 두려운 마당이다. 이렇듯 전혀 이로움이 없으니 차라리 일찍 돌아가는 것만 못하다. 분명 내일쯤 위왕께서 군사를 물리실 것이다. 그래서 일에 닥쳐 서둘지 않도록 미리 군장을 챙기라고 한 것이다." 《삼국연의》제72회

과연 그의 말대로 조조가 철군령을 내렸다. 이후로 한중 역시 유비의 것이 되고 말았다.

조조가 물러나자 유비와 대치하는 전선도 진창 일대로 옮겨졌다. 유비는 한중을 얻음으로써 동서 양방향으로 뻗어나갈 수 있는 거점을 확보하였다. 영토 확장을 도모하며 유비는 서쪽으로 무도武都로 향하면서 양주涼州를 넘보았다. 조조도 멍청하게 그냥 있었던 것은 아니다. 그는 철군하면서 상응하는 조치를 취했다. 그는 유비가 북쪽으로 무도의 저인氐人들과 손을 잡고 관중으로 쳐들어올까 두려워 옹주자사인 장기張旣에게 자문을 구했다.

장기가 말했다.

"저희가 저인들에게 북쪽으로 곡식이 있는 곳으로 이주하라고 권유할 수 있습니다. 먼저 이주한 이들에게 후한 상금을 내리면 나머지 사람들

도 따라서 옮길 것입니다. 돈만 마련된다면 그들을 이주시키는 것은 그리 어려운 일이 아닙니다."

조조는 그의 건의를 받아들여 장기를 무도로 보내 저인 5만여 호를 부풍扶風과 천수天水가 맞닿는 곳으로 이주시켰다.

유비는 큰 힘 들이지 않고 무도를 손에 넣었지만 백성들이 모두 떠나 성이 텅 빈 후였다. 그래서 유비는 대장 맹달孟達을 자秭에서 복귀시켜 방릉房陵을 공격하도록 했다. 맹달은 방릉의 수장과 싸워 이긴 후 여세를 몰아 상용上庸까지 진격했다. 유비는 맹달만으로 부족하다 여기고 수양아들인 유봉劉封에게 한중에서 남하하여 맹달의 군대를 이끌도록 했다.

유봉은 유비가 형주로 들어온 후에 거두어 기른 아들이다. 유비는 당시 40대에 들어섰으나 전쟁터로 돌아다니느라 처자식도 제대로 간수하지 못하여 아직 후계자가 없는 상황이었다. 물론 아두는 아직 태어나기 전이다.

"만약 아들이 없이 죽게 된다면 장차 누가 이 일을 계승한단 말인가?"

이렇듯 그는 심히 걱정하고 있었다. 그래서 유봉을 거두어 길렀던 것이다.

유봉은 당시 20여 세로 문무를 겸비한 뛰어난 젊은이였다. 유비가 촉으로 들어와서 유장을 공격할 당시 형주에 주둔하고 있던 제갈량에게 증원군을 요청했다. 그때 유봉이 제갈량, 장비 등과 함께 서쪽으로 거슬러 올라가 익주를 공격하였는데, 지나는 곳마다 이기지 않은 곳이 없었다.

익주가 평정된 후 유비는 유봉을 부군중랑장에 임명했다. 유봉은 상용에서 맹달 군대와 합세하여 상용태수를 물리치는 데 큰 공을 세웠다. 이로써 유비의 강토는 그만큼 넓어졌고, 위세 또한 더욱 커졌다.

고생에서 벗어나다

당시 유 황숙은 땅이면 땅, 돈이면 돈, 사람이면 사람, 무엇이든 원하면 얻을 수 있게 되었다. 물론 조 승상에 비해 많이 부족했으나 이전과 비교해보면 굳이 말할 필요도 없이 상황이 크게 좋아졌다. 당시 유비를 비롯한 휘하 여러 장수들은 칭호를 좀 더 높여야겠다는 생각이 들었다.

당시 유비의 작위는 후작에 불과했는데, 그것도 후작 중에서 가장 낮은 정후였다. 조정에서 받은 관직은 좌장군인데, 이 역시 무장 가운데 두 번째에 속한다. 그 밖에 예주목이나 익주목 등은 모두 자신이 직접 봉한 것이었다. 당시 조조는 위왕으로 불린 지 이미 몇 년이나 되었다. 그래서 유비의 수하들은 조조의 경우를 본떠 유비에게 한중왕으로 칭할 것을 권유했다.

유비가 왕이란 호칭을 쓴다면 적어도 한조의 명목상 최고 통치자에게 사전에 통지할 필요가 있었다. 건안 24년(서기 219년) 7월에 마초, 제갈량, 법정 등 120여 명이 연명한 상주문을 한 헌제에게 올렸다. 상주문에는 유비를 왕으로 칭해야 하는 이유 등이 구구절절 적혀 있었으며, 조조는 못된 놈이니 황상께서 조금만 더 기다려주신다면 유 황숙이 반드시 구해드리겠다는 내용도 있었다. 아울러 유 황숙이 파촉, 한중, 광릉, 건위 등지에서 나라를 세워 왕이라 칭하지만 일개 제후왕으로, 황제에게는 절대 충성할 것이라는 이야기도 빠뜨리지 않았다. 마지막에 가서는 동의 여부와 상관없이 우리 황숙께서는 왕이 되기로 했다고 적었다.

당시 한 헌제는 조조의 통제하에 있었기 때문에 가타부타 자신이 마음대로 정할 수 있는 처지가 아니었다. 조조는 물론 유비의 칭왕을 허락할 마음이 없었다. 하지만 유비는 전혀 관계없이 성도로 돌아가는 길에 한중왕이라 자칭하기로 마음먹었다. 제단을 만들고 군사들이 도열한 가운데 군신들이 보는 앞에서 유비가 상주문을 읽고 무릎을 꿇은 다음 자신이 직접 만든 한중왕의 옥새와 인수 등을 받아 들고, 왕관을 썼다. 이로써 유비는 한중왕이 되었다.

성도로 돌아온 후 유비는 성대한 환영의식을 열었다. 이후 유비는 칭왕의 내용이 담긴 상주문을 사신을 통해 한 헌제에게 보내는 한편 이전에 조정에서 받은 좌장군 의성정후의 인수를 반납했다. 이제 대왕이 되어 그런 것들은 더 이상 필요 없으니 돌려주겠다는 뜻이었다. 이어서 유비는 열 살 난 아들 유선을 세자로 책봉했다. 이렇게 해서 조조의 위국과 같은 독립왕국이 건립되었다.

당시 유비는 58세로 환갑이 내일모레인 노인네가 되어 마침내 공명을 이루고 온갖 고생에서 벗어나 대왕의 자리에 오르게 된 것이다. 그러나 기쁨도 잠시, 아름다운 시간이 며칠 지나기도 전에 악몽과 같은 소식이 전해졌다. 유비의 수족과도 같은 심복이자 형제인 관우가 죽었다는 전갈이었다. 이건 또 무슨 일이란 말인가?

31강 관우, 목숨을 잃다

관우는 중국에서 무성武聖, 즉 무술의 성인으로 일컬어진다. 그를 모시는 사당을 일러 관제묘關帝廟라고 한다. 이전까지만 해도 중국 현마다 문묘가 자리하고 마을마다 무묘武廟가 있었다. 무묘가 문묘보다 많은 것을 보면, 관우에 대한 숭배가 공자에 대한 것보다 더욱 심했음을 알 수 있다. 관우는 일생 동안 한 가지 특별히 뛰어난 일을 행하여 천하를 감동시켰다. 심지어 조조조차도 관우의 예봉을 피하려고 도읍지를 옮길 생각을 할 정도였다. 그렇다면 관우가 했다는 특별한 일이란 과연 무엇인가? 그는 어떻게 전쟁터에서 고혼이 될 수밖에 없었던 것일까?

관우가 형주를 홀로 지킨 이유

유비는 한중왕으로 칭한 후 영토 확장을 위해 제갈량과 상의하여 관우를 형주로 출병시켰다. 조조의 터전을 빼앗자는 것인데, 목표는 조조의 장수 조인이 지키는 양번襄樊: 양양과 번성이었다. 그렇다면 관우는 왜 홀로 형주를 지키는 대장이 될 수밖에 없었는가?

일찍이 유비가 요청에 응해 촉으로 들어왔을 때 제갈량, 관우, 장비, 조운 등은 모두 형주에 남아 있었다. 당시 형주에 남은 이들은 그야말로 문무에 능한 이들로, 후방 형주의 여러 가지 문제를 처리하는 데 능수능란

했다. 유비의 창업을 도운 이들이 모두 형주에 있었던 셈이다.

유비는 처음에 이렇게 생각했다.

'익주를 차지하는 일은 그리 어려운 일이 아니다. 유장이 나를 부르는 것은 화를 자초한 것이나 다를 바 없다. 이번에 유장을 요절내면 형주가 내 손안에 들어올 것이다.'

그런데 뜻밖에도 시간이 흐르면서 유장이 제정신을 차리고 유비를 경계하기 시작했다. 그는 성을 굳건히 지키고 들판을 깨끗이 비워 적이 사용할 수 없도록 하면서 더 이상 유비를 상대하지 않았다. 촉에서 유비의 싸움은 그야말로 이러지도 못하고 저러지도 못하는 교착 상태에 빠지고 말았다.

형세가 악화되자 유비는 서둘러 제갈량에게 구원을 요청했다. 그래서 제갈량이 장비, 조운을 데리고 강을 거슬러 올라와 지금의 사천, 촉 땅에서 작전을 벌이게 된 것이다. 제갈량이 장비, 조운과 함께 출병하자 결국 형주에는 관우만 남게 되었다.

이후 유비는 익주를 얻었지만 형주의 수장을 교체하지 않았다. 유비가 조운이나 장비, 마초 등으로 관우를 대체하지 않은 데에는 나름 여러 가지 이유가 있었다.

조운은 유비를 따른 지 오래되었으나, 유비가 익주의 땅과 재산을 그의 형제들에게 배분하는 것을 반대한 적이 있기 때문에 유비에게 노여움을 샀다. 게다가 그는 도원에서 결의한 형제가 아니다. 그렇다면 장비는 어떠한가? 유비는 아마도 셋째 동생이 용맹한 장수이기는 하지만 독자적으로 어느 한 곳을 담당할 정도는 아니라는 사실을 알고 있었던 것 같다. 마초의 경우는 또 다르다. 그는 일단 새롭게 진영에 참여한 인물이기 때문에 아직 유비와 제갈량의 신임을 얻지 못한 상태였다. 특히 관우와 장비가 마초에 대해 불만이 많았다.

마초가 투항하자 유비는 상당히 기뻐했다. 유비는 마초가 누구보다 뛰어난 호장虎將이라 여겼기 때문에 각별하게 대우했다. 마초도 유비가 촉 땅을 얻는 데 자신이 큰 공을 세웠다는 이유로 유비에게 버릇없이 구는 경우가 적지 않았다. 심지어 '현덕, 현덕'이라며 유비의 자호를 부르기도 했다.

특히 장비는 그런 꼴을 볼 수 없었다. 그래서 형주를 지키는 관우와 더불어 마초의 위풍을 꺾으려고 했다. 물론 관우도 불만이 많았다.

"우리 형제들이 갖은 고생 끝에 천추의 대업을 창시하였는데, 밖에서 들어온 네까짓 녀석이 감히 우리 형님을 현덕, 현덕이라고 불러? 현덕이 누구네 집 개 이름인 줄 아느냐?"

분에 겨운 장비가 유비에게 서신을 보내 말했다.

"형님, 마초 이 녀석을 확 요절내버립시다!"

유비가 놀라 말렸다.

"절대로 그러면 안 된다. 마초는 정말 힘들 때 나에게 귀순했다. 그가 내 자호를 부른다고 해서 죽여버린다면 말이 되지 않는다. 만에 하나 그런 일이 벌어진다면 내 어찌 천하 사람들 앞에서 얼굴을 내밀 수 있겠느냐?"

하지만 관우와 장비는 마초에 대해 여전히 분이 풀리지 않았기 때문에 내심 꿍꿍이를 생각하고 있었다.

나중에 형주의 정세가 긴박하게 돌아가자 유비는 장비와 마초를 데리고 지원을 나갔다. 그러던 어느 날 유비가 장수들을 모아놓고 회의를 열었다. 마초가 예의 거드름을 피우며 들어와 "현덕, 오늘은 무슨 일로 부르셨소?"라고 막 입을 열려고 하는데 뭔가 심상치 않은 분위기를 간파했다. 관우와 장비가 유비 앞에서 창검을 들고 엄숙한 표정으로 서 있는 것이 마치 칼을 써썩 갈아 당장이라도 휘두를 것만 같은 기세였기 때문이었다. 마초는 가슴이 덜컹하여 아무 말도 하지 못하고 꿀 먹은 벙어리가 되고 말았다.

회의가 끝난 후 마초가 식은땀을 닦으며 내심 반성했다.

'오늘에야 내가 너무 건방졌다는 것을 알겠구나. 신하 된 자가 피휘避
諱 : 임금이나 웃어른의 이름을 직접 부르지 않는 것할 줄도 모르고 주공의 함자를 제
멋대로 불렀으니 큰 금기를 어긴 셈이다. 오늘 하마터면 관우, 장비에게
죽임을 당할 수도 있었겠구나. 정말로 이후에는 눈을 크게 뜨고 잘 기억
해야겠다.'

이후로 마초는 유비를 각별하게 존중하고 추호도 외람된 짓을 하지 않
았다.

마초는 유비에게 귀순한 후 관직은 그런대로 괜찮았으나 처지가 조금
난감했다. 아무래도 그는 직계 적자가 아니라 방계이고, 무엇보다 한 번
포효하면 양주涼州 전체가 벌벌 떨던 그 옛날의 마초가 더 이상 아니었기
때문이다.

이상에서 알 수 있다시피 조운, 장비, 마초 등은 각기 나름의 원인으로
인해 단독으로 한 지역을 담당할 수 없었다. 그래서 관우가 형주를 맡게
된 것이다.

물에 빠진 개를 흠씬 패다

유비가 칭왕한 지 얼마 되지 않아 손권이 합비를 공격했다. 당시 합비는
조조군의 수비 거점이었다. 형주에 주둔하고 있던 관우는 좋은 기회를 놓
칠 수 없다 여기고, 남군태수 미방糜芳에게 강릉을 지키도록 하고 장군 부
사인傅士仁에게 공안을 맡긴 후 자신이 직접 주력군을 이끌고 번성 공격
에 나서는 한편, 일부 장병을 보내 양양襄陽을 포위하여 공격하도록 했다.

양양과 번성은 한수를 사이에 두고 앞뒤로 자리한 곳으로, 조조군이

손권과 유비의 북상을 저지하는 전략적 요충지였다. 당시 위나라 진남 장군 조인이 번성을 지키고, 여상呂常이 양양에 주둔하고 있었다. 조조는 한중에서 철군하여 장안으로 들어간 후 조인을 지원하기 위해 평구장군 平寇將軍 서황을 파견하여 완성에 주둔하도록 했다.

관우가 직접 군사를 이끌고 출전하여 조인을 크게 무찔렀다. 낭패를 본 조인은 다급히 조조에게 구원을 요청했다. 조조는 대장 우금, 방덕이 이끄는 대군을 보냈다. 조인은 우금과 방덕에게 번성 북쪽 평지에 주둔 하면서 성안 군사들과 호응하여 관우가 공성하지 못하도록 했다. 성을 공격하면 성 밖에 주둔하고 있는 군사들이 공격하고, 성 밖의 군사를 공격하면 성을 지키는 병사들이 출동하여 관우의 군대를 협공하는 작전이었다.

쌍방은 대치 상태를 유지했다. 그런데 뜻밖에 번성에 폭우가 내리면서 전세가 뒤바뀌었다. 폭우로 인해 큰물이 들어 교량이 모두 끊어지고 한 수가 범람하면서 평지의 물이 한 자 높이로 불어났기 때문이다. 우금의 칠로七路 : 지금 식으로 말하면 일곱 개 야전군 대군은 평지에 주둔하고 있었기 때문에 사방에서 몰려드는 큰물로 인해 군영이 모두 물에 잠기고 말았다. 이것이 《삼국연의》에서 〈칠군을 물속에 장사 지내다〉라는 대목의 내용 인데, 실제는 큰비로 인한 자연재해다. 이로 인해 우금과 그의 병사들은 어쩔 수 없이 큰물을 피해 높은 지대로 군영을 옮겼다.

관우는 우금이 평지에 주둔하고 있다는 약점을 파악하고, 폭우가 쏟아 지고 홍수가 나자 배를 통해 조조군을 공략했다. 관우의 부대는 배 위에 있고, 우금의 군사들은 물에서 허우적거리고 있으니 물에 젖은 개를 두 들기는 꼴이라 관우의 승리는 떼어놓은 당상이었다.

관우의 수군은 조조군의 주장인 우금을 포위하고 크게 소리쳤다.

"창을 버리고 투항하라."

우금은 한수의 작은 모래톱에서 포위되어 더 이상 도망칠 수도 없는 상황이었다. 결국 그는 고개를 떨구고 투항했다. 전하는 말에 따르면, 우금은 지조 없이 관우에게 목숨을 구걸했다.

"저는 그저 명령을 받고 왔을 뿐, 장군과 싸울 생각이 없었습니다. 바라건대 장군께서 불쌍히 여겨 죽이지만 말아주십시오."

관우가 오만한 모습으로 그에게 몇 마디 내뱉었다.

"죽이지 않을 것이다. 괜히 너를 죽여 내 보검을 더럽히고 싶지 않다."

관우를 다치게 한 이도 보통이 아니다

방덕도 여의치 않은 것은 마찬가지였다. 그는 겨우 큰물을 피해 병사들을 데리고 강둑으로 올라갔다. 당시 방덕의 집안에는 유비를 위해 일하는 이들이 적지 않았다. 심지어 방덕의 옛 주인인 마초 역시 유비에게 귀순하여 유비의 오호상장 가운데 한 명으로 이름을 날리고 있었다. 그래서 조조 진영에서는 방덕이 비록 조조에게 의탁하고 있기는 하나 마음은 분명 한漢 : 유비 진영을 뜻함에 두고 유비와 은밀히 연락하고 있을 것이라고 의심했다. 그러나 방덕은 자신의 입장을 분명히 밝혔다.

"만약 내가 관우와 싸움터에서 만났을 때 내가 관우를 죽이지 못한다면 그가 나를 죽일 것이외다."

실제로 당시 전투에서 방덕이 쏜 화살이 관우의 이마를 맞혔다.

관우는 우금을 포로로 잡은 후 군사를 이끌고 방덕의 부대를 공격했다. 그는 배 안에 있는 궁수들에게, 강둑 위에 있는 방덕을 향해 일제히 화살을 날리노록 했다. 위하 부상들이 겁을 먹고 방닉에게 밀했다.

"대세가 이미 기울었으니 장군, 차라리 투항하시지요!"

방덕은 진노하여 그들을 죽였다. 장수가 결연한 의지를 보이자 병사들도 죽을힘을 다해 완강히 저항했다.

방덕은 전혀 두려워하거나 당황하는 기색 없이 관우의 군선을 향해 화살을 날렸다. 그는 활솜씨가 좋아 활을 쏘는 족족 관우의 병사들이 뒤로 나자빠졌다. 쌍방은 새벽에 시작하여 해가 중천에 뜰 때까지 계속 싸웠다. 방덕은 화살이 떨어지자 병사들에게 칼을 들고 맞붙어 싸우도록 하면서 이렇게 외쳤다.

"내가 듣건대, 훌륭한 장수는 죽음이 두려워 구차하게 도망치지 않고, 열사는 목숨을 구걸하기 위해 절개를 버리지 않는다고 했다. 오늘이 바로 내가 죽는 날이로다."

장수가 죽기를 각오하면 병사들도 목숨을 아끼지 않는 법이다. 이렇듯 장수와 병사들이 모두 죽기 살기로 관우의 군사들과 결전을 벌였다.

하지만 물이 점점 더 불어나면서 그나마 의지하고 있던 강둑까지 차오르고, 관우의 수군은 더욱더 맹렬하게 공격을 가했다. 점점 투항하는 군사들이 많아지고 있었나. 사방이 시끄러운 가운데 방덕이 휘하 장수 세 명과 함께 관우 수군의 배를 빼앗아 타고 번성으로 도망치려고 했다.

하지만 방덕이 배에 오르기 무섭게 큰 파도가 덮치더니 배가 전복되고 말았다. 방덕은 육중한 갑옷을 걸치고 있는 터라 제대로 수영도 못하고 쩔쩔매다가 결국 관우의 수군에게 생포되었다.

장수들이 방덕을 끌고 관우의 군영으로 데리고 왔다. 관우는 방덕이 보기 드문 맹장이라는 사실을 알고 있었기 때문에 좋은 말로 투항을 권유했다.

"그대의 옛 주군인 마초가 한중왕의 휘하에서 고관으로 있소이다. 그대가 투항한다면 왕후의 자리를 잃지 않을 것이오."

그러자 방덕이 소리쳤다.

"이놈, 무슨 투항을 말하느냐? 위왕魏王은 100만 군사를 거느리고 천하에 위엄을 떨치고 계시다. 너희들의 유비는 용렬한 재주를 지녔을 뿐인데, 어찌 위왕에 필적하겠느냐? 나는 차라리 위국의 귀신이 될지언정, 적의 장수가 되지는 않겠다."《삼국지·위서·방덕전龐德傳》

이런 말을 듣고 어찌 화가 치솟지 않겠는가? 관우는 그의 말을 듣고 크게 노해, 체면을 세워주려던 생각이 쑥 들어가고 말았다. 관우가 손을 내치며 말했다.

"막사 밖으로 데리고 나가 참하라!"

방덕은 이렇게 죽었다.

관우는 우금과 방덕의 7만 대군을 몰살하고 승기를 타서 번성으로 달려갔다. 번성은 안팎이 모두 물에 잠겼다. 성벽 역시 큰물에 이곳저곳 훼손되어 구멍이 숭숭 뚫려 있는 상황이었다. 조인의 휘하 군사들은 어찌할 줄 모르며 크게 겁을 내고 있었다. 누군가 조인에게 말했다.

"지금 상황에서 성을 지킬 방도가 마땅치 않습니다. 관우의 수군이 포위망을 합치지 않는 틈을 타서 날랜 배를 타고 도망치는 것이 상책입니다. 빨리 도망치십시오."

조인도 더 이상 성을 구할 가망성이 희박하다는 생각이 들었다. 그래서 함께 성을 지키고 있던 대장 만총에게 의견을 물었다. 만총이 대답했다.

"폭풍이 분다 하나 한나절에 불과하고, 소낙비도 하루 종일 오는 법은 없습니다. 큰물이 산에서 내려오기 때문에 며칠이면 다 빠질 것입니다. 듣자 하니 관우가 별도의 부대를 북상시키고 있다고 합니다. 그가 즉시 진격하지 않는 것은 우리 군대가 그들의 뒤를 끊을까 걱정하기 때문입니다. 만약 우리가 도망친다면 황하 이남 지역은 더 이상 우리 위나라의 소유가 될 수 없습니다. 장군께서는 어떻든 간에 조금만 더 버티셔야 합니다."

조인은 만총의 말이 일리가 있다는 생각이 들어 군사들에게 더욱 굳건하게 성을 지키도록 격려했다.

당시 하남 현성의 백성들이 관우를 돕기 위해 민란을 일으켜 현의 관원을 살해했다. 그러자 관우의 기세가 더욱더 맹위를 떨쳤다.

독화살을 맞은 관운장이 뼛속 독을 제거하면서 아무렇지도 않게 휘하 장수들과 술을 마시고 담소를 나누었다는 이야기가 전해진 것도 바로 이즈음이다. 관우는 날아오는 화살에 왼쪽 팔이 관통된 적이 있는데, 이후 상처는 나았지만 비가 오거나 날이 흐리면 뼛속까지 통증을 느꼈다. 의원은 화살에 묻은 독이 골수까지 침투했기 때문에 팔을 찢고 뼛속의 독을 제거해야 통증이 사라진다고 진단했다.

당시 의원에게 마취약이 있을 리 없으니 살을 찢고 뼈를 깎는 통증을 그대로 느껴야만 했다. 그러나 관우는 아무것도 아닌 양 의원에게 팔을 내밀고 찢으라고 했다. 팔에서 떨어지는 피가 그릇에 가득 찼지만 그는 고기를 자르고 술을 마시면서 평소처럼 담화를 나누었다는 이야기다. 과연 누가 그를 치료했는지는 알 수 없다. 분명한 것은 명의로 소문난 화타華陀는 아니라는 점이다. 그는 이미 죽은 지 몇 년이 지났기 때문이다.

호장의 여식을 어찌 개의 자식에게 시집보내겠는가?

관우가 조조의 7만 병사를 수공으로 물리치자 위왕 조조는 친히 낙양으로 와서 전선을 살폈다. 여러 곳에서 보고를 받은 후 조조는 나름 긴장하지 않을 수 없었다. 그래서 일단 백관과 상의하여 한 헌제를 관우가 있는 곳에서 멀리 떨어진 곳으로 옮기기로 작정했다.

사마의가 조조에게 말했다.

"대왕께서는 걱정하실 필요 없습니다. 제가 보기에 유비와 손권은 겉으로는 친한 것 같지만 실상은 서로 시기하고 있습니다. 이번에 관우가 득의했으니 틀림없이 손권은 마음이 불편할 것입니다. 사자를 보내 손권에게 강동을 봉封하겠다고 하시고 함께 관우를 치자고 하십시오. 그렇게 하시면 번성의 포위망은 절로 풀어질 것입니다."

조조는 사마의의 말이 일리가 있다고 여기고 곧바로 사자를 파견하여 손권에게 유세토록 하는 한편, 서황에게 군사를 딸려 보내 조인을 구원하도록 했다. 서황의 군사가 번성 북쪽에 이르렀을 때 조조는 또다시 대장을 파견하여, 구원군이 도착하기를 기다린 후에 진격할 것을 명령했다. 당시 관우의 선봉대는 번성에서 5리 정도 떨어진 곳에 주둔하고 있었다. 서황은 언성偃城에 진주한 후 성을 포위한 관우를 압박했다.

그즈음 손권과 유비의 동맹에 커다란 균열이 발생하고 있었다. 이전에 제갈량은 유비에게 이렇게 말한 적이 있다.

"만약 형주와 익주를 차지하고 요충지를 지키며, 서쪽으로 융인과 화평을 유지하고 남쪽으로 이월을 위로하며, 밖으로 손권과 동맹을 맺고 안으로 정치를 개혁하여, 천하에 변고가 생기면 상장에게 형주의 군사를 맡겨 완현과 낙양으로 진군시키시고, 장군께서는 익주의 군사를 이끌고 진천으로 출정하신다면, 백성들이 어찌 대그릇에 밥을 담고 병에 장을 담아 들고서 장군을 맞이하지 않겠습니까? 진실로 이와 같다면 패업이 이루어지고 한실이 부흥할 것입니다."

형주와 익주를 손에 넣어 기반을 마련하고 밖으로 손권과 손을 잡아 견고한 동맹군으로 삼는다면 북쪽으로 중원을 평정할 수 있다는 뜻이다. 이렇듯 제갈량은 유비와 손권의 동맹을 중원 평정의 토대로 삼았다. 그러나 적벽대전 이후 유비와 손권의 동맹은 날로 균열이 커져갔다.

당시 형주의 대부분은 제갈량이 [...]비가 형주를 돌려주려고 [...] 않자 손권은 상당히 언짢았다. 그런데다 관우가 조조의 칠로 대군을 수공으로 몰살할 즈음, 손권과 유비의 동맹을 적극 주장하던 노숙이 저세상으로 떠나고 나머지 사람들은 손권에게 하루라도 빨리 형주를 되찾아야 한다고 부추겼다. 이런 상황에서 관우는 지나치게 오만하고 자부심이 강해, 손권과 유비의 동맹이 얼마나 중요한가를 공명만큼 인식하지 못했다. 그는 자신이 누구보다 용맹하고, 그런 까닭에 어떤 일이든 능히 이룰 수 있으며, 전혀 거칠 것이 없다고 여겼다. 무엇이든 혼자 힘으로 할 수 있는데 무슨 개떡 같은 동맹인가? 그가 손권을 경시한 것은 바로 이런 심사 때문이다.

손권은 유비와의 긴장을 누그러뜨리기 위해 관우에게 사람을 보내, 자신의 아들을 관우의 딸에게 장가보내겠다는 의사를 표명했다. 관우는 손권이 보낸 사자에게 욕설을 퍼부으며 혼사를 허락하지 않았다.

"호장의 여식을 어찌 개의 자식에게 시집보내겠는가?"

손권이 분노한 것은 당연한 일이다. 혼인을 허락하지 않는 것이야 그렇다 치고, 그래도 내가 강동의 주인인데 기껏해야 한중왕의 부하에 지나지 않는 네놈이 감히 그따위 말을 할 수 있는가? 내가 아들을 대신하여 너의 딸과 혼인을 맺자고 한 것은 그래도 너를 존중했기 때문인데, 감히 넘볼 수 없는 이와 사돈이 되는 것을 기뻐하기는커녕 나를 욕하다니! 이 어찌 황당무계한 일이 아니겠는가! 결국 이렇게 해서 쌍방의 관계는 더욱더 교착 상태가 되고 말았다.

노숙이 죽고 난 후 여몽이 그를 대신하여 육구에 주둔했다. 여몽은 관우가 날쌔고 용맹한 데다 강동을 집어삼키려는 야심을 가지고 있음을 알고 손권에게 이렇게 말했다.

"관우와 그의 부하들은 모략과 무력을 자만하여 번복하기를 일삼으니 우리의 복심腹心 : 마음속 깊은 곳. 또는 그곳에 품고 있는 심정으로 기대할 수 없습니다."《삼국지 · 오서 · 여몽전》

유비와 관우의 무리들은 교활하게 결정한 것을 번복하기를 잘하기 때문에 믿고 의지할 수 없다는 뜻이다. 다시 말해 손권 당신은 그들을 형제로 여길지 모르나 그들은 당신을 그저 바보로 여긴다는 뜻이기도 하다.

결국 손권은 유비 대신 조조와 손을 잡는다. 손권은 조조의 서신을 받고 흔연히 응낙한 후, 여몽을 건업으로 소환하여 남군을 빼앗을 계획을 짜기 시작했다.

여몽이 형주를 빼앗다

그렇다고 관우가 멍청한 것은 결코 아니다. 그 역시 손권과 유비의 동맹이 그다지 견고하지 않다는 것을 잘 알고 있었다. 그래서 번성을 탈취하는 한편 손권이 형주를 급습하는 것을 대비하는 등 양쪽으로 방비책을 마련했다. 그는 동오의 대장 여몽이 육구에 주둔하자 미방과 부사인에게 형주 방어에 전력을 다할 것을 재삼 당부하는 한편 대부분의 군사들을 남군에 주둔시켜 강안을 따라 철저하게 경비 태세를 갖추고 20~30리마다 봉화대를 세우도록 했다.

여몽은 관우의 방어망이 삼엄하여 쉽게 격파할 수 없음을 알고 거짓으로 병을 핑계 대며 손권에게 상주문을 올려 요양할 것을 청했다. 여몽은 자기 대신 육손陸遜을 추천했다. 육손은 강동의 유명한 호족 출신으로 재주와 능력이 뛰어난 인물이었다. 당시 아직 젊었기에 명망이 높지 않았다. 손권은 여몽의 계략을 이미 알고 있었기 때문에 흔쾌히 동의하고 육손을 편장군으로 삼아 여몽을 대신하도록 했다.

육손은 부임한 후 관우에게 사자를 보내 예물과 서신을 전하면서 이렇게 말했다.

"장군이 우금 등을 생포하자 곳곳에서 감탄하며 장군이 세운 공적이야말로 세상에 영원히 전해질 것이라 칭송하였습니다. 옛날 진晉 문공이 성복城濮에서 싸울 때나 회음후淮陰侯가 조趙나라를 공략한 전투도 장군을 앞서지 못할 것입니다."

육손은 이렇게 관우를 칭송한 후 관우가 조조의 군대를 너끈히 공략하여 승리를 쟁취할 수 있을 것이라고 부추겼다.

관우는 이름도 모르는 새까만 후배가 이렇듯 정성스럽게 자신을 공경하는 것을 보고 마음이 풀어졌다. 그래서 형주의 군사 대부분을 계속 번성으로 이동시켰다. 서황의 군사가 아직 도착하지 않고 큰물도 완전히 빠지지 않았을 때 번성을 치기 위함이었다. 그는 친히 독전하면서 번성 공략에 최선을 다했다. 그러나 번성을 지키고 있던 조인은 만총의 격려를 받으며 여전히 견고하게 성을 지켰다.

육손은 관우의 인마가 계속 번성 쪽으로 이동하고 있다는 정보를 받고 비로소 관우를 잡을 수 있을 것이라는 생각이 들었다. 그는 손권에게 이러한 사실을 상세하게 보고했다. 당시 양번으로 몰려드는 관우의 병마가 점점 불어나고 있었다. 게다가 우금의 군사였다가 투항한 이들도 수만을 헤아렸기 때문에 무엇보다 식량이 부족했다. 남군태수 미방과 장군 부사인은 후방에서 밤낮을 가리지 않고 군량과 마초를 운반했지만 여의치 않아 제때 공급하기에 역부족이었다. 화가 난 관우가 미방과 부사인 두 사람에게 전령을 보내 심하게 꾸짖으며, 돌아오면 반드시 죄를 묻겠다고 겁을 주었다. 질책이 두려운 두 사람이 역심을 품게 된 것도 당연하다.

나중에 관우는 초미焦眉 : 눈썹에 불이 붙었다는 뜻으로, 매우 급함을 이르는 말의 다급함을 끄기 위해 손권의 영역하에 있는 상관湘關의 미곡 창고를 함부로 빼앗았다. 이는 결국 손권에게 군사를 일으킬 빌미를 준 셈이다. 손권은 즉시 여몽을 대두독으로 임명하여 관우의 후방을 습격하도록 했다. 그해 11월, 여몽은 정예병사들을 장사꾼 차림으로 꾸미게 한 후 커다란 배에 매복시키는 한편 일반 백성들을 모집하여 밤낮을 가리지 않고 노를 저어 강을 거슬러 강릉으로 진격했다. 당연히 모든 것은 비밀리에 진행되었다.

강릉에 주둔하고 있던 관우의 병사들은 일반인으로 가장한 여몽의 군사들에게 속아 제대로 창 한번 써보지도 못하고 포로가 되거나 도망치고 말았다. 여몽이 장강 기슭의 척후병을 모두 제거했기 때문에 관우는 그러한 사실을 전혀 알 수 없었다. 여몽은 공안에 주둔하고 있는 부사인에게 투항을 권고하는 서신을 보내 항복을 받아내고, 다시 그를 앞세워 강릉에 주둔하고 있던 남군태수 미방까지 투항하게 만들었다. 그렇지 않아도 평소에 관우에게 불만을 지니고 있던 차에 관우가 돌아오면 죄를 묻겠다고 하여 더럭 겁이 난 상태에서 동오의 대군이 성 아래까지 쳐들어오자 두말하지 않고 성을 헌납하고 자진해서 항복하게 된 것이다. 여몽은 강릉을 점령하여 장기간에 걸쳐 유비가 점거하고 있던 형주를 일시에 되찾았다.

여몽이 강릉을 점령한 후 관우의 가족들을 모두 붙잡았다. 하지만 가족들을 못살게 굴지 않고 오히려 다독거리고 우대했다. 또한 군사들에게 민가를 약탈하지 못하도록 엄명을 내리고, 아침부터 저녁까지 노인들을 위로하여 부족한 것이 없는지 물었으며, 아픈 사람에게는 약을 주고, 굶주린 자들에게는 입을 것과 먹을 것을 보내주었다. 이리하여 성안에서 질서가 회복되면서 백성들도 더 이상 동요하지 않았다.

비밀 누설이 상책

관우는 당시 전선에서 조조의 군사와 대치하고 있었기 때문에, 여몽이 강릉을 급습했다는 사실을 전혀 모르고 있었다. 조조는 손권과 손을 잡았다는 사실을 관우에게 비밀로 했다. 손권이 조조에게 비밀 유지를 위한 서신을 보냈기 때문이다.

"이번에 저는 군사를 서쪽으로 보내 은밀하게 관우를 습격하려고 합니다. 강릉과 공안의 요충지는 겹겹으로 이어져 있으니, 두 성을 잃으면 관우도 절로 멀리 도망치게 될 것이고, 번성에 포위되어 있는 명공의 군대도 굳이 구원하지 않아도 스스로 해결될 수 있을 것입니다. 이 일은 절대로 비밀로 하여 새어 나가지 않도록 하십시오. 관우가 대비해서는 안 됩니다."

조조나 그의 신하들은 너 나 할 것 없이 비밀에 부치는 것이 마땅하다고 했다. 그러나 모사 동소는 생각이 달랐다.

"전쟁에서 신의란 것이 어디 있습니까? 손권에게는 일단 비밀로 하겠다고 응답하신 후에 암암리에 관우에게 비밀을 누설하십시오. 손권이 공격한다는 소식을 들으면 관우는 군사를 돌려 대비할 것이니 번성의 포위도 절로 풀릴 것입니다. 관우가 철수하여 손권과 맞붙게 되면 서로 피폐해질 것이니 우리는 어부지리를 얻게 됩니다. 그러나 만약 비밀을 유지하여 누설하지 않으면 손권이 득세하게 되고 우리는 불리해집니다. 게다가 포위당해 있는 번성의 장수와 병사들은 구원병이 언제 올지 알지 못하는 상황에서 군량이 부족한 것만 걱정하다가 두려움에 빠지게 될 것이니, 만에 하나 다른 생각을 하게 된다면 위험하기 짝이 없습니다. 그러니 비밀을 누설하는 편이 낫습니다."

조조는 동소의 말이 백번 옳다는 생각이 들었다. 그래서 서황에게 명을 내려, 포위된 번성과 관우의 진영으로 손권의 서신을 화살에 묶어 쏘아 보내도록 했다. 포위된 조조군은 소식을 듣고 사기가 배가되어 더욱 굳건하게 성을 지켰다. 하지만 관우의 처지는 다를 수밖에 없었다. 소식을 전해 들은 후 관우는 만약 손권이 형주를 도모할 경우 배후를 공격당할 것이 걱정이었다. 하지만 그렇다고 포위를 풀고 번성을 떠난다면 거의 이루어놓은 전공을 내팽개치는 것이나 다를 바 없었다. 그는 내심 강릉과 공안은 방비가 철저하기 때문에 강동군이 진짜로 쳐들어온다고 해도 짧은 시간에 함락할 수는 없을 것이라 믿었다. 그래서 그는 망설이고 주저하다 결국 진퇴양난에 빠지고 말았다.

이때 조조는 친히 주력군을 이끌고 낙양에 진주한 후 앞뒤로 열두 개의 진영을 언성으로 보내 서황에게 지휘토록 했다. 당시 관우의 주력군은 위두圍頭에 주둔하고, 나머지 병력은 사총四冢 : 네 군데 언덕배기에 주둔하고 있었다. 서황이 성동격서의 전략에 따라 위두를 공격하라고 소리치면서 자신은 사총을 급습했다. 관우는 사총을 잃을까 두려워 친히 출격했으나 서황의 공격에 퇴각하고 말았다. 의외로 서황은 사총을 돌파하며 신속한 승리를 얻었다.

서황은 물러나는 관우의 군사를 끝까지 뒤쫓아 촉군의 대영大營까지 쳐들어갔다. 관우는 영채 밖에 깊은 참호를 파고 겹겹으로 방책을 세워 쉽게 쳐들어올 수 없도록 만들었다. 그런데 서황이 촉군이 혼란에 빠진 틈을 타서 참호와 방책으로 이루어진 포위망을 뚫고 일거에 촉군을 깨부순 것이다. 그때쯤 관우도 강릉을 잃었다는 소식을 듣고 서둘러 퇴각했다.

관우가 물러나자 번성 포위망도 절로 풀렸다. 조인이 관우가 도망치는 것을 보고는 이번에는 내 차례다 싶어 끝까지 추격하여 최후의 승리를 구가하고 싶었다. 그러나 조인의 수하에 있는 누군가가 조인에게 말했다.

"장군, 더 이상 추격하지 마십시오. 관우가 어느 정도 실력을 지니고 있어야만 손권과 싸울 수 있지 않겠습니까? 왜 우리가 굳이 뜨거운 불속에서 밤을 꺼내려고 애쓸 필요가 있습니까?"

조인은 그의 생각이 옳다 여기고 더 이상 추격하지 않았다. 조조 역시 관우가 퇴각했다는 소식을 듣고 곧바로 전령을 보내 조인에게 관우를 더 이상 추격하지 말도록 했다.

패주하는 관우

관우는 서황에게 패배한 후 비로소 강릉을 잃었다는 소식을 전해 들었다. 그래서 곧바로 여러 차례 여몽에게 사자를 보내 따졌다.

"너희들은 어찌하여 맹약을 저버렸는가? 맹약이 여전하거늘 너는 어찌하여 나를 공격하는가?"

여몽은 그때마다 관우가 보낸 사자를 후대하는 한편 사자가 성안을 자유롭게 왕래하며 관우의 부하들 집을 찾아가 안부를 물을 수 있도록 했다. 어떤 이는 편지를 써서 가족들이 무사한 것을 전해달라고 부탁하기도 했다.

사자가 돌아오자 관우의 부하와 관리들이 물었다.

"우리 가족은 어떻게 지내던가?"

"우리 노모는 괜찮으신가 모르겠네."

가족들이 무사하고 오히려 평소보다 더 나은 대우를 받고 있다는 사실을 확인한 관우의 군사들은 싸우려는 의지를 잃고 말았다.

얼마 후 손권이 직접 군사를 거느리고 강릉에 도착하여 육손에게 이릉夷陵, 자귀秭歸를 공격하여 관우의 퇴로를 끊도록 했다. 관우는 결국 나아갈 수도 없고 물러날 수도 없이 완전히 고립되고 말았다. 형주를 잃고 촉으로 돌아갈 통로도 막히자 그는 어쩔 수 없이 상용에 주둔하고 있는 유봉과 맹달에게 구원을 요청했다. 그러나 유봉과 맹달은 상용에 주둔한 지가 얼마 되지 않았다는 이유로 지원을 거절했다. 어쩔 수 없게 된 관우는 서쪽 맥성麥城으로 향했다. 지금의 호북성 당양當陽이다.

육손은 승기를 타고 계속 서쪽으로 진군했다. 관우는 맥성의 삼면을 적이 둘러싸고 지원병도 오지 않는 상황에서 일단 포위망을 뚫고 서천으로 향할 생각이었다. 여몽은 관우의 병력이 소수에 불과하니 분명 도망칠 것이라 여기고, 맥성 북쪽에서 서천으로 통하는 작은 길목에 병사를 보내 매복하도록 했다.

손권이 사자를 보내 항복을 권유하자 관우는 거짓으로 항복을 가장하여 성에 깃발을 꽂고 허수아비를 세운 다음 몰래 도망쳤다. 손권은 대장 반장潘璋 등에게 명하여 관우의 퇴로를 끊도록 했다. 며칠 후 반장의 부장이 관우와 그의 아들 관평關平을 붙잡았다. 그들 두 사람은 곧 손권에 의해 목이 잘렸다. 이렇게 해서 관우는 건안 24년(서기 219년) 인생의 마지막 시간을 맞이했다. 관우는 그해에 인생의 최고봉에 올랐으나 그해에 생명의 마지막을 보내야만 했다.

이렇게 해서 손권과 조조, 그리고 유비가 정립하는 형세에도 새로운 변화가 생겼다. 이어서 이 세 사람은 어떤 이야기를 펼쳐나갈 것인가?

2부

32강 본심을 내보인 조씨 일가

동한 말년 동탁이 낙양으로 진입한 이후로 군웅이 도처에서 거병하여 서로 싸워 겸병을 일삼다가 마침내 조조, 유비, 손권이 대치하는 정족지세鼎足之勢: 솥발처럼 셋이 맞서 대립한 형세를 형성했다. 당시 조조는 위왕魏王, 유비는 한중왕漢中王, 손권은 오후로 칭했다. 명목상 그들은 여전히 대한 황제인 한 헌제 유협의 신하였으나 실질적으로 황제는 안중에도 없었다.

헌제는 총명하고 유능하여 성인의 자질을 지닌 이에게 붙이는 '헌'이란 시호에서 알 수 있듯이 결코 멍청하거나 바보가 아니었다. 하지만 무력이 모든 것을 결정하는 시대인지라 조조의 꼭두각시가 될 수밖에 없었다. 헌제는 달갑지 않을지라도 달리 방법이 없었다. 그래서 그 자신도 이렇게 말했다.

"내 목숨도 건사하기 힘들거늘 처자식은 말도 하지 말라."

이런 생활이 조조가 죽을 때까지 지속되었다.

그렇다면 조조는 어떻게 죽었는가? 조조가 죽고 난 후 한 헌제는 어떻게 지냈는가? 조조의 후계자는 또 누가 되었는가?

문지기가 일을 그르치다

조조는 아들을 여럿 두었는데, 장남인 조앙은 일찍이 아비를 대신하여 죽었고, 셋째 아들 조창은 그저 용감한 무장일 뿐이었다. 조조는 여러 아들 가운데 손권이 조조에게 선물로 보낸 '코끼리의 무게를 쟀다'는 이야기로 유명한 신동 조충을 특히 아꼈으나 애석하게도 일찍 죽었다. 마지막 남은 아들은 위왕의 세자 경쟁자였던 조비와 조식 두 사람이다. 조식은 재능이 넘쳐난다고 할 정도로 뛰어난 인물이었으나 문인 기질이 지나치게 농후하여 끝내 경쟁에서 패배하고 말았다. 결국 조조의 후계자는 조비가 차지했다.

조비를 후계자로 삼은 후인 건안 22년(서기 217년) 후반, 조조는 허도를 떠나 군사를 이끌고 사방으로 정벌 전쟁에 나섰다. 허도에는 승상장사丞相長史: 승상 비서장 왕필王必이 남아 군사와 행정을 관리했다.

조조가 잠시 허도를 떠나자 조정에서 딴생각을 하는 이들이 적지 않았다. 누구보다 한 헌제가 그러했다. 그는 자신의 꼭두각시 역할에 불만이 많았다. 그래서 조조가 부재한 틈을 타 사람들에게 울음으로 호소했다. 이럭저럭하는 사이에 길본吉本이라고 부르는 태의령太醫令이 조조의 행태를 비난하며 황상의 신세를 동정했다. 그는 한실을 도와 간적 조조를 제거하고자 했다. 태의령 길본은 이후 자신의 본직을 걷어치우고 황상과 함께 어떻게 하면 현재 상황을 바꾸고 조조를 주살할 것인가 논의했다.

길본은 곧 도움을 줄 수 있는 인물인 낙양령洛陽令 김의金禕를 찾았다. 김의는 한 무제 시절 명신인 김일제金日磾의 후예로 선조는 흉노족이다. 김의는 적지 않은 군사를 보유하고 있었기 때문에 길본이 적극적으로 회유했다.

"그대는 대대로 국은을 입었는데 국가를 위해 역적 토벌에 나서지 않겠소?"

김의는 그의 설득에 넘어갔다. 두 사람은 또다시 도움을 줄 수 있는 이들을 모아, 조조가 군사를 이끌고 외부로 나갔을 때 허도에 남은 조조의 세력을 칠 준비를 했다.

해가 바뀌어 건안 23년(서기 218년) 봄, 조조가 없는 틈을 타 길본의 아들이 1,000여 명의 무리를 이끌고 한밤중에 승상장사 왕필의 집을 급습하여 그의 집을 불태우고 화살을 쏘아 왕필의 어깨를 관통시켰다. 당시 왕필은 누가 난리를 일으켰는지 알지 못하고 낙양령 김의를 찾아가 반란을 진압하게 하려고 했다.

왕필은 김의의 집으로 달려가 쾅쾅 대문을 두들겼다. 김의의 하인은 왕필이 누군지 몰랐기 때문에, 길본이 온 줄 알고 대문을 열어주며 멍청하게 이렇게 물었다.

"왕 장사가 죽었습니까? 성공하신 거죠?"

왕필이 그의 말을 듣고 이번 반란의 주모자가 김의라는 것을 알고 놀라 자리를 피했다.

상황이 급박하게 돌아가고 자신도 부상을 당하기는 했지만 승상장사는 그냥 속아 넘어갈 사람이 아니었다. 왕필은 위기 상황에 직면했음에도 흔들리지 않고 전농중랑장 엄광嚴匡을 찾아 난리를 평정하도록 했다. 허도는 대부분 조조 사람들이었으며, 조조와 친한지 여부 또한 그리 구별되지 않았다. 그렇기 때문에 길본은 1,000여 명이나 규합했으나 황궁으로 진입하여 황상을 만나는 것조차 할 수 없었다. 한 헌제 역시 옴짝달싹하지 못하고 조조의 딸들에게 완전히 감시당하는 꼴이었다.

왕필이 군사를 모아 진격하자 길본은 속수무책으로 당하는 수밖에 없었다. 왕필은 길본의 무리를 체포하여 죽일 자는 죽이고 살릴 자들은 감옥에 처넣었다. 조정에서 이번 사건과 연관된 자들은 모두 조조에 의해 처리되고 말았다.

못된 짓은 아들이 하게 하라

길본 등이 일으킨 소란이 진정된 후, 조조는 유비에게서 한중을 빼앗으려다 실패했다. 유비가 한중왕에 오르고 관우가 칠군을 수몰하자 놀란 조조는 황제를 데리고 천도하려고 준비했다. 하지만 모사가 그에게 손권과 연합하여 관우를 공격할 것을 건의하자 이를 받아들였다. 이후 여자명이 백의로 장강을 건너고, 관우는 형주를 잃고 맥성으로 도망쳤다가 결국 생명을 잃고 만다.

관우가 죽자 손권은 관우를 참수한 후 조조에게 관우의 머리를 보냈다. 한편으로 이는 조조에게 자신의 진정성을 보여주기 위함이었다. 자, 봐라! 내가 당신 편이 되어 당신 대신 관우를 참수하지 않았느냐! 두 번째는 차후의 재앙을 전가하려는 뜻이었다. 손권은 유비에게, 관우를 죽인 것이 조조의 사주에 따른 것일 뿐, 자신과는 무관함을 알려주고 싶었다. 그러니 괜히 나에게 성질내지 말고, 복수를 하려면 내가 아니라 조조에게 하라는 뜻이었다.

조조는 관우의 머리를 받은 후 옛정이 생각나 제후의 예로 정중하게 장례식을 거행했다.

이번에 손권과 손잡으면서 조조는 처음부터 마음을 놓을 수 없었다. 양측이 합비에서 싸움을 끝낸 지 얼마 되지 않았고, 손권이 참전을 약속하고도 전력을 다하지 않고 관우를 칠 때도 자신에게 의지할지도 모른다고 여겼기 때문이나. 그래서 나는 장료 등 장수들에게 군대를 이끌고 번성의 포위를 풀라고 시켰던 것이다. 장료가 채 이르지 않은 상태에서 여몽이 관우를 죽이면서 번성 포위가 풀렸다. 이에 조조는 관우와 싸우는 데 전공을 세운 서황 등을 불러 친히 연회를 베풀고 치하했다.

조조는 형주에 남아 있는 관민과 한수 양안에서 둔전을 하고 있는 백성들을 의심했기 때문에 그들을 모두 다른 지방으로 이전시킬 생각이었다. 사마의가 조조에게 말했다.

"우리는 아직까지 형주 일대에서 역량이 부족하여 소란이 일어나기 쉽습니다. 현재 관우가 죽어 그를 따르는 이들이 숨거나 도망쳐 사태를 엿보고 있습니다. 이럴 때 현지 백성들을 다른 곳으로 이주시킨다면 인심을 잃기 십상이니 도망친 이들이 감히 돌아오려고 하겠습니까?"

조조는 그의 말에 일리가 있다고 여기고 형주 관민을 이주시키려던 계획을 포기했다. 이렇게 해서 도망친 이들이 다시 돌아와 형주의 조조 점령 지역이 안정되었다. 당시 형주는 조조와 손권이 반씩 나누어 가진 상태였다.

조조는 손권이 진심으로 자신과 힘을 합쳐 적의 포위망을 풀고 관우를 살해한 것을 보면서, 비록 공로는 없지만 수고가 적지 않았으며, 설사 수고가 없다고 하더라도 나름 힘이 들었을 것이라 생각했다. 그래서 손권이 형주 일부분을 차지하는 것도 당연하다 여기고 조정에 상주하여 손권을 표기장군 겸 형주목으로 임명하는 한편 남창후로 봉했다. 조조가 중앙을 대표하기 때문에 손권의 이러한 직함은 한 조정에서 부여한 것으로, 유비가 한중왕으로 자칭한 것과 달랐다.

손권이 보기에 화근을 북쪽으로 미루려는 계획은 실패한 것이나 마찬가지였다. 그가 관우의 머리를 조조에게 보낸 것은 유비의 분노를 조조에게 돌리려는 것이었는데, 교활하기 이를 데 없는 조조는 걸려들기는커녕 오히려 조정을 대표하여 자신에게 융숭한 포상을 보내왔다. 그렇다면 유비가 복수를 하겠다고 쳐들어오면 어떻게 하는가? 그는 즉시 사람을 조조에게 보내 귀순 의사를 전하도록 했다. 손권은 사자를 통해 보낸 글에서 스스로 신臣이라 말하면서, 천명을 들먹이며 황제가 될 것을 권했다.

조조는 손권이 보낸 권진서勸進書를 손에 들고 대신들에게 말했다.

"이 아이가 나를 화롯불 위에 앉히려 하는구나."《삼국지 · 위서 · 무제기》주에 인용된《위략魏略》

하지만 조조 수하의 대다수 사람들도 조조가 칭제하는 것이 천명에 부합한다고 생각했다. 시중 진군陳群이 공개적으로 말했다.

"한조의 통치가 쇠미하여 끝이 난 것은 어제오늘의 일이 아닙니다. 전하의 공덕이 산처럼 드높아 천하 모든 이들이 희망을 걸고 있습니다. 그러기에 손권도 먼 곳에서 신하를 자처하고 있는 것입니다. 이는 하늘의 뜻이 인간 세상에 반영된 것이거늘 어찌하여 주저하고 계십니까?"

조조의 애장인 하후돈은 더욱 직접적으로 이야기했다.

"세상 사람들이 모두 한나라의 운세가 이미 다하여 다른 이가 일어날 것임을 알고 있습니다. 예로부터 백성들의 어려움을 해결하여 백성들이 믿고 따르는 자가 바로 백성의 주인이었습니다. 지금 전하께서는 30여 년에 걸쳐 전쟁터를 누비면서 수많은 공적과 덕망을 쌓아 천하가 귀의하고 있으니 어찌하여 하늘과 백성의 뜻에 순응하기를 망설이고 계십니까?"《삼국지 · 위서 · 무제기》주에 인용된《위씨춘추魏氏春秋》

하후돈은 이렇게 말한 후 외눈을 크게 뜨더니(전투에서 한쪽 눈을 잃었다) 한조의 인수를 내팽개치고 위나라의 인수를 요구했다.

조조는 문무 신료들이 적극적으로 자신에게 칭제할 것을 요구하자 기쁘기 그지없었다. 하지만 그대로 내색할 수는 없는 일이었다. 짐짓 망설이며 그가 다시 입을 열었다.

"하늘의 뜻이 내게 있나니, 나는 주 문왕이 될 것이다."《삼국지 · 위서 · 무제기》주에 인용된《위씨춘추》

주 문왕이란 호칭은 주 무왕이 은상殷商을 멸망시킨 이후에 자신의 부친에게 추봉追封한 것이다. 물론 문왕은 죽을 때까지 은상의 신하로 남았다. 따라서 조조가 자신을 주 문왕에 비유한 것은 한을 대신하여 국가를 세우는 일은 아들에게 넘기겠다는 뜻이다.

칭제하라고 하지 마라

당시 조조는 실질적으로 나라의 주인이나 마찬가지였다. 유비를 제외하고 손권까지 신하로 복종할 것을 다짐했다. 조조는 황제의 자리에서 겨우 한 걸음 떨어진 곳에 있었다. 하지만 그는 칭제稱帝를 거절했다. 무엇 때문일까?

후세 사학자들은 이에 대해 여러 가지 의견을 제시한 바 있는데, 그 가운데 다음 두 가지가 가장 그럴듯하다. 하나는 비록 조조가 당시에 조정의 모든 권력을 차지하고 있었지만 칭제하기에 여전히 장애가 남아 있었다는 것이다. 우선 조조는 이전부터 사신은 찬탈할 마음이 선혀 없다고 수차례 언급한 바 있다. 만약 칭제하여 황제의 자리에 오른다면 자신의 말에 책임을 지지 않는 꼴이 되고 만다. '고개만 들면 바로 머리 위에 신명이 있다擧頭三尺有神明'라는 말에서 알 수 있다시피 사람들은 무슨 일이든 하늘이 지켜보고 있다고 생각하여 허튼짓을 꺼리고, 나쁜 짓을 하지 않으려고 했다. 그러니 맹세를 거듭하고 식언을 할 수는 없는 일이었다. 물론 그렇기는 하지만 이것이 가장 중요한 원인인 것 같지는 않다.

조조가 칭제하지 않은 가장 큰 원인은 유비와 손권의 존재일 것이다. 유비와 손권은 조조를 적수로 보는 한편 일종의 본보기로 삼았다. 그래서 조조를 '한적漢敵'이라고 욕하면서 다른 한편으로 하루라도 빨리 칭제하기를 손꼽아 기다렸다. 만약 조조가 황제가 되면 '한적'이란 오명을 독차지하게 된다. 이후에 손권과 유비가 칭제해도 이는 따라서 그런 것일 뿐이니 오명을 면할 수 있다. 네가 그렇게 하니 나도 그렇게 한 것일 따름이란 뜻이다. 다시 말해 '한적'이 황제가 되었으니 우리들인들 어찌 황제가 될 수 없겠느냐는 논리가 생기는 셈이다.

게다가 조조는 비록 황제는 아니지만 중앙 조정을 대표하고 있으며, 이에 비해 유비와 손권은 그저 지방에 있는 할거 세력에 불과했다. 조조는 언제라도 중앙 조정의 명의를 빌려 그들을 토벌할 수 있으며, 그들을 조정에 반역한 무리로 매도할 수 있다. 하지만 조조가 일단 칭제할 경우 한조의 역적이 됨은 물론이고 정의를 한 손에 잡고 가슴에 원한을 새기며 일당백으로 반대 세력을 몰아내던 때와 천양지차가 되고 만다.

또 다른 의견도 있다. 조조는 젊은 시절에 이렇게 말한 적이 있다.

"황제를 폐위하고 옹립하는 것은 천하에서 가장 상서롭지 못한 일이다."《삼국지 · 위서 · 무제기》주에 인용된《위씨춘추》

조조는 만년에도 여전히 이런 관념에서 벗어나지 않았다. 또한 조조는 대대로 한조의 은덕을 입었기 때문에 한조에 대해 미련과 연민의 정이 남아 있었다. 그래서 그는 자신은 한조의 신하로 계속 남고 대신 조대를 바꾸는 일은 자신의 후계자에게 맡기고자 했던 것이다. 당시 조조는 이미 연로하고 허약하여 병치레를 하는 일이 잦아졌다. 설사 황제가 된다 한들 얼마 가지 못해 세상을 뜰 것임을 누구보다 잘 알았다. 그렇기 때문에 굳이 찬위의 오명을 뒤집어쓰고 싶지 않았던 것이다.

교과서 내용과 다른 '양수의 죽음'

조조는 만년에 비록 황제가 되기를 거절했지만 조씨 집안의 세력을 더욱 확대하면서 몇 가지 중요한 조치를 취했다.

먼저 변부인을 위왕의 왕후로 봉했다. 조조는 여색을 좋아하여 신변에 많은 여인을 거느렸다. 조조는 자신이 죽은 후에 자신의 여인들이 서로 다퉈 후궁이 불안정해질까 두려워, 자신이 살아 있을 때 변씨를 왕후로 삼았던 것이다.

두 번째로 조비가 저군儲君 : 세자의 자리를 보다 굳건하게 지킬 수 있도록 도왔다. 조비의 최대 맞수는 조식이었다. 조식은 이미 오래전에 세자가 될 가망성이 사라졌으나 여전히 희망을 버리지 않고 있었다. 조식이 완전히 단념을 하도록 만들려면 그의 주변 세력을 철저하게 무너뜨릴 필요가 있었다. 특히 조식에게 누구보다 많은 도움을 주고 있는 모사 양수를 처리하는 일이 급선무였다.

중국 중학교 교과서에 보면 '양수의 죽음楊修之死'이라는 제목의 문장이 나온다. 이에 따르면, 조조가 양수를 죽인 것은 그의 재능을 시기하고 미워했기 때문이다. 양수는 조조의 신변에서 몇 번이나 영리한 짓을 하여 그때마다 조조의 체면을 깎는 일이 있었다. 예를 들어 조조가 새로 지은 승상부 대문에 '활活' 자를 적어놓자 양수가 사람을 시켜 대문을 조금 작게 고치도록 했다. '門' 자 안에 '活' 자를 써넣으면 '활闊' 자가 되니, 조조가 대문이 지나치게 크다고 여기고 의도적으로 대문 위에 '活' 자를 적었다고 추측한 것이다. 물론 조조가 정말로 그런 뜻으로 글자를 적었을 수도 있다. 그런데 문제는 조조가 누군가에게 의도를 간파당하는 것을 싫어했다는 점이다. 또 앞서 이야기했던 것처럼 조조가 선물로 받은 간식 상자에 '일합수一合酥'라고 적어놓았더니 양수가 안에 든 간식을 죄다 먹어버리게 했다. '합合' 자를 깨뜨려 '한 사람이 한 입씩一人一口'이란 뜻으로 간주했기 때문이다. 이런 것들은 그렇다고 치고, 결정적으로 양수를 죽음으로 몬 것은 주주가 한중을 놓고 다툴 당시 '계륵'이란 암호를 사용했는데 이를 간파한 일 때문이다. 조조는 당시 유비와 달포 넘게 대치하면서 많은 군사를 잃었으며, 형세를 관망컨대 한중을 보전하기가 쉽지 않은 듯했다. 그래서 어찌할까 판단을 미루며 고심하고 있었다. 마침내 철군을 결심했을 때 장수가 들어와 오늘 밤 암호를 무엇으로 하느냐고 물었다. 조조는 무심결에 '계륵'이란 말을 했는데, 이를 전해 들은 양수가 부하들에게 행장을 정리하라고 시켰다. 조조가 그 사실을 알고 크게 화를 내며, 양수가 무단으로 철군령을 하달했다는 죄를 물어 죽여버리고 말았다. 하지만 이는 《삼국연의》에서 허구로 꾸민 일에 불과하다.

양수의 진짜 사인은 조비, 조식 형제의 후계자 쟁탈전에 끼어든 것이다. 조비가 아직 세자일 때 양수는 항상 조식을 위해 계책을 마련했다. 양수는 조조의 주부였기 때문에 여러 가지 돌아가는 상황을 잘 알고 있었다. 조비는 이것이 언제나 걱정이었다. 그래서 자신의 모사인 오질吳質을 대나무 상자에 몰래 숨겨 수레에 태워 자신의 부중으로 데리고 들어와 의논하곤 했다.

양수가 이런 사실을 알고 즉각 조조에게 알렸다.

"오관중랑伍官中郞이 신하와 짜고 상궤에 어긋난 행위를 하고 있습니다."

이튿날 또다시 수레가 조비의 부중으로 들어가자 양수가 또다시 조조에게 일렀다.

"오늘도 수레가 들어갔으니 뒤져보도록 하십시오."

조조가 사람을 보내 살펴보도록 했는데, 그냥 비단이 들어 있을 뿐, 양수가 말한 오질은 보이지 않았다. 결국 양수는 이 일로 인해 조비를 무고했다는 의심을 받게 되었다.

이후 조식이 오만한 행동으로 조조의 눈 밖에 났음에도 양수는 여전히 조식과 밀접한 관계를 유지했다. 사람들은 조식이 의도적으로 양수와 관계를 지속하려고 한다고 말했지만 양수는 왕래를 단절하지 않았다. 여하튼간에 양수는 혹시라도 조식이 잘못하여 조조의 눈 밖에 날까 걱정이었다. 그래서 조조의 의도를 사전에 파악하여 미리 조식에게, 부친이 묻거들랑 답변하라고 이른바 답교答敎 10여 조를 지어주었다.

그렇기 때문에 위왕 조조가 사람을 보내 하문하면 조식은 그때마다 가르침에 답하는 글을 곧바로 써서 보냈다. 그 속도가 너무 빨라 조조가 이상하게 생각했다. 이는 마치 학생이 시험을 보는데 부정행위를 하는 것이나 다를 바 없다. 불과 한 시간 만에 교과서에 있는 내용과 거의 똑같이 써낸다면 어떤 선생이 의심치 않겠는가? 이는 분명 학생이 책을 베낀 것이든, 아니면 학생의 지능지수를 너무 낮게 평가하고 있었던 것이 분명하다. 어느 것이든 선생은 화가 나기 마련이다. 시험을 이렇게 잘 볼 아이가 아닌데 이렇게 높은 점수를 받다니, 일부러 선생을 놀리는 것 아니겠는가!

결국 조조가 추문한 결과 진상이 밝혀졌다. 모두 양수가 한 짓이었다. 조조가 크게 화를 내는 것은 당연한 일이었다. 그렇지 않아도 양수는 원술의 외조카인지라 그다지 좋아하지 않던 차에 이런 일을 저지르니 용서할 수 없었다. 조조는 양수가 위왕의 가르침을 사전에 누설하여 답교를 작성했으며, 사사로이 제후들과 관계를 맺었다는 이유를 들어 그를 체포하여 죽였다.

위왕 조조는 시녀들에게 향을 나누어주고

조식의 중요 모사인 양수를 처결한 후 조조는 병세가 하루가 다르게 심해졌다. 예부터 유전되는 이야기에 따르면, 조조는 재발성 두통에 시달렸는데, 일종의 뇌종양이 있었던 것으로 보인다 이후 동향 출신의 명의 화타에게 치료를 부탁했는데, 화타는 두개골을 열어 뇌 안에 있는 풍연風涎·풍기를 유발하는 액체을 제거해야 한다고 말했다.

"두개골을 칼로 여는데 어찌 사람이 살 수 있겠느냐?"

조조는 화타가 자신을 죽이려 한다고 의심하고 당장 하옥하라고 말했다. 결국 화타는 이 일로 인해 목숨을 잃고 말았으며, 그 누구도 더 이상 조조의 병을 치료하겠노라고 나서지 못했다.

화타의 일이 사실인지 여부는 일단 차치하고 건안 25년(서기 220년) 초, 조조는 더 이상 버틸 수 없을 정도로 건강이 악화되었다. 마침내 조조가 마지막 분부를 남기기 위해 사람들을 불렀다.

조조는 자신이 죽은 후 장례를 간소하게 치를 것을 당부하면서 조비에게 자신의 처첩과 시녀들에게 잘 대해줄 것을 명했으며, 특히 시녀들이 동작대에서 살 수 있도록 해줄 것을 희망했다. 이외에도 그는 동작대에 자신을 위한 방을 만들어 처첩들이 날마다 자신을 위해 제를 올리고 매월 초하루와 열닷새가 되면 이른 새벽부터 정오까지 기녀들의 아름다운 노랫소리를 들을 수 있도록 해달라고 말했다. 그는 또한 조비 등에게 자주 동작대에 올라와 자신이 묻힌 서릉의 능묘를 보도록 했다.

조조는 자신의 여인들에게 이렇게 말했다.

"나는 비교적 검소하게 살았기에 너희들도 나를 따라 청빈하게 생활하느라 힘이 들었을 줄 안다. 내가 쓰던 향이 아직 남아 있으니 너희들이 나누어 갖도록 하여라. 시간이 나면 부지런히 바느질을 익혀 비단신이라도 만들어 팔면 능히 스스로 살아갈 수 있으리라."

이렇게 마지막 당부의 말을 마치고 마침내 일대 효웅 조조는 낙양에서 세상을 떴다.

조조는 사람의 능력을 잘 파악하여 적재적소에 임용할 줄 알았으며, 사람의 마음을 꿰뚫어 보는 데 능했다. 그렇기 때문에 헛되이 미혹되는 일이 드물었다. 그는 재능을 갖춘 이를 발견하고 발탁하는 데 귀천을 가리지 않았으며, 능력에 따라 적절한 일을 배분하여 자신의 재주와 학식을 충분히 발휘할 수 있도록 했다. 매번 적군과 싸울 때는 언제나 의젓하고 태연하여 마치 싸울 생각이 없는 이처럼 보였다. 하지만 일단 전략 전술을 확립하여 적을 향해 돌진하면 기세가 충만하고 투지가 하늘을 찌를 듯했다. 조조는 공훈을 세운 자에게 상을 줄 때 천금을 아깝다고 여기지 않았으며, 공적이 없는 자가 아무리 상을 받고자 하여도 한 푼도 주지 않았다. 그는 법을 엄격하게 집행하여 위법자는 반드시 처벌했으며, 때로 범죄자를 동정하여 눈물을 보일 때도 있었으나 절대로 사면하지 않았다. 조조는 비교적 검소하게 생활하고 부유와 사치를 숭상하지 않았다. 그는 수많은 영웅들을 제거하여 마침내 북방 전체를 통일했다.

개관정론蓋棺定論이란 말이 있다시피 사람은 죽어 관 뚜껑이 닫힌 후에야 비로소 평가가 정해지는 법이다. 다시 말해 사람의 가치는 죽고 난 뒤에 비로소 분명하게 드러난다는 뜻이다. 조조는 한 시대뿐만 아니라 중화민족 역사에서 길이 빛나는 걸출한 인물임에 틀림없다.

같은 뿌리에서 나와 서로 볶아대다

조조가 낙양에서 병사했을 때 세자 조비는 업성에 있었다. 대신들은 일단 조조의 죽음을 비밀에 부치고 발상조차 하지 말아야 한다고 생각했다. 하지만 간의대부 가규賈逵는 이에 반대하면서 마땅히 천하에 공포해야 한다고 주장했다. 결국 그의 말대로 조조의 죽음이 천하에 알려졌다. 군대 내에서 약간의 소란이 있기는 했으나 다행히 가규 등의 노력으로 곧 안정되었다.

조조가 죽자 아들인 언릉후鄢陵侯 조창이 장안에서 분상奔喪하러 왔다. 그는 애통하게 울면서, 자신을 맞이하러 나온 가규에게 물었다.

"선왕의 인새印璽는 어디에 있소?"

사실 그는 선왕의 인새를 자신이 차지하거나, 조식을 도와 후계자로 삼고 싶었다. 그러자 가규가 정색을 하고 말했다.

"나라에서 이미 선왕의 후계자를 확정했으니 선왕의 인새는 군후께서 물어보실 일이 아니지요."

가규의 말에 조창은 아무런 대꾸도 하지 않았다.

조조가 사망했다는 소식이 업성에 전해지자 세자 조비는 대성통곡하며 울음을 그치지 못했다. 그러자 중서자中庶子 사마부司馬孚 : 사마의의 동생가 간언했다.

"위왕께서 승하하시어 온 나라가 전하의 호령만 기다리고 있으니 위로는 조종의 기업을 생각하시고 아래로는 여러 백성들을 생각하셔야 하거늘, 어찌하여 일반 백성들이 효를 다하는 방식만 따르려 하십니까?"

조비가 그제야 통곡을 멈추었다.

당시 위나라 대신들은 조조가 사망했다는 소식을 듣고 모두 통곡하면서 일대 혼란이 야기되었다. 사마부가 조당에서 큰 소리로 외쳤다.

"지금 위왕께서 돌아가시어 천하가 동요하고 있는데, 무엇보다 급한 일은 새로운 군주를 맞이하여 천하를 안정시키는 일입니다. 그런데 어찌 통곡만 하고 있으십니까?"

대신들은 당장이라도 조비를 옹립하여 왕위를 계승하도록 하고 싶었으나 이는 한 헌제의 조령이 있어야만 가능한 일이었다. 그때 병부상서 진교陳矯가 입을 열었다.

"위왕께서 밖에서 돌아가시니 전국이 두려움에 떨고 있소이다. 세자께서 응당 슬픔을 멈추고 왕위에 오르시어 민심을 안정시켜야 합니다. 게다가 선왕께서 총애하시던 언릉후 조창이 영구靈柩 옆을 지키고 있다가 만에 하나라도 지혜롭지 못한 일을 벌여 변고라도 난다면 나라가 위험에 빠질 것입니다."

이에 조비가 즉시 백관을 소집하여 계위繼位를 위한 조치를 취하도록 했다.

이튿날 아침 위왕의 왕후이자 이제는 태후가 된 변태후의 명의로 세자 조비를 위왕에 봉하고 천하에 대사면을 실시했다. 얼마 후 한 헌제가 사람을 보내 조비에게 승상의 인수와 위왕의 새수璽綬를 하사하고 기주목을 겸임하라는 조서를 전달했다. 조비는 모친인 변씨를 왕태후로 존칭했다. 그런 다음 조조의 유해를 업성 서쪽에 있는 고릉에 안장했다.

조비가 자리를 이은 후 언릉후 조창 등은 자신의 봉지로 돌아갔다. 얼마 후 임치후 조식의 감국監國 알자謁者가 조비의 의도를 간파하고, 조식이 술에 취해 무례하기 이를 데 없었으며, 아무 말이나 내뱉으며 위왕의 사자를 위협했다고 말했다. 이에 조비는 조식을 안향후安鄕侯로 강등하고 조식의 심복인 정의를 살해했다. 조비가 위왕의 자리에 오르면서 동생에게 손을 쓰기 시작한 것이다.

선양당하다

조비가 위왕이 된 후 권진勸進*이 줄을 이었다. 서기 220년 여름, 어떤 이가 조비에게 상서하여 위魏가 한漢을 대신해야 한다고 말하면서 하도낙서河圖洛書를 들먹이며 참위설에 이미 증명되었다고 부언했다. 대신들은 이에 따라 분분히 표문을 올려, 조비에게 위로 하늘의 뜻에 따르고 아래로 민심에 합치하여 한조를 대신하여 황제의 자리에 오를 것을 권유했다.

하지만 조비는 허락하지 않았다. 이는 표면적인 모습일 뿐, 실제로는

---

* 실권자나 황제가 되려는 의도가 있는 자에게 황제가 되기를 권하는 것을 말한다. 주로 권진표勸進表에 의해 이루어진다.

칭제를 위한 준비 작업을 비밀리에 진행하고 있었다.

한 헌제도 바보가 아니었으니, 자신이 보위에 앉아 있을 날도 얼마 남지 않았다는 것을 알아채고 있었다. 게다가 이처럼 허울만 황제로 지내는 것도 이제는 진절머리가 났다. 차라리 눈치껏 조위^{**}에 양위하고 자신의 이부자리를 둘둘 말아 떠나면서 목숨이라도 보전하는 것이 낫겠다는 생각이 들었다. 그래서 그해 겨울 10월에 어사대부를 겸하고 있는 장음張音에게 부절을 주어 천자의 옥새와 수대綬帶를 위왕에게 주어 양위하고 이에 관한 책문冊文을 내렸다.

조비는 세 차례나 상서하여 사양했다. 헌제가 거듭 양위의 뜻을 밝혔다.

"위왕 그대가 하시오. 나는 할 수 없소. 정말 할 수 없소이다."

"아니요, 아닙니다. 저는 할 수 없습니다."

조비가 거듭 양보하더니 결국은 어쩔 수 없이 받아들이기로 했다. 이렇게 연극은 끝났다.

조비는 대臺를 높이 쌓아 단을 만들고 황제에게 옥새와 수대를 받았으며, 마침내 선위禪位의 대례를 치르고 천지산천에 제를 지낸 후 나라의 이름을 위로 바꾸고 황초黃初로 건원했으며, 전국적으로 대사면령을 내렸다.

조비는 헌제 유협을 존중하여 그를 산양공山陽公으로 봉하고 한조의 역법을 그대로 사용하며 황제의 예의禮儀를 행하고 황제의 음악을 사용할 수 있도록 했다. 아울러 그의 네 아들을 각기 열후로 봉했다. 이와 동시에 조비는 자신의 선조들에 대한 추인에 들어갔다. 조부인 위 태왕太王 조숭을 태황제太皇帝, 부친 위 무왕 조조를 무황제로 칭하고 묘호를 태조로 정했으며, 모신 변씨는 황태후로 정했다. 이리하여 조조는 위 무세武

** 조위曹魏 : 조조를 시조로 하는 뜻에서, 삼국 중의 하나인 위나라를 달리 이르는 말. – 역주

帝가 되고, 조비는 위 문제文帝가 되었다.

조비가 등극하여 칭제하면서 동한 유씨 왕조는 정식으로 종말을 고했다. 중국 역사는 이로부터 삼국시대로 진입한다. 비록 소설《삼국연의》는 서기 184년 황건군의 난리에서 시작하지만 실제로 삼국시대로 진입한 것은 서기 220년 조비가 한을 찬탈한 때부터다.

자, 그렇다면 조비가 한조를 찬탈하고 자립한 것에 대해 유비와 손권은 어떤 반응을 보일 것인가?

33강 유비, 나라를 세우다

　　조조는 동한시대에 수십 년 동안 실질적인 권력을 장악하고
있었지만 칭제한 적이 없었다. 비록 말년에 여러 신료들이 천자의 자리
에 오를 것을 권유했으나 조조는 끝내 응하지 않았다. 서기 220년 조조
가 죽자, 그의 아들 조비는 더 이상 한 헌제에게 예의를 갖추지 않았다.
조비의 핍박 속에 한 헌제는 천자의 자리를 조비에게 넘겼다. 이후 조비
는 칭제하고 국호를 위로 바꾸었으며, 부친인 조조를 무제로 존칭하였
다. 그가 바로 위 문제다. 이리하여 광무제 유수가 한실을 중흥한 이래로
200여 년 동안 유지되었던 동한 왕조는 끝을 맺었다. 중국 역사는 이때
부터 새로운 시대, 즉 삼국시대로 진입한다.

　우리는 일반적으로 삼국을 위, 촉, 오라고 부르는데, 위는 바로 이때 정
식으로 건국했다. 그렇다면 촉과 오는 언제 정식으로 건국했는가?

친부가 없으면 양부를 만들라

관우는 자신의 능력만 믿고 오만하여 결국 여몽에게 격퇴당하고, 마지
막에는 진영까지 빼앗기고 손권과 조조의 군사늘에 의해 황천길로 가고
말았다. 유비는 관우의 죽음으로 엄청난 충격을 받고 실의에 빠졌다. 오
랜 세월 수족처럼 함께 기쁨과 고통을 겪은 의형제를 잃고 전략 요충지

인 형주마저 빼앗긴 상황이었다. 제갈량은 유비의 삼고초려에 응하면서 형주의 중요성에 대해 강조한 바 있었다. 형주가 없으면 북벌하여 중원을 차지하는 일은 불가능하며, 그저 서촉西蜀에서 안주할 수밖에 없다는 것이었다.

속담에 행복은 연이어 오지 않고 재앙은 한 번으로 끝나지 않는다고 했다. 형주를 잃기 무섭게 방릉, 상용, 서성西城 : 지금의 산시 안강安康 부근 등 세 군데 군郡까지 빼앗기고 말았다. 그곳은 한중에서 출병하여 조조를 공략하고, 남쪽으로 손권을 몰아내는 데 반드시 필요한 전략 요충지였다.

건안 24년(서기 219년), 맹달은 방릉을 공격한 후 계속해서 상용까지 진격했다. 하지만 유비는 맹달을 믿지 못해 양자인 유봉을 주장主將으로 삼았다. 맹달이 내심 언짢은 것은 당연한 일이었다. 그러니 유봉과 어찌 좋은 관계를 유지할 수 있겠는가? 이후 상용과 서성을 손에 넣자 유봉은 봉상을 받았다. 양아들이 양아버지에게 봉상을 받은 셈이다. 하지만 맹달은 봉상을 받기는커녕 승진도 하지 못했다. 맹달은 더더욱 기분이 나빴다.

관우가 양번에서 위험에 처했을 때 누차 유봉과 맹달에게 구원을 요청했다. 그러나 유봉과 맹달은 서로 세력 다툼을 하느라 정신이 없었다. 더군다나 그들 두 사람은 유비의 직접 명령도 없었기 때문에 관우의 요청을 무시하고 원군을 보내지 않았다. 결국 관우는 원군이 오기도 전에 참수되고 말았다.

관우가 죽자 유비는 슬픔을 견딜 수 없었다. 도원에서 결의한 세 형제 가운데 한 명이 죽었으니 결코 좌시할 문제가 아니었다. 당연히 관련자를 찾아 책임을 추궁해야 할 것이다. 전후 관계를 살피니 관우의 죽음을 책임질 자가 나타났다. 바로 그의 양아들 유봉과 맹달이다. 그러나 두 사람은 입장이 달랐다. 유봉은 양아버지의 후광이 있으니 아무 일도 없을 것이 분명했다. 하지만 맹달은 양아비는커녕 어떤 후원자도 없었다. 유비는 자신을 신임하지 않는 데다 지금 속죄양을 찾고 있다. 누가 나를 보호해줄 수 있겠는가? 이런 생각을 하고 있을 때 맹달은 병권마저 유봉에게 빼앗기고 말았다. 생각할수록 앞날이 두렵기만 했다. 그는 유비가 분노하여 자신을 죽여 관우의 제단에 바칠 것이라는 생각이 들었다. 그래서 그는 장문의 사죄문을 올려 유비에게 자신의 억울함과 어쩔 수 없음을 호소한 다음 조위에 투항했다.

맹달은 자신의 부곡 4,000여 호를 이끌고 조위로 도망쳤다. 조비는 기뻐하며 그에게 은덕을 베풀었다. 하지만 그는 진정으로 투항했는지 여부를 증명해야만 했다. 맹달은 투명장投名狀을 써서 제출했다. 이후 조비는 맹달에게 중요 직책을 맡기고 정남장군 하후상夏侯尙, 우장군 서황과 함께 가서 유봉을 토벌하도록 했다.

친아들을 위해 양아들을 죽이다

위나라 황제 조비가 투항한 사유를 이해하고 자신을 신임하자 맹달은 충성을 다하기로 작심했다. 그는 하후상, 서황과 함께 유봉을 공격하기 위해 출전했다. 맹달은 유봉에게 투항을 권고하는 서신을 보내 유봉과 유비의 부자 관계를 이간질했다.

맹달은 서신에서 이렇게 말했다.

"지금 족하상대방을 높이는 말와 한중왕은 길거리에서 만난 사람일 뿐입니다. 친분으로 보면 당신은 뼈와 피를 나누지 않았지만 권세를 차지하고 있고, 명의노 글 배 군구와 신하의 관세다고 일 수 없시난 높는 사티에 있으며, 원정할 때는 한쪽 군사를 책임지는 위엄이 있고, 주둔할 때는 부군장군副軍將軍의 호칭을 쓰는데, 이는 멀든 가깝든 모든 이들이 알고 있는 일입니다. 아두를 태자로 삼은 이래 식견이 있는 이들은 마음속으로 낙심하고 있습니다."《삼국지·촉서·유봉전劉封傳》

유봉은 맹달이 말한 것처럼 유비의 양자로 특별한 대우를 받고 있었다. 하지만 양자는 양자일 뿐, 친자식이 아니지 않은가? 유봉은 태자인 유선보다 탁월한 능력을 지녔지만 친아들이 아니기 때문에 후계자가 될 수 없다. 맹달은 바로 이런 점을 언급한 것이다.

"족하는 지금 먼 곳에 있으니 잠시 쉴 수 있습니다. 그러나 만약 위나라 대군이 진격한다면 족하는 근거지를 잃고 돌아가게 될 것인데, 내가 생각하기에 이는 참으로 위험할 것입니다."《삼국지·촉서·유봉전》

맹달은 유봉이 처한 두 가지 위험에 대해 이야기했다. 첫째, 위나라 대군이 진격할 경우 막아낼 수 없을 것이다. 둘째, 지금은 원정을 나와 있지만 만약 성도로 돌아가게 되면 틀림없이 위험에 처할 것이다. 그렇기 때문에 맹달은 유봉에게 위나라에 투항할 것을 권유하면서, 투항할 경우 자신처럼 후대를 받을 것이라고 말했다.

맹달은 유봉에게 보낸 편지에서 솔직한 자신의 심정을 토로했다. 실제로 그의 말은 사실이었다. 하지만 유봉은 자신이 유비의 양아들이기 때문에 설사 잘못을 하더라도 중벌을 받지는 않을 것이라 여기고 맹달의 권유를 단호하게 거절했다. 양군은 곧 접전했다. 하지만 유봉은 위군에 밀려 자신의 근거지까지 모두 잃고 말았다. 이리하여 세 군데 군은 조위의 수중으로 들어갔다. 유봉은 패퇴하여 성도로 도망쳤다.

유봉이 성도로 퇴각한 후 유비는 화가 치솟아 유봉을 질책했다.

"너는 세 가지 큰 죄를 지었다. 첫째, 너는 작은아버지를 구하지 않고 목숨을 잃게 만들었다. 둘째, 맹달을 압박하여 조위에 투항하게 만들었나, 셋째, 세 군데 군을 끝내 지키지 못했다. 세 가지 가운데 어떤 죄목을 들지라도 너는 백번 죽어 마땅하다."

유봉이 눈물을 흘리며 다시 한 번 기회를 달라고 애걸했다. 유비는 문득 측은한 생각이 들었다. 명색이 양아들로 지난 세월 자신을 위해 애쓴 것을 생각하니 마음이 약해졌던 것이다.

그러나 제갈량은 생각이 달랐다.

"유봉의 중죄를 일벌백계하지 않으면 이후 누가 주상을 위해 목숨을 내놓겠습니까? 유봉은 주상의 양아들일 뿐, 친아들이 아닙니다. 장자인 유선이 이미 다 크지 않았습니까? 유선을 위해서라도 그를 죽여 후환을 끊어야 합니다. 주상께서 유봉의 죄를 다스리신다면 사람들은 대의를 위해 혈육을 죽였다고 할 것입니다."

실제로 유봉은 나름 문무를 겸비하고 전쟁터를 누비면서 전공을 세운 바 있다. 약간 모자란 유선에 비하면 당연히 뛰어난 인재이자 능히 후계자로 삼을 만한 인물이다. 그러나 그는 양자일 뿐, 친자가 아니다. 결국 유비는 제갈량의 건의를 받아들여 유봉에게 자결을 명했다.

헛소문이 촉 황제를 만들다

관우가 죽은 후 유비에게 좋지 않은 일이 잇달아 일어났다. 서기 221년 촉 땅에 깜짝 놀랄 소식이 전해지면서 유비의 상황이 크게 바뀌게 된다. 무슨 내용인가? 한 헌제 유협이 조비에게 살해되었다는 것이었다. 사실 이는 헛소문에 불과하다. 한 헌제는 퇴위한 후에도 몇십 년을 더 살았으니 당연히 틀린 말이다. 하지만 조비는 소문의 진상을 밝히지 않았다. 설령 진실을 밝혀 유비가 알게 될지라도 유비에게 차단될 것이 뻔했기 때문이다.

사실 유비는 국면 전환을 위해 무엇인가 필요한 상황이었다. 그러던 차에 헌제가 사망했다는 소식이 전해지자 유비는 곧 상복을 입고 한 헌

제의 장례식을 준비하도록 했다. 그는 한 헌제의 시호를 효민황제^{孝愍皇}
^帝라고 정했다. 시법에 따르면, 나라에 우환이 있을 때 재위했던 황제의
시호를 '민'이라고 한다. 유협이 황제로 있을 때 불행한 일을 겪었다는
뜻이다.

한 헌제 유협이 죽었으니 대 한조^{漢朝}에 황제가 사라진 셈이다. 유비는
한실 종친으로 대한^{大漢}의 황숙으로 자처했으니 이제 직접 일어나 국정
을 주지하면서 한실을 계승하는 것이 합당했다. 그렇기 때문에 유비는
자신이 황제가 되는 것이 당연하다고 여겼다. 그러나 차마 자신의 입으
로 칭제를 말할 수는 없고, 아랫사람들이 주청하고 그런 다음 상천의 인
가를 받아야만 했다.

유비의 군신들은 상서로운 징조를 만들기 시작하였다. 익주 각지에서
상서로운 채운^{彩雲}이나 단봉^{丹鳳}이 출현했다는 보고가 잇달았다. 한수에
서는 옥새가 발견되기도 했다. 유비의 문무 대신들은 너 나 할 것 없이
유비에게 싱소를 올려 권진했다.

유비는 짐짓 놀란 척 모두 거절했다. 제갈량은 유비가 결심하지 못하
는 것을 보고 아예 병가를 내고 조정에 나오지 않았다. 유비가 제갈량의
병이 깊다는 소리를 듣고 그를 문병하러 갔다.

"군사는 어디가 그리 편찮으시오?"

"근심이 가득하여 가슴이 타는 듯하니 아무래도 오래 살지 못할 것 같
습니다."

"도대체 무슨 근심이기에 이렇듯 병이 났단 말이오?"

유비가 거듭 물었으나 제갈량은 힘이 없다는 듯이 눈을 감고 더 이상
아무 말도 하지 않았다. 유비가 거듭 물었으나 제갈량은 여전히 답하지
않았다. 답답해진 유비가 다시 한 번 물었다. 그러자 제갈량이 한숨을 크
게 몰아쉬며 탄식하듯 말했다.

"예전에 세조 황제(광무제, 시호가 세조다)께서 한을 부흥시킬 때, 오한吳漢을 비롯한 여러 대장들이 제위에 오르시기를 권했습니다. 이에 세조는 지금의 주상과 마찬가지로 여러 차례 거절하셨지요. 대장 경순耿純이 나아가 '천하의 영웅들이 모두 장군이 제위에 오르시기를 갈망하고 있습니다. 만약 장군이 여러 사람들의 의견을 따르지 않는다면 사대부들은 각기 돌아가 주인을 찾을 것이니 다시는 따르는 이가 없게 될 것입니다'라고 했습니다. 세조는 경순의 말이 타당하다고 여겨 곧 승낙했습니다. 지금 조비가 찬탈을 도모하여 천하에 주인이 없는 상황입니다. 게다가 주상께서는 유씨 집안의 후예이시며 그 핏줄로 다시 일어났으니 황제 자리에 오르시는 것이 마땅합니다. 이는 천시天時와 지리地利, 그리고 인화人和에 어울리는 일입니다. 사대부들이 주상을 따라 오랫동안 어려움을 마다하지 않은 것도 경순과 마찬가지로 자그마한 공로라도 인정을 받아 봉록을 받고 작위 얻기를 바라기 때문입니다."

그렇지 않아도 칭제의 뜻이 있었는데, 제갈량이 이렇게 말하자 그는 크게 기뻤다.

"좋소이다. 그렇지 않아도 천하의 공론이 어쩔지 몰라 차마 말을 꺼낼 수 없었소이다만 이제 군사의 말을 들으니 속이 시원하오. 그대의 말을 따르겠소."

그리하여 유비와 제갈량 두 사람은 제위에 오르기 위한 계획을 짜기 시작했다. 그러나 이런 사실을 전혀 모르고 유비에게 상소하여 칭제의 부당함을 간언하는 신하도 있었다.

"주상께서는 조조 부자가 황제를 압박하여 제위를 찬탈했기 때문에 만 리 밖에 몸을 기탁하고 병사들과 사람들을 모집하여 역적을 토벌하고 계십니다. 아직 강대한 적을 이기지 못했는데 먼저 칭제하시면 사람들이 의아하게 여길까 걱정입니다. 옛날 고조는 초나라와 약속을 맺어 먼저 진秦을 멸한 사람을 왕으로 칭하자고 했습니다. 한 고조는 함양을 공격하여 함락한 후 자영子嬰을 잡았음에도 왕의 칭호를 재차 사양하셨습니다. 그런데 어찌하여 주상께서는 문 밖을 나서지 않으셨는데도 스스로 즉위하시려 하십니까? 어리석은 신은 진실로 주상께서 그렇게 하지 않으시리라 생각합니다."[*]

유비는 그의 상소문을 본 후 기분이 매우 좋지 않았다. 그래서 얼마 후 그를 좌천시켜 다른 곳으로 보냈다. 사람이 어떤 일을 할 때는 먼저 주위 상황을 살펴야 하는 것이 아닐까?

서기 221년, 한중왕 유비가 성도에서 등극하여 칭제했다. 전국적으로 대사면을 실시하여 죄수들을 방면하고, 연호를 장무章武로 바꾸었으며, 제갈량을 승상, 허정許靖을 사도로 임명했다. 그리고 한의 국호를 계속 사용했다. 유비가 줄곧 한조의 종실을 자처하였으되, 그의 정권이 촉 땅에 있었기 때문에 사람들은 유비의 정권을 촉한이라 칭한다.

유비가 촉한을 건립하고 칭제한 것에 대해 서로 다른 관점이 존재한다. 그 내용은 다음과 같다.

혹자는 유비가 유방과 유수의 사업을 계승하여 한실을 전승한 것이기 때문에 그가 제위에 오른 것이 합당하다고 주장한다. 하지만 어떤 이는 전혀 다르게 생각하고 있다. 대표적인 인물이 유명한 사가 사마광이다. 그는 유비가 서한 중산정왕의 후대라고 자칭하나 과연 중산정왕의 몇 대 손이며, 어떤 명분과 지위를 가졌는지가 불분명하다고 하면서 한실과 관계가 너무 멀다고 주장했다. 남조 송 무제 유유劉裕가 서한의 초원왕楚元王의 후손이라고 자칭한 것이나, 남당南唐 열조烈祖 이변李昪이 당조의

---

[*] 《삼국지 · 촉서 · 비시선費詩傳》에 따르면, 이는 비시의 발언이나. 비시는 이로 인해 유비에게 미움을 빚어 영창永昌의 종사로 좌천되었다. 이외에도 반대 의견을 낸 옹무雍茂는 죽음을 당했고, 유파劉巴는 쫓겨나지는 않았지만 평생 조심스럽게 살아야만 했다.

오왕吳王 이각李恪의 후손을 자칭한 것처럼 진위 여부를 구분하기 어렵다는 것이다. 그래서 유비의 촉한이 동한 광무제 유수가 서한 정권을 계승한 것이나 동진 원제 사마예司馬睿가 서진 정권을 계승한 것과 비교할 수 없고, 한조의 정통 계승자가 아니며, 근본적으로 한조와 상관이 없다고 주장했다. 이것이 바로 서진의 진수가 《삼국지》를 쓴 이후로 남북조시대를 거쳐 당대에 이르기까지 조위를 정통으로 간주하고 촉한을 정통으로 여기지 않은 이유다. 촉한이 정통이 된 것은 양송兩宋 이후의 일이다.

엉덩이가 머리를 좌우한다

유비가 칭제한 후 부인 오씨를 황후로 삼고, 아들 유선을 황태자로 임명했다. 유선에게 시집온 장비의 딸은 황태자비가 되었다. 이외에도 두 아들 가운데 유영劉永은 노왕, 유리劉理는 초왕으로 봉했다. 황제 일족의 호칭을 모두 정한 후 유비는 동생 관우의 원한을 풀기 위한 준비에 나섰다. 관우의 복수를 하지 않는다면 그 옛날 도화원의 결의 앞에 떳떳할 수 있겠는가? 유비는 대군을 집결해 동오의 손권과 결전할 준비를 마쳤다.

유비가 직접 동오를 정벌하겠다고 말하자 수하의 많은 문신과 무장들이 모두 동의하지 않았다. 물론 승상 제갈량도 반대했다. 하지만 제갈량은 누구보다 총명한 사람이다. 주지하다시피 한중왕 유비가 칭제한 지 얼마 되지 않은 상황에서 첫 번째로 대규모 정벌에 착수했는데, 만약 무조건 반대만 한다면 황제의 체면이 무엇이 되겠는가? 그래서 일단 전쟁을 반대하는 의견을 제시했으나 유비가 전쟁을 끝까지 우기자 더 이상 아무 말도 하지 않았다.

하지만 다른 이들은 제갈량처럼 총명하지 않았다. 예를 들어 조운이 그러했다. 그는 성격이 강직하고 오랜 세월 유비와 함께 생활한 노장이었다. 그는 단도직입적으로 이렇게 말했다.

"국적國賊은 조조이지, 손권이 아닙니다. 만약 조위를 먼저 멸망시킨다면 동오의 손권은 스스로 복종할 것입니다. 비록 조조는 죽었으나 그의 아들 조비는 한조의 제위를 찬탈한 도적입니다. 민심에 순응하여 가능한 한 빨리 관중을 공격하여 황하와 위수 상류를 차지하면 흉악한 역적을 토벌하는 데 유리할 것입니다. 그리하면 함곡관 동쪽의 뜻 있는 선비들이 식량을 짊어지고 뛰어난 계책을 가지고 왕의 군사를 영접할 것입니다. 조위를 놔두고 오나라와 먼저 전쟁을 벌여서는 안 됩니다. 일단 전투가 벌어지면 쉽게 멈출 수 없으니 이는 상책이라 할 수 없습니다."

조운의 말은 일리가 있었다. 하지만 유비의 뇌리에는 오직 복수 두 글자만 가득했기 때문에 손권과 싸울 것을 완강하게 고집했다. 이런 상황에서 조운의 말은 유비를 불쾌하게 했을 뿐 수용될 수 없었다.

《삼국연의》에서 조운은 오호상장으로 관우, 장비, 마초, 황충과 동급이나 실제 관직은 그들보다 낮았다. 우선 관우는 전장군이고, 장비는 거기장군이며, 마초는 표기장군, 그리고 황충은 후장군이다. 이를 중호장군重號將軍이라 부른다. 대장군과 표기, 거기는 1등급이며, 전과 후, 좌와 우는 2등급이다. 그러나 조운은 단지 잡호장군雜號將軍으로 앞서 말한 탕구장군, 정남장군征南將軍, 평남장군平南將軍과 동급이다. 조운과 유비의 관계도 〈자룡송子龍頌〉에서 '비록 금란의 맹약은 없었으나 전생에 인연이 있었네. 충성과 용맹으로 한실을 도우니 그의 인정과 도의 도원에 비길 만하네'**라고 노래한 것과 같지 않았다. 이전에 조운은 유비에게 공신들에게 땅을 나누어주지 말라고 한 적이 있었는데, 이로 인해 유비는 조

** "수미노금란雖未결金蘭, 진생신류연前生有緣, 충룡부한실忠竜付漢室, 징의비노원情義比桃園." 〈사룡송〉은 홍콩 가수 최경호崔景浩가 부른 노래로 조자룡의 공적을 찬양하는 내용이다. '금란'은 '금란지계金蘭之契'를 뜻하는 말로 유비와 관우, 장비가 도원에서 결의하여 의형제를 맺은 것을 말한다.

운에게 섭섭함을 숨기지 않았다. 이번에 유비가 강동을 토벌하면서 그에게 후방을 지키라고 한 것은 사실 냉대한 것이나 다를 바 없다.

대신들 가운데 유비에게 강동 토벌의 부당함을 간언한 이들이 적지 않았으나 유비는 듣지 않았다. 그는 원래 어질고 유능한 선비를 예로 대했지만 이번만큼은 그런 모습을 보이지 않았다. 엉덩이가 머리를 결정한다고 했던가!(지위가 생각을 결정한다는 뜻) 맞는 말이다. 그가 어디에 앉아 있느냐에 따라 생각이 좌우되기 마련이다. 그는 이제 한중왕이 아니라 황제의 자리에 올랐던 것이다. 광한군의 어떤 이가 '천시나 지리로 보건대 이번 출정은 촉군에게 불리하다'고 말했다. 그는 이로 인해 감옥에 갇혔고, 유비가 세상을 떠난 후에야 풀려났다.

꿈속에서 머리가 떨어지다

유비가 관우의 원한을 풀기 위해 동오 정복을 준비하고 있을 때 또다시 나쁜 소식 하나가 전해졌다. 셋째 동생 장비가 죽었다는 전갈이었다. 그렇다면 장비는 어떻게 죽었는가?

거기장군 장비는 용맹하고 전투에 능한 인물로 천하에 위세를 떨쳤으며, 관우에 버금가는 용장이었다. 하지만 그는 관우와 다른 점이 있었다. 관우는 사병들에게 애정과 관심을 가졌으되 사대부들에게는 거만했다. 하지만 장비는 정반대였다. 그는 자신이 무식하다는 것을 누구보다 잘 알고 있었기 때문에 사대부들에게는 예의를 갖추었으나 일반 사병들에게는 무심했다.

유비는 가끔씩 장비에게 주의를 주곤 했다.

"자네는 형벌이 너무 가혹하고 사람을 너무 많이 죽였어. 게다가 매일 병사들에게 채찍질을 하면서 그들을 측근에 임용하고 있으니, 이는 화를 자초하는 일일세. 자네가 누군가에게 잘못을 했다면 마음속으로 기억하고 있다가 예의를 갖추어 미안하다고 하거나, 그렇지 않다면 아예 쫓아내게."

하지만 장비는 여전히 자신의 잘못을 고치지 않았으며, 제멋대로 수하 장병에게 욕설을 퍼붓거나 때리는 일을 서슴지 않았다. 호위병이든 비서든 가리지 않았다.

유비는 동오의 손권을 토벌하러 나서면서 장비에게 1만 병사를 이끌고 낭중閬中에서 출발하여 강주江州에서 대군과 합류하라고 했다. 그러나 장비는 끝내 강주에 도착하지 못했다. 이미 수하의 장수인 장달張達, 범강範強에게 피살당했기 때문이다.

누군가의 말에 따르면, 장비가 장달과 범강에게 상장喪葬의 뜻을 나타내기 위해 투구나 갑옷, 깃발 등을 모두 흰색으로 마련하라고 지시했다. 그러나 두 사람은 자신에게 주어진 임무를 끝내 완수할 수 없었다. 장비는 화가 치솟아 그들을 욕하고 때리며 당장이라도 참수하여 관우의 제사상에 올리겠노라고 위협했다. 두 사람은 생각할수록 두려워 먼저 손쓰기로 작심했다. 늦은 밤, 장비가 술에 취해 곯아떨어지자 그 틈을 타서 장비를 죽였다. 그런 후 장비의 머리를 가지고 도망쳐 손권에게 투항했다.

당시 유비는 성도에 있었다. 어느 날 갑자기 장비의 군영에서 표문이 올라왔다는 소식을 듣자 유비는 장비에게 변고가 일어났음을 직감하고 말했다.

"아, 장비가 죽었구나!"

아마도 오랜 세월 친형제나 다를 바 없이 지냈기에 무언가 감응이 있었을 것이다. 그의 직감대로 장비가 세상을 떴다는 소식이었다.

장비와 관우의 죽음에 대해 진수는 《삼국지》에서 이렇게 평하고 있다.

"관우와 장비는 모두 1만 명의 적군을 상대할 만한 호랑이처럼 용맹한 신하다. 관우는 조공曹操에게 보답했고, 장비는 대의로써 엄안을 풀어주었으니 모두 국사國士의 풍모를 지녔다고 말할 수 있다. 하지만 관우는 강직하고 자신의 긍지가 지나쳤으며, 장비는 폭력적이고 은혜를 베풀지 않았다. 그래서 그 단점으로 실패하게 되었으니 이치적으로 당연한 일이다."《삼국지·촉서·관장마황조전關張馬黃趙傳》

진수가 말한 바대로 그들 두 사람은 시대가 낳은 영웅이자 대단한 군사였다. 하지만 관우는 고집이 강해 남의 의견을 듣지 않았고, 장비는 포악하여 은혜를 베푸는 데 인색했다. 그들은 이런 이유로 죽게 되었으니 어찌 보면 당연한 일인 듯하다.

유비는 동오 정벌에 착수하고

유비는 칭제한 그해 7월 친히 각로의 군대를 이끌고 손권을 침공하려는 준비를 마쳤다. 그는 조운에게 후방에서 군량과 마초를 책임지도록 하고, 승상 제갈량도 출전하지 말고 후방에 남아 있도록 했다.

조운은 그렇다고 치고 제갈량은 왜 출정하지 않았을까? 이에 대해 후세에 많은 이들이 의혹을 제기한 바 있다. 제갈량은 누구나 다 알고 있는 촉국의 최고 지낭智囊 : 지혜의 주머니. 지혜가 많은 사람을 비유적으로 이르는 말이다. 그런데 왜 유비는 중요한 원정을 앞두고 지낭을 챙길 생각을 하지 않았는가? 혹자는 제갈량이 동오 출병을 반대했기 때문에 유비가 거절한 것이라고 주장하고, 또 어떤 이는 제갈량의 형인 제갈근이 동오에서 중요 직책을 맡고 있기 때문에 그를 믿지 못했거나 또는 의도적으로 피한 것이라고 말하기도 한다. 어핫든 유비는 이번 동오 출정에 제갈량을 데리고 가지 않았다.

유비가 친히 대군을 몰고 진공하자 손권은 유비가 이번에는 작심하고 출전했음을 알아챘다. 그래서 촉한에 화해를 요청했다. 손권 휘하에서 남군태수를 맡고 있는 제갈근, 즉 제갈량의 형이 유비에게 서신을 보냈다.

"폐하께서는 관우와 친근한 정도가 선제先帝 : 선황제와 비교할 때 어떻다고 생각하십니까? 또한 형주의 크기는 전국과 비교할 때 어떻습니까? 우리 동오가 폐하에게 원수처럼 느껴진다는 것을 인정합니다. 하지만 조위 역시 폐하의 원수가 아니겠습니까? 폐하의 조카뻘인 헌제는 조비에게 제위를 빼앗겼습니다. 저희는 단지 폐하의 의형제를 죽이고 형주를 점령했을 따름입니다. 똑같이 보복을 해야겠지만 과연 누가 먼저이고 누가 나중이겠습니까? 두 가지 중에서 이해와 경중을 헤아리시어 보다 급선무인 것을 따르시는 것이 좋으실 듯합니다."

당시 동오에서 누군가 손권에게 제갈근이 사사롭게 촉한으로 사람을 보내 유비와 연통했다고 고자질했다. 그러자 손권이 말했다.

"나는 자유子瑜 : 제갈근와 삶과 죽음으로도 바꿀 수 없는 맹세를 했다. 자유는 나를 배반하지 않을 것이니, 이는 내가 그를 배반하지 않는 것과 같도다."

손권은 이렇듯 제갈근을 철저하게 신임했다.

당시 유비와 손권 양측은 무산巫山 부근에서 대치했다. 장강 삼협이 양쪽을 오갈 수 있는 중요 통로였다. 유비는 대장 오반吳班과 풍습을 각기 좌영군, 우영군으로 삼아 하구를 빼앗고 동오 경내까지 진입하도록 했다. 그들은 무현에서 오군 선봉부대를 격퇴하고 자귀를 점령했다.

동시에 조위가 틈을 엿보고 습격을 감행할 것을 대비하여 진북장군鎭北將軍 황권에게 장강 북쪽에 주둔하고, 시중 마량馬良에게 무릉에서 현지 부족의 수령인 사마가沙摩柯와 합세하도록 했다.

벽을 뚫어 병세를 살피다

적군이 공격해 오면 장수가 나가서 막고, 물이 밀려오면 흙으로 막는다고 했다. 어떤 사태도 나름의 대응책이 있기 마련이다. 손권 역시 유비의 공격에 맞서 군사 대책을 준비하고 서둘러 군사를 파견했다. 원래 관우를 격파하고 사로잡은 여몽이 유비와 맞서기에 가장 적절한 장수였으나 애석하게도 여몽은 이미 이 세상 사람이 아니었다.

강릉에서 여몽이 지대한 공을 세우자 손권은 그를 남군태수로 임명하고 후작으로 봉하는 한편 1억 전과 황금 500근을 상으로 하사했다. 하지만 여몽은 작위를 행하고 전공을 전국에 알리기도 전에 그만 병석에 눕고 말았다. 손권은 당시 원래 유비의 치소인 공안에 있었는데, 황급히 여몽을 내전內殿에 맞아들이고 온갖 처방을 다해 그를 치료하도록 하는 한편, 나라 안에 여몽의 병을 치료하는 자가 있다면 천금을 상으로 내리겠다고 포고했다.

매번 의원이 여몽의 몸에 침을 찌를 때면 손권은 자신이 침을 맞는 것처럼 아파하고 힘들어했다. 그는 늘 여몽의 병세를 살폈다. 하지만 그가 갈 때면 여몽이 힘든 몸을 일으켜 세워 예를 행했기 때문에 오히려 미안한 마음이 들었다. 그래서 아랫사람에게 명하여 벽에 구멍을 뚫고 그의 병세를 확인하곤 했다.

여몽이 조금이라도 음식을 먹는 것을 보면 기뻐하여 주위 신하들에게 웃으며 말을 했지만, 그러지 않을 경우에는 장탄식을 하며 잠을 이루지 못했다. 여몽의 병세가 약간 호전되자 전국에 사면령을 내리고 신하들에게 경하하도록 했다.

이후 여몽의 병세가 더욱 나빠지자 손권이 친히 그의 침상 옆에서 지켜보았으며, 도사들에게 작법作法하여 그의 생명을 지켜줄 것을 기도하도록 했다. 그러나 애석하게도 온갖 노력에도 불구하고 여몽은 내전에서 눈을 감고 말았다. 향년 42세다. 손권은 비통하여 친히 상복을 입고, 먹고 자는 일도 줄였다.

손권이 일찍이 육손과 함께 주유와 노숙 그리고 여몽을 평한 적이 있었다. 여몽에 대해 이야기하면서 손권은 이렇게 말했다.

"자명(여몽)이 어렸을 때 나는 그가 환난을 두려워하지 않고 죽음을 불사할 정도로 과감하다는 것만 알고 있었소. 그런데 어른이 된 후 학문이 날로 좋아지고 탁월한 재략으로 싸움에서 승리를 구가하는 것을 보고 주공근周公瑾 : 주유에 버금간다는 생각을 했소. 다만 재화才華가 공근만 못할 따름이었지. 관우를 잡을 계략을 내놓은 것을 보면 노자경(노숙)보다 뛰어났소이다. 자경은 내가 보낸 편지에 답장을 보내면서 이렇게 말했소. '제왕의 대업을 이루려는 사람은 타인의 역량을 이용하여 활로를 찾는 것이니 관우는 걱정할 바가 아닙니다.' 사실 이는 노자경이 관우를 상대할 수 없어 나에게 그저 큰소리를 쳐본 것에 불과했지. 나 또한 그를 용서하고 더 이상 책임을 묻지 않았소."

이런 나름의 평가를 보면 손권의 마음속에 여몽의 자리가 상당했음을 알 수 있다.

34강 복수에 눈이 먼 유비의 패배

　　서기 221년, 평생 분주하게 전쟁터를 오가며 이리저리 정처 없이 떠돌아다녔던 유비가 마침내 촉 땅에 정착하여 정식으로 칭제하고 한조의 국호를 계승하고 장무章武로 건원했다. 유비가 칭제한 후 제일 처음 한 사업은 바로 둘째 동생 관우의 원한을 갚기 위해 군사를 이끌고 동오를 공격하는 일이었다. 유비의 이런 결정에 대해 승상 제갈량, 장군 조운을 비롯한 많은 문신, 무관들이 모두 찬성하지 않았다. 그러나 유비의 머릿속에는 오로지 보복 두 글자가 떠올랐기 때문에 여러 가지를 고려하지 못하고 오직 동오 공격에 총력을 기울였다. 그러던 차에 나쁜 소식이 전해졌다. 셋째 동생 장비가 부하를 학대하다 오히려 그 부하에게 목숨을 잃었다는 소식이었다. 장비를 죽인 자들도 동오로 투항했다. 그러니 유비가 동오를 공격하여 원수를 갚겠다는 생각이 더욱 결연해진 것도 당연한 일이다.

　　유비가 전군을 이끌고 공격하자 손권은 화해를 청했다. 하지만 유비는 받아들이지 않았다. 손권 또한 응전할 수밖에 없었다. 그렇다면 전쟁의 결과는 어떻게 되었는가? 당시 위나라는 무엇을 하고 있었는가?

똑똑한 대신과 우둔한 황제

유비와 손권이 맞붙으려고 한다는 소식을 들은 위 문제 조비는 대신들을 모아 논의토록 했다. 과연 그들은 정말로 싸움을 할 것인가? 만약에 싸운다면 규모는 어느 정도일까? 우리는 이처럼 좋은 기회를 틈타 무엇을 해야 하는가?

손권과 조비, 그리고 유비의 관계는 상당히 복잡했다. 한 가지 사건이 세 나라와 공히 관련을 맺는 경우가 허다했다. 하물며 이제 막 칭제한 유비가 친히 대군을 이끌고 출정한다는데 당연히 그러하지 아니하겠는가? 위나라 대신들은 처음에는 모두 유비가 정말로 손권과 싸우려는 것이 아니라 단지 허세를 부리며 속이는 것이라고 여겼다. 촉한은 여전히 작은 나라에 불과하고 명장이라고 해야 관우 한 명뿐인데 그마저도 이제 세상에 없으니 어찌 그보다 더 큰 동오와 싸울 수 있단 말인가?

그러나 시중 유엽劉曄은 생각이 달랐다.

"촉나라는 비록 국토가 협소하고 국력이 약하지만, 유비는 권모와 위엄을 빌려 자신의 위치를 더욱 강화할 필요가 있기에 출병하려는 것입니다. 출병을 통해 자신들이 강대하다는 것을 보여주기 위함이지요. 또한 관우는 유비와 도의상으로 군신 관계이나 우의로 본다면 수족 관계나 다를 바 없습니다. 관우가 피살되었는데도 유비가 복수하지 않는다면 이는 도의에 부합하지 않습니다."

그의 말은 이후 사실로 증명되었다. 유엽의 관점이 옳았던 것이다. 그는 유비와 관우의 관계, 촉과 오의 관계를 정확하게 간파했다. 얼마 후 유비는 진짜로 오나라를 공격했고, 손권은 강화를 요청했으나 성사되지 않자 응전에 돌입했다.

손권은 두 가지 대책을 마련해야만 했다. 하나는 유비에게 대항하는 것이고, 다른 하나는 조위의 습격을 방비하는 일이었다. 일단 조위에 대해서는 신하를 자청하여 도움을 청하기로 결정했다. 서기 221년, 손권은 사자를 보내 위나라에 신하로 복속할 것을 청했다. 언사를 최대한 낮추고 아울러 이전에 포로로 잡은 장수 우금 등을 위나라로 송환했다.

조비의 신하들은 손권이 굴복하는 것을 보고 위 문제에게 경하하며 즐거워했다. 하지만 이번에도 유엽은 달랐다.

"이는 축하할 일이 아닙니다. 손권은 아무런 이유도 없이 복종을 맹세했습니다. 자신들의 나라 내부에 위기가 발생했기 때문입니다. 유비가 대군을 이끌고 출정한 상태이니 외침으로 인해 대소 신료들의 마음이 불안하고, 우리 위나라가 기회를 틈타 공격하지 않을까 두려워하고 있습니다. 그렇기 때문에 토지를 헌납하고 투항한 것입니다. 이렇게 함으로써 그들은 무엇보다 우리의 공격을 막을 수 있을 것이고, 두 번째로 우리의 원조를 얻어 자신들의 지위를 강화하고 유비를 혼란스럽게 만들 수 있을 것입니다. 지금 천하는 셋으로 나누어져 있습니다. 우리 위나라는 전국 토지의 8할을 차지하고 있으나, 오와 촉은 단지 주州 하나 정도의 작은 땅만 차지하여 험한 지세에 의지하거나 장강과 크고 작은 호수에 기대고 있습니다. 저들은 위급해지면 서로 원조를 마다하지 않습니다. 그래야만 작은 나라에 이롭기 때문입니다. 생각건대 이번 기회에 대대적으로 군사를 일으켜 동오를 공격하셔야 합니다. 위는 안에서 치고 촉은 밖에서 치는 형국이니 동오는 열흘도 못 가서 무너지고 말 것입니다. 동오가 망하면 촉은 고립될 것이니 어찌 속히 도모하지 않으십니까? 설사 오나라의 일부 토지를 촉에 할양하는 한이 있더라도 촉은 그리 오래가지 않을 것입니다. 게다가 촉은 그저 오나라의 변방 삭은 시역을 얻을 뿐이나 우리는 오나라의 본토인 강남 지역을 얻게 될 것입니다."

유엽의 건의는 상당히 이치에 맞았다. 당시 상황으로 볼 때 위가 오를 멸망시킬 수 있는 절호의 기회였음이 분명하다. 그러나 조비는 그의 부친만큼 담력이 크지 않았으며, 모략 또한 웅대하지 않았다. 그가 신하들에게 말했다.

"손권이 예를 갖추어 짐에게 투항을 자청하고 있는데, 오히려 그를 친다면 장차 짐에게 투항하려는 천하의 인심을 막는 결과가 생기지 않겠는가? 오의 투항을 받아들여 촉의 퇴로를 막는 것만 못하리로다. 여하간 양측 가운데 하나와 싸워야 한다면 어찌 오와 싸우겠는가? 우리와 오나라가 함께 진공한다면 촉을 멸망시킬 수 있을 것이다."

유엽은 듣고서 계속 머리를 가로저었다.

"아닙니다. 우리는 촉한과 거리가 멀고 오나라와는 가깝습니다. 어찌 가까운 곳을 버리고 먼 곳을 택하겠습니까? 촉한은 우리가 자신들을 공격하고 오나라와 싸우지 않을 것임을 이미 알고 있습니다. 그럴 경우 오나라는 설령 촉한을 돕지 않는다고 할지라도 우리를 도울 생각 또한 하지 않을 것입니다. 그렇나면 우리는 촉과 오, 양쪽과 싸워야 합니다. 그러나 만약 우리가 오나라를 친다면 유비는 분명 오나라가 곧 망할 것임을 알고 기꺼이 오나라를 공격하여 우리와 영토 분할을 다툴 것입니다. 유비는 과연 오나라에 구원을 요청하기 위해 자신의 분노를 억누를 수 있을까요? 절대로 그럴 수 없습니다. 결국 위와 촉이 연합하여 오를 멸망시키게 될 것입니다. 그러니 오를 먼저 쳐야지, 촉을 쳐서는 안 됩니다."

그러나 위나라 문제는 도의상 있을 수 없는 일이라 여기고 유엽의 건의를 받아들이지 않았다. 그는 여전히 서생의 의기義氣가 짙었던 것이다. 전혀 못할 것이 없었던 조조와는 크게 다른 점이다.

언변이 좋은 사자

손권이 신하로 굴복하기로 하자 조비는 자신도 나름 뭔가 표시해야 할 것이라는 생각이 들었다. 자신의 신하가 되겠다고 하는데 당연히 뭔가 주어야 하지 않겠는가? 그래서 그는 태상경에게 명해 손권을 오왕으로 봉하고 구석을 하사하도록 했다.

이에 유엽이 간언했다.

"불가합니다. 손권을 왕으로 봉할 수 없습니다. 다른 성씨는 왕 노릇을 할 수 없습니다. 폐하께서 한조 황제의 선양을 받아들여 위나라 황제에 오르셨습니다. 덕행이 천지에 부합하고 명성이 천하에 널리 알려졌습니다. 손권은 비록 웅대한 재주와 뛰어난 계략을 지녔다고 하나 멸망한 한조의 표기장군, 남창후에 불과합니다. 관직이 낮고 세력도 미약하여 중원을 두려워할 뿐입니다. 그의 투항을 받아들여 장군으로 임명하고 10만 호 정도의 제후로 봉할 수는 있습니다. 하지만 돌연 왕으로 봉할 수는 없습니다. 그는 조씨 집안사람이 아닌데 어찌 왕이 될 수 있겠습니까? 손권에게 왕위를 주시면 폐하보다 단지 한 자리 아래에 있는 것이 됩니다. 사용하는 예악이나 복장, 수레의 등급도 복잡해집니다. 손권이 후작에 불과하다면 강남의 사대부와 백성들이 그와 군신의 관계가 성립되지 않습니다. 하지만 왕의 칭호를 준다면 그와 강남의 사대부, 백성들은 군신 관계가 됩니다. 이는 호랑이에게 날개를 달아주는 것과 무엇이 다르겠습니까? 손권을 왕으로 봉한다면, 이후 촉군이 퇴각한 후 반드시 우리 위나라에 무례를 범할 것입니다. 하오니 그를 왕으로 봉하지 마십시오."

위나라 문제는 여전히 말을 듣지 않았다. 손권이 스스로 신하가 되겠다고 한 이상, 이보다 좋은 본보기가 어디 있겠는가? 천하의 사람들에게 대위大魏로 귀순한 사람이 어떻게 부귀영화를 손에 넣는지 보여주고 싶었던 까닭이다. 본보기의 힘은 무궁하기 때문이었다. 결국 이런 이유로 조비는 고집스럽게 손권을 왕으로 봉하려 했던 것이다.

조위의 사자가 손권을 왕으로 봉한다는 책문과 구석을 받들어 동오로 왔다. 손권의 신하들은 손권에게 상장군을 자칭하고 구주백九州伯을 지킬 뿐, 조비가 책봉한 왕의 벼슬은 받지 말 것을 요청했다. 하지만 손권은 달리 생각했다.

"예로부터 구주백이란 칭호는 들어본 적이 없소. 하지만 패공沛公 유방도 항우가 하사한 한왕의 벼슬을 받았소이다. 천하의 모든 일이 형편에 따르는 것 아니겠소? 지금은 임시변통의 계책일 뿐이외다. 굳이 거절할 까닭이 없으니 전혀 체면을 떨구는 일이 아니오."

손권은 조위의 봉호를 받아들였다.

이후 오왕 손권이 사자를 보내 감사의 뜻을 전했다. 당시 사자로 간 사람은 언변이 좋은 중내부 조자趙咨였다. 위 문제가 조자에게 물었다.

"오왕의 사람됨이 어떠한가?"

"총명하고 명철하며 덕망이 있고, 원대한 지략까지 두루 갖추고 계십니다."

문제가 다시 물었다.

"어찌 아는가?"

조자가 대답했다.

"오왕은 평민 백성 중에서 노숙을 선발하여 중임을 맡겼으니 이는 총명함이고, 여몽을 발탁하여 군대의 통수로 삼았으니 이는 영명하기 때문입니다. 우금을 잡고도 죽이지 않은 것은 인후仁厚한 것이고, 형주를 취하는 데 병사들이 피 한 방울 흘리지 않은 것은 지혜가 있기 때문입니다. 삼강(양주, 형주, 교주)에 의지하여 범과 같은 눈으로 천하를 살피며 기회를 엿보고 있으니 이는 영웅의 기개입니다. 또한 자신을 낮추어 폐하에게 신하를 자청하였으니 이는 곧 지략의 출중함입니다."

문제가 다시 물었다.

"오왕의 학문은 어떠한가?"

조자가 답했다.

"오왕은 1만 척의 전선戰船을 강에 띄우고 백만의 군사를 거느리시며, 현명하고 유능한 자를 발탁하여 일을 맡기시고, 항상 천하를 다스리는데 뜻을 두고 계십니다. 잠시 여가가 날 때면 경전과 사적을 읽으며 그 속에 담긴 정화를 터득하시고, 서생들처럼 기발한 문장이나 찾고 구절이나 외우는 일은 하지 않으십니다. 오왕은 고금 학문에 통달하시고 재주가 뛰어나십니다."

문제가 듣자 하니 영 기분이 언짢았다.

"짐이 너희 동오를 정벌하고자 하는데 가능하겠느냐?"

"대국이 군사를 갖추고 있다면 소국은 이를 막아낼 방책을 가지고 있기 마련입니다."

"그렇다면 너희 동오는 우리 위나라를 두려워하지 않는단 말이냐?"

조자가 정색을 하며 대답했다.

"오나라는 100만의 군사가 있고, 전선이 1만 척이며, 장강과 한수가 성을 호위하듯 흐르고 있습니다. 우리는 어떤 것도 힘들다 여기지 않으니 누가 와도 두려움이 없습니다."

문제가 머리를 끄덕이며 다시 물었다.

"오나라에는 그대와 같은 사람이 몇이나 있느냐?"

조자가 대답했다.

"우리 오나라에는 특별히 총명하고 통달한 자가 80~90명 정도이며, 저와 같은 자는 수레로 실어내고 말로 되어도 다 헤아릴 수 없을 정도입니다."

위 문제는 그제야 껄껄 웃으며 사자의 거리낌 없는 말솜씨와 기개에 감탄했다. 아울러 수하에 이런 부하를 두었으니 손권도 그리 만만한 인물이 아니라는 생각이 들었다.

인정을 받지 못하는 총수總帥

손권이 조비에게 신하를 자청하고 쌍방이 의심하는 가운데 잠시 동맹을 맺었을 때인 촉한 장무 2년(서기 222년), 유비는 자귀에서 출병하여 동오로 진격했다.

제갈량의 신임을 받고 있던 황권이 유비에게 간언했다.

"오군은 용맹하며 싸움을 잘합니다. 하지만 우리 촉의 수군은 장강을 따라 남하하기 때문에 나아가기는 쉬워도 물러나기는 어렵습니다. 청컨대 저를 선봉으로 보내주십시오. 제가 먼저 가서 적의 허실을 살필 터이니 폐하께서는 굳이 위험을 무릅쓰지 마시고 후방에서 지켜봐주시기 바랍니다."

그러나 유비는 황권의 건의를 듣지 않았다. 이번만큼은 누구에게도 선봉을 맡기지 않고 자신이 직접 통솔하기를 원했기 때문이다. 그래서 황권을 진북장군으로 임명하여 장강 이북의 촉군을 이끌고 이릉 북쪽으로 진격하여 강북의 오나라 군사와 대치하면서 위나라 군사의 동향을 살피도록 했다.

유비는 마침내 친히 대군을 이끌고 자귀에서 험한 산길을 거쳐 이릉으로 진군한 후 효정猇亭에 주둔했다. 촉나라 수군과 육군도 함께 출진하여 무협巫峽에서 이릉에 도착하여 연도에 10여 개의 대영을 꾸렸다. 그런 다음 유비는 시중 마량을 파견하여 군대를 이끌어 무릉군으로 진군한 다음 촉에 투항한 소수민족의 우두머리 사마가 부족과 합세하여 오군을 협공하도록 했다.

유비가 공격을 감행했다는 소식을 듣자 오군의 장수들이 분분히 출병을 요청했다. 하지만 대도독 육손은 손을 내저으며 말렸다.

"유비는 군대를 이끌고 장강을 따라 내려오면서 몇 번의 전투에서 승리하여 기세가 하늘을 찌를 듯하오. 게다가 험한 지세를 이용하여 요충지를 굳게 지키고 있기 때문에 함부로 나가 싸울 수 없소이다. 설사 공격에 성공한다고 할지라도 전군을 격파할 수는 없소. 만약 공격이 여의치 않다면 우리의 주력군이 크게 손상될 것이오. 이는 작은 실수가 아니외다. 지금 우리는 장병을 포장褒奬하고 격려하여 다방면으로 적을 무찌를 수 있는 책략을 준비하면서 형세의 변화를 살펴야 할 것이오. 만약 촉군이 평원과 너른 들판이라면 거침없이 내달리겠지만 지금은 산속에 군대를 배치하고 있으니 이는 우리에게 천우신조라고 할 수 있소. 산을 따라 행군하느라 세력을 펼칠 수 없고 나무나 돌에 시달려 피곤에 지쳐있을 것이오. 일단 인내심을 갖고 그들이 전투력을 소진할 때까지 기다리고 있다가 공격을 가하는 것이 좋을 듯하오."

육손의 부하들은 주장의 생각을 이해하지 못하고, 그저 유비의 대군을 두려워하여 응전하지 않는다고 여겼다. 그래서 육손에게 불만이 많았다.

기회를 기다리다

유비는 육손이 접전하지 않고 수성守城에 돌입하자 미끼를 던져 공격을 유도할 생각이었다. 유비가 먼 원정길을 나선 것이 어찌 대군의 위용만 보이기 위함이었겠는가? 그는 당장이라도 적을 물리치고 동생들의 원수를 갚을 생각뿐이었다.

촉군은 거의 100리에 걸쳐 영채를 마련한 상태였다. 《삼국연의》나 희곡에서 말하는 700리 장사진長蛇陣을 치고 있었던 것이다. 하지만 이렇게 한일자로 진영을 꾸렸기 때문에 주력군이 적군을 집중적으로 공격하기에 불리했다. 그래서 유비는 장군 오반에게 수천 명을 이끌고 평지에 주둔하도록 했다. 이는 일종의 미끼였다.

유비의 수천 인마가 성문까지 다가오자 오군은 또다시 주장에게 출진을 요구했다. 하지만 육손이 담담하게 말했다.

"아직 출진할 때가 아니오. 이는 틀림없는 속임수이니 잠시 살펴보는 것이 좋겠소."

육손이 출격하지 않자, 유비는 자신의 계획이 틀어졌음을 알고 산골짜기에 매복시켜놓은 8,000여 명의 복병을 이끌고 나왔다. 그제야 오군의 장수들은 육손이 출전하지 않은 이유를 알고 고개를 끄덕였다.

양군은 이릉 효정에서 거의 6개월 동안이나 별다른 전투 없이 대치하고 있었다. 시기적으로 한여름이었기 때문에 무척 더웠다. 촉군은 속전속결이 무엇보다 중요했으나 적군이 나오질 않으니 어찌할 도리가 없었다. 촉군은 무더위와 싸우면서 일단 전열을 정비하고 휴식하면서 가을이 오기를 기다렸다. 더 이상 진격할 수도 없고, 그렇다고 철군할 수도 없기에 나온 고육지책이었다.

촉군은 이미 오나라 경내로 500~600리나 깊이 들어와 있는 상태였다. 더군다나 험난한 산속에 영채를 꾸리고 후방과 많이 떨어져 있었기 때문에 군수물자를 조달하기가 어려웠다. 유비는 군사들이 무더위에 시달리지 않도록 수군을 상륙하도록 하는 한편 군영을 깊은 산속으로 옮기도록 했다. 이리하여 촉군은 거의 100리에 달하는 일자형 영채를 꾸리면서 자연히 병력이 분산되었다. 오군 총사령관 육손이 이제야 공격할 기회가 왔음을 직감했다.

육손은 촉군이 사기가 저하되고 유비가 수륙 병진을 포기했다고 판단했다. 사실 그는 유비가 강과 육지로 동시에 진격해 올 것을 가장 걱정하고 있었다. 그런데 자신들이 스스로 포기하니 반격 기회가 온 것이나 다를 바 없었다. 그는 곧 손권에게 적군과 아군의 정세를 분석하여 보고했다.

"이릉은 요충지로서 최전선에 자리한 관문입니다. 비록 쉽게 얻었지만 잃기도 또한 쉽습니다. 이를 얻느냐 잃느냐에 따라 아국의 생사 존망이 달라집니다. 이릉을 잃으면 한 군郡의 땅을 잃을 뿐만 아니라 형주까지 영향을 미치게 됩니다. 어떻게 해서든지 이를 얻어내야 합니다. 유비는 일반적인 이치를 어겨가면서 자신의 집은 지키지 않고 무모하게 군사를 보냈습니다. 신은 비록 미천하고 재주가 없으나 폐하의 위엄과 명성에 의지하여 순리에 따라 역적을 토벌할 것입니다. 유비가 앞뒤로 군사를 쓴 것을 보니 실패가 많고 성공이 적었기에 이로부터 승리를 예감하고 걱정하고 두려워할 이유가 없다고 생각했습니다. 신은 처음에 그가 강과 육지로 수륙 병진할 것을 걱정했으나 지금 그는 배를 버리고 육로를 따라 도처에 진을 치고 있습니다. 신이 그의 군사 배치를 관찰한 결과 일시에 무슨 변화가 있을 것 같지 않습니다. 그렇기 때문에 당장 반격하고자 하는 것입니다. 폐하께서는 베개를 높이 베시고 괘념치 마시기 바랍니다."

손권은 육손의 전략 변경을 허락했다. 그해 윤 6월, 육손이 촉군을 향해 공격을 개시했다. 하지만 휘하 장수들은 오히려 의아하게 생각했다.

"유비를 공격하려면 마땅히 처음 쳐들어와서 아직 진영을 꾸리지 않았을 때 했어야 합니다. 지금 그는 우리 오나라 성내로 500~600리나 깊이 들어왔고, 이미 7~8개월이나 대치하고 있는 상황입니다. 저들이 요충지를 굳게 지키고 있으니 공격하면 위험하지 않겠습니까?"

손권이 고개를 저으며 말했다.

"유비는 교활한 적으로 매우 많은 전투를 겪은 바 있소. 저들의 군대가 처음 집결했을 때 그의 생각은 주도면밀하고 전일하여 우리가 공격을 할 수 없었던 것이오. 이제 원정한 지 오래되었으나 우리의 허점을 찾지 못했고, 군사들은 지치고 사기는 떨어졌으며, 새로운 전략도 드러나지 않소이다. 그러니 앞뒤에서 협공하여 적을 격파할 때가 바로 오늘이라 한 것이오."《삼국지·오서·육손전陸遜傳》

마침내 육손은 촉군의 진영을 향해 공격을 명했다. 하지만 결과적으로 오군은 싸움에서 패했고, 촉군을 격퇴하지 못했다. 그러나 육손은 이번 싸움을 통해 유비 군대의 치명적인 약점을 찾을 수 있었다.

700리 진영에 불길이 치솟다

당시 강남은 가장 더운 시절이었다. 후덥지근한 날씨에 잠기 힘든 더위를 피해 촉군은 깊은 산속에 영채를 세웠다. 주위는 모두 빽빽한 숲으로 둘러싸이고 영채며 주변 목책까지 모두 나무로 만들었기 때문에 만약 화재가 난다면 불길을 걷잡을 수 없을 것이 분명했다. 육손은 이것이 촉군의 가장 치명적인 약점임을 간파했다. 결전을 준비하면서 육손은 군사들에게 각기 띠풀 한 묶음씩을 준비하라고 명령했다. 야심한 밤에 촉군 진영을 습격한 오군이 영채에 불을 놓았다. 때마침 동남풍이 불면서 삽시간에 불길이 거세졌다. 육손은 이를 틈타 총공격을 감행했다. 오군의 화공에 속절없이 무너진 촉군은 서쪽으로 퇴각했다. 오나라 장군 주연朱然이 5,000명의 군사를 이끌고 촉군의 선봉대를 무찌르고 촉군 후방까지 맹렬히 신격하여 탁향涿鄕 ; 지금 호북 의창宜昌을 포위했다. 이로써 촉군의 퇴로가 끊기고 말았다. 한편 반장은 군대를 이끌고 풍습이 이끄는 부대를 공격하여 여지없이 무너뜨렸다. 제갈근, 낙통駱統, 주윤周胤 등도 육손의 주력군을 도와 효정의 촉군을 향하여 진격했다.

오군의 진격은 순조롭게 진행되어 얼마 되지 않아 촉군의 40여 개 영채를 공격하여 모두 무너뜨렸다. 아울러 수군을 출진시켜 촉군의 양안 연락선을 끊어버렸다. 촉나라 장군 강남, 풍습 및 소수민족의 수령인 사마가의 군대가 모두 몰살당했다.

유비는 자신의 진영 곳곳에서 연기가 피어오르고 불길이 치솟는 것을 보고 깜짝 놀라 마안산馬鞍山에 올라 전열을 정비했다. 하지만 육손이 사방에서 달려오자 유비의 진영이 또다시 무너지면서 수만 명의 촉군이 죽거나 다쳤다. 촉군은 진영을 꾸릴 수 없을 정도로 완전히 참패를 당했다. 결국 유비는 밤을 틈타 포위망을 뚫고 도망쳤다. 석문산石門山에 이르렀을 때 오나라 장군 손환孫桓에게 바짝 추격을 당해 하마터면 잡힐 뻔했으나 역참의 관리가 온갖 물자를 쌓아놓고 불을 질러 겨우 추격을 피했다. 유비는 계속 도망치다 백제성 동쪽으로 도망쳐 들어갔다.

촉군은 배와 병기를 비롯한 군수물자를 모두 육손에게 빼앗겼다. 촉군의 시신이 장강에 떠다녔다. 유비는 부끄럽고 분에 찬 목소리로 이렇게 말했다.

"이럴 줄 몰랐다. 내가 육손에게 좌절과 모욕을 당한 것은 하늘의 뜻이 아니겠는가!"

유비는 평생 패장의 아픔을 겪었다. 그러나 이번 전투는 그에게 일생 최악의 참패를 당한 싸움이자 마지막 전투이기도 했다.

당시 강북에서 위군을 방어하고 있던 황권은 유비가 참패를 당하고 물러난 후 오군에게 퇴로를 차단당해 어쩔 수 없이 수위에 투항하고 말았다. 같은 해 마량은 남방에서 서북쪽으로 철수하다가 동오의 습격을 받아 전사하고 말았다.

대도독의 인자경忍字經

육손과 유비가 대치하고 있을 때 오군 안동安東 중랑장 손환이 이도夷道에서 촉군의 선봉대를 토벌하려다 포위된 적이 있었다. 손환은 촉군에게 포위당하자 육손에게 원병을 요청했다. 그러나 육손은 거절했다.

장수들이 의아하게 여기며 물었다.

"손안동孫安東은 손권의 친족인데, 어찌시려고 이러십니까? 그가 포위당한 것을 알고도 어찌 구하시지 않느냐는 말입니다."

육손이 말했다.

"안동은 병사들의 지지를 받고 있고 성곽도 튼튼하며 군량도 풍족하니 걱정할 것이 없다. 내 계획이 실현되기를 기다리면 손 장군을 돕지 않아도 포위가 절로 풀릴 것일세."

과연 육손이 촉군의 진영들을 불태우자 손환을 포위한 촉군도 앞다퉈 도망갔다.

나중에 손환이 육손을 만나 이렇게 말했다.

"처음 내가 죽을 지경이 되었는데도 장군께서 도와주시지 않으니 정말 원망이 많았습니다. 촉군과 대치할 당시 장군은 싸우지 않고 오직 저만 싸우고 있었는데, 장군은 저의 원병 요청을 받아들이지 않으셨지요. 하지만 지금에서야 장군의 조치가 정확했다는 것을 알았습니다. 정말 유능한 장군이십니다."

육손이 대도독 임명을 받았을 때, 그의 수하 장수들 가운데 어떤 이는 동오에서 삼조에 걸쳐 무관을 지낸 집안 사람이거나 손책의 부하였던 이들도 있고, 손권의 친족 출신도 있었다. 그들은 자신들이 동오의 주축이라 여기고 자부심이 강해 대도독의 지휘에 불복하는 일이 적지 않았다. 그러자 육손이 보검을 손에 들고 그들에게 말했다.

"유비는 천하에 명성을 떨쳐 조조도 그를 두려워하고 있소이다. 바로 그가 우리 경내로 대군을 몰고 왔으니 이는 강력한 적수가 아니겠소이까? 여러분은 나라의 은혜를 입었으니 마땅히 서로 화목해야 하며 마음과 힘을 합쳐 강적을 몰아내고 나라에 보답해야 할 것이오. 그런데 오히려 내 지휘를 따르지 않고 있소이다. 내 비록 일개 서생에 지나지 않으나 주상께서 중책을 맡기신 것은 나에게도 취할 점이 있고, 욕된 것을 참아가며 책임을 저버리지 않을 것이라 여기셨기 때문이오. 이제 거듭 명하노니 맡은 바 직책에 충실하도록 하시오. 군에는 군법이 있나니 이를 잘 준수하시기 바라오. 법에는 사사로운 정이 있을 수 없으니 만에 하나 어겼다가 뒤늦게 후회하며 무정하다고 책망하지 마시오."

유비가 참패한 후 여러 장수들은 비로소 육손의 전략에 탄복하며 그를 따랐다. '확실히 도독은 아무나 맡는 것이 아니다. 오랫동안 참고 또 참으면서 마침내 유리한 기회를 잡아 공격함으로써 성공을 이루었구나.'

오왕 손권이 이러한 사실을 나중에 듣고 그에게 물었다.

"장군은 어찌하여 장수들이 지휘에 불복한다는 것을 나에게 알리지 않으셨소?"

육손이 답했다.

"신은 주공의 두터운 은혜와 은덕을 입었습니다. 또한 여러 장수들은 주공이 아끼고 신임하는 이들이고, 또 어떤 이는 주공에게 힘을 주는 장수이며, 또 훌륭한 공신인 사람도 있습니다. 그들은 모두 주공께서 반드시 의지하고 함께 대업을 이루어야 할 사람들입니다. 신은 비록 미천하나 인상여藺相如나 구순寇恂이 나랏일을 중시하여 겸허하게 자신을 낮춘 뜻을 흠모하여 나라의 큰일을 이루려고 했던 것입니다."

오왕이 그의 말을 듣고 크게 웃으며 치하했다. 아울러 그를 보국장군輔國將軍으로 임명하고 형주목을 겸하도록 했으며, 강릉후로 바꾸어 봉했다.

이릉전투에서 유비는 동오의 젊은 장수 육손에게 참패하여 철군했다. 과연 동오는 이를 기회로 삼아 계속 유비를 공격할 것인가? 유비는 또한 어떤 이야기를 만들어낼 것인가?

35강 제갈공명에게
나라를 맡기다

갓 황제가 된 유비는 신하들의 반대를 뒤로하고 둘째 관우의 복수를 위해 군대를 모아 동오로 떠난다. 손권은 촉군의 맹렬한 기세를 접하고는 조비를 향해 칭신하는 한편, 육손을 사령관으로 파견해 유비를 방어하게 했다. 그 결과 이릉전투에서 700여 리나 되는 유비군 진영이 육손에 의해 모조리 불타버리고, 유비는 황급히 서쪽 백제성으로 도망가게 된다. 유비 수하의 장교들은 모두 죽거나 투항했으니 이번 전투는 유비의 일생에서 가장 비참한 패전이었다.

유비가 백제성으로 도주하자 동오의 많은 장교들은 승세를 몰아 추격할 것을 건의했으나, 육손은 이들의 건의를 받아들이지 않았다. 왜일까? 그리고 유비는 백제성으로 도주한 후 어떻게 되었을까?

아들을 인질로 보낼 수 없다

손권이 조비에게 칭신했다지만 사람들은 손권이 진심으로 굴복했다고 생각하지 않았다. 사실 조비 자신도 그것을 믿지 않았다. 손권이 칭신할 때 진심을 표시하기 위해 우금 등을 위나라로 돌려보냈는데, 소비는 이들 동오에 구금되었던 옛 장군들에게 손권이 과연 믿을 만한 인물인지 물어보았다.

조비는 먼저 호주浩周라는 장교에게 물었다. 그는 확신에 찬 목소리로, 손권이 진심으로 굴복했다고 말했다. 하지만 다른 말을 하는 이도 있었다.

"호주의 말을 듣지 마십시오. 그는 이미 손권의 꾐에 넘어가 세뇌당했습니다. 손권은 진심으로 굴복할 자가 아닙니다."

원래 감언을 좋아하고 손권이 굴복하기를 너무나 바랐던 터라 조비는 듣기 좋은 의견만을 골라서 들었다. 호주의 말을 듣고 기분이 좋아진 조비는 그의 말이 정확한 견해일 것이라고 생각했다. 그래서 조비는 손권을 오왕으로 봉하고 호주를 오나라에 보내 손권의 아들을 시위로 보낼 것을 요구했는데, 이는 사실상 인질이 되는 것과 같았다.

오나라에 도착한 호주가 손권에게 말했다.

"폐하조비는 대왕손권께서 아드님을 시위로 입궁시킬 것이라고 믿지 않으십니다. 그러나 저는 저의 모든 가족, 100명의 생명을 걸고 대왕께서 반드시 아드님을 시위로 보낼 것이라고 말했습니다."

손권은 이 말을 듣고 눈물, 콧물이 뒤범벅이 될 정도로 감동했고 하늘을 가리키며 맹세했다.

"그대가 이처럼 나를 믿고 있으니 나도 절대 당신을 실망시키지 않겠소."

그러나 그의 맹세는 그저 맹세일 뿐, 쉽게 한 말은 대부분 믿기 어려운 법이었다. 호주가 나가자 손권은 바로 막 안에 있던 모든 사람을 모아 의논을 시작했고, 그들이 내린 결론은 세자를 위나라로 보내지 않는 것이었다. 그러나 손권은 호주에게 이렇게 말했다.

"그대가 먼저 출발하시오. 먼저 수도 낙양으로 돌아가 폐하께 보고를 드리고 계시오. 내 아들은 바로 뒤에 따라가게 하겠소."

호주가 낙양으로 돌아오고 모든 것이 안정되고 있었다. 그러나 아침저녁으로 두 눈을 부릅뜨고 기다렸지만 손권의 아들은 오지 않았고, 손권은 계속 감언이설을 해가며 각종 핑계만을 만들어냈다.

조비가 손권과 맹약을 맺고 빨리 인질을 보내도록 독촉할 계획으로 오나라로 고위 관리를 파견했으나 손권은 여러 핑계만 대면서 받아들이지 않았다. 조비는 손권의 계략에 빠졌다는 생각에 분노했고 동오를 토벌하기로 했다.

이때 유엽이 문제를 설득했다.

"지금 동오는 육손이 촉의 대군을 무찔러 승리를 얻은 뒤로 위아래 사람들이 한마음으로 단결된 상태입니다. 또한 강과 호수가 가로막고 있기 때문에 짧은 시간에 제압하기 어렵습니다. 특히 육손은 계략이 출중한 장수인지라 분명 철저하게 방비하고 있을 것입니다."

그러나 조비는 이미 잔뜩 화가 난 상태여서 유엽의 권고를 들으려 하지 않았다.

한말 삼국의 최고 인물

출병을 계획하기 전, 조비는 또 가후의 의견도 물었다. 동탁이 죽은 후 가후의 삶은 줄곧 난세 속에서 물을 만난 물고기와 같았다. 동탁, 이각, 곽사부터 이후 장수, 조조, 그리고 지금의 조비까지 모두 그를 신임했고, 그의 건의는 대부분 받아들여졌다. 그래서 혹자는 가후야말로 한말 삼국의 최고 인물이라고 말하기도 한다.

위 문제 조비가 가후에게 물었다.

"짐은 명령에 복종하지 않는 사람을 섬멸하고 천하를 통일하려고 하는데, 경은 오와 촉 두 나라 가운데 어느 나라를 먼저 토벌해야 한다고 생각하는가?"

가후는 조금 망설이다가 이렇게 대답했다.

"신은 다른 나라를 공격하려면 우선 군사를 잘 따져봐야 한다고 생각합니다. 통일을 완성하기 위한 근본 대책은 도덕적인 교화를 숭상하는데에 있습니다. 폐하께서는 시세에 순응하시어 한나라의 선양을 받아들여 전국을 통치하고 계십니다. 만약 문화와 교화를 통해 인심을 위로하면서 형세의 변화를 조용히 기다린다면, 천하를 평정하는 것은 어렵지 않습니다. 오와 촉은 작은 나라지만 촉은 지세가 험준하고 오는 장강이라는 천연 요새를 가지고 있습니다. 또한 유비는 영웅다운 재략을 지니고 있고, 제갈량은 치국 능력이 뛰어나며, 손권은 허세와 실세를 분별할 줄 알고, 육손은 군사에 정통하여 험준한 지형에 의지하여 요충지를 지키고 있으며, 항시 강호에 배를 띄워놓고 있으니 단번에 모든 일을 도모하기가 쉽지 않습니다. 먼저 승리할 방법을 알고 난 후 전쟁에 나가는 것이 용병의 원칙입니다. 또한 적의 군사력에 근거하여 장수를 임명해야 공격하더라도 실수가 없을 것입니다. 제 판단에는 위나라의 문신과 무장 중에는 유비와 손권의 상대라 할 만한 사람이 없습니다. 선왕(조조)께서도 우세한 명성에도 불구하고 그들 두 사람을 처리하지 못했으니, 설령 폐하께서 직접 그들에게 맞서 싸운다 하더라도 승리한다고 보장할 수 없습니다. 옛날 순임금이 조정에서 방패와 도끼를 들고 춤을 추자 유묘有苗가 이를 보고 스스로 귀순했습니다. 그런 까닭에 저는 폐하께서 우선 공명정대한 문치를 펼치시고 그다음에 무력으로 정벌하셔야 한다고 생각합니다."

가후의 장황한 말은 사실 지금은 타국 정벌이 시기적으로 합당하지 않다는 뜻이었다. 이는 유엽과 같은 견해였다. 그러나 손권의 이랬다저랬다 하는 태도에 몹시 화가 나 있던 조비는 앞뒤 가릴 것 없이 손권을 공격할 것을 고집했다.

무성의한 담판

서기 222년, 조비의 명령에 따라 동정대정군東征大將軍 조휴, 전장군 장료, 진동장군 장패는 군대를 이끌고 동구洞口로 출격했고, 대장군 조인은 유수로 출격했으며, 상군대장군上軍大將軍 조진曹眞과 정남대장군 하후상, 좌장군 장합, 우장군 서황은 남군을 포위하는 등 세 개의 노선으로 나누어 동오를 공격했다.

조위에서 가만히 있지 않을 것이라고 이미 짐작한 동오도 만반의 준비를 해둔 상태였다. 건위장군建威將軍 여범을 보내 조휴를 방어하도록 하고, 좌장군 제갈근과 평북장군 반장은 남군을 지원했고, 비장군裨將軍 주환朱桓은 유수에 주둔해서 조인을 방어했다. 손권은 장군들을 보내 방어하도록 하긴 했지만 오나라의 군사력이 조위보다 한참이나 뒤떨어졌기 때문에 내심 자신이 없었다. 게다가 양揚과 월越 일대지금의 강서江西, 절강浙江 일대의 소수민족들을 아직 완전히 정복하지도 못했기 때문에 이 또한 근심거리였다. 그래서 비사후폐卑辭厚幣 : 말을 낮추고 후한 선물을 보냄하여 조비에게 글을 보냈다.

손권은 서신에서 매우 겸손하게 자신을 낮추며 개과천선할 수 있도록 허락해줄 것을 청했다.

"만약 저를 사면해줄 수 없으시다면 저는 저의 영토와 백성을 모두 황상께 바치겠습니다. 그러고는 교주로 돌아가 늙어 죽을 때를 기다리겠습니다."

그러고는 호주에게도 서신을 써 보냈다.

"나는 아들 손등孫登을 위해 형가에 혼인을 요청하려고 하오. 그러나 손등의 나이가 어려 대신 손소孫邵와 장소를 함께 보내 입경시킬 것이오."

조비는 손권의 서신을 읽고 답장을 보냈다.

"짐과 그대의 군신 관계가 이미 확실해졌으니 내가 뭣 때문에 군대를 동원해 멀리 장강, 한수까지 가려고 하겠는가? 만약 손등이 아침까지 이곳에 도착한다면 저녁이 되어 짐이 바로 대군을 불러 돌아오도록 하겠다."

사실 손권은 이번에도 속임수를 쓴 것이었다. 아들을 보내겠다고 말했지만 사실은 위군의 공격을 좀 늦추고자 했을 뿐이다.

결국 담판은 결렬되었다. 담판이 결렬되자 손권은 아예 연호를 황무黃武로 고치고 장강을 따라 방어진을 쳤다. 이는 조위의 역법을 따르지 않을 것이며 스스로 새로운 연호를 세울 것임을 명백히 밝힌 것이다. 이는 오나라의 독립 선언과 같았다. 이리하여 오나라가 정식으로 출현하게 된다. 손권은 아직 스스로 황제라 칭하지 않았지만 새로운 연호를 정했으니 이미 위와 촉 두 나라와 함께 삼국 대치 국면이 시작되었다고 말할 수 있다. 역사적으로 손권의 오나라는 동오東吳 또는 손오孫吳라고 부른다.

폭풍에 실려온 승리

오와 위 두 나라는 이제 철저히 등을 돌리게 되었고, 손권과 조비는 전쟁이 불가피했다. 같은 해 11월, 조휴가 조비에게 상서를 올렸다.

"신이 정예부대를 이끌고 굶주린 맹호와 같은 기세로 강남으로 진군해 그곳 적지에서 군량을 빼앗아 군수물자로 쓰고자 합니다. 신은 이번 전쟁은 분명 성공할 것이라고 생각합니다. 혹여 신이 전사하더라도 폐하께서는 마음에 두지 마십시오."

조비는 조휴가 남상 상을 서너 공격할까 봐 걱정이 되어 재빨리 사람을 보내 멈출 것을 명령했다.

이때 조비 곁에 있었던 시중 동소가 조비에게 물었다.

"폐하께서 근심하시는 기색이 있으신 듯한데, 조휴가 강을 건널까 봐 그러십니까? 사실 지금 강을 건너는 일은 그리 쉬운 일이 아닙니다. 조휴에게 설사 그럴 의향이 있다 하더라도 다른 장수들의 지지가 있어야 하며 단독으로 실행할 수 없습니다. 장패 등은 이미 부유하고 높은 지위를 지니고 있어 다른 포부 같은 것이 없습니다. 그들은 현재 상황이 지속되어 녹봉과 벼슬을 자손에게 물려줄 수만 있으면 그만이라 여기고 있어 위험을 감수하려 하지 않을 것입니다. 만약 장패 등이 도강渡江을 지지하지 않는다면 조휴도 자신감을 잃게 될 것이니, 폐하께서는 조휴가 성급하게 진군할까 걱정하실 필요 없습니다. 오히려 신은 폐하께서 도강하라는 조서를 내리셔도 그들이 주저하면서 즉시 폐하의 명을 이행하지 않을까 두렵습니다."

얼마 지나지 않아 사건이 하나 발생했다. 한바탕 큰 폭우가 내려 오나라 장수 여범의 전함을 묶고 있던 밧줄이 모두 끊어져버렸다. 때마침 동남풍이 불어 밧줄이 끊긴 전선이 계속 북쪽으로 표류하여 조휴의 진영까지 이르렀다. 위는 힘을 전혀 들이지 않고 수천의 오군을 포로로 잡을 수 있었다. 이리하여 오군은 패전하고 군대는 뿔뿔이 흩어지게 되었다.

위 문제는 보고를 받고 군사들에게 신속히 도강할 것을 명령했다. 그러나 위군이 진군하기 전에 오나라에서 지원 전함이 서둘러 도착하여 패잔병을 싣고 후퇴했다. 조휴가 장패를 보내 추격하도록 했으나 별다른 전과 없이 끝나고 말았다.

유수전투

오나라는 여름에 유비를 백제성으로 물리친 후, 겨울이 되자 이번에는 조위의 거대한 군사 압력에 직면하게 되었다. 손권은 큰 압박감을 느껴 사천으로 사람을 보내 촉한과 연락을 취했다. 기존의 연맹 관계를 회복하고자 했던 것이다.

유비는 위나라가 오나라를 대대적으로 공격하려 한다는 것을 듣고 오나라의 재앙이 고소하다는 듯 육손에게 편지를 썼다.

"위나라 도적들이 지금 막 장강과 한수 일대에 도착했소이다. 나는 장차 그들을 맞이하여 동쪽으로 갈 것인데, 장군은 어찌할 생각이오?"

사실 당시 유비는 이미 병색이 짙어 더 이상 손을 쓸 수 없는 상태였다. 하지만 비록 몸은 병들었으나 여전히 입심을 과시하고 있었다.

육손은 유비에게 다음과 같은 답장을 보내왔다.

"전하의 군대가 패전한 지 얼마 되지 않았으니 원기가 아직 회복되지 않은 것이 걱정됩니다. 우선 상처를 봉합하고 원기를 회복하는 것이 급선무이니 밖으로 군사를 쓸 여력이 없으리라 생각합니다. 만약 전하께서 이를 신중히 고려하지 않고 다시 패잔병들과 함께 먼 길을 오신다면 목숨을 보존하지 못할 것입니다."

유비는 육손의 냉철한 충고를 읽고는 계획을 멈출 수밖에 없었다. 왜냐하면 육손의 말은 모두 사실이기 때문이었다.

이때 위나라 장수 조인이 보병과 기병 수만 명을 이끌고 유수로 진군했다. 조인은 먼저 소문을 퍼뜨려 유수가 아닌 다른 지역을 공격할 것이라고 했다. 그러자 오나라 유수의 수장 주환은 그 지역으로 부대를 보내 지원하도록 명령했고, 지원군이 출발하자 조인은 비로 대군을 이끌고 유수로 진격해 온 것이다.

주환이 속았다는 것을 알아챈 후 급히 사람을 보내 지원 부대를 다시 돌아오도록 했으나 그사이 조인이 벌써 유수성 아래까지 들어왔다. 이때 유수를 지키는 병사가 겨우 5,000명만 남아 있었기 때문에 주환의 부하들이 모두 겁을 먹고 두려워했다.

'조인, 이 교활한 늙은이 같으니라고! 이쪽을 공격하는 척하고 다른 쪽을 공격하다니, 우리 주환 사령관이 어리석고 천진하여 결국 속아 넘어갔잖아!'

주환은 부하들이 두려움에 떠는 것을 보고 이렇게 말했다.

"전쟁에서 승패의 관건은 병력에 있는 것이 아니라 장수의 용병술에 있다. 그대들은 조인의 용병술이나 지휘력이 나와 비교하여 어떻다고 보는가? 병법에서 원정 공격을 하는 군대는 지키는 쪽보다 병력의 수가 배는 되어야 승산이 있다고 말하고 있다. 게다가 이는 성곽과 해자로 굳게 지킬 수 있는 경우가 아니라 넓은 평원일 때 그렇다는 것이다. 조인은 지략과 용맹이 부족한 자다. 또한 사병들은 겁이 많은 데다 먼 길을 힘들게 왔으니 병사와 군마가 모두 지친 상태다. 나는 제군과 견고한 성을 차지하고, 남으로는 장강에 임하고, 북으로는 산과 구릉을 등진 채 충분히 휴식을 취한 병사들로 지친 적군을 상대하는 것이니, 이것이야 말로 백전백승의 형세다. 조비가 직접 공격해 온다고 할지라도 걱정할 것이 아니거늘, 하물며 조인 정도이니 무엇이 두려우랴! 군사들은 절대로 동요하지 말라!"

이어 주환은 군기를 내리고 북소리를 멈추도록 했다. 일부러 세력이 약한 것처럼 보여서 조인으로 하여금 성을 공격하도록 유인했다.

조인은 아들 조태曹泰를 보내 유수성을 공격하게 하고, 장군 상조常雕와 왕쌍王雙 등에게는 우피유선牛皮油船 : 기름칠을 한 소가죽 배을 타고 유수 부근의 중주中洲를 습격하도록 했다. 중주는 주환의 친위부대와 처자식이 있는 곳이었다. 부하 장제가 조인에게 이렇게 건의했다.

"적군이 장강의 서쪽 기슭을 굳게 지키고 있고 선박을 상류에 정박해 놓았습니다. 그런데 우리 군이 중주를 공격한다면 이는 동시에 지옥에 들어가는 것과 같으니 파멸을 자초하게 될 것입니다."

하지만 조인은 받아들이지 않았고 직접 1만의 병사와 말을 이끌어 조태를 지원하러 갔다.

조인이 병력을 분산시키자 주환은 바로 장령을 보내 상조를 공격하도록 하고 자신은 조태에게 반격을 가했다. 결국 조태의 공격은 실패했고 그의 진영은 모두 불타 퇴각해야 했다. 주환은 상조를 목 베어 죽이고 왕쌍을 생포했다. 이번 전투에서 죽거나 익사한 위나라 군사가 1여 명에 달했다.

위태로운 부교

손권이 비록 유수전투에서 1차적인 승리를 챙겼지만 강릉은 여전히 긴장 상태에 놓여 있었다. 당시 오나라 장군 주연이 강릉에 주둔해 있었는데, 위나라 조진이 강릉을 포위해 주연을 지원하러 온 손성의 부대를 무찔렀다. 손권이 다시 제갈근을 보내 적의 포위망을 뚫고자 했으나 그 또한 조위의 장수 하후상에게 격파당했다. 포위로 인해 강릉의 성 안과 밖이 연락이 두절되었고 성내에 있던 오나라 사병 중 많은 이들이 병들어 전투에 참가할 수 있는 사람은 5,000명에 불과했다.

조진은 사병들에게 흙산을 쌓고 갱도를 파도록 명령했다. 또 성을 내려다볼 수 있도록 높은 망루를 쌓은 후 성안을 향해 활을 쏘두록 명령했다. 화살이 갑자기 비처럼 쏟아지자 성을 지키던 병사들은 크게 놀랐으나 주연은 오히려 태연해서 전혀 두려워하지 않았다. 그는 병사들에게 적군의 약점을 찾아내도록 끊임없이 격려했고 불시에 공격을 가해 위나라 군이 쌓은 보루 두 개를 차례로 격파했다.

위나라 군은 강릉 지역을 6개월 동안이나 포위하고 있었다. 병사들과 함께 북문北門을 방어하고 있던 주연의 한 부하는 적군의 세력은 강한 반면, 성을 방어하는 오나라 병사의 수는 적고 양식도 곧 바닥이 날 상황이라 더 이상 성을 지키지 못할 것 같은 두려움이 생겨 위나라 군과 내통하게 되었는데, 주연에게 발각되어 죽임을 당했다.

당시 장강은 수심이 낮고 강가가 좁았기 때문에 하후상은 보병과 기병을 이끌고 배를 이용해 강릉 중주로 들어간 후 강가에 부교를 설치해 북쪽 기슭과도 왕래하고 군대 간의 지원도 편리하게 만들고자 했다.

이 계획을 의논한 위나라 군은 모두 이렇게 하면 강릉을 공격할 수 있을 것이라 생각했다. 다만 시중 동소는 생각이 달랐다. 그는 문제에게 이렇게 상소를 올렸다.

"태조 무황제께서는 지혜와 용맹이 뛰어났음에도 용병에는 무척 신중하시어 지금처럼 적을 무시하고 일을 진행한 적이 결코 없습니다. 전쟁에서 진격하는 것은 쉽고, 오히려 철군하는 것이 어렵습니다. 철군할 때 병사 전원을 안전하게 귀환시키는 일을 누가 감히 보장할 수 있겠습니까? 병력 철수는 패전해서 퇴각하는 것과 또 달라서 매우 어려운 일이므로 명장의 용병 능력이 바로 여기에서 나타납니다. 철병은 장애물이 없는 평원 지대에서도 어려운 것이니, 적지 깊은 곳으로 들어갈 때는 반드시 철수할 때의 노선을 고려해야 합니다. 지금처럼 중주에 주둔한 우리 군대는 이미 너무 깊은 적지로 들어가 있습니다. 그런데 또 부교를 설치하여 건너고자 하는 것은 너무 위험한 일입니다. 왜냐하면 통행이 가능한 길이 하나뿐이고 그 길마저 너무 좁기 때문입니다. 이는 병가에서 금기시하는 일인데 우리가 지금 그것을 어기고 있습니다. 만약 적군이 병력을 집중해 부교를 공격한다면 우리 군에 빈틈이 생길 것이고 중주에 주둔한 정예부대는 전멸하게 될 것입니다. 신은 이 걱정 때문에 잠도 식사도 제대로 못할 지경입니다. 그런데 이 일을 계획한 자들은 그저 아무런 걱정 없이 태연하니 어찌 미혹되지 않겠습니까? 게다가 지금 장강의 수위가 높아지고 있으며 봄이 되면 갑자기 더욱 불어날 텐데 우리 군이 무슨 수로 제어하겠습니까? 적을 격파할 수 없다면 자신을 보전하는 길을 고려해야 합니다. 이렇게 위험한 상황에서도 어째서 두려움을 느끼지 못하는 것입니까? 폐하께서는 반드시 진지하게 통찰해주시기 바랍니다."

그의 말이 타당하다고 생각한 문제는 바로 하후상에게 신속히 중주에서 철수하도록 명령했다. 위군이 철수하는 것을 본 오군은 즉시 양면에서 협공으로 위군을 공격하려고 했다. 철수하는 위나라 병사와 말이 순식간에 모두 통로 한 곳으로 몰리자 원활하게 철수할 수가 없었다. 결국 위군은 간신히 북쪽 기슭까지 철수했다. 이때 오나라 장수 반장이 갈대로 뗏목을 만들어 위군의 부교를 불태우려고 했다. 하지만 하후상이 재빨리 군사를 철수시켜 희생을 막았다. 그로부터 열흘이 지나 과연 강물이 갑자기 불어났다. 문제가 동소에게 말했다.

"경의 예상이 딱 맞았소이다. 설령 장량과 진평陳平에게 이 일을 맡겼더라도 어찌 이보다 더 잘할 수 있겠소!"

얼마 후 전선에 역병이 돌았기 때문에 문제는 전군에 철수 명령을 하달했다. 이리하여 이릉전투 이후에 벌어진 오와 위의 전쟁은 동오가 적절한 수비를 펼쳤기 때문에 조비의 패전으로 끝나고 말았다. 한편 이번 전쟁으로 손권과 유비는 새로운 동맹 관계로 접어든다.

백제성에서 어린 자식을 부탁하다

촉한 장무 3년(서기 223년) 2월, 승상 제갈량은 성도를 떠나 유비가 있는 백제성 영안궁永安宮으로 왔다. 이때 유비의 병은 이미 심각한 상태였다.

이릉전투에서 패한 후 유비는 극도로 침울해하고 깊이 자책하고 있었다. 게다가 이미 나이가 들어 많이 쇠약해진 상태였기 때문에 백제성에 온 지 얼마 안 되어 병석에 누워 더 이상 일어나지 못했다. 자신이 끝내 병석에서 일어날 수 없음을 직감한 유비는 급히 승상 제갈량을 불러 후사를 부탁했다.

유비는 제갈량에게는 태자 유선을 보좌하도록 하고, 상서령 이엄李嚴에게는 제갈량을 보좌하도록 했다. 유비가 제갈량에게 말했다.

"그대의 능력은 조비보다 열 배는 족히 될 것이니 틀림없이 나라를 안정시키고 대업을 이룰 것이오. 만일 후계자가 보좌할 만하다면 그를 보좌하고, 그가 재능이 없다면 그대가 스스로 취하시오."《삼국지 · 촉한서 · 제갈량전》

유비의 말에는 숨은 의도가 있었다. 중국 역사상 어떤 황제도 신하에게 이런 말을 한 적은 없었으니, 사실은 신하가 권력을 찬탈할 마음을 갖지 않도록 미리 봉쇄한 것과 같다. 제갈량은 유비의 말을 듣고 통곡했다.

"신은 감히 온 힘을 다하여 태자를 보좌하겠습니다. 나라를 위해 목숨을 바치겠다는 저의 충정은 절대 변하지 않을 것이니 죽을 때까지 이어가겠습니다."

뒤이어 유비는 아들들에게 조서를 내렸다.

"짐이 듣기로 사람은 나이 쉰이 넘으면 요절이라 할 수 없다고 했다. 이제 짐은 예순은 넘겼으니 죽은들 무슨 여한이 있겠느냐. 다만 너희 형제를 걱정할 따름이로다. 힘쓰고 또 힘써서 나쁜 일은 작더라도 하지 말고, 선한 일은 작더라도 부지런히 행하여라. 오로지 현명하고 덕이 있어야만 사람을 복종시킬 수 있느니라. 이 아비는 덕이 부족하여 본받을 것이 없으니 내가 죽은 후에는 승상과 더불어 정무를 처리하고, 승상을 부모처럼 섬기고 조금도 태만하지 말지어다."

그해 4월, 평생 전쟁터를 오가며 생활했던 유비가 백제성 영안궁에서 병사했다. 그의 시호는 소열황제昭烈皇帝다.

유비가 세상을 뜨자 승상 제갈량은 그의 운구를 모시고 성도로 돌아갔고 이엄을 중도호中都護로 삼아 영안에 주둔하도록 했다. 5월, 당시 겨우 열일곱 살인 태자 유선, 즉 '아두'가 촉한 황제의 지위를 계승했으며, 황후를 황태후로 존칭했다. 그는 전국에 대사면을 내리고 연호를 건흥建興으로 바꿨으며, 승상 제갈량을 무향후武鄕侯로 봉하고 익주목을 겸하도록 했다. 이후 모든 국사는 대소를 막론하고 제갈량에 의해 결정되었다.

승상이 장부 검사, 그건 인재를 낭비하는 일

유선이 등극한 후 제갈량은 관직을 간소화하고 법률을 수정했다. 또 모든 관리들에게 공문을 하달했다.

"국정에 참여하고 정무를 처리하는 이들은 여러 사람의 생각을 모으고 주군에게 도움이 되는 의견을 널리 수렴해야 할 것이다. 사소한 불만으로 서로 소원해지거나 다른 의견을 내놓았다고 하여 곤란하게 여긴다면 나라의 큰일에 손실을 입게 된다. 다른 의견이 옳다면 헌 짚신을 버리고 보배를 얻듯이 하여라. 그러나 애석하게도 사람들은 그렇게 하지 못하고 있다. 다만 서원직徐元直 : 서서은 남의 다른 의견을 잘 들었고, 동유재董幼宰 : 동화董和는 7년 동안 직무를 맡으면서 정책의 부당함을 발견하면 열 번이고 반복해서 의견을 구한 다음 나에게 보고했다. 만약 서원직의 열에 하나라도 배우고, 동유재처럼 거듭 살피는 태도로 충성한다면 나 역시 실수를 피해갈 수 있을 것이다.”

중국 역사상 제갈량은 현명한 재상의 전형으로, 모든 일을 스스로 행하려고 한 사람이다. 한번은 탁자 앞에 앉아 장부를 검토하고 있었다. 주부 양옹楊顒이 이를 알고 제갈량의 집으로 급히 와서 말했다.

“국가를 다스리는 데는 일정한 규칙과 질서가 있어야 하는 법이니 위아래 직무를 뒤섞어서는 안 됩니다. 그렇지 않으면 혼란이 생길 것입니다. 집안일을 예를 들어 말씀드리지요. 어떤 부자가 있는데, 처음에는 적절히 집안을 다스렸습니다. 남자들은 농사일을, 여자들은 세탁과 취사를 담당하게 하는 등 하인들에게 질서 있게 일을 분배했기 때문에 하인들은 각각 자신의 능력을 다했고, 맡은 일은 책임지고 해냈습니다. 주인은 검사와 감독만 잘하면 됐습니다. 그런데 어느 날 갑자기 이 부자가 무슨 생각에서인지 더 이상 하인들에게 일을 시키지 않고 모든 집안일을 스스로 하기 시작했습니다. 너무 지쳐서 쓰러질 정도로 심신이 피로해져서 결국엔 아무 일도 완성하지 못했고, 물론 제대로 해낸 일도 없었습니다. 왜인지 아십니까? 부자의 능력이 하인들보다 못해서였을까요? 당연히 아닙니다. 왜냐하면 그가 관리의 법칙을 무시했기 때문입니다. 옛사람들은 ‘천자와 제후는 편안히 앉아 치국의 대도大道를 논의하고, 사대부는 일어서서 정무를 집행한다’고 분명하게 말했습니다. 승상께서는 너무 많은 정무를 책임지고 계십니다. 그런데 직접 등기부와 장부를 검토하시다니 너무 힘들고 피곤한 일입니다. 꼭 그러실 필요가 있습니까?”

양 주부의 솔직하고 간절한 권고를 들은 제갈량은 큰 깨달음을 얻었고 바로 양 주부에게 자신의 잘못을 인정하고 진심으로 스스로를 책망했다.

그러면 제갈량의 통치하에 촉한은 생사 녀린 실노 가세 릴가!

36강 일곱 번 풀어주고
일곱 번 잡아들이다

　　평생 전쟁터를 누비고 다녔던 유비가 이릉전투에서 참패하면서, 그렇지 않아도 풍족할 것이 없는 촉한은 거의 남은 것이 없다고 할 정도로 국력 손실이 심했다. 이런 상황에서 유비의 근심과 좌절이 심해지면서 결국 병석에 누워 끝내 일어서지 못했다. 임종에 앞서 그는 제갈량에게 아직 어린 후계자를 부탁했으며, 이후 제갈공명이 촉한의 실질적인 집정자가 되었다.

　하지만 제갈량이 직면한 상황은 결고 낙관적이지 않았다. 당시 관우, 장비, 마초 등 중요 장수들은 이미 이 세상 사람이 아니었고, 내세울 만한 무장이 없었으니 조위와 비교할 수 없었다. 나라를 안정시키고 제대로 다스리기 위해서는 무엇보다 인재가 필요하다. 그러나 당시 촉한의 가장 큰 문제는 바로 이런 인재가 없다는 것이었다. 하지만 제갈공명에게 보다 큰 문제는 인재의 문제가 아니라 동오와 우호 관계를 재정립하는 일이었다. 제갈량은 과연 어떤 방법으로 동오와 우호 관계를 맺을 것인가? 동오는 과연 촉한과 새로운 동맹 관계를 맺게 될 것인가?

거지들의 동맹

촉나라는 유비가 죽고 후주가 막 자리에 오른 때인지라 국내 상황이 불안정한 상태였지만, 더 중요한 것은 손권과 조비가 동맹을 위해 고무줄을 당기듯 밀고 당기면서 애매한 관계를 유지하고 있다는 점이었다. 어느 날 양측이 동맹을 맺고 촉한을 공격할 수도 있는 상황이니, 만약 그럴 경우 쇠약해진 촉한의 멸망은 시간문제였다. 그렇기 때문에 동오의 손권과의 동맹 회복이야말로 제갈량 앞에 놓인 가장 중요한 급선무이자 반드시 해결해야 할 과제였다. 하지만 예전의 동맹 관계를 깨뜨린 것은 선주先主인 유비였기 때문에 제갈량은 아직 두 나라의 관계를 회복할 만한 좋은 방법이 생각나지 않았다.

이때 등지鄧芝라는 대신이 제갈량을 찾아와 말했다.

"지금 주상이 아직 어리고 이제 막 제위를 계승한 상태이니, 마땅히 오나라로 사신을 보내 다시금 화해의 뜻을 밝혀야 합니다."

제갈량은 이 말을 듣고 자신과 같은 생각을 가진 이가 있다는 것에 매우 기뻤다.

"나도 이 일을 오랫동안 고민해왔소. 오나라에 사신을 보내고자 했지만 적합한 사람을 찾지 못해 고민 중이었는데, 오늘 드디어 찾았군요."

등지가 물었다.

"그게 누구입니까?"

그러자 제갈량이 말했다.

"누가 있겠소? 바로 당신이외다. 그대는 통찰력이 있으니 분명 이 일을 잘 해낼 수 있을 거요. 역시 남다비 어찌 이런 생각을 했겠소이까?"

이렇게 해서 제갈량은 등지를 중랑장으로 임명하고 재차 동맹을 맺기 위해 동오로 보냈다.

등지가 오나라에 도착했으나 손권은 그를 만나주지 않았다. 손권은 이런 생각을 하고 있었다.

'당시 유비가 기세등등하여 우리 동오를 공격했지만 결국 우리 대도독에게 참패를 당하고 말았다. 그런데 지금 와서 다시 우리와 화해하자고? 결국 이렇게 될 것을 그때는 왜 그랬단 말인가? 게다가 지금 동오는 조위에 신하로 복종할 것을 맹세한 상태다. 명목만 그렇다고 하나 서로 우호 관계를 맺은 셈인데, 만약 내가 촉과 동맹을 맺는다면 위나라에 어떻게 설명할 것인가?'

손권이 만나주지 않자 등지는 이런 생각이 들었다.

'이대로 돌아갈 수는 없다. 이번 일을 성사하지 못하고 돌아간다면 후주와 승상을 뵐 면목이 없을 것이다. 아쉽구나, 이전에 선주께서 그리하지 않으셨다면 이처럼 동오에 끌려다니지 않아도 될 것인데.'

등지가 직접 손권에게 표문을 올려 다음과 같이 말했다.

"제가 이번에 온 것은 촉한의 이익만을 위한 것이 아니라 오나라를 위한 것이기도 합니다."

손권은 문득 등지의 생각이 궁금해졌다. 과연 무슨 말을 하려는 것인가? 손권은 이리 생각하고 등지를 접견했다.

등지를 만난 손권은 다음과 같이 선수를 쳤다.

"과인은 진심으로 촉나라와 화친을 맺고 싶으나 당신네 촉나라가 과연 실천할 수 있을지 걱정이오. 그대의 군주는 유약하고 현명하지 않다는 이야기를 들었소. 혹시 장판파長坂坡에서 아비에게 내동댕이쳐진 후 아직까지 정신이 돌아오지 않은 것 아니오? 게다가 땅도 작고 세력도 빈약하니 위나라가 틈을 타서 공격하면 제대로 보존하지 못할 것 아니겠소. 그러면 우리 동오에 손을 내밀 것인데, 과연 우리가 촉과 결맹하는 것이 무슨 의미가 있겠소이까? 거지들끼리 연합해보아야 백만장자와 맞설 수 있겠소?"

등지가 듣고 말했다.

"대왕께서는 당대의 영웅이시고, 촉국의 승상 제갈량 또한 한 시대의 인걸이십니다. 오와 촉 두 나라는 사주四州 : 오의 형주, 양주, 교주, 촉의 익주의 땅을 점유하고 있습니다. 우리 촉나라는 지세가 험준하여 방어가 용이하고, 오나라는 삼강三江 : 강소성 송강현松江縣과 상해시上海市 사이에 있는 송강松江, 유강類江, 동강東江을 지칭-역주으로 막혀 있으니, 두 나라의 장점을 합쳐 연합한다면 순치脣齒처럼 서로 의지할 수 있습니다. 나아가서는 천하를 차지할 수 있고, 조금 물러나서는 위나라와 정립의 상황을 만들 수 있습니다. 만약 대왕께서 스스로 몸을 굽혀 위의 신하가 되려고 하신다면 위는 대왕께 직접 입조入朝할 것을 바라거나 대왕의 태자를 볼모로 삼는 등 무리한 요구를 해올 것입니다. 만약 대왕께서 이에 불응한다면 그들은 반역자를 토벌한다는 구실로 군대를 보내 공격할 것입니다. 그리 되면 우리 촉나라도 군사를 일으켜 강을 따라 내려와 이익을 나눠 챙길 것이니, 그렇게 되면 강남의 땅은 더 이상 대왕의 것이 될 수 없을 것입니다. 제가 이곳에 온 것은 우리 촉한의 이익만을 위해서가 아니라 동오를 위한 것이기도 합니다."

손권은 등지의 말을 듣고 한참 동안 침묵했다. 등지의 말은 모두 정확한 사실이었다. 게다가 진실하고 또한 분명했다. 등지가 다시 입을 열었다.

"우리 두 나라가 연합해서 위나라에 대항해야 하는 것은 말할 필요도 없는 사실입니다. 대왕께서 위의 신하가 된다고 해도 처음부터 그들의 환심을 사기 어렵습니다. 만약 위가 오를 공격한다면 우리는 분명 남의 위급 상황을 틈타 이익을 차지하려 할 것이니, 그때 우리에게 매정하다고 하지 마십시오."

손권도 위나라가 강동과 익주를 차지하려고 하기 때문에 오와 촉이 연합하여 위에 대항해야 한다는 생각이 들었다. 한참 후 그가 등지에게 말했다.

"좋소. 내 뜻도 그대와 같소이다. 촉주와 화친할 생각이니 그대가 주선 해주시오."

이렇게 동오는 조위와 외교 관계를 단절하고 촉한과 화친 관계를 맺게 되었다.

하늘에 두 개의 태양이 있을 수 있겠는가?

등지와 손권의 회담이 성공하자 촉한의 내우외환과 아슬아슬하고 위급 한 상황도 사라졌다. 서기 224년 오왕 손권이 장온張溫을 촉한으로 보낸 이후로 오와 촉은 서로 사신을 파견하고 서신의 왕래가 끊이지 않았다.

전해야 할 일이 있으면 오왕은 육손으로 하여금 제갈량에게 알리도록 했는데, 아예 인상을 별도로 파서 육손에게 주고 유사시에는 직접 인장 을 찍어 보낼 수 있도록 허락했다. 오왕이 촉한의 후주나 제갈량에게 서 신을 쓸 때에도 대부분 육손이 먼저 읽도록 하여 언사가 합당한지와 성 사 가능성이 있는지를 판단하도록 했으며, 부적절한 부분은 육손이 수 정하고 난 후 봉인해서 보내도록 했다. 오왕은 육손을 이전의 주유, 노 숙과 마찬가지로 매우 신임했다.

어느 날 촉한을 떠나 오나라에 온 등지에게 오왕이 말했다.

"천하가 태평해지면 양국의 군주가 나누어 다스리는 것도 좋지 않은가?"

손권은 촉한이 자신을 어떻게 대하는지 떠보고 싶었다.

'우리 두 나라가 연합해 위에 맞서고 만약 그들이 멸망하면 오와 촉 양 국이 영토를 평등하게 나눌 수 있지 않은가?' 이런 뜻이었다.

등지는 다음과 같이 대답했다.

"하늘에 두 개의 태양이 있을 수 없듯이 땅에도 두 황제가 공존할 수는 없습니다. 조위를 차지하고 난 후, 만약 대왕께서 하늘의 뜻을 깊이 이해할 수 없다면 양국의 군주는 각자의 덕행을 발휘하고, 양국의 신하 또한 각자의 군주를 위해 충성을 다할 것이니 그러면 북소리가 울리고 전쟁이 시작될 것입니다."

오왕 손권은 등지의 말을 듣고 크게 웃으며 말했다.

"그대는 정말 고지식하군. 그러나 그대의 말은 모두 정확한 사실이오. 뭐, 걱정할 것은 없소. 우리는 지금 함께 힘을 합쳐 조위에 대항하고 있고, 조위도 금방 멸망하진 않을 테니 아직은 우리 두 나라가 승패를 겨룰 때가 아니오."

바람과 같은 반란

제갈량과 등지의 노력으로 위나라에 대항할 오와 촉의 연맹이 다시 성립되자 촉한의 외부 위협 요소가 줄어들었다. 이제 제갈량은 국내 정세를 안정시킬 방법을 고민하기 시작했다.

유비가 죽기 전 촉한에는 여러 차례의 반란이 일어났다. 유비가 백제성 영안궁에서 지내고 있을 때 황원黃元이라는 군수가 반란을 일으켰다. 황원은 반란 전부터 제갈량의 미움을 사고 있었는데, 어떤 이유인지는 확실하지 않지만 어쨌든 제갈량은 황원을 좋아하지 않았다. 황원은 유비가 병석에 누운 것을 알고, 만약 제갈량이 실권을 쥐게 된다면 자신이 더욱 힘들어질 것이라는 두려움 때문에 아예 거병하여 반란을 일으켰던 것이다.

때마침 제갈량이 유비를 만나기 위해 성도를 떠나 동쪽으로 가고 있었기 때문에 성도의 수비가 약한 상태였다. 그래서 황원은 그 틈을 타서 반란을 일으켰다. 만약 황원이 성도를 포위하는 데 실패하면 남중南中*을 점거할 것이고, 그렇게 되면 상황은 더 심각해질 것이 분명했다. 여러 대신들이 이를 걱정하고 있을 때 익주의 치중종사治中從事 양홍楊洪이 이렇게 말했다.

"걱정할 필요 없습니다. 황원은 흉악하고 난폭하며 부하들에게도 자애를 베풀 줄 모르니 그럴 만한 능력이 없는 자입니다. 그는 성도를 함락하지 못하면 분명 장강을 따라 동쪽으로 내려갈 것이고, 주군께서 무탈하시다면 그는 스스로 결박하여 주군께 용서를 빌 것입니다. 설령 상황이 변한다고 해도 기껏해야 오나라로 도망가서 목숨을 구걸할 것입니다. 우리는 그저 남안南岸 협곡으로 사람을 보내 통로를 차단하면 그를 생포할 수 있을 것입니다."

후에 황원은 성도 포위 공격이 실패하자 정말로 장강을 따라 동쪽으로 내려왔고 촉한의 매복 장령들에게 격파당했다. 성도는 이제 점점 안정되기 시삭했다.

황원의 반란이 쉽게 평정되기는 했으나 그의 악영향으로 인해 적지 않은 이들이 반란을 일으켰다. 그중 옹개雍闓라는 인물을 언급하지 않을 수 없다. 그는 익주군의 세력가였다. 익주군은 익주 전체를 가리키는 말이 아니라 지금의 운남성雲南省 동부의 한 군郡을 말한다. 그는 유비의 죽음과 황원의 반란을 전해 듣고 소수민족 수령 고정高定과 태수 주포朱褒, 그리고 명망이 높은 맹획孟獲을 끌어들여 함께 반란을 일으켰다.

맹획은 배경이 조금 복잡하다. 그를 소수민족의 우두머리라고 말하는 이도 있고, 한족 호강이라고 말하는 이도 있다. 어찌 되었든 맹획은 한족

---

* 지금의 사천 대도하大渡河 이남과 운남, 귀주貴州 등지를 말한다. 현재 묘족苗族, 태족傣族, 이족彝族 등 소수민족이 주로 거주하고 있으며, 역사는 이들을 서남이西南夷라고 부른다.

과 소수민족 모두에게 명망이 높았던 인물로 현지의 토호쯤 되는 인물이었다.

그들이 일으킨 반란은 초기에는 세력과 영향력이 크지 않았다. 그러나 옹개라는 자는 지금으로 말하면 홍보의 대가이자 흑색선전의 고수였던 인물로, 끊임없이 현지 소수민족의 수령들에게 헛소문을 퍼뜨렸다.

"촉한 조정에서 당신들에게 가슴 전체가 검은 개 300마리와 길이가 3장丈이나 되는 장대 3,000개를 진상하라고 하는데, 내놓을 수 있겠소?"

그 말을 들은 수령들은 화가 나는 것이 당연했다.

'그걸 우리가 어디 가서 구한단 말인가? 개 300마리와 장대 3,000개라니? 당장 세 마리를 마련하기도 힘든데!'

옹개가 다시 말했다.

"당신들이 그것을 내놓을 수 없는 형편이라 해도 조정에서는 절대 가만히 있지 않을 것이오. 그러니 아예 나를 따라 반란에 동참하는 것이 어떠하오?"

이렇게 해서 반란은 점차 남중 지역 전체로 확대되었다. 남중 지역은 당시 촉한의 전체 면적 가운데 절반을 차지하는 데다 물산이 풍부하며 중요한 전략적 요충지였다. 만약 남중을 잃는다면 촉한 조정에 막대한 타격이 될 것이 불을 보듯 뻔했다.

반란의 무리들이 현지 태수를 살해하자 촉한 조정에서 새로운 태수를 파견했다. 하지만 옹개는 또다시 신임 태수를 붙잡아 동오로 압송했다. 남중 지역의 다른 군수들도 붙잡히거나 쫓겨났고 또는 아예 군내로 들어가지 못했기 때문에 지역을 제대로 다스릴 수 없었다.

이엄李嚴이 옹개에게 여러 통의 편지를 써서 이해관계를 언급하며 설득하였으나 옹개는 단 한 번 회신을 보냈다. 그마저도 오만불손하기 이를 데 없었다.

"하늘에는 두 개의 태양이 있을 수 없고, 땅에는 두 임금이 없다고 들었소이다. 지금 천하는 세 세력이 정립하고 있으며, 정삭正朔도 셋이나 되니, 나는 누구를 따라야 할지 모르겠소. 내가 무엇 때문에 당신네 촉한에 의지해야 하는 것이오?"

당시는 손오와 촉한의 관계가 회복되기 전이었고 손권도 이들을 응원했기 때문에 정세가 매우 복잡했다. 영창군永昌郡을 제외한 남중 지역 대부분이 모두 반란자들의 근거지가 되었다.

옹개의 반란은 촉한 정권에 심각한 위협이 되었다. 이런 국면을 접한 제갈량은 매우 냉정하게 대처했다. 남중에 대해 토벌이 아닌 회유 정책을 채택해 적극적인 설득 작업을 펼치는 한편, 오와 촉의 동맹 관계를 회복하고 강화하기 위한 작업을 시작했다.

칠종칠금七縱七擒

오와 촉이 다시 화친을 맺은 후 촉한 내부도 한차례 쇄신이 이루어지면서 점차 안정되었다. 이때 위 문제 조비가 이전의 수치를 씻으려고 동오를 토벌하기 위해 출병할 것이라는 소식이 전해졌다. 제갈량은 촉한이 이미 동오와 화친을 맺은 상태에서 동오가 조위의 견제를 받게 되면 이는 남중의 반란을 평정할 가장 좋은 기회라고 생각했다.

서기 225년, 제갈량은 대군을 이끌고 반란을 평정하기 위해 남중으로 출발했다. 출발하기 전 예전 유비의 동오 공격 때 전사한 시중 마량의 아우인 참군 마속馬謖이 전송을 나왔다. 제갈량은 그에게 적을 무찌를 계책을 알려줄 수 있겠느냐고 물었다.

마속이 말했다.

"남중은 지세가 험준하며 멀리 떨어져 있어 이미 오래전부터 조정에 복종하지 않았습니다. 오늘 그들을 섬멸한다고 해도 내일 다시 반란을 일으키려 할 것입니다. 승상께서는 전국의 병력을 모아 강적을 정벌하실 계획이신데, 저들이 나라 안이 비어 있는 것을 알게 되면 서둘러 반란을 일으킬 것입니다. 그들을 모두 죽여 후환을 없앤다는 것은 어진 자의 행위가 아니며 단기간 내에 실행하기도 어렵습니다. 그러니 용병의 도리에 따르면, 마음을 공략하는 것이 상책이고, 성을 공략하는 것은 하책입니다. 또한 마음을 굴복시키는 심리전이 상책이며, 병기를 이용해 싸우는 것은 하책입니다. 만약 이러한 원칙에 따라 남중 지역에서 격문檄文만으로 반란을 평정한다면 그들은 진심으로 우리를 따르게 될 것입니다."

제갈량은 그의 말에 깊이 동감을 표했다.

촉군은 병력을 삼로로 나누어 진격했다. 동로군東路軍은 마충, 중로군中路軍은 이회李恢가 각기 통솔하고 제갈량은 친히 서로군西路軍을 지휘했다. 반란군은 평소 훈련이 잘되어 있는 촉군의 상대가 될 수 없었다. 동서 양쪽의 반란군은 얼마 되지 않아 평정되었으며, 제갈량의 지휘 아래 삼로 대군이 반란군의 근거지인 익주군으로 진격했다.

그해 5월, 제갈량은 군대를 통솔해 노수瀘水, 즉 지금의 금사강金沙江을 건너 익주군으로 진격했다. 〈출사표出師表〉에서 '5월에 노수를 건너 불모의 땅으로 깊이 들어갔다伍月渡瀘, 深入不毛'는 내용은 바로 이를 말하는 것이다. 한편 익주군에서는 고정과 회합하기 위해 와 있던 옹개가 내분으로 인해 고정의 부하에게 살해되고, 맹획이 반란군의 우두머리가 되었다.

맹획은 익주군에서 명망이 높았고 그곳 소수민족과 한인들도 모두 그의 말에 복종하고 있었다. 제갈량은 심리전으로 맹획을 굴복시킬 생각이었다. 그가 진심으로 심복하면 남중 지역의 소란을 잠재울 수 있기 때문이었다. 전투가 시작되자 제갈량은 맹획을 죽이지 말고 생포할 것을 명령했다.

맹획은 반강盤江 상류, 지금의 운남성 곡정시曲靖市 부근에서 제갈량과 일전을 벌일 생각이었으나 싸움이 시작되자마자 곧 생포되고 말았다. 반란군은 오합지졸이고, 촉군은 정규군이었으니 당연한 결과였다.

맹획이 잡혀 오자 제갈량은 그를 풀어주고 촉군의 진영을 보여주며 그에게 물었다.

"자, 보시오. 우리 촉나라의 군대가 어떠하오?"

맹획은 비록 몸은 잡혔으나 마음속으로는 승복할 수 없다는 듯이 오만한 말투로 말했다.

"지금 보니 내가 허실虛實을 몰라 패한 것이 분명하오. 지금 승상께서 보여준 촉 진영이 겨우 이 정도라니. 다시 한 번 붙는다면 내가 능히 이길 수 있소이다."

제갈량은 그가 패전을 인정하지 않자 풀어주기로 작심하고 말했다.

"좋소, 돌아가서 군대를 정비하여 다시 싸움에 응하시오."

맹획은 놀아가 군사를 모아 또다시 쳐들어왔다. 그러나 이번에도 여지없이 참패하고 다시 붙잡혔다. 이렇게 제갈량은 맹획을 잡았다 풀어주고 다시 붙잡기를 일곱 차례나 반복했다.《삼국연의》에 따르면, 맹획은 무소 가죽 갑옷에 주홍색 투구로 무장하고 친동생인 맹우孟優는 물론이고 여왕女王과 여러 소수민족의 수령들까지 동원하고, 붉은 소에 코끼리까지 앞장세워 총공격을 감행했다. 그러나 그때마다 제갈량에게 무참하게 참패당하고 말았다.

제갈량이 마침내 일곱 번째 맹획을 잡고 난 후 사람을 보내 다시 풀어주라고 했다.

"승상께서 서로 대면하기 낯부끄러우니 그냥 풀어주고 다시 한 번 승부를 가리라고 하셨습니다."

이번에는 맹획도 탄복하지 않을 수 없었다. 그가 승상의 장막으로 가서 눈물을 흘리며 말했다.

"일곱 번 사로잡아 일곱 번 놓아주는 일은 자고로 없었습니다. 내 어찌 또다시 망신을 당하겠소이까? 우리가 진정 패했소이다. 다시는 반란을 일으키는 일이 없을 것입니다."

제갈량은 맹획의 투항을 받아낸 후 재빨리 군대를 이끌고 남하하여 전지滇池에서 집결한 후 나머지 반란군을 모두 평정했다. 이로써 남중전투는 막을 내렸다.

제갈량의 전설

익주 네 군데 군郡을 평정한 후 촉군은 성도로 철수했다. 소수민족 수령들이 촉한 정부에 잘 협조하도록 하기 위해 제갈량은 가능한 한 현지의 명망 높은 인사들을 채용해 남중 지역 통치를 맡겼다. 이때 제갈량에게 반대 의견을 제시하는 이도 있었다. '우리와 동족이 아니니 그 마음도 다를 수밖에 없다'는 이유였다.

하지만 제갈량은 생각이 달랐다.

"반드시 그렇게 해야 하오. 만약 그들을 등용하지 않고 우리 관원에게 관리를 맡긴다면 마땅히 군사들도 주둔시켜야 하오. 군사를 주둔시키려면 군량과 마초를 공급해야 하는데, 그것이 쉽지 않다는 것이 첫 번째 어려운 문제일 것이오. 또한 이곳 소수민족들은 전쟁의 시련을 겪은 지 얼마 되지 않았소. 죽거나 다친 부모 형제들로 인해 그들의 분노가 아직 가시지 않았다는 뜻이오. 만약 외지인이 관리를 맡고 군대를 주둔시키지 않는다면 분명 재앙이 생길 것이니 이것이 두 번째 어려운 문제요. 마지막으로 이들은 벌써 여러 차례 관리들을 죽이거나 내쫓은 경험이 있소이다. 그들도 또다시 관리들을 죽인다면 자신들의 죄가 무거워질 것임을 알고 꺼릴 것인데, 만약 외지인을 관리로 남겨둔다면 끝내 서로 믿지 못하고 의심할 것이니, 이것이 세 번째 어려운 문제라오. 그러므로 군사를 주둔시키지 않고 군량을 공급하지 않으면서 우리의 법령과 기율을 관철하고 싶다면 반드시 현지 민족을 관리로 등용해야 하오. 그래야만 소수민족과 한인을 동시에 안정시킬 수 있소."

그래서 제갈량은 맹획 등 현지의 인사들을 지방 관리로 임명하고, 금, 은, 옻나무, 경우耕牛, 군마 등을 매년 조정에 바치도록 했다. 아울러 신망이 높고 유능한 수령들을 성도로 데리고 가서 높은 관직과 후한 녹봉을 하사했다. 맹획은 이후 촉한 조정의 감찰을 담당하는 어사중승御史中丞을 맡기도 했다.

제갈량이 이렇게 한 것은 민족 간의 단결을 강화해서 남중을 더욱 효과적으로 다스리기 위해서였다. 그는 또 원래의 네 개 군郡을 여섯 개 군으로 개편하여 각 군의 세력을 약화했다.

현지의 낙후된 상황을 극복하고 남중 지역의 농업 생산력을 발전시키기 위해 제갈량은 전문가를 그곳에 파견해 선진 농업 기술을 보급하고 수리 시설을 건설했으며, 농지에 관개가 가능하도록 하여 경지 면적을 늘렸다. 원래 깊은 숲 속 원시림에 살면서 원시적 채집과 수렵 생활에 의지했던 소수민족들도 점차 평지로 이주해 마을을 만들고 농업 생산에 종사하기 시작했다.

남중 지역의 발전은 촉한 정권에 큰 이로움을 가져다주었다. 이곳에서 생산된 금 등 광물과 경우, 군마 등이 매년 촉으로 운송되어 촉한의 경제력 증강에 도움을 주었다. 이외에도 제갈량은 현지 소수민족 중 건장한 남자들을 뽑아 군대를 편성했는데, 이를 위해 1만 호戶 정도가 촉으로 이주했고, 이를 통해 촉한 병력의 부족을 효과적으로 보충할 수 있었다. 그들 군대는 용맹하고 싸움에 능해 '비군飛軍'이라 불리며 촉한의 정예군사가 되었다.

남중을 평정한 뒤 제갈량이 현지에서 시행한 일련의 정책은 그 지역을 발전시키고 민족 단결을 증진하는 데 매우 큰 영향을 미쳤다. 긴 세월 동안 이들 지역에는 제갈량과 관련한 많은 감동적인 이야기들이 전해진다.

예를 들어, 오늘날 북방인들이 먹는 '만두饅頭'에는 소가 들어 있지 않다. 대신 소가 들어 있는 것은 '포자包子'라고 한다. 그런데 남방인들은 다르다. 그들은 소가 들어 있는 것을 '만터우'라고 부르는데, 북방의 '바오쯔'와 같다. 왜 그런 것일까?

제갈량이 그 당시 5월 노수를 건너 불모의 땅으로 깊이 들어갔을 때, 현지의 원주민에게는 사람의 목을 베어 노수에 제사 지내는 풍습이 있었다. 남중을 평정한 제갈량이 그들에게 말했다.

"이는 너무 잔인한 일이니 앞으로 그렇게 하지 마시오. 더 이상 사람의 목을 베어 제사에 쓰지 말고, 소나 양, 돼지고기로 만두소를 만들어 반죽으로 싸서 사람 머리 모양으로 만드시오. 그것을 물속에 던져 제사 지내면 되지 않겠소?"

이때 만든 음식이 바로 지금 우리가 먹는 만두다. 북방인은 이를 포자라고 부르지만 남방인들은 여전히 만두라고 부른다.

이후 제갈량이 살아 있는 동안 이 지역 소수민족들은 더 이상 반란을 일으키지 않았다.

제갈량은 남중을 평정하고 촉한 정권의 대규모 후방 기지를 안정시켰으며, 동오와 옛 동맹도 재확립했다. 앞으로 그는 또 촉한을 이끌고 어떤 행동을 펼쳐나갈 것인가?

37강 제갈공명의 한계

제갈량이 반년 만에 남방에서 옹개와 맹획 등의 반란을 진압함으로써 촉한은 후방이 안정되고 아울러 재력과 인력을 확보할 수 있게 되었다. 이후 제갈량은 중원을 회복하고 위와 오를 멸하겠다는 뜻을 확고히 하면서 북상하여 위를 공략할 준비 태세를 갖추기 시작했다.

서기 226년, 남방에서 성도로 돌아온 후 일정 기간 휴식을 취하면서 촉한의 승상 제갈량은 한중으로 출병할 준비를 마치고 조위를 향해 진격하기 시작했다. 한중은 당시 위와 촉의 최전방이었다. 제갈량은 자신이 친히 군사를 이끌고 출격하면서, 자신과 함께 유비에게 탁고託孤의 중임을 부여받은 이엄에게 국내 업무를 맡기고 자신을 위해 후방을 총괄해줄 것을 요청했다. 과연 제갈량은 이번 출병에서 승리를 구가할 것인가? 제갈량의 대군을 맞이하여 위나라는 어떤 준비를 하고 있는가?

출사표

제갈량이 적극적으로 북벌을 준비하고 있을 때 위나라 내부에 중대한 변화가 발생했다. 서기 226년, 위 문제 조비가 붕어한 것이다. 당시 40여 세로 재위 6년 만의 일이었다. 7의 아들 주예曹睿가 뒤를 이으니 위 명제明帝다. 문제는 임종 무렵 조진, 진군, 사마의 세 명에게 공동으로 어린 군주를 보좌해줄 것을 유언으로 남겼다.

오왕 손권은 조위의 군주가 바뀐 것을 틈타 친히 거병하여 동쪽에서 조위를 향해 진격했다. 비록 큰 성과를 얻지는 못했지만 조위의 병력을 양쪽으로 분산시키는 효과를 가져와 제갈량의 북벌 대계에 유리한 국면이 조성되었다.

이듬해 봄, 촉한 승상 제갈량이 각로의 군사를 이끌고 북진하면서 한중에 군사를 주둔시켰다. 출발하기에 앞서 제갈량은 후주 유선에게 상서하였는데, 이것이 바로 유명한 〈출사표〉, 즉 군사를 이끌고 출정하기에 앞서 황제에게 올리는 표문이다.

〈출사표〉 첫머리에서 제갈량은 후주 유선을 위해 촉국의 형세를 분석하고 있다.

"지금 천하는 세 나라로 분열되고 익주는 피폐해졌습니다."

천하삼분의 현실 속에서 촉의 형세가 가장 좋지 않다는 뜻이다. 제갈량은 〈후출사표後出師表〉에서도 "(선제께서) 한漢 : 촉과 적賊 : 조위와 오은 양립할 수 없으며, 황제의 대업은 한쪽 귀퉁이에서 안주할 수 없다고 여기시어 적을 토벌하지 않으면 왕업도 망하고 만다고 말씀하셨습니다"라고 하여 이와 유사한 발언을 한 바 있다. 말인즉, 조위를 공격하는 것은 촉한이 한조의 정통이기 때문에 마땅히 성도가 아닌 낙양에 도읍지를 두기 위함이다. 지금 촉한은 천하의 한구석 모퉁이에 작은 조정을 이루고 있으니 도의적으로나 지형적으로 감제고지瞰制高地 : 적의 활동을 살피기에 적합하도록 주변이 두루 내려다보이는 고지를 확보하는 것이 필요하기 때문에 지금 출병하여 조위를 공략해야 한다는 뜻이다.

당시 많은 이들이 제갈량이 어리석은 짓을 하고 있다고 생각했다. 촉국은 국력이 그리 강하지 않으며 나라의 형세 또한 신통치 않은 상황이다. 마땅히 철저하게 방어 태세를 갖추고 백성이 편안하게 다스리며 비록 작은 땅이나마 잘 간수할 일이지, 왜 주도적으로 조위를 향해 도발하는가? 하지만 제갈량이 이렇게 북벌을 감행하는 데는 부득이한 고충이 있었다. 만약 조위를 정벌하지 않는다면 촉한 정권의 합법성이 존재할 수 없게 된다. 또다시 일개 할거 정권으로 몰락하고 만다는 뜻이다. 그렇기 때문에 그는 조위 토벌의 기치를 높이 세워야만 했던 것이다.

제갈량은 〈출사표〉에서 유선에게 언로를 널리 열고 상벌을 엄격하게 집행하며 어진 신하를 가까이하고 소인을 멀리하라는 등의 간언을 한 후, 자신의 신세와 선주와의 만남에 대해 간단하게 언급했다.

"신은 본래 포의布衣 : 일반 백성의 신분으로 남양에서 몸소 농사를 짓고 있었습니다. 난세에 직면하여 구차하게 목숨을 온전히 하고자 했을 뿐, 제후들에게 이름이 알려져 영달하기를 원치 않았습니다. 선제께서 신을 비천하다 여기지 아니하시고 송구스럽게도 세 번이나 신의 누추한 집에 찾아오셔서 당대의 상황에 대해 자문하셨습니다. 이 일로 감격하여 마침내 선제를 위해 열심히 일할 것을 허락하였습니다."

계속해서 그는 한실을 부흥할 책략과 충심을 언급한 후 모든 이들이 맡은 책무에 충실할 것을 강조하면서 심지어 만에 하나 자신이 죽을 경우 누가 자신의 뒤를 이을 것인가에 대해서도 말했다.

제갈량은 〈출사표〉를 통해 당시의 상황에 대한 언급 외에도 이러한 상황이 출현하게 된 이유와 이러한 상황에서 해야 할 일을 매우 분명하고 명확하게 밝혔다. 그의 〈출사표〉는 천고에 유전되어 만인이 즐겨 암송하고 찬미하는 대표적인 문장이 되었다. 남송의 애국 시인 육유陸遊는 〈출사표〉에 대해 이렇게 찬사를 보냈다.

제갈량의 출사표 세상에 널리 알려졌거늘
천년 지난 지금 누가 감히 견줄 수 있겠는가?

出師一表眞名世

千載誰堪伯仲間

_ 육유, 〈출사표〉

말 잘 듣는 어린 황제

위 명제 조예는 제갈량이 대군을 이끌고 한중에 도달했다는 소식을 듣고 대거 군사를 일으켜 제갈량과 맞서 싸우도록 했다. 명제 조예는 젊고 기운이 팔팔하여 선제공격으로 기세를 잡고 싶었다. 출병하기에 앞서 그는 측근 신하인 산기상시散騎常侍 손자孫資에게 이번 일에 대해 하문했다. 손자가 아뢰었다.

"예전에 무황제께옵서 남정南鄭을 공략하여 장로를 토벌하실 적에 양평관전투에서 위험한 지경에 빠져 힘들게 승리를 취하셨으며, 이후에도 친히 군사를 이끌고 하후연의 군대를 구한 적이 있었습니다. 그때 무황제께옵서 누차 '남정은 천상의 감옥과 같으며, 중간에 있는 야곡도斜谷道는 500리 석혈石穴과 같다'고 말씀하셨습니다. 이는 그곳의 지세가 험악함을 이르신 것인데, 그래서 무제께서 다행히 하후연을 구하여 위험한 지경에서 벗어난 후에야 이런 말씀을 하신 것입니다. 이렇듯 그곳은 용병하기에 적합하지 않습니다. 게다가 무제는 용병술이 귀신과 같으셨으나 촉적蜀賊이 숭산의 준령에 서식하고 오비吳匪가 강과 호수에 숨어 들어가 있음을 아셨기 때문에, 분함을 거듭 참으시며 잠시 예봉을 피하며 장병들이 죽을힘을 다해 억지로 싸우도록 강요하지 않으셨습니다. 이것이 바로 승리할 기회가 오면 싸우고, 승리할 가망성이 없으면 물러나는 전략입니다. 만약 지금 남정으로 진군하려고 한다면 길이 험난하여 힘이 들 뿐만 아니라 정예군을 모집하고 물자를 수송함은 물론이고 남쪽으로 형주, 서주, 양주, 예주 등에 군사를 주둔시켜 오나라가 강을 따라 침공하는 것을 막아야 하기 때문에 공히 15~16만의 병력이 필요한 실정입니다. 이렇게 되면 우리는 더욱 많은 병사와 역부役夫를 모집하고 보다 많은 물자를 동원하여 전국이 혼란해지고 막대한 소비를 감내해야 할 것입니다. 그러니 폐하께서 깊이 생각하시기 바랍니다. 하지만 만약 우리가 수세를 취한다면 공격할 때보다 절반의 역량만 갖추면 됩니다. 현재 보유하고 있는 병력을 여러 장수들에게 분배하여 험난한 요충지에 주둔하면서 방어토록 한다면 적에게 위세를 떨쳐 나라의 변경을 안전하고 무사하게 지켜낼 수 있을 것이며, 장병들을 훈련시켜 강병으로 육성하고 백성들이 수고로운 노역의 고통을 받지 않아도 될 것입니다. 몇 년이 지나면 우리의 국력이 강성해지고 오와 촉은 자연히 피폐해질 것이니, 그때 가서 군사를 일으켜 반격한다면 일전으로 대업을 이룰 수 있을 것입니다."

조예가 손자의 말을 듣고 주도적으로 공격하려던 생각을 접었다. 물론 그는 일정한 방어망을 구축하기 위해 사마의를 파견하여 형주와 예주 등 여러 지역의 군사를 감독하도록 했다. 사마의는 자신의 지휘부를 완성에 두었다.

'이리처럼 뒤돌아보는 관상'을 지닌 사마의

사마의, 자는 중달仲達이며 한 영제 시절인 서기 179년에 태어났다. 조상 대대로 관직에 오른 관료 집안으로, 부친 사마방司馬防은 동한 시절 경조윤, 즉 지금의 북경시장을 역임했다. 사마방은 아들이 여덟 명 있었는데, 모든 아들의 자에 '달達' 자를 사용했다. 이른바 '사마팔달司馬八達'이란 말은 여기에서 나왔다. 사마의는 사마방의 둘째 아들이다.

사마의는 '어려서부터 빼어난 절조를 갖추고 총명했으며 원대한 지략을 소유했다. 또한 박학다식하고 유교의 가르침에 따랐다. 한말 천하가 크게 어지러워지자 항시 분개하며 천하를 근심하는 마음을 품었다.'《진서晉書·선제기宣帝紀》

청하淸河 사람 상서 최염崔琰은 사마의의 형인 사마랑司馬朗과 서로 친했는데 한번은 사마랑에게 이렇게 말했다.

"자네의 동생은 총명하고 성실하며 강단剛斷이 있고 영특하니 자네도 그에게 미치지 못할 것 같군."

건안 6년(서기 201년), 군郡에서 사마의를 상계연上計掾으로 천거했다. 당시 조조는 조정에서 사공을 맡고 있었는데, 사마의의 명성을 듣고 사람을 보내 자신의 부중에서 일하도록 불렀다. 하지만 사마의는 한조의 국운이 이미 쇠하고 있는 데다 조조의 수하에 들어갈 생각이 없는지라 풍비風痺:반신불수로 인해 침상에서 일어날 수 없다는 핑계를 대고 사양했다.

조조가 이를 의심하여 자객을 밤중에 보내 상황을 탐지하도록 했다. 자객을 보내기에 앞서 조조가 그에게 말했다.

"만약 그가 진짜로 병석에 누웠거든 돌아와 보고하고, 그렇지 않고 거짓으로 병을 가장한 것이라면 그 즉시 죽여버려라."

사마의는 그럴듯하게 가장하는 데 능했다. 그는 마치 진짜로 반신불수가 된 것처럼 침상에 꼿꼿이 누워 전혀 움직이지 않았다. 한눈에 보기에도 반신불수 상태가 분명했다. 자객이 돌아가 조조에게 보고했다.

"가짜인지 진짜인지는 알 수 없으나 여하간 꼿꼿이 누워 전혀 움직이지 않았습니다."

조조는 이리하여 잠시 사마의를 놔두었다.

조조가 동한 조정의 승상의 자리에 오른 후 다시 강제로 사마의를 징소하여 관리로 임명했다. 조조는 사마의에게 사람을 보내 이렇게 말했다.

"만약 또다시 결심하지 않고 머뭇거린다면 곧바로 잡아 가두겠다."《진서 · 선제기》

사마의는 원래 명리에 어두운 청고지사淸高之士가 아니었다. 조조가 세게 말하자 그만 겁을 먹고 출사하여 관직을 차지했다. 조조는 사마의를 태자 조비와 어울리게 했다. 그래서 그와 조비는 관계가 상당히 좋았다.

하지만 조조는 사마의를 끝내 믿지 않았다. 왜냐하면 사마의에게 웅대하고 호방한 뜻이 있다는 느낌이 들었을 뿐만 아니라 그가 '낭고지상狼顧之相'을 가졌기 때문이었다.

《진서 · 선제기》에 보면 이런 대목이 적혀 있다.

"위 무제가 선제에게 웅대하고 호방한 뜻이 있음을 알아채고, 그에게 '낭고지상'이 있다는 이야기를 듣고 확인하기 위해 그를 불러 뒤를 돌아보라고 했다. 그러자 얼굴은 곧바로 뒤를 향하는데 몸은 움직임이 없었다. 또한 일찍이 세 마리 말이 한 구유槽, 이는 조曹씨를 상징한다에서 먹이를 먹는 꿈을 꾸고는 꺼림칙하게 여겼다. 그래서 태자 조비에게 이렇게 말했다. '사마의는 신하가 될 사람이 아니니 필시 너희 집안일에 관여할 것이다.'"

본문에 나오는 '선제'는 사마의를 말한다. 나중에 진나라를 세운 후 사마의를 진 선제로 추존했기 때문이다. 조조의 말인즉, 사마의는 기꺼이 누군가의 신하 노릇을 하려는 마음이 없어서 장차 왕가의 일에 간섭할 가능성이 있으니 주의하라는 뜻이다.

그러나 '태자는 평소 선제(사마의)와 친하여 매번 보호했다. 그래서 (선제가 조조의) 총애를 잃게 되었다.' 조비는 실제로 사마의와 좋은 관계를

---

* 이리가 자주 고개를 돌리는 것처럼 아무 일도 없는데 자꾸만 고개를 돌려 바라본다는 뜻이다. 관상술에서는 이러한 인물은 누군가의 신하가 될 수 없는 상이라고 하며, 탐욕스럽고 거짓에 능하여 신뢰할 수 없는 인물이라고 말한다.

유지하면서 언제나 그를 비호했다. 게다가 사마의는 자신의 직무에 충실하여 밤잠을 자거나 밥 먹는 것을 잊어버릴 정도로 열심히 일했기 때문에 조조도 점차 마음을 놓았다.

이후 조조에게 칭제를 권유할 때 사마의는 한조를 옹호하는 일부 구관료들과 분명하게 선을 긋고 조조 편에 서면서 조조에게 중용되었다. 조비가 태자가 되면서 자연히 사마의의 환로도 더욱 순조로워졌다. 그는 누차 조조 부자를 위해 대책을 마련했다.

조비가 여러 차례 대군을 이끌고 오나라를 공격했는데 그때마다 사마의에게 후방을 맡겨 경사에 남도록 했다.

"내가 후방의 일을 깊이 걱정하는 까닭에 이를 경에게 맡기노라. 조참曹參이 비록 전공이 있다 하나 소하 또한 중요하다. 나로 하여금 서쪽을 돌아보며 걱정하지 않도록 하니 이 또한 좋은 일이 아니겠는가!"

그대는 나의 소하이니 내가 출전했을 때 본거지를 걱정하지 않도록 조정의 대소사를 그대에게 맡기겠노라. 바로 이런 뜻이었다. 조비는 자신의 병이 깊어지자 사마의, 조진, 진군을 숭화전崇華殿 남당南堂에 불러 태자를 보정輔政하라는 고명顧命:임금의 유언을 내리며 태자에게 이렇게 말했다.

"이들 삼공三公과 틈이 생기더라도 결코 의심하지 말라!"《진서·선제기》

삼공은 보정을 맡은 세 명의 대신을 말한다. 누군가 이간질을 하여 그들과 틈을 벌려놓더라도 결코 사마의를 비롯한 삼공을 결코 의심하지 말라는 뜻이다. 사마의에 대한 조비의 신임은 이렇듯 깊었다.

조비가 붕어하자 조예가 뒤를 이어 황제 자리에 올랐다. 그는 더욱더 사마의를 신임하고 총애하여 그를 무양후舞陽侯로 봉하는 한편 형주와 예주의 군사를 맡기고 완성에 부府를 개설하여 남방을 지키도록 했다.

속임이 지나치다

사마의가 완성에 주둔하고 있을 때 위나라에 투항한 촉한 장수 맹달이 제갈량과 은밀히 연계하여 거사를 꾸몄다. 맹달은 유비의 양자인 유봉과 사이가 좋지 않은 데다 관우가 위급한 상황에 빠져 구원을 청했을 때 적시에 원병을 보내지 않아 원망을 샀다. 그래서 유비의 보복이 두려워 위나라로 도망쳤던 것이다.

맹달이 투항하자 위나라 조정은 그를 후대했다. 하지만 사마의는 맹달의 언행이 간교하여 신임할 수 없으니 중용해서는 안 된다고 간언했다. 하지만 위 문제는 이를 듣지 않고 맹달을 신성新城 : 호북 방현房縣 일대 태수로 삼고 후侯에 봉하고 가절假節했다. 그러나 문제가 죽은 후 맹달은 총애를 잃었으며, 조정의 몇몇 지인들도 전후로 세상을 뜨고 말았다. 게다가 맹달과 평소 불목하던 사마의가 맹달의 상관이 되자 내심 긴장하지 않을 수 없었다.

제갈량은 이런 상황을 알고 암암리에 맹달에게 연락하여, 암흑에서 광명을 되찾아 촉한으로 돌아올 것을 권유했다. 제갈량은 내심 맹달이 말과 행동에서 일관성이 없음을 걱정하여 가능한 한 빨리 반란을 일으키게 할 생각이었다. 때마침 맹달이 위흥태수魏興太守 신의申儀와 사이가 좋지 않다는 것을 알고, 부장 곽모郭模를 신의에게 보내 거짓으로 항복하게 한 후 맹달이 다시 촉나라에 투항하려 한다는 비밀을 누설했다. 신의는 즉각 이러한 상황을 사마의에게 보고했다. 한편 맹달은 자신의 계획이 틀어졌다는 사실을 알고 어찌 되었든 당장 거병하여 반란을 일으키고 촉나라로 돌아갈 생각이었다.

사마의는 맹달이 반역했다는 소식을 듣고, 아직 내비책을 마련하지 않은 상태에서 맹달이 거병하여 공격하면 낭패라는 생각이 들어 맹달에게 서신을 보내 거짓으로 꼬드겼다.

"장군이 지난날 유비를 버리고 국가에 몸을 의탁하자 나라에서 장군에게 변경의 중임을 맡겨 촉을 도모하도록 했으니 가히 심관백일心貫白日: 마음이 해를 꿰뚫듯 서로 통함이라 이를 만하오. 촉인들은 어리석거나 지혜로운 자를 막론하고 장군에 대해 이를 갈며 증오하지 않는 자가 없소이다. 제갈량은 우리가 싸우도록 하고 싶으나 막상 그런 방도가 없어 고심할 뿐이외다. 곽모가 한 말은 결코 작은 일이 아닌데, 제갈량이 어찌 경솔하게 누설했겠소이까? 이는 쉽게 알 수 있는 일이오."《진서 · 선제기》

만약 맹달, 당신이 진짜로 반역할 생각이 있었다면 제갈량이 상호 내통한 이야기를 일부로 퍼뜨릴 까닭이 없으니 이는 분명 제갈량의 이간계離間計일 뿐이다. 그렇기 때문에 나는 당신을 절대로 의심하지 않으니 마음 놓으라! 사마의는 정말로 그러하다는 듯이 당장이라도 믿음의 징표라도 줄 양으로 서신을 써 내려갔다.

맹달은 사마의의 서신을 받고 크게 기뻐했다. 사마의가 나를 중시하는데 굳이 내가 촉국에 귀순할 까닭이 없지 않은가? 내심 이렇게 생각하면서 거병을 망설이며 결단을 내리지 못했다. 이때 사마의는 은밀하게 군사를 이끌고 맹달을 토벌하기 위해 진격하고 있었다. 수하 장수들은 맹달이 오와 촉 양측과 결탁하고 있으니 일단 형세를 살핀 후에 거병해도 늦지 않을 것이라고 건의했다. 하지만 사마의 생각은 달랐다.

"맹달은 신의가 없으며, 지금은 저들이 서로 의심하고 있을 것이니 마땅히 결단하지 못하고 있는 때를 틈타 속히 해결해야 하오."《진서 · 선제기》

사마의는 주야로 행군을 감행하여 마침내 8일 만에 신성 앞까지 도착했다.

신군神軍과 같은 행군 속도

맹달이 오와 촉에 사람을 보내 구원을 요청하자 양국에서 그를 돕기 위해 원병을 보냈다. 하지만 사마의가 효과적으로 차단했다.

제갈량이 이전에 맹달에게 방어를 강화하고 사마의를 조심하라는 말을 한 적이 있는데, 맹달은 서신을 보내 큰 문제가 없을 것이라며 이렇게 말했다.

"완성은 낙양과 800리나 떨어져 있습니다. 제가 거병했다는 소식을 들으면 응당 천자에게 표문을 올리고 또 답서를 받아야 할 것이니 왕복에 적어도 한 달은 걸릴 것입니다. 그때쯤이면 성의 해자도 정비하고 제군도 만반의 준비 태세를 갖추게 될 것입니다. 또한 제가 주둔하고 있는 곳은 험준한 요충지인지라 사마공司馬公이 직접 오지는 않을 것이고, 나머지 부장들이 온다 한들 그들쯤이야 제 적수가 되겠습니까? 너무 걱정하실 필요 없습니다."

그러나 전혀 예상치 못하게 사마의는 먼저 군대를 동원하고 나중에 상주하기로 작심하고 아예 황상에게 표문을 보내지도 않았다. 그는 대군을 이끌고 주야로 행군하여 겨우 8일 만에 성 아래까지 도착했다. 놀란 맹달이 제갈량에게 서신을 보내 탄식했다.

"내가 거사한 지 8일 만에 군대가 성 아래에 도착하니 어찌 신묘할 정도로 빠를 수 있는지 모르겠습니다."

신성은 삼면이 물로 에워싸여 있기 때문에 맹달은 성 밖에 목책을 세워 방비를 강화했다. 사마의는 군사를 이끌고 물을 건너 목책을 깨뜨리고 곧바로 성 아래로 진군했다. 그런 다음 군사를 여덟 갈래로 나누어 성을 공격하니 16일 만에 맹달의 생질인 등현鄧賢과 장수 이보李輔 등이 성문을 열고 나와 항복했다. 위나라 군사들은 성에 쳐들어가 맹달을 참수하고 그의 수급을 수도로 보냈으며, 1만여 명을 포로로 잡은 후 철군했다.

당시 사마의에게 맹달의 반역을 밀고했던 위흥군의 태수 신의는 자신의 관할지에서 권력을 농단하면서 제멋대로 황제의 명의를 빌려 인신을 만들어 사사롭게 주고받았다. 맹달이 참수되자 신의는 내심 걱정이 태산 같았다.

사마의가 반란을 제압하자 당시 각 군의 군수들이 너 나 할 것 없이 달려와 축하의 말을 전했다. 사마의는 그들이 하는 대로 그냥 내버려 두면서 신의에게 사람을 보냈다. 네가 보다시피 내가 큰 승리를 거두자 각 군의 군수들이 모두 달려와 축하를 보내고 있다. 그런데 너는 아무런 표시도 하지 않는구나! 대충 이런 뜻이었다. 신의가 사자의 말을 듣고 어쩔 수 없이 축하하기 위해 달려오자 즉시 사마의에게 체포되어 경사로 압송되었다. 그런 다음 사마의는 맹달이 차지하고 있던 지역의 7,000여 가구를 모두 유주로 이주토록 했다. 얼마 후 맹달의 휘하 장수 몇몇이 7,000여 명을 데리고 투항했다.

제갈량의 제1차 북벌은 원래 맹달과 비밀리에 연계하여 사마의를 공략하는 것이 핵심이었다. 그러나 맹달에게 투항을 권유하여 그의 마음을 돌린 것은 사실이나 결과적으로 신성도 얻지 못하고 몇몇 부장만 잃고 말았다. 더 이상의 출전이 불리함을 깨달은 제갈량은 동쪽 전선에서 실질적인 효과를 보지 못하자 다음에는 서쪽으로 관롱關隴 일대에서 군사작전을 펼치기로 마음먹었다.

자오곡의 기묘한 책략

당시 조위 정권에서 장안의 치안과 방비를 맡고 있던 장수는 하후연의 아들이었다. 그는 조조의 딸을 아내로 맞이했기 때문에 문제 조비의 매제이자 명제 조예의 이모부인 셈이었다. 그러나 그는 재주도 없고 실력도 뒤떨어지는 장문견자將門犬子, 즉 장군 집안의 우둔한 개자식일 뿐이었다.

촉한의 승상 사마 위연魏延은 하후연의 아들이 무능한 것을 알고, 북벌을 위한 군사작전회의에서 제갈량에게 후세까지 쟁론이 그치지 않는 계책, 즉 자오곡子午谷의 기습을 제안했다.

위연, 자는 문장文長이다. 유비가 촉에 들어왔을 때 부곡을 이끌고 귀부하여 유비에게 큰 신임을 얻은 대장 가운데 한 명이다. 위연은 용맹하고 전투에 능해 여러 차례 전공을 세웠다. 유비가 한중왕이 된 후 정치, 군사 중심지를 성도로 옮기게 되자 군사적으로 중요한 한중을 맡길 장수가 필요했다. 당시 모든 사람들은 유비가 장비를 파견하여 주둔시킬 것으로 여겼고, 장비 역시 형님이 분명히 자신을 파견할 것이라고 생각했다. 그런데 뜻밖에도 유비는 위연을 선발하여 도독으로 삼고 진원장군鎭遠將軍에 봉함과 동시에 한중태수를 겸임하도록 했다. 군중의 모든 이들이 깜짝 놀랐다.

유비가 대신들과 더불어 연회를 여는 자리에서 위연에게 물었다.

"이번에 경에게 중임을 맡겼는데, 경은 이를 어떻게 감당할지 말해보시오."

위연이 대답했다.

"만약 조조가 천하를 들어서 쳐들어온다면 대왕을 위해 그를 막기를 청합니다. 편장偏將: 부장部將이 10만 대군을 이끌고 이른다면 대왕을 위

해 그들을 집어삼키기를 원합니다."《삼국지 · 촉서 · 위연전魏延傳》

유비가 그의 말을 듣고 그의 의지와 호기에 찬사를 보냈다.

이릉전투에서 유비가 동오의 육손에게 패퇴하여 이제 막 건국한 촉한 정권 내부에 불안이 엄습했다. 조위가 언제라도 한중을 공격할 가능성이 컸다. 그러나 위연이 군사를 정비하고 수비를 강화하자 조위도 감히 한중을 넘겨다볼 수 없었다.

이번에 제갈량이 위연을 데리고 북벌을 기획했는데, 위연이 군사회의에서 제갈량에게 '자오곡 기습' 계획을 제시했다.

"제가 듣기로, 장안을 지키고 있는 '하후이대夏候二代 : 하후씨 집안의 2대인 하후무夏候楙를 말한다 - 역주'가 위국 황제의 부마라고 하나 제대로 실력도 갖추지 못했을뿐더러 유약하고 무능하다고 합니다. 저에게 정예병 5,000명을 내주시면 그들을 이끌고 포중褒中에서 출발하여 진령을 따라 동쪽으로 가다가 자오도子吾道에서 북쪽으로 방향을 꺾어 올라가면 열흘 안에 장안에 당도할 수 있을 것입니다. 제가 군사를 이끌고 갑자기 나타났다는 소식을 들으면 '하후이대'가 분명 성을 버리고 도망칠 것이니 장안성에는 어사와 경조태수京兆太守 등만 남게 될 것입니다. 횡문橫門의 식량창고에 쌓여 있는 식량과 백성들이 도망치느라 놔두고 간 식량은 우리 군사의 군량으로 삼기에 족할 것입니다. 위나라가 동쪽에서 전열을 정비하고 반격 태세를 갖추더라도 적어도 20여 일은 족히 걸릴 것이니 승상께서 군사를 이끌고 야곡에서 진군하시면 함양 서쪽을 단숨에 평정할 수 있을 것입니다. 승상께서 저의 계략을 따르시면 틀림없이 대업을 이루실 것입니다."

위연이 정예기병으로 기습을 하자고 건의했던 자오곡은 지금의 섬서성 서안西安 남쪽 진령秦嶺 산중에 자리한 곳으로, 관중에서 한중으로 통하는 오래된 길이다. 전체 600리이며, 북쪽 산은 자子, 남쪽 산은 오午라고 부른다. 낭떠러지 외길로 잔도와 다리가 무수하게 많이 있어 매우 위험하다. 위연의 주장은 상당히 대담한 제안으로, 진령의 좁은 길을 통해 단시간 내에 장안으로 쳐들어가 관중을 취하고, 연이어 병사를 증파하여 조위의 서쪽으로 통하는 길을 봉쇄하자는 것이었다. 위험하기는 하나 그렇다고 아무도 시험해보지 않은 것은 아니었다. 일찍이 한신이 성공한 예가 있기 때문이다. 그러나 제갈량은 평생 근신謹愼 : 몸가짐이나 행동을 삼감을 신조처럼 여기고 위험한 일을 그리 좋아하지 않았다. 그가 생각하기에 이는 상당히 위험할뿐더러 적절한 계책이 아니었다. 차라리 평탄한 대로로 출정하여 병법에 의거하여 농우隴右 지역을 취하는 것이 비교적 안전한 것이 분명했다. 결국 제갈량은 위연의 계책을 채용하지 않았다.

지상담병紙上談兵

제갈량은 야곡섬서성 미현 서남쪽에 있는 야욕관을 빠져나와 미현을 빼앗겠노라고 공개적으로 단언하면서 진동장군 조운과 양무장군 등지를 의군疑軍으로 삼아 기곡箕谷에 주둔하도록 했다. 위 명제는 대장군 조진에게 군사를 총동원하여 미현에 방어망을 구축하도록 했다. 하지만 제갈량은 친히 대군을 이끌고 기산을 공격했다. 기산은 감숙 경내에 자리하여 섬서 미현에서 상당히 먼 곳에 있다. 제갈량은 조운과 등지에게 동쪽을 공격하도록 위장한 후, 자신은 주력군을 이끌고 기산 쪽으로 진격했다. 이는 병법에서 말하는 성동격서 전술이다.

제갈량이 이끄는 촉한의 군사는 군진이 엄정하고 군령 체계 또한 질서정연했다. 위나라는 유비가 세상을 뜬 이후 한동안 촉한에서 별다른 농정이 없었기 때문에 변방 수비가 느슨해진 상태였다. 그럴 즈음 돌연 제갈량이 출병했다는 소식이 전해지자 조정의 대소 신료는 당황하지 않을 수 없었다. 게다가 천수天水, 남안南安, 안정安定 등지의 태수와 흉노 우두머리가 위나라를 배반하고 제갈량에게 호응하자 관중은 사방에서 천둥이 울리고 우레가 번쩍이는 듯 크게 동요하면서 조정의 대소 신료들이 어찌할 바를 몰랐다.

위 명제가 대신들을 위로하며 말했다.

"두려워할 필요 없소이다. 제갈량은 본래 험한 지형에 의지하여 굳게 지키면 될 것을 친히 군사를 이끌고 오니 죽을 날이 얼마 남지 않았나 보오. 우리가 합심하여 힘을 모으면 능히 그를 물리칠 수 있을 것이오."

명제는 친히 보병과 기병 5만 명을 이끌고 제갈량의 공격에 대응하는 한편 우장군 장합에게 군무를 감독하도록 했다.

제갈량 휘하 참군 마속은 재기가 넘치고 포부가 대단한 장수였다. 평시에도 군사 전략에 대해 논의하는 것을 좋아했다. 제갈량이 그를 높이 평가했다. 하지만 유비는 임종 무렵 제갈량에게 마속에 대해 이렇게 말한 적이 있다.

"마속은 실질에 비해 말이 지나쳐 대사를 맡길 수 없으니 승상은 그를 잘 살피시오."

유비는 전투를 그다지 잘한 것은 아니나 사람을 보는 식견만큼은 대단했다. 그러나 제갈량은 마속이 뛰어난 재능의 소유자로 특히 병법에 정통하다고 여겨 그를 참군으로 삼았으며, 때로 그를 불러 군사에 관해 토론하느라 대낮부터 밤늦게까지 대화를 나누곤 했다. 이번 기산 출병에서 제갈량은 위연과 오의吳懿를 대장으로 삼아 선봉에 서게 하는 대신, 마속에게 각 군을 이끌어 가정에서 장합과 싸우노록 했다.

가정은 진안현秦安縣에서 동북쪽으로 80리 떨어진 농성진隴城鎭에 자리하고 있는데, 너비가 수십 리이고 길이는 30여 리다. 관롱 땅으로 들어가는 목구멍에 해당하여 이곳으로 들어가면 관중을 점령할 수 있고, 물러나도 농우를 지킬 수 있기 때문에 전략적으로 상당히 중요한 곳이었다. 제갈량의 이번 북벌의 성공 여부는 가정을 지킬 수 있느냐에 달려 있다고 해도 과언이 아니었다.

마속은 조괄趙括과 같은 부류의 인물로, 군사에 관한 한 진정한 의미의 '전문가專家'가 아니라 말만 앞세우는 '전가磚家'**였다. 그저 입으로만 적을 죽이라고 외치는 수재는 책으로 병법을 논하는 것殺敵秀才紙上兵이라는 말이 있듯이, 입만 열면 병법 운운하지만 실제 전투 능력은 그리 높지 않았다. 그는 가정에 주둔하면서 제갈량이 지휘한 내용을 무시했으며, 군사 지휘 또한 무질서하여 어지럽기만 했다. 또한 산 아래에 영채를 세우지 않고 물을 길어 먹을 수 있는 수원을 버린 채 산으로 올라가 주둔했다. 높은 곳에 의지하여 아래로 위군을 공격하겠다는 뜻이었다.

그러나 그의 의도는 결국 실패로 끝나고 만다. 장합은 군사를 이끌고 쳐들어와 마속의 진영을 보고는 크게 웃으며 재빨리 마속의 군대가 물을 길어 먹는 물길을 끊어버렸다. 그런 다음 진격하여 마속을 대패시키니 촉군은 제대로 싸워보지도 못하고 흩어지고 말았다.

이렇게 해서 제갈량은 중요한 전진 기지를 상실하고 포로로 잡은 위나라 백성 1,000여 명을 데리고 한중으로 돌아올 수밖에 없었다. 북벌에 실패하고 만 것이다. 얼마 후 제갈량은 눈물을 흘리며 마속을 참수했다. 이것이 바로 《삼국연의》에 나오는 '읍참마속泣斬馬謖'의 이유다.

** 인터넷 용어로 말만 앞세우고 책임은 지지 않는 이른바 '문화대사文化大師'를 비롯한 유명 인사를 말한다. 그들의 목적은 지식을 구하거나 전파하는 것이 아니라 오로지 자신의 이익을 얻는 것이다.

벼슬을 세 등급 내려도 여전히 승상일세

마속이 가정에 있을 당시 부장 왕평은 거듭 그에게 산으로 올라가지 말고 평원에 영채를 세울 것을 권유했다. 그러나 마속은 받아들이지 않았다. 마속이 패배하고 군사가 흩어졌을 때 오직 왕평이 이끄는 1,000여 병사들은 죽을힘을 다해 선전하면서 영채를 지켜냈다. 촉군이 철군하게 되자 장합이 이끄는 위나라 군사가 물밀듯이 쳐들어왔다. 이에 제갈량은 이른바 공성계空城計로 무사히 철군하게 되는데, 이는 장합이 가정에 복병이 있을까 두려워 더 이상 전진하지 않았기 때문이다. 그런데 이른바 공성계는《삼국연의》에 나오는 대로 제갈량의 복안이 아니라 왕평의 계략이다. 이후 왕평은 흩어진 군사를 수습하여 인마를 이끌고 무사히 귀환했다. 제갈량이 마속을 죽인 후 왕평의 명성과 지위가 더욱 높아졌다.

이번 북벌 역시 별다른 전공 없이 빈손으로 돌아오게 되자 제갈량은 후주에게 표문을 올려 자신의 관직을 세 등급 내려 허물을 책망하기를 요청했다. 후주 유선은 처음에는 만류하다, 나라를 다스리는 자는 법을 중시해야 한다는 비의費禕***의 말을 듣고, 공명의 관직을 깎아내려 우장군으로 하되 승상의 직무는 그대로 맡도록 했다. 비록 승상의 직함은 없으나 여전히 승상의 실무를 맡게 된 셈이다.

마속이 가정에서 실패한 후 조운과 등지의 부대도 기곡에서 패전하고 말았다. 조운은 남은 군사를 모아 굳게 지켰기 때문에 병력 손실이 그리 크지 않았다 그러나 그 역시 진군장군鎭軍將軍으로 강등되었다.

제갈량이 등지에게 물었다.

"가정을 잃고 내군이 모두 패하여 상병소사 세대로 수습하지 못했는

*** 《삼국지》에는 비의費禕로 나오나 나관중의 《삼국연의》는 비위費褘로 오기했다. 역본은 전자를 따라 비의로 쓴다.

데, 기곡의 군사들은 전투에 패배하여 철군하면서도 병력 손실이 거의 없이 전열이 흩어지지 않은 것은 무엇 때문이오?"

등지가 말했다.

"조 장군께서 부대 후미에 혼자 남아 적을 막아내고 군량미와 무기도 전혀 잃지 않았기 때문에 군대가 흩어지지 않은 것입니다."

당시 조운의 군중에 비단이 남아 있었는데, 제갈량이 이를 조운 수하의 병사들에게 모두 나눠주도록 했다. 그러자 조운이 사양하며 말했다.

"삼군이 북벌에 실패하여 공을 세우기는커녕 오히려 죄를 지었거늘 어찌 상을 받겠습니까? 청컨대 창고에 넣어두었다가 이번 겨울에 군사들에게 나눠주셔도 늦지 않을 것입니다."

제갈량은 조운의 인품에 거듭 탄복했다.

제갈량의 제1차 북벌은 만사에 조심하여 위연의 위험한 계책을 받아들이지 않았고, 말만 앞세우는 마속을 잘못 기용하는 등 용인用人에 실패했기 때문에 아무런 진공도 없이 돌아올 수밖에 없었다. 중원을 회복하려는 의지가 강한 제갈량이 향후에는 어떤 군사 작전을 펼칠 것인가?

38강 또다시 실패하는 제갈공명

제갈량이 중원을 공략하기 위해 병사를 이끌고 출전한 제1차 북벌 원정은 실패로 끝났다. 이는 자오곡을 통하는 험난한 곳을 지나 북쪽으로 진격하자는 위연의 계책을 무시하고 기산에서 출병하여 농우에서 섬서로 들어갔으며, 애석하게도 선봉 마속이 가정을 잃었기 때문이다. 결국 제갈량은 아무런 전공도 없이 철군할 수밖에 없었다. 제갈량은 눈물을 흘리며 마속을 참수한 다음 후주 유선에게 죄를 청하여 스스로 벼슬을 깎았다. 이로부터 촉한의 내정을 튼실하게 다지면서 다음 북벌을 준비하기 시작한다.

사실 제1차 북벌을 통해 제갈량이 아무것도 얻지 못한 것은 아니다. 기산에 출병했을 때 그는 용맹한 장수를 한 명 얻었는데, 이후 촉한 정계에서 핵심적인 인물로 성장하게 된다. 과연 그는 누구인가?

원지는 있으나 당귀는 없다

제1차 북벌에 실패하기는 했으나 제갈량은 뛰어난 장수 강유姜維 : 자는 백약伯約을 얻었다. 강유는 천수군天水郡 기현冀縣 사람으로 어려서 부친을 잃고 모친과 함께 살았다. 그는 문무를 겸비하여 군에서 벼슬하여 상계연이 되었다가 주州로 옮겨와 종사로 임명되었다. 그의 부친 강경姜冏은

군의 공조工曹로 있을 당시 강족과 융족이 반란을 일으키자 군 태수를 보호하다 전쟁터에서 죽었다. 그래서 조정에서 그의 아들 강유에게 중랑 직책을 주었으며, 군郡의 군사 업무를 관리하도록 했다.

서기 228년 봄, 촉한 승상 제갈량이 첫 번째로 기산으로 출병했을 당시 조위의 천수태수는 강유 등을 데리고 옹주자사 곽회郭淮를 수행하여 시찰을 하고 있었다. 태수는 촉군이 기산에 이르러 여러 현이 호응한다는 소식을 듣고 곧바로 자사 곽회에게 보고했다. 곽회는 일단 동쪽으로 철수하여 수비에 치중하려고 마음먹었다. 태수는 강유 등이 다른 마음을 품고 있을지도 모른다고 의심하여 밤새 자사 곽회를 따라 동쪽으로 도망쳐 격렬한 전투가 예상되는 천수를 벗어났다. 이렇게 해서 천수에는 아무도 방비하는 이가 없었다.

강유는 태수가 도망쳐 천수군을 지킬 사람이 아무도 없자 하는 수 없이 고향인 기현으로 돌아갔다. 기현의 관리와 백성들은 크게 기뻐하여 그에게 제갈량을 만나볼 것을 권했다. 당시 마속이 가성을 잃으면서 전체 계획이 틀어지자 제갈량은 1,000여 호의 백성들과 투항한 강유, 그리고 군사들을 이끌고 촉으로 돌아왔다.

강유는 촉으로 오면서 모친과 헤어지게 되었다. 전하는 말에 따르면 강유가 촉으로 온 지 얼마 되지 않아 모친의 서신을 받았다. 그에게 당귀當歸를 찾아오라는 내용이었다. 당귀는 예로부터 한약재로 유명했으나 '마땅히 돌아오라'는 뜻으로 읽을 수도 있다. 따라서 모친이 당귀를 찾아오라는 것은 마땅히 위나라로 돌아오라는 뜻이다. 이에 강유가 모친에서 회신을 보냈다.

"좋은 밭이 백 경百頃이나 있으니 일 무一畝에 뜻이 없습니다. 다만 원지遠志가 있을 뿐이니, 당귀는 없습니다."

원지 역시 한약재의 일종이다. 원지가 있으니 당귀를 찾지 않겠다는 말은 곧 위나라로 돌아가지 않고 제갈량을 따르겠다는 자신의 결심을 밝힌 것이라 할 수 있다.

제갈량은 강유가 담대하고 군사에 능수능란하다는 것을 알고 그를 봉의장군奉義將軍으로 임명하고 당양정후當陽亭侯로 봉했다. 당시 강유의 나이 27세였다. 제갈량은 승상부를 지키고 있는 장사 장예張裔, 참군 장완張琬에게 서신을 보내 강유를 칭찬하며 이렇게 말했다.

"강백약은 매사에 충성스럽고 부지런하며 생각이 치밀한 인물이오. 그가 가진 바를 살펴보니 영남永南과 계상季常 등도 그에 미치지 못할 것이오. 그는 양주에서 최고의 인물이외다."《삼국지 · 촉서 · 강유전姜維傳》

영남은 이소李邵를 말하고, 계상은 마속의 형인 마량을 말한다. 그들 두 사람은 유비를 따라 동오를 정벌하면서 전사했다. 제갈량은 그들도 강백약에 못 미친다고 생각했던 것이다.

제갈량은 계속해서 이렇게 말했다.

"우리는 먼저 보병 5,000~6,000명을 훈련시켜 맹호처럼 위나라에 맹공을 퍼부을 수 있을 것이오. 강백약은 군사에 관해 뛰어난 능력을 지니고 있을뿐더러 담대하고 의기가 있으며, 용병의 이치를 잘 알고 있소이다. 그는 마음을 한실漢室에 두고 있으며 재주와 의기가 보통 사람을 뛰어넘소이다. 이제 내가 그에게 군사를 훈련시키도록 한 후 성도로 돌아가 주상을 뵐 것이오."

강유는 이렇게 해서 촉한에서 꼭 필요한 중요 인물로 부상했으며, 심지어 제갈량의 후계자로 칭해질 정도로 명망을 쌓았다.

단련되고 유능한 장수

제1차 북벌이 실패로 끝난 후 촉한 내부에서 제갈량에게 보다 많은 인마를 징발하여 재차 조위 정벌에 나설 것을 요청하는 이들이 있었다. 하지만 제갈량은 동의하지 않았다.

"이전에 기산과 기곡에 있을 때 우리 병력이 적군보다 많았지만 적을 격파하지 못하고 오히려 패배했다. 문제는 병력이 적은 데 있는 것이 아니라 능수능란한 장수가 없었다는 데 있다. 이제 병력을 감축하고 법령을 분명하게 시행하며 지난 과오를 반성하면서 장차 변통할 수 있는 방안을 생각해야 할 것이다. 이렇게 하지 않는다면 병력이 아무리 많다고 할지라도 무슨 소용이 있겠는가! 이후 한마음으로 나라를 위해 우환을 나누고 충성을 다할 자들은 나의 과오를 비판할 수 있을 것이다."

이후 제갈량은 전공이 있는 장수를 살펴 자그마한 공적이라도 빠뜨리지 않았고, 아울러 모든 허물을 사신에게 돌렸으며, 촉나라 선익에 사신의 잘못을 널리 알린 후 재차 북벌 준비에 나섰다. 이렇게 해서 촉한 장수들은 더욱 훈련에 힘쓰며 단련했고, 일반 백성들은 제1차 북벌 실패를 곧 잊게 되었다.

후출사표

제갈량이 회군하자 조위의 대도독 조진은 안정군을 비롯하여 촉한에 투항했던 세 개의 군을 정벌하여 조위의 땅으로 만들었다. 조진은 제갈량이 기산에서 출병하여 실패한 것을 교훈 삼아 다음에는 진창에서 출병할 것이라 생각하고, 장군 학소郝昭에게 진창에 주둔하면서 성곽을 정비하도록 일렀다.

제갈량이 촉한 내부의 정사를 정돈하고 재차 출병 준비를 하고 있을 때 동오가 위나라 장수 조휴를 자신의 경내로 끌어들여 크게 무찔렀다. 이에 위나라는 장수를 증파하여 조휴를 도왔다. 이리하여 오와 위의 전쟁이 거의 몇 개월 동안 지속되었다. 그해 겨울, 제갈량은 조휴가 패전하고 위나라 군사가 동쪽으로 출전하여 관중이 비어 있는 틈을 타 재차 조위 정벌에 나섰다.

그러나 촉한의 대신들 가운데 과연 승리를 할 것인지 회의하는 이들이 적지 않았다. 연초에 패전한 데다 빈번하게 출병함에 따라 촉한의 재력과 인력이 크게 손실되었기 때문이다. 촉한은 국력이 약한 데다 겨우 한 주州의 땅만 차지하고 있기 때문에 대국인 조위를 연이어 공략한다는 것은 계란으로 바위 치기나 다를 바 없다는 생각이 들었던 것이다.

군신들의 회의懷疑와 황제의 우려를 불식하기 위해 제갈량은 후주 유선에게 또다시 출사표를 올렸다. 이것이 바로 〈후출사표〉다. 표문 첫머리에서 제갈량은 이렇게 말하고 있다.

"선제께서 한漢과 적賊은 양립할 수 없으며, 황제의 대업을 이루려면 천하의 한쪽 모퉁이에서 안주할 수 없다고 생각하셨기에 신에게 역적을 토벌하라고 당부하셨습니다. 선제께옵서 그 명철하심으로 신의 재주를 헤아리시어 신이 역적을 토벌하기에 재주가 부족하고 적은 강하다는 것을 알고 계셨습니다. 그러나 역적을 토벌하지 않는다면 왕업도 사라질 것이니, 앉아서 망하기를 기다린다면 누가 저들을 토벌하겠습니까? 그런 까닭에 신에게 맡기시고 의심하지 않으셨던 것입니다."《삼국지·촉서·제갈량전》주에 인용된《한진춘추漢晉春秋》

말인즉, 제갈량 자신이 비록 부족하기는 하지만 빈벽된 곳에서 왕세의 대업을 이룰 수는 없는 일이며, 조위를 정벌하지 않고는 왕업이 사라질 것이기 때문에 선제 유비가 자신에게 출전을 명하고 추호도 의심하지 않았다는 뜻이다. 그러니 나를 믿어달라는 말에 다름 아니다.

그는 계속해서 이렇게 말했다.

"신은 선제의 명을 받은 후 잠을 자려 해도 잠자리가 편치 않았고 음식을 먹어도 맛을 느낄 수 없었습니다. 오로지 북정北征을 생각하여 먼저 남방부터 평정하지 않을 수 없었기에 5월에 노수를 건너 불모의 땅으로 깊이 들어가 이틀에 한 끼를 먹는 고생을 감수했습니다. 신이 스스로 몸을 아끼지 않았던 것이 아니라 왕업을 생각하니 촉도蜀都 : 성도에서 편안히 지내면서 천하를 제패할 수 없기에 위험과 고난을 무릅쓰고 선제의 유업을 받든 것입니다. 그런데 따지기를 좋아하는 무리들이 이를 올바른 계책이 아니라고 비방하고 있습니다. 지금 적은 때마침 서쪽에서 피곤에 지치고 동쪽에서 동오와 싸우느라 정신이 없습니다. 병법에서 적이 지친 틈을 타서 공격하라고 했으니 지금이야말로 과감하게 진격할 때입니다."《삼국지 · 촉서 · 제갈량전》주에 인용된《한진춘추》

제갈량은 선제의 명을 받은 이후로 자신의 북벌에 대한 생각과 실천을 상고하면서 조정 대신들의 의심과 우려를 과감하게 비난했다. 그리고 현재 상황이야말로 북벌하기에 가장 좋은 시기임을 재차 강조했다.

이어서 제갈량은 전대 선인들의 성패와 득실에 대한 사적을 열거한 후 후주 유선에게 비록 백성들이 곤궁에 허덕이고 병사들이 피로에 지치기는 했으나 결코 전쟁을 멈출 수는 없다고 말했다. 군대를 주둔시키며 적을 공략하지 않는다면 이에 들어가는 비용이나 수고로움이 전쟁을 할 때보다 적다고 말할 수 없으니 북방 공략을 고려하는 것만 못하다는 것이 그의 생각이었다. 마지막 대목에서 제갈량은 이렇게 말하고 있다.

"천하의 일은 쉽게 단정지을 수 없습니다. 이전에 선제께서 초楚 땅에서 싸워 패하셨는데, 조조가 박수를 치며 좋아하면서 자신이 천하를 이미 평정했노라고 생각했습니다. 하지만 선제께옵서 동쪽으로 오, 월과 연합하고 서쪽으로 파와 촉을 취하신 후 북정에 나서서 하후연의 목을 베었으니 이는 조조가 전혀 예상치 못했던 일입니다. 당시 우리는 한실을 부흥시키려는 대업이 곧 이루어질 것이라 생각했습니다. 그러나 뜻밖에도 동오가 동맹을 위반하고 관 장군(관우)이 패배하여 목숨을 잃었으며 선제께서 또다시 자귀에서 동오에 패하고 조비가 칭제하였습니다. 무릇 모든 일이 이처럼 예상하기 힘듭니다. 신은 온몸을 다 바쳐 죽을 때까지 최선을 다하고자 합니다. 다만 성공과 실패, 순리와 불리는 제가 능히 예견할 수 있는 것이 아닙니다."

제갈량은 이렇듯 세상사가 마음먹은 대로 되는 것이 결코 아니며, 승패와 이둔利鈍 : 순조로움과 불리함은 예견할 수 있는 것이 아니라고 말했다.

〈후출사표〉는 역대로 적지 않은 쟁론의 대상이 되었다. 많은 이들이 이를 제갈량이 직접 쓰지 않았다고 여기고 있다. 하지만 친필 여부를 떠나 '국궁진췌, 사이후이鞠躬盡瘁, 死而後已'라는 말은 제갈량이 유비의 부름을 받은 후 죽을 때까지 촉한을 보좌했음을 증명하는 대목임에 틀림없다.

고향 사람이 권유해도 소용없다

서기 228년, 제갈량이 대군을 이끌고 진창을 포위했다. 하지만 진창에 주둔하고 있는 부대는 이미 철저한 방비를 끝낸 상태였다. 아무리 공격해도 성을 탈환할 수 없자 제갈량은 진창을 지키고 있는 위나라 장수 학소에게 동향 친구를 보내 성문 밖에서 그에게 투항을 권유하도록 했다.

"학백도郝伯道 : 백도는 학소의 자, 위나라를 섬기면 자네에게 무슨 도움이 되겠는가? 차라리 우리 승상에세 누항하시게!"

학소가 성루에서 동향 친구에게 큰 소리로 외쳤다.

"위나라의 법도를 자네도 잘 아시지 않는가. 내가 어떤 사람인지도 그대는 잘 알고 있겠지. 나는 나라의 은혜를 입었으니 나라를 위해 죽을 뿐일세. 비록 문제門弟가 숭고한 것이긴 하네만 자네는 더 이상 긴말하지 마시고 돌아가시게."

그가 돌아와 제갈량에게 학소의 말을 전했다. 제갈량은 다시 한 번 가서 학소를 설복해볼 것을 청했다. 그가 다시 가서 학소에게 말했다.

"자네는 병력도 많지 않고 장수도 없으니 촉의 대군을 막을 수가 없을 것인데, 어찌하여 죽음을 자초하시는 겐가?"

학소가 정색하며 동향 친구에게 말했다.

"내 이미 할 말을 다 했으니 자네는 더 이상 군말하지 말고 돌아가시게. 내가 비록 자네를 알고 있으나 내 화살은 자네를 알지 못하네."

학소의 동향 친구는 하는 수 없이 발길을 돌렸다.

제갈량은 학소의 군사가 1,000여 명에 불과하고 조위의 원병이 도달하려면 시간이 걸린다는 것을 알고 학소를 공략하기로 마음먹었다.

그러나 싸움은 결코 만만치 않았다. 족한의 병사들이 운제雲梯 : 성을 공격하기 위해 만든 사다리를 동원하자 위군이 불화살을 준비하여 운제를 불태워 운제에 타고 있던 이들이 모두 죽거나 화상을 입었다. 그러자 제갈량이 충거衝車 : 표면에 철판을 씌워 성문을 공격하는 수레를 동원하여 성문을 공격했다. 이에 학소는 밧줄에 큰 맷돌을 묶어 성문 아래로 내던져 충거를 박살냈다. 제갈량이 다시 100척尺 높이로 정자형井字形의 목책을 만들어 그 위에서 성안으로 화살을 쏘도록 했으며, 흙을 날라 성 주위의 해자를 메우게 했다. 그러나 학소는 성안에 내성內城을 구축하여 막아냈다. 제갈량이 땅굴을 파서 성내로 진입하려고 했으나, 이를 눈치챈 학소가 성안에 방어용 해자를 파는 바람에 결국 실패하고 말았다. 주야로 공수攻守가 반복되면서 쌍방은 20여 일 동안 대치 상태에 놓였다. 촉한의 군사들은 피로에 지치고 전투력이 바닥날 때까지 애를 썼지만 끝내 진창을 점령하지 못했다.

위나라 대도독 조진이 진창이 위급하다는 소식을 듣고 장군 비요費曜를 보내 학소를 구원하도록 했다. 명제 조예가 대장 장합을 불러 병사를 이끌고 제갈량을 치도록 했다. 장합이 출정하기에 앞서 명제가 주연을 마련하여 전송하면서 물었다.

"장군이 도착하기도 전에 제갈량이 진창을 점령하지는 않겠소?"

장합은 제갈량이 원정을 떠난 지 꽤 시간이 흘러 군량이 부족할 것이라고 생각했다.

"폐하께서는 염려 놓으시기 바랍니다. 손꼽아 계산해보니 신이 도달하기도 전에 제갈량은 이미 철군했을 것이옵니다."

아니나 다를까 장합이 대군을 이끌고 주야로 강행군을 하여 진창에 도착했는데, 그 전에 이미 제갈량은 군량이 부족하여 철군하는 중이었다. 위나라 장수 왕쌍이 군사를 이끌고 추격하였으나 오히려 제갈량에게 격퇴되고 말았다. 이리하여 제갈량의 제2차 북벌 역시 아무런 전공 없이 무위로 끝나고 말았다.

이듬해 봄, 즉 서기 229년 제갈량이 장수를 보내 무도와 음평陰平, 두 군데 군을 공격하여 차지했다. 촉한 후주 유선은 다시금 제갈량을 승상으로 임명했다. 이것이 제갈량의 제3차 북벌이다.

싸워보지도 않고 끝난 싸움

서기 230년, 조위의 대사마 조진이 명제에게 아뢰었다.

"촉한이 연이어 침략하고 있으니 폐하께서 명령을 내려주십시오. 제가 야곡으로 출병하면서 여러 장수들이 몇 갈래로 나뉘어 동시에 진격하면 틀림없이 대승을 거둘 것입니다."

조진의 말인즉, 지속적으로 소란을 일으키는 촉한을 이번 기회에 완전히 뿌리 뽑자는 뜻이다.

위 명제는 조진의 건의를 받아들여 조서를 내려 대장군 사마의에게, 한수를 거슬러 서성으로 진군하여 한중에서 조진의 군대와 합세한 다음 나머지 장수들도 자오곡과 무위武威에서 출발하여 촉한을 공략하도록 했다.

그때 사공 진군이 명제에게 상소를 올렸다.

"태조 무황제께서 양평陽平으로 가시어 장로를 공격하실 때 대량으로 콩과 보리를 거두어 군량을 보충했으나 장로를 평정하지 못하고 군량도 바닥이 났습니다. 지금은 식량을 현지에서 조달할 수 없는 상황인 데다 야곡의 지세가 험난하여 진퇴가 여의치 않고 군량을 운송할 경우 적의 습격으로 인해 빼앗길 수 있습니다. 만약 병사들을 험한 요충지에 오랫동안 주둔시키면 병력 손실이 적지 않을 것입니다. 그러니 깊이 숙고해 주시기 바랍니다."

명제가 진군의 말에 일리가 있다고 여겼다. 그러자 조진이 재차 표문을 올려 자오곡에서 한중으로 진공할 것을 요청했다. 그러자 명제가 진군의 건의를 조진에게 주었다. 하지만 조진은 진군의 의견을 무시했다. 일개 문관으로 서생에 불과한 자가 뭘 알겠는가! 결국 명제는 조진의 의견에 따라 공격을 허가했다.

한편 제갈량은 위군이 공격해 온다는 소식을 전해 듣고 즉각 대군을 이끌고 성고成固와 적판赤坂 등지에서 진영을 꾸려 적을 맞이했다. 그곳은 몇 갈래 길로 나누어 진격해 온 위나라 군사들이 집결하는 장소였다. 제갈량은 자신과 더불어 어명을 받든 대신 이엄에게 2만 군사를 이끌고 한중으로 가서 방비 태세를 갖추도록 하는 한편, 표문을 올려 이엄이 아들 이풍李豐을 강주도독江州都督으로 임명하여 응전토록 했다.

당시 일기가 불순하여 장맛비가 1개월 넘게 내려 잔도가 무너지고 끊어지는 등 행군하기가 상당히 어려웠다. 위나라 태위 화흠이 위 명제에게 상소하여 이렇게 말했다.

"폐하의 성덕으로 성왕成王과 강왕康王이 다스리던 시절과 같은 성세를 맞이하게 되었습니다. 바라옵건대, 폐하께서 우선 나라의 문치에 전념하시고 정벌은 이후의 일로 삼도록 하옵소서. 나라를 다스리는 자는 백성을 근본으로 삼고, 백성은 먹고 입는 것을 근본으로 삼습니다. 만약 중원에서 굶주림과 추위의 고통이 없고 백성들이 폐하의 덕망을 저버리고 떠나는 일이 없다면 오와 촉 사이의 갈등이 절로 폭발하는 것을 앉아서 기다릴 수 있을 것입니다."

말인즉, 지금은 내치에 힘쓸 때이지, 외적으로 정벌에 나설 때가 아니라는 뜻이다.

이에 명제가 회답했다.

"적들은 높은 산과 큰 강에 기대고 있기 때문에 태조와 세조께옵서 오랫동안 노고를 아끼지 않으셨음에도 평정하지 못했소이다. 그러니 짐이 어찌 과장되게 적들을 멸할 수 있다고 말하겠소? 장수들이 군사를 이끌고 공격하지 않는다면 적들은 결코 스스로 무너지지 않을 것이오. 그렇기 때문에 군사를 일으키는 데 적의 동태를 살피는 것이오. 만약 천시天時가 주어지지 않는다면 주 무왕이 맹진盟津에 군사를 결집했다가 회군한 과거의 전례를 귀감으로 삼을 것이니, 짐은 결코 역사의 교훈을 잊지 않을 것이오."

너무 걱정하지 마시라. 일단 한번 붙어 촉의 전력을 살펴본 후 싸워 이길 수 있다면 싸울 것이고 그렇지 않다면 물러설 것이니, 괜히 융통성 없이 필사적으로 매달리는 일은 하지 않을 것이다. 예전에 주 무왕이 주를 정벌할 때 일거에 성공했더냐? 일단 한번 시도해본 다음에 결정타를 날리지 않았더냐! 대략 이런 뜻이었다.

하지만 다른 대신들도 가을장마가 계속되니 진군하기에 적합하지 않다고 연이어 상소문을 올렸다. 결국 위 명제는 그해 9월 조서를 내려 조진에게 철군토록 했다. 위와 촉은 이렇게 해서 제대로 싸워보지도 못하고 각자 철수했다. 평서 연의는 이를 제갈량의 제4차 북벌로 묘사하고 있는데, 사실 이번 전투에서 제갈량은 방어만 했을 뿐이며 쌍방은 한 번도 접전하지 않았다.

말을 쏘려다 노루를 쏘다

서기 231년, 제갈량이 이엄을 중도호中都護로 임명하고 한중의 사무를 맡긴 후 자신은 친히 대군을 이끌고 위나라 정벌에 나섰다. 조위에 대한 제4차 북벌인 셈이다. 제갈량은 또다시 군사를 이끌고 기산을 포위했는데, 이것이 바로 평서 연의에 나오는 '오출기산伍出祁山'이다.

제갈량은 이전 북벌 전투에서 군량이 부족하여 어쩔 수 없이 후퇴했던 일을 교훈 삼아 목우木牛와 유마流馬를 제작하여 군수물자를 운송했다. 목우와 유마가 구체적으로 어떻게 생겼으며, 어떤 원리로 움직였는지는 정확하게 알 수 없다. 실물은 물론이고 설계도조차 남아 있지 않기 때문이다. 다만 후세 사람들 가운데 어떤 이들은 제갈량이 기존의 외바퀴 수레를 개선한 것이라고 주장하고, 또 어떤 이들은 완전히 새롭게 창조한 자동 기계라고 주장하기도 한다.

당시 조위의 대사마 조진은 병중이었다. 그래서 명제는 사마의에게 서쪽으로 진군하여 장안에 주둔하고 장합을 비롯한 여러 장수를 보내 제갈량이 공격을 마도록 했다. 사마의는 장군 비요에게 정예군사 4,000명을 이끌고 장안을 지키도록 하는 한편 나머지 병사는 모두 서쪽 기산으로 출동하도록 했다.

장합은 병력을 나누어 옹현雍縣과 미현에 주둔했다. 사마의가 장합에게 당부했다.

"만약 전군前軍이 독립적으로 촉군을 감당할 수 있다면 장군의 병력 배치가 타당하오. 하지만 만약 전군이 적군을 막아낼 수 없다면 장군의 계획이 합당치 않소이다. 이전에 초나라가 쳐들어왔을 때 삼군으로 나누었기 때문에 영포英布 장군에게 패퇴되었소. 그러니 이번에는 군사를 합치는 것이 좋을 듯하오."

그리하여 병력을 나누지 않고 전군이 진격했다.

제갈량은 일부 병력을 남겨 기산으로 진격하게 한 후 자신이 직접 대군을 이끌고 상규上邽로 가서 사마의와 맞붙기로 작정했다. 곽회와 비요가 제갈량의 후방을 습격했으나 제갈량에게 참패를 당했다. 제갈량은 잠시 소강상태를 틈타 농서 일대의 밀을 추수하고 사마의와 상규 동쪽에서 조우했다. 사마의는 방어망을 축소하여 험난한 지형에 진영을 꾸리고 방어만 할 뿐, 교전하지 않았다. 제갈량은 어쩔 수 없이 퇴각했다.

제갈량이 철군하자 사마의는 제갈량의 뒤를 쫓아 노성鹵城에 이르렀다. 장합이 사마의에게 말했다.

"제갈량이 이번에 아군을 공격한 것은 우리와 결전을 하기 위함입니다. 그러나 목적한 바를 이루지 못했으니 그는 아군이 지구전 계략으로 승리를 얻으려고 한다고 생각할 것입니다. 게다가 기산에서도 대군이 이미 접근하고 있음을 알고 있으니 인심이 안정되어 있을 것입니다. 그곳에 주둔한 후 적의 후방에 정예병사를 보내 매복시킬 수 있습니다. 그런데도 적군의 뒤를 따를 뿐 추격하지 않으니 군사들이 실망하고 있습니다. 현재 제갈량은 원군 없이 단독으로 작전하고 있으며, 식량도 그리 충분치 않습니다. 그는 틀림없이 도망칠 것이니 우리가 추격해야 마땅하리라 생각합니다."

사마의는 장합의 의견을 듣지 않고 여전히 제갈량의 뒤를 따를 뿐이었다. 마치 환송이라도 하는 것 같았다. 한참을 쫓아가다가 제갈량의 군대가 바로 눈앞에 있는데도 사마의는 산으로 올라가 진영을 꾸리고 전혀 싸울 생각을 하지 않았다. 장수들이 여러 차례 출전을 요구했으나 사마의는 여전히 응하지 않았다.

장수들은 도무지 이해할 수가 없었으며, 심지어 기분이 나쁘기까지 했다. 대장군은 촉군이 무슨 호랑이라도 되는 양 덜덜 떨고만 있는가! 왜 우리에게 출전하지 말라는 것인가! 장수들은 더욱더 사기가 고양되어 적극적으로 출전을 요구했다. 결국 사마의도 더는 견디지 못하고 제장의 요구를 받아들일 수밖에 없었다. 사마의는 장합에게 기산을 지키고 있는 하평何平을 공격하도록 하고, 자신은 중로군을 이끌고 제갈량과 정면으로 대치했다. 제갈량이 위연과 고상高翔, 오반 등 장수들을 보내 위나라 군사와 맞붙도록 했다. 그 결과 위군이 크게 패하고 3,000여 명이 포로로 잡혔다. 사마의는 어쩔 수 없이 퇴각하여 본채로 돌아갔다.

그해 6월, 제갈량은 군량 부족으로 인해 철군을 준비했다. 사마의가 보니 이번만큼은 촉군의 군량이 바닥난 것이 분명했다. 그는 절호의 기회를 놓칠 수 없다 여기고 장합에게 추격하도록 했다. 하지만 제갈량은 위군이 틀림없이 추격해 올 것을 이미 알고 있었기 때문에 매복을 해놓은 상태였다. 장합의 군사가 목문木門에서 촉군과 싸우기 시작했다. 촉군은 높은 곳에 자리하여 아래쪽으로 일제히 화살을 날렸다. 장합은 수없이 날아오는 화살에 맞아 끝내 목숨을 잃었다. 제갈량은 본래 사마의를 유인하여 죽일 생각이었으나 그 대신 장합을 죽이게 되자 문득 이렇게 되뇌었다.

'말을 쏘아 잡으려고 했는데, 노루를 쏘아 잡을지는 전혀 몰랐도다.'

말, 즉 '마'는 사마의를 의미하고, 노루 '장獐'은 '장張'과 해성諧聲이니 장합을 의미한다.

뒤바뀐 시비가 마침내 밝혀지다

제갈량이 기산으로 진군했을 때 이평李平 : 당시 이엄은 개명하여 이평이라고 불렀다이 후방에서 군수물자 운송을 책임졌다. 연일 비가 내리면서 군량과 마초 운반에 차질이 생기자 이평은 참군參軍을 보내, 주상의 뜻이라며 제 갈량에게 철군하라는 서신을 보냈다. 이평은 제갈량이 군사를 물렸다는 소식을 접하고 짐짓 놀라면서 말했다.

"군량이 충분한데 승상께서 무슨 이유로 돌연 회군을 결정하였는지 모르겠습니다."

이평은 이렇게 하여 자신이 일을 제대로 처리하지 못한 책임을 벗어나고자 했던 것이다. 그는 후주 유선에게 표문을 올려 말했다.

"우리 군대가 퇴각을 가장한 것은 적을 유인하여 섬멸하기 위함입니다."

하지만 제갈량이 어떤 사람인가? 어찌 그가 꾸민 하찮은 꾀를 모를 수 있겠는가? 제갈량은 이평이 전후로 자신에게 보낸 편지를 자세하게 살펴 이평의 잔꾀를 정확하게 밝혀냈다. 제갈량이 이평을 문책하자, 이평은 자신의 죄를 자백하고 용서를 빌었다. 제갈량은 후주에게 표를 올려 이평의 관직과 식읍을 박탈하는 한편 재동군梓潼郡으로 내쫓았다. 그러나 그의 아들 이풍은 오히려 중랑장 겸 참군사參軍事로 임명했다.

제갈량은 이풍에게 벼슬을 보내 이렇게 말했다.

"나는 자네 부자와 힘을 합쳐 한실을 보좌하고자 표를 올려 자네의 부친이 한중을 전담하도록 하고 자네에게는 동관을 지키도록 하였네. 이는 나 스스로 평생 자네 부자에게 모든 것을 맡길 수 있다고 여겼기 때문일세. 내 어찌 중도에 등을 돌리리라 생각이나 했겠는가? 만약 자네의 부친이 진정으로 과오를 뉘우치고 한마음 한뜻으로 나라를 위해 충성을 다하며, 자네가 공염公琰 : 장완과 마음을 합쳐 함께 직무에 충실한다면 닫힌 운명도 다시 열리고 잃어버린 시간도 되찾을 수 있을 것이네. 자네는 나의 권계勸誡를 자세하게 생각하여 내 마음을 알아주길 바라네."

제갈량은 또한 장완과 동윤董允에게 서신을 보내 이렇게 말했다.

"효기孝起 : 진진陳震의 자가 이전에 오나라로 갔을 때, 나에게 정방正方 : 이평은 뱃속에 비늘 갑옷이 있어 향리 사람들이 가까이할 수 없는 이라고 생각한다고 말했소. 나는 그가 비록 엄준하고 가혹하기는 하지만 그를 범하지만 않으면 될 것이라 여겼소. 그런데 뜻밖에도 소진, 장의처럼 반복무상한 일이 또다시 벌어질 줄은 전혀 몰랐소이다. 효기에게 이번 일을 알리시오."

효기는 촉한의 위위 진진을 말한다. 그는 언젠가 세갈량에게 이평에 대해 평하면서, 다루기가 쉽지 않으니 임용하지 말라고 권했다. 당시 제갈량은 별일 없으리라 여겼는데 지금 막상 이런 일이 일어나니 진진에게 사람 보는 눈이 있음을 새삼 깨닫게 되었다. 그래서 이렇게 이야기한 것이다.

제갈량은 가정을 잃은 후에도, 촉한과 역적 조위는 양립할 수 없으며, 왕업을 달성하기 위해서는 천하의 한쪽 구석에 자리할 수 없다는 신념 하에 전후 네 차례에 걸쳐 출병했다. 물론 한 차례는 조위가 공격한 것이었다. 쌍방이 이렇게 주고받으며 접전했으나 어떤 실질적인 성과는 얻지 못했다. 그럼에도 제갈량은 북벌의 장거를 계속할 것인가?

39강 제갈공명은 어찌 포기를 모르는가

이평의 문제를 해결한 후 제갈량은 한중으로 돌아와 3년간 준비 끝에 또다시 중원을 정벌하기 위해 여섯 번째로 기산을 나섰다. 제갈량은 조위 토벌이 단 한 번에 끝날 수 있는 것이 아니라 지구전이 될 것이라 여겼기 때문에 북벌의 성공 여부는 양초糧草, 즉 군량과 마초에 달려 있다고 여겼다. 그래서 3년이란 비교적 긴 세월 동안 새로운 북벌을 준비했던 것이다. 그렇다면 3년 동안 그는 무엇을 했는가? 둔전이다. 제갈량은 전국적으로 병력을 모집하여 10만 대군을 양성했다. 그들은 전시에 전쟁터에서 병사로 싸우고 평시에는 농사를 지었다. 그런 다음 전선 가까이 대규모 식량창고를 만들고 수확한 식량을 그곳에 저장하여 군량 수송로를 단축했다. 여섯 번째로 기산에서 출병하면서 제갈량은 마침내 북벌 승리를 구가할 것인가?

여장 남자

서기 234년, 제갈량은 10만 대군을 이끌고 야곡 입구에서 미현에 도착하여 위수 남쪽 오상위五丈原에 병채를 세웠다. 지금의 섬서성 기산현 사리다. 동시에 제갈량은 사자를 오국에 파견하여 양국이 함께 출병하여 조조의 군사를 양분하기로 약조했다.

제갈량의 이번 공격에 맞설 위국의 총수는 역시 사마의였다. 사마의역시 군사를 이끌고 위수를 건너 배수의 진을 치고 제갈량을 맞이할 태세를 갖추었다. 사마의가 여러 장수들에게 말했다.

"제갈량이 만약 무공武功에서 출병하여 산을 등지고 동쪽에 자리 잡는다면 우리가 위태로울 것이나, 그가 서쪽으로 오장원으로 간다면 별다른위험이 없을 것입니다."

위나라 옹주자사 곽회가 사마의에게 말했다.

"제갈량이 틀림없이 북원北原을 다툴 것이니 반드시 우리가 먼저 그곳을 점령해야 합니다."

사마의가 여러 사람들에게 이에 대해 논의하도록 했다. 논자들은 대부분 그럴 필요가 없다고 말했다. 그러자 곽회가 그들을 비판하며 강력하게 건의했다.

"만약 제갈량이 위수를 건너 북원으로 상륙하여 북산의 군사와 연합하여 상안에서 농서로 봉하는 길을 끊는다면 백성들과 강인들이 동요하며 불안해할 것이니 나라에 이로울 것이 없습니다."

사마의가 그의 말이 옳다고 여기고 곽회에게 북원에 영채를 세우도록했다. 영채를 다 만들기도 전에 촉군이 쳐들어오자 곽회가 군사를 이끌고 출전하여 패퇴시켰다.

첫 번째 교전에서 패하자 제갈량은 대군에게 오장원에게 영채를 세우도록 하는 한편 출전하지 않고 기다렸다. 사마의는 제갈량의 심사를 종잡을 수 없어 내심 걱정이었다.

'너는 언제나 나더러 용기가 없다고 놀리고 상대가 되지 않는다고 비웃지 않았느냐? 그런데 어찌하여 지금은 공명 그대가 자라목이 되어 아예 나타날 생각을 하지 않는단 말이냐?'

사마의는 정탐을 보내 촉군의 정황을 살피도록 했다. 알고 보니 촉군은 오장원 일대 황무지를 개간하여 농사를 짓고 있었다. 제갈량은 둔전을 통해 군량을 확보하면서 위나라 군사들을 소모시킬 생각이었던 것이다.

사마의는 제갈량이 지연 전술을 쓰는 것을 보면서 쾌재를 불렀다. 네가 버티면 나도 버틴다. 오히려 나야말로 군량이 차고 넘치는데 무슨 걱정이 있으랴! 군량이 떨어지면 가까운 관중에서 조달하면 될 것이니 그래, 과연 누가 끝까지 버티나 보자꾸나. 싸움을 하지 않으면 전술 전략을 짜느라 애쓰지 않아도 되고 목숨을 버는 셈이니 이보다 더 좋은 것이 어디에 있겠느냐? 괜히 싸움을 하다 또다시 네 녀석의 꾀에 빠져 한 방 먹으면 내 손해일 뿐이지!

사마의가 작심하고 싸울 생각을 하지 않으니 오히려 제갈량이 조급해졌다. 아무래도 위나라는 국력이 막강하기 때문에 군비 소모를 그리 걱정하지 않을뿐더러 지리적으로 촉보다 우위에 있는 것이 분명했다. 촉의 경우 섬서까지 물자를 운송하려면 천 리가 넘는 길을 와야만 했기 때문이다. 그렇기 때문에 인력과 물자 면에서 장기전을 수행할 방법이 없었다. 사실 가장 큰 문제는 제갈량의 건강이 그리 낙관적이지 않다는 것이었다. 하루라도 빨리 전쟁을 마감하기 위해 제갈량은 위군 진영 앞으로 군사들을 보내 욕지거리를 하며 싸움을 걸도록 했다. 하지만 사마의는 굳게 성문을 닫고 일절 반응하지 않았다.

제갈량은 이렇게 세월만 보내서는 안 되겠다 싶어, 사마의가 화가 치밀어 출전하도록 꾀를 썼다. 여인들이 쓰는 두건과 장식, 의복을 사마의에게 보낸 것이다. 상당히 모욕적인 일이 아닐 수 없었다. 사마의가 여장 남자도 아니고 명색이 군대의 총사령관인데 이런 물건들을 보냈으니 어찌 분노하지 않을 수 있겠는가! 사마의가 딸을 꺼내기도 전에 위나라 장수들이 마구 욕을 해대기 시작했다.

"제갈량, 저자가 완전히 우리를 능욕하는 것 아닌가? 우리를 계집아이로 아나? 싸움에서 호된 맛을 보지 못해 완전히 우리를 밥만 축내는 자들로 여기는군!"

사마의는 수하 장수들이 화가 머리끝까지 치솟아 노발대발하자 분위기에 맞춰 위 명제 조예에게 출전을 요청하는 표문을 올렸다. 하지만 명제는 거절했다. 명제는 혹시라도 여러 장수들이 울분이 지나쳐 어명을 어길까 두려워, 사자에게 부절을 들고 직접 사마의 본영까지 가서 장수들의 섣부른 짓을 막도록 했다. 사자가 부절을 들고 영채로 들어가, 감히 출전하자고 주장하는 자가 있으면 누구를 막론하고 칙명을 거역한 죄로 다스리겠노라고 말했다. 사마의가 누차 출병을 요청했으나 사자는 단호하게 거절했다.

촉한의 호군護軍 강유는 명제가 사자를 보냈다는 소식을 전해 듣고 이에 대해 제갈량에게 보고했다.

"위국 사자가 부절을 가지고 왔다고 하는데 저들이 출전을 하지 않습니다."

제갈량은 사마의의 본심을 이미 꿰뚫어 보고 있었다.

"사마의는 전혀 싸울 생각이 없으면서도 출전하겠노라고 표문을 올린 것은 휘하 군사들에게 자신의 용맹함을 드러내 불만을 무마하기 위함이니라. 외지에 있는 장수는 군주의 명령이라도 받지 않을 수 있다고 했다. 그가 만약 우리 군대를 제압할 수 있다면 왜 굳이 멀리 있는 조예에게 출전을 허락해달라고 표문까지 올렸겠느냐?"

그럴 즈음 선제의 동생인 사마부가 서신을 보내 전선의 상황을 물었다. 사마의가 답장을 보내 말했다.

"제갈량은 포부가 크나 기회를 살펴 대처하지 못하고, 꾀는 많으나 결단력이 부족하며, 용병을 좋아하나 임기응변이 없어서, 설사 10만 병력을 이끈다 한들 내 계획에 빠져들 것이니 반드시 궤멸할 수 있을 것이다."

과연 그의 말대로 제갈량을 물리칠 수 있을 것인가?

죽은 제갈량이 산 중달을 달아나게 하다

얼마 후 제갈량은 또다시 사자를 보내 교전을 재촉했다. 사마의가 사자를 만나 군사 이야기는 꺼내지 않고 공명의 생활에 대해서만 물었다.

"그래, 승상께서는 요새 기거는 어떠하며 음식은 하루에 얼마나 드시는가?"

사자가 답했다.

"승상께서는 아침 일찍 일어나시고 밤늦게 처소에 드시며, 음식은 하루에 서너 홉밖에 드시지 않습니다."

사마의가 정사에 대해 묻자 사자가 다시 입을 열었다.

"곤장 20대 이상의 형벌은 모두 친히 처리하십니다."

별반 중요치 않은 질문 몇 가지를 하고는 주위 장수들을 돌아보며 말했다.

"제갈공명이 먹는 것은 적고 하는 일은 번다하게 많으니 그리 오래갈 수 없을 듯하구나."

과연 사마의의 짐작대로 제갈량은 오랜 원정 생활에 피곤이 누적되고 날마다 군정과 행정 사무를 직접 챙기느라 몸과 마음이 날로 쇠하여 하루가 다르게 여위었다.

제갈량의 병이 심각하다는 소식이 성도에 전해졌다. 촉한 후주 유선은 상부相父가 병이 깊어 오래 버티기 힘들다는 말을 듣고 정신이 아득해지는 느낌이 들었다. 평세 시대에 요근 후 그냥 그저 쒸ㅣ읍게 배일 믹고 마시며 미희들과 어울려 노닥거리는 것이 일이었으니, 군사에 관한 것이든 정사에 관한 것이든 상부가 말하는 대로 행하면 그뿐이었다. 만약 상부가 없다면 누가 내 대신 그런 일을 할 수 있겠는가? 다급해진 유선은 서둘러 상서복야 이복李福을 공명에게 보내 문병함과 동시에 향후 국가대사에 대해 물어보도록 했다.

이복이 군영에 도착하여 제갈량과 만났다. 그는 후주의 뜻을 전하고 여러 가지 이야기를 나눈 후 작별을 고하고 성도로 돌아왔다.

며칠 후 이복이 다시 찾아왔다. 제갈량이 이복을 보고 웃으며 말했다.

"왜 다시 왔는지 짐작이 되오. 지난번에 많은 이야기를 나누었소이다만 후임에 대한 일은 이야기를 하지 않았소. 분명 그 일 때문에 오신 것이구려. 내가 죽은 후 대사를 맡길 이는 장공염蔣公琰 : 장완이 적임이오."

이복이 황급히 사과의 말을 전했다.

"일전에 승상 이후에 중임을 누구에게 맡길 것인가를 여쭙지 못했습니다. 그래서 다시 온 것입니다. 장공염에게 후임을 맡기신다고 말씀하셨는데, 공염 뒤는 누가 담당하는 것이 좋겠습니까?"

제갈량이 답했다.

"장공염 이후는 비문위費文偉 : 비의가 이을 수 있을게요."

이복이 고개를 끄덕이며 비의 다음은 누가 좋겠느냐고 물었다.

하지만 이번에는 더 이상 답변을 들을 수 없었다. 어쩌면 제갈량은 비의 다음으로 적합한 인물이 없다고 생각했는지도 모른다. 혹시 촉한의 국운이 그리 많이 남아 있지 않다고 생각했을지도 모를 일이다. 비의가 죽으면 촉한도 더 이상 존재하지 않을 것이라는 뜻이다.

그해 8월, 촉한이 건국한 지 13년 만에 제갈량이 군중에서 세상을 떴다. 향년 54세다.

제갈량은 세상을 뜨기 전에 후사를 적절하게 안배했다. 그는 수하 장수들에게 자신이 죽어도 절대로 오장원에서 발상發喪하지 말 것을 낭부했다. 촉군이 철군하면 틀림없이 사마의가 추격할 것인데, 의병지계疑兵

之計로 그를 격퇴할 계획이었기 때문이다.

　제갈량이 앞서 마련한 계책에 따라 승상 장사인 양의楊儀는 군사를 정비한 후 철군하기 시작했다. 제갈량이 죽었다는 소식을 전해 들은 사마의는 크게 기뻐하며 군사를 이끌고 촉군을 추격하기 시작했다.

　그런데 어찌된 일인지 촉군은 군기를 휘날리며 전고를 우레처럼 울리며 당장이라도 사마의의 군사를 몰아세울 듯 달려오는 것이 아닌가? 놀란 사마의는 이번에도 제갈량의 계략에 빠졌다고 생각하고 황급히 군대를 후퇴시키고 더 이상 나아가지 않았다. 양의는 그 틈을 타서 야곡으로 진입한 후 비로소 발상했다.

　사마의는 나중에 진상을 확인한 후 크게 탄식하며 말했다.

　"아, 나는 공명이 살아 있는 줄만 알았지, 이미 죽었을 것이라고는 전혀 생각하지 못했도다!"

　이후 사마의는 제갈량이 주둔하던 곳을 지나면서 유심히 살펴보더니 거듭 감탄하며 말했다.

　"제갈공명은 참으로 천하의 기재로다!"

　촉군을 추격하던 사마의는 끝내 이루지 못하자 회군하여 돌아갔다.

소인들 간의 싸움

제갈량이 오장원에서 순직한 후 미리 대책을 마련했기 때문에 촉군은 위군의 추격을 따돌릴 수 있었다. 하지만 철군하는 도중 촉군 내부에 분란이 발생했다. 내란의 주역은 대장 위연과 승상 장사 양의였다.

　위연은 당시 촉한에서 몇 명 남지 않은 대장 가운데 한 명으로, 용맹하기 이를 데 없고 병사들을 잘 다루었으며, 매번 제갈량과 함께 출병하면서 군사 1만 명을 이끌고 험한 길을 택해 행군하기를 요구하곤 했다. 하지만 그의 요청은 받아들여지지 않았다. 제갈량은 평생 위험한 방식을 택하지 않았기 때문이다. 그렇기 때문에 위연은 항상 제갈량을 겁쟁이라고 비난하며 불평을 늘어놓고, 자신의 재주를 충분히 발휘하지 못함을 아쉽게 여겼다. 그러나 양의는 매사에 노련하고 기민하여, 제갈량이 출정할 때면 항상 계획에 따라 부대를 안배하고 군량을 처리하는 문제를 신속하면서도 합당하게 처리했다.

위연은 자부심이 강하고 오만한 성격의 소유자였다. 그래서 여러 장수들은 그를 피하거나 양보하기 일쑤였다. 하지만 양의만은 달랐다. 그는 절대로 위연에게 양보하거나 참는 일이 없었으며, 자신의 감정을 말투나 얼굴에 그대로 드러냈다. 그래서 위연은 양의를 좋아하지 않았다. 이렇듯 그들 두 사람은 물과 불처럼 상극이었으나 제갈량은 그들의 재능을 아끼고 좋아하여 어느 한쪽 편을 들지 않고 두 사람 모두 중용했다.

양의와 위연의 갈등과 모순은 이미 많은 이들이 알고 있었는데 그중에는 오주 손권도 들어 있었다. 한번은 비의가 사신으로 오나라에 갔을 때 손권이 취한 김에 이렇게 물어본 적이 있다.

"양의와 위연은 목동牧童과 같은 소인이나 다를 바 없소. 비록 닭이 울거나 개가 짖는 정도의 능력으로 시무에 도움을 주기는 했으나 이미 그들 두 사람을 임용했으니 정세가 쉽지 않을 것이오. 향후 제갈량이 죽고 없으면 내분을 일으킬 것이 분명한데 혹시라도 이에 대해 나름의 방비책을 세워두시었소?"

비의가 황급히 대답했다.

"양의와 위연이 어울리지 못하는 것은 사사로운 일 때문이지, 영포나 한신처럼 반역의 뜻을 지녔기 때문이 아닙니다. 그렇지 않아두 지금은 강직을 소탕하여 천하를 통일해야 할 때이니 공로를 세우려면 인재들에게 의지하지 않을 수 없고, 업적을 이루려면 인재를 더욱 확충해야 합니다. 만약 그들을 버리고 쓰지 않는다면 후환이 더욱 크겠지요. 이는 좋은 방법이 아닙니다. 예컨대 배를 탈 때 풍랑을 걱정하여 배를 버리고 수영을 한다면 더욱 성가신 일이 아니겠습니까?"

제갈량은 임종하기에 앞서 이미 자신의 뒷일을 준비해두었다. 그는 자신이 죽을 경우 양의와 비의에게 철군의 임무를 맡기고, 위연에게 뒤를 끊게 하고, 강유를 부장으로 임명했다. 만약 위연이 명령에 불복종할 경우 다른 이에게 후군을 맡기고 철군토록 했다. 제갈량이 죽은 후 양의는 비밀에 부치고 발상하지 않았으며, 일단 비의를 통해 위연의 의향을 살피도록 했다.

비의가 위연을 만나 상황을 이야기하자 위연이 대뜸 이렇게 말했다.

"승상은 비록 돌아가셨으나 내가 있지 않소. 승상부의 신료들은 승상의 영구를 모시고 성도로 돌아가 장례를 지내게 하는 것이 좋겠소. 나는 각로의 대군을 이끌고 위군을 공격할 것이오. 어찌 한 사람의 죽음으로 인해 천하의 대사를 폐기할 수 있겠소이까? 게다가 나 위연은 전장군 정서대장군征西大將軍 남정후南鄭侯인데 어찌 승상 장사에 지나지 않는 양의의 명에 따라 뒤를 끊으란 말이오?"

위연은 사사롭게 비의와 모든 것을 결정하겠다는 듯이, 누구는 돌아가 장례를 치르고 또 누구는 남아서 적과 싸우기로 했다. 위연은 비의에게 친필로 서신을 써서 자신도 서명한 후 휘하 장수들에게 전달하도록 했다.

비의는 위연의 작태를 보면서 짐짓 동의하는 척하면서 이렇게 말했다.

"일단 내가 돌아가서 양장사(양의)를 만나 이해를 구하겠소이다. 양의는 문관이니 군사에 대한 경험이 그리 많지 않습니다. 그러니 틀림없이 맞서지 않을 것입니다."

위연이 동의하고 비의를 말에 태워 양의의 군중으로 보냈다. 비의가 떠난 후 위연은 뭔가 꺼림칙하여 곧바로 사람을 보내 되돌아오도록 했으나 이미 멀리 떠난 후였다.

그래서 위연은 양의가 과연 자신의 말을 들을 것인지, 비의가 양의를 제대로 설득할 것인지 알아보기 위해 사람을 보내 정탐하도록 했다. 결국 위연은 양의와 비의가 자신의 주장은 전혀 아랑곳하지 않고 제갈량이 이미 정해놓은 계획에 따라 군사를 이끌고 철수하고 있다는 것을 알아차렸다. 위연은 발끈하여 양의의 군사들보다 먼저 남쪽으로 진군하여 귀환 길에 반드시 거쳐야 할 잔도를 불태워버렸다.

양의와 위연은 각기 표문을 작성하여 후주 유선에게 올려 보냈다. 쌍방은 각기 상대방이 반역을 저질렀다고 고발했다. 그들이 보낸 전령어 하루 만에 성도에 도착하여 내용이 다른 표문이 유선 앞에 놓였다.

후주 유선은 진위를 구분하기 어려워 시중 동윤과 장사 장완을 불러 논의했다. 동윤과 장완은 양의에게는 문제가 없음을 장담했으나 감히 누구도 위연을 보증해주는 이가 없었다.

위연이 잔도를 불태우자 양의는 하는 수 없이 나무를 베어가며 산길을 개척하여 험난한 행군을 지속했다. 그러나 위연이 먼저 야곡에 도착하여 남쪽 입구에 주둔하면서 양의를 기다렸다. 양의는 장군 왕평을 보내 위연을 막아내도록 했다.

왕평이 전방에 도착하여 위연의 군사들에게 소리쳤다.

"승상께서 돌아가시고 아직 시신이 식지도 않았거늘 너희들이 어찌 이럴 수 있단 말이냐?"

위연의 부하들은 자신의 장수인 위연이 오히려 사리에 맞지 않은 일을 하고 있다 여기고 하나둘 진영을 빠져나가기 시작했다. 위연은 하는 수 없이 아들들을 데리고 한중으로 도망쳤다가 결국 양의가 보낸 장수 마대馬岱에게 죽임을 당하고 말았다.

사실 위연이 양의를 죽이려고 했던 것은 제갈량의 뒤를 이어 보정輔政

하려는 마음을 가지고 있었기 때문이다. 그는 위군에 투항한 적이 없으며, 비록 양의를 공격했다 하나 그렇다고 반역의 뜻을 가진 것은 아니었다. 위연은 분명 촉한의 명장 가운데 한 명이니 그의 죽음이 애석할 따름이다.

이렇게 해서 촉국의 각로 군사들은 무사히 성도로 귀환했다. 후주 유선은 나라에 대사면을 내리고 제갈량에게 충무후忠武侯라는 시호를 내렸으며, 제갈량의 유언에 따라 한중 정군산에 안장했다.

길이 후대 영웅들 눈물로 옷깃 젖게 하누나

제갈량이 세상을 뜨자 촉나라 군신들은 마치 부모가 돌아가신 것처럼 눈물을 흘리며 통곡해 마지않았다. 그중에는 제갈량에게 처벌을 받았던 이들도 포함되었다.

원래 장수長水 교위였던 요립廖立은 자신의 재주와 명성이면 적어도 승상 바로 아래 부승상 정도는 맡아야 한다고 자부하면서 자신의 직위가 낮은 것을 불평하며 유비를 원망했다. 이에 제갈량은 그를 면직하고 멀리 문산으로 귀양을 보냈다. 그런 그가 제갈량이 죽었다는 소식을 듣고는 대성통곡을 하면서 한탄했다.

"나는 끝내 좌임*을 면치 못하겠구나!"

말인즉, 제갈량이 죽었으니 더 이상 자신의 재주를 알아줄 이가 없어 끝내 변방 황무지에서 평생을 마칠 수밖에 없는 신세가 되었다는 뜻이다. 이외에도 제갈량에게 쫓겨났던 이평도 제갈량의 부음을 전해 듣고는, 자신의 과오를 씻을 기회가 영영 사라지고 말았음을 알고 목 놓아 울

---

* 좌임左衽 : 옷의 오른쪽 섶을 왼쪽 섶 위로 여미는 것으로 북방의 미개한 민족을 빗대는 말이다. 여기서는 일반 백성을 뜻한다.

다가 결국 죽고 말았다.

진수는 제갈량을 이렇게 평했다.

"제갈량은 상국이 되어 백성을 어루만지고 예의와 법도를 보여주었으며, 관직을 적절하게 축소하고 권제權制 : 통치 권력를 따르면서 성심으로 공정한 정치를 펼쳤다. 충의를 다하고 시대에 이로움을 준 자는 비록 원수라도 반드시 상을 주고, 법을 어기고 태만한 자는 비록 측근일지라도 반드시 벌을 주었다. 죄를 자백하고 반성하는 자는 비록 무거운 죄라 할지라도 반드시 풀어주었으며, 진실을 말하지 않고 교묘하게 꾸며 변명하는 자는 반드시 벌주었다. 착한 일을 행하면 작은 일이라도 상을 주지 않은 적이 없고, 나쁜 일을 하면 비록 가벼운 죄일지라도 꾸짖지 않는 일이 없었다. 여러 가지 일상 업무에 정통하고 그 근본을 헤아려 다스렸으며, 명분에 맞는 실질을 추구하였고, 거짓된 자와는 함께하지 않았다. 마침내 나라 안 사람들이 모두 그를 경외하고 좋아했으니, 형벌과 정치가 준엄했으나 이를 원망하는 이가 없었다. 이는 마음을 공평하게 쓰고 상벌이 분명했기 때문이다. 실로 세상을 다스리는 일이 무엇인지 아는 탁월한 인재로 관중, 소하와 필적할 만하다."《삼국지 · 촉서 · 제갈량전》

진수는 이렇듯 제갈량이 관중과 소하에 비견할 정도로 뛰어난 인물이라고 높게 평가하고 있다. 하지만 해마다 '군대를 동원하고도 성공하지 못했으니' 이는 제갈량이 '임기응변의 지략이 그의 장점이 아니었기 때문'이라고 평했다. 다시 말해 그는 무엇보다 정치가였으며, 그다음이 군사가였다는 뜻이다.

진수의 부친은 일찍이 마속의 부하였던 적이 있다. 마속이 가정을 잃어 참수된 후 진수의 부친은 삭발형을 당했는데, 이는 중국 고대 형벌 가운데 가장 가벼운 곤형髡刑에 처해졌다는 뜻이다.

후세에 두보는 제갈량의 사당을 참관한 후 시를 지어 찬송했다.

승상의 사당을 어디에서 찾을까

금관성 밖 측백나무 우거진 곳일세.

푸른 풀 섬돌에 비쳐 헛되이 봄색을 드러내고

꾀꼬리 잎들 사이에서 속절없이 노래하네.

세 번이나 초려를 찾은 까닭은 천하의 대계를 위함이고

선후 양조兩朝를 보살핌은 늙은 신하의 마음이네.

출정하여 이기지 못하고 끝내 몸이 먼저 죽으니

길이 후대 영웅들 눈물로 옷깃 젖게 하네.

丞相祠堂何處尋, 錦官城外柏森森.

映階碧草自春色, 隔葉黃鸝空好音.

三顧頻繁天下計, 兩朝開濟老臣心.

出師未捷身先死, 長使英雄淚滿襟.

_두보, 〈촉상蜀相〉

제갈량은 여섯 번 기산에서 출병하여 북쪽으로 중원 정벌에 나섰지만 현격한 전과를 올린 것은 아니다. 오히려 이로 인해 촉한은 국력이 쇠진해지고 말았다. 사가들은 이에 대해 이러저러한 견해와 평가를 제시한 바 있다. 하지만 제갈량이 유비의 부름을 받고 죽을 때까지 촉한에 충성하였으며, 유비의 탁고를 결코 저버리지 않았다는 점은 추호도 의심의 여지가 없다.

제갈량 사후 그의 상대였던 사마의는 득의양양하여 이렇게 말하곤 했다.

"복은 겹으로 오고, 화 역시 홀로 오는 법이 없느니라!"

과연 사마의는 또 어떤 복락을 맞이하게 되는가?

40강 위나라 몰락의 시작

촉한의 일대 승상 제갈량은 온몸을 다 바쳐, 자신을 알아준 선제 유비의 은혜에 보답하기 위해 하루도 빠짐없이 일심으로 한실 부흥에 매달렸다. 그러나 애석하게도 당시 위와 촉의 국력은 너무 차이가 컸다. 인구와 지역은 물론이고 군사력을 포함한 여러 방면에서 촉한은 위국과 근본적으로 상대가 될 수 없었다. 공명이 존재하여 기이한 재주를 발휘할지라도 전체 대국을 변화시킬 수는 없었던 것이다. 결국 제갈량은 사마의와 내치하는 과정에서 누적된 피로로 병이 깊어지면서 섬서 기산 오장원에서 숨을 거두고 만다. 이후 촉한은 제갈량 이후의 시대로 진입한다.

제갈량이 죽자 그의 오랜 적수였던 조위는 당연히 기쁠 수밖에 없었다. 그렇다면 당시 조위의 상황은 어떠했는가?

제왕의 집안에서 태어난 불행

조위의 실제 개국 황제인 무제 조조는 상당히 호색한이었다. 그 아비에 그 아들 아니랄까 봐, 문제 조비 역시 예외가 아니었다.

원수의 아들을 정벌할 당시, 조비는 원소의 천하미색 며느리인 견씨를 빼앗았다. 후에 조비는 견씨에게 아들 하나를 얻었는데, 그가 바로 조예다. 처음에 견씨는 조비의 총애를 한 몸에 받았다. 하지만 조비가 황제가 된 후 주변에 후궁이 많아지면서 다른 여인에게 홀려 점점 거리를 두게 되었다. 조비는 여러 후궁 중에서 곽씨를 특히 총애하여 매일 함께 지내면서 견부인은 업성에 머물도록 했다. 시간이 흐르면서 견씨는 점차 원망하는 마음이 깊어졌다.

곽씨가 견부인이 황상을 원망한다는 것을 빌미로 삼아 그녀를 무고했다. 조비는 그렇지 않아도 견부인에 대한 애정이 식어 보기조차 싫어하던 차에, 자신이 사랑하는 곽씨가 견부인이 음모를 꾸미고 있다고 고자질을 하자 대로하여 견부인에게 자진할 것을 명했다. 한때 천하의 미색으로 명성이 자자했던 견부인은 황제가 된 두 번째 남편에게 버림받아 결국 황천길로 가고 말았다.

견씨가 사사賜死되고 그 이듬해인 서기 222년, 문제 조비는 곽부인을 황후로 앉혔다. 그러나 곽부인은 고귀한 집안 출신이 아닌 데다 딱히 명분도 없었기 때문에 많은 대신들의 반대에 봉착했다. 하지만 조씨 집안은 천한 것을 오히려 좋아했다. 조씨 집안의 황후는 빈민 출신이 많았다. 외척의 농단을 사전에 차단하겠다는 의도도 있었다. 그래서 조비는 고집스럽게 곽씨를 황후로 삼고 견씨 소생인 아들 조예를 황후 곽씨에게 맡겼다.

역사적으로 조비에 대한 평가는 그리 좋지 않다. 특히 형제와 수족들에 대해 각박하고 은덕을 베풀지 못했다는 점에서 더욱 그러하다. 오랜 세월 유전되어온 〈칠보시七步詩〉는 조비가 동생 조식을 핍박했음을 보여주는 생생한 예다.

《세설신어世說新語》에 보면 다음과 같은 이야기가 실려 있다.

"조비가 황제가 된 후 조식이 사소한 잘못을 저지른 적이 있었다. 조비는 이를 빌미로 가장 가까운 곳에 있는 우환을 철저하게 없애버리겠다고 작심하고 조식을 붙잡아 오도록 했다. 그들 형제의 모친인 변태후가 애절하게 용서를 구했다. '이제 막 황상의 자리에 올라 동생을 죽인다는 것은 당치도 않은 일이오. 황가의 사람들끼리 상잔相殘하게 되면 그 틈에 외부의 침탈을 받으면 어찌하려고 그러시오?' 조비는 모친의 말에 따라 어쩔 수 없이 조식에게 한 번의 기회를 주기로 했다. '선왕께서 재세하실 적에 항시 네 문사文思가 민첩하다고 말씀하셨는데, 어디 한번 알아보았으면 좋겠구나. 지금 일곱 걸음을 떼되 그 안에 시를 짓도록 하여라. 만약 완성치 못하면 대법大法으로 다스리겠노라.' 조식은 그 말을 듣고 전혀 당황하는 기색도 없이 몸을 일으켜 천천히 발걸음을 떼기 시작하였다. 채 일곱 발자국을 찍기도 전에 그의 입에서 시 한 수가 술술 나오기 시작했다. '콩을 삶는데 콩깍지를 태우니, 콩은 솥 안에서 눈물 흘리누나. 본시 같은 뿌리에서 태어났건만, 서로 들볶는 것이 어찌 이리 심한가?'*"

이것이 그 유명한 〈칠보시〉다. 콩깍지를 태워 콩을 삶는 일을 가지고 형제간의 골육상잔骨肉相殘을 교묘하게 비유하고 있다. 이 시로 인해 조비는 문득 부끄러움을 느꼈을 수도 있다. 게다가 모친의 간절한 요청까지 있었으니 조식을 용서하지 않을 수 없었다. 혹자는 〈칠보시〉에 관한 일화가 후세에 꾸며낸 이야기라고 말하기도 하지만, 위 문제 조비가 형제들을 의심하고 각박하게 대한 것은 분명한 사실이다.

조비가 황제로 있을 당시 조씨 성을 가진 여러 왕들은 봉국封國의 주인이라고 하나 허울만 그러할 뿐 실권이 없었다. 왕국이라 하나 겨우 100여 명의 노병들이 경비를 서고 도성인 낙양에서 천 리나 떨어진 먼 곳에 자리했다. 제왕諸王 : 제후왕들은 조서를 통해 윤허받지 못하면 경성으로

---

* 조식, 〈칠보시〉, "煮豆燃豆萁, 豆在釜中泣. 本是同根生, 上煎何太急."

가서 황제를 알현할 수도 없었다. 조정은 여러 제후 왕국에 관리를 파견하여 제후왕의 행태를 감시했다. 조위 치하의 제후왕들은 왕후라는 명목만 있었을 뿐, 실제로는 일반 백성과 거의 차이가 없을 정도였다. 평민들은 때에 맞춰 세금을 납부하고 노역이나 병역을 부담했으나 하루 종일 누군가에게 감시당하는 일은 없었다. 하지만 제후왕들은 비록 평민처럼 납세와 부역을 감당하지는 않았지만 하루라도 마음 편히 잠을 잘 수 없었다. 조위의 법령은 살벌하고 엄격하여 거의 매일 제후왕이 죄를 지어 벌을 받았다는 이야기를 들을 수 있었다. 왕후들은 두려움과 고통 속에서 매일매일 불안한 삶을 영위하면서 탄식해 마지않았다.

위 문제는 제후왕을 엄정하게 관리했을 뿐만 아니라 후궁도 엄격하게 단속했다. 그는 아예 조서를 통해, 향후 대신들은 절대로 어떤 일이든 황태후에게 상주하지 말 것이며, 황태후와 황후의 친척은 조정을 보좌하는 대신은 물론이고 왕후로 봉할 수 없도록 규정했다. 또한 이런 규정을 후대까지 전하여, 만약 위반할 경우 천하가 모두 그를 주벌하도록 했다. 친족들에 대한 관리가 엄격한 것은 사실 나쁜 일이 아니다. 하지만 이 역시 나름의 정도가 있기 마련이다. 인정人情과 사직社稷 사이에서 균형을 이룬다는 것은 결코 쉬운 일이 아니다. 하지만 문제는 분명 너무 지나쳤다.

황제도 뒤끝이 있다

위 문제 조비는 확실히 도량이 그리 크지 않았다. 태자 시절 조비가 총애 아닌 곽부인의 동생이 쇠늘 시어 노위都尉 보훈鮑勛에게 체포되었나, 소비가 포훈에게 한 번 용서를 해주기를 부탁했다.

"그자는 내 처남 아니겠소. 그러니 그대가 너그러운 마음으로 용서해주시구려."

그러나 뜻밖에도 포훈은 단호하게 거절했다. 조비는 이로 인해 그에게 앙심을 품었다.

조비가 조조의 뒤를 이어 황제가 된 후에도 포훈은 여전히 우직하게 직언을 마다하지 않았다. 이렇게 예전의 원망과 지금의 미움이 섞이면서 문제는 빌미를 잡아 포훈을 죽이려고 했다. 여러 관리들이 적극적으로 포훈을 변호하며 살려줄 것을 요청하자 문제가 발끈하여 소리쳤다.

"다시 한 번 포훈을 용서해달라고 청하는 자가 있으면 구덩이를 파고 쥐새끼들과 같이 넣어버릴 것이다. 알겠느냐?"

조조의 본가 형제들 가운데 조홍은 조비의 친삼촌으로 집안이 상당히 부유했으나 인색하기가 그지없었다. 문제가 태자 시절 조홍에게 비단 100필을 빌려줄 것을 요청했다가 거절당한 적이 있었다. 그래서 내심 그를 미워했다. 즉위한 후 조홍의 식객이 법을 어기자 이를 구실로 조홍을 옥에 가두고 사형을 판결했다. 내신들이 조홍을 용서해줄 것을 요정하면서 이구동성으로 말했다.

"조홍은 선제의 아우(사촌 동생)로 황상의 황숙이며 여러 차례 전공을 세운 명장입니다."

하지만 조비는 끄떡도 하지 않았다.

그러던 차에 변태후가 이런 사실을 알고 노기를 띠며 문제를 힐책했다.

"그 옛날 형양 변수에서 동탁과 싸울 때 조홍이 없었다면 네 부친 무황제는 그때 이미 이 세상 사람이 아니었거늘, 지금의 우리가 어찌 있을 수 있겠느냐?"

그녀는 이렇게 말하면서 곽황후에게 이렇게 말했다.

"황상이 오늘 조홍을 죽인다면 내일 내가 문제에게 칙령을 내려 너를 황후의 자리에서 내쫓도록 할 것이다."

황후가 뜬금없는 소리에 깜짝 놀라 멍하니 태후를 쳐다보았다.

'이게 웬 자다가 봉창 두드리는 소리란 말인가? 뭘 가지고 나를 폐한단 말이지?'

영문을 알 리 없는 그녀는 매일 엉엉 울면서 조홍을 살려달라고 빌었다. 총애하는 황후가 날이면 날마다 울어대니 조비인들 별수 있겠는가? 결국 이렇게 해서 조홍은 겨우 목숨을 부지할 수 있었다. 하지만 조비는 그의 관직을 박탈하고 작위와 봉지까지 모두 빼앗고 말았다.**

위 문제 조비에 대해 진수는 이렇게 평가하고 있다.

"문제는 천부적으로 문학에 소질이 있어 붓만 대면 문장이 되었다. 견문이 넓고 기억력도 탁월하며 재능과 기예를 두루 구비했다. 만약 좀 더 도량을 넓히고 공평하게 정사에 힘쓰며, 원대한 이상을 지니고 덕치를 펼쳤더라면 옛 현명한 군왕이 어찌 멀리 있다고 하겠는가?"《삼국지·위서·문제기文帝紀》

문제는 이렇듯 문체와 풍류 면에서 더할 나위가 없었으나 도량만 조금 더 넓었더라면 고대 현명한 군주와 비교하여 전혀 손색이 없었을 것이라는 뜻이다. 그러나 애석하게도 그러질 못했다.

지레 겁먹고 죽은 곽태후

서기 226년 여름, 문제의 병세가 심각해지자 비로소 견부인 소생의 조예를 태자로 삼았다. 견부인이 핍박받다가 자살로 생애를 끝내자 조예는 곽황후가 양육했다. 그는 매사에 조심하면서 곽황후를 받들어 사랑을 받았다.

** 조예가 즉위한 후 조홍은 다시 후장군이 되고, 낙성후樂成侯에 봉해졌다.

어느 날 문제와 조예 부자가 사냥을 나갔다가 어미 사슴이 새끼 사슴을 데리고 가는 것을 보았다. 문제가 직접 활을 당겨 어미 사슴을 쏴 죽이고 아들에게 새끼 사슴을 쏘라고 말했다. 조예가 보고는 끝내 활을 당기지 않았다. 조비가 큰 소리로 꾸짖자 조예가 울면서 말했다.

"폐하께서 이미 어미를 잡으셨는데, 제가 어찌 그 새끼마저 죽일 수 있겠습니까?"

그의 말에 문제는 자신이 아들의 어미를 죽음으로 몰았던 기억이 떠올라 가슴이 두근거리며 의기소침해졌다. 문제 역시 조예가 무슨 뜻에서 그런 말을 했는지 분명히 알고 있었다.

문제는 조예를 세자로 책봉하고 얼마 후 붕어했다. 조진과 진군, 사마의 등 세 명이 문제의 명을 받아 보정을 맡았다. 이리하여 조예가 위국 황제에 오르니 바로 위 명제다.

조예는 황제가 되기 전까지 조정의 대신들과 어울려 정사를 논하거나 참여한 적이 없었다. 그는 그저 독서에 열중했다. 문제의 뒤를 이어 황제의 자리에 오른 후 대신들은 그의 풍모가 궁금했다. 하지만 등극한 후 며칠 동안 유일하게 접견한 이는 시중 유엽뿐이었다. 유엽이 황제를 알현하고 하루 종일 이야기를 나누었다. 사람들이 옆에서 귀를 기울이며 듣고자 했으나 무슨 이야기를 하는지 알 수 없었다. 유엽이 나오자 사람들이 그의 주변으로 몰려들어 물었다.

"시중, 성상께서는 어떤 분이십니까?"

유엽이 대답했다.

"성상께서 지향하시는 것은 진시황이나 한 무제와 비길 만하나 재주와 지혜는 조금 못 미치는 것 같더이다. 하지만 명군 성주聖主이신 것은 분명합니다."

조예는 황제가 되었을 때 스무 살 남짓으로 이미 성년이었다. 그는 자신이 겪어온 세월에 대해 이미 들은 바가 있었다. 게다가 그의 모친이 죽임을 당했을 당시 이미 10여 세였으니 세상물정을 알 만한 나이였다. 황제가 된 후 그는 때때로 자신의 생모인 견씨에 대해 물어보곤 했다. 황태후 곽씨는 좌불안석이었다. 비록 자신이 애지중지하며 키우기는 했으되 어쨌든 간에 황제의 친모를 자신이 자살로 이끈 것이 아니던가. 만에 하나 황상이 이런 사실을 알게 된다면 어떻게 될 것인가? 결국 얼마 후 곽태후는 이런 문제로 끙끙 앓다 세상을 뜨고 말았다.

건축을 사랑한 황제

명제 조예는 젊은 나이에 등극하여 젊고 유능한 군주가 될 수 있었다. 당시 삼국이 정립한 상황에서 제갈량이 여러 차례 북벌을 감행하고 손권도 동쪽 전선에서 끊임없이 크고 작은 도발을 일삼았다. 위 명제는 비록 젊은 나이이기는 하나 사람을 제대로 보고 적재적소에 인재를 쓸 줄 알았다. 그렇기 때문에 그가 정사를 맡았을 당시 위나라는 여전히 삼국 가운데 가장 막강했다. 이에 비해 촉한과 동오는 이점이라고 할 만한 것이 없었다. 그래서 제갈량은 여섯 번이나 기산으로 출병했으나 끝내 아무런 성과도 얻지 못했으며, 동오 역시 동쪽에서 여러 차례 전투를 벌였으나 별다른 전과 없이 고착 상태가 지속되었다.

조예는 나름 문학적 재능도 있고 풍류를 즐길 줄 아는 이였다. 물론 그의 조부와 부친, 숙부에 비길 바는 아니지만 그 밖의 다른 황제들과 비교하면 상당한 수준이었다는 뜻이다.

하지만 그는 황제가 되고 몇 년이 흐른 뒤부터 점차 특의방장하여 우쭐거리고, 특히 대거 토목공사를 일으키는 데 재미를 붙였다. 그래서 허창궁許昌宮을 새로 짓고 낙양궁을 복원했으며, 소양전昭陽殿, 태극전 등을 만들고 총장관總章觀 등 대규모 건물을 지었다. 황궁을 비롯한 대규모 건축물을 조성하기 위해 끊임없이 부역을 징발하여 농사철에도 일할 사람이 없을 정도였으며, 백성들의 부담이 가중되면서 원성이 자자했다. 이는 위나라의 재력과 물력, 인력에 엄청난 손실을 가져왔다.

보정대신 사공 진군이 황상에게 상소하여 말했다.

"예전 우임금은 요임금과 순임금의 대업을 계승하고도 오히려 낮고 왜소한 궁실에서 살았으며 거친 옷을 입었습니다. 하물며 지금은 전란이 있은 후인지라 백성의 숫자가 적어, 한 무제와 경제 시절과 비교해보면 당시의 큰 군 정도밖에 되지 않습니다. 게다가 변방에 일이 그치지 않아 장병들이 수고롭고 피로하여 지쳐 있습니다. 만약 물난리나 가뭄이 생긴다면 나라의 큰 우환거리가 될 것입니다. 이전에 유비가 성도에서 백수白水에 이르기까지 연도에 수많은 건물을 건설하여 대량의 인력을 소모하자, 태조께서 그와 같이 하는 것이 백성을 피곤하게 만드는 일임을 아셨습니다. 지금 중원에서 대규모 인력을 동원하는 것 역시 오와 촉이 바라는 바입니다. 이는 국가 안위의 문제이니 폐하께서 진지하게 고려하셔야 합니다."

명제가 그의 말을 듣고 대답했다.

"제왕의 기업은 제왕의 궁전과 함께 세워야 할 것이다. 적을 소멸한 후에는 병사들이 수비에만 전념하면 될 것이니 어찌 다시 대규모로 부역을 일으키겠느냐? 이는 본래 그대의 책임이 아닌가? 이는 이전에 소하가 미앙궁을 건설한 것과 같은 일인데, 그대는 어찌하여 내가 궁궐을 짓는 일을 막고자 하는가?"

진군이 다시 입을 열었다.

"이전에 한 고조께옵서 항우와 천하를 다투실 때 항우가 멸망하고 궁실도 모두 불에 타버렸기 때문에 소하가 무고武庫 : 무기고와 태창太倉 : 식

^{량창고} 등을 지을 것을 건의하였는데, 식량과 무기를 노천에 그대로 두면 금세 곰팡이가 피고 녹슬기 때문에 무엇보다 긴급하게 필요한 일이었습니다. 하지만 고조는 소하가 지나치게 궁궐을 화려하게 짓는다고 질책하셨습니다. 지금 오와 촉 두 나라가 아직 평정되지 않았기 때문에 이전과 비교하여 논하는 것이 합당치 않습니다. 사람은 누구나 자신의 욕망을 만족시키고 싶어 하며 이를 위해 빌미를 찾기 마련입니다. 하물며 제왕이 한번 말씀하시면 바꿀 수 없는 것이니 감히 아무도 거스를 수 없습니다. 폐하께서 이전에 무기고를 철거해야겠다고 생각하시어 철거하지 않을 수 없다고 말하시니 철거했고, 이후에 다시 설치해야겠다고 생각하시고 설치하지 않을 수 없다고 말하시니 다시 설치했습니다. 낡은 것을 철거하고 새로운 건물을 세우려면 그만큼 재력이 들기 마련입니다. 만약 폐하께서 반드시 짓고자 하신다면 제가 무슨 말씀을 드리겠습니까? 신하들이 아무리 간언해도 소용없는 일이니 제가 바꿀 수 있는 것이 아닙니다. 하지만 바라옵건대 역사의 교훈을 유념하시어 마음을 돌리신다면 선견지명이 있고 대업을 이루는 명군이 되실 수 있을 것이옵니다."

진군은 선제가 탁고를 명한 원로대신이며 간언이 조리가 있고 설득력이 있어, 위 명제도 점차 자신이 좋아하던 건축에 관한 일을 줄이기 시작했다. 하지만 사람의 애호가 어찌 순식간에 사라지겠는가? 얼마 후 그는 토목공사를 하고 싶어 안달이 나더니 급기야 숭화전^{崇華殿}을 새로 짓고 구룡전^{九龍殿}이라 이름을 바꾸었다. 또한 수로를 파서 구룡전 앞으로 물을 흐르게 하고 옥석을 쌓아 우물을 만들었으며 채색 비단으로 우물 난간을 치장하고 옥으로 조각한 거북이 입에서 물이 흘러나와 다시 옥으로 조각한 신룡^{神龍}의 입에서 분수처럼 솟구치도록 만들었다. 명제는 또한 박사 마균^{馬鈞}에게 지남차^{指南車}와 물을 동력으로 움직이는 백희차^{百戲車}를 제작하도록 했다.

마균은 중국의 농구農具 발전사에서 뛰어난 명성을 지닌 인물로, 관개에 필요한 번차翻車를 발명했다. 사람이 발로 밟아 하천의 물을 끌어들여 토지에 관개하는 방식인데, 만약 땅에 물이 고여 웅덩이가 생겼을 경우 웅덩이의 물을 하천으로 뺄 수도 있었다. 그러나 당시 마균은 주로 황제를 위한 오락 기구를 제작해야만 했다.

대규모 토목공사는 백성들을 수고롭게 할뿐더러 재력 낭비가 심한 사업이다. 게다가 명제는 성정이 매섭고 조급하여, 궁전 건설을 맡은 감독이 완공 기일을 맞추지 못할 경우 친히 문책했으며, 감독들이 변명을 하기도 전에 죽이는 일도 적지 않았다. 많은 대신들이 누차 간언하여 권유했으나 그때만 잠시 주춤거렸을 뿐, 시간이 지나면 언제 그랬냐는 듯이 전혀 바뀌지 않았다.

황제가 병사를 위해 며느리를 빼앗다

명제는 대규모 토목공사를 일으키는 것을 좋아했을 뿐만 아니라 자신의 조부와 부친과 마찬가지로 여색을 좋아했다. 이는 역대 군왕들이 빠지기 쉬운 통폐이기도 하다. 여하간 궁중의 수많은 미색에 취해 있던 명제는 궁중 여관들의 관직과 봉록을 문무백관의 그것과 마찬가지로 설치하여 귀인貴人 이하로 궁중에서 소제를 담당하는 궁녀에 이르기까지 1,000명이 넘는 이들이 상주했다. 명제는 그중에서 글을 읽을 줄 알고 믿을 만한 궁녀 여섯 명을 선발하여 여상서女尙書를 맡도록 했다. 그녀들은 상서성을 거치지 않고 직접 조정의 상주문을 검토하고 처리했다. 예전에 조비는 조서를 내려 후궁이 정사에 참여하지 못하도록 하였는데, 명제 때 와서 완전히 뒤바뀐 꼴이 되고 말았다. 이리하여 궁위宮闈·궁권이 내전의 궁녀들이 조당朝堂의 대신들보다 나라의 대사를 더욱 잘 파악했다.

명제의 이런 행위에 대해 여러 대신들이 누차 권고했다. 고유高柔, 양부, 장제 등 원로 신하들이 거듭 나서서 황제의 어긋난 행동을 제지하려고 애썼다. 양부는 상소문을 올려, 황제의 총애를 받지 못한 궁녀들을 궁밖으로 내보내 전체 궁녀의 숫자를 줄일 것을 건의했다. 궁 안에 있는 수많은 궁녀들을 다 좋아하는 것이 아니지 않은가. 총애를 입지 못한 궁녀들은 궁 밖으로 내보내 평민에게 시집보내 아이를 낳게 하면 인구도 늘 것이니 나라를 위해 좋은 일이 아니겠는가? 양부는 내심 이런 생각으로 어부御府의 관리를 불러 후궁의 숫자를 물었다.

후궁이 몇 명이며, 총애를 입지 못한 이들은 또 몇 명이냐? 내가 정확히 알아 황제에게 인원을 축소할 것을 건의하겠다. 대충 이런 뜻이었다. 그러나 관리는 내전에 관한 일은 발설할 수 없도록 되어 있기 때문에 말할 수 없다고 버텼다. 이에 화가 치솟은 양부가 관리에게 곤장 100대를 때리고 질책했다.

"국가는 구경***과 비밀로 하는 것이 없는데, 오히려 낮은 관리들에게 무슨 비밀이 있단 말이냐?"

장제 또한 상소를 올려 말했다.

"예전에 구천句踐은 생육을 장려하여 나중에 국가를 위해 징발하는 데 활용했고, 연나라 소왕昭王은 병들고 가난한 백성을 위로하여 적에게 설욕할 수 있었습니다. 그리하여 약한 연나라가 강력한 제나라와 싸워 이겼으며, 빈곤한 월越나라가 막강한 오나라를 멸망시킬 수 있었던 것입니다. 지금 오와 촉, 두 나라가 여전히 강성한데 폐하께서 재위 기간에 그들을 제거하지 못한다면 향후 백대百代에 걸쳐 질책이 있을 것입니다. 그

*** 구경九卿 : 태상太常, 낭중령, 위위衛尉, 태복太僕, 정위廷尉, 대행령大行令(이전의 대홍려大鴻臚), 종정宗正, 대사농大司農, 소부少府 등을 말한다.

러니 폐하의 성명신무聖名神武한 도략으로 당장 급하지 않은 일은 놔두고 한마음 한뜻으로 적을 토벌하는 일에 전념하신다면 신의 생각으로 어려움이 없을 것이라 사료됩니다."

위 명제는 이상 여러 대신들의 간언이 이치에 합당하다는 것을 잘 알고 있었다. 하지만 받아들이지 않았다. 오히려 그는 조령을 반포하여 전국의 사녀仕女:관리 집안의 여식를 강제로 끌어모으고 하급 관리나 평민들과 이미 결혼한 이들을 출정 병사들에게 개가하도록 했으며, 여자 집안에서 시집보내는 대신 소나 말로 대납금을 내는 것을 허락했다. 그리고 그중에서 미모가 뛰어난 여인들을 선발하여 황궁으로 보내도록 했다. 아주 노골적으로 민간의 여인들을 강탈한 셈이다. 원로대신들이 거듭 상소하여 권유했으나 명제는 아랑곳하지 않고 더욱 많은 미녀를 찾느라 여념이 없었다.

나무로 날아오른 닭이 비밀을 누설하다

명제는 여색을 밝히고 신변의 황후들도 몇 번이나 갈아치웠지만 아들이 없었다. 그래서 조방曹芳과 조순曹詢을 양자로 받아들였다. 황궁에서는 그들 두 사람이 누구의 아들인지 정확하게 알지 못했다. 혹자는 조방이 임성왕任城王 조해曹楷의 아들이라고 했다. 명제는 조방을 제왕齊王, 조순을 진왕秦王으로 봉했다.

서기 238년, 명제가 병상에 누웠다. 당시 측근은 시중 광록대부 유방劉放과 손자孫資였다. 그들 두 사람은 조조 시절에 관직을 맡아 삼조三朝에 걸쳐 조위 정권에 이바지한 실권자들이었다. 당시 그들은 조정의 실권을 장악하고 기밀 업무를 관장했다. 명제가 출병할 때면 그들 두 사람이 중추적인 계략을 마련했으며, 조정에서 나라의 대사를 논의할 때도 그들 두 사람이 시비를 판단하여 결정하기 일쑤였다. 그들 외에 제후대신이나 공경대신들로 나라의 기밀 업무에 참여하는 이들은 거의 없었다. 그래서 많은 이들이 그들 두 사람에 대해 불만이 적지 않았다.

명제는 자신의 병이 깊다는 것을 알고 후사를 염려했다. 명제는 당시 조정의 실권이 손과 유, 두 사람에게 집중되었기 때문에 혹시라도 이로 인해 자신의 후계자가 불리해질 것을 걱정했다. 그래서 연왕燕王 조우曹宇를 대장군으로 임명하여 그를 중심으로 영군장군領軍將軍 하후헌夏侯獻, 무위장군武衛將軍 조상曹爽, 둔기교위 조조曹肇, 효기장군驍騎將軍 진랑秦朗 등이 공동으로 보정하도록 할 생각이었다. 조상은 조진의 아들이고, 조조는 조휴의 아들이니 모두 조씨 종실이자 명장의 후예였다. 또한 명제는 어린 시절부터 연왕 조우와 친하게 지냈기 때문에 그들에게 후사를 부탁했던 것이다.

유방과 손자가 오랜 세월 국가의 중요 업무를 독점했기 때문에 하후헌과 조조는 내심 불만이 많았다. 두 사람이 유조遺詔를 받들기 위해 궁궐로 들어갔을 때 닭 한 마리가 나무 위로 날아오르는 것을 보았다. 하후헌이 그 모습을 흘낏 바라보면서 말했다.

"나무에 날아오르는 닭이라! 보아하니 네 녀석도 며칠 남지 않았구나."

닭을 보고 이야기한 것이나 사실은 유방과 손자를 빗댄 말이었다. 낮말은 새가 듣고 밤말은 쥐가 듣는다고 하지 않았던가. 뜻밖에도 담장 밖에서 그들이 하는 말을 엿들은 이가 그길로 시중 광록대부에게 달려가 일러바쳤다. 손자와 유방은 후환이 두려워 이간질해서 명제에게 탁고할 사람을 다시 뽑도록 했다.

명제가 대장군으로 임명하려고 했던 조우는 작위가 연왕으로, 겸손하고 온화한 성품인지라 자신은 한사코 보정의 대임을 맡을 수 없다고 사양했다. 그래서 명제는 유방과 손자를 불러 물었다.

"종친들 가운데 누가 중임을 맡으면 좋겠는가?"

당시 조상이 명제의 측근으로 남아 있었기 때문에 유방과 손자는 조상을 적극 추천하는 한편 사마의도 보정에 참여하도록 하시라고 말했다.

명제가 조상에게 물었다.

"경은 대사를 능히 감당하겠는가?"

조상은 그리 유능한 인물이 아니었다. 명제의 말을 듣고는 긴장한 까닭인지 그저 눈물만 흘릴 뿐 제대로 답을 하지 못했다. 그러자 유방이 옆에 있다가 조상의 발을 지그시 밟으며 귓속말로 속삭였다.

"빨리 죽음으로 사직을 받들겠다고 말하십시오."

조상이 떠듬거리며 겨우 입을 뗐다.

"신은 미천하오나 죽음으로 사직을 받들겠나이다."

결국 명제는 유방과 손자의 건의를 받아들여 조상과 사마의 두 사람을 고명대신顧命大臣으로 임명했다.

그러나 얼마 되지 않아 명제는 또 생각이 바뀌었다. 아무래도 연왕 조우가 친왕으로 보정하는 것이 적합하다는 생각이 들었기 때문이다. 그래서 앞서 임명한 것을 철회하는 명을 내렸다. 다급해진 유방과 손자가 곧바로 황궁으로 들어가 명제를 설득했다. 명제는 이미 병세가 위중한 상태인 데다 유방과 손자를 누구보다 신임했고, 또한 워낙 귀가 얇은지라 그들의 의견에 따랐다.

유방은 혹여 일을 그르칠까 두려워 황상에게 조서를 내려줄 것을 간청했다. 명제는 몸이 쇠약해질 대로 쇠약하여 붓을 들 수 없을 정도였다. 유방이 황제의 침상에 가까이 다가가 명제의 손을 붙잡고 억지로 조서를 작성하두록 했다. 그런 다음 조서를 연왕에게 가지고 가서 큰 소리로 외쳤다.

"황상께서 조서를 내리셨소. 연왕 조우의 관직을 면직하고, 향후 조서를 내리지 않는 한 조정에 출입하지 말라는 명이오."

조우는 그 말을 듣고 대성통곡하고 돌아갔다. 그 역시 후회하고 있었을 터다. 명제는 조상을 장군으로 임명하였으나 조상의 재능이 부족함을 알고 상서 손례孫禮를 대장군 장사, 즉 대장군의 비서장으로 임명하여 조상을 보좌하도록 했다.

어린 자식을 생각하니 차마 눈을 못 감다

당시 사마의는 외지에서 원정 중이었다. 명제는 신하에게 부절과 조서를 보내 사마의를 불러들였다. 연왕 조우가 관중의 일이 중대함을 알고 명제를 대신하여 대책을 궁리하면서 사마의에게 하루라도 빨리 장안으로 돌아오라고 연락했기 때문에, 사마의는 장안으로 오는 중에 황제가 보낸 조서를 받았다. 그는 의아하게 생각했다. '왜 이렇게 짧은 시간에 조정에서 연이어 보낸 조서의 내용이 다른가? 혹시 경사에 무슨 변고라도 생긴 것이 아닐까?' 그는 급히 말을 몰아 장안에 도착한 후 궁궐로 들어갔다.

위 명제 경초景初 3년(서기 239년) 정월, 사마의가 수도로 돌아와 명제를 알현했다. 명제가 사마의의 손을 잡고 말했다.

"짐이 후사를 경에게 맡기고자 하니, 조상과 힘을 합쳐 아직 어린 군주를 보좌해주시오. 짐이 눈을 감지 못하고 끝까지 기다린 것은 경을 만나기 위함이었소. 이렇게 만나니 이제 죽어도 여한이 없소."

명제는 말을 마친 후 제왕 조방과 진왕 조순을 불러 사마의에게 인사를 하도록 하는 한편, 소망에게 사마의를 가리키며 이렇게 말했다.

"중달이 앞으로 너를 보좌할 것이니라. 그는 나와 한 몸이나 다를 바 없으니 마땅히 그의 말을 잘 들으라."

그날 명제는 제왕을 황태자로 삼은 다음 붕어했다.

사가들은 명제에 대해 침착하고 결단력과 식견을 갖추었으며, 총명하고 민첩하여 자신의 생각에 따라 행동했다고 말한 바 있다. 전하는 바에 따르면, 그는 관리들의 능력을 잘 살폈으며, 부화하고 허황된 것을 배척했다. 매번 출정할 때면 여러 신하들과 상의한 후에 자신이 직접 결정했기 때문에 모사들도 명제의 원대한 계략에 탄복하였다. 위 명제는 특히 기억력이 비상하여 좌우의 하급 관리일지라도 성격이나 품성, 경력은 물론이고 심지어 집안 사정 등 인사 문건에 적힌 내용을 한 번 보면 절대로 잊지 않았다. 하지만 사가들의 찬양이 지나치다는 느낌이 없지 않다. 사실 객관적으로 볼 때 위 명제를 혼군昏君이라고 단정할 수 없다. 하지만 그는 말년에 여색에서 빠져나오지 못했으며, 대규모 토목공사로 국력을 낭비했다는 비난을 벗어날 수 없다. 또한 임종에 앞서 어린 군주를 보필할 인물을 선발할 때도 우유부단한 모습을 보였으며, 합당치 않은 인물을 선발함으로써 결국 나라에 거대한 우환을 남겨준 꼴이 되고 말았다.

조예 사후 보정대신의 자리에 오른 사마의는 과연 어떤 이야기를 연출할 것인가?

41강 사마씨, 기회를 포착하다

       위 명제 조예가 중년에 병사했다. 병사하기에 앞서 수양아들인 조방에게 왕위를 물려주고 조상과 사마의에게 보좌하도록 했다. 명제는 사실 사마의를 고명대신으로 임명할 생각이 없었다. 하지만 측근에서 하도 부추기자 어쩔 수 없이 사마의를 고명대신으로 임명하고 정권을 보좌하도록 했다. 이리하여 사마의는 두 번째로 보정대신을 맡게 되었다. 이로써 조위 정권 멸망에 화근을 심은 꼴이 되고 말았다.

 서기 239년, 명제가 병사하고 여덟 살밖에 안 되는 조방이 왕위를 계승하여 전국적으로 대사면을 실시했다. 선제의 황후를 황태후로 책봉하고 조진의 아들인 조상과 원로대신 사마의에게 시중의 작위를 추가로 봉하고 부절과 황월을 주어 도독중외제군사都督中外諸軍事와 녹상서사錄尚書事로 삼았다. 그런 다음 유조의 명의에 따라 각종 궁궐 공사를 중지했다. 새로운 황제가 등극한 후 전임 황제의 어리석은 행위를 작파하는 것은 역대로 관례처럼 이어지는 일이다. 그렇다면 보정대신들은 과연 어떤 일을 하게 되는가?

조상의 두뇌집단

당시 조상과 사마의는 각자 병사 3,000명을 거느리고 교대로 황궁에서 숙위했다. 사마의가 나이가 많고 지위가 높기 때문에 조상은 사마의를 아버지뻘로 생각하고 모셨으며, 일이 있으면 언제나 그의 자문을 받고 감히 독단적으로 결정하지 않았다. 사마의도 조상에게 비교적 예의를 갖추었다. 아무래도 조상이 왕족 출신이자 조진의 아들이었기 때문이다. 그래서 초기에는 보정대신 두 사람이 합심하여 황제를 보좌했기에 정치적으로 균형을 이루었다.

하지만 조상은 권력을 장악한 후 점차 작은 집단을 형성하면서 일종의 패거리를 만들기 시작했다. 그의 휘하에 모여든 인물은 이승李勝, 등양鄧颺, 하안何晏, 정밀丁謐 등이었다.

하안은 한나라 말기 대장군 하진의 손자로 위진魏晉 명사 가운데 한 명이다. 하안은 부친을 일찍 여의었는데, 조조가 사공으로 있을 때 하안의 모친과 혼인하여 하안을 길렀다. 하안은 어렸을 때부터 총명하여 조조가 특별히 아끼고 수양아들로 삼고 싶어 했다.

그러던 어느 날, 하안이 땅바닥에 네모를 그리더니 그 안에 서 있었다. 누군가 왜 그러느냐고 묻자 하안이 대답했다.

"여기가 우리 하가何家의 집입니다."

조조가 그 말을 전해 듣고 즉시 수양아들로 삼을 생각을 접고 하씨네 집안으로 보냈다. 내심 섭섭한 생각이 들었다.

'설마 이곳에서 살면서 감옥살이를 한다고 생각하는 것은 아니겠지. 요놈 참, 호의도 몰라보고.'

하안은 성인이 된 후 풍류를 좋아하고 자신의 외모에 자부심이 가득했다. 그는 언제나 얼굴에 흰 분을 바르고, 걸어다닐 때도 자신의 그림자를 바라보며 흡족한 얼굴로 감상하곤 했다. 그는 노장老莊 사상에 흠뻑 빠져 허무虛無를 숭상하고 남들과 청담淸談, 현리玄理를 즐겨 논했으며, 육경六經을 쓸모없는 술지게미처럼 여겼다.

사대부들이 하안을 흉내 내면서 일시에 유행이 되었다. 위진시대 청담과 현학이 크게 성행한 것은 이런 이유도 있었다.

정밀도 재능이 뛰어나기로 둘째가라면 서러울 정도의 인재였다. 하지만 지나치게 부귀를 추구하고 권력자에게 빌붙기를 좋아하여 명제는 그를 좋아하지 않았다. 하지만 조상이 권력을 잡자 그와 관계가 좋은 정밀도 덩달아 승진을 거듭하여 조상의 측근이 되었다.

정밀은 조상을 위해 나름의 계책을 말했다.

"사마의는 매우 교활하고 간사하며, 눈치가 빠르고 총명한 자입니다. 게다가 온갖 풍상을 겪어 경험도 풍부하고 연배 또한 부친과 엇비슷합니다. 지금은 주공께서 사마의와 공동으로 정권을 보좌하고 계신데 아마도 그리 오래가지는 않을 것입니다. 소와 말이 같은 구유에서 먹지 않는 것처럼 함께하시기가 어려울 것이란 뜻입니다. 주공께서 마땅히 사마의를 태부로 삼을 것을 강력하게 아뢰시기 바랍니다. 물론 승진인 것처럼 보입니다만 실상은 좌천인 셈이지요. 이렇게 하셔야만 사마의가 실권을 잡는 것이 아니라 주공께서 대권을 독점하실 수 있습니다."

조상은 자신의 능력 여부와 관계없이, 또한 분명 좋지 않은 결과가 있을 것이라는 생각조차 하지 않은 채, 정밀의 말만 듣고 그대로 황제에게 아뢰어 사마의를 태부로 삼게 만들었다. 이후로 병권은 조상이 모두 장악했다. 조상은 남동생인 조희曹羲를 중령군中領軍, 조훈曹訓을 무위장군武衛將軍, 조언曹彦을 산기상시 겸 시강侍講을 맡도록 하는 한편 다른 형제들도 모두 열후의 신분으로 시종하면서 왕궁을 자유롭게 출입할 수 있도록 했다. 이리하여 조상 집안은 총애를 독차지하여 조정에서 가장 막강한 권세를 휘두르게 되었다.

상서대의 세 마리 개

조상은 사마의를 허수아비로 만든 후에도 여전히 사마의에게 공손하게 예를 갖추었다. 하지만 어떤 일을 처리할 때 그의 허가를 받는 일이 점점 줄어들었고, 심지어 국가 대사조차도 그의 의견을 듣지 않게 되었다. 하안과 정밀 등 조상의 측근들이 중요 권력을 장악했다. 하안 등은 조상의 권력에 의지하여, 자신들의 비위를 맞춘 사람은 관직을 높이고 거역하는 이들은 파면하기 일쑤였다. 조정 안팎으로 모든 이들이 하안 등의 눈치를 봐가며 일을 행하니 감히 거역하는 자가 없었다.

황문시랑黃門侍郎으로 있는 이가 조상의 형제인 조희에게 말했다.

"하안은 표면적으로 보면 고요한 것 같지만 속마음은 부화하고 경솔하여 작은 이익만 챙길 뿐 근본에 힘쓰지 않습니다. 저는 하안이 형제 두 분을 꼬드겨 어질고 지조 있는 이들이 붙어나지 못하도록 하니 장차 조정이 황폐해질까 두렵습니다."

하안이 이런 이야기를 전해 들은 후 황문시랑에 대해 불만을 품었으며, 이후 사소한 잘못을 꼬투리 삼아 파면시키고 말았다.

대장군 장사를 맡고 있던 손례는 강직하고 아부할 줄 몰랐다. 조상이 그런 그를 좋아하지 않아 양주자사로 임명하여 경사에서 내쫓았다. 꼴도 보기 싫으니 아예 멀리 떨어져 있으라는 뜻이다.

정밀은 상서성에서 툭하면 관원들을 탄핵하여 상서성 관원들이 제대로 일을 처리하지 못하고 질서도 엉망이 되고 말았다. 당시 정밀을 제어할 수 있는 이는 조상밖에 없었는데, 조상은 오히려 그를 존중하여 그가 한 말은 무엇이든 다 믿었다. 당시 민간에 이런 노래가 떠돌았다.

"상서대에 개 세 마리가 있는데, 그중 두 마리는 울타리로도 못 막고, 한 마리는 묵默에 기대어 악성 종기처럼 사납다."《삼국지 · 위서 · 제하후조전諸夏侯曹傳》에 인용된《위략》

상서대의 개 세 마리는 하안, 등양, 정밀을 의미하고, '묵'은 조상의 어릴 적 이름이니, 정밀이 조상의 권세를 등에 업고 못할 짓이 없었다는 것을 뜻한다. 정밀은 당시 명성이 하안만 못했으나 사사건건 하안과 으르렁거리며 다투었다.

등양은 특히 재물을 탐하고 여색을 밝히는 자였다. 당시 어떤 이가 하안과 등양을 평하면서 이렇게 말했다.[*]

"등양이란 자는 걸을 때 근육이 뼈를 지탱하지 못하고 혈맥이 살을 제어하지 못해 걸으려고 하면 마치 수족이 없는 듯 휘청거렸습니다. 이를 귀조鬼躁의 상이라고 하는데 조만간 귀신이 될 상입니다. 하안은 혼이 집을 지키지 못해 얼굴에 화색이 없으며, 마치 뿌연 연기처럼 무력하고 생긴 것은 마른 나무 같더이다. 이를 귀유鬼幽의 상이라고 하니 저승에 떠도는 귀신의 형상이지요."

지금은 권세를 등에 업고 난리를 치지만 조만간 행운이 다해 저승에 끌려갈 상이라는 뜻이다. 그러니 조상이 그들과 함께 어울려 무슨 좋은 일이 있겠는가?

형제도 다 다르다

조위 정시正始 5년(서기 244년), 등양과 이승이 조상에게 군공을 세우기 위해 촉한 정벌에 나설 것을 제안했다. 조상은 사마의가 달리는 것도 듣지

---

[*] 《삼국연의》에 따르면, 하안이 평원 땅에 사는 관로管輅라는 점쟁이를 불러 주역을 논한 적이 있다. 본문의 이야기는 관로가 귀가한 후 하안과 등양에 대해 자신의 외삼촌에게 평한 내용이다.

않고 친히 장안으로 나섰다. 그는 하후현을 정서장군으로 임명하고 부절을 주어 옹주와 양주凉州의 군사 6~7만 명을 이끌고 촉한을 토벌하도록 했다.

하지만 관중과 저강氐羌 지역은 군수물자로 제공할 것이 여의치 않아 군사들은 말할 것도 없고 현지 백성들도 물자가 턱없이 부족하여 고생을 했다. 이런 상황에서 촉한의 대장 비의가 군사를 이끌고 험한 요충지를 점령하니 조상은 더 이상 진군할 수 없었다. 진퇴양난에 빠진 조상에게 참모 양위楊偉와 하후현이 철군을 권했으나 등양만은 계속 싸우기를 주장하면서 조상 앞에서 양위와 큰 소리로 다투었다.

양위가 화가 치솟아 소리쳤다.

"등양과 이승은 국가 대사를 어그러뜨렸으니 마땅히 참수해야 하오이다."

조상은 그의 말을 듣고 기분이 좋을 리가 없었다. 등양이 누군가? 자신이 형제처럼 아끼고 가장 신뢰하는 인물 아닌가? 그린데 어찌 감히 내 앞에서 등양을 참수한다는 말을 하는가? 하지만 철군하자는 양위의 주장도 틀린 것이 아니었다. 결국 조상도 어쩔 수 없이 철군해야 했다. 그러나 이미 비의가 위군의 퇴로를 차단한 상태였다. 조상은 악전고투 끝에 겨우 군사를 이끌고 도망쳐 나올 수 있었다. 위나라 군사는 사상자가 이루 헤아릴 수 없을 정도였으며, 관중의 인력과 물자 또한 크나큰 손실을 입었다.

조위 정시 8년(서기 247년), 조상은 권력 강화를 위해 하안 등의 계략에 따라 태후를 영녕궁永寧宮으로 옮겨가도록 했다. 이는 고의적으로 태후를 냉궁冷宮 : 후비가 총애를 잃고 유폐되는 궁전으로 보낸 것이나 다름없었다. 이 후에도 조상은 여러 형세 및 측근과 더불어 전횡을 일삼고 붕당을 결성했으며, 수차례 조정의 제도를 바꾸었다.

사마의는 이미 허수아비가 되어 조정에서 국정에 참여할 수 없었다. 그러자 아예 병을 구실 삼아 자신의 집에 칩거하면서 시기를 기다렸다. 이른바 도광양회**를 실천한 셈이다. 이런 사실도 모르고 조상은 더욱 방자하여 측근들이 제멋대로 행하도록 놔두었다.

하안 등은 낙양과 야왕野王의 전농이 관할하는 수백 경의 뽕밭을 나누어 가졌고, 탕목지湯沐地를 빼앗아 자신의 재산으로 삼았으며, 권세에 편승하여 관아의 공물을 훔치고 주군州郡의 관리들에게 뇌물을 요구했다. 하지만 관리들은 감히 저항하지 못했다. 하안 등에게 복종하지 않은 대신들이 하찮은 일로 파면을 당하거나 쫓겨나는 것을 보았기 때문이다.

조상은 날마다 측근 인사들과 술을 마시며 쾌락에 심취했다. 평소 입는 의복이나 타고 다니는 수레는 모두 황제의 것과 다를 바 없었으며, 도처에서 진상하는 공물과 진귀한 보물을 자신이 먼저 차지한 후에야 궁으로 들여보냈다. 그는 자신의 저택에 아름다운 여인들을 가득 채우고 그것도 모자라 선제의 시첩까지 차지했다. 또한 태악감의 악사를 이용하고 새롭게 가악家樂을 만들었으며, 화려한 누각을 짓는 한편 금은으로 자신이 사용하는 접시와 그릇을 만들기 위해 전국의 장인을 불러모으기도 했다.

조상의 동생인 조희는 형의 언행이 심히 우려되었다. 형이 이렇듯 신하의 도리를 다하지 않고 가혹한 행위를 계속할 경우 자칫 멸문지화를 당할지도 모른다는 생각이 들었기 때문이다. 그래서 여러 차례 형에게 간언을 했으나 전혀 소용이 없었다. 그래서 세 편의 문장을 지어 지나친 교만과 음란한 사치로 인한 재앙에 대해 이야기했다. 그는 매우 절절한 인사로 글을 썼으나 지네 포잉을 비닌힐 ㄹ 없잇기 때문에 쉬디 둥생들

***

** 도광양회韜光養晦 : 자신의 재능이나 명성을 감추고 시기를 기다림. 1980년대 중국 대외 정책의 주조이기도 하다.

을 훈계하는 형식을 빌려 조상에게 보여주었다. 조상은 그의 글이 자신을 비난하는 뜻을 담고 있다는 것을 눈치채고 심히 불쾌하게 생각했다. 조희는 여전히 간언을 그치지 않았으나 전혀 받아들여지지 않자 눈물을 흘리며 일어서곤 했다.

사마의의 인내

조상 형제들은 자주 낙양으로 놀러 갔다. 그들과 동향인 대사농 환범桓范은 조상 형제들이 조정과 금군을 관장하고 있으니 모두 함께 조정을 떠날 경우 만에 하나 큰일이 나면 통제할 수 없을 것임을 우려했다. 그들이 모두 경사를 떠난 후에 누군가 성문을 닫아 걸고 들어오지 못하게 하면 제아무리 권세가 있다고 할지라도 제대로 대응할 수 없기 때문이었다. 그래서 조상에게 간곡하게 간언했다. 하지만 조상은 오히려 그를 꾸짖으며 이렇게 말했다.

"당치도 않은 소리로다. 병권이 내 수중에 있거늘, 조정의 어느 누가 감히 우리 형제와 맞서려 하겠느냐?"

그는 이렇게 말하고 여전히 형제들과 놀러 다니느라 바빴다.

당시 청하清河와 평원 두 군은 경계 문제로 다툼이 지속되어 8년이란 세월이 흐르도록 결론을 내리지 못했다. 기주자사 손례가 위 명제 시절 평원왕을 봉하면서 내린 지도를 보고 결단을 내렸다. 하지만 조상은 청하군의 손을 들어주어 공문을 보내 지도로 결정하지 말라고 말했다. 손례는 다시 상주문을 보내 자신의 의견을 강력하게 개진했다. 조상은 손례의 상주문을 보고 벌컥 화를 내며 분노를 참지 못했다. 그렇지 않아도 손례가 마음에 들지 않았는데, 이번에 또다시 화를 돋우니 도저히 참을 수 없었던 것이다. 그래서 그는 손례가 조정에 불만을 품고 있다는 내용으로 탄핵하여 도형徒刑 5년에 처하고 말았다.

손례가 자신의 집에서 1년 넘게 금고禁錮되어 있을 때 많은 대신들이 표문을 올려 그를 풀어줄 것을 간언했다. 이리하여 겨우 풀려난 손례는 성문교위라는 말단직에 임명되었다. 손례는 장군부將軍府의 장사로 있다가 이후 양주, 기주자사를 역임했는데, 이제는 성문교위로 좌천되고 말았던 것이다. 하지만 남흉노가 군사를 육성하여 막강해지고 새로 일어난 선비족이 누차 변경을 침범하자 조정은 어쩔 수 없이 손례를 병주자사 겸 진무장군으로 임명하여 그에게 부절을 지니고 호흉노중랑장護匈奴中郎將의 직권을 행사하도록 했다.

손례가 부임하기에 앞서 태부 사마의를 만나러 갔다. 그는 불편한 심기를 숨기지 않고 아무 말도 없이 고개를 숙였다.

'선제의 고명대신으로 나라가 이런 지경에 이르렀는데 도대체 뭘 하고 계신 것이오? 태부께서 책임을 져야 하지 않겠소이까?'

그는 내심 이렇게 말하고 있었다. 사마의가 분노한 기색이 역력한 손례를 보고 이렇게 말했다.

"병주를 얻었는데 아직 부족한 것인가? 무슨 원망이 그리 심하신가? 지난번 일로 공정치 못한 처분을 받았기 때문인가? 지금 멀리 떠나게 되었는데 어찌 기뻐하지 않으시는가? 호랑이 굴에서 벗어나게 되었으니 오히려 다행이 아닐까? 이후 넓은 바다에서 자유롭게 노닐고 높은 하늘에서 편히 날아보시게. 이 얼마나 좋은 일인가?"

손례가 대답했다.

"말씀이야 쉽지요. 제가 비록 고상한 덕행을 지닌 이는 아닙니다만 설사 관직이나 개인적인 원한을 마음속에 담아두겠습니까? 본시 저는 태부께옵서 이윤이나 여상과 같은 능력으로 위나라 황실을 잘 보좌하시어 위로 명제의 부탁을 저버리지 않으시고, 아래로 만대토록 불멸하는 공훈을 세우시리라 여겼습니다. 하지만 지금 국가가 위급한 상황에 직면하여 정세가 심히 불안한데 태부께옵서 아무런 관심도 두지 않으시니, 제가 어찌 즐거워할 수 있겠습니까?"

손례는 이렇게 말한 후 통곡하며 눈물을 흘렸다. 사마의가 손례의 어깨를 두드려주면서 말했다.

"자네는 좀 더 참는 법을 배워야 할 것이네. 평범한 사람들이 참기 어려운 것을 참고 기다리리란 말일세."

꾀병의 고수

당시 사마의는 이미 일흔이 넘은 나이에 병을 핑계로 오랫동안 조정에 나가지 않았다. 조상은 오히려 기쁘게 생각했다.

'이놈의 늙은이가 나오지 않으니 오히려 잘되었다. 죽으면 더 좋고! 그러면 내가 국가 대사를 마음대로 결정할 수 있지 않겠는가!'

하지만 이렇게 생각하면서도 왠지 마음을 놓을 수 없었다.

'만약 저 늙은이가 꾀병을 부리는 것이면 어떻게 하지? 태조 무황제 앞에서까지 꾀병을 부린 자인데 나에게는 오죽하겠는가?'

조상은 사마의가 진짜 아픈지, 아니면 단순한 꾀병인지 알아보기로 마음먹었다.

마침 조상의 심복인 이승이 형주자사로 임명되어, 떠나기 전에 작별 인사차 사마의를 뵈러 가기로 했다. 조상이 그에게 병세가 어떠한지, 꾀병은 아닌지 자세하게 살피도록 부탁했다. 이승이 사마의의 부중으로 가서 뵙기를 청했다.

사마의는 그가 왔다는 소식을 듣고 침실로 모시라고 진길을 보냈다. 병세가 위중하여 침상에서 내려올 수 없다는 것이 이유였다.

이승이 사마의의 침실로 들어갔다.

그러자 사마의가 침상에 누워 있는 모습이 이승의 눈에 들어왔다. 시녀 두 사람이 사마의 옆에서 죽을 먹여주고 있었다. 그의 입가로 죽이 흘러 앞가슴까지 다 젖고 말았다. 시녀가 얼른 닦아주었다. 그 모습을 보면서 이승은 사마의가 살 날도 얼마 남지 않았다는 생각이 들었다. 이승이 사마의에게 자신이 온 이유를 설명했다.

"이번에 황제의 은총으로 형주자사로 임명되어 태부님께 작별 인사를 드리러 왔습니다."

그러자 사마의가 가쁜 숨을 몰아쉬며 말했다.

"잘되었구나. 섭섭하기는 하다만 병주는 북방에 있으니 호인들과 인접하여 방비를 잘해야 할 것이야. 나는 나이가 많은 데다 병세가 이 지경이니 나중에 다시 못 볼 것 같구나."

이승이 다시 입을 열었다.

"태부님, 잘못 들으셨습니다. 병주가 아니라 형주로 가게 되었습니다."

사마의가 다시 말했다.

"그래, 내가 늙어 귀가 멀어서 잘 듣지 못한다. 다시 한 번 말해보거라."

이승이 사마의 옆으로 다가가 그의 귀에 대고 큰 소리로 다시 말했다.

"저는 병주가 아니라 형주로 갑니다."

사마의가 이제야 알아듣고 말했다.

"아, 그래. 형주자사도 좋구나. 금의환향이니 더욱더 좋구나."

이승이 작별 인사를 마치고 돌아와 조상을 만나, 자신이 본 것을 하나도 빠짐없이 고했다.

"사마공은 죽은 목숨이나 진배없습니다. 육신과 정신이 이미 분리되기 시작하여 죽음이 멀지 않았으니 그리 염려하실 필요 없을 듯합니다."

며칠 후 조상이 이승을 만나 또다시 물어보았다.

"그날 사마의를 보았을 때 정말로 그러하더냐? 혹여 잘못 본 것 아니냐?"

그러나 이승은 문득 사마의가 가련하다는 생각이 들었는지 눈물을 흘리며 말했다.

"태부의 병세는 더 이상 차도가 없을 듯하여 참으로 마음이 아픕니다."

조상은 재차 확인을 끝내고 더 이상 사마의를 염두에 두지 않았다. 하지만 사마의와 그의 아들들, 즉 중호군中護軍을 맡고 있던 사마사司馬師와 산기상시를 맡고 있는 사마소司馬昭는 정변 준비에 몰두하고 있었다.

병든 고양이가 맹호로 돌변하다

조위 정시 10년(서기 249년) 정월, 위나라 어린 황제 조방이 고평릉高平陵에 있는 명제의 능묘에 제사를 지내러 출궁했다. 조상은 동생인 중령군 조희, 무위장군 조훈, 산기상시 조언 등과 함께 황제를 수행했다. 노련한 음모가인 사마의는 이를 기회로 삼았다.

사마의는 병상에서 벌떡 일어나 황태후의 명의를 빌려 모든 성문을 닫으라는 명령을 하달한 후 군사를 거느리고 무기고를 점령하는 한편, 성 밖으로 군사를 보내 낙수洛水의 부교에 주둔하며 낙양과 고평릉의 통로를 차단하도록 했다. 그런 다음 사도 고유高柔에게 대장군 직무를 임시로 맡아 조상의 주둔지를 점령하도록 하고, 태복인 왕관王觀에게 중령군의 직무를 맡아 조희의 주둔지를 점령하도록 했다. 그리고 자신은 친히 후 궁으로 들어가 곽태후를 만난 후 이렇게 상주했다.

"신이 예전에 요동에서 돌아왔을 때 선제께옵서 폐하와 진왕, 그리고 저를 어상御床으로 부르시어 저의 팔을 잡으시고 뒷일을 부탁하셨습니다. 지금 대장군 조상은 선제의 유언을 버리고 나라의 제도를 파괴하고 혼란스럽게 하였으며, 금군을 장악하고 모든 요직에 자신들의 측근을 앉혀 제멋대로 악한 짓을 마다하지 않았습니다. 또한 안으로 황문 장당張當을 도감都監: 환관의 우두머리으로 삼아 감히 황상의 정황을 정탐하고 황상과 황태후의 관계를 이간질하여 골육지정을 손상시켰습니다. 지금 천하의 인심이 흉흉하고 사람들마다 불안과 두려움에 떨고 있으니, 이는 선제께옵서 폐하와 신을 침상으로 불러 말씀하신 본래 뜻이 아닙니다. 신은 비록 힘없고 늙었지만 선제에게 올린 맹세를 어찌 잊을 수 있겠습니까? 태위 장제와 상서령 사마부 등도 모두 조상이 찬위簒位의 뜻이 있다고 여기고 있으니, 조상 형제들이 금군을 장악하고 궁중으로 들어와 숙위하는 것은 마땅치 않다고 생각합니다. 신이 황태후께 아뢰었으니, 황태후께서 임금께 아뢴 대로 시행하실 것입니다. 그렇기 때문에 신이 전권을 위임받아 조상과 조희, 조훈 등의 관직과 병권을 박탈하고, 그들이 후작의 신분으로 물러나 더 이상 체류하지 못하도록 하였습니다. 만약 그렇게 하지 않을 경우 군법에 따라 처분하겠습니다."

사마의가 황제에게 올린 상주문은 황제에 앞서 조상의 손에 들어갔다. 조상은 낙양이 이미 사마의에게 점령되고 자신의 관직까지 박탈당하자 아무 생각도 나지 않았다. 그렇다고 황제에게 이실직고할 수도 없는 터라 일단 천자의 수레를 이수伊水 남쪽에 머물게 한 후 나무를 베어 방어망을 구축하고 긴급히 둔병을 모집하여 수비 태세를 갖추었다.

사마의는 황제가 조상의 손에 있기 때문에 일단 사람을 보내 투항을 권유했다. 파견된 자가 조상을 만나 손가락으로 낙수를 가리키며 말했다.

"태부께옵서 낙수를 두고 맹세하시니 오직 병권을 회수할 뿐, 다른 뜻은 전혀 없다고 하셨습니다. 또한 향후에도 후작의 대우를 누리실 수 있도록 하셨습니다."

사실 조상이 정신을 차리고 강력하게 대항했다면 전세를 쉽게 뒤집을 수 있었을 것이다. 황제를 그가 모시고 있으니 천자를 끼고 제후들에게 호령하는 일이 어찌 어렵겠는가? 하지만 그는 그럴 수 있는 인물이 아니었다.

노둔한 말은 마구간의 꼴에 연연하고

처음에 조상은 대사농인 환범이 자신과 동향인 데다 연장자이기 때문에 구경 중에서도 특별히 예우했으나 관계가 그리 친밀한 것은 아니었다. 사마의가 군사를 일으켰을 때 태후의 명의로 환범에게 중령군을 맡도록 했다. 환범이 아들과 상의했다. 아들이 말했다.

"황제께서 밖에 계시니 차라리 남쪽으로 가시는 것이 좋을 듯합니다."

그래서 환범은 아들의 말을 따라 낙양을 떠나기 위해 집을 나섰다. 성문에 도착하니 이미 문이 굳게 닫혔는데, 요행 성문을 지키는 자가 자신의 예전 부하였던 사번司蕃이었다. 환범이 품 안에서 조서를 꺼내며 소리쳤다.

"여기 태후께서 내리신 조서가 있다. 어서 문을 열어라!"

성문을 지키던 사번이 대뜸 조서 내용을 직접 보겠다고 나섰다.

"이전에 내 부하였던 네가 어찌 감히 이럴 수 있단 말이냐?"

환범이 버럭 소리를 지르며 꾸짖었다. 그러자 사번이 성문을 열어주었다. 환범은 성문을 나서면서 사번을 돌아보며 이렇게 말했다.

"태부가 모반을 획책했으니 너는 속히 나를 따르거라."

사번은 환범이 사마의의 허락을 받지 않고 성문을 나간다는 것을 알고 급히 뒤쫓았으나 결국 놓치고 말았다. 사번은 곧 사마의에게 이런 사실을 알렸다.

사마의가 태부 장제에게 말했다.

"조상의 꾀주머니가 달아났으니 어찌하면 좋단 말인가?"

장제가 대답했다.

"걱정하지 마십시오. 환범이 지략이 있긴 하나 조상의 수준이 그리 높지 않습니다. 노둔한 말(조상을 비유함)이 마구간의 꼴에 연연할 뿐인 것처럼 그는 자신만 생각할 것입니다. 그는 원대한 계획이 없는지라 환범이 아무리 좋은 책략을 말해도 듣지 않을 것입니다."

환범은 조상이 있는 곳에 도착하여, 황제를 허창으로 모시고 사방에서 병력을 모아 자신이 사마의와 싸울 수 있도록 해달라고 요청했다.

"태부가 변란을 일으켰는데, 장군은 어찌하여 황제를 모시고 허도로 들어가 군사를 모아 사마의를 치려 하지 않으십니까?"

그의 말대로 황제가 어디에 있는가가 가장 중요했다. 황제가 있는 곳이 바로 경사이고, 그가 있음으로 정통성을 확보할 수 있기 때문이다. 이는 조조가 행한 바로 그 계책과 상통했다. 하지만 조상은 이리저리 고민만 하면서 끝내 결정을 내리지 못했다.

환범이 조희에게 말했다.

"오늘에 이르러 경들이 가문의 권위를 버리고 빈천하게 생활하실 수 있겠소이까? 일반 백성들도 누군가 인질이 되면 그가 살아남기를 바라는 법이거늘, 지금 경들은 천자를 모시고 천하에 영을 내릴 수 있는 위치에 있으니 누가 감히 호응하지 않을 수 있겠습니까?"

이렇게 말했는데도 조상의 형제들은 입을 꼭 다물고 아무 대꾸도 없었다.

환범이 다시 조상에게 말했다.

"중령군의 별영別營은 성 남쪽으로 멀지 않은 곳에 자리하고 낙양 전농의 관아도 성 밖에 있습니다. 제가 대사농이니 언제라도 군량을 조달할 수 있습니다. 게다가 이곳에서 허도까지 반나절도 걸리지 않으니 군사를 무장시키기에 충분합니다. 그러니 무엇을 걱정하십니까? 지체 마시고 속히 움직이십시오."

그러나 조상 형제들은 여전히 요지부동으로 묵묵부답이었다. 그렇게 하루 낮밤이 꼬박 지났다. 돌연 조상이 벌떡 일어나더니 칼을 집어 던지며 말했다.

"군사를 일으키지 않겠다. 투항하여 벼슬을 잃는다고 해도 그저 부잣집 늙은이로 편안히 산다면 그것으로 만족하겠다."

환범이 통곡하며 깊이 탄식했다.

"지난날 조자단曹子丹은 참으로 지모가 많으신 분이었는데 어찌하여 이처럼 개돼지만도 못한 후대를 낳으셨는가! 결국 저들에게 연루되어 나까지 멸족을 당하겠구나. 진정 후회막심이로다. 어찌 내가 저들에게 몸을 맡겼단 말인가?"

마침내 조상은 황제에게 사마의가 올린 상주문을 보여주고, 조서를 내려 자신의 관직을 면하도록 한 후 황제를 모시고 황궁으로 귀환했다. 제대로 대항조차 하지 못하고 사마의가 쳐놓은 덫에 제 발로 들어간 셈이었다.

도마 위에 오른 삶

조상 형제들은 면직된 후 후작 신분으로 집으로 돌아갔다. 사마의는 조상 형제의 관사에 높은 망대를 짓고 밤낮으로 감시하도록 했다.

어느 날 조상이 겨드랑이에 활을 끼고 후원으로 새를 잡으러 가자 망대에서 지켜보던 이가 소리쳤다.

"대장군이 동남쪽으로 간다!"

조상은 심히 울적하여 어찌할 바를 몰랐다. 조상의 형제들도 겹겹으로 포위된 상태에서 죄수나 다를 바 없는 삶을 감내해야만 했다. 때마침 양식이 떨어지자 조희가 사마의에게 양식을 보내달라고 요청했다. 사마의가 양식을 보내자 조상 형제들은 사마의가 자신들을 죽일 생각이 아니라고 여기고 기뻐했다.

하지만 얼마 후 조상 형제들과 교분이 깊은 환관 장당이 사마의에게 체포되어 모진 고문을 받고 조상과 하안 등이 모반을 획책했다고 자백했다. 결국 이로 인해 조상 형제를 비롯하여 관련 인사들이 모조리 체포되어 삼족까지 죽음을 면치 못했다. 조상의 부친인 조진은 문제와 명제 시절의 명신으로 공훈이 탁월했기 때문에 조진의 후손인 조희를 후사로 삼아 신창정후新昌亭侯로 봉했다. 하지만 조상의 후손은 절멸되고 말았다.

처음 조상이 낙양에 갔을 때 사마인 노지魯芝가 부중에 남아 있었다. 그는 변란이 일어났다는 소식을 듣고 군영의 병사들을 이끌고 성문을 부수고 나가 조상에게 달려갔다. 또한 나중에 조상이 주부 양종楊綜에게 자신의 관인을 내놓으라고 하였으나, 종상은 오히려 조상을 설득하며 내놓지 않았다.

"장군은 천자를 모시고 막강한 권력을 장악하고 계십니다. 이제 관인을 내놓으라 하시니 이를 내주면 동시東市에서 끔찍한 일을 당할지도 모릅니다."

조상이 주살된 후 관리들이 노지와 양종을 체포하여 문책해야 한다고 요구했다. 그러나 사마의는 생각이 달랐다.

"그들은 각기 자신의 주인을 위해 그렇게 한 것이다. 나름 의리를 지킨 사들이니 그대로 놔두노록 아라!"

얼마 후 노지는 어사중승, 양종은 상서랑에 임명되있다. 이후 두 사람은 마음을 바꾸어 끝까지 사마의를 따랐다.

당시 사마의가 일으킨 정변을 역사는 고평릉 정변이라고 말한다. 정변을 통해 사마의는 조상과 그의 일당을 뿌리째 뽑고 조상이 이끄는 조씨 종친의 세력을 소멸시켰다. 이리하여 위나라 종실은 세력이 날로 약화되었고, 대신 사마씨 세력은 날로 강해져 이후 사마씨의 찬위에 토대를 마련하였다.

42강 손권, 후계자를 세우다

촉한 승상 제갈공명은 선제 유비의 두터운 은혜에 보답하기 위해 여섯 번이나 기산으로 출정하여 북벌을 감행했으나 아깝게도 성공을 눈앞에 두고 오장원에서 운명했다. 제갈량의 죽음은 곧 그의 적수인 사마의의 명성과 세력 확대를 의미했다.

위 명제 조예가 죽자 사마의와 대장군 조상은 고명대신으로 임명되어 어린 황제를 보좌했다. 초기에 조상은 사마의를 허수아비로 만들어 대권을 독점했으나 오래 지나지 않아 사마의가 일으킨 고평릉 정변으로 인해 죽임을 당하고 말았다. 이제 사마씨가 위나라를 농락하기에 이른다.

이와 동시에 동오는 내부적으로 태자 자리를 놓고 권력 투쟁이 심화되고 있었다. 권력 투쟁에 말려든 자들은 누구이고, 마지막 승자는 또한 누구인가?

모두 술이 문제로다

오나라 왕인 손권은 용맹스럽고 위세가 남달랐다. 소식이 '내 친히 호랑이를 쏘아 손랑의 기개를 보여주리라親射虎, 看孫郎'라고 말한 것이나, 신기질辛棄疾이 '아들을 낳으려면 마땅히 손중모와 같은 이를 낳아야 하리라生子當如孫仲謀'라고 한 것은 모두 손권을 두고 한 말인데, 과연 허언이 아니었다. 손권은 당시는 물론이고 후세에도 영원히 영웅으로 남아 있다. 손권은 재위하면서 나라를 잘 다스려 백성들이 편안했으며, 신하들의 충언을 마다하지 않았다.

손권은 평소 음주를 좋아했는데, 오왕이 된 후 음주벽이 점점 심해졌다. 그는 자주 주연을 베풀고 군신을 초대하여 함께 즐겼다. 주흥이 도도해지면 손권이 일어나 친히 대신들에게 술을 권했다. 명색이 황제가 친히 술을 따르는데 신하 된 자로 감히 누가 마다할 수 있겠는가? 그러던 어느 날 손권이 주연을 베풀고 여러 대신들에게 술잔을 권하면서 기도위 우번에게 다가가 술을 권했는데, 우번이 술에 취한 듯 바닥에 쿵하고 나가떨어졌다. 손권이 보니 대취한 듯하여 내밀었던 손을 거두고 제자리로 돌아갔는데, 우번이 벌떡 일어나 다시 자리에 앉는 것이 아닌가!

손권은 순간 화가 치밀었다.

'우번, 이 녀석! 취한 척하려면 끝까지 해야지. 내가 준 술잔을 마다하고 취한 척하다가 다시 일어나 앉아! 그러고도 벼슬을 계속 하려는 게냐?'

손권도 이미 많이 취한 상태였다. 분노가 치밀면 어떤 담대한 행동도 행할 수 있는 법이라 했다. 손권이 갑자기 일어서더니 환도를 뽑아 우번을 죽이려고 했다. 대신들이 모두 놀라 얼굴이 사색이 되었는데, 아무도 나서서 말리는 이가 없었다.

그때 조정의 재정을 맡고 있는 유기劉基가 일어서면서 손권을 껴안으며 말했다.

"왕께서 취하셨을 때 재능 있는 이를 죽인다는 것은 타당치 않습니다. 우번은 죄를 지었다 하나 죽일 정도의 죄질은 아닙니다. 왕께서는 평소 인재를 널리 초치하시고 어진 선비를 받아들이시어 천하의 인재들이 소문을 듣고 달려왔기에 오늘날 강동이 국태민안國泰民安할 수 있었던 것이 아닙니까? 일시적인 화풀이로 좋은 명성을 포기하신다는 것은 결코 가치 있는 일이 아닙니다."

손권이 그의 말을 듣고는 여전히 화가 풀리지 않았는지 오히려 역정을 내며 소리쳤다.

"조조는 공융을 죽일 수 있는데, 내 어찌 우번을 죽일 수 없단 말인가?"

유기가 말했다.

"조조는 간적奸賊인지라 모두들 조적曹賊이라고 부릅니다. 어찌 왕께서 망령되이 간적과 비교하실 수 있겠습니까? 조조는 제멋대로 어진 선비를 죽여 모든 이들이 그를 반대하는 것입니다. 하지만 대왕께서는 인의를 행하시니 요순과 같은 성군에 비기는 것이 아닌지요?"

손권은 그제야 노기를 거두고 손에 들었던 보검을 내려놓았다. 우번은 겨우 죽음을 면했다.

술이 깬 후 손권이 아랫사람에게 말했다.

"오늘부터 내가 취했을 때 누구를 죽이라고 한다면 당장 죽이지 말고 일단 술이 깬 후에 다시 물어보도록 하라. 내가 술이 깨고 난 후에도 죽이라고 한다면 그때 죽여도 늦지 않다."

또 이런 일도 있었다. 손권이 무창에 있을 때 조대釣臺에서 흠뻑 취한 적이 있다. 그날도 손권은 여러 신하들에게 술을 권하면서 이렇게 말했다.

"오늘 술을 한껏 마시도록 하시오. 흠뻑 마셔 조대에서 떨어져야만 그칠 것이오."

원로대신인 장소가 그 말을 듣더니 정색하고 밖으로 나가 자신의 수레 안으로 들어갔다. 잠시 후 손권은 장소가 보이지 않자 찾아오도록 시켰다. 장소가 들어오자 손권이 그에게 말했다.

"오늘 함께 술을 마시며 즐기자는 것일 뿐인데 그대는 어찌 노여운 기색을 보이시오?"

장소가 대답했다.

"옛날에 주왕紂王은 주지육림酒池肉林에서 밤새워 술을 마셨다고 합니다. 그때도 그저 즐기는 것일 뿐, 나쁜 일이라 여기지 않았습니다."

손권이 그의 말을 듣고는 잠시 아무 말도 하지 않더니 부끄러운 기색을 보이며 술자리를 파하도록 했다.

손권은 이렇듯 나름 충언을 잘 받아들이고 수용하는 편이었다. 전체적으로 볼 때 손권 재위 기간에 군신의 관계가 비교적 괜찮았기 때문에 대신 가운데 참형을 당하거나 삼족이 멸하는 경우가 거의 없었다.

외교상 어리석음을 범하다

서기 229년, 손권은 위 명제 조예가 아직 어리고 오나라가 촉한과 우호적인 관계를 유지하는 틈을 타 정식으로 칭제했다. 이전까지 조비와 유비가 모두 칭제했으나 자신만은 그냥 왕으로 불렸다. 이제 손권도 칭제하고 황룡으로 개원했으니 역사적으로 유명한 오대제吳大帝가 바로 그다.

손권은 황제가 된 후 촉한과 우호 관계를 맺고 공동으로 조위에 대항했으며, 다른 한편으로 영토 확장에 심혈을 기울였다. 칭제한 그 이듬해 장군 위온衛溫과 제갈직諸葛直을 파견하여 '바다 건너 이주夷州를 찾겠다'고 하여 지금의 대만 섬까지 갔다. 이로써 대만과 대륙이 처음으로 왕래하게 되었다.

이외에 손권은 교주 통치를 강화했다. 교주는 오늘의 광서, 광동 및 베트남 북쪽 지역을 말한다. 아울러 교주 남쪽 부남국扶南國 : 지금의 캄보디아, 임읍국林邑國 : 지금의 베트남 남부으로 사신을 파견하여 우호 관계를 맺었다. 또한 교주자사를 남양으로 파견하여 인도와도 외교 관계를 수립했다. 이

렇듯 동남 연해 개척 이외에도 손권은 뱃길로 요동과 통교한 적이 있는
데, 나중에 오히려 문제만 일으키고 말았다.

요동 지역은 한나라 말기부터 공손씨公孫氏의 세력 범위에 있었는데,
공손씨는 삼국 가운데 어느 나라에도 신복하지 않았다. 요동을 할거하고
있던 공손연公孫淵은 위나라와 대항하기 위해 동오로 사신을 보내 손권
에게 신하로 복종할 것을 청했다.

지리적으로 볼 때 공손연은 강동과 연계할 수 있으되 촉한은 아무래도
관련을 맺기가 쉽지 않았다. 촉한으로 가려면 위나라 영토를 지나야 하
는데, 허락을 받지 못했기 때문이다. 그래서 그는 강동의 오나라와 연계
한 것이다. 당시 손권은 아직 칭제하지 않았으나 대신들은 정식으로 등
극할 것을 적극 권하고 있었다.

공손연이 사신을 파견하여 손권에게 신복할 것을 자청하자 손권은 매
우 기뻐했다. 그는 사신을 보내 공손연을 연왕燕王으로 봉하고 병사 1만
명을 따라가게 하였다. 그러자 조정의 문무 대신들이 간언하여 강력하게
말렸다.

"공손연은 아직 믿을 만한 인물이 아닙니다. 그는 앞서 위나라에 귀순
했다가 배신했습니다. 위나라가 압력을 가하니 우리 오나라를 이용하여
위나라에 대항하겠다는 것은 그의 본뜻이 아닙니다. 만약 공손연이 또다
시 마음을 바꾸어 위에 충성을 바친다면 우리 사신들은 돌아올 수 없을
것입니다. 이렇게 되면 세상 사람들의 비웃음을 사게 됩니다."

손권은 대신들의 충고를 무시하고 공손연에게 사신을 파견했다가 대
신들의 말대로 공손연의 속임수에 빠지고 말았다. 공손연은 손권이 파견
한 사신을 죽이고 조위에 귀순하였으니, 손권이 보낸 사신의 머리를 조
위에 투항하는 선물로 바친 셈이 되고 말았다.

손권이 알고 크게 화를 내면서 말했다.

"짐은 이미 예순 살이 되었는데, 이렇듯 누군가에게 놀림을 받은 적이 없었다. 짐이 반드시 저 소인배를 죽여 마음속 원한을 풀 것이다."

그리하여 손권은 군대를 동원하여 요동으로 건너가 공손연을 공격하고자 했다. 하지만 상서복야 설종薛綜을 비롯한 여러 신하들이 간곡하게 만류하여 결국 그만두고 말았다. 참으로 어리석은 짓이 아닐 수 없었다. 가까운 위나라와 싸우는 것도 힘든 판에 대규모 군대를 동원하여, 그것도 바다를 건너 싸운다는 것이 말이나 되는가? 그나마 다행인 것은 끝내 실천에 옮기지 못했다는 사실이다.

두 노인네의 기 싸움

원로대신 장소는 손권이 계속 고집을 피우고 신하들의 간언을 듣지 않는 것을 보고 마음이 언짢았다. 그래서 홧김에 꾀병을 핑계로 조정에 나가지 않았다. 손책은 죽기 전 아우 손권에게 이렇게 말한 적이 있다.

"만약 안에서 어려운 일이 있으면 장소에게 묻고, 밖에서 결단하기 힘든 일이 있거든 주유와 상의하라."

이렇듯 장소는 이른바 탁고대신인데, 비록 소극적인 태업이라 하나 조정에 나가지 않고 있으니 결코 작은 일이 아니었다.

손권 또한 마음이 언짢기는 마찬가지였다.

'그래, 나오지 말라지. 조정에 나오지 않으려면 아예 집 밖으로 나오지도 마시게나!'

손권이 수하에게 말했다.

"수레를 빌려 흙을 가져다가 장소의 대문 앞에 쌓아놓거라."

손권의 명령에 따라 장소의 집 대문이 흙으로 막히고 말았다. 당시 손권은 예순이 가까운 나이였는데 정말로 이렇게 하다니, 마치 젊은이가 감정에 치우쳐 대책 없는 일을 벌이는 것이나 다를 바 없었다. 그런데 장소도 또한 만만치 않은 성격의 소유자였다.

'그렇게 하시오. 아예 죽을 때까지 집 밖으로 나갈 생각이 없으니!'

그래서 장소는 하인들에게 일러 집 문 안쪽까지 흙을 쌓아 아예 모두 막아버리도록 했다. 참으로 어린아이처럼 토라져 기 싸움을 하는 모습이 재미있다.

손권이 처음 황제가 되었을 때 장소를 비웃으며 이렇게 말한 적이 있다.

"예전 적벽전쟁 때 말이오. 짐이 노인장의 말씀대로 조조에게 투항했다면 아마도 지금쯤 비렁뱅이가 되었겠지요?"

그 말에 장소가 창피하여 얼굴이 벌게졌다.

공손연의 속임에 빠진 후, 손권은 이전에 장소에게 그렇게 말한 것을 후회했다. 시간이 흐른 뒤 손권이 출궁하여 우연히 장소의 집을 지나게 되었는데, 이전에 쌓아놓은 흙더미는 모두 사라지고 사람들이 편하게 출입하고 있었다. 하여 장소에게 사람을 보내 어가를 영접하라는 성지를 전달했다. 장소가 성지를 받고 이렇게 말했다.

"내가 곧 죽을 정도로 몸이 불편하여 어가를 영접할 수 없다고 전하시게."

장소에게 갔던 자가 돌아와 장소가 한 말 그대로 손권에게 전했다.

"그래? 못 나오겠다고 하더냐? 좋다. 저 대문에 불을 질러라."

휘하 관원들이 달려가 장소의 집 대문에 불을 놓았다.

장소가 그 소식을 듣고 내심 불쾌했다.

'태우시라 하여라. 어디 나까지 태워 죽여보시지!'

손권의 의도는 장소를 놀라게 하려는 것이었지, 정말로 집까지 불태우려는 것은 아니었다. 이렇게 대문에 불까지 놓았는데도 장소가 나오지 않자, 당황한 것은 오히려 황제 손권이었다. 결국 손권이 사람들을 보내 불을 끄도록 했다.

당혹스러운 것은 사실 장소의 아들들이었다.

"아버님, 폐하가 친히 납셨는데, 이렇게 고집만 피우시다니요. 서둘러 어가를 영접하십시오. 자칫 폐하께서 노하시기라도 하는 날이면 멸족을 당할지도 모를 일입니다."

그들은 이렇게 말한 후 장소를 부축하여 침상에서 내려오도록 했다. 손권은 자신의 수레에 장소를 태우고 황궁으로 모셨다. 그런 다음 문무 백관이 모두 모인 자리에서 자신의 실수를 솔직히 인정했다. 장소는 그제야 다시 조정에 나가 정무를 보기 시작했다. 이렇게 보면 손권 또한 어진 임금인 것이 분명하다.

겸손하고 온화한 태자의 요절

손권은 나름 나라를 잘 다스렸으나 만년에 실행한 몇 가지 정책이 이후 오나라에 후환을 남기고 말았다. 손권은 삼국 군주 중에서 수명이 제일 길었다. 사람이 늙으면 생각이 보수적이 되고 때로 노망을 떨기도 한다. 이는 예전부터 그러하였는데, 손권도 이런 자연의 법칙에서 예외가 아니었다.

손권은 문무 대신을 감시하기 위해 교사校事와 찰전察戰이란 관직을 신설했다. 손권이 이들 교사와 찰전의 관리를 중용하자 적지 않은 관리들이 피해를 입었다. 하지만 손권이 저지른 가장 큰 잘못은 태자 선택에 관한 일이었다. 이를 잘못함으로써 결국 오나라는 내란에 휩싸이고 만다.

손권은 칭제하기 전에 이미 장남인 손등을 왕태자로 세웠다 손등의 생모는 이름도 남아 있지 않은 천출로 이미 저세상 사람이었기 때문에, 명문가 출신인 서부인徐夫人이 손등을 맡아 키웠다. 그러나 서부인은 손권의 총애를 보부인步夫人에게 빼앗긴 후 투기를 이유로 폐출되고 말았다. 손등은 서부인이 베풀어준 은혜를 잊지 않고 항상 감사하게 생각했다. 그래서 보부인이 상을 내리면 그저 감사 인사를 드리고 받았지만, 서부인이 남겨준 옷은 꼭 목욕한 후에야 입는 등 각별한 정감을 감추지 않았다.

손권은 평생 여러 여인을 총애했으나 늦도록 황후를 세우지 못했다. 손등은 물론이고 여러 대신들이 서부인을 황후로 모실 것을 건의했으나, 손권은 오히려 보부인을 황후로 삼고자 했기 때문이다. 이렇듯 군신의 의견이 맞지 않아 정식으로 황후를 책봉하지 못했다.

손권은 태자에게 큰 희망을 걸고 있었다. 황무黃武 4년(서기 225년), 손권은 주유의 딸을 태자비로 맞이했다. 그는 손등이 한가漢家의 전적을 읽어 한조의 역사를 배우도록 했으며, 박식한 장소에게 손등을 가르쳐줄 것을 청했다.

손등 역시 대단히 괜찮은 세자였다. 그는 곁에서 자신을 모시는 관리들에게 간단한 평민의 예절을 사용하도록 했으며, 제갈각諸葛恪, 장휴張休, 고담顧譚 등과는 같은 수레를 타거나 심지어 같은 침상에 누워 잠을 청하기도 했다.

손권은 칭제한 후 손등을 황태자로 세우고 제갈각을 좌보도위左輔都尉, 장휴를 우필도위右弼都尉, 고담을 부정도위補政都尉, 진표陳表를 의정도위議政都尉로 임명했다. 이 정도면 태자 문하에 인재가 넘친다고 할 수 있다.

손권은 칭제한 그해 건업으로 천도했다. 손등과 여러 황자 및 상서 구관九官은 그대로 남겨놓고 명장 육손에게 손등을 보좌하여 무창을 지키도록 했다. 손등은 일처리를 신중하게 하여 육손의 찬사를 얻었다.

서기 232년, 손권이 칭제하고 3년이 되던 해에 둘째 아들이 병사했다. 손권은 제대로 식사도 하지 못할 정도로 슬픔에 젖었다. 손등이 비보를 듣기 무섭게 무창에서 건업으로 달려가 부친을 위로했다.

"둘째가 너무 어린 나이에 병사한 것은 너무나도 슬픈 일입니다만, 사람이 한번 죽으면 어찌 되살아날 수 있겠습니까? 아바마마는 응당 나라를 중히 여기시어 슬픔을 거두소서."

아들의 말에 겨우 마음을 추스른 손권은 그제야 음식을 입에 댈 수 있었다. 손권은 아들 손등을 무창으로 다시 보낼 생각이었으나 손등이 굳이 부친 곁에서 시봉하기를 원해 건업에 남도록 했다.

동오 가화嘉禾 3년(서기 234년), 손권이 출정하여 위나라 합비 신성新城을 공격하면서 손등에게 건업에 남아 후방을 책임지도록 했다. 당시 농작물 수확이 좋지 않은 데다 도적이 창궐하자 손등은 법령을 새로 만들어 도적들이 날뛰지 못하도록 했다.

사서의 기록에 따르면, 손등의 동생인 손화孫和와 그의 모친 왕부인에 대한 손권의 총애가 지극했다. 손등은 손화와 친하게 지내면서 친형제처럼 손화를 아끼고 위했다. 때로 그는 손화에게 황태자의 자리를 양보하려는 뜻을 내비치기도 했다. 안타깝게도 겸손하고 양보심 많은 태자 손등은 동오 적오赤烏 4년(서기 241년) 그만 세상을 뜨고 말았다. 향년 33세였다.

임종하기 전 손등은 손권에게 상소하여 나라를 평안하고 부유하게 하는 방책을 건의하는 한편 육손과 제갈근, 보즐, 주연, 전종全琮, 주거朱據, 여대呂岱 등 충성심이 강하고 나라를 다스리는 데 도움이 될 신하들을 적극 추천하여 손권이 그들과 더불어 오나라를 부흥시킬 것을 희망했다.

손권은 태자 손등이 죽었다는 소식을 들은 이후에야 태자가 남긴 상소문을 읽었다. 손권은 더욱더 슬퍼하며 손등에 관한 말만 나오면 눈물을 흘렸다. 둘째에 이어 장남까지 세상을 뜨자 그의 슬픔은 더할 나위가 없었다. 손권은 셋째 아들인 손화를 태자로 세웠다. 그러나 손화가 태자가 된 후 태자 자리를 놓고 피비린내 나는 쟁탈전이 벌어지게 되었으니 전혀 예상치 못한 일이었다.

자식이 많으니 일도 많다

손화는 형인 손등처럼 일을 처리하는 데 침착하고 노련했다. 손권이 그에게 조신들의 능력을 살피도록 하자, 그는 여러 사람들의 의견을 청취하여 비교적 공정하게 대신들을 평가했다. 《삼국지》에 따르면, 손화는 '조신들을 찾아가 자문을 얻으며 능력과 행태를 평가하여 우열을 가렸는데 나름 조리가 있었다.' 조신들 간에 갈등이 생길 경우 그가 나서서 중재하기도 했다.

당시 자신을 모시는 동궁의 시종들이 바둑에 심취하여 허구한 날 바둑을 두느라 정신이 없었다. 이에 손화가 그들에게 이렇게 훈계했다.

"마땅히 학문에 매진하고 무술을 연마하여 세상의 업무를 주도면밀하게 대처해야 하거늘, 서로 어울려 바둑에 심취하여 일에 방해가 되니 이는 나아가 취할 바가 아니오." 《삼국지 · 오서 · 손화전孫和傳》

그는 이렇게 훈계하면서 시종들 가운데 여덟 명에게 각기 바둑에 관한 글을 적어 올리도록 했다. 그러자 동궁의 시종으로 있던 위요韋曜가 글을 올려 이렇게 반성했다.

"지금 세상 사람들은 경전과 법술에 힘쓰지 않고 바둑을 좋아하여, 일도 제대로 하지 않고 잠자는 것과 먹는 것조차 잊으며 온종일 바둑을 두고도 밤이 되면 촛불을 밝혀 계속 바둑을 둡니다. (중략) 바둑은 변화나 사기를 수단으로 하기에 충직하고 믿을 만한 일이 아닙니다. 또한 겁주고 죽이는 것을 명분으로 삼으니 어진 자의 뜻이라 할 수 없습니다." 《삼국지 · 오서 · 위요전韋曜傳》

이렇듯 위요는 바둑의 나쁜 영향에 대해 솔직하게 이야기하면서 깊이 반성하는 글을 올렸다. 이후로 동궁 내에서 시종들끼리 바둑을 두거나 하는 일 없이 빈둥거리는 일이 없어졌다.

이렇듯 손권의 두 번째 태자는 인품과 능력이 상당히 뛰어났다고 말할 수 있다. 하지만 손권은 아내가 많았고, 그만큼 자식도 많았다. 자식이 많으면 바람 잘 날 없다는 말이 그저 허투루 하는 말이 아니었던 것이다. 요즘도 텔레비전 프로그램에는 형제들 간에 재산을 놓고 법정 싸움을 벌이는 일을 소재로 한 것이 적지 않다. 일반 서민들은 재산 싸움으로 모든 이들에게 얼굴이 팔릴 뿐이지만, 제왕가의 권력 투쟁은 창칼이 번쩍이고 사방으로 피가 튀는 일이었다.

손권은 손화를 태자로 세운 후 또 다른 아들인 손패孫霸를 노왕魯王으로 봉했다. 손권은 손패를 지극히 총애하여 태자인 손화와 똑같이 대우했다. 궁궐과 예제는 물론이고 녹봉도 같았다. 군신들이 이에 대해 의론이 분분할 수밖에 없었다.

"신이 듣기로 나라와 집안에는 반드시 적서嫡庶 : 적자와 서자의 구분이 명확해야 합니다. 태자는 미래의 군왕이시니 일반 신료와 구별되는 바가 있어야 합니다."

손권은 대신들의 말이 일리가 있는지라 두 형제에게 서로 다른 궁에서 살도록 하고 지위도 구분하도록 했다. 그러자 형제 사이에 감정의 골이 깊어지기 시작했다. 손패는 야심을 지닌 이였기 때문에, 자신의 목적을 실현하기 위해 천하 명사들과 교우 관계를 맺는 데 열심이었다. 이리하여 오나라에는 시종과 빈객은 물론이고 조신들에 이르기까지 두 파로 나뉘게 되었으니, 한 파는 태자 손화의 무리고 다른 한 파는 손패의 무리였다. 그들 두 파는 서로 적대적이었다.

손권은 대신들까지 둘로 나뉘어 불화를 일으킨다는 소식을 접하고, 두 아들에게 빈객이나 사대부들과 왕래하지 말 것을 당부했다. 절대로 소집단을 결성하지 말라는 뜻이었다.

그런데 문제는 손권이 태자의 위치를 보다 확고하게 다져놓는 조치를 취하지 않았다는 점에 있었다. 태자 손화와 노왕 손패가 총애를 얻기 위해 다투고 있을 때 손권의 장녀인 손노반孫魯班이 끼어들었다. 손노반은 좌호군左護軍인 전종과 결혼했기 때문에 전공주라고 불렸다.

그녀는 손화의 생모인 왕부인과 사이가 좋지 않았다. 손권이 손화를 태자로 삼은 후 왕부인을 황후로 삼고자 했는데, 전공주가 심히 방해했다. 이에 전공주는 태자가 즉위할 경우 자신에게 원한을 품을 것이 두려워, 여러 차례 손권 앞에서 태자를 비방했다.

그러던 어느 날, 손권이 중병이 들어 자리에 누웠기 때문에 태자인 손화에게 손책의 사당에서 제사를 올리도록 했다. 마침 태자비의 작은아버지인 장휴가 손책의 사당 근처에 살고 있어서 태자를 자신의 집에 묵도록 초청했다. 사실 이는 별로 큰 문제가 아니었다. 그러나 전공주가 사람을 시켜 태자를 감시하고 있던 터라 사달이 나고 말았다. 전공주는 손권이 병석에서 일어난 후, 태자가 사당에서 제사를 지내지 않고 태자비 집에 가서 향후 대권에 대해 상의하였으며, 왕부인은 폐하가 중병으로 병석에 눕자 얼굴에 기뻐하는 기색이 역력했다고 일러바쳤다.

손권이 들으니 당연히 화가 치밀 수밖에 없었다. 결국 왕부인은 놀라기도 하고 걱정이 태산 같아 끙끙 앓다 죽고 말았으며, 손화는 부황의 총애가 점점 줄어들자 폐출될까 두려워하는 신세가 되고 말았다.

노왕의 측근들은 손권이 점차 태자를 멀리하자 기회를 틈타 손권 앞에서 태자를 비방하기 시작했다. 그렇지 않아도 남을 비방하고 헛소문을 내기 잘하는 이들이었는데, 손권마저 나이가 들어 노망기를 보이니 태자에 대한 의심이 점점 짙어질 수밖에 없었다.

그러자 동오의 기둥이라 할 만한 원로대신 육손이 상소했다.

"태자는 정통이니 마땅히 반석과 같은 견고한 지위가 있어야 하고, 노왕은 번신藩臣이니 총애와 녹봉에 차이가 있어야 합니다. 여러 황자가 각기 자신의 자리에 있어야 상하가 화목하게 지낼 수 있습니다. 삼가 머리를 부딪혀 피를 흘리며 소견을 말씀드립니다."

이후에도 육손은 여러 차례 상소를 올려, 자신이 직접 건업으로 가서 손권에게 적서 구분의 중요성을 말씀드리겠다고 요청했다. 그러나 손권은 그의 의견을 무시했다.

육손의 외생질인 고담顧譚은 동궁사우東宮四友 가운데 한 명이었는데, 그 역시 손권에게 상소하여 이렇게 말했다.

"신이 듣기로, 나라와 집안에는 반드시 적서의 구분이 있어야 하며 존비의 예절이 달라야 합니다. 그래야만 골육의 정을 보전할 수 있고, 감히 자리를 넘보는 망령된 사념을 끊을 수 있습니다. 오초칠국吳楚七國의 난리가 일어났을 때 회남왕淮南王이 효문제孝文帝의 친동생이었음에도 끝내 봉국을 지키지 못한 것은 세력이 너무 컸기 때문이고, 장사왕長沙王 오예吳芮가 한 고조와 소원한 신하였음에도 지위를 후대에 전할 수 있었던 것은 그의 세력이 약했기 때문입니다. 한나라 문제文帝가 신부인慎夫人을 황후와 같은 자리에 앉게 하자 원앙袁盎이 신부인은 뒤에 앉아야 한다고 간언했습니다. 문제가 노기를 띠자 원앙이 윗사람과 아랫사람의 의전에 대해 언급하며 인체人彘 : 사람돼지* 의 교훈을 이야기했고, 그제야 문제가 희색을 띠며 노기를 풀었고, 신부인도 크게 깨닫게 되었습니다."

태자의 스승인 오찬吳粲도 여러 차례 노왕을 내보내 하구를 지키도록

---

* 한 고조 유방이 척부인을 총애하자 황후인 여태후가 심히 원망을 품었다. 고조가 죽자 여태후가 제일 먼저 할 일이 바로 척부인의 눈알을 빼고 혀를 자르고, 팔다리를 절단한 후 돼지우리에 버린 일이었다. 척부인은 그래도 죽지 않고 돼지우리 안에서 꿈틀거렸다고 한다. ─ 역주

하고 노왕 곁에 있는 소인배들을 건업에서 내쫓을 것을 요청했다. 아울러 육손과 여러 차례 서신을 주고받으며 이 일에 대해 논의했다. 그러자 노왕이 이런 사실을 알고 오찬을 무고했다. 손권이 진노하여 오찬을 내쳤다. 오찬은 결국 감옥에 갇혀 그곳에서 목숨을 잃었다. 손권은 이에 그치지 않고 육손에게도 여러 차례 환관을 보내 질책했다. 육손은 손권과 더불어 지금의 동오를 건설하는 데 결정적인 역할을 한 원로인데, 오랫동안 신임을 보여주던 손권에게 여러 차례 질책을 받자 울분이 쌓여 끝내 분사憤死하고 말았다.

당시 육손과 고담, 오찬 외에도 표기장군 주거, 대장군 제갈각, 회계태수 등윤滕胤, 상서 정밀丁密 등이 태자를 지지했고, 표기장군 보즐, 진남장군 여대, 대사마 전종, 중서령 손홍孫弘 등은 노왕을 지지했다. 이렇듯 조정은 두 파로 나뉘어 격렬한 투쟁을 그치지 않았다.

도요새와 조개의 싸움에 어부가 이득을 보다

손권은 손화와 손패 외에도 손량孫亮을 총애했다. 손량의 생모인 반부인潘夫人 역시 손권이 아끼고 사랑했다. 전공주는 태자와의 갈등이 심화되자 일찍부터 손량과 우호적인 관계를 맺으려고 애썼다. 그녀는 손량을 자주 칭찬하며 남편의 질녀의 딸과 자신의 조카 손녀를 손량에게 시집보냈다.

노왕 손패는 점차 손권의 반감을 사게 된다. 그와 손화의 권력 투쟁이 노골화하면서 두 사람 모두 손권의 눈 밖에 났다. 특히 손패가 도당을 모아 자신의 형인 손화를 모해하고 있다는 사실을 손권도 알게 되었다.

손권이 오나라 황족인 손준孫峻에게 물었다.

"자제들이 화목하지 않으면 신하들이 당파를 나누게 될 것이오. 그렇게 되면 예전 원소 형제처럼 실패하여 천하 사람들의 비웃음을 면할 수 없겠지. 만약 태자를 한 사람만 세우면 어떻게 어지럽지 않을 수 있을까?"

전공주의 모함과 노왕 당파의 끊임없는 참소로 인해 손권은 태자 손화를 폐출했다.

표기장군인 주거가 손권에게 상소하여, 태자는 국가의 근기根基이고, 손화는 평소 효성스럽고 선량하여 천하 사람들이 모두 아끼고 따른다며 재고해줄 것을 요청했다. 하지만 손권은 전혀 듣지 않았다. 그러자 주거는 상서복야 굴황屈晃과 함께 문무백관들을 이끌고 머리에 진흙을 바르고 스스로를 결박한 채 궁문 앞으로 모여들었다. 손권은 궁문의 누대인 백작관白爵觀에서 그 모습을 보고 있었다. 생각해보니, 아직 퍼렇게 살아 있는 자신을 놔두고 젊은 태자에게 충성을 보이는 모습에 치가 떨렸다.

손권은 주거와 굴황을 심히 질책하고 곤장 100대를 때리도록 했다. 그런 다음 주거는 신도군新都郡의 군승으로 좌천시키고, 굴황은 파직하여 시골로 유배형을 내렸다. 그럼에도 불구하고 진정陳正과 진상陳象이 극단적인 어투를 써가며 거듭 상소하자 더 이상 참지 못하고, 그들은 물론이고 그들 일족까지 모두 잡아들여 주살했다. 당시 관원들 가운데 태자 폐위에 반대하여 간언했다는 이유로 유배형을 당한 이가 수십 명에 달했다.

손권은 손화를 서민으로 강등해 타지로 보내고, 손패는 스스로 목숨을 끊도록 했다. 손패는 온갖 계략으로 태자 자리를 차지하기 위해 애썼는데, 태자인 손화를 내쫓는 데 성공했으나 자신도 결국 목숨을 잃고 말았다. 손권은 손패 일당을 모두 잡아들여 주살하고, 시신을 강에 내던지도록 했다. 이로써 동오의 태자 자리를 둘러싼 권력 투쟁은 정식으로 막을 내렸다.

적오 13년(서기 250년), 손권이 손량을 태자로 세웠다. 도요새와 조개가 다투는 틈에 어부가 둘 다 잡아 이득을 본 셈이다. 자, 그렇다면 불로소득을 얻은 손량은 과연 순조롭게 오나라의 최고 통치자가 될 수 있겠는가?

43강   오나라의 제갈씨,
멸족당하다

동오의 대제 손권은 일세 영웅으로 나랏일을 잘 처리하였으나 아쉽게도 태자 문제로 인해 큰 혼란을 겪었다. 태자 손등이 세상을 뜬 후 두 번째로 태자가 된 손화 역시 훌륭한 인물로 어진 황제가 될 수 있었다. 하지만 손권의 장녀인 전공주 손노반이 손화를 반대하고, 손권의 또 다른 아들 노왕 손패가 태자 자리를 노리고 권력 투쟁을 벌이면서 손화는 유폐되고 노왕을 비롯한 무리는 주살당하는 참혹한 결과가 도래했다. 결국 손권의 막내아들인 손량이 어부지리로 태자의 자리에 올랐다.

당시 손권은 이미 칠순이 다 되었다. 자신과 패권을 놓고 싸웠던 천하의 조조와 유비도 이미 저세상 사람이 되었고, 조씨 가문은 이미 후계자가 4대까지 내려온 상태였다. 이미 병색이 짙어진 손권은 자신의 잘못을 뉘우치며 손량을 태자로 세운 후 그의 모친인 반부인을 황후로 세웠다. 태자가 아직 어리기 때문에 그는 탁고를 고민했다. 그렇다면 과연 손권은 누구에게 어린 황제를 맡길 것인가?

어린 황제를 누구에게 맡길 것인가?

서기 251년 겨울, 손권은 남교南郊로 가서 제사를 지내고 돌아온 후 중풍에 걸렸다. 그는 손화를 불러오려고 했으나 전공주 손노반과 시중 손준,

그리고 중서령 손흥 등이 결사적으로 반대했다.

"폐하께서 손화를 불러오신다면 손량에겐 어떤 자리를 주시렵니까? 또다시 양 궁宮의 싸움을 일으키려 하십니까?"

결국 손권은 중의를 따를 수밖에 없었다. 하지만 손량은 늘그막에 얻은 자식인지라 아직 나이가 어리고, 자신은 점점 더 병색이 짙어가는데 어린 자식을 맡길 사람을 찾지 못하고 있으니 답답하기 그지없었다.

조정에는 손권과 동년배인 대신들이 모두 사라지고 아무도 없었다. 그 옛날 왕위에 올랐을 당시 손권은 삼국에서 가장 젊은 군주였다. 조조는 일찍이 이렇게 말한 적이 있다.

"아들을 낳으려면 마땅히 손중모와 같은 아들이어야 하리라."

그의 말대로 손권은 조조의 아들뻘로 조비와 나이가 비슷했다.

시중 손준은 손권에게 대장군 제갈각을 탁고 대상자로 적극 추천했다. 제갈각은 제갈량의 형인 제갈근의 맏아들로, 어려서부터 신동이라 불릴 정도로 총명했다. 손권이 이를 알고 그를 매우 아꼈다.

제갈각은 어려서부터 기지가 있었다. 그의 부친 제갈근은 얼굴이 유난히 길었기 때문에 당나귀 얼굴이라는 말을 싫어했다. 어느 날 손권이 대신들과 모인 자리에서 당나귀 한 마리를 끌고 오더니 당나귀 얼굴에 '제갈자유諸葛子瑜 : 자유는 제갈근의 자다'라고 쓴 패찰을 달아놓으라고 했다. 고의로 제갈근을 희롱한 것이다. 군신들이 이를 보고 하나같이 웃어댔다.

그러자 제갈각이 무릎을 꿇고 앉아 자신이 붓으로 두 글자를 더 넣을 수 있도록 해달라고 청했다.

손권이 그의 말을 듣고 허락해주었다. 그러자 제갈각이 붓을 들고 '제갈자유' 아래에 이어서 다음과 같이 썼다.

"지려之驢"

순간 사람들의 입에서 감탄 소리가 울려퍼지더니 곧이어 웃음소리가 커졌다. 손권이 '제갈자유'를 조롱하기 위해 쓴 글이 졸지에 당나귀의 소유자가 바뀌는 글이 되고 만 셈이다. 손권이 두말않고 당나귀를 제갈각에게 준 것은 말할 필요도 없다.

손권은 또한 '남전생옥藍田生玉*'이란 말로 그를 높이 평가한 바 있는데, 말 그대로 훌륭한 집안에서 훌륭한 인물이 배출되었다는 뜻이다.

제갈각은 입궁 후 기도위에 임명되어 태자 손등을 모시고 유가의 도리와 육예를 강론하였으며, 태자의 빈우賓友가 되었다. 이후 좌보도위左輔都尉로 전임되어 태자 사우四友 가운데 한 명이 되었다.

한번은 손권이 제갈각과 이야기를 나누다가 문득 이렇게 물었다.

"자네의 부친과 숙부 가운데 누가 더 훌륭하신가?"

제갈량은 삼국에서 최고의 명재상으로 예부터 지혜의 화신으로 여겨졌다. 나라를 막론하고 제갈량이라고 하면 누구나 감탄과 찬사를 그치지 않았다. 이에 비해 제갈근은 제갈량의 형이지만 항상 동생의 빛에 가려 제대로 평가받지 못했다. 하지만 제갈각은 한 치의 망설임도 없이 이렇게 대답했다.

"제 아비가 훌륭합니다."

손권은 다시 물었다.

"어찌 그리 생각하는고? 부친이 숙부보다 명성이 떨어진다는 것은 세상 사람들이 다 아는데."

제갈각은 다시 대답했다.

"제 아비는 어떤 이를 보좌해야 하는지 알고 있지만 숙부는 모르기 때문입니다. 제 아비는 현명한 군주이신 폐하를 보좌하지만, 제 숙부는 폐하와 비교할 수조차 없는 유비를 보좌하고 있습니다. 새도 가지를 가려

---

* 남전은 좋은 옥이 생산되기로 유명한 곳이다.

서 앉는다고 하는데 신하로서 군주를 가려서 섬겨야 하지 않겠습니까? 제 숙부는 이런 이치를 모르기 때문에 당연히 제 아비가 더 훌륭하다고 말씀드린 것입니다."

손권이 그의 말을 듣고 껄껄 웃으며 매우 기뻐했다.

한번은 연회에서 손권이 제갈각에게 손님들에게 술을 권하도록 했다. 장소 앞에 이르렀는데, 장소는 이미 취기가 있는지라 별로 마시고 싶지 않았다. 그래서 제갈각에게 이렇게 말했다.

"술을 억지로 권하는 것은 어른을 공경하는 것이 아닐세."

장소는 원로대신인지라, 그가 마시고 싶지 않다면 더 이상 강권할 수 없었다. 게다가 손권조차 술을 권했다가 낭패를 본 적이 있었기 때문에 감히 다른 이들은 어찌할 수 없었던 것이다. 일이 재미있게 돌아가자 손권이 제갈각에게 이렇게 말했다.

"그대가 장공의 말문을 막히게 하면 마땅히 술을 드시지 않겠는가?"

제갈각이 싱긋 미소를 짓더니 장소를 향해 입을 열었다.

"예전에 태공 강자아는 아흔 살에도 흰 깃발을 높이 들고 월鉞을 잡고 부대를 지휘하셨습니다. 지금 어르신께서는 전투를 하시거나 계책을 세우고 계시지 않으나 연회에 참석하실 때면 언제나 상석에 모시니, 어찌 어르신으로 존중하는 것이 아니겠습니까?"

장소는 그의 말에 딱히 답할 것이 없어 술을 받아먹고 말았다. 이 역시 제갈각의 기지를 엿볼 수 있는 대목이다.

이후 촉한에서 사자가 와서 군신들이 모두 모였는데, 손권이 사자에게 이렇게 말했다.

"짐이 총애하는 제갈각은 말타기를 매우 좋아하오. 돌아가서 승상에게 말 한 필을 보내도록 하시오."

제갈각이 곧바로 손권 앞에 무릎을 꿇고 예를 갖추어 감사드렸다. 손권이 이상하게 여기고 물었다.

"말이 아직 오지도 않았는데 무엇을 감사하는가? 만약 보내지 않는다면 어쩌려고 그러는가?"

제갈각이 말했다.

"촉나라는 폐하의 밖에 있는 마구간이나 다를 바 없을진대 어찌 아니 보내겠습니까? 지금 어지를 내리셨으니 틀림없이 보내올 것입니다. 그래서 제가 앞서 감사를 올린 것입니다."

제갈각은 여러 차례 단양에서 관리 생활을 하기를 요청했는데, 단양의 산세가 높고 험하며 민간의 풍속이 모질다고 여겼기 때문이다. 예전에 그곳에서 병사를 모집할 때도 변경의 일부 평민들만 응모했을 뿐 산속 깊이 사는 사람들은 찾을 수가 없었다. 단양의 사람들이 거칠고 용맹하여 때로 소란을 일으키거나 백성들을 약탈해도 제대로 관리할 수가 없었다. 그래서 제갈각은 자신이 직접 가서 성공적으로 평정하고 군사 3~4만 명을 얻고자 했던 것이다.

조정 관원들은 단양이 지형적으로 험하고 백성들 또한 강도와 다를 바 없기 때문에, 조정에서 출병한다고 한들 모두 깊은 산속으로 숨어 자취도 볼 수 없을 것이라 여겼다. 또한, 단양이 통제하기 힘든 곳이기 때문에 제갈각이 간다 한들 묘수가 없을 것이라 여겼다. 제갈각의 부친인 제갈근 또한 단양의 산월인은 다루기가 어려우니 제대로 완수하기 어렵다 여기고 걱정했다. 하지만 제갈각은 기필코 성공할 것이라며 고집스럽게 우겼다.

손권은 제갈각을 무월장군撫越將軍으로 임명하고 단양태수를 겸하도록 했다. 제갈각은 기병 300명을 이끌고 임지로 가서 평민들을 복종시키고 농업에 전념하도록 하는 한편, 병사들에게 산월인과 교전하지 말고 방어에 충실하도록 했다. 이윽고 곡식이 익어 추수할 때가 되자 한 톨도 남김

없이 거두어들여 들판에 먹을 것이 없도록 했다. 그러자 산속에서 살면서 식량이 떨어진 산월인들이 더 이상 버티지 못하고 산 아래로 내려와 투항했다. 이렇게 1년이 지난 후 제갈각은 자신이 말한 대로 수많은 병사를 징집하여 여러 장수들에게 나누어주고 자신도 직접 1만여 명을 거느렸다.

육손이 세상을 뜬 후 손권은 제갈각을 대장군으로 승진시키고 무창武昌에 주둔하면서 형주자사의 일을 겸하게 했다. 이렇듯 제갈각은 상당한 능력과 재주를 지녔기 때문에 오나라 안에서 인기가 많았고, 여러 사람의 기대를 한 몸에 받았다.

탁고 중신이 인기를 얻다

손권의 병세가 하루하루 악화되어 호전의 기미가 없자 보정대신을 찾는 일이 무엇보다 급선무가 되었다. 손권은 사실 제갈각의 재능을 인정하면서도, 때로 자신의 능력과 재주만 믿고 남을 멸시하거나 고집이 너무 센 것이 문제라고 생각하고 있었다. 하지만 손준이 거듭 손권에게 현재 조정 대신들 가운데 제갈각만 한 이가 없다고 추천했기에 어쩔 수 없이 그를 건업으로 불러들였다.

제갈각이 떠날 때 대신 여대가 그에게 타이르며 말했다.

"지금 세상사가 참으로 힘드니 매번 어떤 일을 하기에 앞서 열 번씩 숙고하시기 바라오."

제갈각은 무슨 뜻인지 잘 이해가 되지 않는다는 듯 그를 쳐다보며 물었다.

"예전에 계문자季文子는 세 번 생각한 후에 행하라 하셨고, 공자께서는 그것도 많다 하시고 두 번 정도 생각하면 된다고 하시었습니다. 장군께서 저에게 열 번을 생각하라 하시니 혹여 제가 너무 무지하다고 여기시기 때문입니까?"

여대는 대답하지 않았다.

제갈각이 수도 건업에 도착하자마자 손권의 침궁으로 가서 침상 앞에서 어명을 받아 대장군 신분으로 태자의 태부로 임명되었다. 소부는 손홍이 맡았다. 손권은 그에게 태부를 명한 후 향후 모든 일은 제갈각의 명에 따라야 한다고 당부했다. 이로써 제갈각은 생사여탈권을 손에 쥐고 선참후주先斬後奏, 즉 먼저 참수한 후에 보고해도 아무 탈이 없게 되었다. 손권은 그를 위해 여러 관리들과 부서마다 알현할 수 있는 의전을 마련하도록 하는 한편, 대장군을 알현할 경우 황상이 친히 나선 것처럼 하라고 명했다.

이리하여 제갈각은 보정대신의 자리에 올라 국정을 주도할 수 있게 되었다.** 그가 보정대신이 되기가 무섭게 반황후의 일로 조정이 크게 시끄러워졌다. 태자의 모친인 반황후는 궁궐에서 베를 짜는 직공으로 일했던 적이 있는 비천한 출신으로, 성격 또한 괴팍했다.

손권이 병석에 눕자, 반황후는 손권을 보살피는 일보다 다른 것에 신경이 가 있었다. 그는 중서령 손홍에게 한 고조의 황후인 여후呂后가 국정을 장악했던 일에 대해 묻는 등, 어린 태자 손량을 대신하여 참정할 의도를 드러냈다. 손권이 그녀를 경계하여 손을 쓰기도 전에 반황후에게 큰일이 생기고 말았다.

원래 그녀는 성격이 좋지 않아 하인들에게 못되게 굴었고 언제나 거만하고 독단적인 데다 걸핏하면 하인들을 때리고 욕설을 퍼부었다. 궁녀들

** 사실 그를 제외하고 중시령 손홍, 태상 등윤, 칭문 여거, 시종 손준 등도 고명대신이었다. 그중에는 손친의 혈족인 손준과 손홍, 사위인 등윤이 포함되었고, 나머지도 세력 균형을 위해 손권이 특별히 선택한 이들이었다. 하지만 이렇게 안배했음에도 불구하고 또다시 권력 투쟁으로 인해 소란이 일어나게 된다.

과 환관들은 이로 인해 두려움에 떨었다. 이렇게 참기 힘든 시간이 흐른 뒤 후궁들이 모의하여, 반황후가 잠이 든 틈을 타서 목을 졸라 죽이고 말았다.

손권은 이미 병색이 짙어 더 이상 치료할 수 없는 지경에 이르렀기 때문에 황후의 모살을 처리할 수 없었다. 황후가 죽은 지 얼마 되지 않아 손권의 병세도 심각해졌다. 손권은 제갈각, 손홍, 등윤과 장군 여거, 시중 손준에게 후사를 부탁하고 세상을 떴다.

손권이 보정대신으로 임명한 이들 가운데 손홍과 제갈각은 평소 사이가 아주 좋지 않았다. 손홍은 종실이기는 하나 능력과 명망 면에서 제갈각을 능가할 수 없었다. 만약 그대로 놔두면 제갈각이 조정의 전권을 차지하는 것은 시간문제였다. 그래서 그는 자신이 중서를 장악하고 있다는 유리한 위치를 활용하여, 일단 손권의 죽음을 비밀에 부치고 조서를 위조하여 제갈각을 제거할 계획을 짰다.

손홍은 같은 종실인 손준과 이를 모의했다. 하지만 손준은 손홍이 음험한 인물이라는 것을 누구보다 잘 알고 있었다. 그래서 그 즉시 제갈각에게 이런 사실을 알렸다. 제갈각이 정무에 대해 자문할 것이 있다는 명분을 빌려 손홍을 자신의 집으로 초청했다. 아무런 영문도 모르고 제갈각의 집에 도착한 그는 제갈각에게 즉시 참살되고 말았다. 그런 다음 제갈각은 손권의 장례를 준비하고 대황제란 시호를 올렸다. 이후 사람들은 손권을 오대제라 부르기 시작했다.

태자 손량이 황제의 자리를 계승하여 전국적으로 대사면을 실시하고 연호를 건흥建興으로 바꿨다. 조정은 제갈각을 태부, 등윤을 위장군 겸 영상서사領尚書事, 여대를 대사마로 임명했다.

제갈각은 민심을 얻기 위해, 조정의 이목으로 활동하던 관차官差를 모조리 파직하는 한편 체납된 세금을 면제하고 관세를 철폐했으며, 널리 백성들에게 은택을 베풀었다. 백성들은 새로운 집권자가 베푼 은혜에 크게 기뻐했다.

인기 천왕天王에서 길거리 쥐새끼로

손권은 재임 중에 유수오濡須塢를 만들고 유수에 둑을 쌓아 조조의 군대를 방어하도록 했다. 손권이 병사한 후 위나라 대장군 사마사가 기회를 틈타 오를 공격했다가 제갈각에게 참패를 당하고 말았다.

이리하여 제갈각의 명망이 더욱 높아졌다. 조정은 그를 양도후陽都侯로 봉하고 형주와 양주목, 독중외제군사督中外諸軍事를 겸하도록 했다. 막강한 위나라와 싸워 이기자 제갈각의 인기는 최고조에 달했고, 오나라의 형세 또한 잠시 우세를 점하게 되었다.

하지만 이로 인해 제갈각은 적을 얕잡아보는 마음이 생겼다. 그는 12월에 전쟁에 이기고 그 이듬해 봄 승세를 몰아 또다시 위나라를 공격하고자 했다.

오나라의 대신들은 빈번한 출병으로 군사는 물론 백성들도 몹시 지쳤기 때문에 이구동성으로 출전을 반대했다. 하지만 제갈각은 여전히 출정을 고집했다.

똑같이 보정대신이자 제갈각과 겹사돈인 등윤도 같은 말을 했다.

"장군은 선제께서 붕어하실 때 이윤, 곽광과 같이 후사를 보좌하는 중임을 부여받았습니다. 하여 경사로 들어와 조정을 안정시키고 밖으로 적을 소통하니 해내海內에 명성이 크게 떨쳐져 천하에 떨지 않는 자가 없게 되었습니다. 우리 동오의 일반 백성들도 그대의 덕에 힘입어 편안하게 휴식하기를 바라고 있습니다. 지금 번중한 노역이 끝난 후에 또다시 거병하여 출정하신다면 백성들이 피로하여 감당할 수 없을 것이고, 적들도 이미 방비를 하고 있을 것입니다. 만약 적의 성을 공격했으나 이기지 못하고 빼앗은 지역에서조차 얻을 것이 없다면 앞서 수고한 것조차 물거품이 되며 후환을 초래하게 될 것입니다. 병사를 편안하게 휴식하게 하시고 적의 허점을 살펴 움직이시는 것만 못합니다. 게다가 전쟁이란 국가의 대사로 여러 사람들이 합심해야 성공할 수 있는 것이거늘, 많은 이들이 원치 않는다면 어찌 장군 혼자 싸우실 수 있겠습니까?"

제갈각이 대답했다.

"등후騰侯의 말이 지나치시오. 여러 사람들이 출병을 원치 않고 있소이다만 그렇다고 별다른 계획이 있는 것도 아니잖소. 나중에 출병하자고 하시는데 과연 언제 출병하자는 것입니까? 사람들이 불가하다고 하는 것은 구차스럽게 편안한 삶만 바라기 때문입니다. 자복子復 : 등윤의 자, 사돈마저 저들의 의견이 옳다고 한다면 나는 누구를 믿으라는 말이시오? 지금 위나라 군주 조방은 우매하고 무능하여 정권마저 사마씨에게 농락당하여 민심이 떠나고 있소이다. 지금 내가 폐하의 뛰어난 자질과 전승의 위세에 기댄다면 어디를 간들 승리하지 않겠소이까? 등공은 더 이상 말하지 마소서."

서기 259년 봄, 제갈각이 20만 대군을 이끌고 위나라로 쳐들어갔다. 여러 장수들 가운데 누군가 제갈각에게 이렇게 말했다.

"지금 대군을 이끌고 적지 깊숙이 들어가면 적국 백성들은 우리가 들어가기 전에 이미 도망치고 말 것이니 우리 병사들은 수고만 하고 전공이 적을까 걱정합니다. 차라리 신성을 포위하는 것만 못합니다. 신성이 곤란에 빠지면 위나라는 반드시 원병을 보낼 것이니 그때 일전을 벌이면 대승을 거눌 수 있을 것입니다.

위점타원圍點打援. 이는 한 점 도시를 포위하고 원군을 유인하여 공격하는 전법을 말하는데 필승의 전법으로 알려져 있다. 제갈각은 이런 전법을 이용하여 신성을 포위하고 원병을 기다렸다. 신성을 지키고 있는 수장 장특張特은 성에서 나가지 않고 원병이 오기만 기다렸다.

제갈각이 신속하게 포위하여 제대로 방어 태세조차 못 갖춘 상태에서 원병들마저 늦어지자, 장특은 제갈각에게 서신을 보내 이렇게 말했다.

"나는 지금 더 이상 싸울 생각이 없소이다. 다만 위나라 법에 따르면, 수장守將이 성이 포위된 상태에서 100일이 지나도 원군이 도착하지 않으면 비록 적에게 항복하더라도 가족들을 연좌시키지 않소이다. 장군께서 성을 포위한 지 90여 일이 되었는데, 며칠만 지나면 우리가 항복한다고 할지라도 가족들이 화를 면할 수 있을 것이오. 내 진심을 보여주기 위해 나의 관인을 보내드릴 것이오."

사실 조금만 식견을 가진 이라면 이것이 완병지계緩兵之計 : 시간을 벌기 위한 계책라는 것을 한눈에 알았을 터이지만 당시 제갈각은 너무 교만했다. 그래서 진짜로 자신이 두려워 그런 줄 알고 그대로 믿었다. 장특은 오나라 내군이 공격을 멈추자 그 틈에 성벽을 보수하고 방어벽을 강화했다. 방어 대책을 다 마련한 후 그가 성벽 위로 올라가 소리쳤다.

"성벽을 다 보강했으니 공격할 테면 공격해라! 나는 죽을 때까지 싸울 것이다."

속임수에 빠진 것을 알고 제갈각은 대로하여 맹공격을 퍼부었다. 그러나 성은 좀처럼 돌파할 수 없었다.

당시 폭염이 지속되면서 오나라 병사들은 몹시 지친 상태였다. 게다가 오염된 물을 마셨는지 병사들이 배앓이를 하고 전염병까지 돌아 사상자가 속출했다. 진영의 장수들이 매일같이 사상자를 보고했지만 제갈각은 오히려 거짓 보고를 한다고 여겼다. 그는 싸움에서 이길 생각뿐이었다.

"거짓 보고를 하는 자는 즉시 참하겠노라."

이후로 아무도 대장군에게 보고하는 이가 없었다.

제갈각은 공성에 계속 실패하자 수치심과 초조감에 신경이 날카로워졌다. 장군 주이朱異가 제갈각 앞에서 군사 작전에 관해 이의를 제기하자 제갈각은 즉시 그를 파직하고 병권을 박탈했다. 도위 채림蔡林이 여러 차례 계책을 내놓았지만 제갈각은 전혀 받아들이지 않았다. 결국 채림은 말을 타고 위나라로 달아났다. 이로써 위나라는 오나라 병사들이 지치고 힘들어한다는 것을 알고 서둘러 원군을 보냈다.

그해 7월, 제갈각은 결국 철군할 수밖에 없었다. 부상당하거나 지친 병사들이 힘겹게 부축하며 철수하기 시작했다. 협곡에 빠져 죽는 자도 있었고, 포로로 잡힌 사람도 있었으며, 끝내 죽어 돌아오지 못한 이들도 수없이 많았다. 병사들은 너 나 할 것 없이 침통한 상태에서 철수 길에 올랐다.

이번 싸움은 처음부터 무리였다. 그럼에도 강행하여 수많은 인력과 재물 손실이 있었지만 제갈각은 반성은커녕 오히려 태연자약했다. 그는 조정으로 귀환하지 않고 장강 인근에서 한 달 동안 머문 뒤 심양에서 둔전을 개척하려고 계획했다. 하지만 조정에서 끊임없이 돌아오라는 조서를 보내는 바람에 결국 돌아갈 수밖에 없었다.

신성전투 이후 제갈각은 조정과 백성들 사이에서 신망을 잃었고, 그를 원망하는 이들도 점차 많아졌다. 한때 최고조의 인기를 구가하던 이가 이제는 길거리 쥐새끼 신세가 되고 만 것이다.

제갈각이 이런 상황에 처했다는 소문이 이웃 위나라까지 전해졌다. 위나라 여남태수 등애가 사마사에게 간언했다.

"손권은 이미 죽었고, 대신들은 새로운 군왕에게 순종하지 않고 있습니다. 오나라 명문가와 호족들은 모두 사병을 거느리고 있으니 병력을 동원하여 제위를 찬탈하기에 충분합니다. 제갈각은 최근에야 국정을 맡았는데, 정치적 업적도 없이 주군을 무시하고, 신하와 백성을 구휼하여 근본을 견고하게 할 생각은 아니하고 오히려 대외 전쟁에 몰두하여 백성들을 잔혹하게 부려먹고 나라의 군사를 징발하여 위나라의 견고한 성을 공격하다 실패하여 수많은 군사를 죽음으로 이끌었습니다. 옛날에 오자서, 오기, 상앙商鞅, 악의 등은 당시 군주에게 임용되었으나 군주가 죽자 모두 실각하고 말았습니다. 제갈각은 이런 현인에 크게 못 미치는데도 앞으로 닥칠 큰 재앙을 전혀 걱정하지 않고 있으니, 우리는 그저 조용히 그가 망하기를 지켜보면 될 것입니다."

이룬 것도 손준 덕이고 패한 것도 손준 덕이다

제갈각이 조정의 조령에 따라 도성 건업으로 돌아왔다. 대장부로 들어가면서 그는 군사의 대열을 맞추고 위풍당당하게 행군하도록 했다.

대장부에 도착하기 무섭게 제갈각은 중서령 손묵孫嘿을 불러 매섭게 나그쳤다.

"경들은 어찌하여 감히 누차 망령되어 조서를 작성한 것이오? 내가 밖에서 잠시 주둔하며 새로운 군사 계획을 짜고 있었는데, 그대들이 나를 돌아오라고 재촉하였으니 국가 대사를 그르칠 셈이오?"

중서령 손묵은 연신 사죄하고 돌아간 후 병가를 내고 집에 틀어박혀 더 이상 조정에 출입하지 않았다.

첫 번째 출정에서 돌아온 후, 제갈각은 인사 관서에서 새로 임명한 관리들을 일괄 파직하고 다시 선발했다. 매사에 더욱 위엄을 앞세우고 관리들의 잘못을 들추어 책망하는 일이 잦아졌다. 그를 만나야만 하는 관리들은 너 나 할 것 없이 마음을 졸이며 두려워했다. 제갈각은 감정이 들쑥날쑥하여, 잘못 만났다가는 관직은 물론이고 머리가 날아갈 수도 있기 때문에 더욱더 그러했다. 제갈각은 또한 궁중의 숙위宿衛를 전원 교체하여 자신이 신임하는 자들로 바꾸었으며, 이후 군대를 재정비하여 재차 위나라 공격을 준비시켰다.

그와 마찬가지로 보정대신으로 손권에게 제갈각을 적극 추천한 바 있는 손준은 여러 신하와 백성들이 제갈각을 원망하고 멀리하는 것을 보고, 어린 황제 앞에서 제갈각이 모반의 뜻이 있다고 모함했다. 사실 손준은 제갈각을 대신하여 자신이 권력을 장악해야 한다고 믿고 있었다. 그러던 차에 제갈각이 오만불손하자 이에 원한을 품고 그를 제거하기로 마음먹었다. 어린 황제는 아무것도 모르고 그저 손준이 자신과 같은 집안이라는 이유로 특별히 신임했다. 손준은 주연을 마련하여 제갈각을 초청한 후 그 자리에서 그를 척결하기로 밀모했다.

어린 황제가 손준의 설득에 넘어가 주연을 차려놓고 제갈각을 초청했다. 제갈각은 아직 황제를 알현조차 하지 않았으니 딱히 마다할 명분이 없었다. 주연에 참여하여 황제를 알현하기 전날, 제갈각은 왠지 심신이 불안하여 밤새도록 잠을 이루지 못했다. 또한, 집 안에서 기이한 일이 벌어지기도 하여 뭔가 이상하다는 느낌이 들었다.

이튿날 제갈각이 수레를 타고 궁문 앞에 도착했을 때, 손준은 이미 휘장 안에 병사들을 매복시켜놓은 상태였다. 혹여 제갈각이 불시에 궁 안으로 들어와 이런 사실을 알게 될까 두려워, 자신이 직접 궁문 앞까지 나가 제갈각을 기다렸다. 제갈각이 궁 안으로 들어오기를 꺼리는 것을 보고 그가 말했다.

"태부께서 혹시라도 존체가 불편하시다면 주연을 다음으로 미루어도 됩니다. 제가 주상께 잘 말씀드리겠습니다."

손준은 혹시라도 제갈각이 눈치를 챘는지 떠벌이기 위해 이런 말을 한 것이다. 제갈각은 아무 영문도 모른 채 이렇게 대답했다.

"아니외다. 힘이 들기는 합니다만 그래도 견딜 만하니 들어가서 주상을 알현하겠소이다."

당시 산기상시 장약張約과 주은朱恩이 몰래 제갈각에게 쪽지를 전달했다.

"저희는 이미 궁전으로 들어와 있는데 아무래도 궁내 분위기가 심상치 않습니다. 다른 까닭이 있는 듯하오니 들어오지 마십시오."

제갈각이 쪽지를 보고 다시 돌아가려는데 우연히 태상 등윤과 마주쳤다. 제갈각이 그에게 쪽지를 보여주며, 오늘은 궁으로 들어가지 않고 집으로 가는 것이 좋을 것 같다고 말했다. 그러자 등윤도 그의 말에 따랐다. 하지만 제갈각이 무슨 생각이 들었는지 발걸음을 돌리며 이렇게 말했다.

"설사 술에 독을 타서 나를 해치려 한들 내가 마시지 않으면 그뿐이지 어쩌겠소."

제갈각은 이렇게 말하고 보무도 당당히 궁 안으로 들어갔다.***

제갈각은 칼을 차고 신발을 신은 채로 전殿에 올라 어린 황제 손량에게 사례를 하고 자신의 자리에 앉았다. 주연이 치려지고 술잔이 돌았으나 제갈각은 혹시라도 독을 탔을까 의심하고 마시지 않았다. 손준이 이를 보고 말했다.

"태부께서 아직 병이 낫지 않으신 것 같은데 평소 드시는 약주를 가져다 드시는 것이 좋을 듯합니다."

제갈각은 이내 안심이 되어 자신의 약주를 가져오도록 했다. 술잔이 서너 순배 돌아 취기가 오르자 황제가 몸을 일으켜 내실로 들어갔다. 손준도 몸을 일으키더니 측간으로 가서 긴 옷을 벗고 활동하기 편한 융장

***《삼국지》의 내용은 조금 다르나 통윤은 제갈각이 마참가시는 손술이 거사에 대해 전혀 모르고 있었다. 그래서 제갈각에게 황상이 베푸는 주연인 데다 출병하고 돌아온 후 황제를 알현하시 않았다는 이유를 늘어 잠석할 것을 권유했다. 등윤이 제갈각이 쪽지를 보여주었는데도 굳이 주연에 참석하라고 재촉했을 것 같지는 않다. 아마도 저자가 약간 각색을 한 것 같다. ─ 역주

戎裝으로 갈아입고 나와 소리쳤다.

"황상께서 제갈각을 당장 체포하라는 조령을 내리셨다!"

제갈각이 놀라 자리에서 일어났다. 하지만 칼을 뽑기도 전에 손준의 칼이 그의 몸을 내리쳤다. 제갈각은 그 자리에서 운명했다. 그의 옆에서 시종하던 산기상시 장약이 칼을 빼어 손준을 향해 휘둘렀으나 그의 왼손을 스치고 지나갔다. 손준이 응수하여 장약의 오른쪽 어깨를 잘랐다. 손준이 다시 장약의 오른팔까지 자르자 궁내 위병들이 모두 도망치고 말았다.

손준이 큰 소리로 외쳤다.

"오늘 잡으려던 자는 제갈각이다. 이미 죽었으니 나머지는 더 이상 추궁하지 않겠다."

손준은 병사들에게 명해 칼을 집어넣고 시신을 수습하고 피를 닦아낸 후 주연을 계속 진행하도록 했다.

위병들이 제갈각의 시신을 갈대로 짠 자리에 돌돌 말아 대껍질로 묶은 후 석자강石子岡이란 곳에 던졌다. 제갈각의 두 아들은 부친이 살해되었다는 소식을 듣고 재빨리 모친과 함께 위나라로 도망쳤으나 끝내 붙잡혀 모두 죽임을 당했다. 손준은 제갈각의 동생인 분위장군奮威將軍 제갈융諸葛融과 그의 세 아들까지 모두 살해했다. 이외에 제갈각의 외질인 도향후都鄕侯 장진張震, 상시 주은도 삼족까지 주멸되었다. 이로써 동오에 살던 제갈량의 일가친척은 모두 도살되고 말았다.

말을 듣지 않는 퇴장

제갈각은 젊은 시절 명성을 떨칠 당시 손권의 신임을 얻어 두려운 것이 없었다. 하지만 그의 부친인 제갈근은 오히려 이로 인해 제갈각이 가문을 지킬 수 없을지도 모른다고 우려했다. 제갈근의 벗인 장승張承 역시 제갈각이 제갈 가족을 무너뜨릴 것이라 생각했다.

육손도 제갈각에게 이렇게 말한 적이 있다.

"나보다 위에 있는 사람은 당연히 떠받들어 그와 함께 승진해야 할 것이며, 나보다 아래에 있는 사람은 내가 그를 도와 받아들여야 한다. 지금 내가 보기에 자네의 기세는 윗사람을 능가하고 내심 아랫사람을 명시하는 것 같으니, 이는 덕업을 안정시키는 근기根基가 아닐세!"

촉한의 시중 제갈첨諸葛瞻은 제갈량의 아들이자 제갈각의 사촌 동생인데, 제갈각이 회남을 공격하려고 하자 촉한의 태수인 장의張嶷가 제갈첨에게 편지를 보내 이렇게 말했다.

"오나라 군주 손권이 방금 붕어하였고, 황제는 실로 어리고 나약합니다. 태부 제갈각이 탁고의 중책을 맡았는데 이 또한 어찌 쉬운 일이겠습니까? 역사적으로 주공周公과 곽광 같은 이들이 탁고의 중임을 맡아 어린 군주를 보좌할 때도 반란과 음모가 있었거늘, 하물며 제살사의 경우는 어떠하겠습니까? 옛 책에 적혀 있기를, 오와 초나라 사람은 사납고 급하다고 하였습니다. 그런데 태부가 어린 군주를 떠나 적지로 향하니 아무래도 좋은 계책이 아닌 듯합니다. 오나라 태부가 그대와 사촌지간이라 들었습니다. 그대가 태부에게 충언하여, 군사를 돌려 농업을 발전시키고 은덕을 베푸는 일에 힘쓴 다음 동쪽의 오와 서쪽의 촉이 함께 거병해도 늦지 않을 것입니다. 깊이 살피시기 바랍니다."

당시 촉한과 동오는 모두 제갈씨가 중요한 정무를 맡고 있었다. 일가 형제가 양국에서 대관으로 있으니 연합하여 위나라에 대항하기에 참으로 좋은 시기였다. 과연 제갈첨이 제갈각에게 서신을 보내 이러한 뜻을 밝혔는지 지금은 확인할 길이 없다. 설사 써서 보냈다고 할지라도 제갈각은 동의하지 않았을 것이다.

손권이 죽고 채 몇 년이 지나기도 전에 오나라 내부에 중요한 변화가 있었다. 정권을 장악하고 있던 제갈각이 피살되니 아직 어린 황제를 보좌할 새로운 인물을 찾아야만 했다. 과연 누가 제갈각 사후 오나라 국정을 통제하게 될 것인가?

44강 동오 내부의 혈투

　　오나라 대제 손권이 붕어한 후 태부 제갈각이 보정대신으로 권력을 장악했다. 그러나 채 몇 년이 되기도 전에 종실 손준에게 피살되고 말았다. 제갈각은 제갈근의 아들이자 제갈량의 조카로, 어릴 때부터 총명하고 기지가 뛰어났다. 그러나 지나치게 완고하고 자기 고집만 내세웠으며, 수보대신首輔大臣이 된 이후로 오로지 위나라 공략에 몰두하며 전공을 세우기에 급급했기 때문에, 결국 군사적으로 실패를 맛보고 한때의 인기 천왕에서 졸지에 사람들에게 지단을 받는 길거리 쥐새끼로 전락하고 말았다.

　　그러나 제갈각은 수렴할 줄 몰랐다. 여전히 전횡을 일삼고 일을 행하는 데 엄격함만 추구했다. 종실 손준은 바로 이러한 틈을 타 어린 황제 손량과 손잡고 제갈각을 제거했다. 제갈각 사후 오나라 정치 무대에는 또 어떤 인물이 등장하여 희비극을 연출할 것인가?

제멋대로 살다가 놀라 죽다

제갈각이 죽자 종실 손준이 최고 책임자가 되었다. 손준은 손견의 아우인 손정의 증손자로, 손권에게 증손이고 손량에게 송손이지만 손량보다 나이가 훨씬 많았다. 제갈각이 주살된 후 오나라 대신들은 손준을 태위로, 등윤을 사도로 천거하여 두 사람이 함께 정무를 주관하도록 했다.

누군가 손준에게 말했다.

"조정의 핵심 정무는 되도록 황족이 장악하는 것이 좋습니다. 등윤이 사도가 된다면 그의 지위가 태위에 버금갈 것입니다. 게다가 그는 탁월한 명성으로 많은 이들이 심복하고 있으니 장차 세력이 더욱 커질 것입니다. 또한 등윤은 제갈각의 사돈이니, 그가 중책을 맡을 경우 제갈각의 복수를 하겠다고 한다면 어찌하시겠습니까?"

그리하여 손준이 군신들의 뜻을 모아 황제 손량에게 주청하여 자신을 승상, 대장군, 도독중외제군사 등에 임명하도록 했다. 승상은 되었으나 승상을 도와 정무를 처리하는 어사대부는 오히려 설치하지 않았다. 어사대부는 부승상으로 백관의 감찰을 책임지고 여러 신하들이 올리는 상주문을 관리하는 직책이다. 이제 오나라 조정에 어사대부가 없으니 어떤 일이든 손준 혼자서 처리하겠다는 뜻이었다. 물론 등윤도 한발 뒤로 물러설 수밖에 없었다. 이렇게 되자 오나라 사대부들의 실망이 이만저만이 아니었다.

등윤은 제갈각과 사돈지간(제갈각의 아들 제갈송이 등윤의 사위다)이기 때문에 평소 제갈각에게 이러저러한 계책을 올린 바 있다. 제갈각이 위나라를 공격하기 위해 북정에 나섰을 때 등윤이 후방을 책임졌고, 손준이 제갈각을 모살하기 위해 주연을 핑계로 불렀을 때도 들어가지 말고 집으로 돌아가라고 말했다. 제갈각이 죽자 등윤은 즉각 사직하여 연루의 혐의를 벗고자 했다.

그러자 손준이 이렇게 말했다.

"곤수가 죄를 지었다고 우모까지 빈누된 것은 아니외다. 그러니 등우께서 군이 사직하실 필요가 있겠습니까?"

손준은 등윤의 사직에 동의하지 않았다. 겉으로 보기에 두 사람은 화합하지 못한 것 같지만 대외 문제를 다룰 때는 협력하여 함께 일했다.

손준은 오나라의 최고 책임자가 된 후 점점 교만해지기 시작했다. 권세를 이용하여 제멋대로 나쁜 짓을 일삼고 음란한 행위도 마다하지 않았다. 손준에 대한 원망과 불평은 제갈각의 그것을 훨씬 넘어섰다. 사서에 따르면, 손준은 후궁을 비롯한 궁녀들을 제멋대로 취하고 심지어 자신의 당고모이자 손권의 장녀인 손노반과 사통했다.

장군 손의孫儀가 손준의 행태에 반감을 갖고 손소 등과 밀모하여 손준을 주살할 계획을 짰다. 그러나 사전에 비밀이 누설되어 결국 수십 명이 연루되어 죽임을 당하고 말았다.

손노반이 자신의 친여동생인 손노육孫魯育이 손의와 공모했다고 모함하자 그녀마저 살해했다. 이렇듯 손노반은 자신의 조카와 사통한 음란한 여인일 뿐만 아니라, 자신의 이익을 위해 친동생까지 살해하는 철면피였다.

손량이 세위에 오른 후, 폐세사 손화를 남양왕南陽王으로 봉했다. 손화에게는 성이 장씨인 후궁이 있었는데, 제갈각의 외질녀였다. 일찍이 제갈각이 천도를 계획하면서 손화에게 궁실을 건설할 것을 요청했다. 이런이유로 제갈각이 손화를 황제로 옹립할 것이라는 헛소문이 퍼졌다. 제갈각이 죽임을 당한 후, 승상 손준이 이 일로 인해 손화의 새璽를 뺏고, 거처를 옮기도록 하더니 끝내 사자를 보내 스스로 목숨을 끊으라는 어명을 전했다. 이렇게 해서 손권의 셋째 아들 역시 죽고 말았다. 이번에는 타살이나 다를 바 없었다.

얼마 지나지 않아 손준은 몇 차례 예기치 않은 전쟁에서 승리한 기쁨에 도취되어 또다시 북정을 계획했다. 그는 정북대장군 문흠文欽의 계책을 받아들여 위나라 정벌에 나서려고 했던 것이다. 그는 먼저 문흠과 표기장군 여거, 거기장군 유찬劉纂 등에게 각기 군사를 이끌고 강도江都에 모이도록 했다. 그런 다음 회남, 사수 일대로 진군하여 청주와 서주 지역을 공략할 계획이었다. 사실 제갈각도 이전에 위나라 정벌에 실패하여 민심을 잃고 말았는데 손준이 이제 그의 전철을 밟고 있으니 그리 현명한 처사가 아니었다. 손준은 제갈각이 못한 일을 자신은 해낼 수 있다고 철석같이 믿었다. 이전에 위나라와 싸워 이긴 적이 있기 때문이었다.

손준은 군사들이 출병하기에 앞서 등윤과 함께 석두성으로 나가 출전을 독려하기로 했다. 여거가 이끄는 군사들이 질서정연하게 배열하고 살벌한 분위기를 연출하고 있었다. 손준은 왠지 오금이 저리며 더럭 겁이 났다.

'저들은 여거가 이끄는 군대인데, 만에 하나 내 말에 불복종하면 어찌할 것인가?'

그리하여 손준은 가슴이 아프다는 핑계로 군문 앞에서 방향을 돌려 돌아왔다.

그날 밤 손준은 끊임없는 악몽에 시달렸다. 죽은 제갈각이 나타나 자신을 공격하는 꿈이었다. 결국 덜컥 병이 든 그는 채 며칠이 지나기도 전에 죽고 말았다. 임종하기 전 그는 종제인 손침孫綝에게 뒷일을 맡겼다.

손준은 이렇듯 온갖 전횡과 만행을 일삼다가 채 3년이 되기도 전에 놀라 죽고 말았다.

손씨 형제의 난

손침과 손준은 할아버지가 같은 사촌 형제이며, 손준이 죽었을 때 손침은 26세였다. 손준의 의뇨에 따라 소성은 손침을 시중 겸 위부상군으로 임명하여 중외제군사를 이끌도록 했다. 이렇게 해서 손침은 동오의 최고 권력자가 되었다.

종실의 권신인 손준의 악행은 이미 오래전부터 오나라 호족 세력의 지탄을 받았다. 오나라의 정치는 대호족을 근간으로 했는데, 황족인 오씨 외에도 고顧, 육陸, 주朱, 장張 등 몇몇 큰 호족들이 대대로 고위직을 맡았을 뿐만 아니라 가문마다 사병을 확보하고 있었다. 그들은 오나라 정계에서 적지 않은 발언권을 가졌으며, 또한 손준 이후에 또다시 황실 종친이 조정을 전횡하는 모습을 보고 싶지 않았다. 그러던 차에 여거를 대표로 한 북벌 전선의 장수들이 연명으로 상소하여 등윤을 승상으로 천거함으로써 손침의 권력을 분산해 종친의 전횡을 막고자 했다.

손침은 젊지만 권력에 대한 욕망만큼은 손준보다 결코 작지 않았다. 전선의 여러 장수들이 올린 상주문을 보고 그는 일일이 대처 방안을 마련할 정도로 노련했다. 그는 우선 등윤을 대사마로 임명하여, 얼마 전 세상을 뜬 여대 대신 무창을 지키도록 했다. 가능한 한 조정에서 먼 곳으로 보낸 것이다.

여거를 비롯한 여러 장수들은 이 소식을 듣고 심히 낙담했다. 그래서 건업으로 군사를 이끌고 들어가 등윤과 연락하여 손침을 전복하기로 약조했다. 그러나 그들의 밀모가 사전에 누설되어 손침의 귀에까지 들어가고 말았다. 손침은 종제인 우장군 손헌孫憲에게 도성의 군사를 이끌고 강도江都로 가서 여거의 군대를 막도록 하는 한편, 황제의 명의로 오나라에 투항한 조위의 반장叛將들을 동원하여 여거를 공격하도록 했다. 그런 다음 등윤에게 사람을 보내 즉각 여거를 체포할 것을 명했다.

등윤은 이미 자신과 여거가 밀모한 사실이 발각되었다는 것을 알고 있었다. 그렇다면 어떻게 할 것인가? 그는 무창에 주저앉아 스스로 지키는 수밖에 없었다. 이리하여 오나라는 또다시 내란에 휩싸여 양쪽의 군사가 맞붙게 되었다.

얼마 후 여거가 사방에서 몰려드는 군사들의 집중 공격을 막아내지 못하고 결국 패하여 자살하고 말았다. 등윤은 여거와 멀리 떨어져 있었기 때문에 상황을 알지 못하고, 여거가 약속대로 출병하여 합류할 때만 기다리며 평상시처럼 태연자약하게 담소했다.

휘하 장수가 등윤에게 군사를 이끌고 창룡문蒼龍門으로 진군하면 장수와 사졸들이 모두 손침을 버리고 등윤을 따를 것이라고 말했다. 일단 황궁으로 진군하면 황제의 명의로 손침을 주살할 수 있을 것이라는 뜻이었다. 제안은 좋았지만 이미 밤이 늦었고, 여거가 합류하기 위해 올 것이라 믿었기 때문에 출병하지 않았다. 이윽고 아침이 되자 손침이 여거를 공략한 후 대거 등윤을 향해 진격했다. 결국 등윤도 죽임을 당하고 삼족까지 모두 주멸되었다.

등윤과 여거를 죽인 후 손침이 잠시 오나라의 권력을 장악했다. 그러나 얼마 되지 않아 또다시 일이 발생했다. 손침의 종제인 손헌이 손준이 집권할 당시 후대를 받았는데, 자신이 손침이 여거를 평정할 때 도왔음에도 오히려 손준 시절보다 대우를 받지 못한 것에 불만을 품고 여러 사람들과 공모하여 손침을 주살하기로 작정했던 것이다.

손씨 형제는 이렇듯 자신의 이익을 위해 형제간의 정마저 저버릴 정도로 비인간적이었다. 결국 손헌의 밀모는 사전에 적발되었다. 손침은 오히려 손헌을 봐주려고 했으나 손헌 스스로 자살로 삶을 마감했다.

원군이 없어 대장이 죽다

손준과 손침 형제가 오나라에서 권력을 독점하고 있을 때, 위나라는 고평릉 정변 이후 사마씨의 권력이 강화되면서 위나라 정사를 장악했다. 이는 조위 대신들의 불만을 야기했다.

위나라 정동대장군인 제갈탄은 제갈량의 사촌 형제다. 그는 사마씨의 전횡에 반대하여 수춘에서 반란을 일으켰다. 제갈씨는 결코 만만한 집안이 아니다. 그들은 위, 촉, 오 세 나라에서 모두 관직을 맡았으며, 직위 또한 결코 낮지 않았다.

제갈탄은 모반한 후 오나라로 사람을 보내 투항 의사를 전하고, 자신의 아들을 인질로 보내며 지원병을 요청했다. 오나라는 군사 3만 명을 수춘에 보냈다. 오나라 군사는 성공적으로 포위망을 뚫고 제갈탄과 합류했다. 하지만 조위의 20만 대군이 수춘성으로 진격하여 물샐틈없이 포위했다.

수춘이 포위되자 동오는 대장 주이에게 3만 군사를 이끌고 안풍安豊으로 진격하도록 했다. 그러나 그는 위나라 군대에게 패배했다. 손침이 직접 대군을 이끌고 출전하여 다시 주이에게 5만 군사로 위군을 공격하도록 했다. 하지만 주이는 또 패전하여 군량과 마초를 모두 잃고 말았다.

감로甘露 2년(서기 257년) 9월, 손침이 또다시 주이에게 3만 군사를 주고 위군과 죽음을 무릅쓰고 싸우도록 했다. 주이는 더 이상 패배하고 싶지 않았다.

'적군은 20만 명인데 3만 병사로 어떻게 이기란 말인가? 병력을 집중해야지, 이렇게 분산하다가는 결국 모두 죽고 만다.'

그는 이런 생각이 들었다. 하지만 손침은 벌컥 화를 내며 그를 불러 참수했다. 손침은 주이를 대신하여 아우인 손은孫恩에게 수춘성을 구원토록 하고 자신은 건업으로 철수했다. 손침이 철수했다는 소식에 수춘성 군사들의 사기가 크게 저하되어 결국 위나라 군사들에게 점령되었으며, 제갈탄은 포위망을 뚫다 전사하고 말았다. 손침이 제갈탄을 성공적으로 구원하지도 못하고 오히려 명장 주이를 살해하자 조정은 물론이고 일반 백성들의 원망이 자자했다.

손량의 재판

손침이 서둘러 철수한 것은 사실 국내 사정이 여의치 않았기 때문이다. 이유 한 가지는 손량의 친정親政이었다. 손량은 비록 어리지만 결코 우둔한 인물이 아니다. 그는 친정을 시작하면서 대장의 자제들 가운데 18세 이하 용맹하고 힘 있는 자들 가운데 3,000여 명을 선발하여 친위대로 삼았다. 손량은 매일 황궁 정원에서 그들을 훈련시켰다. 손량이 말했다.

"내가 부대를 창설한 것은 그대들과 오랫동안 함께 있기 위함이로다."

그는 황실의 장서를 통해 선제의 옛일에 대해 읽었다. 그는 때로 좌우 시신들에게 이렇게 말했다.

"선제께서 항시 친히 조서를 쓰셨는데, 왜 지금 대장군은 자신이 조서를 쓰고 나에게 서명만 하라고 하는가?"

말인즉, 대장군이 어찌 나를 꼭두각시 취급하느냐는 뜻이다.

예부터 '손량이 사건을 판결하다孫亮斷案'라는 제목의 이야기가 전해진다.

손량은 어려서부터 매실을 좋아했다. 그날도 매실이 먹고 싶어 황문관黃門官에게 창고에서 꿀에 재운 매실을 가져오라고 분부했다. 황문관은 창고 관리와 평소 악감정이 있어 줄곧 복수의 기회를 노리고 있었다. 그래서 꿀에 재운 매실을 가져온 후 쥐똥을 몇 개 집어넣어 황상에게 갖다 바쳤다. 과연 황상 손량은 꿀 매실 안에 쥐똥이 들어 있는 것을 알고 벌컥 화를 냈다.

"누가 감히 짐을 속이고자 하는가?"

황문관이 즉시 부들부들 떨기 시작 관리를 비난했다.

"틀림없이 창고 관원이 제대로 관리를 하지 않아 쥐똥이 들어간 것입니다. 대역무도한 일이니 멸족함이 당연한 줄 아룁니다."

손량이 즉시 창고를 지키는 관원을 불러 쥐똥에 관한 일을 심문했다. 창고 관원은 당연히 자신은 모르는 일이라고 정색하며 말했다.

"아닙니다. 소신은 창고 관리로 책임을 다하고 있습니다. 창고는 완전히 밀폐되어 있기 때문에 쥐는 물론이고 파리 한 마리 들어올 수 없습니다."

황문관과 창고 관리는 제각기 자기의 의견을 고집하고 팽팽히 맞서며 양보하지 않았다. 누군가 두 사람 모두에게 죄를 묻자고 건의했다. 누구의 문제이든 두 사람 모두 죽여버리면 그뿐이었다.

그러자 손량이 쥐똥을 가져오라고 하더니 반으로 잘랐다. 자세히 보니 쥐똥의 겉은 꿀이 묻어 축축한데, 안은 딱딱하게 말라 있었다. 손량이 빙긋 웃으며 말했다.

"만일 쥐똥이 처음부터 꿀에 들어가 있었다면 오랫동안 잠겨 있어 속까지 축축했을 것이다. 지금 겉은 축축하나 안은 말라 있으니 분명 얼마 전에 넣은 것임을 알겠도다. 나른 이에게 쇠를 뒤집어씌우고 모함하다니 정말 못됐구나!"

황문관이 놀라 까무러쳤다. 결국 그가 이실직고하여 죄행을 시인했다. 이 일로 인해 사람들이 모두 황제를 다시 보고 두려워했다.

동생은 폐위하고 형을 황제로 옹립하다

손량이 친정에 돌입한 후 여러 차례 손침에게 물었다.

"어찌하여 제갈탄도 구하지 못하고 오히려 나라의 장수를 죽이시었소?"

손침은 두려워 자택으로 돌아간 후 조정에 나가지 않았다. 또한 자신의 아우인 위원장군威遠將軍 손거孫據에게 궁 안 창룡문의 숙위를 맡도록 하고 다른 동생들도 각기 여러 군영에 배치하여 중앙군을 장악했다.

하지만 매사가 손침이 바라는 대로 되는 것은 아니었다. 손량은 더욱 더 손침을 원망하고 미워했다. 어느 날 손량이 주공주 노육이 죽게 된 일에 대해 재조사를 명했다. 주공주를 죽인 것은 전공주 손노반과 손준이었다. 손노반은 매우 두려워하며 이렇게 말했다.

"저는 모르는 일입니다. 주공주의 아들인 호림독虎林督 주웅朱熊과 그의 동생 외부독外部督 주손朱損이 손준을 도와 저지른 짓입니다."

손량이 그녀의 말만 믿고 주거의 두 아들을 모두 죽였다. 주거는 손준의 매제였는데, 손침이 대신 용서를 빌었지만 황제는 모른 척했다.

손량은 손침을 제거하기 위해 전공주 손노반과 장군 유승劉丞과 손을 잡았다. 당시 손량의 황후인 전부인全夫人은 전상全尙의 딸이었기 때문에 전공주는 손량의 처조모가 되었다. 전상은 태상 겸 위장군을 맡고 있었다. 손량이 전상의 아들, 즉 자신의 손아래 처남인 황문시랑 전기全紀에게 이렇게 말했다.

"손침이 권세를 지녀 전횡을 일삼고 짐을 업신여기며 명령에 불복종하고 대신들을 함부로 죽이고 조근朝覲하지 않은 지 오래되었으니 짐이 어찌 더 이상 참을 수 있겠는가? 황문시랑 그대의 부친이 중군도독을 맡고 있으니 귀가하여 비밀리에 부친에게 병마를 정비하도록 하라. 짐이 친히 출궁하여 숙위를 이끌고 손침의 저택을 포위하고 손침이 이끄는 군사들을 해산할 것이로다. 짐의 말대로만 하면 반드시 성공할 것이로다. 황문시랑은 부친에게 알리되 반드시 비밀을 유지하고, 절대로 모친에게는 알리지 말라. 만약 모친의 귀에 들어갈 경우 대사를 그르칠 위험성이 있도다."

전기가 귀가한 후 부친 전상에게 황제의 뜻을 알렸다. 전상이 어리석게도 아내에게 이를 알려주자, 아내는 그길로 남동생 손침에게 알렸다.

손침은 황제가 자신을 모살하고자 한다는 것을 알고 선수를 쳤다. 손침은 야밤에 군사를 보내 전상을 체포하는 한편, 아우 손은에게 장군 유승을 죽이도록 했다. 이윽고 날이 밝자 손침이 황궁을 포위했다.

손량은 손침이 황궁을 포위한 것을 알고 벌컥 화를 내며 친히 나가 싸우겠노라고 말했다.

"짐은 대황제의 적자로 즉위한 지 이미 5년이나 지났는데 감히 누가 짐을 대적하려 드느냐?"

하지만 근신은 물론이고 시종, 유모에 이르기까지 모두 달려 나와 황제를 말렸다. 결국 황제는 출궁하지 못하고 장탄식을 하며 전황후를 질책했다.

"당신의 부친이 어리석어 짐이 대사를 그르치게 되었소이다."

또한 손아래 처남인 전기를 불러 호통을 쳤다. 전기가 머리를 조아리고 거듭 사죄했다.

"소신의 부친이 조령을 받았으나 신중하지 못하여 황상의 뜻을 저버렸으니 소신 또한 황상을 뵐 면목이 없나이다."

그는 이렇게 말한 다음 스스로 목숨을 끊었다.

손침이 정변에 성공한 후 군신들을 불러 말했다.

"어린 임금이 황음무도하고 병에 걸려 정신이 혼란스러우니 더 이상 제위에 있을 수 없소이다. 이미 종묘에서 선제께 손량을 폐위함을 고하였소이다. 제군 가운데 반대하는 이가 있다면 이의를 제기하시오."

비록 군신들 모두 손량이 아무런 잘못이 없다는 것을 알았지만 감히 손침 앞에서 이의를 다는 이가 없었다. 결국 손량은 폐위되어 회계왕으로 물러났다. 손침은 고민 끝에 낭야왕琅琊王 손휴孫休를 옹립했다.

손휴는 손권의 여섯째 아들로 손량보다 나이가 많았다. 자신이 황제로 옹립되었다는 소식을 듣고 꼬박 이틀 동안 고민 끝에 마침내 제위를 받기로 결심하고 길을 떠났다. 태평太平 3년(서기 258년), 손휴가 곡아에 이르렀을 때 한 노인이 조용히 손휴를 찾아와 이렇게 말했다.

"일이 오래되면 변란이 생기기 마련입니다. 지금 천하가 모두 폐하만 앙망하고 있으니 서둘러 일을 도모하십시오. 오나라 모든 백성들이 폐하에게 의지하고 있나이다."

손휴 일행이 도성으로 가고 있는 동안, 손침은 오히려 자신이 궁궐에 들어가고 싶다는 생각을 하고 있었다. 손침이 백관들을 소집하여 자신의 생각을 말하자 모든 이들이 아연실색하여 아무 말도 하지 못하고 있을 때, 오직 선조랑選曹郞 우사虞汜가 벌떡 일어나 이렇게 말했다.

"장군께서는 나라의 기둥으로 장상의 중임을 맡아 폐립의 대권을 장악하시고 종묘사직을 안정시키고 백성들에게 은택을 베푸시니, 백성들이 모두 환호하며 이윤과 곽광이 다시 나타났다고 말하고 있습니다. 지금 낭야왕을 아직 영접하지 않은 상태에서 장군께서 입궁하신다면 사회가 다시 소란해지고 뭇사람들의 마음에도 의혹이 생겨날 것이니, 이는 충효를 발양하여 후세에 명성을 떨칠 수 있는 방법이 아닙니다."

손침이 그의 말을 듣고서야 입궁하려는 욕망을 거두었다. 손휴가 건업에 도착하여 즉위하자 손침이 스스로 '초망신草莽臣 : 초야에 묻혀 사는 신하라는 뜻'이라 칭하며 사직을 청했다. 하지만 이는 진심에서 우러나는 말이 아니라 손휴의 생각을 한번 떠보자는 뜻이었다. 손휴도 예사 사람이 아닌지라 그의 속셈을 뻔히 알아채고 오히려 손침을 만류하며 더욱 높은 벼슬을 안겨주었다. 손침은 이리하여 대장군 외에도 승상, 형주목을 겸임하게 되었으며, 그의 집안에서만 다섯 명의 열후가 나올 정도로 영화를 누리게 되었다. 한 집안의 모든 형제가 금사와 행정을 도맡으니 권세가 황제를 능가했다. 손침은 그럴수록 자중하는 것이 아니라 오히려 더욱 거리낌이 없었다. 그는 특히 자신과 관련한 유언비어를 날조했다는 이유로 도교 사원을 훼손하고 도사들을 참살했으며, 오자서의 사당까지 불태워버렸다.

새로운 황제의 역습

손휴는 황제가 된 후, 손침의 막강한 권력이 조정은 물론이고 군대까지 두루 미치고 있으며, 손침의 성격이 음흉하고 교활하다는 것을 잘 알고 있기 때문에 각별히 조심했다. 한번은 손침이 쇠고기와 술을 바쳤는데 그가 받지 않았다. 혹시라도 독이 들어 있을 수도 있다고 여겼기 때문이다. 손침이 이에 앙심을 품고 원망하는 기색이 역력했다. 그러던 어느 날 손침이 좌장군 장포를 만나 술을 마시면서 이렇게 말했다.

"처음 어린 황제를 폐출했을 때 사람들이 내가 종실이니 직접 황제가 되라고 권했지만 다 마다하고, 폐하가 현명하시다기에 황제로 영접한 것 아니겠소. 내가 없었다면 폐하가 어찌 황제의 사리에 오를 수 있었겠소? 내가 예물을 바쳤다가 거절을 당했는데, 이는 나를 일반 신하들과 같이 대하는 것이나 마찬가지이니, 마땅히 다시 계획을 바꿔야 할 것 같소이다."

말인즉, 다시 새로운 황제를 내세우고 기존의 황제는 폐출하겠다는 뜻이다.

장포가 서둘러 손침의 말을 손휴에게 알렸다. 손휴가 심히 두려워, 손침이 난리를 일으키는 것을 방지하고자 여러 차례 상을 내리고, 손은에게 시중의 관직을 추가하여 손침과 함께 일하도록 했다. 또한 누구든지 손침이 원한을 품고 황상을 모욕하거나 모반을 도모했다고 보고하는 자가 있으면 모두 붙잡아 손침에게 보냈고, 손침은 그자를 참살했다.

이렇게 시간이 흐르면서 손침도 점차 신변의 위협을 느끼게 되었다.

자신의 행동이 지나쳐 황상을 화나게 할 경우 어찌 될 것인가? 생각만 해도 등골에서 식은땀이 났다. 그래서 그는 지방으로 나가 무창에 주둔하겠다고 상주했다. 손휴가 그의 요청을 받아들이고 손침 수하의 정병 1만여 명에게 명하여 병기를 비롯한 모든 장비를 갖추어 따라가도록 했다. 손침이 무창으로 출발할 준비를 하고 있을 때 장군 위막魏邈이 만류하며 이렇게 말했다.

"만약 장군이 조정에서 나가신다면 분명 나라에 동란이 일어날 것입니다. 조정에서 끊임없이 황제에게 장군이 모반을 꾀한다고 아뢸 것입니다."

손침은 그의 말을 듣고 무창으로 가려던 계획을 접었다. 손침이 가지 않자 손휴가 장포를 불러 해결 방안을 상의했다.

장포는 손권을 모셨던 노장 정봉丁奉과 상의하여, 황궁 제례에 연회를 베푸는 날에 손침을 주살하기로 모의했다. 연회 전날 비바람이 몹시 불어 나무가 뽑히고 모래가 날렸다. 손침은 문득 사촌 형인 손준이 주연을 빌미로 제갈각을 초청하여 주살한 것이 생각나, 몸이 불편하다는 핑계를 대고 연회에 불참했다.

손휴가 계속해서 사자 10여 명을 보내 손침에게 연회에 참석할 것을 종용했다. 손침은 더 이상 거절할 수 없어 억지로 집을 나서며 집안사람들에게, 관소에 불을 지르면 이를 핑계로 빠져나오겠노라고 말했다.

연회가 한창일 때 손침의 아내가 시종들을 시켜 관소에 불을 질렀다. 손침이 자신의 집에 불이 났다는 전갈을 받고 자리에서 일어났다.

"황상, 제 집에서 불이 났다고 하니 돌아가는 것이 좋을 듯합니다."

황제가 말했다.

"불을 끄는데 굳이 장군이 갈 까닭이 무엇이오? 번거롭다 여기지 말고 계속 여기에 있으시오."

손침이 그대로 자리를 뜨려고 하자 정봉과 장포가 서로 눈짓을 교환한 후 손침을 제압하여 포박했다. 그제야 손침은 상황을 인지하고 곧바로 무릎을 꿇고 머리를 조아리며 말했다.

"신이 바라건대, 교주로 유배 가서 속죄하겠나이다."

손휴가 말했다.

"경은 어찌하여 등윤과 여거를 유배 보내지 않고 주살하셨소?"

손침이 다시 입을 열었다.

"바라건대 관노가 되게 해주십시오."

"경은 애초에 어찌하여 등윤과 여거를 관노로 삼지 않으셨소?"

손휴는 마지막으로 이렇게 말한 후 즉각 손침을 참수하여 대중들에게 공개하도록 했으며, 손침과 모의한 이들은 모두 사면하겠노라고 조서를 내렸다. 그러자 손침의 무리로 무기를 내려놓은 자가 5,000명이었다. 손침의 아우 손개係闓는 배를 타고 북쪽으로 가다 추격병에게 죽임을 당했다. 손휴는 손준의 관을 파내어 그의 인수를 빼앗고 관목을 부순 다음 맨땅에 매장하여 그가 노육 공주를 죽인 죗값을 치르게 했다.

손침이 죽임을 당한 후, 손휴는 손준과 손침이 동족이라는 사실이 치욕이라며, 족보에서 그들의 이름을 삭제하고 그들을 부를 때는 고준故峻, 고침故綝이라고 했다.

손휴가 조서를 내려 말했다.

"제갈각, 등윤, 여거는 본래 죄가 없는데도 손휴와 손침 형제로 인해 박해를 받고 죽임을 당했다. 짐은 이 일로 가슴이 아프다. 서둘러 그들의 분묘를 이장하고 각기 제사를 모시도록 하라. 제갈각 등의 일로 연루되어 멀리 유배된 자들은 모두 돌아오게 하라."

손침은 서기 258년 28세의 나이로 죽었는데, 손권이 세상을 뜬 지 7~8년의 세월이 흐른 뒤였다. 그러나 그 세월 동안 오나라의 황제와 중요 대신들이 이미 서너 차례나 바뀌었다. 손권이 국내적으로 수십 년간 무사태평한 세월을 보낸 것에 비하면 당시 오나라의 내정은 매우 불안한 상태였다.

동오는 내부 권력 투쟁으로 시끄럽고, 위나라는 사마씨가 대권을 잡아 나라의 뿌리가 흔들리고 있는데, 보아하니 제갈량 이후 촉한의 정치 투쟁은 그리 격렬한 것 같지 않다. 그렇다면 당시 촉한의 정정政情은 또 어떻게 진행되고 있었는가?

45강 제갈공명 이후

　　오나라는 개국 황제 손권이 죽은 후 극히 혼란한 세월을 보내야만 했다. 그의 아들들이 돌아가며 권좌에 앉고, 보정대신들도 여러 차례 바뀌어 각기 2~3년을 넘기지 못하고 물러났다. 제갈각과 손침은 결국 멸족당했고, 오국 종실도 환란에 휩싸여 피비린내가 진동했다. 손권은 분명 자신이 죽고 난 후 오국이 이런 지경에 빠질 것임을 전혀 예상하지 못했을 것이다.

　사실 오나라뿐만 아니라 위외 촉 역시 권력 투쟁의 소용돌이에서 헤어나지 못하고 있었다. 개국 이래로 오랫동안 나라를 위해 이바지했던 원로들이 거의 사라진 후, 삼국 내부에는 새로운 변화가 생겨나기 시작했다. 조위와 동오의 피비린내에 비하면 촉한의 권력 승계는 그나마 수월한 편이었다. 이런 상황에서 제갈량은 생전에 누구를 자신의 후계자로 점찍은 것일까? 그들이 과연 동탕하는 시국을 제대로 안정시켜 오와 위 사이에서 홀로 설 수 있도록 할 수 있을까?

꿈을 현실로 만든 후계자

제갈량이 죽은 후 촉한은 후(後) 제갈량 시내로 진입했다. 후구 유신은 이미 장성하여 법적으로 책임을 질 수 있는 나이가 되었다. 하지만 제갈량

시대에 습관이 잘못 들어, 황제의 직위를 가졌으면서도 정사政事에는 전혀 관심이 없고 그지 매일 먹고 마시며 노는 생각뿐이었으며, 만사를 모두 제갈량을 비롯한 대신들에게 맡겼다.

유선은 내심 상부 제갈량이 몸소 국정을 다스리고 있으니 자신은 걱정할 이유가 없다고 여겼다. 지금 상부가 죽고 없지만 전혀 걱정할 일이 아닌 것이 이미 자신을 위해 후계자를 마련했기 때문이었다. 한초漢初의 재상 소하가 만든 법을 후임자인 조참이 그대로 따른 것처럼 승상의 후계자 역시 승상을 따라 행할 것이니, 그는 그저 그의 말에 따르기만 하면 그뿐이라는 뜻이다. 그래서 제갈량의 장례를 마친 후 유선은 그의 말에 따라 승상 장사 장완을 상서령에 임명하여 국정을 책임지게 했다. 이리하여 장완은 제갈량 사후 촉한의 행정 책임자가 되었다.

장완은 일찍이 유비가 형주와 상주 일대에 있을 때부터 그를 따랐다. 장완은 유비를 따라 촉군으로 들어온 후 광도현廣都縣의 장이 되었는데, 관직으로 볼 때 그리 높은 직책이 아니었다. 딱히 자신의 재능을 적극적으로 발휘할 만한 곳이 아니었던 까닭인지, 장완은 직무에 열중하지 않고 때로 태만하였다.

어느 날 유비가 장완이 근무하는 곳에 우연히 들렀을 때, 장완이 현의 일은 처리하지 않고 만취한 것을 보고 크게 노해 당장 처벌하도록 했다. 사실 장완도 멍청하기는 했다. 상부에서 시찰을 나온다면 당장이라도 사람들을 모아 열렬하게 환영할 일이지, 오히려 술에 취해 있으니 스스로 무덤을 파는 꼴이 아니고 무엇이겠는가?

그러나 제갈량이 적극 나서서 장완을 대신하여 간청했다.

"장완은 나라의 동량이지, 그지 100리 정도의 지역을 맡길 평범한 인재가 아닙니다. 그가 정무를 추진하는 것은 백성을 안정시키는 것을 근본으로 삼으며, 겉모양을 꾸미는 것을 우선으로 삼지 않습니다. 바라건대 주공께서 다시 한 번 살펴주십시오."

유비는 제갈량의 간곡한 부탁을 받아들여, 장완의 죄를 벌하지 않고 관직을 박탈하는 데 그쳤다. 장완은 파직된 후 집으로 돌아가 하는 일이 없이 지내야만 했다. 그러던 어느 날 장완이 기이한 꿈을 꾸었다. 소 한 마리가 그의 집 문에 부딪쳐 피를 철철 흘리는 꿈이었다. 괜히 언짢은 생각이 들어 해몽가를 불러 물어보니 그가 이렇게 답했다.

"무릇 꿈속에서 피를 보는 것은 어떤 일이 분명해졌음을 의미합니다. 소뿔과 소의 코는 '공公' 자처럼 생겼으니 이는 당신의 관직이 공경公卿에 이른다는 것을 말하지요. 아주 길한 징조입니다."

장완은 그의 말을 듣고 매우 기뻤다. 과연 얼마 가지 않아 그는 현령에 임명되었으며, 이후 고속승진을 거듭했다.

제갈량이 승상부를 개설한 후 장완을 불러 참군으로 삼아 후방의 군사 업무를 맡겼으며, 얼마 후 승상장사로 임명했다.

제갈량이 기산으로 여섯 번 출정하여 북벌할 때마다 장완은 촉한의 후방에서 국정을 도맡아 처리하는 한편 북벌군의 군량과 병력 보충을 책임졌다. 예전에 유방이 항우와 싸울 때 소하가 담당했던 것과 같았다.

제갈량은 늘 이렇게 말했다.

"공염公琰 : 장완의 자은 충성과 고아함에 뜻을 두고 있으니 나와 더불어 제왕의 업을 도와줄 만하다."《삼국지 · 촉서 · 장완비의강유전蔣琬費禕姜維傳》

제갈량은 유선에게 이렇게 말했다.

"신에게 만약 불행한 일이 생기면 후사를 마땅히 장완에게 맡기십시오."《삼국지 · 촉서 · 장완비의강유전》

자신이 죽거들랑 국가 대사를 장완에게 맡기라는 뜻이다. 장완은 제갈량 생전에 이미 후계자로 인정을 받았나, 그렇기 때문에 제갈량이 죽은 후 자연스럽게 최고 책임자가 되었다. 그러나 당시 촉국의 상황은 그리 낙관적이지 않았다. 제갈량이 오랫동안 촉을 다스리면서 민심을 얻었는데, 그가 죽자 마치 하늘이 무너지고 땅이 꺼진 것처럼 민심이 동요하기 시작했고, 촉국의 군신들은 상하를 가리지 않고 마치 부모가 죽은 것처럼 슬퍼했다. 나라의 기둥이 사라졌으니 과연 촉국은 어찌 될 것인가?

하지만 백관의 우두머리인 장완은 나라의 영수를 잃은 슬픔에 빠져 비관하거나 뜻을 잃지 않았다. 또한 만인지상, 일인지하의 승상과 마찬가지로 국가의 대사를 맡았지만 득의하여 우쭐거리지 않았다. 오히려 표정과 기색이 태연자약하여 평일과 마찬가지였다. 그런 모습에 다른 이들도 점차 청심환이라도 먹은 양 심신의 안정을 얻을 수 있었다.

촉나라 사신과 오나라 대제 간의 말씨름

제갈량이 사망했다는 소식이 전해지자 촉한의 관민들은 두려움과 걱정으로 크게 술렁였다. 또한 외교적으로도 엄청난 반향이 일어났다.

촉한은 누가 뭐라고 해도 제갈량이 혼자 경영했다고 해도 과언이 아니었다. 그런데 지금 그가 죽고 없으니 과연 촉한이 어떻게 될지 아무도 속단할 수 없었다. 오나라는 위나라가 이를 틈타 촉나라를 공격할지도 모른다고 염려했다. 현재 촉나라와 동맹을 맺었으니 만약 위가 촉을 칠 경우 오는 어떻게 해야 하는가? 그래서 오나라는 촉과 맞닿아 있는 변경에 수비 병력을 증강했다.

오나라는 다음 두 가지 문제를 고려하고 있었다. 우선 촉나라에 원병을 보내는 문제다. 만약 위나라가 촉나라를 공격할 경우, 촉과 동맹을 맺었으니 낭연히 원병을 보내야 할 것이다. 두 번째 문제는 위나라가 정말로 촉을 멸망시킬 경우다. 만약 그렇게 될 경우, 틈을 보아 다 된 밥에 숟가락을 얹듯이 어부지리를 택하는 것이다. 촉나라도 오나라가 변방에 병력을 추가로 배치했다는 소식을 전해 듣고 국경 수비를 강화하여 비상사태에 대비했다. 아울러 후주 유선은 오나라에 사신을 보냈다.* 당시 오국의 황제는 여전히 손권이었다. 그가 사신에게 물었다.

"오와 촉은 이미 한 집안과 같거늘, 어찌하여 그대의 주인은 백제성의 군사를 늘리는가? 왜 그렇게 한 것인가?"

사신이 대답했다.

"신이 생각하기에 동쪽(동오)에서 파구의 수비를 강화하고, 서쪽(서촉)에서 군사를 늘려 백제성을 수비하는 것은 실제에 부합하는 필연적인 일입니다. 형세에 따라 이렇게 한 것이니 서로 따져 물을 일이 아닙니다. 귀국에서 군대를 증파했을 때 아국에서는 까닭을 묻지 않았습니다. 그러니 아국에서 군사를 증강한 것에 대해 귀국이 물을 까닭이 없다는 뜻입니다. 현재 양국은 동일한 적국을 상대하고 있으니 서로 믿고 의지하며, 절대로 의심하거나 시기해서는 안 될 것이라고 생각합니다."

손권은 크게 웃으며 사신이 대왕 앞에서 전혀 꿀리지 않고 또한 솔직하게 답변하는 것을 크게 칭찬했다. 이후로 오와 촉 사이에 적의가 사라졌다.

모반이 어찌 구두선이 될 수 있는가?

장완이 국정을 맡아 조위에 대항하기 위해 동오와 동맹 관계를 유지하고자 노력할 때, 촉한 내부에 혼란을 야기하는 사람이 있었다. 그는 바로 양의였다. 제갈량 생전에 양의와 위연은 물과 불처럼 어울리지 못하다가 결국

---

* 《삼국지》에 따르면, 당시 오나라에 파견된 사신은 참군 우중랑장 종예宗預였다. 종예의 자는 덕염德豔이며, 남양군 안중安衆 사람이다.

양의가 위연을 죽음으로 몰고 갔다. 위연이 죽자 양의는 자신이 큰 공을 세웠기 때문에 마땅히 제갈량의 후계자가 되어야 한다고 생각했다.

제갈량은 양의가 도량이 협소하고 성격이 조급하여 아무래도 자신의 후계자가 되기에 부족하다고 생각했다. 대군이 성도로 귀환한 후 장완은 최고 책임자가 되고, 양의는 중군사中軍師를 맡았지만 구체적으로 할 일이 없어 한가하게 지내야만 했다. 지금 식으로 말하자면 굳이 있어도 좋고 없어도 좋은 고문의 역할을 맡았던 것이다. 양의는 이를 도저히 받아들일 수 없었다.

유비 재위 시절 양의가 상서를 맡았을 때 장완은 상서랑으로 양위보다 직급이 낮았다. 나중에 두 사람 모두 승상부의 참군장사가 되었지만 양의는 늘 제갈량을 따라 원정에 참가하면서 장완보다 중요한 임무를 맡았다. 또한 양의는 나이로 보나 능력으로 보나 자신이 장완보다 앞서기 때문에 당연히 일인자가 되어야 마땅하다고 생각했다.

양의는 본래 대범하지 못하고 속이 좁았기 때문에, 사람들을 만날 때마다 자신의 불만과 억울한 심정을 토로하며 분노를 숨기지 않았다. 그래서 사람들은 그와 엮이는 것이 싫어 왕래하지 않으려고 했다.

그러던 어느 날, 후군사 비의가 그를 만나러 갔다. 양의는 그를 보기 무섭게 또다시 불만 섞인 이야기를 해댔다.

"지난날 승상께서 막 세상을 떠나셨을 때, 내가 만약 군사를 이끌고 위나라로 갔다면 내 처지가 오늘날처럼 이 모양이 되었겠소? 정말 후회막심하오."

비의는 그의 말을 듣고 황당하기 이를 데 없었다. 이자가 반역을 저지르겠다는 뜻인가? 그는 곧 비밀리에 후주 유선에게 표문을 올렸다. 유선이 제아무리 멍청하고 조정에 관심이 없다고 할지라도 이 일이 결코 좌시할 작은 문제가 아님을 어찌 모르겠는가? 그는 즉각 조서를 내려 양의를 면직해 평민으로 강등하고 한가군漢嘉郡으로 내쫓았다.

그러나 세월이 흘러 강산이 바뀌어도 본성은 바꾸기 어렵다고 했다. 양의는 유배지에 가서도 여전히 마음을 다스리지 못하고 자신의 억울함과 원망, 분노를 숨기지 않았다. 겨우 몇 마디 한 것 가지고 모반의 죄로 다스리다니, 이 어찌 황당한 일이 아닐 수 있는가? 실제로 행동을 취한 것도 아닌데! 그는 여전히 입에서 나오는 대로 제멋대로 말하고 비방을 그치지 않다가 결국 자살로 삶을 마감했다.

장완이 서촉을 다스리다

장완은 사람들을 대할 때 너그럽고 관대했다. 당시 조정에 양희楊戲라는 관원이 있었는데 사람이 도도하고 남들과 잘 섞이지 않았다. 장완이 그에게 말을 해도 잘 대답하지 않았다. 누군가 양희를 헐뜯으려고 장완에게 말했다.

"보십시오. 양희가 공께서 묻는데도 일부러 대답을 하지 않으니 윗사람을 무시하는 것 아니겠습니까? 너무 지나칩니다. 일벌백계로 다스리지 않으면 아니 됩니다."

하지만 장완은 전혀 조치를 취하지 않았다. 사소한 일인지라 벌을 줄 정도는 아니라고 생각했기 때문이다.

또 이런 일도 있었다. 양민楊敏이란 관원이 장완이 일을 제대로 못한다고 비난했다.

"그는 일하는 것이 흐리멍텅하여 앞사람에 미치지 못한다."《삼국지 · 촉서 · 장완비의강유전》

누군가 이 말을 그대로 장완에게 옮기며 양민의 죄를 다스려야 한다고 말했다. 하지만 장완은 자신이 실제로 앞사람만 못하다며 전혀 문제 삼지 않았다. 나중에 양민이 어떤 사건에 연루되어 옥에 갇혔는데, 사람들은 이전 일도 있고 해서 양민이 틀림없이 죽게 될 것이라고 말했다. 하지만 장완은 사사로운 감정에 따라 공적인 일을 처리하는 이가 아니었기 때문에 양민은 중벌을 면하게 되었다.

장완은 정치적으로 제갈량의 유지를 따라 매사에 명철하고 과감하게 판단했으며, 법에 따라 나라를 다스리고, 아부나 참언을 듣지 않았다. 그리하여 자못 제갈량의 유풍을 유지했기 때문에 여러 신하들이 그의 명을 달게 받아들였다. 그는 또한 인재를 널리 발굴하고 활용하는 데 한 가지 방식이나 규율에 얽매이지 않았다.

그렇기 때문에 비록 제갈량이 없었지만 촉한의 정국은 그다지 크게 동요하거나 혼란스럽지 않았다. 장완은 대내적으로 제갈량의 치국 방침을 따르고, 대외적으로도 승상의 책략을 이어받아 동오와 연합하여 조위에 대항하면서 북벌의 꿈을 버리지 않았다.

서기 238년, 위나라 권신인 사마의가 군사를 이끌고 요동의 공손연을 공격하자, 장완은 군사를 이끌고 한중에 주둔하면서 손오와 함께 위나라를 협공할 기회를 엿보았다. 주둔한 지 6년이 되었지만 위나라 군사는 감히 침범할 수 없었다.

그 기간에 장완은 대장 강유에게 군사를 이끌고 서진하여 적극적으로 진공의 자세를 취하도록 했으나 수확은 그리 많지 않았다. 육로로 진군하는 것이 여의치 않자 장완은 수로를 통해 공격하는 방법을 진지하게 고민했다. 그는 제갈량이 생전에 기산으로 여섯 번이나 출병했다가 모두 실패로 끝난 것은 진천의 길이 험난하여 왕래가 불편하기 때문이라고 생각했다. 그래서 차라리 한수를 따라 동쪽을 내려가 위나라의 위흥魏興과 상용을 습격하기로 마음먹었다. 그래서 곧 많은 배를 만들어 출병을 준비했다.

촉한 조정의 대소 신료들은 수로를 통해 출병하면 습격이 용이하나 만에 하나 실패할 경우 돌아오는 것이 어렵다는 점을 들어 난색을 표명했다. 예전에 선제 유비가 동오를 공격할 때 수로를 통해 내려갔으나 철군이 여의치 않아 이릉전투에서 전군이 몰살된 예가 있었기 때문에 더욱더 그러했다. 그래서 많은 이들이 상책이 아니라고 주장했다.

다른 한편으로 장완이 전선을 만들고 출병을 준비하자 동오의 의심을 사기에 충분했다. 동오의 대신들은 장완이 수군을 정비하고 전선을 제작한다는 이야기를 듣고, 동오를 공격할 준비를 하고 있다고 생각했다. 하지만 다행히 손권이 촉한을 확고하게 믿어 더 이상의 오해가 발생하지 않았다.

그런데 뜻밖에 장완의 오랜 지병이 재차 발병하여 군사 작전도 일단 멈출 수밖에 없었다. 후주 유선은 장완이 병석에 누웠다는 소식을 듣고 비의와 강유를 한중으로 보내 문병 겸 대사를 상의토록 했다. 장완이 참담한 마음으로 후주에게 상소를 올렸다.

"나라를 위해 역적을 없애는 것이 신에게 주어진 책무입니다. 하지만 신은 어리석고 무능한 데다 질병까지 겹쳐 한중에서 6년이나 주둔하면서 진전이 없으니 침식조차 불안한 지경입니다. 지금 조위는 날로 강대해져 북벌이 쉽지 않습니다. 신이 비의 등과 논의한 결과 양주涼州는 지세가 험난하고 나가고 물러나는 데 의지할 만한 곳이고, 또한 강인과 호인이 한마음으로 대한大漢을 그리워하고 있기 때문에 강유를 양주자사로 삼는 것이 좋을 것이라는 결론에 도달했습니다. 강유가 서북으로 출병하면 신이 군대를 이끌고 강유의 뒤를 따르겠습니다. 지금 부현涪縣은 강과 육지가 서로 통하니, 만약 동북에 변고가 생기면 응전하기가 어렵지 않을 것입니다."

유선은 장완의 의견을 받아들여 그를 부현에 주둔하도록 하고, 나랏일은 비의에게 맡겼다. 장완은 비록 북벌에 전공을 세운 것은 아니지만 제갈량에 버금가는 재주와 능력으로 인재를 선발하여 적재적소에 임명하고 법에 따라 나라를 다스렸으며, 너그럽고 관대한 성품으로 항시 큰 뜻을 품어 어긋남이 없었다. 그런 까닭에 촉한은 제갈량이 떠난 후에도 정치적으로 안정을 유지하고 국력 또한 쇠퇴하기는커녕 오히려 더욱 막강해졌다.

촉국에서 날아온 봉황

장완이 죽자 촉한의 정계에서 일인자는 비의의 몫이었다. 그 역시 제갈량이 생전에 후주 유선에게 추천했던 인물이다.

비의는 젊은 시절부터 동윤 등과 함께 명성이 자자했던 명사였다. 동윤의 부친은 그들 두 사람이 모두 탁월한 인재로 그야말로 막상막하라고 생각했다.

하루는 동윤이 비의와 함께 장례식에 참가하려고 했다. 동윤의 부친이 그들에게 낡은 마차 한 대를 빌려주었다. 동윤은 영 마음에 들지 않는다는 듯이 낯빛이 바뀌었다. 남들은 호화스러운 마차를 타는데 어찌 이처럼 낡은 수레를 탈 수 있겠느냐는 뜻이었다. 하지만 비의는 전혀 그런 내색 없이 훌쩍 마차에 올라탔다. 동윤의 부친이 나중에 이런 사실을 알고, 비의가 덕행 면에서 자신의 아들보다 낫다고 인정했다.

유비가 태자를 세우자 비의는 동윤과 함께 태자 유선의 사인舍人이 되었다. 이후 유선이 제위에 오르자 황문시랑에 올랐다. 승상 제갈량이 남방 원정에서 돌아올 때 문무 관료들이 수십 리까지 나가 영접했는데, 제갈량은 비의보다 직급이 높은 사람들이 많았음에도 불구하고 그에게 자신의 수레를 함께 타도록 했다. 이렇듯 그의 재주와 학식은 이미 제갈량이 인정할 정도였다.

비의는 수차례 오나라에 사신으로 파견되었다. 한번은 손권이 비의가 온다는 소식을 듣고 고의로, 그가 오기도 전에 식사를 하도록 했다. 비의가 도착하자 손권만 젓가락을 놓고 그를 맞이하고, 나머지 대신들은 계속 식사를 하며 누가 왔는지 전혀 아랑곳하지 않는 태도로 일관했다.

비의가 그런 모습을 보고 입을 열었다.

"봉황이 날아오면 기린은 먹던 음식을 내뱉고 먹기를 중지한다고 했습니다. 그런 뜻을 어찌 당나귀나 노새가 알 턱이 있겠습니까?"

이는 자신을 봉황, 손권을 기린에 비유하고, 먹는 데 정신이 팔린 나머지 대신들은 나귀나 노새나 다를 바 없다는 뜻이다. 비의가 오나라 대신들을 통쾌하게 질타한 셈이다.

비의는 또한 남들과 조화를 잘 이루었다. 그런 까닭인지, 위연과 양의가 다툴 때면 비의가 나서서 중재하곤 했다. 제갈량이 위연과 양의의 장점을 살려 발휘할 수 있도록 한 것은 모두 비의가 가운데서 조정을 잘했기 때문이라고 해도 과언이 아니다. 제갈량 사후 비의는 위험을 무릅쓰고 위연의 군중으로 직접 가서 그의 의중을 떠보았다. 이후 그는 적절한 판단으로 그를 주살함으로써 사전에 큰 재앙을 막을 수 있었다.

서기 244년, 위나라 대군이 촉을 공격하자 유선이 비의를 대장군으로 임명하여 각 군을 거느리고 한중을 구원토록 했다. 비의가 막 출발하려고 할 때 조정에서 광록대부 내민來敏이 송별하기 위해 나왔다가 그에게 바둑을 두자고 청했다.

이때 이미 전선에서 긴급 문서가 잇달아 도착하고 사병과 전마도 갑옷을 차려입고 출발 명령이 하달된 상태였다. 하지만 비의는 여전히 태연자약하게 바둑을 두는 데 몰두하면서 전혀 싫은 내색을 하지 않았다.

광록대부 내민이 탄복하며 말했다.

"내가 일부러 그대를 시험해보았소이다. 지금 보니 그대야말로 대장군으로 적임자이니 틀림없이 적군을 무찌를 수 있을 것이외다."

과연 비의는 이번 전쟁에서 위나라 군사를 격퇴했다. 그해에 비의는 장완을 대신하여 상서령이 되었다.

비의는 누구보다 식견이 뛰어났다. 공문서를 읽을 때 대략 살펴보고도 대의와 핵심 사항을 완전히 파악했고, 속도도 다른 이들에 비해 몇 배나 빨랐다. 게다가 한 번 본 것은 절대로 잊지 않을 정도로 기억력이 뛰어났고, 아침부터 저녁까지 사람들의 의견을 듣고 공무를 처리하느라 정신없이 바쁜 와중에도 손님을 맞이하여 바둑을 두는 등 공사에 한 치도 어긋남이 없었다.

나중에 동윤이 비의의 뒤를 이었는데, 그를 따라 부지런히 일을 했으나 시간이 서너 배는 더 걸렸고, 그렇다고 여유롭게 휴식을 취할 수 있는 것도 아니었다. 동윤이 내심으로 탄식하며 이렇게 중얼거렸다.

'사람의 재능이라는 것이 이렇듯 차이가 나는구나. 비의는 그리도 쉽게 하는 것 같던데, 어찌하여 내가 하면 아니 되는가?'

그래서 동윤은 하루 종일 여러 사람들의 의견을 듣고 공무를 처리하느라 쉴 틈이 없었다. 이런 면에서도 알 수 있다시피 동윤은 비의에 견줄 수 없었다. 하지만 동윤 역시 제갈량 사후 촉한 정권을 이어가는 데 중요한 역할을 했으며, 당연히 남들보다 뛰어난 능력과 자질을 갖추었다.

황제의 후궁 선발까지 막아서다

서기 227년, 제갈량이 한창 북벌 준비에 바쁠 때, 무엇보다 걱정은 후주 유선이 시비를 판별하는 능력이 부족했다는 점이다. 그래서 동윤에게 상궁 안의 사무를 맡겼다. 〈출사표〉에서 제갈량이 누차 비의와 동윤을 거명한 것은 유선이 그들의 의견을 제대로 받아들일 것을 희망했기 때문이다.

　동윤은 후주 유선의 그릇된 행동을 바로잡기 위해 애썼다. 유선은 비록 멍청하기는 하지만 다른 황제들과 마찬가지로 좋아하는 일이 하나 있었다. 그것은 바로 민간에서 널리 미녀를 선발하여 후궁을 채우는 일이었다. 그러나 동윤은 이에 대해 강력하게 간언했다.

　"고대 천자는 후비가 열두 명을 넘지 않았는데, 지금 궁궐에는 이미 비빈이 인원수를 채운 상태입니다. 그러니 더 이상 늘리는 것은 마땅치 않습니다."《삼국지 · 촉서 · 동윤전》

　결국 유선은 더 이상 어찌할 수 없었다. 유선은 혼군이긴 하되 폭군은 아니었다. 더군다나 그리 대담한 인물도 아니었기 때문에 이후 동윤을 더욱 어려워하고 꺼리게 되었다.

　유선이 점차 나이가 들어가면서 환관 황호黃皓를 총애하기 시작했다. 황호는 갖은 아첨으로 유선에게 빌붙어 국정을 전횡하려 했으나, 동윤이 정색하고 군주의 잘못을 바로잡았으며 황호를 매섭게 질책했다. 황호 역시 동윤이 두려워 감히 그릇된 짓을 하지 못했다. 동윤이 세상을 떠날 때까지 황호의 지위는 황문승黃門丞에 지나지 않았다.

　동윤은 사람이 겸손하고 신중했으며, 높은 직위에 있다고 하여 다른 이들과 동떨어지지 않았다. 한번은 그가 상서령 비의, 중전군中典軍 호제胡濟 등과 함께 밖에 나가 연회를 즐기기로 약속했다. 이미 수레가 준비되었는데, 낭중 동회董恢가 때마침 그를 찾아와 뵙기를 청했다. 그러자 동윤이 친히 그를 맞이했다.

　동회는 나이가 어리고 관직도 낮았기 때문에, 동윤이 가던 길을 멈추고 자신을 예로 대하자 어쩔 줄 몰라 하며 그냥 떠나실 것을 청했다. 하지만 동윤은 그렇게 하지 않았다.

　"본래 오늘 내가 출행하는 것은 뜻을 같이하는 이들과 함께 환담을 나누기 위함이었소. 그런데 지금 그대가 나를 찾아와 흉금을 털어놓으려 하니, 이를 마다하고 연회에 간다는 것은 합당치 않소이다."

그는 이렇게 말하고 비의와의 약속을 취소했다.

제갈량이 살아생전에 장완, 비의, 동윤 세 사람이 서로 힘을 합쳐 정사를 보좌하니, 촉나라 사람들은 제갈량과 그들 세 사람을 더불어 '사영四英'이라 불렀다. 그러나 애석하게도 장완이 죽고 얼마 후에 동윤도 세상을 뜨면서 비의 혼자 정국을 맡을 수밖에 없었다.

소인들이 소란을 피우니 흉조로다

비의는 정사를 처리하는 데 탁월한 능력을 발휘했으나 인재 선발만큼은 그리 성공하지 못했다. 동윤이 죽자 비의는 진지陳祗를 동윤의 뒤를 이어 시중으로 삼았다. 진지는 비록 사람됨이 엄하고 위엄을 갖추고 다재다능했으나 꾀가 많은 것이 흠이었다.

비의는 진지가 어질고 재능이 많다고 여기고 특별히 그를 선발하여 요직을 맡겼다. 하지만 진지는 곧 후주의 총애를 얻고 있는 황호와 손을 잡았다. 진지의 추천으로 황호는 처음으로 정사에 간여하게 되었고, 이후 승진을 거듭하여 마침내 중상시 자리에 올랐다. 동한 말년 영제와 환제 시절 조정을 어지럽힌 것이 바로 중상시였다. 황호는 권력을 휘어잡아 결국 촉한 정권을 말아먹고 말았다.

비의는 성정이 겸손하고 소박했으며, 나랏일을 도운 공적과 명망이 장완에 비해 결코 떨어지지 않는다. 장완과 동윤이 연이어 세상을 뜨자 비의는 일을 한 것은 반드시 실행에 옮겼으나 임무비에 그늘 훔해하는 이들이 있었다. 비의가 성도로 돌아온 후 어떤 풍수쟁이가 그에게 성도에는 재상의 자리가 없다고 말하자, 비의는 그의 말을 믿고 도성으로 들어가지 않고 북쪽으로 가서 한수漢壽에 주둔했다.

비의가 조정에 없는 틈을 타서 진지와 황호 등이 유선을 에워싸고 아첨을 일삼으며 유선을 더욱 그릇된 길로 이끌었다.

배후는 누구인가?

촉장 강유가 위장 곽수郭脩를 포로로 잡았다. 그가 투항 의사를 밝히자 촉한 조정은 그를 좌장군으로 임명했다. 하지만 그가 촉의 후주를 암살할 마음을 품고 있다는 것을 아무도 몰랐다. 그는 한동안 후주 유선을 가까이 대면할 기회만 엿보고 있었다. 그러던 어느 날 후주의 생일이 되자 축수를 기회로 가깝게 접근할 수 있었다. 그가 후주 앞으로 다가가 무릎을 꿇으면서 막 칼을 꺼내려는데 좌우 시위들에게 저지당하고 말았다.

곽수는 후주 유선을 살해하려는 계획이 무산되었으나 전혀 뜻밖에 조야를 들썩이게 만든 큰 사건을 저지르는 데 성공했다. 촉한 연희延熙 16년(서기 253년) 정월, 대장군 비의가 막하幕下의 여러 장수들과 한수에서 연회를 베풀었는데, 곽수도 그 자리에 있었다. 비의는 주연에서 주흥이 도도하여 흠뻑 취했는데, 돌연 곽수가 칼을 꺼내 비의를 찔러 살해했다.

비의는 50여 세로 평소 성정이 소박하고 남들에게 관대하여 누군가를 의심한 적이 없었다. 곽수는 바로 그런 틈을 노렸던 것이다. 언젠가 누군가가 비의에게 이렇게 말한 적이 있었다.

"지금 장군은 지위가 존귀하고 권세가 높으니 교활하고 간사한 이들을 특히 조심하셔야 합니다. 그래야만 동한 초년 잠팽岑彭이 자객에게 죽임을 당한 비극이 재연되는 것을 면할 수 있을 것입니다."

하지만 비의는 그의 말을 서여 넘부에 두시 않았고, 결국 자객의 손에 목숨을 잃고 말았다.

비의를 죽인 자는 곽수임에 틀림없다. 하지만 과연 곽수 뒤편에 숨은 자가 누구인지는 확실치 않다. 혹자는 위나라의 소행이라고 하고, 또 어떤 이는 강유의 짓이라고 의심했다.

비의가 죽자 위나라는 한참 시간이 흐른 뒤에야 곽수를 표창했다. 그렇기 때문에 어떤 이들은 이번 사건이 위나라와 관련이 없다고 주장했다. 만약 정말로 위나라가 사주한 것이라면 틀림없이 즉각 표창했을 것이기 때문이다.

그래서 많은 이들이 곽수의 배후에서 사주한 자로 강유를 지목했던 것이다. 곽수는 강유가 거두어들인 항장降將인 데다 평소 강유가 비의에게 불만을 가지고 있었기 때문에 더욱 그러했다. 실제로 비의는 비둘기파에 속하고 강유는 매파에 속하는 등, 두 사람은 의견이 일치하지 않았다. 강유는 제갈량의 유지를 계승하여 북벌을 감행함으로써 중원을 정벌해야 한다고 주장했다. 하지만 비의는 보국안민이 무엇보다 중요하기 때문에 먼저 자체 실력을 쌓아야 한다고 주장했다. 이런 점에서 볼 때 강유가 자신의 주장을 실현하기 위해 이런 일을 꾸몄을 것이라는 이야기가 설득력이 있다.

하지만 이 역시 단순한 추측에 불과하다. 아무도 확실한 증거를 제출하지 못했기 때문이다. 서기 253년부터 지금까지 1,800년에 가까운 세월이 흘렀지만 당시 사건은 현안懸案으로 남아 더 이상 고증할 수 없게 되었다.

비의가 정사를 맡았을 때는 촉나라가 대외적으로 대규모 전쟁을 일으킨 적이 없었다. 이로써 촉나라는 휴식과 안정을 취하며 국력을 강화할 수 있었다. 그러나 애석하게도 비의가 자객의 손에 죽임을 당하면서 생전의 노력은 끝내 물거품이 되고 말았다.

46장 끝없는 북벌의 대가

제갈량이 서거한 후 장완, 비의, 동윤 등이 연이어 집정하면서 촉한 조정의 핵심적인 역할을 맡았다. 하지만 장완과 동윤이 사망하자 비의 혼자만 남게 되었으며, 그마저 살해당하자 촉한은 막대한 인적 손실로 인해 휘청거렸다. 촉한의 장래는 과연 누구의 손에 맡겨질 것인가? 위나라에 사마소가 등장하여 국력이 신장되고 있는 상황에서 촉한은 계속 나라를 유지할 수 있을 것인가?

강유의 동기는 분명하다

비의가 살해된 후 사람들은 배후에서 사주한 자가 강유라고 의심했다. 비의는 군사 활동을 멈추고 문치文治와 교화에 힘쓰면서 경제를 발전시켰다. 그는 거병하여 조위와 대규모 전쟁을 벌이는 일에 반대했다. 하지만 강유는 큰일을 하거나 공적을 세우기를 좋아하여 강력하게 북벌을 주장했다. 그들 두 사람은 이렇듯 정견이 달라 첨예하게 대립했다.

강유와 제갈량의 관계는 제갈량과 유비의 관계와 비슷하다. 제갈량은 처음 기산으로 출병해서 강유의 귀순을 받아들인 후 줄곧 그를 신임하고 중시했다. 제갈량은 항시 사람들에게 강유는 얻기 어려운 인재라고 말했으며, 강유를 자신의 후계자로 육성할 계획을 갖고 있었다.

장완이 집정하고 있을 때 강유는 위장군衛將軍이었다. 그는 여러 차례 조위와 전투를 벌여 승패를 나누어 가졌다. 조위의 명장인 곽준郭淮과 조상은 모두 그에게 패한 장수들이다.

비의가 조정의 중책을 맡자 강유를 제어하는 일이 잦았다. 두 사람은 정견이 달랐기 때문이다. 강유는 때로 비의에게 이렇게 말하곤 했다.

"우리가 거병하여 북벌해야만 하는 것은 이것이 승상께서 주도하신 방침이기 때문입니다. 반드시 한실을 회복하기 위해 노력해야 합니다."

하지만 비의는 강유의 관점에 동의하지 않았다. 그가 생각하기에, 군사력은 국력과 비례하는 것이니 만약 국력이 쇠약한 상태에서 무모하게 위나라와 접전한다면 필패를 면할 수 없었다. 그렇기 때문에 먼저 나라를 제대로 다스려 국력을 기른 후 충분한 군사력을 바탕으로 대외 확장에 나서야 한다는 것이다.

이에 비해 강유는 전형적인 서북西北 사내로, 자신의 재능과 실력을 뽐내기 좋아하고 스스로 서북의 상황을 누구보다 잘 알고 있기 때문에 강족이나 호족을 자신의 막하로 끌어들일 수 있다고 장담했다. 자신이 출정하면 서북의 각 부족이 촉한에 귀부할 것이고, 이렇게 되면 농서 일대를 촉한의 소유로 삼을 수 있다는 것이었다. 그래서 그는 누차 비의에게 북벌을 건의했으나 번번이 저지당했다. 게다가 그에게 주어진 병력도 1만을 넘지 않았다.

《삼국연의》를 보면 제갈량이 40만 대군을 이끌고 출병했다는데, 이는 소설가의 과장된 이야기일 뿐이다. 촉한이 나중에 조위에 투항할 당시 인구를 보면 '호구가 28만 호, 남녀 94만 명, 무장한 장병 10만 2,000명, 관리 4만 명'《삼국지 · 촉서 · 후주전後主傳》 주에 인용된 《촉기蜀記》 이라고 되어 있는데 제갈량이 40만 장정을 동원할 수는 없는 일이다. 설사 한 살짜리 갓난아이까지 총동원한다고 할지라도 그 숫자를 채울 수 없다. 이렇듯 당시 촉나라의 병력은 위나라에 비해 크게 모자랐다.

비의는 항시 강유에게 이렇게 말하곤 했다.

"우리가 아무리 애를 써도 제갈공명 승상에 비한다면 한참 떨어지오. 그분조차 중원을 평정하지 못했는데 하물며 우리야 어떻겠소? 그러니 전심전력으로 나라의 강토를 수호하는 데 치중하고, 대업을 이루고 강토를 확장하는 일일랑 후세에게 맡기십시다. 절대로 요행을 바라서는 아니 된다는 말씀이외다. 만약 한 번이라도 지는 날이면 그때 가서 후회해도 이미 늦을 것이오."

지금 우리가 비의와 강유 두 사람의 주장 가운데 과연 어느 것이 옳은가를 판단한다면 물론 쟁론이 있을 수 있으나 대체적으로 비의의 견해에 찬성할 것 같다. 강유는 촉한이 아직 국력이 미약하고 인구도 부족한 상황에서 북벌을 요구했기 때문에 백성들을 수고롭게 하고 인력과 재력을 낭비하면서 스스로 사망의 골짜기로 접어드는 것이나 다를 바 없었다. 물론 어떤 이들은 비의가 너무 보수적이라고 말할 수도 있다. 익주한 곳에만 틀어박혀 있으면 전혀 발전성이 없다고 생각하기 때문일 것이다. 하지만 이는 그다지 타당한 말이 아니다. 국력이 강대하다면 당연히 주도적으로 공격할 수 있다. 하지만 국력이 쇠약한 상황에서 대규모 전쟁을 일으킨다면 필연적으로 국가의 발전에 커다란 장애가 올 수밖에 없다. 속어로 이야기하자면, 쥐가 멋모르고 고양이를 핥다가는 결국 죽고 만다.

세계 역사를 보더라도 약소국이 강대국을 도발했다가 결국 철저하게 궤멸되는 경우가 허다하다. 프랑스의 나폴레옹에서 독일의 히틀러에 이르기까지 모두 참패로 끝나고 말았다. 이와 반대로 영국과 미국 등이 거듭 승리를 구가한 것은 막강한 경제력이 뒷받침이 되었기 때문이다. 그들이 승리한 비결은 바로 먼저 국력을 강화하여 막강한 군사력을 보유함에 있다는 뜻이다. 하지만 강유는 그저 커다란 공적 세우기에 급급하여, 먼저 국력을 키우면서 만반의 준비를 갖추자는 우회의 방식에 찬동할 수 없었던 것이다.

사서는 강유에 대해 이렇게 평가한 바 있다.

"공명을 세우는 것을 좋아했으며, 은밀하게 자신을 위해 죽음도 마다하지 않는 병사 3,000명을 육성하고, 포의布衣의 업(평범한 일)은 생각하지 않았다."《삼국지 · 촉서 · 강유전》주에 인용된《부자傅子》

이렇듯 강유는 언제나 전공을 세우고 대업을 이룰 생각만 가득했다. 그는 자신은 군인이기 때문에 전쟁터에서 적을 죽이고 전공을 세우는 것이 자신의 할 일이라 여겼다. 강유는 자신의 성부城府에서 자신을 위해 죽음도 마다하지 않는 군사들을 은밀히 육성했다. 그래서 사람들은 강유가 기른 비밀 병사들에게 비의가 목숨을 잃은 것이라고 여겼던 것이다. 논리적으로 볼 때 이치가 없는 것은 아니다. 여전히 확증할 만한 증거가 없기 때문에 단정할 수 없다.

강유의 북벌

비의는 분명치 않은 이유로 타살되었다. 그의 죽음은 촉한 정치의 분수령이었다. 이후로 조정에는 강유를 제어할 수 있는 인물이 없었다. 서기 253년 봄 비의가 죽자 강유는 그해 여름 대거 병사를 모집하여 북벌에 나섰다. 역사적으로 강유가 일으킨 북벌 전쟁이 '구벌중원九伐中原', 즉 아홉 차례 중원 북벌에 나섰다고 말하고 있지만 실제로 아홉 차례나 북벌을 실시했는지 여부는 확실치 않다. 아마도 장완과 비의가 치렀던 북벌 전투까지 모두 포함했을 가능성이 크다. 여하간 북벌이 여러 차례 이루어졌으며, 규모는 그때마다 달랐다.

당시 동오의 재상인 제갈각도 북벌을 준비했다. 강유는 제갈각과 함께 수만 군사를 이끌고 위나라 남안南安을 포위했다. 그러나 군량이 떨어지는 바람에 아무런 전공도 없이 돌아오고 말았다. 예전에 제갈량이 여섯 차례나 기산으로 출격했을 때도 모두 군량 문제로 패퇴한 바 있었다. 촉나라는 들어가기도 어렵지만 나오기도 쉽지 않다. 그러니 군량을 운송하는 것이 쉬울 까닭이 없다. 군량이 떨어지니 제아무리 막강하고 용맹한 강유의 군대라고 할지라도 철군하지 않을 도리가 없었다.

이듬해 위나라에 내란이 발생하면서 조정의 대소 신료는 물론이고 지방관들까지 모두 내란의 소용돌이에 휩싸였다. 그해 6월, 강유는 그 틈을 타서 위나라를 공격했다. 위나라 적도狄道 : 지금의 감숙 임조臨洮를 지키는 장수 이간李簡이 투항하면서 성을 바치자 강유는 적도를 점령했다. 같은 해 10월, 강유가 또다시 양무襄武로 진격하여 위나라 군사를 물리치고 장수를 참수했다. 위군이 철수하자 강유는 계속 추격하여 하관河關과 임조 등 여러 현을 공격했다. 이후 강유는 하관과 임조, 적도 등 세 군데 현의 백성들을 모두 촉나라로 들어가게 한 후 군사를 이끌고 철수했다. 이번 출병에서 강유는 전승을 거두었다.

촉한 연희 18년(서기 255년) 7월, 강유는 위나라 대장군 사마사가 병으로 죽은 틈을 타서 거기장군 하후패, 정서대장군 장익張翼과 더불어 수만 군사를 이끌고 위나라를 공격할 것을 건의했다.

연이은 북벌과 전쟁 준비로 인해 촉한 내부에서 강유의 북벌에 이의를 제기하는 이들이 늘어났다. 정서대장군 장익도 이번 북벌에 반대했다. 조정에서 그는 강유에게 이렇게 말했다.

"나라가 약소하고 백성들의 노고가 심하니 병력을 남용하는 일이 마땅치 않습니다."

하지만 강유는 오로지 건공입업에만 정신이 팔려 있었기 때문에 장익도 그를 따라 출정할 수밖에 없었다. 그해 8월, 강유는 삼로三路로 군사를 나누어 위나라로 쳐들어갔다. 하지만 이는 허장성세일 뿐, 촉나라 주력 군이 공격한 곳은 지금의 감숙성 임하臨夏였다.

한편 위나라는 정서장군 진태陳泰를 진창에 주둔시켰다. 그는 옹주자사 왕경王經에게 서진하여 적도에 주둔하면서 험난한 지형에 기대어 수비에 치중할 것을 명했다. 대군이 도착한 후에 강유와 접전하라는 뜻이었다. 하지만 왕경은 무모한 덜렁쇠였다. 그는 진태의 명령을 듣지 않고 대군이 오기도 전에 자신의 군사를 이끌고 강유와 맞붙어 참패를 당하고 말았다. 왕경은 패잔병을 이끌고 적도로 후퇴하고, 진태가 황급히 군사를 이끌고 달려와 강유와 싸웠다.

적도전투

왕경을 격퇴한 후 장익이 강유에게 말했다.

"이제 싸움을 그쳐도 좋을 듯합니다. 더 이상 진군했다가는 오히려 정반대 결과를 초래하여 이번 승리의 성과를 물거품으로 만들 것입니다."

그러나 강유는 여전히 요지부동으로 적도를 포위 공격하겠다고 나섰다.

거센 물살처럼 몰려드는 촉한 군대를 맞이하여 조위는 군사를 재배치하고 등애鄧艾를 안서장군으로 임명하여 진태와 함께 강유를 막도록 하는 한편, 태위 사마부에게 원군을 이끌어 주력군을 돕도록 했다.

진태의 부대가 농서에 이르렀을 때 위군의 여러 장수들은 강유가 두려워 감히 아무도 선발대로 나서지 않았다.

"왕경이 처근에 실패하여 적군의 기세가 자못 성합니다. 현재 아군의 군사들은 임시로 모집한 병사들이기 때문에, 연이어 승전한 적의 정예부대와 맞붙어 승리를 얻기 힘들 것입니다. 일단 험한 요새를 지키면서 적군의 빈틈을 엿보아 진격하는 것이 만전지책이라 사료됩니다."

진태가 장수들의 말을 듣고 고개를 저으며 입을 열었다.

"그대들은 전투가 겁나는가? 나는 전혀 두렵지 않다. 나는 강유와 죽을 때까지 싸우겠노라!"

진태는 이렇게 말한 후 군사를 세 갈래로 나누어 농서로 진군하되, 촉군의 주력을 피해 우회하도록 했다. 촉군의 허를 찔러 배후로 들어가 적도 동남쪽으로 진군한 다음 사병들에게 횃불을 밝히고 북을 울리도록 했다. 적도성에 있는 조위의 군사들은 원병이 도착했음을 알고 사기가 크게 진작되었다.

강유가 군사들을 독려하여 맹공을 가했지만 진태를 물리칠 수 없었다. 때마침 양주涼州에서 조위의 원병이 가세하면서 진태와 왕경은 촉군의 퇴로를 끊으려고 했다.

강유는 대세가 불리해지자 더 이상 진격하지 않고 어쩔 수 없이 종제鍾題로 물러났다. '적도전투'는 삼국시기에 오와 촉의 연합군이 감행한 북벌 전투에서 가장 규모가 컸으며, 위의 참패로 끝이 났다.

위나라는 이번 전쟁에서 강유에게 참패를 당하여 수만 명에 달하는 병력 손실을 감내해야만 했으며, 하마터면 옹주까지 잃을 뻔했다. 조위 조정은 두 차례나 조서를 내려 병사들을 위무했다. 한편 강유의 명성은 더욱더 높아져 거의 절정에 이르렀다. 그가 종제에 주둔할 당시 촉한 조정에서 그에게 대장군 칭호를 붙여주었다. 유비의 의형제인 장비도 거기장군일 뿐, 대장군 직함을 얻지 못했으니 어느 정도인지 능히 짐작할 수 있다. 이로부터 강유는 무관의 최고직에 올라 촉한 조정의 대들보가 되었다.

생명이 끝나지 않는 한 북벌도 계속되리라

강유가 종제로 물러난 후 조위의 여러 대신들은 강유의 군사가 이미 쇠멸되어 더 이상 공격하지 않을 것이라 여겼다. 하지만 안서장군 등애의 생각은 달랐다. 그가 말했다.

"왕경이 조서洮西에서 패한 일은 결코 작은 손실이 아닙니다. 아군은 강유에게 여지없이 격파되어 창고는 텅 비고 백성들은 갈 곳을 잃고 떠돌아다니고 있습니다. 강유 휘하의 장병들은 서로 익숙하고 예리한 병기를 갖추고 있으나, 우리 장령들은 병사들과 서로 생소하고 병기도 완비되어 있지 않습니다. 게다가 촉군은 배를 타고 움직이는데 아군은 육지로 행군하고 있으니, 한쪽은 편한 데 반해 다른 한쪽은 수고스럽기가 그지없습니다. 아군의 병력이 많다고 하나 적도, 농서, 남안, 기산 등지를 각기 수비해야 합니다. 하지만 저들은 한 곳만 집중해서 공격할 것입니다. 그러니 성을 점거하고 수비에 치중하는 것이 이롭습니다. 또한 강유는 강인들과 좋은 관계를 유지하고 있기 때문에 남안, 농서에서 진군하면 강인의 곡식을 먹을 수 있을 것이고, 기산으로 진군한다면 잘 익은 보리가 1,000이랑이 넘으니 그곳에서 식량을 조달할 것입니다. 강유는 교활하고 책략이 뛰어나니 그들은 조만간 우리를 향해 공격해 올 것이 분명합니다. 따라서 우리 군사는 이에 방비해야 할 것입니다."

과연 등애의 말이 적중했다. 강유는 종제에서 잠시 전열을 정비한 후 재차 기산으로 출병했다. 하지만 등애가 이미 철저한 방비 태세를 갖추고 있었기 때문에 강유는 어쩔 수 없이 남안으로 철병하고 말았다. 등애는 무성산武城山에서 강유와 대치했다. 강유는 요충지를 확보하기 위해 등애와 싸웠으나 끝내 성공하지 못하고 어두운 밤을 틈타 위수를 건너 동쪽으로 행군한 다음 산을 따라 상규로 갔다.

강유는 앞서 진서장군 호제와 상규에서 합세하기로 약조한 바 있었다. 그러나 호제가 정해진 시간에 오지 못하는 바람에 군량이 떨어진 상태에서 적군을 만나 수많은 사상자가 나 궤멸 직전까지 가고 말았다.

이번 패전으로 인해 촉국에서 강유를 원망하는 이들이 점차 많아졌다. 강유는 어쩔 수 없이 자신의 책임을 인정하고 사죄의 글을 올려 자신의 관직을 강등해줄 것을 요청했다. 후주 유선은 어지를 내려 강유를 후장군으로 강등했으나 대장군의 직권을 대행하도록 했다.

다시 2년이 흐른 뒤 위나라 회남의 수장인 제갈탄諸葛誕이 오나라와 연계하여 회남 일대에서 반란을 일으켰다. 조위 조정에서 수십만 대군을 파견하여 토벌하자 강유는 이를 북벌의 좋은 기회로 삼았다.

그해 12월, 강유가 군사 수만 명을 이끌고 침령沈嶺에 이르렀다. 위나라는 침령 북쪽 장안에 많은 곡식이 쌓여 있으나 수비 병력이 많지 않았다. 그래서 강유가 온다는 소식을 듣고 위나라 사람들은 내심 두려워했다. 위나라 성서장군 사마망과 안서장군 등애는 혹여 강유가 장안을 점령할 것을 걱정하여 즉각 군사를 파견하여 진영을 꾸렸다.

강유의 군사가 망수芒水에 이르러 산에 기대어 영채를 만들자 사마망과 등애는 위수에 기대어 영채를 구축했다. 강유가 여러 차례 싸움을 걸었지만 사마망과 등애는 응하지 않았다. 사마의가 제갈량에 응대하던 것과 같았다. 이렇게 양군은 오랫동안 대치 상태에 돌입했다.

쌍방이 대치한 지 3~4개월이 흘렀을 때, 제갈탄의 반란이 실패로 끝나고 제갈탄 토벌에 동원된 위나라 대군이 돌아오고 있다는 소식이 전해졌다. 강유는 이번 북벌도 더 이상 희망이 없다는 생각이 들었다. 대치 상태를 계속하다 위나라 구원병이 도착한다면 앞뒤로 협공당할 수 있기 때문에 강유는 또다시 군사를 이끌고 철군할 수밖에 없었다.

촉나라 공자가 강유를 반대하다

강유가 돌아오자 촉한 조정은 재차 그를 대장군으로 임명했다. 하지만 수차례 북벌에도 별다른 성과가 없자 촉국 내부에 그를 반대하는 소리가 적지 않았다. 촉나라는 위나라에 비해 인구와 면적은 물론이고 국력 또한 상대가 될 수 없을 정도로 뒤떨어졌다. 천하삼분이라고 하나 위나라가 그 가운데 둘을 차지하고 오와 촉이 나머지 하나를 차지하였는데, 촉의 지분이 가장 작았다.

본래 실력이 남보다 못하다면 그저 적이 침범하지 않는 것만으로도 족하다. 그런데 강유는 이삼일이 멀다 하고 도발을 거듭하고 있으니 계란으로 바위 치기가 아니고 무엇이겠는가? 촉나라 사람들이 생각해보니 강유는 승리한 적은 별로 없고 패배한 적이 오히려 많다는 것을 알고 그가 더 이상 싸움을 하지 말기를 원했다.

강유가 수차례 출정하면서 모든 부담을 짊어져야 하는 일반 백성들은 말할 것도 없고 조정의 대신들도 그리 탐탁하게 여기지 않았다. 당시 '촉나라의 공자蜀中孔子'라 일컬어지던 초주譙周는 병력을 남용하여 함부로 전쟁을 일으키는 강유를 강력히 비판하는 한편, 후주 유선과 황호의 못된 짓거리에 불만을 표시했다. 그는 〈구국론仇國論〉에서 이렇게 말했다.

"주나라 문왕은 백성을 길러 적은 수를 가지고 많은 수를 취했고, 구천은 백성을 불쌍히 여겨 약소국으로 강대국을 이길 수 있었습니다."

말인즉, 백성들을 구휼하고 제대로 양육해야만 나라를 건실하고 강하게 만들 수 있으며, 반대로 백성들을 편히 쉬게 하지 않는다면 사회적으로 불안해지고 동란이 일어난다는 뜻이다. 자신의 실력도 제대로 살피지 않고 오로지 적과 싸울 궁리만 하다니, 그야말로 계란으로 바위 치기가 아니고 무엇이겠는가? 그는 계속해서 이렇게 말했다.

"백성이 고달프고 힘들면 소요의 징조가 생겨나고, 윗사람이 오만하고 아랫사람이 포학하면 흙이 무너지고 기와가 떨어지는 듯 붕괴의 형세가 일어날 것이다. … 비록 총명한 사람일지라도 다른 방도를 마련할 수 없게 된다."《삼국지·촉서·초주전譙周傳》

마치 촉한과 동오의 붕괴를 예감하고 있는 듯한 발언이다.

제갈무후諸葛武侯의 사당에는 '예부터 병법을 아는 이는 전쟁을 좋아하지 않았다自古知兵非好戰'라는 대련이 붙어 있다. 촉을 다스리는 이들은 누구나 대련에 담긴 깊은 뜻을 잘 알고 있었다. 제갈량이 북벌을 감행한 것은 그에게 능력이 있기 때문에 가능한 일이었다. 하지만 강유는 제갈량의 능력에 크게 못 미침에도 불구하고 제갈량이 끝내 이루지 못한 사업을 완성하겠다고 나선 꼴이니 그야말로 천일야화가 따로 없었다.

강유가 또다시 대장군의 책무를 맡은 후 아마도 자신이 지닌 능력이나 수완이 제갈량에 비할 바가 아니라는 사실을 인지했을 것이다. 그래서 그는 점차 공세에서 수세로 전환하여 한중의 방어선 구축에 몰두했다.

위연이 한중을 수비할 당시 채용한 책략은 외부의 적을 나라 안으로 끌어들여 섬멸하는 것이 아니라 나라 밖에서 방어하는 것이었다. 하지만 강유는 군사를 요충지마다 분산해 배치할 경우 적을 막아낼 뿐 전승할 수 없으니, 적군을 국내로 끌어들여 승리를 얻는 것만 못하다고 생각했다. 국내 중요 관소에 병력과 군량을 집중적으로 배치하고 험한 지형을 이용하여 철저하게 방어한다면 적병도 결코 관문을 돌파할 수 없을 것이고, 들에 흩어져 있는 식량이 없어 멀리서 군량을 날라 와야 하기 때문에 자연히 전력이 약화될 것이니 그때를 기다려 총공격을 감행하면 틀림없이 승리를 얻을 수 있다는 뜻이었다.

후주 유선두 이런 방법이 괜찮다고 여기고, 한중을 맡고 있는 호제에게 철군하여 한수漢壽에 주둔하도록 지시했다. 까짓것 한중은 필요 없다,

농사도 제대로 되지 않으니 군량을 공급하느라 먼 곳에서 운송을 해야 하고, 운송을 하는 데 필요한 인력이며 식량도 만만치 않으니 매년 적지 않은 돈이 들어가지 않았던가!

이리하여 유선은 군사를 한수로 철수시키고 감군 왕함王숨에게 낙성樂城에 주둔하고, 호군護軍 장빈蔣斌은 한성漢城을 방어하도록 했다. 이렇게 해서 적을 국내로 유인하여 일거에 섬멸한다는 전략이 마련되었다.

나약하고 무능한 아두

강유는 촉한에서 대장군, 즉 무장 가운데 가장 높은 직책을 맡았다. 당시 촉한의 고위급 관리 중에는 상서령 진지가 있었는데, 비의가 선발한 인물이다. 그는 재주와 능력이 출중했으나 덕망이 부족했다. 게다가 말재주가 좋고 비위를 잘 맞추어 후주 유선이 특히 좋아했다.

진지는 황상이 좋아하는 말만 골라서 했고, 황상이 좋아하는 일은 무엇이든 적극 권유했다. 그는 무엇이든 황상의 뜻에 따랐다. 이렇듯 오로지 황상만을 위해 온갖 아첨을 다 떨고 받들어 모시니 어찌 귀엽고 사랑스럽지 않겠는가!

대장군 강유는 당연히 직위가 상서령보다 높았다. 그러나 상서령은 천자의 측근으로 언제나 황상의 지근에서 시중을 들었지만, 대장군 강유는 대부분의 시간을 도성 밖에서 병사들과 지내야만 했기 때문에 조정에서 황상을 만난 일이 그리 많지 않았다. 그런 까닭에 실권 면에서 그는 진지만 못했다.

당시 촉한의 조정에는 신지 외에도 세갈섬諸葛瞻, 번선攀建, 등 보重厥 등이 중신으로 자리를 차지하고 있었다. 제갈첨은 제갈량의 친아들로 어려서부터 상당히 총명했다. 제갈량은 형인 제갈근에게 보내는 편지에서 자신의 아들을 이렇게 자랑한 적이 있다.

"제갈첨이 벌써 여덟 살이 되었습니다. 제법 총명하고 사랑스럽기는 합니다만, 조숙하여 자칫 중요한 인재가 되지 못할까 걱정입니다."《삼국지·촉서·제갈량전》

총명하지만 너무 조숙하여 나중에 제대로 된 인재가 되지 않으면 어떻게 하나 걱정한다는 말인데, 사실 이는 말치레일 뿐, 제갈량은 아들에게 대단히 만족하고 있었다. 제갈첨은 17세 때 촉한의 공주를 아내로 맞이하여 부마가 되었다. 제갈첨은 실제로 재능이 뛰어나 기도위로 임명되었고, 이듬해 우림중랑장이 되었다. 하지만 조정이 환관 황호의 전횡과 농단에 놀아나고 있음에 불구하고 제갈첨과 동궐 등은 제대로 대항하지 못했다.

게다가 덕행이 모자라고 염치라고는 전혀 찾아볼 수 없는 사대부 무리가 환관 황호에게 빌붙어 벼락출세를 하기 일쑤였다. 이런 인물들이 후주 유선의 주위에 몰려들어 풍파를 일으키며 황제의 대변인 노릇을 자처하니 촉한의 친왕들도 더 이상 어쩔 수 없었다.

황제가 어리석고 명청하니 황호 같은 인물이 촉한의 정치를 엉망진창으로 만들 수 있었다. 언젠가 오나라 사자가 촉한을 방문하고 돌아간 후 오주 손휴에게 촉한의 상황을 이렇게 보고했다.

"촉국의 주상은 혼매하여 자신의 허물을 생각지 않고, 신하들은 일신의 안녕만 생각하며 징계를 피할 생각뿐입니다. 조정에 들어가니 충직하고 올바른 간언을 들을 수 없고, 시골을 지나가다 보니 백성들은 모두 굶주린 기색이 역력했습니다. 신이 듣기에, 집 안 높은 곳에 사는 제비나 참새는 어미와 새끼가 서로 좋아하며 그저 자신이 있는 곳이 가장 안전하다 여기고, 굴뚝이 터지고 용마루가 불에 탈지라도 여전히 즐거워할 뿐, 장차 자신들에게까지 화가 미칠 것은 모른다고 했습니다. 이것이 바로 촉한의 현재 모습입니다."

오나라 사자가 잠시 들렀을 뿐인데도 촉한의 상황을 금세 눈치챈 것을 보면, 당시 촉한의 정치가 어느 정도로 썩었는지 능히 짐작할 수 있다.

대장군은 보리를 심으러 가고

서기 262년, 강유가 또다시 병사를 일으켜 북벌을 준비하자 거기장군 요화廖化가 극력 반대했다.

"촉나라에 대장이 없으니 요화가 선봉에 선다."

촉군에 대장이 모두 죽고 사라져 더 이상 대장감이 없었기 때문에, 관우 밑에서 일했던 노장 요화가 선봉에 섰다는 뜻이다. 실제로 요화는 강유가 북벌할 때마다 선봉에 섰다. 그는 제갈량이 선발한 인물로 이른바 1세대 혁명가에 속한다. 당시 그와 같은 자격을 지닌 장수는 이미 모두 세상을 떠난 후였다. 그야말로 몇 안 남은 중요 장수였던 셈이다. 이것이 그가 선봉을 설 수밖에 없었던 이유다. 물론 조정에서 그는 상당히 높은 지위에 있었다.

요화가 강유에게 말했다.

"전쟁을 그치지 않으면 필시 나쁜 결과를 초래하기 마련이니 백약伯約 : 강유의 자을 이르는 말이다. 지혜가 상대보다 뛰어나지 못하고 역량 또한 상대보다 약한데 용병을 꺼리지 않으니 어찌 살아남을 수 있겠는가?"

하지만 강유는 듣지 않았다. 요화는 원로 혁명가이기 때문에 강유도 감히 어쩌지 못했다. 출병 결과는 능히 짐작할 수 있었다. 강유는 이번에도 등애에게 여지없이 참패하고 말았다. 이후 그는 익주의 요충지를 버리고 답중沓中으로 들어가 주둔했다. 답중은 지금의 감숙성에 자리하여 성도에서 상당히 먼 곳에 위치하고 있다.

강유는 군사적 재능과 실력을 갖추어 당시 촉한에서 반드시 필요한 인재였다. 하지만 그의 맞수도 결코 뒤떨어지지 않았다. 삼국시대는 이른바 밀림의 법칙, 즉 약육강식이 통하던 시대였다. 원소, 원술, 여포 등 당대의 맹장들도 일찌감치 사라지고, 끝까지 남은 사람들은 결코 멍청한 이들이 아니었다. 강유도 물론 대단한 인물임에 틀림없으나 등애 역시 만만치 않은 인물이었다. 그래서 강유가 연달아 병사를 일으켰으나 끝내 커다란 전공을 세울 수 없었던 것이다.

강유는 북벌만 생각했을 뿐, 국정에는 전혀 관심이 없었다. 그러나 황호를 비롯한 여러 소인들이 저지른 비리와 부정부패가 오히려 북벌 실패보다 더욱 심각한 후유증을 남겼다.

진지가 살아 있을 때도 강유는 황호를 제어할 수 없었다. 진지가 죽자 황호는 더욱더 발호하여 강유의 명령을 무시하고 듣지 않았다. 강유가 나라 밖에서 군사를 이끌 때, 황호는 국내 조정에서 전횡을 일삼았다.

그러던 중 황호가 우대장군 염우閻宇와 결탁하여 강유를 내쫓고 염우를 대장군으로 삼으려고 했다. 이런 사실을 알게 된 강유가 분노하여 유선에게 말했다.

"황호는 간사하고 교활한 자로 전횡을 일삼아 나라를 어지럽히고 있습니다. 내시 무리가 권력을 장악하여 머지않아 저들의 손에 나라가 망하고 말 것입니다. 동한이 왜 멸망했는가를 교훈 삼으시어 당장이라도 저들을 죽여 없애소서."

하지만 유선은 황호를 누구보다 총애했기 때문에 전혀 그럴 마음이 없었다.

"황호는 그저 짐 앞에서 종종걸음을 치는 하찮은 소신小臣에 불과하오. 이전에 동윤이 그를 몹시 싫어했는데, 짐은 그것이 항상 한스러웠소. 그저 짐을 위해 노래나 부르면서 시름을 풀어줄 뿐인 사람인데 그대가 굳이 뭘 개의하시오?"

　노래나 불러주는 배우나 다를 바 없는 인물로 '간신전'에조차 들어갈 수 없는데 뭘 그리 신경 쓰느냐는 뜻이다. 강유는 황호의 패거리가 마치 나무뿌리가 휘감기고 줄기가 뒤얽힌 것처럼 조정에 가득하여 당장 제거하기가 쉽지 않다는 것을 알고 잠시 놔두었다. 황호는 강유가 자신을 죽이려 한다는 것을 알고 몹시 두려워했다. 필경 강유는 칼자루를 쥔 자였다. 그래서 황호는 시간이 날 때마다 유선 앞에서 강유에 대해 나쁜 말만 했다. 유선이 말했다.

　"괜히 수작 부리지 말거라. 그렇게 나쁜 말을 해서 어쩌자는 말이냐? 너랑 나랑 강유를 죽이기라도 하자는 말이냐? 당장 찾아가서 사죄를 드리도록 해라. 그는 너와 같은 사람이 아니다."

　강유는 병권을 잡고 있었으나 황호를 강력하게 처벌하지 않았다. 결단하지 못하고 우물쭈물하다가는 큰코다치기 마련이다. 사실 강유는 황호가 자신에게 사죄하는 것을 보고 오히려 가슴이 쿵쾅거렸다. 저자가 내가 한 짓을 알고 있구나! 강유는 문득 두려움이 엄습했다. 궁궐 안팎으로 죄다 황호의 사람들이니, 자칫 잘못하면 예전의 두무나 하진 꼴이 될지도 모른다는 생각이 들었기 때문이다. 그들은 한조의 대장군이거나 황친국척인데도 결국 환관들의 손에 요절나지 않았던가!

　그래서 강유는 답중에서 보리를 경작하겠다는 빌미로 경사를 떠났다. 스스로 화를 피한 것이다. 강유가 떠나자 황호는 더 이상 두려울 것이 없었다. 그들은 더욱더 오만방자하게 전횡을 일삼았으며, 그럴수록 촉한은 골수까지 썩어 들어갔다.

장군은 믿지 않고 귀신을 믿다

사마사가 죽은 후 사마소가 위나라의 실권을 장악했다. 강유가 끊임없이 침범하여 소란을 야기하자 사마소는 더 이상 참을 수 없었다. 그래서 자객을 보내 강유를 살해하려는 계획을 상의했다. 강유만 없으면 촉한이 더 이상 무모한 북벌을 감행하지 않을 것이 분명했기 때문이다. 하지만 수하의 대신들이 적극 만류했다. 지나치게 비열한 수단이란 이유였다. 정정당당하게 일을 처리해야만 천하 사람들이 진심으로 신복한다는 이유도 있었다.

하지만 강유를 죽이지 않는다면 촉한의 재침을 어찌 막는단 말인가? 사마소는 이러저러한 궁리 끝에 대규모 군사를 일으켜 촉한을 정벌하고자 했다. 하지만 이번에도 대신들이 반대하고 나섰다. 위와 오는 장강을 사이에 두고 있기에 강만 건너면 쉽게 쳐들어갈 수 있으나, 촉으로 가는 길은 하늘에 오르기보다 힘들기 때문에 지금까지 촉주를 상대로 전쟁을 일으킨 적이 없다는 이유였다. 하지만 유일하게 사례교위 종회만은 찬성을 표했다.

사마소가 여러 신하들에게 말했다.

"지금 오나라는 토지가 광대하고 지세가 낮고 습해 공격하기가 쉽지 않소이다. 그러니 먼저 파촉을 공략하고 3년 후에 수륙 병진으로 동오를 공격하자는 것이오. 다시 말해 우리가 촉을 평정하는 것은 장차 동오를 평정하기 위함이오. 촉한은 전체 9만 병사가 있다고 하나 성도와 그 밖의 변경을 지키는 병사가 4만이라고 하니 남은 병사는 채 5만이 되지 않소. 이제 강유를 견제하여 답중에 고립시켜 동쪽으로 나올 수 없도록 만들고, 우리의 주력군이 곧바로 낙곡駱谷으로 쳐들어가 그들의 빈틈을 타서 한중을 습격할 것이오. 유선은 어리석고 나약하며 무능한 자이니 변경을 공격하여 점령하면 촉한의 남녀노소가 불안에 떨지 않을 수 없을 것이고, 저들의 멸망을 능히 예측할 수 있으리라 보오."

이리하여 사마소는 종회를 진서장군으로 삼고 관중의 군대를 지휘하도록 했다.

한편 강유는 답중에서 주둔하고 있었는데, 지금의 감숙 주곡舟曲 부근인 그곳은 진흙과 자갈이 흘러내리는 일이 빈번했으며, 성도에서도 상당히 먼 곳이었다. 그는 위나라가 곧 남하하여 촉을 공격할 것이라는 소식을 접하고 황급히 후주 유선에게 표문을 올렸다. 촉한 경내의 요충지에 대한 방비를 철저하게 하여 위군의 남하에 대비하자는 내용이었다.

황호는 미신을 좋아했는데, 능히 뱀으로도 변하고 쥐새끼로도 변할 수 있다는 영험한 무당이 있다는 소식을 듣고 그를 궁궐로 불러들였다. 요란한 푸닥거리가 끝난 후 무당이 후주 유선에게, 위나라 군사는 절대로 오지 않을 것이니 걱정하지 말라고 하면서, 조만간 위나라는 멸망하고 사마소도 죽을 것이며 촉한의 세상이 올 것이라고 말했다. 황호는 유선에게 모든 소식을 알리지 말 것을 권유했다. 유선은 그의 말대로 위나라가 출병했다는 소식조차 대신들에게 알려주지 않았다. 강유의 요청을 묵살한 것은 말할 것도 없다.

47강 즐거워 촉이 그립지 않네

　　유비 부자는 주州 한 곳을 차지한 후 수십 년을 점유했다. 유비 사후 유선은 41년 동안 태평 천자로 세월을 보냈다. 삼국의 여러 황제들 가운데 거의 유일무이하다. 조위의 황제들은 너 나 할 것 없이 단명했기 때문에 황제의 자리도 금세 바뀌었다. 동오의 손권이 비교적 오랫동안 재위했으나 그 역시 유선을 넘어서지 못했다.

　유선이 정권을 잡은 수십 년 동안 촉한의 국력은 비록 약소했으나 군사적 기세민은 결코 다른 나라에 뒤지지 않았다. 그래서 몇 년에 한 번씩 위나라를 공격하여 성가시게 만들었다. 강유의 몇 차례에 걸친 북벌이 별다른 성과 없이 끝난 후 위나라가 본격적인 대공세에 나섰다. 대대적으로 군사를 일으켜 촉한 정벌에 나선 위나라는 전혀 생각지도 못한 성과를 얻었다. 촉한이 아직 능력이 남아 있는 상태에서 덜컥 투항을 해버렸기 때문이다. 그렇다면 도대체 어쩌다 이런 일이 일어난 것일까?

망촉감

서기 263년 봄, 위나라는 대군을 일으켜 몇 갈래 길로 촉국 정벌에 나섰다. 심서장군 등애는 3만 군사를 이끌고 적도에서 감송甘松, 딥중으로 진군하여 강유의 군사를 견제했다. 옹주자사 제갈서諸葛緒 역시 3만 군사를 이끌고 기산에서 무가武街, 교두橋頭로 진격하여 강유의 퇴로를 끊어 강유가 답중에서 고립되도록 만들었다. 양로兩路의 군사는 주력부대가 아닌 좌우익 부대였으며, 주된 목적은 강유를 고립시켜 곤경에 빠뜨리는 것이었다. 주력군 10여만은 종회가 지휘하여 사곡과 낙곡, 그리고 자오곡에서 한중으로 진격했다. 허점을 노려 한중을 취한 다음 곧바로 성도를 함락하기 위함이었다.

종회와 등애가 촉한 정벌에 나서기 전에 위나라 국내에서 이번 전쟁의 향방에 대한 여러 가지 추측과 소문이 난무했다. 누군가 종회에게 이렇게 말했다.

"이번 촉한 정벌에서 전공을 세우는 것은 어렵지 않을 것이오. 하지만 승리의 과실을 지키는 것은 오히려 쉽지 않소이다."

또 이렇게 말하는 이도 있었다.

"촉을 격파하는 것은 거의 필연적인 일이오. 하지만 자칫하면 촉 땅에서 살아 돌아오지 못할지도 모르오."

이렇게 보건대, 당시 위나라 사람들은 이번 출정으로 대승을 거둘 것이라고 믿기는 했으나, 승리 이후에서 오히려 위태로운 상황이 꼬리를 물고 일어날지도 모른다고 우려하고 있었음이 틀림없다.

위나라 군사가 들이닥치자 촉한 조정을 장악하고 있던 황호는 그제야 놀라 당황하기 시작했다. 그는 서둘러 노장 요화를 답중으로 보내 강유를 지원하도록 하고, 다시 장익과 동궐 등을 양안관陽安關: 지금의 섬서 영강寧强 서북쪽으로 보내 방비를 강화하도록 했다. 아울러 도성 주위 요충지에 주둔하고 있는 수비 군사가 한성과 낙성으로 물러나 방어망을 치도록 했다. 하지만 누 군데 성에 있는 수비군은 모두 합쳐 1만여 명에 불과했다.

장익과 동궐은 북쪽으로 행군하여 음평에 도달했으나, 제갈서가 건위

建威로 출병했다는 소식을 듣고 음평에서 1개월 넘게 적군을 기다리느라 제때 양안관을 지원할 수 없었다. 이런 상황에서 종회는 대군을 이끌고 한중까지 치고 들어간 다음 군사를 나누어 낙성과 한성을 포위하는 한편 직접 군사를 이끌고 양안관 쪽으로 진격했다.

양안관의 요로를 지키고 있는 장수는 부첨傅僉과 장서蔣舒였다. 장서는 내심 촉한 조정에 불만을 품고 있었기 때문에 이번 전쟁에서 위나라와 맞붙을 생각이 없었다. 종회가 편사偏師 : 주력부대를 돕는 좌우 부대를 보내 공격하자 장서는 부첨에게 이렇게 말했다.

"장군은 출전하지 말고 성을 방어하여 공로를 세우시오. 나는 출전하여 적과 싸워 전공을 세우겠소. 각자 뜻에 따라 싸웁시다."

장서는 이렇게 말하고 자신의 군마를 이끌고 출전했다. 부첨은 장서가 성을 나가 위나라 군사와 싸울 것이라 여기고 별다른 방비책을 세우지 않았다. 그런데 뜻밖에도 장서는 성을 나서기가 무섭게 창을 거꾸로 잡고 적군에 투항했으며, 한 걸음 더 나아가 스스로 위나라 군사의 선봉에 서서 부첨을 공격했다.

촉한 조정에서 보냈다는 원군은 보이지 않고 얼마 전까지만 해도 동료였던 장서가 위나라에 투항한 상황에서 부첨은 결사 항쟁하였으나 끝내 중과부적으로 전사하고 말았다. 경극 〈망촉감亡蜀鑒〉은 바로 이를 소재로 한 것이다.

지혜롭게 음평을 넘어 검각을 지키다

종회가 한중을 공격할 당시, 위군의 또 다른 대장 등애는 군사를 이끌고 세 갈래 길로 강유姜維를 향해 진격했다. 제1로路는 강유의 영채를 공격하고, 제2로는 전면에서 강유를 차단하고 공격했으며, 마지막 제3로는 감송으로 곧장 진격했다. 그곳에서 강유의 퇴로를 막기 위함이었다.

강유는 답중에서 등애의 군대가 쳐들어오는 것을 보면서 종회가 한중으로 진격했다는 소식을 들었다. 무엇보다 성도의 안위가 걱정이었다. 그래서 즉각 본대 3만여 군사를 이끌고 동쪽으로 철수하여 음평까지 물러나려고 했다. 음평도는 감숙 남부에서 사천으로 진입하는 지름길이다. 위나라 군사가 계속 추격하자 쌍방은 격전을 벌였다. 하지만 등애는 강유를 견제할 수 없었다. 강유는 음평 교두까지 군사를 이끌고 왔다. 하지만 제갈서가 이미 군사를 매복시키고 그를 기다리고 있었다.

강유는 교두에 위나라 군사가 매복하고 있는 것을 눈치채고 일부러 북쪽으로 우회하여 제갈서의 배후를 치려는 듯 곧바로 동쪽으로 내달렸다. 병법에 나오는 성동격서 전술을 펼친 셈이다.

과연 강유가 예상한 대로 제갈서는 후방을 방어하기 위해 군사를 이끌고 교두에서 북쪽으로 30리를 진군했다. 강유의 공격을 막기 위함이었다. 하지만 강유는 그 틈에 신속하게 음평교를 건넜다. 제갈서가 속임수에 빠진 것을 알고 다시 돌아와 추격했으나 강유의 부대는 그림자조차 보이지 않았다. 제갈서의 부대는 북쪽으로 30리를 달려갔다가 다시 돌아와 왕복 60리를 오간 셈이었다. 이렇듯 두 다리가 부러지도록 열심히 뛰어다녔지만 결국 놓치고 말았다.

강유는 안전하게 음평까지 철수한 후 전열을 재정비하자마자 한중으로 달려갔다. 그러나 채 도착하기도 전에 종회가 양안관을 돌파했다는 소식을 들어야만 했다. 이로써 촉한은 중요한 장벽 하나를 잃고 말았다. 강유는 다시 남쪽으로 후퇴하던 중 요화, 장익, 동궐 등을 만나 군사를 합친 후 천연 요새라 할 만한 검각劍閣을 지키며 장차 닥칠 종회의 대군을 막아낼 준비를 했다. 검각은 사천 분지 북쪽 끄트머리에 있는 요충지로 사천과 섬서, 감숙 세 성이 만나는 곳이다. 워낙 험한 지형에 출입이 어려워 예로부터 '한 명만 지켜도 만 명을 막아낼 수 있다一夫當關, 萬夫莫開'라는 말이 있을 정도였다.

대군을 이끌고 촉군을 바짝 추격해 온 등애는 당시 음평에 도착했다. 등애는 정예병사를 선발하여 제갈서와 함께 강유江油를 통해 성도를 진격할 생각이었다. 그러나 제갈서가 군사를 이끌고 양안관으로 들어왔을 때, 그의 부대를 차지할 욕심을 가지고 있던 종회의 모함에 빠져 죄인의 몸으로 낙양으로 호송되고 말았다. 이리하여 제갈서의 부대는 전원 종회가 지휘하게 되었다.

강유는 검각에 도착한 후 험한 지형에 의지하여 철저한 방어 태세를 갖췄다. 검각은 수비하기는 쉬워도 공격하기는 몹시 어려운 곳이기 때문에, 한중에서 남하한 종회가 여러 차례 공격했음에도 불구하고 끝내 취할 수 없었다. 관건은 역시 군량이었다. 촉나라까지 군량을 운반하기에 길은 너무 멀고 또한 험했다. 시간이 흐를수록 위군의 상황이 심상치 않았다. 종회는 강유에게 서신을 보내 투항을 권유했다. 하지만 강유는 전혀 거들떠보지 않았다. 투항 권유조차 실패하자 남은 것은 강공強攻뿐인데, 강공은 필연적으로 엄청난 손실이 따르기 마련이다. 결국 종회는 철군을 준비했다.

하늘에서 내려온 병사들이 성도를 경악시키다

만약 종회가 정말로 철군했다면 역사는 또다시 바뀌었을 것이다. 하지만 종회가 검각에서 진퇴유곡의 상황에 처했을 때 등애가 기이한 계책을 내놓았다. 등애는 제갈서가 자신과 합세할 수 없음을 알고 독자적으로 음평에서 군사를 이끌고 700여 리를 행군하면서 산을 뚫어 길을 내고 물이 나오면 다리를 만들어 건넜다.

촉도蜀道는 산이 높고 계곡이 깊어 대단히 험하고 그만큼 위험했다. 등애의 군사들은 사전에 준비한 마른 양식마저 거의 떨어진 상태였다. 그런데다 앞에 험준한 고개가 우뚝 솟아 더 이상 진격하기가 어려웠다. 바로 마천령摩天嶺이었다. 병사들이 암담한 얼굴로 축 처져 있을 때 등애가 또 한 번 묘책을 내놓았다. 고개 서쪽에 있는 낭떠러지에 무기를 내던진 후 자신의 몸을 털가죽 옷으로 감싸고 아래로 굴러 내려가기로 한 것이다. 털가죽 옷이 없는 병사들은 각기 튼튼한 밧줄로 몸을 동여매고 나뭇가지를 붙들고 절벽 아래로 내려가도록 했다. 이리하여 험준한 고개를 넘어 마침내 검각 서쪽 강유江油에 도착했다. 현지 촉나라 군사들은 뜬금없이 적군이 나타난 것을 보고 간담이 서늘해져 그 즉시 항복하고 말았다.

등애가 강유를 점령했다는 소식이 전해지자 성도 사람들은 걷잡을 수 없이 동요하기 시작했다. 위나라 군사가 천연 요새 검각을 우회하여 촉한의 심장인 성도 근처까지 진격했다는 소식은 촉한 조정에 청천벽력과도 같았다. 촉한의 주력부대는 모두 검각에 있는 데다, 강유는 성도에서 엎어지면 코가 닿을 정도로 가까웠기 때문이다. 촉한 조정은 제갈첨에게 남은 군사를 이끌고 등애의 군사를 막아내도록 했다.

제갈첨의 부대는 부현涪縣에 도착한 후 더 이상 진군하지 않았다. 수하 여러 장수들이 제갈첨에게 신속히 험준한 요충지를 점거하여 위군이 평지로 진입하지 못하도록 하자고 건의했다. 그러나 애석하게도 제갈첨은 용병 면에서 부친인 제갈량에 한참 부족하여, 부하들의 건의가 정확했음에도 받아들이지 못했다. 결국 그가 보낸 선봉대는 등애의 공격으로 참패를 당하고 말았다.

제갈첨은 선봉대가 적군에게 당했다는 소식을 듣고 부현에서 100여 리 후방 면죽綿竹까지 철수하여 굳게 지켰다. 이리하여 등애는 별로 힘들이지 않고 촉한의 중요한 요충지 부현을 점령할 수 있었다. 촉한은 이로써 또 하나의 병풍을 잃은 셈이 되고 말았다.

면죽은 성도에서 불과 200여 리 떨어진 곳이다. 이곳마저 잃는다면 성도 함락은 기정사실이나 다를 바 없었다. 면죽까지 물러난 제갈첨은 그제야 자신이 전략적으로 큰 실수를 저질렀음을 깨달았다. 그가 장탄식하며 뇌까렸다.

"안으로 황호를 제거하지 못하고 밖으로 강유姜維를 제어하지 못했으며, 강유江油마저 지키지 못했으니 내가 지은 죄가 세 가지나 되는구나. 무슨 낯으로 돌아갈 수 있단 말인가?"

그래서 그는 '면죽에 주둔하면서 다리를 땅에 묻고 최후의 결전을 준비했다.'《원화군현도지元和郡縣圖志》권31 제갈첨은 이렇듯 병사들이 혹여 전투에 앞서 도망칠 것을 염려하여 장병들의 두 다리를 땅에 묻고 결사항쟁을 하도록 했다.

그럴 즈음 등애가 제갈첨에게 서신을 보내 투항을 권유했다. 투항한다면 낭야왕으로 삼도록 위나라 황제에게 표문을 올리겠다는 내용이었다. 하지만 제갈첨은 등애가 보낸 사자의 목을 베고 전열을 가다듬어 등애와 일전을 치르기로 작심했다. 등애가 자신의 아들을 보내 제갈첨과 싸우게 했으나 패하고 돌아왔다. 등애가 크게 노하여 아들을 질책하며 말했다.

"제갈첨과 싸워 이기지 못하면 내가 너를 죽이리라."

마지막 싸움에서 촉군은 위나라 군사에게 대패했고, 제갈첨과 그의 부하들은 모두 전사했다. 제갈첨의 아들 제갈상諸葛尙이 아비의 죽음을 보며 탄식하며 말했다.

"우리 집안의 조손 3대는 나라의 큰 은혜를 입었다. 하지만 일찍이 황호를 죽이지 못해 나라가 패망할 지경에 이르렀으니 살아 있은들 무엇하겠는가!"

그는 말을 마친 후 말을 몰아 적진으로 달려 나가 결국 전사하고 말았다. 제갈량과 제갈첨, 그리고 제갈상까지 제갈씨 3대는 죽는 순간까지 촉한을 위해 충성을 다했다.

항복이 즐거운가?

마침내 면죽마저 위나라 군사들이 점령했다. 제갈첨이 전사했다는 소식이 전해지자 성도 조정은 이미 공황 상태가 되고 말았다. 성도 인근에 더 이상 동원할 군사가 없었기 때문에 더욱 그러했다. 촉지는 비록 험한 곳이지만 면죽에서 성도까지는 분지盆地이기 때문에 방어에 용이한 요충지가 거의 없었다.

가장 큰 문제는 위나라 군사들이 이렇게 빨리 성도까지 진격할 것이라고 촉한의 군신들이 생각하지 못했기 때문에 전혀 준비 태세를 갖추지 못했다는 점이다. 백성들은 이미 두려움과 공포 속에 깊은 산중으로 도망쳤기 때문에 더 이상 동원할 인력조차 남아 있지 않았다.

후주 유선은 서둘러 군신들을 모아놓고 대책을 논의했다. 누군가는 오나라로 도망치자고 했고, 또 누군가는 남중南中 칠군산七郡山이 가파르고 험준하여 방어하기 좋으니 그곳으로 잠시 피신하자고 주장했다.

중설이 분분할 때 이른바 '촉중의 공자'라고 불리는 광록대부 초주가 유선에게 건의했다.

"예로부터 다른 나라에 기대어 천자로 있었던 이는 없습니다. 만약 오나라로 들어간다면 당연히 오나라의 신하로 복종해야 할 것입니다. 게다가 오나라는 위나라의 상대가 될 수 없으니 결국 위나라에 먹힐 것입니다. 그러니 누군가의 신하가 된다고 해도 작은 나라의 신하가 되는 것이 큰 나라의 신하가 되는 것만 못합니다. 또한 두 번씩이나 치욕을 받는 것은 한 번이면 족한 것만 못합니다. 만약 남쪽으로 피신한다면 일찍이 계책을 세워야만 제대로 될 수 있습니다. 지금 적군이 가까이 다가오고 인심이 불안한 상황에서 남쪽으로 내려가는 도중에 변란이 생길까 두렵습니다."

당시 조정의 여러 대신들은 맞서 싸울 생각은 아예 하지 않고, 혹시라도 성도에 거의 다가와 있는 등애가 투항을 받아주지 않으면 어떻게 할 것인가를 걱정하고 있었다. 그들이 초주에게 이에 대해 묻자 그가 이렇게 대답했다.

"그러지 않을 것입니다. 지금 오나라가 아직 위나라에 신복하지 않고 있습니다. 그러니 우리의 투항을 받아들이지 않을 수 없을 것입니다. 만약 우리가 투항한 후 그들이 폐하를 우대하지 않는다면 제가 직접 낙양으로 가서 옛 법도를 들어 따지겠습니다."

여러 대신들이 고개를 끄덕였다. 하지만 이때까지만 해도 유선은 투항할 생각이 없었다. 오히려 남중으로 피신할 생각이었다.

'남중은 상당히 험준한 곳이니 방어하기에 딱 좋다. 내가 그곳으로 간다면 비록 나라는 작다고 할지라도 여전히 천자 노릇을 할 수 있지 않겠는가!'

초주가 다시 입을 열었다.

"남방은 야만족의 땅입니다. 평시에도 조정에 세금을 낸 적이 없으며 오히려 반란을 일으키기 일쑤였습니다. 저들은 승상(제갈량)이 무력으로 위협하여 궁지에 몰린 후에야 겨우 조정에 귀순했습니다. 만약 우리가 남중으로 내려가 그들에게 위군과 맞서 싸우도록 한다면 틀림없이 반란을 일으킬 것입니다. 그들을 초무招撫 : 불러서 어루만져 위로함할 수는 있지만 그들에게 군사 비용을 내라고 하거나 출전하도록 시키기는 어렵습니다."

실제로 초주의 말은 이치에 맞았다. 이후 남명 영력제 주유랑朱由榔이면전_{緬甸} : 지금의 미얀마으로 피신한 적이 있는데 결국 초주가 말한 꼴이 되고 말았다. 유선이 그의 말을 듣고 그럴듯한지라 결국 투항하기로 생각을 바꾸었다. 그래서 시중 장소에게 옥새를 가지고 등애의 군영으로 보내 항복의 뜻을 전했다.

장소가 등애를 만나 자신이 온 뜻을 밝히자 등애가 크게 기뻐하며 유선의 투항을 받아들였다. 유선은 강유에게도 어지를 내려 종회에게 투항할 것을 명했다.

등애가 성도성 북쪽에 도착하자 유선은 태자와 제왕_{諸王}, 신하 등 60여 명을 이끌고 수레에 관을 싣고 자신의 손을 결박한 채로 등애의 군영으로 갔다. 등애는 부절을 가지고 군영 밖으로 나와 위나라 천자를 대신하여 유선의 포박을 풀어주는 한편 관목을 불태운 다음 유선을 군영 안으로 영접했다. 등애는 휘하 장수들에게 명하여 절대로 백성들의 재물을 강탈하거나 살인하지 말도록 하는 한편 투항하는 이들을 모두 받아들여 위무하도록 했다.

등애는 동한 대장 등우_{鄧禹}의 관례에 따라 사마소의 허락도 받지 않은 상태에서 전권을 발휘하여 여러 관리들을 제멋대로 임명하였다. 그는 유선을 표기장군, 태자를 봉거도위_{奉車都尉}, 나머지 제왕들을 부마도위로 배수하는 등 촉나라 군신들의 직위 고하에 따라 상응하는 관직을 주었다. 등애는 황호가 간사하고 교활한 인물이라는 것을 알고 있었기 때문에 그를 붙잡아 참수하려고 했다. 하지만 황호는 이미 등애의 측근들에게 뇌물을 주었기 때문에 겨우 목숨을 부지할 수 있었다.

강유는 제갈첨이 면죽에서 패배했다는 소식을 접하기 무섭게 군사를 이끌고 파중으로 진입하는 도중 뜻밖에도 유선이 보낸 투항 명령을 받았다.

촉한의 장병들은 황상이 투항했다는 소식을 듣고 분개하여 칼을 뽑아

돌을 내리쳤다. 하지만 천자가 이미 투항한 마당에 장수와 병사들이 어찌 칼을 내려놓지 않을 수 있겠는가? 촉한의 여러 군현과 요충지의 주둔 병사들도 유선의 명령에 따라 적군에게 투항했다.

논공의 와중에 반란을 일으킨 종회

유선이 조위에게 투항했다는 것은 건국 43년 만에 촉한이 완전히 멸망했다는 것을 뜻한다. 위나라가 일거에 승리를 얻게 된 데는 누구보다 등애의 공로가 가장 컸다. 그렇기 때문에 그는 자신의 전공을 뽐내며 기고만장해졌다.

등애가 촉나라 사대부들에게 말했다.

"그대들은 다행히 나를 만났기에 오늘이 있을 수 있는 것이지, 만약 동한 초기에 오나라나 한나라의 장수와 같은 이들을 만났다면 모두 주살되었을 것이오."

등애가 사마소에게 상소를 올려 현재 상황에 대한 자신의 견해와 향후 취해야 할 조치에 대해 이야기했다. 하지만 사마소는 등애가 주상이라도 되는 양 모든 일을 자기 주장대로 하려는 것에 불만이 많았다. 그래서 감군監軍 위관衛瓘을 통해 등애에게 경고의 메시지를 보냈다.

"이 일은 마땅히 먼저 보고해야 하니 즉시 시행해서는 안 되오."《삼국지 · 위서 · 등애전鄧艾傳》

어떤 일이든 나에게 먼저 보고하여 지시를 받아야 하거늘, 보고는 늦게 하고 지시부터 받으려고 하니 이거야말로 제멋대로 하자는 것이 아니고 무엇이겠느냐? 사마소의 말은 이런 뜻이었다.

사마소가 이렇게 질책하자 등애는 더욱 강정히게 대응했다.

"제가 명을 받아 출정하여 적을 무찔러 투항을 받아냈습니다. 저에게 항복한 장수들에게 관직을 수여하여 이제 막 귀의한 이들을 위로한 것은 당시 형세에 부합하는 조치였다고 생각합니다. 어떤 일이든 상부의 지시를 기다려야 한다면 서신이 오가는 동안 많은 시간을 허비할 뿐입니다."

등애가 조정과 격렬한 논쟁을 벌이고 있을 때, 촉을 정벌하는 데 나름 전공을 세운 종회는 또 다른 생각을 하고 있었다. 종회는 내심 할거하여 자신의 정권을 세울 야망을 가지고 있었기 때문에 처음부터 모반의 뜻이 있었다. 종회에게 투항한 강유는 종회가 이런 야심을 가지고 있다는 것을 눈치채고 조속히 반란을 일으키도록 부추겼다. 이를 기회로 촉한 정권을 되살리려는 뜻이었다. 그래서 강유는 종회에게 환심을 사면서 다른 한편으로 그와 사마소의 관계를 끊임없이 이간질했다. 종회 역시 강유의 재간을 높이 평가했기 때문에 두 사람은 곧 친한 사이가 되었다.

종회는 등애가 전공을 세웠다고 뽐내는 것을 보면서, 이를 기회로 위관과 합세하여 등애가 모반의 뜻이 있다고 밀고했다. 종회는 특히 다른 이들의 글씨체를 잘 모방했는데, 그가 등애의 상소문을 오만방자하고 자신의 공을 자랑하는 투로 뜯어고쳐 보냈다. 동시에 사마소가 보낸 회신을 받은 후 내용을 다시 고쳐 등애에게 보냈다.

얼마 후 위나라 조정은 등애를 체포하여 죄수용 수레에 태워 보내라는 조서를 내렸다. 사마소는 등애가 명령에 불복종할까 두려워, 종회에게 성도로 진군하도록 한 후 가충賈充을 파견하여 군사를 이끌고 야곡으로 들어가 돕도록 했다. 종회는 위관을 성도로 보내 등애를 체포하도록 했다. 그는 등애가 위관을 죽일 경우 이를 빌미로 등애의 죄를 물을 생각이었다.

위관은 휘하 군사가 그리 많지 않았다. 내심 종회의 의도를 알고 있었으나 그렇다고 명령에 불복종할 수는 없는 일이었다. 만약 그럴 경우 자신의 생명이 위태롭기는 마찬가지였기 때문이다. 그는 늦은 밤에 성도에 도착하여 등애의 부장에게 격문을 전달하고 말했다.

"나는 조서를 받들어 등애를 체포하기 위해 왔을 뿐이니, 나머지 사람들은 더 이상 죄를 묻지 않겠다. 너희들이 투항하면 이전에 촉을 평정할 당시와 마찬가지로 관직을 높여줄 것이되, 만약 복종하지 않는다면 삼족을 주살할 것이다."

새벽녘이 되자 등애의 부장들이 모두 위관에게 와서 보고하니 등애의 군영에는 남은 이들이 없었다. 날이 밝자 위관이 수레를 타고 등애의 군영으로 들어갔다. 등애는 아직 잠에서 깨어나지 않은 상태였다.

위관이 즉각 등애 부자를 체포하도록 명하고 곧바로 죄인 수레에 실었다. 등애의 부하들이 그 광경을 보고 수레를 공격하려고 했다. 위관은 전혀 두려워하지 않고 그들을 맞이하여 이렇게 말했다.

"제장은 섣불리 움직이지 말라. 할 말이 있으면 잘 의논하자. 여러 장수들은 니무 걱정하지 않아도 될 것이다. 내가 조정에 들어가서 등애 장군이 절대로 역심을 품은 것이 아님을 잘 아뢸 것이니 무사히 돌아올 수 있을 것이다."

등애의 부장들은 위관이 이렇게 말하자 그의 말을 믿고 더 이상 소란을 피우지 않았다.

종회의 난

등애가 체포되자 종회가 즉시 군사를 이끌고 성도로 진입했다. 종회는 수하에 위와 촉의 군사 12만여 명을 이끌었다. 그야말로 막강한 군사력을 확보한 셈이다. 그는 이를 토대로 자신의 왕국을 세우기 위해 위나라 조정에 반기를 들기로 결심했다. 그는 강유에게 5만 군사를 이끌고 야곡에서 출발하여 선봉에 서도록 하고, 자신은 나머지 대군을 이끌고 그 뒤를 따르기로 했다. 그는 장안에 도달한 후 기병은 육로로 보병은 수로로 진격하여, 보병은 위수에서 황하로 들어가면 5일 만에 맹진에 도달할 것이고, 이후 낙양에서 기병과 합세하면 능히 천하를 평정할 수 있을 것이라 여겼다.

하지만 사마소는 이미 일찍부터 종회의 야심을 간파하여 관련 부서에 조치를 취하도록 했다. 그는 중호군 가충에게 보병 1만 명을 이끌고 촉 땅으로 진군하여 낙성을 점령하도록 했으며, 그런 다음 자신이 친히 10만 대군을 이끌고 장안으로 진군하여 종회를 막아내기로 했다.

종회는 이런 사실을 알고 대경실색하여 자신이 짜놓은 계획이 성공할 수 없음을 깨달았다. 그는 즉각 부하들을 소집하여 이렇게 말했다.

"하루라도 빨리 행동에 옮겨야 할 것이다. 성공하면 천하를 얻을 것이고, 실패하면 촉 땅으로 물러나서 유비처럼 대업을 마련하면 될 것이다. 유비도 촉 땅에서 황제 노릇을 했는데, 나라고 어찌 못 할 것이냐?"

종회는 호군, 군수郡守, 아문기독牙門騎督 이상 관원들과 이전 촉나라 신하들을 모두 소집하여 성도의 조당朝堂에서 사마소 토벌을 선언했다. 그런 다음 관직을 수여하고 측근 장수들에게 군사를 이끌고 진격하도록 하는 한편, 소집한 모든 관원을 익주의 관서에 감금하고 성문과 궁문을 폐쇄하고 중무장한 병사들에게 지키도록 했다.

종회의 거사에 중요한 역할을 했던 위관은 병을 이유로 다른 사람들처럼 감금되지 않고 관사에 머물렀다. 종회 역시 그를 크게 신임하여 어떤 조치도 취하지 않았다.

상유는 종회에게 북방에서 온 장수들을 모두 죽이도록 한 후, 기회를 엿보아 종회를 살해하고 나머지 위나라 사병들도 모두 구덩이에 파묻어 몰살할 생각이었다. 그리하여 다시 유선을 옹립하여 촉한의 강산을 되찾겠다는 것이 그의 의도였다. 강유는 유선에게 비밀리에 서신을 보내 이렇게 말했다.

"폐하께서 며칠만 더 굴욕을 참으시기 바랍니다. 제가 사직에 닥친 위기를 제거하고 다시 평안하게 하여, 어두워진 해와 달을 밝히고자 합니다."

종회는 강유의 의견을 그대로 받아들여 위나라 장수들을 주살할 생각이었으나 차마 그러지 못하고 머뭇거렸다. 그러던 차에 소문이 퍼져 위나라 군사들이 불안에 떨며 어쩔 줄 몰랐다. 장수들마저 모두 감금된 상태에서 다음 차례는 자신들일 것이라는 우려가 점차 현실이 되고 있다는 생각이 들었기 때문이다. 마침내 위나라 장수 호연胡淵이 앞장서서 군사를 이끌고 달려 나가자, 다른 군사들도 약속이라도 한 듯 동시에 달려 나와 성도성으로 쳐들어갔다.

종회는 막 군막으로 들어와 병기며 갑옷을 벗으려던 차였다. 그때 수하 군사가 들이오더니 밖에서 불이 났는지 소란이 벌어졌다고 보고했다. 그런데 잠시 후 다시 보고하기를, 수많은 병사들이 성안으로 쳐들어온다는 것이었다. 놀란 종회가 강유에게 물었다.

"병사들이 반란을 일으킨 것 같은데 어찌하면 좋겠소?"

강유가 대답했다.

"당장 진압하시지요!"

종회가 병사들을 보내, 감금하고 있던 장수들을 모두 죽이라고 했다. 감금되어 있던 장수들은 책상으로 문을 막아 밖의 병사들이 들어오지 못하게 했다.

잠시 후 성 밖의 병사들이 사다리를 타고 성벽을 기어올라 성안으로 들어와 불을 질러내기 시작했다. 병사들의 고함 소리가 이곳저곳에서 울려 퍼졌다. 병사들은 개미처럼 무리지어 밀려 들어와 닥치는 대로 부수고 불을 질러댔다. 감금되어 있던 장수들은 지붕으로 빠져나와 사병들과 합세했다. 장수들이 참가하여 전열을 갖춘 병사들이 강유와 종회를 맹렬하게 공격했다.

강유는 종회와 함께 필사적으로 싸워 대여섯 명을 베었다. 하지만 중과부적으로 결국 전사하고 말았다. 강유의 처자식들도 반란군에게 목숨을 잃었다.

반란군은 성도에서 살인과 방화를 일삼아 성안이 거의 폐허가 되고 말았다. 위관이 서둘러 어지러운 상황을 평정하고 며칠이 지난 후에야 비로소 평온을 되찾을 수 있었다. 등애 본영의 병사들은 등애를 압송하고 있는 수레를 쫓아가서 등애를 성도로 다시 모시고 오려고 했다. 그러나 위관은 자신이 전에 종회와 공모하여 등애를 죽이려고 했기 때문에, 만약 그가 돌아오면 자신에게 좋을 것이 없다고 여겼다. 그리하여 면죽으로 군사를 보내 등애를 살해하도록 지시했다. 결국 등애는 아들과 함께 목이 달아나고 말았다. 낙양에 남은 등애의 가족들도 모두 위관에게 살해당했으며, 등애의 처와 손자는 외지로 추방되고 말았다.

촉을 멸망시킨 종회와 등애, 두 사람은 이렇듯 천수를 누리지 못하고 목과 몸이 서로 다른 곳으로 떨어지고 말았다. 위나라 사람들의 예언이 사실이 된 셈이다.

즐거워 촉이 그립지 않네

강유가 죽자 촉한 부흥의 실낱같은 희망마저 모두 사라지고 말았다. 강유는 비록 항장빼이 되면 했으나 자신을 알아준 제갈량의 은혜에 보답하기 위해 그야말로 온몸을 바쳤다고 해도 과언이 아니다. 그러나 그런 그도 자신이 한마음으로 받들고자 했던 후주 유선이 투항한 후에 했던 작태를 알았다면 죽어서도 결코 눈을 감지 못했을 것이다.

　유선은 투항한 후 온 가족을 이끌고 낙양으로 이사했다. 위나라는 유선을 안락공安樂公으로 봉하고 유선의 아들과 손자 및 여러 신하들에게도 후侯의 작위를 하사했다. 어느 날 사마소가 연회 자리를 마련하여 유선을 초청하고 예전 촉나라의 가무를 보여주었다. 유선 옆에 앉은 이들은 너 나 할 것 없이 애상에 젖어 슬퍼하는데, 유독 유선만은 평소처럼 태연하게 웃음을 띠며 즐거워할 뿐, 전혀 망국의 비통함을 못 느끼는 듯했다. 사마소가 그 모습을 보면서 도무지 이해할 수 없다는 듯한 얼굴로 가충을 보며 말했다.

　"어찌 사람이 저리도 무정할 수 있는가! 만약 제갈공명이 살아 있다고 할지라도 저런 자를 온전히 보좌할 수 없을 것인데, 하물며 강유가 어찌 도울 수 있었겠는가?"

　며칠 후 사마소가 유선을 만나 물었다.

　"어떠시오? 서촉이 그립지 않으시오?"

　유선이 대답했다.

　"이렇게 즐거우니 촉은 전혀 그립지 않습니다."《삼국지 · 촉서 · 후주전》 주에 인용된《한진춘추》

　촉한의 신하 한 명이 그들의 대화를 듣고는 가만히 유선 곁에 가서 말했다.

　"이후에 사마소가 다시 묻거든 울면서 '선조의 무덤이 멀리 촉 땅에 있어 언제나 서쪽만 바라보면 비통하여 하루도 촉을 생각하지 않은 적이 없습니다'라고 말하십시오. 그런 다음에 두 눈을 꼭 감고 우는 척하십시오."

　과연 며칠 지난 후에 사마소가 또 나서 그에게 물었다.

　"안락공께서는 자못 촉이 그리우시겠습니다그려."

그가 묻자 유선은 억지로 눈물을 흘리려고 애썼다. 하지만 아무리 애써도 눈물이 나오지 않았다. 그래서 이번에는 눈을 질끈 감고 말했다.

"아이고, 선조의 무덤이 촉 땅에 있어 언제나 서쪽만 바라보면 비통하여 하루라도 빨리 촉으로 돌아갈 생각뿐입니다."

사마소가 그의 말을 다 듣고는 빙긋 웃으며 다시 물었다.

"왠지 지금 하신 말씀이 누군가가 알려준 것 같소이다."

유선이 놀라 눈을 크게 뜨며 말했다.

"다른 이가 알려준 것인데, 공께서 어찌 아셨소?"

사마소와 좌우에 있던 이들이 모두 껄껄거리며 웃었다.

이후 당대 시인 유우석劉禹錫이 촉나라 선주 유비의 사당을 지나는 길에 이런 시를 한 수 썼다.

천지간에 영웅의 기개
오랜 세월 지나도 여전히 늠름하여라.
세력은 천하를 셋으로 나누었고
공적은 한나라 명성을 회복했네.
승상을 얻어 나라를 세웠는데
아들은 아비의 현명함을 본받지 못했더라.
처량하구나, 촉의 옛 기녀
위나라 궁전에서 춤을 추게 되다니.*

天地英雄氣
千秋尚凜然

---

* 오수전五銖錢은 한조의 동전이다. 따라서 '업복오수전'은 유비가 한실의 대업을 회복한 것을 말한다. '득상능개국'은 제갈량을 말하고, '생아불상현'은 유선을 말한다. ─ 역주

勢分三足鼎

業復伍銖錢

得相能開國

生兒不象賢

淒涼蜀故妓

來舞魏宮前

_ 유우석, 〈촉선생묘蜀先生廟〉

분명 유선에게 보여주었던 촉의 가무는 촉나라 출신 기녀가 춘 것일
터다. 어찌 알았겠는가? 촉의 기녀가 후주 유선을 위해 위나라 궁전에서
춤을 추게 될 줄을.

혹자는 유선이 즐거워하며 촉을 그리워하지 않은 것이 오히려 그의 총
명함을 드러내는 것이라고 말하기도 한다. 사실 유선은 그리 멍청한 임
금이 아니었다. 예전에 제갈량도 그가 똑똑하다고 칭찬한 적이 있다. 다
만 너무 오랫동안 다른 이들의 그림자에 가려져 있었기에 그리되었는지
모른다. 우선 제갈량이 그러하고 이후에는 장완, 비의, 동윤, 강유, 심지
어 황호에 이르기까지 모든 이들이 그에 앞서 일처리를 해주었으니, 그
저 여색이나 밝히고 호의호식하는 군주가 될 수밖에 없지 않았겠는가?

만약 유선이 남당南唐의 후주인 이욱李煜과 마찬가지로 매일 시사詩詞
를 지으며 자신의 옛 나라를 그리워했다면 아마도 그의 생명은 눈 녹은
춘강에 어느 결에 실려 갔을지도 모를 일이다. 여하간 유선은 투항한 후
에도 수년간 부귀영화를 누리다가, 서기 271년 진 무제 사마염司馬炎이
재위하던 시절 낙양에서 세상을 떠났다

촉한이 투항하면서 삼국정립의 판세는 더 이상 존재할 수 없었다. 위
나라는 더욱 강대해졌다. 당연히 당시 위나라는 더 이상 조비 시대의 조

위가 아니었다. 촉한이 멸망하고 겨우 2년 만에 위나라는 정권이 바뀌었
다. 도대체 무슨 일이 일어난 것일까?

48강 조바람 앞의 위나라

서기 263년, 위나라가 촉한을 멸망시키자 천하의 판도가 크게 달라졌다. 원래 삼국정립이었던 것이 위와 오, 두 나라가 남북으로 대치하는 상황으로 바뀐 것이다. 이리하여 강약이 더욱 분명해지자 오나라 군신들은 몹시 두렵고 당황스러웠다. 이전까지만 해도 오와 촉이 합세하여 강적인 위나라를 대처했는데, 이제 촉한이 망하고 동남쪽 한구석에 동오만 남아 막강한 위나라를 대적해야 하니 과연 얼마나 버틸 수 있을 것인가? 이런 상황에서 위나라가 명패를 바꿔 달았다. 사람은 예전 그 사람이 분명한데, 더 이상 위魏가 아니라 진陳으로 국명이 바뀐 것이다. 과연 무슨 일이 일어난 것일까?

하후패, 촉으로 가다

서기 249년, 조위 종실 조상은 사마의가 의도적으로 병을 가장하고 있음을 간파하지 못했다. 조상이 낙양을 비운 틈을 타 사마의가 병든 고양이에서 맹호로 돌변하여 정변을 일으켜 순식간에 조상 집단을 모조리 쓸어버렸다. 조상의 죽음은 위나라 종실에 엄청난 충격을 가져왔다.

위나라 우장군 하후패는 조상의 사촌 형이다. 그의 부친 하후연은 조위의 개국공신으로, 전투에서 황충에게 피살되었다. 하후패는 언젠가 부친의 보복을 하겠노라고 작심했다.

당시 하후패는 정촉호군征蜀護軍으로 농서에 주둔하면서 정서장군의 지휘를 받았다. 정서장군은 하후현으로, 하후패의 조카였다. 조상이 주살된 후 사마의는 하후현을 경성으로 불러들이고 대신 옹주자사 곽회에게 그의 직책을 맡겼다. 사마의가 그렇게 한 것은 조씨와 하후씨가 연합하여 사마씨에게 대항하는 것을 사전에 막기 위함이었다. 조씨와 하후씨는 본래 같은 덩굴에 매달린 두 개의 오이나 한 가닥 줄에 매인 두 마리 메뚜기처럼 같이 살고 같이 죽는 관계였다.

하후패는 평소 곽회와 반목하고 있었는데, 자신이 기대고 있던 조상이 거꾸러지고 집안사람들도 모두 사마의로 인해 실권을 잃게 되자 다음 차례는 바로 자신이라는 생각이 들어 적지인 촉한으로 도망치고 말았다.

하후패가 촉한으로 오자 유선은 신이 났다. 위국의 종실이자 명장인 자가 투항했으니 그야말로 경사가 아니겠는가? 유선이 하후패에게 말했다.

"예전에 그대의 부친은 교전 중에 전사한 것이지, 나의 선조가 죽인 것이 아니오."

말인즉, 촉나라는 하후패 당신의 부친을 죽인 원수지간이 아니니 괜히 나를 원망하지 말라는 뜻이다. 유선은 하후패를 거기장군으로 임명했다. 자신의 장인인 장비와 동급인 셈이다.

한번은 강유가 하후패에게 이렇게 물은 적이 있다.

"사마의가 현재 위나라 조정을 잡고 있는데, 장군이 보시기에 다른 나라를 정벌할 의도가 있는 것 같소이까?"

하후패가 대답했다.

"사마의는 지금 국내 정수를 정리하느라 정신이 없을 것이니 내외 정벌은 돌아볼 여유가 없을 것이오. 하지만 종사계鍾士季: 종회란 인물이 있소이다. 비록 나이는 젊지만 만약 그에게 조정을 맡긴다면 장차 오와 촉에 큰 우환이 될 것이외다."

종사계는 상서랑 종회를 말한다. 촉한을 멸망으로 이끈 사람이 바로 종회와 등애 두 사람이다. 이후 역사는 하후패의 말이 사실임을 증명했다.

시작조차 못한 반란

조상이 죽은 후 조씨 종족의 세력이 크게 약화되고 대신 사마씨 가문의 역량이 날로 커져갔다. 당시 조씨와 하후씨는 사마씨의 압박을 받고 있는 데다 하후패가 촉에 투항하자 조위의 옛 신하들이나 조상과 관계가 좋은 장수들조차 심히 불쾌한 심정을 숨기지 않았다.

연주자사인 영호우令狐愚는 사공 왕릉王淩의 생질이다. 삼촌과 조카 두 사람이 병권을 쥐고 회남 지역의 군정을 맡았다. 그들은 조씨 정권이 사마의의 수중에 놀아나는 것을 보면서 은밀하게 초왕楚王 조표曹彪를 황제로 옹립하여 허창으로 영접할 계획을 짰다. 영호우는 비밀리에 소표에게 전갈을 넣었다.

하지만 왕릉의 아들이 반대하고 나섰다.

"큰일을 하려면 마땅히 인정세태를 살피지 않을 수 없습니다. 조상은 백성들의 지지를 얻지 못하고 그의 수하들은 그저 명리만 좇을 뿐이었습니다. 그래서 그들이 실패하자 아무도 그들을 위해 슬퍼하지 않은 것이지요. 사마의의 본심이 무엇인지 당장 추측하기는 어렵습니다만, 그는 어질고 능력을 갖춘 이들을 선발하고 널리 인재를 모았으며, 하루 종일 자신의 업무에 충실하면서 백성을 편안히 위로하는 것을 급무로 삼았습니다. 부자와 형제가 계속해서 병권을 잡고 있으니 지금 당장 그를 전복시킨다는 것은 그리 용이한 일이 아닙니다."

왕릉의 아들이 한 말은 모두 사실이었다. 사마의는 민심을 얻은 데다 무장 병력을 장악하고 있으니 결코 쉽게 대처할 수 없었다. 민심을 얻은 자는 천하를 얻을 것이고, 정권은 총칼에서 나온다고 하지 않았던가! 하지만 왕릉은 아들의 말이 귀에 들어오지 않았다. 오직 초왕 조표를 황제로 옹립하려고 애썼다. 하지만 그들이 한창 밀모하던 중 영호우가 병사하고 말았다.

혼자 남은 왕릉이 본격적으로 착수하기도 전에 누군가 밀고하여 발각되고 말았다. 사마의가 왕릉을 토벌하기 위해 수군을 보냈다.

대군이 출발하기 전, 사마의는 왕릉을 안심시키기 위해 칙령을 내려 황제의 명의로 왕릉의 죄를 사면한다고 말했다. 그런 다음에 다시 왕릉에게 서신을 보내 이렇게 말했다.

"그대와 나는 이미 오래전부터 알고 지내는 사이인데 내가 그대를 어찌하겠소? 그대는 안심하시고 회남에서 기다리시오."

하지만 얼마 후 사마의는 친히 대군을 이끌고 쳐들어갔다. 왕릉은 대군이 밀물처럼 쳐들어오는 것을 보고 그제야 대세가 이미 기울었음을 알고, 혼자 배를 타고 사마의를 영접하러 가서 자신의 관인과 부절을 보내 투항의 뜻을 밝혔다. 사마의의 군대가 구두丘頭에 도착하자 왕릉은 스스로 자신의 두 손을 포박하고 사마의 앞에서 무릎을 꿇었다.

사마의가 사람을 보내 왕릉의 포박을 풀어주었다. 왕릉은 이것으로 완전히 사면되고 사마의와 예전처럼 오랜 교우 관계를 지속할 수 있을 것이라고 생각했다. 하지만 사마의는 그것으로 끝이었다. 그는 왕릉이 직접 오겠다는 것을 막았다.

왕릉은 어쩔 수 없이 회하에 배를 멈추었다. 사마의의 배와 10여 장丈 정도 떨어진 곳이었다. 왕릉이 멀리서 사마의를 향해 소리쳤다.

"서신을 보내 오라 하여 이렇게 왔는데 어찌하여 대군을 이끌고 내려오셨소?"

사마의가 대답했다.

"네가 낙양에 오지 않겠다 하여 내가 군사를 이끌고 왔도다."

"나를 속였구나!"

"나는 너를 속일망정 절대로 국가를 속이진 않는다."

사마의는 이렇게 말한 후 즉시 군사 600명을 보내 왕릉을 체포한 후 경사 낙양으로 압송토록 했다.

왕릉은 사마의가 자신을 어떻게 처리할지 답답하기만 했다. 분명 내가 지은 죄를 사면한다고 말했는데, 어찌하여 나를 압송하는가? 도대체 저자의 의도는 무엇인가? 그는 사마의의 진짜 의도를 알아보기 위해 관을 박는 못을 보내달라고 했다. 사마의가 과연 자신을 죽일지 여부를 살피기 위함이었다. 그런데 뜻밖에도 사마의가 못을 보내왔다. 이제 그의 의도가 명확해졌다. 용납할 수 없다는 뜻이다. 왕릉은 자신이 더 이상 살 수 없음을 알고 스스로 목숨을 끊었다.

영호우와 왕릉의 모반은 시작하기도 전에 실패로 끝나고 말았다. 사마의는 이와 관련된 자들의 삼족을 멸함으로써 이번 사건을 철저하게 마무리지었다. 또한 그는 왕릉과 영호우의 무덤을 파헤쳐 3일 동안 폭시暴尸: 묻지 않고 들판에 내버려 둠하고 이후 맨몸만 묻었다.

조표 역시 사마의에게 피살되었다. 사마의는 이를 기회로 삼아 조위의 수많은 왕공 귀족을 체포하여 업성으로 보내는 한편 외부와의 왕래를 금지했다. 이리하여 조위의 종실은 더욱더 쇠약해질 수밖에 없었다.

인심을 얻은 대장군

사마의는 사건을 마무리한 후 나이가 들어 세상을 떴다. 사마의는 죽었지만 사마씨는 건재했다. 사마의의 장자인 사마사가 아비의 뒤를 이어 대장군에 올랐다.

사마사는 젊은 시절부터 명성이 자자했다. 《진서》에 따르면, 문아文雅하고 풍채가 있으며 침착하고 강인한 의지에 큰 도략을 지녔다. 젊은 시절부터 명예를 날렸다. 명사 하안도 사마사를 존중하여 사람들에게 이런 말을 했다.

"천하의 대업을 이룰 수 있는 사람은 사마자원, 바로 그일 것이오."

조상을 살해하기 위해 모의할 때도 사마의는 항상 사마사와 상의했으니 사마의도 그의 능력을 인정한 셈이다. 사마사는 자신을 위해 언제라도 죽을 수 있는 사병 3,000명을 육성했다. 그들은 평상시 민간에서 일상생활을 하면서, 유사시에 사마사가 소집하면 즉각 모일 수 있도록 만반의 준비를 갖추었다. 다른 이들은 그들의 존재조차 알지 못했다. 사마사의 주도면밀한 면을 엿볼 수 있는 부분이다.

사마사는 특히 인심을 얻는 데 주력했다. 한번은 제갈탄이 그에게 촉나라를 공격할 계책을 제안한 적이 있다. 하지만 당시 사마사는 동오 공격을 계획하고 있었기 때문에 받아들이지 않았다. 그의 의도대로 동오를 공격했으나 크게 실패하고 말았다. 조신들이 전쟁에 참패한 문제를 가지고 의견이 분분한 상태에서, 부장部將들에게 책임을 물어 파면해야 한다고 주장했다. 하지만 사마사는 달랐다.

"내가 공휴公休 : 제갈탄의 자의 말을 듣지 않아 이런 지경에 이른 것이오. 모두 내 잘못이지, 여러 장수가 무슨 죄가 있겠소이까?"

그는 군신들이 모인 자리에서, 패전한 장수들에게 더 이상 책임을 추궁하지 않을 것이며, 자신의 동생인 사마소 한 사람만 작위를 낮추는 것으로 끝내셨다고 신언했다. 일밀 나위 없이 여러 시럼들이 그를 미요 근경하게 되었다.

한번은 이런 일도 있었다. 옹주자사 진태陳泰가 병주의 병력과 합세하여 호인을 토벌할 것을 요청하자 사마사도 동의했다. 그런데 군사를 집합시키기도 전에 옹주와 병주의 호인들이 반란을 일으켰다. 그러자 이번에도 사마사는 모든 책임을 자신에게 돌리고 조정에 사죄했다.

"이는 나의 잘못이지, 현백玄伯 : 진태의 자의 책임이 아니외다. 그는 전혀 관계가 없소."

당연히 조정의 문무 대신들은 또 한 번 사마사에게 진심으로 탄복했다. 하지만 그가 이렇듯 인심을 얻고자 했던 근본 목적은 바로 조위의 강산을 탈취하는 것이었다.

사마사가 대권을 장악한 후 조정에서 본격적으로 정치 숙청을 단행하여, 자신의 명령에 불복종하는 이들을 차례차례 살육했다. 그 가운데 가장 큰 일은 위나라의 중서령 이풍을 살해한 것이었다.

미꾸라지도 빠져나가지 못하다

이풍李豐은 전형적인 원로 정객으로, 어떤 어려운 일이 있을지라도 언제나 미꾸라지처럼 잘 빠져나갔다. 사마의와 조상이 집정하던 시절 그는 상서복야를 맡고 있었다. 당시 사람들이 조신들 몇몇을 평가했다.

"조상의 기세는 탕처럼 뜨겁고, 태부 부자는 죽처럼 차가우며, 이풍 형제는 흐르는 빛과 같다."

당시 사람들도 그가 윤활유처럼 매끄럽다고 생각했던 것이다.

이풍은 평상시 자주 병가를 내고, 남들이 조정에 나가 있을 때 집에서 편안하게 쉬었다. 당시 위나라의 규정에 따르면, 관원이 병가를 내고 100일이 꽉 차면 퇴직을 해야만 했다. 이풍은 이를 알고 90여 일 병가를 낸 다음 며칠 동안 출근하고 다시 90여 일 동안 병가를 냈다. 교묘하게 규정의 빈틈을 노린 셈이다. 그러니 제재를 가하려 해도 규정에 어긋나는 것이 아니니 딱히 어쩔 수 없었다. 조상과 사마의가 한창 권력 투쟁에 돌입했을 때 그는 어느 쪽도 편들지 않고 관망했다. 사실 그는 어느 쪽이든 이기는 쪽에 붙고자 했다. 그렇지만 그는 조상 집단과 더욱 친밀한 관계를 유지하고 있었다.

조상이 죽었지만 사마의도 이풍을 어떻게 처리하기 힘들어 계속 중서령으로 남겨놓았다. 당시 중서령이란 직책은 그리 높은 것은 아니었으나 황제 신변에서 기밀을 담당하고 있기 때문에 실질적인 권한이 상당했으며, 때로 고관의 임면에 영향을 미칠 수도 있었다. 그가 황상 앞에서 몇 마디를 건네면 누군가는 파면되고 또 누군가는 영전할 수도 있었다는 뜻이다. 이풍의 아들은 위 명제의 딸을 아내로 맞이했기 때문에 황친국척이라 할 수 있었다. 이러한 배경하에서 이씨 부자는 황상의 측근에서 작은 집단을 형성했다.

조상은 재위할 당시 자신과 반목하던 곽태후를 내쳤다. 하지만 사마의가 고평릉 정변을 발동할 때 내건 것은 곽태후의 깃발이었다. 태후의 명에 따라 조상을 내쳤다는 뜻이다. 조상이 죽자 곽태후의 세력이 커진 것은 당연하다. 이리하여 곽태후와 사마사 사이에 낀 황제 조방은 이내 꼭두각시로 전락하고 말았다. 이런 차에 이풍은 황상과 모의하여 사마사 제거 준비에 착수했다.

태상 하후현은 위나라에서 위세와 명망이 대단했다. 하지만 조상과 친척이란 관계 때문에 고위급에 오르지 못한 터라 울적한 나날을 보내고 있었다. 황후의 부친인 장집張緝 또한 당시 면직되어 집 안에 머물면서 사마사에 대한 불만이 가득 차 있었다.

이풍은 하후현, 장집과 매우 신밀했다. 사마사는 자신이 이풍의 마음을 얻었다고 생각했으나 이풍은 오히려 하후현과 가까웠으며, 하후현이 사마사 대신 보정대신에 올라야 한다고 생각했다. 이풍은 황제를 알현한다는 명분을 내세워 자신의 동생이 군사를 이끌고 경사로 올라가 도성을 점령할 계획을 짰다.

이풍이 중서령으로 2년 동안 황궁을 드나들 때 황상이 여러 차례 그를 만나 비밀리에 거사를 준비했다. 사마사도 그들이 자신에 대해 뭔가를 꾸미고 있다는 사실을 알고 있었다. 이미 궁성 안에 사마소의 눈과 귀가 가득했기 때문이다. 황상이 무엇을 하는지 제일 먼저 사마사가 알 정도였다.

사마사가 이풍을 불러 이렇게 물었다.

"하루 종일 황상에게 드릴 말씀이 많은 것 같던데, 도대체 뭘 생각하시는 것이오? 혹 나를 두고 이야기하는 것은 아니시오?"

이풍은 당연히 펄쩍 뛰며 아니라고 말했다. 이럴 때는 대충 얼버무리고 내빼는 것이 상책이었다. 그래서 오늘은 시간이 없으니 내일 다시 이야기하자고 말했다. 그의 말이 오히려 사마사의 화를 돋우고 말았다. 사마사는 그를 그냥 놔두어서는 안 되겠다는 생각이 들었는지, 즉시 시위가 들고 있던 환도를 빼앗아 이풍의 머리통을 향해 휘둘렀다. 이풍은 즉사했다.

한조의 칼은 환수대도環首大刀로 위에 상당히 큰 쇠고리가 달려 있는데 쇠로 만들었기 때문에 한 대 맞으면 즉사할 수 있다. 《삼국연의》에는 무장들이 검을 차고 있다고 했는데, 사실 이는 틀린 말이다. 삼국시대에 무장들이 차고 있는 것은 도刀이고 문관만 검劍을 패용했다. 문관의 검은 그냥 차고 있는 것일 뿐, 실제 사용하기 위함이 아니다.

사마사는 이풍을 살해한 후 연이어 그의 아들과 하후현, 장집 등을 체포하여 정위에게 넘겼다. 심문 결과, 이풍 등이 황제를 끼고 대장군을 주살한 후에 하후현을 대장군으로 삼고 장집을 표기장군으로 삼으려고 했다는 사실이 밝혀졌다.

사마사는 황제에게 보고도 하지 않고 황상의 이름을 빌려, 하후현과 장집은 물론이고 그들과 관련이 있는 이들 전원의 삼족을 멸하라는 명을 내렸다. 이전에 하후패가 촉한으로 도망칠 때 하후현에게 함께 가자고 권한 적이 있었다. 하지만 하후현은 그의 말을 듣지 않았다. 애석하게도 그는 위나라에서 자신을 기다리는 것이 죽음뿐이라는 사실을 전혀 알지 못했던 것이다.

못생긴 신부에게 놀라 달아난 신랑

사마사가 이풍을 살해한 후 또다시 대대적인 살육이 벌어졌다. 위나라 조씨와 하후씨 가문의 역량을 꺾어버리기 위함이었다. 위나라 중령군 허윤許允은 평소 이풍, 하후현과 관계가 좋았다. 그와 관련하여 아주 흥미로운 이야기가 전해진다.

허윤은 완씨阮氏 집안의 여식을 아내로 취했다. 신혼 첫날밤 초례청에 들어간 그는 신부가 평생 한 번도 보지 못한 추녀라는 것을 알고 대경실색했다. 옛날에는 혼사를 치르기 전까지 신부 될 사람의 얼굴을 보지 못하고 첫날밤에 처음 보는 일이 대부분이었다. 허윤은 얼마나 놀랐는지, 신도 제대로 신지 못하고 줄행랑을 놓았다.

환범이 허윤을 불러 말했다.

"완씨 집안의 못생긴 여식이 너에게 시집을 왔다면 필시 이유가 있을 것이다. 다시 한 번 만나 잘 살펴보거라."

허윤이 그의 말을 듣고 신방으로 다시 들어갔는데, 신부의 모습을 보고 또다시 내빼려다 그만 신부에게 잡히고 말았다. 허윤이 발버둥 치면서 그녀에게 물었다.

"부녀자에게는 네 가지 덕이 있소이다. 덕행과 언어, 용모와 공적이 그것이지요. 그대는 이 네 가지 가운데 몇 가지나 부합한다고 생각하시오?"

신부가 대답했다.

"저에게 부족한 것은 용모뿐, 덕행과 언어, 공적은 전혀 문제가 없습니다. 제가 듣자 하니 독서인은 백행百行이 있다고 하는데 서방님은 몇 개나 부합되시는지요?"

허윤이 자신 있게 대답했다.

"나야 모든 것을 구비하고 있지요."

그러자 다시 신부가 입을 열었다.

"백행 가운데 덕이 으뜸인데, 서방님은 여색을 좋아할 뿐 덕은 좋아하지 않으시니 어찌 모두 구비했다고 하십니까?"

허윤이 그녀의 말을 듣고는 말문이 막혀 아무 말도 하지 못했다. 그제야 그는 아내가 비록 얼굴은 못생겼으나 대단히 총명한 여인이라는 느낌이 들었다. 이후 두 사람은 부부의 연을 맺고 화목하게 살았다.

이풍 사건이 발생했을 때, 하후현이 장차 대장군 자리에 오르고 허윤은 태위가 될 것이라고 했다. 그래서 사건이 사전에 발각되어 이풍이 죽임을 당한 후 허윤도 연루되어 진북장군으로 쫓겨나고 말았다. 허윤이 이전에 황상을 옆에서 모셨기 때문에, 황제가 조령을 내려 송별연을 베풀고 여러 신하들을 모이도록 했다. 송별회에서 황상이 특별히 허윤을 옆으로 불러 이야기를 나누었다. 허윤이 하염없이 눈물을 흘리며 황제에게 마지막 작별 인사를 하고 차마 떨어지지 않는 발걸음을 뗐다. 사마사가 보니 영 기분이 언짢았다.

허윤이 경사를 떠나기 직전 누군가 그가 이전에 공금을 남용했다고 고발했다. 삼공이 공금을 횡령했다는 것은 작은 일이 아니었다. 사마사는 즉시 그를 체포하여 정위에게 처리하도록 했다. 얼마 후 그는 낙랑樂浪,

지금의 요동으로 압송되다가 중도에 목숨을 잃고 말았다. 스스로 백행을 갖추었다고 자부하던 허윤은 이렇게 죽고 말았다.

황제에서 제왕齊王으로 전락하다

이풍이 죽임을 당하고 사마사가 이를 기회로 삼아 대대적인 학살극을 펼치자 황상 조방은 울분을 참지 못했다. 위나라 황제 조방은 이미 성인으로 나라 형편이 어떻게 돌아가고 있는지 분명하게 이해할 나이였다. 그는 사마사의 동생 사마소를 경사로 불러들여 촉나라 강유의 공격에 대비하도록 할 작정이었다.

사마소가 부대를 이끌고 낙양 부근에 이르렀을 때 조방이 평락관平樂觀에 올라 부대를 사열하고자 했다. 앞서 누군가 황상에게 이런 계책을 올린 적이 있었다.

"사마소가 출정 보고를 할 때 그를 살해하셔야 합니다. 그런 다음 그의 부대를 이끌고 사마사를 치는 것이지요."

밑에 있는 사람이 조서까지 다 꾸몄으나 심약한 조방은 끝내 실행에 옮기지 못했다.

조방은 행동을 취하지 못했으나 사마사는 달랐다. 사마소는 황제가 수하 몇 명과 더불어 자신들을 제거하려고 한다는 첩보를 이미 들은 바 있었다. 그래서 부대를 데리고 온 기회에 선제공격을 가해 황제를 폐출하기로 마음먹었다. 서기 254년, 사마사가 군신들을 소집한 후 황태후의 명의를 빌려 황제 폐위에 관해 말했다. 황제 조방이 황음무도하게 후궁이나 넘보고, 실내나 청사나 배우들의 공인이니 놀리며, 인륜의 이어기 남녀의 절도를 어지럽히고 패륜이 심하여, 천자의 적통을 잇고 종묘를 받드는 것이 불가능하기 때문에, 황위를 내놓고 제齊나라로 돌려보낸다는 것이었다.

황태후의 명이라 하였으나 당연히 핑계일 뿐이니, 사마사의 막강한 권세와 위세 앞에 감히 어느 누가 반기를 들겠는가? 조신들은 너 나 할 것 없이 이구동성으로 황제의 옥새를 몰수하고 조방을 제왕으로 격하하여 고향으로 보낼 것을 상주했다. 사마사는 곽지郭芝를 입궁시켜 조정의 결정을 곽태후에게 알렸다. 곽지는 태후의 숙부였다.

곽태후는 때마침 황상과 함께 담소를 나누고 있었다. 곽지가 황상에게 말했다.

"대장군이 폐하를 폐위하고 팽성왕彭城王 조거曹據를 황제로 세우고자 합니다."

조방은 그의 말을 듣고 이미 대세가 기울었음을 인지했다. 내심 올 것이 왔다는 생각이 들었는지 벌떡 일어나 나갔다.

하지만 곽태후는 사마사의 전횡이 영 마음에 들지 않았다. 권력이라면 자신도 만만치 않다는 것이 그녀의 생각이었다. 사실 누가 황제가 되든 자신은 아무 관계 없었다. 하지만 사마사가 자신에게 사전에 허락도 받지 않고 일을 저지른 것이 괘씸했던 것이다.

"나는 동의하지 않소."

그녀의 입에서 뜻밖의 말이 튀어나왔다. 곽지가 놀라 태후에게 말했다.

"태후께서 자식을 잘못 가르쳐서 그러한 것 아니겠습니까? 대장군의 뜻이 이미 정해졌고, 또한 병사들을 이끌고 만약의 사태에 대비하고 있습니다. 그저 그의 뜻을 따르는 것이 좋을 듯합니다."

"내가 직접 대장군을 만나고 싶소. 할 말이 있소이다."

태후의 말에 곽지가 더욱 강력하게 주장했다.

"만나서 뭘 하시렵니까? 서둘러 옥새와 인수나 가지고 오라고 하십시오."

결국 곽태후도 뜻을 꺾고 옆에 있는 시종에게 옥새를 가져오라 시켰다.

곽지가 돌아가 사마사에게 건네니 그의 얼굴에 웃음꽃이 피었다. 그는 곧바로 사람을 보내 제왕의 인수를 조방에게 보내고 당장 서궁으로 이사하도록 했다. 조방은 이리하여 졸지에 제왕帝王에서 제왕齊王으로 전락하고 말았다.

사리를 분별할 줄 아는 어린 황제

사마사가 조거를 황제로 세울 것을 상주했다. 사자가 태후에게 와서 황제의 옥새와 인수를 조거에게 인계할 것을 요청하자 태후가 말했다.

"팽성왕은 나의 숙부이시다. 이제 그가 천자가 되면 나는 어쩌란 말이냐? 게다가 명황제 조예는 당장 후사가 단절된다는 말이냐? 고귀향공高貴鄕公 조모曹髦는 문황제의 장손이시고 명황제의 조카이니, 소종小宗이 대종大宗의 후사를 잇게 하는 예법이 타당하리라 생각한다. 경들은 이에 대해 다시 한 번 논의토록 하라."

태후는 팽성왕이 선제의 숙부뻘에 해당하기 때문에 소목昭穆 : 신주神主의 서열의 순서에 맞지 않으니, 조예의 동생인 동해정왕東海定王의 아들 고귀향공 조모를 후사로 정하는 것이 타당하다고 생각했던 것이다. 사마사는 태후가 이렇게 말하자 다시 한 번 군신을 소집하여 태후의 말을 전하고, 결국 그녀의 생각대로 고귀향공 조모를 옹립하기로 결정했다. 조모는 동해정왕 조림曹霖의 아들로 당시 14세였다. 사마사는 사자에게 부절을 가지고 가서 조모를 영접토록 하는 한편 다시 태후에게 옥새를 요청했다.

"나는 고귀향공이 어렸을 때부터 남다르다는 것을 알고 있었소. 내가 친히 옥새를 그에게 하사하겠소."

그해 겨울, 고귀향공 조모가 낙양에 도착했다. 군신들이 액문掖門 남쪽에서 엎드려 절하며 영접했다. 고귀향공은 아직 어린 나이이기 때문에 서둘러 수레에 내려 답례했다. 그러자 사의司儀 : 의전을 담당하는 관리가 말했다.

"예의에 따르면 군이 답례하실 필요 없습니다."

고귀향공이 말했다.

"나는 아직 천자의 신하일 뿐인데 어찌 답례를 하지 않는단 말이오?"

조모는 아직 황제 신분이 아니기 때문에 자신의 주장대로 군신들에게 일일이 답례했다.

지거문止車門에 도착하자 고귀향공이 수레에서 내렸다. 그러자 좌우에 시립하던 이들이 말했다.

"예의에 따르면 수레를 타고 들어가셔도 됩니다."

고귀향공이 답했다.

"나는 황태후의 징소徵召를 받았을 뿐이니 아직 어찌 될지 알 수 없소이다. 그런데 어찌 수레에 앉아 들어가란 말씀이오?"

조모는 걸어서 태극전太極殿 동당東堂에 이르러 태후를 알현하고 그날 제위에 올랐다.

아픈 몸으로 출전한 장군

양주자사 문흠文欽은 용맹하고 과감한 것이 남들과 크게 달랐다. 조상은 문흠이 자신과 동향이라는 이유로 특히 아끼고 중시했다. 문흠 역시 조상의 권세에 기대어 기세를 떨치며 교만해졌다. 하지만 자신이 의지하던 조상이 피살되니 문흠도 두려워하지 않을 수 없었다. 문흠은 당시 장수들이 늘 그랬듯이 전공을 세우면 포로의 숫자나 누획한 물건을 과장하여 보고하곤 했다. 그러나 사마사가 일일이 조사하여 승진이나 포상에 불이익이 있었다. 그래서 그는 사마사에게 내심 원망이 가득했다.

진동장군 관구검毌丘儉은 평소 하후현, 이풍 등과 교우하면서 친밀한 관계를 유지했는데, 하후현이 피살되자 그 역시 내심 불안하여 문흠에게 다가가 모반을 모의했다.

　　관구검과 문흠은 곽태후의 조서를 거짓으로 작성하여 수춘에서 거병하고 여러 주군에 격문을 돌려 사마사를 토벌하는 군사를 모집했다. 그리고 조정에 표문을 올려 사마사의 열 가지 죄목을 나열한 다음, 상국 사마의는 충정을 다하여 국가를 위해 공적을 세웠지만 사마사는 선대의 위업을 따르지 않고 오히려 불충하고 있으니 마땅히 관직을 박탈할 것을 요청하는 한편, 사마사 대신 동생인 사마소에게 황상을 보필할 수 있도록 해달라고 말했다. 그들은 사마사를 비난하는 동시에 사마소와 사마부 등을 칭찬하여 사마씨 집단의 내부 분열을 도모했던 것이다.

　　관구검은 진남장군 제갈탄에게 사람을 보내 함께 사마사를 토벌하기를 요청했다. 하지만 제갈탄은 평소 문흠을 싫어했을뿐더러 반란에 동의할 수 없었기 때문에, 보내온 사자를 죽여 반대 의사를 분명히 전했다.

　　관구검과 문흠은 5~6만의 대군을 이끌고 회하를 건너 서쪽으로 항현項縣에 도착했다. 항현은 낙양과 수춘의 중간 지점에 위치한 곳으로 결전의 장소로 적절했다. 관구검은 현성의 수비를 견고하게 하는 한편 문흠에게 유격부대를 거느리고 성 밖에서 호응하도록 했다. 또한 동오와 연계하여 만약의 사태에 대비했다.

　　기세등등한 반군 소식을 접한 사마사는 급히 군신을 모아 대책 마련에 돌입했다. 대신들은 모두 대장군이 친정할 것을 요청했다. 하지만 당시 사마사는 왼쪽 눈에 악성 종양이 점점 커져 통증이 심한 상태였다. 중서시랑 종회 등이 사마사가 주저하는 것을 보고 강력히 간언했다.

　　"회초淮楚 지역의 병사들은 강하고 용맹하며 특히 관구검의 군대는 예기가 만만치 않습니다. 만약에 출정한 장수가 패배라도 하는 날이면 대세가 기울고 맙니다. 대장군이 직접 출정하시는 것만 못합니다."

사마사는 그의 말을 듣고 즉각 친정하기로 결정했다. 아픈 몸을 이끌고 출정을 결심한 사마사는 자신이 직접 관구검과 문흠을 토벌하고, 동생인 사마소는 중령군을 겸임하며 낙양에 남아 후방을 맡도록 했다.

49강 사마씨가 위를 대신하다

고평릉의 정변 이후 사마씨 집안이 점차 위나라에서 막강한 자리를 차지하고 최고 군정 권력을 장악했다. 사마의가 죽은 후 아들 사마사가 뒤를 이어 군정 실권을 차지하고 조위 종실과 원로대신들을 대대적으로 살해했으며, 심지어 황제 조방까지 폐위하고 대신 고귀향공 조모에게 뒤를 잇도록 했다.

사마사의 이러한 행위는 조위 원로대신들의 반감을 불러일으켰으며, 사마사에게 반대하는 행동이 계속 이어졌다. 사마사가 조방을 폐위하고 얼마 되지 않아 관구검과 문흠이 동오와 연계하여 반란을 일으켰다. 사마사는 과연 반란을 쉽게 평정할 수 있을 것인가?

대경실색하여 눈알이 빠진 대장군

사마사가 출전하기 전에 누군가 이렇게 말했다.

"관구검은 꾀는 많지만 두루 통달하지 못하고, 문흠은 용맹하나 지혜가 없으며, 사졸들의 예기가 날카롭다고 하나 그리 오래가지 않을 것입니다. 해자를 깊이 파고 보루를 높이 쌓아 그들의 예기가 꺾이기를 기다리는 것이 좋습니다."

사마사는 그의 계책이 괜찮다고 여기고 감군 왕기에게 신속하게 준비하도록 했다. 왕기는 선봉대를 이끌고 남돈南頓으로 가서 주둔했다. 관구검이 남돈을 빼앗기 위해 10여 리를 진군하다, 왕기가 이미 그곳에 도달했다는 소식을 듣고 어쩔 수 없이 항현으로 물러났다.

사마사는 제갈탄에게 예주의 병사를 이끌고 수춘을 공격하도록 하는 한편, 정동장군 호준胡遵에게 군사를 주어 관구검과 문흠이 항현에서 수춘으로 돌아가는 길을 차단하도록 했다. 그런 다음 자신이 친히 대군을 이끌고 여양汝陽까지 가서 군진을 꾸렸다. 이렇게 되자 관구검과 문흠은 나아가 싸울 수도 없고 물러나자니 습격을 당할까 두려워 한동안 적당한 계책이 떠오르지 않아 어찌할 바를 몰랐다. 그들의 휘하 병사들은 주로 북방이 고향이기 때문에, 사마사와 장기간 대치하게 되자 군심이 이탈하여 적군에 투항하는 이들이 속출했다.

관구검이 처음 거병했을 때 연주자사 등애에게 사람을 보내 연합하려고 했다. 등애는 나중에 촉을 멸망시킨 명장이었다. 그는 관구검이 보낸 관리를 참수하고 1만여 병사를 이끌고 낙가성으로 출전하여 사마사의 대군을 기다렸다.

문흠이 낙가성을 공격하자 사마사가 여양에서 은밀하게 진격하여 낙가에서 등애와 합세했다. 문흠이 보니 대군이 몰려오는지라 크게 놀라 어찌하면 좋을지 당황했다. 당시 문흠은 아들 문앙文鴦과 함께 출전했다. 문앙은 18세로 건장하고 용맹하여 삼국 초기 명장들과 비교해도 손색이 없을 정도였다. 그가 아비 문흠에게 말했다.

"사마사의 대군은 지금 막 도착하여 아직 전열을 정비하지 못한 상태일 것입니다. 이 틈을 타서 우리가 협공한다면 능히 이길 수 있습니다."

이리하여 그들 부자는 군사를 둘로 나누어 야밤을 틈타 사마사의 진영을 급습했다.

문앙이 먼저 정예병사를 이끌고 선두에 서서 진격했다. 낙가성의 군대는 갑작스러운 습격에 당황할 수밖에 없었다. 사마사 또한 크게 놀라, 얼마 전에 종양을 째고 약을 발라놓은 왼쪽 눈의 곪은 자리가 또다시 터지면서 그만 눈알이 튀어나오고 말았다. '악' 하는 소리가 절로 나왔으나 혹여 군심이 흐트러질까 두려워 더 이상 소리도 내지 못하고 이불을 끌어당기며 통증을 참았다. 얼마나 몸부림쳤는지 이불이 다 해져 넝마가 되고 말았다.

문앙의 야습은 성공적이었다. 위나라 군사는 난데없는 공격에 정신을 차리지 못하고 우왕좌왕하며 도망치기 바빴다. 그런데 뒤를 이어 공격하기로 한 문흠의 군대가 시간이 되어도 보이지 않았다. 이윽고 날이 밝자 위나라 군사들이 전열을 정비하고 대응에 나서기 시작했다. 문앙이 보니 워낙 대군인지라 감히 접전하지 못하고 군사를 물렸다.

사마사가 부하 장수들에게 소리쳤다.

"역적들이 도망치고 있으니 당장 추격하라!"

장수들이 간곡하게 말리며 말했다.

"문흠 부자는 결코 만만치 않은 무리입니다. 게다가 싸움에서 진 것도 아니니 이런 상황에서 추격하면 이로울 것이 없습니다."

사마사가 다시 입을 열었다.

"전투를 할 때 한 번 북을 울려 공격하면 사기가 크게 진작되기 마련이나 재차 북을 치면 이전과 다를 수밖에 없느니라. 문앙이 야밤에 북소리 요란하게 쳐들어왔다만 협공에 실패하여 사기가 떨어졌다. 그러니 저들을 추격하지 않고 무엇을 기다리겠느냐? 지금 서둘러 쫓아가지 않으면 늦고 말리라."

문흠 부자가 동쪽으로 철수하자 사마사의 군대가 그 뒤를 따랐다.

"만약 저들 추격대의 예기를 무너뜨리지 않는다면 더 이상 갈 수 없을 것입니다."

문앙은 이렇게 말하고 친히 10여 명의 기병을 이끌고 적진을 향해 돌진했다. 그는 적진에서 한바탕 휘저은 다음 병사들을 이끌고 후퇴했다.

사마사는 계속해서 문흠 부자를 추격하도록 했다. 포위망이 좁혀오자 문앙이 다시 적진으로 단기 필마로 달려가 적 100여 명을 살상하고 다시 도망쳤다. 문앙은 이렇게 치고 빠지기를 예닐곱 번이나 반복하면서 적군을 혼란스럽게 만들었다. 이전에 장판파에서 적진을 향해 돌진하던 조자룡과 비길 만하니 추격 중이던 사마소의 기병들도 감히 앞으로 나설 수 없었다.

이해하기 어려운 말

사마사의 안질이 더욱 심해지면서 이루 말할 수 없는 고통이 엄습했다. 이미 눈은 실명한 상태였다. 수행하던 관리 가운데 윤대목尹大目이란 자가 있었는데, 조씨 집안의 가노 출신으로 천자 곁에서 시중을 들었다. 관구검과 문흠의 반란을 토벌할 때 사마사가 그를 데리고 출전했다.

윤대목은 사마사의 병세가 심각하여 며칠 버틸 수 없을 것이라는 것을 알고 사마사에게 이렇게 말했다.

"문흠은 본래 대장군의 심복이었지 않습니까? 필시 관구검의 핍박으로 인해 두 마음을 먹은 것일 따름입니다. 그는 천자와 동향이고 저와도 관계가 좋습니다. 바라옵건대, 제가 가서 설득하면 반드시 투항할 것이옵니다."

사마사가 허락하자 윤대목이 혼자 말을 타고 문흠의 뒤를 쫓아갔다. 오래지 않아 저만치 달아나는 문흠이 보였다. 혹시라도 가깝게 다가가서 이야기하면 사마사의 수하들이 의심할까 두려워 제법 멀리 떨어진 상태에서 문흠을 불러 세웠다. 사실 윤대목은 조씨 집안을 위해 평생을 살아

왔던 인물인지라 사마사를 좋아할 리가 없었다. 그래서 문흠에게 사마사가 곧 죽을 것이니 조금만 더 견디라고 말할 생각이었다.

"문 자사는 얼마나 더 버틸 수 있겠소?"

윤대목은 차마 곧이곧대로 말하지 못하고 에둘러 이렇게 말했다.

하지만 문흠은 그저 용맹하기만 했지 생각이 깊지 않은 까닭에, 윤대목의 말속에 또 다른 의미가 있음을 눈치채지 못하고 오히려 큰 소리로 윤대목을 꾸짖었다.

"너는 선제의 가노로 보은은 생각지 않고 오히려 사마사를 도와 반역을 저지르니 하늘이 두렵지 않으냐? 상천도 너를 돕지 못할 것이로다."

문흠이 분노를 참지 못하고 활을 당겨 윤대목을 겨누었다. 윤대목은 더 이상 만류하지 못하고 눈물을 흘리며 이렇게 말했다.

"시세時勢가 이미 어그러졌거늘, 자사께서 알아서 하시구려!"

그는 이렇게 말하고 돌아섰다.

관구검은 항현에서 문흠이 실패했다는 소식을 듣고 황급히 성을 버리고 도주하여 강변 숲 속에 몸을 숨기고 있다가 마을 사람에게 붙잡혀 죽임을 당하고 말았다. 문흠은 한걸음에 동오로 도망치고 말았다. 당시 위나라에 남아 있던 관구검과 문흠의 집안사람들은 모두 사마사에게 죽임을 당했다.

제갈탄은 사마사의 명령을 받들어 수춘으로 진군했다. 수춘성에 남아 있던 10여만 명의 백성은 죽임을 당할까 두려워 깊은 산속이나 늪지대로 피신하고, 어떤 이들은 오나라로 도망쳤다. 위나라 조정은 제갈탄을 진동대장군, 의동삼사儀同三司로 임명하고 양주 일대의 군사를 지휘하도록 했다.

이번 문흠 등의 반란은 비록 평정되기는 했으나 문앙의 기습으로 사마사가 크게 놀라 눈알이 빠지는 등 피해가 적지 않았다. 사마사는 병세가 급격히 악화되자 허창으로 돌아가 요양해야만 했다. 그의 동생인 사마소가 낙양에서 병문안하기 위해 왔다. 사마사는 사마소에게 군사에 관한 모든 지휘권을 넘겨주고 얼마 후 병사하고 말았다. 사마사가 죽자 사마소가 전권을 휘두르기 시작했다. 이로써 위나라는 또다시 사마씨의 수중에서 놀아나게 되었으며, 사마씨 삼 부자가 돌아가며 실권을 차지하게 되었다.

해서는 안 될 반역

사마소는 일찍이 부친인 사마의를 따라 촉나라와 싸우면서 적지 않은 계책을 마련하곤 했다. 형인 사마사가 죽자 그는 대장군 녹상서사에 임명되었으며, 연이어 대도독까지 겸하면서 상주할 때 자신의 이름을 말하지 않고, 출병할 때 황절을 소지하고 천자를 대신할 수 있게 되었다.

사마소기 대권을 장악했을 때 회남에서 또다시 반란이 일어났다. 반란 주모자는 바로 정동대장군 제갈탄이었다. 그는 제갈량의 종제로 하후현과 특히 사이가 좋았다. 하후현, 왕릉, 관구검 등이 차례로 피살되자 제갈탄은 내심 꺼림칙했다.

처음에 관구검과 문흠이 반란을 일으켰을 때 제갈탄이 호응해주기를 원했으나 거절당했다. 두 사람의 반란이 평정된 후 제갈탄은 사마씨가 자신을 노리고 있다는 생각에 심히 불안했다. 그래서 제갈탄은 적극적으로 인심을 얻어 확실한 지지 기반을 만들기 위해 관아의 창고를 열어 사람들에게 식량을 나누어주고 휘하 관리들에게 크게 상을 내렸다. 또한 옥중의 죄수들을 석방하는 한편 양주에서 수천 명의 결사대를 육성하여 자신의 호위병으로 삼았다. 이외에도 그는 병력 확충을 위해 거짓으로 조정에 동오의 움직임이 심상치 않다고 보고하여 10만 병사를 증원해줄 것을 요청했다. 사실은 자신의 병력을 확보하기 위함이었다.

사마소는 권력을 장악한 후 황제를 폐위하고 자립할 생각을 다지면서 자신의 심복인 가충을 정동, 정남, 정서, 정북 등 네 명의 장군에게 파견하여 과연 그들이 자신을 지지할 것인지 의중을 떠보도록 했다. 아무래도 병력을 지닌 이들이기 때문이었다.

가충이 제갈탄을 만나 은근한 말로 떠보았다.

"낙양의 여러 현달한 이들이 모두 선양을 행할 것을 이야기하고 있는데 장군의 생각은 어떠하십니까?"

제갈탄이 사마소의 찬위簒位를 지지할지 여부를 확인하고자 함이었다. 제갈탄이 그의 말을 듣더니 순간 얼굴빛이 변하면서 버럭 화를 냈다.

"그대는 가예주賈豫州 : 가충의 부친인 가후의 자의 아들로 대대로 위나라의 은혜를 입었는데, 어찌 감히 위국을 다른 이의 손에 넘긴단 말이오? 만약 낙양에서 위급한 일이 생긴다면 나는 이 한 몸 나라를 위해 헌신하겠소이다."

가충은 더 이상 아무 대꾸도 하지 않았다. 그의 부친인 가후는 조조의 찬탈을 도왔는데, 이제 그의 아들은 사마씨의 찬탈을 돕고 있으니 두 사람 모두 자신의 군주에게 불충하다는 점에서 똑같았다.

낙양으로 돌아온 후 가충이 사마소를 만나 말했다.

"제갈탄은 양주에서 크게 인심을 얻고 있으니 조만간에 큰 우환거리가 될 것입니다. 당장 그를 낙양으로 소환하는 것이 좋을 듯합니다."

사마소는 즉시 조서를 내려 제갈탄을 사공으로 임명하고 당장 경사로 와서 직무를 맡도록 했다.

제갈탄은 조서를 받은 후 두렵기도 하고 또한 기분이 심이 언짢았다. 겉으로는 영전인 듯 보이나 실상은 좌천당한 것이나 다를 바 없기 때문이다. 이번에 가게 되면 돌아오지 못할 것이 분명했다. 그래서 그는 동오와 연계하여 조정에 반기를 들었다. 하지만 그의 반란은 곧 끝나고 말았다. 제갈탄은 세상 돌아가는 일을 제대로 파악하지 못하여 한쪽 손바닥만으로 소리를 낼 수 없다는 것을 몰랐던 것이다. 그래서 마땅히 반란의 대열에 서야 할 때는 서지 않고, 반란이 불리할 때 오히려 반란을 일으켜 결국 실패하고 말았다.

우물 속 잠룡의 역습

제갈탄의 반란이 평정된 후 조정에서 조서를 내려 사마소를 상국으로 승진시키고 진공晉公으로 봉하는 한편 여덟 군데 군郡을 식읍으로 주고 구석까지 하사했다. 하지만 사마소는 아홉 차례나 사양을 거듭하여 더 이상 추가로 봉하지 않았다. 당시 사마소는 황제의 명칭만 없을 뿐 황제나 다를 바 없었고, 반대로 위나라의 최고 권력은 황제가 아닌 사마소의 수중에 떨어지고 말았다. 최고 통치 권력을 장악한 후 사마소와 황제 조모 사이에 갈등이 심화되기 시작했다. 얼마 후 위나라 각지에서 우물 속에 용이 출현했다는 소식이 전해졌다. 군신들은 이를 길조라 여기고 황제 조모에게 하례를 드렸다. 하지만 조모는 오히려 탐탁하지 않게 여겼다.

"용은 군주의 덕을 상징하는 것인데, 위로 하늘에 있는 것도 아니고 아래로 밭에 있지도 않고, 하필 우물 속에 있단 말인가? 이는 분명 깊이 갇힐 징조이니 무슨 하례를 한단 말인가?"

조모의 말은 곧 사마소의 귀에 들어갔다. 사마소는 황제가 자신을 겨냥하여 한 말이라 여기고 기분이 나빴다. 이렇게 두 사람 사이는 점점 더 멀어지면서 갈등 또한 깊어만 갔다.

이와 동시에 황제는 곽태후와도 사이가 좋지 않았다. 사마사와 사마소가 끊임없이 곽태후와 그의 가족을 꼬드겨 자기편으로 만들었기 때문이다. 사마씨 집안의 여식 몇몇이 곽씨 집안으로 시집을 가기도 했다. 또한 곽태후도 나름 정치적 야심을 지닌 이였다. 그녀는 사마씨와 결탁하여 마치 한 나무의 가지처럼 공동의 운명이라 여겼으며, 조씨 집안의 운명에는 관심이 없었다. 그래서 조모의 불만이 더욱 커졌던 것이다.

조모는 나이는 어렸지만 문예의 재능은 진사陳思 : 조식를 닮았고, 무적武的 기질은 태조 조조를 빼닮았다고 할 정도로 문무를 겸비했다. 그는 곽태후와 사마씨 집안의 관계가 예사롭지 않다는 것을 알고 심히 기분이 언짢았다. 곽태후도 조모를 자기 마음대로 통제할 수 없었기 때문에 사마소와 여러 차례 은밀하게, 조모를 폐위하고 새로운 황제를 세울 것을 상의했다.

어느 날 밤 조모가 시중 왕침王沈, 상서 왕경, 그리고 산기상시 왕업王業을 불러 말했다.

"사마소가 어떤 마음을 가지고 있는지는 길 가는 사람들조차 모두 아는 사실이오. 짐은 앉아서 폐출되는 굴욕을 당할 수 없소이다. 오늘 짐이 친히 경들과 함께 저들을 토벌하려고 하오."

왕경이 듣고 황급히 입을 열었다.

"아니 되옵니다. 예전에 노나라 소공召公은 계손씨季孫氏의 전횡을 참지 못하고 토벌에 나섰다가 오히려 패하여 나라까지 잃고 말아 천하의 웃음거리가 되었습니다. 지금 사마소가 정권을 장악한 지 이미 오래되어 조정 안팎으로 많은 이들이 순역順逆의 이치를 깨닫지 못하고 그의 명령을 따르고 있습니다. 이는 하루이틀의 일이 아닙니다. 현재 황궁을 숙위하는 병사들도 적고 병력 또한 약한데 폐하께서 무엇을 믿고 사마소를 토벌하실 수 있겠습니까?"

조모가 품 안에서 황색 비단에 쓴 조서를 땅에 내던지며 말했다.

"짐의 뜻은 이미 정해졌으니 굳이 상의할 것도 없소. 짐은 죽음도 두렵지 않소."

그는 이렇게 말하고 벌떡 일어나 태후전으로 가서 이런 사실을 고했다. 왕침과 왕업은 황급히 사마소의 부중으로 가서 긴급 상황을 이야기할 생각이었다. 그들이 왕경에게 함께 가자고 말했으나 왕경은 오히려 화를 내며 그들의 불충을 질책했다.

조모가 검을 들고 수레에 올라타자 궁전의 숙위와 노복 수백 명이 그 뒤를 따라 궁궐 밖으로 나갔다. 사마소의 동생인 둔기교위 사마주司馬伷가 병사들을 데리고 문을 막고 서 있다가 조모의 군사들이 우레와 같은 소리를 지르며 달려오는 것을 보고 모두 놀라 도망쳤다. 그때 사마소의 심복인 가충이 일군의 군사를 이끌고 남궁의 동쪽 정문인 운룡문雲龍門쪽으로 진격하여 조모의 군사들과 조우했다.

황제가 직접 칼을 들고 휘두르자 가충이 데리고 온 병사들은 어찌할 바를 몰랐다. 만에 하나 황상에게 칼을 휘둘러 상처라도 난다면 대역무도한 죄를 뒤집어쓸 것이 분명했기 때문이다.

가충의 군사들은 이제 곧 끝날 것만 같았다. 바로 그때 가충의 부하인 성제成濟가 가충에게 물었다.

"일이 이 지경에 이르렀는데, 가공께서는 어떻게 하시렵니까? 뒤로 후퇴할까요? 아니면 베어버릴까요?"

가충이 대답했다.

"사마공께서 너희들을 어디에 쓰려고 길렀겠는가? 바로 오늘과 같은 일을 위해서니라. 군이 물을 필요조차 없다!"

성제가 그의 말을 듣고 간이 커졌는지 긴 창을 꼬나들고 조모의 가슴을 찔렀다. 조모는 나름 무술에 능하다고 하나 구중궁궐에서 생활하면서 평소 수렵조차 많이 나가질 않았으니, 산전수전 다 겪은 부장의 적수가 될 수 없었다. 성제가 군주를 시해하자 다른 이들은 멍하니 쳐다만 보았다.

사마소가 소식을 듣고 대경실색하여 땅에 풀썩 주저앉았다. 태부이자 사마소의 숙부인 사마부가 재빨리 달려왔다. 그는 조모의 머리를 자신의 무릎 위에 눕히고 서럽게 통곡하면서 외쳤다.

"폐하가 돌아가시게 된 것은 모두 신의 죄옵니다."

그는 정말 말도 안 된다는 생각이 들었다. 어찌 황상을 시해한단 말인가? 사마부는 그나마 위나라에 대한 애정이 남아 있었던 것이다.

벌거벗고 울분을 터뜨리다

황제가 피살된 후 사마소는 어전으로 들어가 군신 회의를 소집했는데, 상서좌복야 진태가 보이지 않았다. 사마소는 진태의 삼촌에게 그를 불러오라고 했으나 진태는 나갈 생각이 없었다. 조카인 진태가 사마소에게 밉보이면 자칫 멸문의 화를 당할 수도 있다는 생각이 들어 진태에게 당장 입궁할 것을 재촉했다. 진태는 어쩔 수 없이 입궁하여 사마소를 만났다.

사마소는 눈물을 흘리며 진태에게 물었다.

"이 지경이 되었으니 어찌하면 좋을지 말해보시오."

"지금은 가충을 죽여 천하에 사죄하는 수밖에 없습니다."

사마소가 한참을 고민하더니 다시 입을 열었다.

"다른 방법은 없겠소이까?"

가충은 사마소에게 심복 중의 심복인 대모사였다. 사마소의 입장에서 그를 죽인다는 것은 참으로 안타까운 일이 아닐 수 없었다.

"신세 그때, 나는 방법을 느끼셨나니."

사마소는 더 이상 아무 말도 하지 않았다. 사마소는 곽태후를 핍박하여 온갖 미사여구로 자신의 죄행을 엄폐하는 한편, 조모를 서인으로 강등하여 일반 백성의 예로 장사 지내도록 했다. 그렇기 때문에 조모 재위 기간의 연호는 모두 고귀향공 모년某年으로 기록되었다. 하지만 사마소가 아무리 은폐한다고 할지라도 임금을 시해한 것은 결코 허투루 넘어갈 수 있는 작은 일이 아니었다. 세자와 대신들은 물론이고 일반 백성들도 군주가 시해되었다는 사실에 분개했다. 사마소는 대중의 분노를 가라앉히기 위해 군주를 시해한 성제 형제를 주살하고 일족을 멸하라고 명했다.

성제 형제가 불복한 것은 당연한 일이다. 그들 형제는 벌거벗고 지붕 위로 올라가 사마소를 욕하면서 화살을 쏘아댔다.

"가충이 죽이라고 했으니 어리석게도 우리 형제가 손댄 것 아니냐! 그런데 어찌하여 가충은 그대로 놔두고 우리 형제를 죽이려 드느냐?"

가충이 보고는 더 이상 참을 수 없다 여기고 무사들에게 일제히 화살을 날리도록 했다. 어리석은 성제, 성쇠 형제는 주상을 시해했다는 죄목으로 주살되있다.

조모가 죽자 사마소의 세력은 더욱 막강해졌다. 그래도 그의 형인 사마사는 무슨 일이 있을 때마다 곽태후에게 보고하고 의논했지만 사마소는 곽태후는 아예 안중에도 없다는 듯이 행동했다. 그는 태후에게 자문도 구하지 않고 제멋대로 조조의 손자 상도향공常道鄉公 조환曹奐을 황제로 삼았다. 그가 바로 위 원제元帝다.

그즈음 사마소에 대한 조정의 예우는 황제의 의전과 대우와 다를 바 없었다. 황상이 그를 상국, 진공으로 봉하고 구석을 더했으나 매번 거절했다. 그러다가 촉 정벌에 참가한 여러 장수들의 첩보가 빈번하게 전해지자 사마소도 못 이기는 척 위나라 상국에 취임하고 진공 자리에 올랐나 곽태후마저 세상을 뜬 이후인지라 조위 정권에서 사마소와 맞설 인물은 더 이상 찾을 수 없었다.

촉을 멸한 그 이듬해 사마소는 진공에서 진왕으로 작위가 높아졌고, 봉읍으로 열 개의 군을 더 받았다. 대신들은 모두 궤배跪拜:무릎을 꿇고 절함의 예로 그를 맞이했고, 삼공도 예외가 아니었다. 이후 조정은 다시 어지를 받들어 사마의를 진선왕晉宣王, 사마사는 진경왕晉景王으로 추존했다.

관상으로 세자 자리를 얻다

사마소는 왕씨 집안의 여식을 아내로 맞이하여 사마염司馬炎과 사마유司馬攸 두 아들을 두었다. 후에 그는 사마유를 형인 사마사의 양아들로 삼아 후사를 잇도록 했다. 사마유는 부모에게 효순하고 형제간에 우애가 있으며, 성정이 온순하고 사람됨이 공정하여 형인 사마염보다 사회적 평판이 좋았다.

사마소 역시 사마유를 좋아하여 매번 다른 이들에게 이렇게 말하곤 했다.

"천하는 본래 경왕(사마소)의 것이고 나는 그저 재상의 자리를 대리할 뿐이다. 그러니 내가 죽은 후에 대업은 당연히 사마유에게 돌아갈 것이다."

여하간 둘 다 그의 아들이니 누구에게 주어도 마찬가지다.

사마소의 큰아들 사마염은 생김새가 자못 기이했다. 전하는 말에 따르면, '머리카락이 땅에 닿을 정도로 길었고, 두 손 역시 길어 무릎까지 내려올 정도였다.' 조정 사람들은 대부분 그를 지지했다.

이리하여 또다시 세자 자리를 두고 당쟁이 벌어졌다. 하지만 사마염의 참모들은 조정의 득실을 세세하게 분석하여 사마염에게 외우도록 한 후, 사마소가 물어볼 때 확실하게 답변할 수 있도록 했다.

사마소는 자신이 아끼는 사마유를 세자로 세울 생각이었으나, 신하들이 장자를 폐하고 차자를 세우는 것의 부당함을 간언하는 터라 결정을 하지 못하고 있었다. 그러던 차에 심복 모사인 가충이 말했다.

"중호군 사마염은 군주의 덕행을 지녔으니 다른 이로 대체하면 아니 됩니다."

다른 이들도 중호군이 남들과 다르게 총명하고 영명하며 위세가 탁월하여 흔히 볼 수 없는 기재라고 입에 침이 마르도록 칭찬했다. 이미 고귀한 신분과 명망을 갖추고 제왕의 의용을 지녔으니 중호군은 인신人臣이 될 수 없다는 것이었다.

사마소는 이미 대다수 신하들이 사마염의 편에 섰다는 것을 알고 어쩔 수 없이 그를 세자로 삼았다. 서기 265년, 황상이 조서를 내려 사마소에게 특별한 예우를 하사했다. 그의 왕비를 왕후, 세자를 태자로 부르게 한 것이다. 그해에 사마소가 중풍으로 고생하다 세상을 떴다. 태자 사마염이 상국의 직위와 진왕의 작위를 계승하여 전국의 군정 대권을 장악했다. 그 모습이 예전 조비가 한을 찬탈할 때의 모습과 정말 닮았다.

누이의 한마디가 예언이 되다

사마소가 죽고 사마염은 정권 대체를 향해 빠른 발걸음으로 다가갔다. 그는 수하 신료들과 황제가 되기 위한 계획에 몰두했다. 사마염이 상국이 된 후, 그의 지시에 따라 많은 신하들이 위 원제 조환에게 조기에 양위할 것을 권유했다. 조환도 천하의 주인이 누구인지 잘 알고 있으며, 많은 이들이 자신에게 양위를 요구하고 있으니 마냥 마다할 수도 없었다. 결국 조환은 이렇게 조서를 내렸다.

"경의 가문은 대대로 황제를 보좌하고 공훈이 하늘보다 높으며 사해외 백성들이 사마씨 가문의 은택을 입어 상권이 ㅣ에게 그대에게 황상의 자리를 넘기도록 하였으니, 경은 천명에 순응하고 사양하지 말라."

사마염은 또다시 거듭 사양했다. 그러자 그의 심복인 태위 하증何曾과 위장군 가충이 만조백관을 데리고 와서 재차 권진했다. 사마염은 또다시 사양한 다음 결국 위 원제 조환의 선양을 받아들였다. 그는 조환을 진류왕陳留王으로 봉했다. 사마염은 제위에 오른 후 국호를 대진大晉으로 바꾸고 태시泰始로 건원했다. 역사상 서진西晉의 탄생이다.

사마염은 바로 진 무제다. 그는 조부 사마의를 선황제宣皇帝, 큰아버지 사마사를 경황제景皇帝, 부친 사마소를 문황제로 추존했다. 그래서 《진서》는 사마의, 사마사, 사마소 세 사람을 본기本紀에 수록하고 있다. 하지만 그들은 조조와 마찬가지로 살아 있을 때 황제가 아니라 위나라 신하였으며, 그들의 존호는 자손들이 추가한 것이다.

당시는 조비가 한나라 정권을 대체한 지 40여 년이 흐른 뒤였다. 40여 년 전 조비는 한 헌제를 폐위하고 한조의 천하를 빼앗았다. 40여 년 후 똑같은 이야기가 재연되고 있었다. 다만 주인공이 조씨에서 사마씨로 바뀌었다는 것이 다를 뿐이다. 되돌아보면 유비와 손권, 그리고 조조가 천하를 각축할 당시만 해도 아무도 상대를 완전히 손에 넣을 수 없었다. 하지만 촉한이 투항하고 얼마 후 조조가 창건한 조위 역시 다른 이에게 대체되고 말았다.

이런 면에서 조위와 촉한은 동병상련이라 할 수 있다. 조비와 조식 두 사람이 세자 자리를 놓고 싸울 때 조조는 조비의 손을 들어주었다. 조비는 자신이 세자가 되었다는 소식을 듣고 기뻐 날뛰며 측근인 신비의 목을 껴안고 소리쳤다.

"신비야, 내가 얼마나 흥분되는지 알겠느냐?"

신비가 집에 돌아가서 자신의 누나에게 이런 이야기를 했다. 그러자 누나가 이야기를 다 듣고는 탄식하며 이렇게 말했다.

"세자의 책임은 군주를 대신하여 종묘를 모시고 국가를 관리하는 것이니 자신의 책임이 중대함을 걱정하지 않을 수 없을 것이며, 나라를 관리하기 위한 심리적 압박으로 인해 근심하지 않을 수 없다. 그렇기 때문에 매사에 두려워하고 신중하게 조심하며 매번 얇은 얼음을 밟은 듯이 전전긍긍하게 된다. 그런데도 조비 그자는 미친 듯이 기뻐하고 있으니 어찌 오래갈 수 있겠는가? 아무래도 위나라의 국운이 크게 융성하지는 못할 듯싶다."

신비의 누이가 한 말이 예언처럼 적중하여 위나라는 겨우 40여 년 만에 권신에게 멸망당하고 말았다. 이리하여 위는 진으로 국호가 바뀌고 삼국정립의 국면도 완전히 바뀌어 위, 촉, 오 삼국병립에서 진과 오의 대치 국면으로 변하고 말았다. 촉한과 위가 망한 후 오나라의 정국은 어떠했는가?

50강 오나라가 몰락한 이유는?

사마씨는 조손 삼대가 위나라에서 실권을 장악하다가 마침내 조위 강산 탈취에 성공했다. 사마의 부자는 조조가 예전에 한 헌제를 대했던 것처럼 조조의 후손들을 대한 셈이다. 인성에 변함이 없는 것과 마찬가지로 역사 역시 놀랍도록 비슷하다. 촉한이 멸망한 후 조조와 유비가 온갖 고생을 마다하지 않고 힘겹게 만들어놓은 강산이 모두 사마소의 소유가 되었다. 이제 천하는 삼국정립이 아니라 오와 위의 남북 대치로 바뀌었다.

오나라도 이미 이전 손권이 재위하던 시절과 크게 달라졌다. 손권이 죽은 후 오나라는 내적으로 크게 동요하여 황제가 수차례 바뀌고 실권을 지닌 대신들도 바뀌고 또 바뀌었다. 과연 오나라는 내란을 완전히 끝내고 새롭게 부흥하여 안정을 취할 수 있을까? 손휴가 죽은 후 오나라를 맡은 새로운 군주는 과연 어떤 인물인가? 그는 과연 어떤 방향으로 오나라를 이끌어갈 것인가?

유언비어 날조

손휴가 권신 손침을 주살한 후 오나라는 자못 안정 국면에 진입했다. 손휴는 오나라 경제景帝다. 그는 재위 기간에 원통한 옥사를 시정하여 억울한 누명을 벗겨주거나 명예를 회복시켰다. 이로서 동오의 내란이 점차 평정되면서 평안을 되찾았다. 하지만 사람들은 얼마 가지 않아 새로운 황제에게 실망하기 시작했다. 이는 종실 내부의 피비린내 나는 투쟁이 완전히 종식되지 않았기 때문이다.

손휴의 전임인 손량은 본래 황제로 있다가 폐위되어 회계왕이 되었다. 그는 회계군에서 별일 없이 편안히 지내고 있었는데, 돌연 그가 천자의 자리로 복귀한다는 말도 안 되는 유언비어가 떠돌기 시작했다. 유언비어는 순식간에 전국으로 확산되었다. 지금 식으로 말하자면 인터넷에서 퍼 나르기나 조회 횟수가 폭발적으로 증가하여 손휴까지 불안에 떨 정도가 되고 말았다.

공교롭게도 바로 이럴 때 누군가 손량이 무술巫術을 이용하여 황제를 저주했다고 보고했다. 손휴는 그 말이 사실인지 여부조차 확인하지 않고 곧바로 손량을 왕에서 후侯로 직위를 낮추고 지금의 복건福建으로 내쫓았다. 손량은 유배 가는 도중 스스로 목숨을 끊었다. 누군가는 손휴가 사람을 보내 독살했다고 말하기도 했다.

손휴가 자신의 지위를 보호하기 위해 위협이 되는 이들을 대대적으로 제거하면서 종실 내부에 또다시 피비린내가 진동했다.

이외에도 손휴는 사람을 잘못 썼다. 그는 최고 권력을 장악한 후 장포張布와 복양흥濮陽興을 중용했다. 장포는 주로 조정 관리들을 관장하고, 복양흥은 군국軍國 대사를 주관했다. 그러나 그들 두 사람은 그다지 어질고 현명한 인물이 아니었다. 오히려 윗사람에게는 아부하고 아랫사람은 못살게 구는 소인의 대표적인 인물이었다. 그래서 오나라 사람들은 조정에 대해 크게 실망했다.

장생하려다 요절하다

손휴는 다른 황제들에 비해 책읽기를 좋아하고 유학에 심취하여 당시 대유로 유명한 위요, 성충盛沖 등과 학술을 강론하곤 했다. 위요와 성충은 성정이 강직하고 곧았기 때문에 장포 등은 혹시라도 그들 두 사람이 황제 앞에서 자신의 죄상을 밝힐까 두려워 그들이 입궁하지 못하도록 방해했다. 하지만 손휴도 전혀 손을 쓸 수 없었다.

촉한이 위나라에 투항하자 오나라 사람들은 자기 나라가 망하기라도 한 것처럼 경악했다. 오랜 맹우가 사라지자 그 틈에 편의를 취하던 오나라는 당장이라도 위나라 군사들이 강을 따라 침략할까 인심이 흉흉하고 두려움에 떨었다. 촉한이 투항할 무렵 교지군交趾郡의 군수가 흉포하여 현지 사람들이 반란을 일으키자 구진九眞과 일남의 백성들도 적극 호응했다. 그곳은 지금의 베트남 경내에 자리하여 촉한과 인접하고 있지만 오히려 위나라와 우호적인 관계를 유지하여 언제나 시끄러웠다.

지방 곳곳에서 일어나는 반란은 손휴에게 큰 두통거리였다. 황상은 이런 일이 일어날 때마다 군사를 보내 평정하거나 시정하기 위해 애쓰는 것이 아니라, 오히려 귀신에 의지하고 단약丹藥을 복용하며 현실을 잊어버리며 장생불로를 추구했다. 정국이 혼란해질수록 그의 마음은 침울해지고 그럴수록 단약을 복용하는 일이 잦아졌다. 결국 그는 약물에 중독되어 촉한이 멸망한 그 이듬해에 이미 완전히 폐인이 되고 말았다.

그해 7월, 손휴는 침상에 누워 말조차 제대로 하지 못했다. 그러던 어느 날, 그가 복양흥을 입궁하도록 부르더니 태자에게 인사를 올리도록 한 후 그의 어깨를 잡고 태자를 잘 보살펴줄 것을 무탁했다. 그리고 얼마 후 세상을 떴다.

나이가 든 자가 맡아야 안심이다

손휴가 죽자 황후 주씨朱氏가 태후가 되었다. 손휴는 서른 살 젊은 나이로 세상을 떴기 때문에 태자 역시 나이가 어릴 수밖에 없었다. 비록 그가 태자인 자신의 아들을 복양흥에게 부탁했지만 오나라 대신들은 다른 생각을 하고 있었다.

촉한이 멸망하고 교지를 비롯한 지방에서 반란이 일어나는 등 국내외로 불안정한 상황이 지속되자 오나라 사람들은 어린 태자보다 나이가 있는 군주가 필요하다는 생각이 들었다. 이는 황제 손휴의 유명遺命을 거스르는 일이었지만 그만큼 상황이 급박했던 것이다.

대신 만욱萬彧이 오정후烏程侯 손호孫皓를 적극 추천하며 이렇게 말했다. "손호는 예전 손책처럼 학문을 좋아하고 법도를 신봉하니 그분을 영접하여 제위를 잇도록 하십시다."

손호는 손권의 두 번째 태자인 손화의 아들이다. 그의 모친은 제갈각의 외질녀다. 제갈각 사건에 연루되어 손화가 자살하자 하부인何夫人이 그의 자식들을 거두어 길렀다. 이후 손휴는 손호를 오정후에 봉했다. 손휴가 죽을 당시 손호는 이미 스무 살이 넘은 청년이었다. 그렇기 때문에 연령 면에서 손호는 당시 오나라 사람들이 바라는 성인 군주에 딱 들어맞았다.

장포와 복양흥은 무슨 재간이나 능력을 갖춘 사람들이 아니었기 때문에, 손호에 대해 제대로 알아보지도 않고 그냥 괜찮다고 여겼다. 그렇지 않아도 많은 이들이 같은 의견인데 우리 두 사람이 중뿔나게 반대한다고 뭐가 달라지겠는가? 결국 그들은 주태후에게 손호를 황제로 세울 것을 권유했다.

주태후 역시 주관이 뚜렷하다거나 국사에 관심이 있는 여인이 아니었다.

"나는 일개 부녀자일 뿐이니 어찌 국가 대사를 살필 수 있겠는가? 그저 우리 오나라가 훼손되지 않고 종묘를 지킬 수 있으면 되니 나머지는 관여하지 않겠다."

그래서 오나라 조정은 정식으로 손호를 황제로 영접했다.

폭군이 사람을 죽이는 이유

손호가 황제가 되고 얼마 후 주태후를 경황후로 폄직하더니 자신의 부친인 손화를 문황제, 모친 하씨를 황태후로 추존하고 손휴의 아들들을 왕으로 봉했으며, 자신의 아내인 등씨滕氏를 황후로 삼고, 장인 등목滕牧을 위장군, 녹상서사로 임명했다.

손호는 처음 황제가 되었을 때만 해도 그런대로 괜찮았다. 그래서 많은 이들이 현명한 군주라고 찬사를 보냈다. 그러나 애석하게도 호경기는 그리 오래가지 않았다. 일단 황위가 안정되자 본래 지니고 있던 난폭한 본성이 여지없이 드러나기 시작하더니 철두철미한 폭군으로 탈바꿈했다. 당초 손호 옹립에 찬성했던 복양흥과 장포는 자신들이 제대로 살피지 않은 것을 심히 후회하면서 거듭 탄식했다. 누군가 이런 사실을 고자질하자 손호는 그 즉시 복양흥과 장포를 체포하여 삼족까지 모두 주살했다.

손호는 황제가 되고 몇 개월 만에 완전히 안면을 몰수하고 전혀 다른 사람이 되고 말았다. 손호는 폭군이면 당연히 갖춰야 할 특징을 골고루 지니고 있었다. 우선 잔혹하게 사람 죽이기를 좋아했다는 점이 그러하다. 그는 그저 살인을 좋아하는 정도가 아니라 아예 중독이 되었다고 할 성노썼나. 설인의 이뉴노 식방식색이있나.

한번은 손호가 몇 사람을 사신으로 위나라에 보냈다. 누군가 그에게 말했다.

"파견한 사자 가운데 누군가 중원의 풍토가 아름답다고 칭찬했습니다."

어쩌면 그는 이렇게 말한 다음 '그렇지만 우리보다 못하다'거나 '우리가 더 좋다'고 말했을 수도 있다. 하지만 손호는 한쪽 말만 듣고 제대로 조사조차 하지 않고, 사자가 돌아오는 길에 죽이고 말았다.

손호가 황제가 되고 1년 정도 지났을 때 전임 황제인 손휴의 황후가 죽임을 당했고, 그의 네 아들은 모두 외지로 쫓겨났다. 또한 네 아들 가운데 나이가 많은 두 명은 끝내 죽임을 당했다. 자신에게 위협이 되는 손휴의 자식들을 뿌리째 뽑아내겠다는 속셈이었다.

당시 오나라에 천문학자 겸 수학자인 왕번王蕃이란 자가 살았다. 그는 정인군자正人君子의 풍모를 지닌 인물로, 권력자에게 빌붙어 권세를 누리는 것을 원치 않았기 때문에 아부나 아첨과 거리가 멀었다. 그래서 손호는 그를 눈엣가시처럼 여겼다.

한번은 손호가 군신들과 연회를 즐겼는데, 왕번이 술에 취해 술상에 엎드려 일어나지 못했다. 손호는 그가 일부러 술에 취한 척한다고 여기고, 사람들에게 왕번을 데리고 밖으로 나갔다가 다시 들어오라고 했다. 아무래도 밖으로 나가서 찬바람이라도 맞으면 술이 조금 깨기 마련이니 왕번도 자리에 돌아와서는 정신을 차리고 제대로 앉아 다시 술을 마셨다. 그러자 손호가 벌컥 화를 내며 그 자리에서 왕번을 죽여버리고 말았다. 죽인 것도 모자라 사람에게 명하여 왕번의 머리를 산꼭대기에서 아래로 내던진 후 좌우 시위에게 호랑이나 이리처럼 가장하고 찾도록 했다. 이런 사례에서 손호의 난폭하고 잔혹함이 어느 정도인지 능히 짐작할 수 있다. 왕번은 단지 손호의 마음에 들지 않았다는 이유로 처참한 최후를 맞이한 것이나.

손호의 비妃 가운데 권세를 믿고 남들을 괴롭히는 데 일가견이 있는 이가 있었다. 그녀는 늘상 못된 시종을 길거리로 내보내 상점의 물건을 제멋대로 약탈해 오도록 했다. 주인이 돈을 달라고 하면 그 즉시 주먹이 날아왔다. 시장 관리를 맡은 관료에게 이야기해봐야 소용이 없었다. 그러던 차에 손호의 총신인 사시중랑장司市中郎長 진성陳聲이란 자가 시장 관리를 맡게 되었다. 그는 시장을 관리하면서 손호에게 적지 않은 이익을 만들어주었다. 그는 자신이 황상의 총신이라는 점을 염두에 두고 시장 상인들에게 못된 짓을 하는 황비의 시종을 데려다 족쳤다. 황비가 더 이상 제멋대로 할 수 없게 되자 황상 앞에서 울고불고하며 그 관리를 혼내달라고 요구했다. 손호는 곧 빌미를 잡아 진성을 체포한 후 벌겋게 달군 쇠톱으로 그의 목을 잘라버리고 남은 몸뚱이를 저자에 내다 버렸다. 이렇듯 잔혹한 방법으로 살인을 일삼으니 심리적으로나 실제 행태 면에서 상나라 주왕과 다를 바 없었다.

사치가 극에 달해 치솟는 원망

잔혹하게 죽이기를 좋아하는 것 외에도 손호는 폭군의 또 다른 특징, 즉 사치와 끝없는 물욕의 소유자였다. 당시 누군가 나라의 도읍지를 건업에서 무창으로 옮길 것을 건의하자 손호가 허락했다. 본격적인 천도가 이루어진 후 크고 작은 문제가 속출하기 시작했다. 가장 큰 문제는 물자 조달이 힘들다는 것이었다. 강남에서 무창으로 식량이며 물자를 운송하려면 강물을 거슬러 올라가야만 했다. 이럴 경우 사람들을 동원하여 강 양안에서 배를 끌어당겨야 하기 때문에 시일도 더디고 백성들의 힘듦과 고통도 이루 말할 수 없을 정도였다.

시간이 흐르면서 하류에 사는 백성들이 더 이상 참을 수 없어 고향을 떠나 유리걸식하거나 반항하기 시작했다. 그럴 즈음 시단施但이란 자가 백성 수천 명을 이끌고 손호의 이복동생인 영안후永安侯 손겸孫謙을 강제로 추대하여 지도자로 삼았다. 그들이 건업에 도착했을 때 무리가 1만 명을 넘어섰다. 하지만 그들은 무장도 시원치 않고 싸움도 해본 적이 없는 오합지졸에 불과했기에 건업의 수비군에게 참패하고 손겸 역시 생포되고 말았다. 수비군은 손겸을 생포했으나 황제의 이복동생인지라 차마 죽이지 못하고 황제에게 보고했다. 사실 손겸은 주도적으로 모반을 일으킨 것이 아니라 협박에 못 이겨 어쩔 수 없이 앞장선 것에 불과했다. 하지만 손호는 전후 사정을 알아보지도 않고 즉각 손겸과 그의 모친을 모두 죽이고 말았다.

이후 손호는 무창으로 천도한 것이 마음에 들지 않았다. 만일 또다시 누군가 모반을 일으키면 어떻게 할 것인가? 결국 그는 장인인 위장군 녹상서사 등목에게 무창에 주둔하며 지키도록 하고 자신은 건업으로 돌아가고 말았다. 이리하여 잠깐 동안의 천도는 아무런 의미도 없이 소란만 일으키다 끝났다.

2년이 지난 후 손호는 또다시 궁전 건설에 재미를 붙여 소명궁昭明宮을 짓기 시작했다. 손호는 녹봉 2,000석 이하의 관리들에게 직접 산으로 들어가 나무를 베도록 했다. 손호는 대규모 어원御苑 : 궁궐 안에 있던 동산이나 후원을 조성하고 누각과 정자 등을 만들며 온갖 사치를 다해 거의 1억 냥에 달하는 재화를 허비했다. 대신들은 너 나 할 것 없이 간언하여 사치로 인한 폐해를 막고자 애썼다.

하지만 손호는 전혀 듣지 않고, 오히려 부친 손화의 신령을 영접한다며 각종 가무 예인들을 모집하여 밤낮을 가리지 않고 가무희를 즐겼다. 부친을 존중한다는 미명하에 쾌락을 즐겼던 것이다.

등목은 황제의 장인이었기에 백관들이 그에게 표문을 올려 간곡하게 간언하기를 청했다. 그런 그들의 뜻과 전혀 다르게 손호는 장인의 말도 전혀 아랑곳하지 않았으며, 오히려 등황후에 대한 총애가 식어가는 결과를 낳고 말았다. 그럼에도 불구하고 등목이 거듭 간언하며 멈추지 않자 그를 무창에서 창오로 이주하도록 했다. 작위를 박탈하지는 않았으나 사실상 추방한 것이나 다를 바 없었다. 결국 황제의 장인 등목은 창오로 가는 도중에 울분에 겨워 분사하고 말았다.

손호는 등황후를 폐출하고 싶었지만 하태후가 등황후를 적극 보호하고, 무술巫術을 신봉하는 손호에게 태사가 황후를 마음대로 바꾸면 큰일 난다고 거듭 말했기 때문에 없는 일로 하고 말았다. 그러나 이후로 그는 등황후의 얼굴을 아예 보지 않았다. 당시 궁중의 수많은 비빈들이 황후만 패용할 수 있는 인수를 차고 있었기 때문에, 등황후는 관례에 따라 대신들의 조하朝賀나 상주문을 받을 뿐 거의 유명무실하여 꼭두각시나 다를 바 없었다.

손호의 궁궐에는 이미 수천 명의 궁녀가 있었지만 그는 그것도 모자라 환관들을 각지로 파견하여 관리들의 딸을 선발하도록 했다. 녹봉이 2,000석 이상인 관리들의 딸들은 매년 이름과 연령을 신고하고 15~16세가 되면 해선*에 참가하도록 했으며, 여러 차례 선발 시험을 통해 선발된 자는 궁중으로 보내고 나머지는 다른 곳에 시집을 갈 수 있도록 했다. 이로 인해 민간과 관료 사회 곳곳에서 원망이 자자했다.

어리석은 임금 밑에 아첨하는 신하

당시 죽음을 무릅쓰고 황상에게 간언했던 이들로 유배된 장인 외에도

---

* 해선海選은 중국 촌민자치에서 농민들이 만든 직접 선거 방식을 말한다. 이른바 '촌관직선村官直選'의 약자다. '해'는 무궁무진의 뜻을 함유하고 있어 모든 이들이 참가할 기회가 있다는 뜻을 갖는다. 여기서는 이를 비유한 것일 뿐, 당시 그런 선거 방식이 있었던 것은 아니다. ― 역주

육개陸凱와 육항陸抗 두 사람이 있었다. 육개는 오나라의 명장 육손의 아들이다. 손호는 그를 좌승상에 임명했다.

손호는 기이하게도 누군가 자신을 직접 보는 것을 좋아하지 않았다. 그래서 아무리 높은 직위에 있는 이들일지라도 황상을 만날 때면 직접 눈을 쳐다보는 것이 아니라 고개를 숙이거나 다른 쪽을 쳐다봐야만 했다. 만약에 두 눈이 마주치는 날이면 그날이 바로 그의 제삿날이었다. 하지만 육개는 달랐다. 그는 황상을 만날 때 언제나 황상의 얼굴을 직시했다. 게다가 그는 걸핏하면 황제가 하고자 하는 일을 막아서곤 했다. 생각 같아서는 당장이라도 내쫓거나 죽여버리고 싶었지만 육개의 명성이 워낙 큰지라 손호도 감히 어쩌지 못했다.

손호의 수하에 하정何定이란 간신배가 있었다. 손권 시절에 내시를 했으니 연배가 상당했다. 한때 쫓겨난 적도 있었으나 손호 시절에 조정으로 복귀했다. 당시 그는 술과 식량 등을 조달하는 일을 맡았는데, 직위는 그리 높지 않았으니 기외로 생기는 것이 많았다. 하정은 황상이 자신을 총애한다는 것만 믿고 독단과 전횡을 일삼으며 세도를 부렸다. 하지만 손호는 더욱더 그를 신임하며 그에게 모든 것을 맡겨 일하도록 했다. 어리석은 혼군에게는 이렇듯 아첨에 능한 영신이 존재하기 마련이다. 좌승상 육개가 여러 차례 면전에서 질타하니 하정 또한 육개를 원수처럼 여겼다.

육개는 승상으로 재임하면서 오로지 국가를 위해 최선의 노력을 다했다. 그러다가 육개가 병에 걸려 쓰러지자 황상이 그에게 사람을 보내 위문했다.

"병이 깊어 차도가 없다고 들었소이다만 짐에게 하고 싶은 말이 있소이까?"

"하정은 믿을 수 있는 자가 아닙니다. 그를 외시로 보내시고 국사를 위임하지 마시옵서. 요신姚信, 누현樓玄, 하소賀邵, 장제張悌 등과 신의 족제인 육희陸喜, 육항 등은 청렴결백하고 충성스러우며 탁월한 재능과 자질을 지녀 사직의 기둥이 되고 국가를 훌륭히 보필할 수 있는 자들입니다. 원컨대 폐하께서 그들에게 국정을 자문받으시고 그들이 충성을 다할 수 있도록 하시어, 만에 하나 잘못되는 일이 없도록 하시옵소서."

그는 이렇게 말한 후 곧 숨을 거두었다.

손호는 평소 육개가 마음에 들지 않았고, 거의 매일 자신이 총애하는 하정을 참소하니 더욱더 기분이 언짢았다. 결국 육개가 죽고 얼마 후 그의 가솔들을 모두 외지로 내쫓고 말았다.

손호의 신변에서 하정이 저지른 못된 짓거리는 하나둘이 아니었다. 황상이 개를 좋아한다고 하여 전문적으로 개를 조달하여 졸지에 개 값이 천정부지로 치솟게 한 것도 바로 그였다. 당시 개 한 마리 값이 비단 수십 필에 달하고, 개목걸이가 1만 전에 이르러 비취나 옥에 버금갈 정도가 되었으니 참으로 말도 안 되는 일이었다.

하정은 그 틈에 이익을 취해 재산을 불렸다. 민간에서 개를 헌납하려면 무조건 하정을 통해야만 했다. 그러니 개를 헌상하려는 자는 하정에게 뇌물을 주지 않을 수 없었다. 당연히 그에 대한 원망이 하늘을 찌를 듯한데, 오직 한 사람 손호만은 그럴수록 기분이 좋았는지 그를 후작으로 봉했다. 대신들이 절대 불가하다고 여러 차례 간언했으나 손호는 전혀 말을 듣지 않았다.

혼군의 천하 통일의 꿈

손호는 황음무도한 폭군이면서 또한 천하를 통일하겠다는 야망을 지닌 자였다. 동오 국내에 이런 말이 떠돌았다.

"누런 깃발과 자주빛 덮개가 동남쪽에 보이니 마침내 천하를 얻는 자는 형주와 양주의 군주로다."**

다시 말해 동오의 황제가 장차 천하를 통일할 것이라는 뜻이다. 사실이는 누군가 부귀를 얻기 위해 날조하여 퍼뜨린 말로 유언비어에 불과하다. 하지만 손호는 이를 듣고 누구보다 기뻐하며 전혀 의심치 않았다.

동오 건형建衡 3년(서기 271년), 말 손호가 대군을 징발하여 친정에 나섰다. 출정식을 마친 후 그는 하태후, 등황후, 그리고 후궁 수천 명을 모두 이끌고 우저牛渚에 도착하여 서진西進 준비 태세를 갖추었다. 때는 엄동설한인 데다 행군 도중 대설이 연일 그치지 않아 군사들의 고통이 이만저만이 아니었다. 이른바 '문화대사전가磚家 : 돌대가리 전문가'로 자칭하는 이들은 남방인은 체질적으로 난방이 어울리지 않는다고 하여 제대로 난방조차 하지 않았는데, 날씨는 예년에 비해 더욱 춥기만 했다. 이런 날씨에 갑옷을 입고 무거운 병기를 든 채 100명의 병사들이 수레 한 대를 끄느라 동원되었으니 정말 죽을 맛이었다. 물론 그 수레 안에는 황상이 데리고 온 태후와 황후 및 수많은 후궁들이 타고 있었다. 대설이 길을 막고 도로가 끊기는 상황에서 행군은 더욱더 더디고 그만큼 힘들었다.

추운 날씨에 고된 행군으로 인해 동사자와 아사자가 속출하자 사병들도 더 이상 참지 못하고 내심 원망을 드러내기 시작했다.

"진나라 병사들을 만나면 싸움은커녕 아예 창을 거꾸로 들 테다."

손호도 그런 분위기를 모르는 바가 아니었다. 혹여 병사들이 창을 거꾸로 들면 어찌할 것인가? 그는 문득 두려운 생각이 들었다. 태후와 황후는 물론이고 수많은 후궁들도 모두 포로가 되지 않겠는가? 손호는 그 즉시 철군을 명하고 발길을 재촉했다.

** 《삼국지 · 오서 · 손호전孫皓傳》 주에 인용된 〈강표전〉, "黃旗紫蓋見於東南, 終有天下者, 荊揚之君." 이는 단양의 조현刁玄이란 자가 거짓으로 유포한 말이다. ― 역주

얼마 후 서릉의 수장이 반란을 일으켰다. 다행히 육항이 적절하게 대처하여 반란을 평정했다. 그런데 오히려 이것이 손호의 천하 통일에 대한 망상을 부추기는 꼴이 되고 말았다. 그는 술사에게 점을 치도록 하여 자신이 과연 천하를 얻을 수 있는지를 물었다. 술사가 대답했다.

"길합니다. 경자년庚子年에 푸른색 수레를 타고 낙양으로 들어가실 것입니다."

손호는 크게 기뻐하며 조정의 일은 나 몰라라 접어두고 오로지 천하를 겸병하는 일에만 몰두했다.

중풍 환자에게 말하도록 하라

손호가 북쪽으로 진나라를 정벌할 준비에 여념이 없을 때 우승상 만욱과 대사마 정봉, 와장군 유평留平 등 세 사람이 밀모했다.

"국사가 무엇보다 중요하니, 만약 황상이 돌아오지 못하면 우리라도 돌아와야 하지 않겠소?"

손호가 그들의 이야기를 전해 듣고 괘씸한 생각이 들었다. 분명 저들이 돌아와 새로운 임금을 세우겠다는 뜻이로구나! 하지만 자신이 황제 자리에 오르는 데 누구보다 만욱의 공이 컸기 때문에 차마 손대지 못하고 꾹 참고 있었다. 그의 인내는 그리 오래가지 않았다.

어느 날 손호가 만욱에게 독주를 보내 마시게 했다. 다행히 전달하는 이가 술잔을 엎어버려 겨우 살해를 면할 수 있었다. 손호는 여기서 그치지 않고 유평에게도 독주를 보냈다. 유평이 술을 마신 후 독이 들어가 있음을 알고 서둘러 해독제를 마셔 겨우 목숨을 건졌다. 하지만 황제가 자신들을 살해할 마음이 분명하다는 것을 알았으니 힘없는 신하가 어찌할 수 있겠는가? 결국 만욱은 스스로 목숨을 끊었고, 유평은 울분을 참지 못하다가 1개월이 채 지나기도 전에 죽고 말았다.

언젠가 만욱이 충성스럽고 강직한 이를 뽑아 황제를 모시도록 하라고 주청하자 손호가 누현樓玄을 선발하여 궁중 사무를 맡겼다. 누현은 법도에 따라 일을 처리하고 항시 삼가고 근면하였는데, 손호는 오히려 그런 점이 마음에 들지 않았다. 당시 대신 가운데 중서령 겸 태자의 태부를 맡고 있던 하소도 황제에게 어진 신하를 친히 여기고 소인들을 멀리할 것을 누차 권유했다. 하지만 손호는 그런 하소 역시 눈에 든 가시처럼 여겼다.

우승상 만욱이 죽자 손호 주변의 간신배들이 일제히 누현과 하소를 모함했다.

"그들 두 사람이 만나 귓속말을 하면서 크게 웃었습니다. 이는 폐하의 정사를 비방하며 헐뜯은 것이 분명합니다."

결국 그들 두 사람은 정위에게 체포되어 모진 고문을 당했다. 누현은 아들과 함께 광주로 갔다가 마지막에 교지로 유배되어 그곳에서 죽고 말았다.

하소는 비록 유배를 당하지는 않았지만 수년 동안 중풍으로 인해 말을 할 수 없어 사직하려고 했다. 그러나 손호는 그가 병을 핑계로 사직하려고 한다고 의심하여, 병든 그를 체포하여 주창***으로 보내 악랄하게 고문을 가했다. 하지만 그는 이미 중풍 때문에 말을 못하는 상황이어서 제아무리 고문을 한들 한 마디 말도 할 수 없었다. 손호는 벌겋게 달군 칼로 그의 머리를 잘라 죽이고 그의 친인척을 유배형에 처하고 나중에 모두 주살했다. 이리하여 오나라는 충신이라 칭할 만한 이들이 거의 남아 있지 않았다.

*** 주창酒倉 또는 주장酒藏은 궁중의 술 창고를 말한다. 당시 손호는 이곳을 일종의 고문 장소로 활용했다. — 역주

어느 집에서 가져온 더러운 물건이냐?

손호는 여전히 천하를 통일할 꿈에 사로잡혀 있었다.

"윗사람이 좋아하면 아랫사람은 더욱더 심해진다."

말인즉, 윗사람이 뭔가를 좋아하면 아부에 능한 아랫사람들이 이를 알고 더욱 난리를 친다는 뜻이다. 손호가 천하 통일을 외치자 일순간에 오나라에 이와 관련하여 길흉을 따지거나 상서로운 물건이 나타났다고 헌상하는 이들이 속출했다. 손호가 시중 위요에게 이에 대해 물어보자 그가 대답했다.

"이런 것들은 일반 백성들 집안에서 흔히 볼 수 있는 물건들일 뿐이지, 무슨 상서로운 것들이 아닙니다."

위요는 국사를 편찬하는 직책을 맡고 있었다. 손호가 위요에게 자신의 부친인 손화를 본기本紀에 넣으라고 하자 위요가 이렇게 말했다.

"문황제(손화)는 천자의 자리에 오르지 못했기 때문에 열전에 넣어야지, 본기에는 넣을 수 없습니다."

손호가 그의 말을 듣고 벌컥 화를 냈다. 위요는 잔혹한 성격의 황상 손호가 화를 내면 어찌 된다는 것을 잘 알고 있었기 때문에 몹시 두려웠다. 그래서 사직하고자 했으나 손호는 끝내 받아주지 않았다. 나중에 병이 들자 손호는 의사를 보내 치료 겸 감시하면서 하루라도 빨리 조정에 나오라고 재촉했다.

손호는 조부인 손권과 비슷한 점이 있었다. 군신들과 술을 마실 때 주량에 관계없이 일률적으로 7되의 술을 받아 마시도록 한 것이 바로 유사한 점이다. 이전에 위요가 손호의 총애를 받을 때만 해도 술을 잘 마시지 못하는 그를 위해 몰래 차를 주거나 술의 양을 감해주었는데, 총애가 식자 강압적으로 술을 마시게 했다.

술을 마실 때면 조정 대신들에게 서로 비난하면서 질책하도록 했고, 그들의 단점을 들춰내며 조롱하곤 했다. 만약 대신들이 이로 인해 불만을 표시하거나 손호의 비위를 건드릴 경우 즉각 포박하여 투옥하거나 심지어 죽이는 일도 있었다. 위요는 주연을 베풀면서 오히려 서로 비방하게 만들어 대신들 마음에 원한이 생기면 군주와 신하 사이가 화목할 수 없으니 결코 아름다운 일이 아니라고 생각했다. 그래서 때로 손호가 그에게 다른 이들을 비난하도록 하면 원론적인 대답만 할 뿐이었다. 손호는 위요가 자신의 명령을 따르지 않고 진심으로 충성을 다하지 않는다고 여기고 불편한 심사를 감추지 않았다. 그러다 결국 미움과 분노가 쌓여 그를 체포하여 투옥했다.

위요가 옥리를 통해 상소문을 보냈다. 자신이 쓰고 있는 고대 역법에 관한 책 등을 아직 완수하지 못했으니, 죽기 전에 완성할 수 있도록 사면해주기를 원했던 것이다. 그러나 손호는 위요가 쓰고 있다는 책을 보고는 오히려 틀린 부분만 골라내어 위요를 질책했다.

"네가 나에게 헌상했다는 책은 도대체 어느 집에서 흘러 들어온 것이기에 이리도 더럽고 지저분하냐?"

결국, 손호는 위요를 살해하고 그의 가솔들을 모두 유배시켰다.

손호가 제멋대로 사람들을 죽여 사람들마다 두려워하고 마음을 붙이지 못하고 있을 때, 진나라 사마염은 동오를 정벌하기 위한 준비에 박차를 가하고 있었다. 경천동지할 대전이 임박한 상황에서 진나라와 오나라의 향방은 어찌 되는 것일까?

51강 진의 삼국통일

《삼국연의》첫머리는 이렇게 시작한다.

"이야기를 하자면 천하의 대세大勢는 분열이 오래되면 반드시 통합되고, 통합이 오래되면 반드시 분열된다話說天下大事, 分久必合, 合久必分."

동한 말년 황건군의 난을 시작으로 천하가 혼란에 빠지자 여러 영웅들이 각축하다 위, 촉, 오로 천하가 삼분되었다. 이후 촉한이 멸망하고 진이 위를 대신했다. 위가 진으로 바뀔 무렵, 폭군 손호가 동오에서 무고한 이들을 대거 학살하고 황음무도한 생활을 하자 백성의 원망이 하늘을 찌르고 민심이 이반하여 곳곳에서 반란이 일어났다. 그럼에도 불구하고 손호는 야심만만하게 천하를 통일하겠다는 야망에 사로잡혔다. 그렇다면 진나라와 오나라 중에서 천하를 차지하는 자는 누구인가?

오와 진의 단교

손호가 가장 좋아하는 취미는 살인, 다시 말해 사람 죽이기였다. 이에 관한 한 걸주桀紂와 비교하여 전혀 뒤처지지 않는다. 그는 이외에도 자신이 천하를 통일하겠다는 망상에 사로잡혀 있었다. 그의 측근과 좌우 대신들은 그의 기세에 눌리고 또한 목숨을 유지하기 위해 그의 주장에 따라야만 했다. 손호는 이로 인해 더욱더 득의만만했다.

손호가 황위에 오르고 얼마 되지 않아 누군가 큰 정鼎을 발견했다고 보고했다. 그는 이를 상서로운 징조로 여겨 연호를 보정寶鼎으로 개원했다. 이후 누군가 봉황이 모여드는 것을 보았다고 하자 봉황鳳凰으로 개원했다. 또한 어떤 이가 호숫가에서 돌로 만든 상자를 발견했는데, 그 안에 들어가 있는 청백색에 길이가 4치, 너비가 2치 정도 되는 작은 돌에 '황제'라는 두 글자가 새겨져 있었다. 손호는 이것이 하늘이 자신에게 보내온 옥새라 여기고 또다시 옥새玉璽로 개원했다.

손호가 재위하던 시절 연호가 이처럼 수차례나 바뀌었는데, 이는 그가 천하를 통일해서 천하의 공주共主가 되려는 욕망에 사로잡혀 있었다는 것을 증명한다. 그러나 천하 통일을 한다는 자가 그처럼 폭력과 살인을 일삼으면 어찌 되겠는가? 확실하고 철저하게 준비를 해도 여의치 않은 마당에.

이런 점에서 손호는 진나라 사마염을 따라갈 수 없었다. 사마염은 찬위 초기 국내 상황을 진정시키고 내부 정비를 하느라 바빴다. 게다가 진나라는 과연 오나라를 정벌해야 하는가에 대한 통일된 의견이 형성되지 않은 상태였다. 그래서 그는 건국 초기 오나라와 반목하거나 정벌하겠다는 생각을 하지 않았다.

이후 진나라에 사자로 갔던 이가 돌아와 손호에게 말했다.

"북방의 진나라는 아직 전쟁 준비를 하지 않고 있습니다. 이를 틈타 우리가 그들을 공격하는 것이 좋을 듯합니다."

손호는 군신들에게 진나라를 정벌하는 것이 가능한지 물었다. 당시 좌승상 육개가 아직 살아 있었는데, 그는 이렇게 주장했다.

"무릇 군대란 부득이한 경우에만 사용해야 합니다. 더구다나 삼국정립 이후로 서로 침략하고 정벌하느라 한 해도 편안했던 적이 없습니다. 최근에 진나라가 촉한을 병탄하여 결실을 얻었음에도 우리에게 화친을 요청한 것은 우리에게 약한 모습을 보이는 것이 아니라 오히려 역량을 축적하여 시기를 기다리는 것이라고 할 수 있습니다. 적의 세력이 점차 강해지고 있을 때 우리가 요행으로 승리를 얻기란 상당히 어렵습니다. 제가 보기에 그렇게 해서는 어떤 좋은 일도 있을 수 없습니다."

손호가 육개의 말을 듣고 출병할 계획을 접었다. 하지만 그는 진나라와 외교 관계를 단절하여 더 이상 사자를 파견하지 않았다. 이후 손호는 수차례 거병하여 진나라를 공격했지만 예전에 촉한의 제갈량과 강유의 북벌이 그랬던 것처럼 별다른 성과 없이 끝나고 말았다. 진나라가 원래 막강한 데다 촉한까지 병합한 데 비해, 오나라는 국력이 비교적 약세이고 유리한 점이 없었기 때문이다.

몇 년 후 진나라 상황이 비교적 안정 국면으로 들어서자 진 문제 사마염이 마침내 오나라를 정벌하려는 생각을 굳혔다. 그는 상서좌복야 양호羊祜에게 양양襄陽에 주둔하면서 형주의 여러 군사를 지휘하도록 했다.

양호는 형주에 주둔하는 동안 인근 백성들을 위무하는 데 주력하면서 강한江漢 지역에 두루 인심을 얻었으며, 특히 진과 오의 접경 지대에 살고 있는 오나라 사람들에게 마음을 열고 차별 없이 대했다. 때로 투항한 오나라 사람이 돌아가려고 하면 여비까지 주면서 언제라도 떠날 수 있도록 했다.

양호는 변경을 지키는 사병의 숫자를 줄이는 한편 남는 인원에게 논밭을 개간하도록 했다. 그가 처음 형주에 왔을 때만 해도 군량 100일 치를 마련하는 것이 쉽지 않았는데, 그가 한동안 둔전을 적극 개척하자 10년 치에 달하는 군량 확보가 가능해졌다.

양호가 이렇듯 착실하게 형수를 다스리고 있을 때, 오나라 손호는 여전히 흉폭하고 잔인하여 백성들이 치를 떨었다. 손호의 집안 동생이자 전장군인 손수孫秀가 당시 하구에서 도독을 맡고 있었는데, 손호에게 미움을 받아 조만간 손호가 손볼 것이라는 말이 민간에 떠돌 정도였다. 때마침 손호가 하정과 군사 5,000명을 이끌고 하구에서 사냥을 하기로 했는데, 손수는 오히려 손호가 자신을 손보러 오는 줄 알고 대경실색하여 야밤에 처자식과 수백 명의 친위대를 이끌고 진나라에 투항하고 말았다.

오나라 종실이 자기 발로 직접 걸어와 투항하자 사마염은 귀한 보석을 얻은 것처럼 기뻐하면서 손수를 표기장군으로 임명하는 한편 개부의동삼사開府儀同三司, 회계공會稽公을 하사했다. 오나라 사람들이 보기에 진나라에 투항한 이들이 목숨을 부지하는 것은 물론이고 관직까지 수여받자 더욱 많은 이들이 투항 대열에 합류했으며, 오나라 종실 중에도 그런 자들이 적지 않았다.

항공모함 스타일*

양호의 군영에 나중에 익주사사가 된 왕준王濬이라는 참군이 있었다. 양호는 다른 사람이 뭐라고 하든 왕준을 믿고 지지했다. 양호의 조카인 양기羊暨가 이렇게 말했다.

"왕준은 사람이 큰 뜻을 품고 있다고 하나 사치스럽고 절도가 없으니 전권을 맡기면 안 됩니다."

하지만 양호는 달리 생각했다.

"왕준은 큰 재목이니 장차 하고 싶은 것을 맡기면 크게 쓸모가 있을 것이다."

실제로 왕준은 익주자사로 부임한 후 현지 토착민들의 특이한 습속을

---

* '항모航母 스타일'은 '이륙 스타일'이라고도 한다. 중국이 첫 번째 항공모함인 '요년호遼寧號 항공모함'의 이착륙 유도병들이 전투기가 이착륙할 때 취하는 수신호의 모습이 공개되면서, 인터넷에서 이를 모방한 자세가 크게 유행했다. 그러나 여기서는 당시 건조한 누선樓船이 항공모함처럼 거대했음을 비유한 것일 따름이다. ― 역주

관대하게 수용하면서도 위엄과 신뢰로 다스려 많은 소수민족들이 감복하여 귀순했다. 얼마 후 왕준은 대사농으로 승진했다.

당시 진 무제는 양호와 오나라 정벌을 은밀하게 논의했다. 양호는 오나라를 치기 위해서는 반드시 지리적인 이점을 취해 상류에서 하류로 내려가야 한다고 주장했다. 그는 비밀리에 진 무제에게 상서하여, 왕준을 익주자사로 보내 수군을 조련하도록 해달라고 요청했다.

진문제는 왕준에게 둔전병을 데리고 전선을 건조하는 임무를 맡겼다. 왕준의 수하 장수인 하반何攀이 말했다.

"둔전을 하던 병사들은 겨우 500~600명에 지나지 않으니 그들만 데리고 배를 만든다면 시간이 너무 오래 걸려 새로운 배를 만들기도 전에 앞서 만든 배들이 이미 썩어들고 있을 것입니다. 각 군에서 병사를 모집하여 1만여 명이 함께 배를 만든다면 올해 연말이면 틀림없이 임무를 완수할 수 있습니다."

왕준이 그의 말을 듣고는 쾌히 허락하지 못하고 머뭇거렸다. 아무래도 조정에 먼저 보고하여 허락을 받아야만 했기 때문이다. 하반이 다시 말했다.

"우리가 병사 1만여 명을 모집하려고 한다면 조정은 혹시 모반할지도 모른다고 생각하며 허락하지 않을 것입니다. 굳이 조정에 알리지 않고 일단 병사를 모집하여 전선을 만들기 시작한다면, 설사 나중에 조정에서 알게 된다고 할지라도 이미 전선을 다 만든 후일 것이니 전혀 문제가 없을 듯합니다."

왕준은 하반의 건의를 받아들여 그에게 전선 건조와 무기 제조에 관한 임무를 신임하도록 했다.

왕준은 지금까지 만들어보지 못한 거대한 배를 만들었다. 그 가운데 가장 큰 배는 사방이 120보나 되었고, 한 번에 2,000여 명을 태울 수 있었다고 한다. 왕준은 배 위에 나무로 성루를 쌓고 다시 높은 누대를 만들어 적선의 동태를 살필 수 있도록 했다. 그래서 이 배를 '누선'이라고 칭했다. 누선에서 사방에 난 문을 열면 말을 타고 달릴 수 있었다. 지금의 항공모함을 떠올리게 한다. 거대한 목선을 만들면서 크고 작은 나뭇조각 등이 강물을 따라 끊임없이 하류로 떠내려갔다.

오나라 건평建平 : 호북 자귀 태수 오언吳彦이 이를 보고 진나라가 대규모로 전선을 건조하며 침략을 준비하고 있음을 알고 즉각 손호에게 보고했다.

"진나라가 우리를 공격할 계획을 가지고 있으니 당연히 건평군의 군대를 증강하고 요충지를 철저하게 방어해야 합니다."

하지만 손호는 그의 말을 무시하고 듣지 않았다. 오언 등은 하는 수 없이 쇠사슬을 양안에 설치하여 배가 통과하지 못하게 하는 등 최소한의 방어망을 구축했을 뿐이었다.

왕준이 익주에서 전선 건조에 열을 올리고, 오나라 군사들이 장강 양안에 쇠사슬을 설치하고 있을 때, 오나라 손호는 여전히 잔혹한 통치를 이어가 이곳저곳에서 반란이 일어났으나, 그나마 맹장 육항이 모두 평정하여 국내 상황이 아직까지 악화되지는 않았다.

변경의 친목회

당시 진과 오의 변경 지역에서 마주 보고 있는 장수는 양호와 육항이었다. 그들 두 사람은 각기 자신들의 나라에서 얻기 힘든 인재들이었다. 양호는 신의로 오나라 사람들의 마음을 사야 한다고 생각했다. 그래서 오나라와 접전할 때도 반드시 날을 잡아 약속하고 정식으로 싸웠지, 은밀하게 기습하는 계책은 쓰지 않았다. 기습을 주장하는 부하가 이렇게 물었다.

"어찌 매번 이렇게 싸운단 말입니까? 전쟁이란 궤도詭道 : 남을 속이는 수단라 하였으니 적군을 속이는 일이 다반사입니다. 이번에는 마땅히 계책을 통해 기습해야 합니다."

양호는 그의 말을 듣고 술상을 내려주어 격려하고는 더 이상 말을 하지 못하게 했다.

군중에 식량이 떨어지자 양호의 부대가 변경을 넘어 오나라 사람들의 식량을 취했다. 그러자 양호가 사람을 보내 수량을 헤아려 손실된 양만큼 비단으로 갚았다. 양호는 사냥을 나갈 때도 진나라 경내에서 짐승을 잡았을 뿐, 변경선을 넘지 않았다. 만약 오나라 병사들이 화살을 쏘아 다친 짐승을 진나라 병사들이 잡으면 그대로 돌려주도록 했다.

이렇게 시간이 흐르면서 변경의 오나라 사람들이 양호에게 기쁜 마음으로 감복하기에 이르렀다. 양호와 육항은 적대하며 대치하면서도 사자를 보내 교류했다. 육항이 양호에게 술을 보내면 양호는 전혀 의심치 않고 받아 마셨으며, 육항이 병이 들자 양호가 약을 보냈는데 육항이 약을 받자마자 그 자리에서 복용했다. 많은 이들이 혹시라도 독이 들었을지 모르니 복용하지 말라고 권유했지만 육항은 껄껄 웃으며 이렇게 말했다.

"양호가 어찌 독살이나 하는 사람이겠는가?"

육항은 변경을 지키는 병사들에게 이렇게 말하곤 했다.

"저들이 은덕을 베푸는데 우리는 폭력만 사용한다면 싸워보지도 못하고 굴복하는 것이나 마찬가지다. 그러니 각자 자신들의 경계를 나누어 보전하는 데 힘쓸 뿐, 자질구레한 이익을 얻으려 애쓰지 마라."

오나라 황제 손호가 변경의 두 장수가 적대하기는커녕 평화롭게 교류하고 있다는 소식을 듣고 육항을 힐책했다.

"진나라와 싸우라고 했지, 교류하라고 했소이까? 도대체 무슨 생각이시오?"

육항이 대답했다.

"일개 읍이나 향에서도 신의를 지키지 않을 수 없거늘, 대국에서야 말할 것이 있겠습니까! 만약 신이 이와 같이 하지 않는다면 오히려 양호의 은덕을 보다 선명하게 드러낼 뿐입니다. 상대가 은덕을 베푸는데 우리는 오히려 계략이나 쓰고자 한다면 상대의 위대함을 드러내는 대신 자신이 비열함을 보여주는 것 아니겠습니까! 그러니 우리가 은덕을 베풀지 않으면 양호는 전혀 다치는 것이 없고 우리만 상처를 입게 됩니다."

하지만 손호는 그저 눈앞의 이익과 전공만 내세우는 장수들의 책략을 앞세워 여러 차례 진나라를 공격했다. 육항이 수차례 만류했으나 손호는 전혀 듣지 않았다. 결국 출병할 때마다 참패를 면할 수 없었으며, 진나라로 넘어가는 오나라 백성들이 줄을 이었다.

몇 년 후 고심하며 변경의 안정을 유지하던 육항이 중병에 들었다. 임종에 앞서 그가 손호에게 당부했다.

"서릉西陵과 건평은 나라의 바깥 울타리입니다. 만약 적들이 전선을 타고 강물을 타고 내려온다면 비록 천 리 길이라고 할지라도 유성이 떨어지고 벼락이 치는 것처럼 잠깐 사이에 도착할 수 있을 것입니다. 두 현이 함락되면 이는 사직의 안위에 결정적인 타격을 주는 것이니 반드시 병력을 증강하여 굳건히 방어해야 할 것입니다."

육항이 죽은 후 손호는 그의 충심 어린 유언을 무시하고, 오히려 현지부대를 몇 개로 나눈 다음 육항의 아들 몇 명에게 분할해서 지휘하도록 했다.

천우의 기회를 놓치지 말라!

오나라의 명장이 세상을 뜨고 인심이 이반되고 있음에도 손호는 여전히 중원을 통일하는 꿈에 부풀어 있었다. 오나라 천새天璽 원년(서기 276년), 도읍지 인근에 오랫동안 잡초 우거진 채로 있었던 임평호臨平湖가 저절로 개통되었다. 마을 사람들은 이 호수가 개통되면 천하가 태평해진다고 했다. 손호는 이를 자신이 중원의 천자가 되는 길조라 여겼다. 또한 어떤 산에 있는 동굴에서 적황색이 비치자 손호는 이 또한 자신의 천하 통일을 예견하는 것이라 생각했다. 그래서 그는 또다시 연호를 바꾸고 진나라 변경을 끊임없이 도발했다.

그 무렵 진나라에서 양호는 진 무제에게 오나라를 토벌할 것을 수차례 상서했다.

"운수는 하늘이 주지만 공훈과 업적을 완성하는 것은 결국 사람입니다. 촉한은 지세가 험난하여 장수 한 명이 관을 지키면 아무리 많은 병사로도 열 수 없다고 했습니다. 하지만 우리 군사들이 진격하자 그 어떤 장애도 없었습니다. 촉한의 내정이 마른 풀과 썩은 나무처럼 이미 곪을 대로 곪아 금방이라도 터질 지경이었기 때문입니다. 그래서 우리 군대가 파죽지세로 진격하여 촉한을 멸망시킬 수 있었습니다. 한중의 여러 성의 군사들이 마치 둥지에서 쉬는 새들처럼 감히 나오지 못한 것도 그들에게 저항하려는 마음이 없었기 때문이 아니라, 자신의 역량으로 우리를 감당할 수 없음을 알았기 때문입니다. 현재 장강과 회수가 험난하다고 하나 촉한의 검각의 험준함만 못하며, 손호의 폭정은 촉한의 유선보다 지독하여 오나라 백성들의 곤고함이 촉한보다 훨씬 심각한 지경입니다. 또한 지금 우리 진나라의 병력은 당시 위나라에 비해 월등합니다. 이러한 때에 사해를 통일하지 않고 그저 요새만 지키고 있다면 그리 좋은 계책이 아닙니다. 마땅히 수륙으로 병진하여 익주에서 강을 따라 내려가 일거에 오나라를 평정하고 천하 통일을 완성해야 옳은 줄 아옵니다."

진 문제 사마염은 양호의 건의를 적극 수용했다. 하지만 조정에서 이에 대해 숙의할 당시 청주와 양주의 호인들이 반란을 일으켰다. 그래서 조정의 많은 신료들이 양호의 의견에 동의하지 않았다. 그중에는 개국공신인 가충도 있었다. 양호는 조정에서 반대 의견이 많다는 소식을 듣고 이렇게 장탄식했다.

"천하가 내 뜻과 같지 않구나. 열에 예닐곱의 가능성이 있으면 마땅히 결단을 내려야 하거늘, 하늘이 천하 통일의 기회를 주는데도 팔짱을 끼고 남의 일처럼 쳐다만 보고 있으니, 또다시 후대의 일로 넘겨야 한단 말인가?"

당시 두예杜預와 장화張華 등은 진 무제와 마찬가지로 양호의 계획에 찬성했다. 진나라 군신들이 조정에서 격론을 벌이고 있을 때 양호가 병석에 눕고 말았다. 진 무제가 장화를 보내 문병토록 하면서 아울러 그의 계획에 대해 듣도록 했다.

양호가 장화에게 말했다.

"오나라는 손호의 학정이 심해 싸우지 않고도 이길 수 있소이다. 만약 손호를 제거하기 전에 그가 죽어 오나라에 새로운 군주가 들어선다면 설사 백만 대군이 있다고 할지라도 장강을 건널 수 없을 것이외다. 그리 된다면 당연히 후회하게 될 것이오."

장화가 그의 말에 깊이 동감을 표시했다. 그러자 양호가 장화에게 신신당부했다.

"내 뜻을 이룰 수 있는 사람은 바로 그대요. 반드시 내 말을 천자에게 선해주시오."

장화가 돌아와 사마염에게 양호의 말을 전달했다. 사마염이 마침내 오나라를 정벌하기로 결정했다. 사마염은 양호가 전거戰車에 누운 채로 여러 장수들을 지휘하길 원했다. 하지만 양호가 사양하며 말했다.

"오나라를 취하는 데 반드시 신이 직접 가야 하는 것은 아닙니다. 병든 몸으로 정벌 전쟁에 나선다면 평정한 후에라도 폐하께 심려를 끼쳐드릴 뿐입니다. 전공을 세울 즈음이면 신은 더 이상 살아 있지 못할 것이기 때문입니다. 만약 이번 일을 성사하려면 소신이 아닌 적임자에게 맡겨야 할 것이니 폐하께서 사람을 잘 선발하시기 바랍니다."

양호는 이렇게 말하면서 두예를 추천했다. 조정은 두예를 진남대장군으로 임명하고 형주의 여러 군사를 지휘하도록 했다.

진 무제의 동오 정벌

이후 오나라 경내 지금의 광동廣東 일대에서 반란이 일어나자 손호가 군대를 파견하여 평정했다. 한창 전선 건조에 힘을 쓰고 있던 익주자사 왕준이 상서하여 말했다.

"손호는 황음무도하고 잔혹하여 형주와 양주의 현명한 이들과 우매한 이들 모두 탄식하고 원망하지 않는 이가 없습니다. 하여 하루라도 빨리 그를 정벌해야 합니다. 만약 손호가 졸지에 죽어 새롭게 현명한 군주가 들어서서 여러 인재들을 적절하게 활용한다면 오나라는 우리에게 강적이 될 것입니다. 소신이 전선을 만들기 시작한 지 이미 7년이란 세월이 흘러 오래전에 만든 배들이 썩거나 부서지는 등 노후화되고 있습니다. 또한 소신의 나이 이미 칠십이 넘어 언제 죽을지 알 수 없습니다. 하여 자칫 기회를 놓치게 된다면 동오를 노략하기가 심심 어려워질 것입니다. 신실로 간청하오니 폐하께서 이번 기회를 놓치지 마시기 바랍니다."

사마염은 내심 오나라 정벌을 결정한 상태였으나 진나라 내부에서 반대하는 이가 적지 않았다. 두예가 재차 표문을 올려 말했다.

"근자에 조정에서 이러저러한 의견이 속출하고 있습니다. 비록 사람의 마음은 각기 다릅니다만 은덕과 총애에 기대어 후환을 고려하지 않고 경솔하게 지지하거나 반대하는 의견을 내놓는 것에 불과합니다. 가을에 들어서면서 동오 정벌의 거사가 분명해져 이미 적들에게 노출되었습니다. 만약 지금 정벌을 중지한다면 손호가 두려워 새로운 계책을 마련할 것이니, 예컨대 무창으로 천도하거나 장강 이남의 여러 성을 수리하고, 군민들을 더욱 먼 곳으로 이주시킨다면 성을 공격할 수 없을 것입니다. 이렇게 되면 동오를 공격하려는 계획을 실행에 옮기지 못할까 두렵습니다."

진 문제 사마염은 때마침 중서령 장화와 바둑을 두고 있었다. 두예의 표문이 올라오자 장화가 바둑판을 한편으로 밀어두며 무제에게 고개를 조아렸다.

"폐하께옵서 성명聖名하시고 영무英武하시어 어진 선비들을 예로 빈아들이셨으나, 오주 손호는 사악하고 흉악하여 어질고 능력 있는 신하들을 주살했습니다. 이제 그를 공략한다면 군이 수고하지 않아도 평정할 수 있을 것이니 더 이상 주저하지 마시기 바랍니다."

진 문제가 장화의 의견을 받아들여 그를 탁지상서度支尚書로 임명하여 후방에서 수로로 군량을 운반하는 책임을 맡겼다. 하지만 가충이 자신의 의견을 견지하면서 완강하게 반대했다. 진 무제가 크게 화를 내며 질타하자 그제야 놀라 쓰고 있던 관冠을 벗고 사죄했다.

서기 279년 겨울, 진나라가 대규모 병력을 동원하여 동오 정벌에 나섰다. 진군장군 낭야왕 사마주를 도중徐中 : 안휘 저주滁州 일대, 안동장군 왕혼王渾을 강서, 건위장군 왕융王戎을 무창, 평남장군 오부를 하구, 신남내상군 두예를 강릉으로 출정하도록 하는 한편, 용양龍驤장군 왕준과 광무廣

武장군 당빈唐彬을 파촉에서 강을 따라 동쪽으로 내려가 건업을 취하도록 했다. 6로 대군이 수륙으로 병진하저 전체 병력이 20여만을 헤아렸다.

사마염은 대국사 가충을 총지휘로 임명하여 중군을 이끌고 양양襄陽에 주둔하며 각 부대의 배치, 통제, 지휘를 맡도록 했다.

파죽지세로 오나라가 진격하다

손호는 진나라 군사들이 대거 침략하자 황급히 대사면을 실시하는 등 민심 수습에 나섰다. 하지만 오랜 학정에 시달린 오나라 백성들의 미움과 원망은 쉽사리 사라지지 않았다. 진나라 장수 두예가 제일 먼저 강릉을 향해 진격하고 왕혼은 횡강에서 출병하여 가는 곳마다 전승을 거두었다.

왕준과 당빈의 수군 역시 단양에서 오나라 군사를 격파했다. 오나라 군사들은 강가 얕은 여울목에 쇠사슬을 가로질러 놓았다. 또한 길이가 한 장丈이 넘는 빼죽한 쇠꼬챙이를 강 한복판에 무수히 설치하여 전선이 통행하지 못하도록 했다.

이에 왕준은 뗏목 수십 개를 만들게 한 후 그 위에 갑옷을 입고 무기를 든 허수아비를 만들어 세워놓았다. 그런 다음 물에 익숙한 사병들에게 뗏목을 의지하여 앞장서도록 했다. 적군이 만들어놓은 뾰족한 쇠꼬챙이는 번번이 뗏목 나무에 꽂혀 모두 제거되고 말았다. 그 뒤를 따라 전함들이 거칠 것 없이 나아갔다.

왕준은 또한 마른 섶과 장작으로 둘레가 10여 장이나 되는 큰 화롯불을 만들고 그 위에 마유麻油를 부어 뱃신 앞부분에 실어놓았다. 강을 따라 내려가다 쇠사슬을 만나면 화로에 불을 붙이고 그 위에 쇠사슬을 놓으니 잠시 후 쇠사슬이 녹아 끊어졌다. 당시에는 쇠의 품질이 그다지 좋지 않았기 때문에 낮은 온도로도 쉽게 끊을 수 있었다. 이리하여 강안의 모든 장애물이 제거되자 진나라 전선들이 거침없이 속도를 냈다. 이런 기세에 힘입어 왕준은 곧바로 서릉, 형문을 격파하여 이전 오나라 장수 육항이 든든하게 지키고 있던 지역을 모두 점령했다.

왕준은 오나라 수군 도독 육경陸景을 물리치고, 두예 역시 강릉을 공략했다. 그러자 호남, 광동, 광서 등지의 여러 주군에서 인수를 바치고 투항하니 진나라 군사는 싸우지도 않고 그곳까지 쳐들어갈 수 있었다. 두예는 부절을 지니고 황제의 조명詔命에 따라 현지 관원을 위무했다. 당시 진나라에 포로로 잡히거나 참수된 도독과 감군이 열네 명이고, 아문牙門, 군수 등은 120여 명이었다.

왕융이 왕준과 합세하여 무창을 공격하자 오나라 수장도 곧 투항했다. 무창을 점령한 후 진나라 군사들은 강을 따라 내려가 건업에 도착했다. 진나라의 진군은 이상하리만치 순조로웠다. 두예는 여러 장수들을 불러 건업을 어떻게 공략할 것인지 의논했다. 누군가 말했다.

"오나라는 100년이란 오랜 세월 동안 버텨온 도적들이니 한꺼번에 완전히 멸망시킬 수 없을 것입니다. 지금 봄이 되어 강수량이 점점 많아지고 있으니 군대가 장기간 주둔하기 어렵습니다. 일단 회군하여 겨울이 오기를 기다려 다시 거병하는 것이 좋을 것입니다."

두예가 고개를 저으며 말했다.

"옛날 악의는 제수濟水 서쪽에서 싸울 때 일거에 강대한 제나라를 병탄할 수 있었소. 지금 우리 군사는 위무 당당하여 바야흐로 기세가 성하니, 대나무를 쪼개는 것과 같이 몇 마디만 쪼개면 나머지는 힘을 들이지 않아도 갈라지게 될 것이오."

이른바 파죽지세破竹之勢란 뜻인데, 이 말은 바로 여기에서 나왔다. 두예는 이렇게 말한 후 장수들에게 작전 명령을 하달하고 곧바로 건업까지 진군토록 했다.

오나라 정예부대 몰살

손호는 진나라 대군이 남하하고 있다는 소식을 접하고 황급히 승상 장제張悌에게 단양태수 심영沈瑩, 호군 손진孫震, 부군사 제갈정諸葛靚과 함께 3만 병사를 이끌고 장강을 역류하여 적군에 대응토록 했다. 제갈정은 제갈탄의 아들이다. 제갈정은 패배한 후 동오에 투항했다.

군대가 우저에 도착했을 때 심영이 말했다.

"진나라 군사는 예전 촉 땅에서 장시간 수군을 훈련시켰으나, 상류에 있는 우리 군사들은 평소 전투 태세를 갖추지 못했고, 용맹한 장수들도 이미 전사하여 나이 어린 장수들이 중책을 맡고 있으니 진나라 군사를 막아내기 힘들 것이라 사료됩니다. 그러니 일단 병력을 집중하여 진나라 군사들이 도착했을 때 결전을 벌이는 것이 좋을 것입니다. 요행 승리를 얻게 된다면 장강 이북은 안정을 되찾을 수 있을 것입니다. 지금 승부를 가늠하기 어려운 상황에서 경솔하게 강을 건너서는 안 됩니다."

하지만 승상 장제의 생각은 달랐다.

"우리 오나라의 명장들이 이미 전사하여 남아 있는 이들이 없다는 것은 누구나 알고 있는 사실이오. 나는 진나라 군사가 도착하면 우리 군사들이 놀라고 당황하여 더 이상 전열을 정비할 수 없을 지경이 되는 것은 아닌지 걱정이 태산이오. 그러니 차라리 진나라 군사와 결전을 할 수 있을 때 강을 건너는 것이 좋을 듯하오. 설사 싸움에 진다 한들 국가를 위해 몸을 바친 것이니 무슨 여한이 있겠소이까? 다행 승리하여 적군이 도망친다면 우리 군대의 사기가 치솟아 승세를 타고 남쪽으로 진격하여 강적을 격파할 수 있을 것이오. 만약 장군의 계획대로 촉지와 북쪽에 있는 진나라 군사들이 몰려왔을 때 싸우고자 한다면 이미 병사들이 겁을 먹어 도망치고 군신들이 앞다투어 투항하여 아무도 국가를 위해 죽으려 하지 않을 것이니, 이 또한 치욕적인 일이 아니겠소?"

장제는 심영의 말을 듣지 않고 군사를 이끌고 장강을 건너 진나라 장수 왕혼의 부하인 장교張喬의 부대를 포위했다. 장교는 수하에 7,000여 명밖에 없었기 때문에 오나라의 3만 대군에 역부족이어서 투항하고 말았다. 제갈정이 투항한 진나라 병사들을 모두 죽일 것을 건의하자 장제가 말했다.

"강적이 바로 앞에 있는데 당장 급하지 않은 일을 할 필요는 없을 듯하오. 게다가 투항한 병사들을 죽인다는 것은 합당한 일이 아니외다."

제갈정이 다시 말했다.

"저들은 원병이 없는 상태에서 역부족임을 알고 거짓 투항한 것에 불과합니다. 그저 시간을 끌겠다는 것이지, 진정으로 굴복한 것이 아닙니다. 그들을 그대로 놔둔다면 필시 후환이 있을 것입니다."

장제는 제갈정의 말을 무시했을 뿐만 아니라, 장교가 이끌었던 7,000여 명의 인마를 원래 주둔지에 그대로 놔두었다. 동오 군사가 계속 전진하다 마침내 진나라 대군과 만났다. 쌍방이 격전을 펼치던 차에 제갈정의 말대로 장교가 후방에서 치고 들어와 오나라 군사를 협공했다. 결국 오나라 군사는 크게 패하고 말았다.

제갈정은 겨우 수백 명을 데리고 패주하다 장제의 부대와 만났다. 장제가 떠나지 않으려 하는 것을 제갈정이 친히 가서 데리고 왔다. 제갈정이 장제에게 말했다.

"싸움에서 승리하고 패배하는 것은 나름의 운세가 있는 것이니 장군 혼자서 버틴디고 되지 않습니다. 그런데 어찌하여 죽음을 자초하려 하십니까?"

장제가 뜨거운 눈물을 흘리며 제갈정의 손을 잡고 말했다.

"오늘이 바로 내가 죽는 날인가 보오. 어렸을 적 제갈 승상께서 나를 좋게 보셔서 여러 차례 발탁하시었소. 나는 혹여 죽더라도 아무런 의미도 없이 명현名賢께서 나에게 베푼 덕을 저버리지나 않을까 걱정할 따름이다. 오늘 이 몸을 국가에 바치고자 하오. 장군은 먼저 떠나시오."

제갈정이 재차 그를 끌어당겼으나 요지부동이었다. 결국 제갈정은 눈물을 흘리며 그의 손을 놓고 혼자 떠났다. 채 100보도 가기 전에 뒤를 돌아보니 진나라 병사들이 몰려들어 장제를 난도질하고 있었다. 진나라 병사들은 장제를 죽이고 연달아 손신과 심영을 비롯한 7,700여 명의 오나라 병사들을 섬멸했다. 이로써 오나라 정예부대는 몰살하고 말았다.

왕준이 금릉을 접수하다

처음에 진 무제는 조서를 내려 왕준에게 건평을 공략한 후 두예의 지휘통제를 받고, 건업에 도착한 후에는 왕혼의 지휘를 받도록 했다. 무엇보다 군대의 지휘 계통을 확실하게 하기 위함이자, 공명심이 강한 왕준을 통제할 의도도 섞여 있었다. 두예가 강릉을 점령한 후 휘하 장수들에게 말했다.

"만약 왕준이 건평을 함락하면 장강을 따라 계속 내려가고자 할 것이다. 그리하면 그의 위세와 명성이 드높아 더 이상 나의 통제를 받지 않으려고 하겠지. 만약 함락하지 못한다면 내가 그와 함께 싸울 인연이 없음을 보여주는 것이겠지."

왕준이 건평을 함락하고 서릉에 이르렀을 때, 두예가 그에게 편지를 썼다.

"장군이 이미 적의 서부 번진들을 무너뜨렸으니 곧바로 군사를 이끌고 건업으로 진격하여 도탄에 빠진 오나라 백성들을 구해주기 바라오."

두예는 이렇듯 어른스럽게 왕준이 건업을 공략하여 전공을 세울 명분과 실리를 내주었다. 왕준은 독자적으로 무창에서 장강을 따라 건업까지 치고 들어갔다. 손호가 수군 1만 명을 보내 마지막 방어망을 쳤다. 하지만 수군은 멀리 왕준의 전함이 보이자 그대로 투항하고 말았다. 장강 너른 강물 위로 중무장한 진나라 병사들을 가득 실은 전함이 빼곡하게 들어서고, 전함마다 내건 깃발이 하늘의 해를 가렸으며, 번쩍이는 창검으로 눈을 뜨지 못한 정도였다. 이렇듯 진나라 군사들이 기세등등하게 쳐들어오자 오나라 사람들은 놀라고 두려워 어쩔 바를 몰랐다.

동오의 장수 도준陶濬이 광주 일대의 반란을 평정하기 위해 무창에 주둔하고 있다가 진나라 대군이 쳐들어온다는 소식을 듣고 서둘러 건업으로 돌아왔다. 손호가 그에게 병사를 모집하여 대항토록 했다. 도준이 그다음 날 출병하려고 보니 병사들이 모두 도망치고 남아 있는 이가 없었다. 곧이어 왕혼, 왕준, 혼야왕 사마주의 3로 대군이 건업 바로 코앞까지 진격했다. 손호는 사도 하식何植과 건위장군 손안孫晏에게 자신의 인수와 부절을 가지고 왕혼을 찾아가도록 했다. 투항을 표시한 것이다.

왕준의 수군이 삼산三山 : 강소 남경 서남쪽을 지났을 때 왕혼이 왕준에게 사람을 보내, 의논할 일이 있으니 자신의 군영에 잠깐 들렀다 가라고 요청했다. 사실은 모든 장수들이 건업에 먼저 들어가기 위해 경쟁하고 있었기 때문에 잠시 그의 발목을 잡기 위함이었다. 하지만 왕준은 이미 돛을 올리고 쾌속으로 전진하면서 간단한 답신을 보냈다.

"순풍이 불어 배를 멈추기가 여의치 않습니다."

그날 진나라 8만 대군이 승선한 전함이 100리 넘게 대열을 이루며 북소리와 고함 소리가 뒤섞이는 가운데 식두성으로 향했다. 제일 먼저 도착한 이는 왕준이었다. 손호는 이미 대세가 기울었음을 알고 예전의 유선과 마찬가지로 옷을 벗고 자신을 포박한 후 관목을 들고 입에 옥벽을 문 채로 왕준에게 투항했다. 진나라는 오나라의 지도와 호적을 입수하고 오나라 4개 주, 43개 군을 차지했다. 호구는 52만 3,000호, 인구는 230만 명이었고, 투항한 병사는 23만 명이었다.

당대의 시인 유우석은 〈영사시詠史詩〉에서 이렇게 읊었다.

왕준의 전함이 익주로 내려가니
금릉의 왕기가 어둠 속에 사라지도다.
쇠사슬 천 길 강물 속으로 잠기고
석두성에 항복 깃발 나부꼈네.
인간 세상 마음 아픈 일 많고 많다마는
산은 예전처럼 찬 강물 베고 누웠구나.
이제부터 사해가 한 가족이 되었다는데
옛 보루에 억새풀만 무성하여라.

王濬樓船下益州
金陵王氣黯然收
千尋鐵鎖沈江底
一片降旗出石頭
人世幾回傷往事
山形依舊枕寒流
從今四海爲家日
故壘蕭蕭蘆荻秋
_ 유우석, 〈서새산 회고西塞山懷古〉

오나라가 평정되었다는 소식이 전해지자 진나라 조정은 완전히 잔칫집 분위기에 휩싸여 군신들이 서로 경하하기 바빴다. 진 무제는 술잔을 높이 들고 뜨거운 눈물을 흘리며 이렇게 말했다.

"이것은 모두 태부 양호의 공로다."

모든 이들이 기뻐하는 가운데, 이전에 진나라에 투항했던 오나라 종실 표기장군 손수만은 결코 남들처럼 기뻐할 수 없었다. 남쪽을 바라보는 그의 얼굴 가득 눈물이 흘러내렸다.

"그 옛날 선주(손책)께옵서 만 20세에 교위 신분으로 창건한 나라이거늘, 지금의 후주가 강남 전체를 잃어 종묘와 능묘 또한 폐허로 변하겠구나. 아득한 하늘이여! 이것이 도대체 누구의 잘못입니까?"

손호의 포로 생활

폭군 손호는 진나라에 투항한 후 귀명후歸命侯라는 이름의 작위를 받았다. 이는 유선의 공작보다 한 등급 아래의 직위다. 비록 유선보다 낮은 작위이기는 하나 진나라에서 그의 생활은 그다지 불편한 것이 없었다.

어느 날 사마염이 손호를 만나 이야기하면서 손가락으로 신하의 자리를 지적하며 이렇게 말했다.

"짐이 저 자리를 마련하고 그대를 기다린 지 오래되었소."

그러자 손호가 맞받아쳤다.

"신도 남쪽에서 살 때 자리를 마련하여 폐하를 기다렸소이다."

비록 전쟁에는 졌지만 입은 아직 살아 있었다. 진 무제는 껄껄 웃을 뿐, 더 이상 말씨름을 하지 않았다.

또 틴빈은 가충이 손호에게 물은 적이 있다.

"들자 하니 각하께서 남방에 계실 적에 사람의 눈알을 파고 얼굴을 벗겠다고 하던데, 실제로 그런 일이 있었소이까?"

손호가 대답했다.

"군주를 시해한 신하나 교활하고 불충하는 자들은 그런 방법으로 벌을 주었소."

가충은 그의 말에 아무런 대꾸도 할 수 없었다. 그 자신이 군주, 즉 고귀향공 조모를 시해한 원흉이었기 때문이었다.

한번은 진 무제가 주연을 베풀어 함께 술을 마시면서 손호에게 이렇게 물었다.

"듣자 하니 남방 사람들은 〈이여가爾汝歌〉(민가의 일종)를 즐겨 부른다고 하던데, 한번 불러보실 수 있겠소?"

손호가 술잔을 들고 일어서더니 진 무제에게 권하며 노래했다.

"예전에 너와 이웃이었는데, 지금은 너의 신하가 되었네. 너에게 술 한 잔 올리니, 너는 만수무강하게나."

사마염은 자신을 '여汝:너의 뜻'라고 부르는 손호의 노래를 듣고는 또다시 껄껄 웃을 뿐, 더 이상 아무 말도 하지 않았다.

손호는 진나라에서 그럭저럭 지내다 투항한 지 4년 만에 병사하고 말았다. 위나라나 진나라나 모두 촉과 오의 항주인 유선과 손호에게 비교적 관대하게 대우했다.

서기 280년, 동오가 진나라에 항복했다. 이는 천하 삼분의 시대가 완전히 끝났음을 의미한다. 서기 184년, 황건의 난리가 일어난 후부터 거의 1세기에 걸친 세월이 흘렀다. 근 100년 동안 수많은 영웅이 등장하고 호걸들이 숲처럼 무리지어 나타났다. 하지만 최후에는 모든 것이 장강의 파도처럼 거세가 밀려왔다가 어느 결에 사라지고 말았다.《삼국연의》의 앞 대목에 실린 〈임강선臨江仙〉이 이를 잘 표현하고 있다.

도도한 장강 동쪽으로 흘러

물보라 일으키며 옛 영웅 모두 씻어갔네.

시비나 성패도 고개 한 번 돌리니 모두 부질없나니

푸른 산은 예와 같은데

저녁놀은 몇 번이나 붉게 물들었던고.

백발 어부와 나무꾼 강가에서

가을 달 뜨고 봄바람 불어도 그저 물끄러미 볼 뿐이니

탁주 한 병에 기쁘게 만나

고금의 이러저러한 일

모두 웃으며 하는 이야기에 부쳐보네.

滾滾長江東逝水,

浪花淘盡英雄.

是非成敗轉頭空,

靑山依舊在,

幾度夕陽紅.

白髮漁樵江渚上,

慣看秋月春風.

一壺濁酒喜相逢,

古今多少事,

都付笑談中.

　　일반적으로『삼국지』로 통용되는『삼국연의』를 읽는 이들은
적어도 대여섯 명의 이름을 기억해야 할 것이다.

　첫 번째 사람은 당연히 정사『삼국지』의 저자인 진수陳壽, 서기 233~297년
다. 자는 승조承祚이며 파서군巴西郡 안한현安漢縣 : 지금의 사천 남충南充 사람
이다. 같은 군에 사는 학자 초주에게 배웠으며, 촉한 시절 황호에게 핍박
을 받아 벼슬에서 쫓겨나기도 했다. 촉한이 멸망한 후 사공 장화의 추천
을 받아 진나라에서 관직에 올랐다. 서기 280년, 진나라가 오나라를 멸
망시키고 분열 국면이 종식된 후『삼국지』를 편찬하기 시작했다.『삼국
지』는 아시다시피 위, 촉, 오 세 나라가 정립할 당시의 역사를 기전체 양
식으로 나라별로 기록한 사서다. 그 가운데『위서』는 30권,『촉서』는 15
권,『오서』는 20권으로 전체 65권이다. 위 문제 황초黃初 원년서기 220년부
터 진 무제 태강太康 원년서기 280년까지 60년의 역사를 기록하고 있다.

　두 번째 사람은 배송지裴松之, 서기 372~451년다. 자는 세기世期, 남조 송나
라 하동 문희聞喜 : 지금의 섬서 문희 사람이다. 유유가 칭제한 후 배송지를 중
서시랑으로 임명하였다. 송 문제 유의륭劉義隆은『삼국지』의 내용이 빈약
하고 지나치게 간략하다고 여기고 그에게 주注를 달도록 하였다. 배송지
는 삼국에 관한 원시 자료를 수집하는 한편 여러 학자들의 저작을 두루
인용하여 원문의 세 배기 넘는 주를 달았다. 이용한 지료는 210여 종이
며,『삼국지』에 실리시 않은 역사적 사실을 기록하고 있기도 하다.

　세 번째 사람은 우리 귀에 익숙한 나관중羅貫中이다. 아쉽게도 그에 관

한 생평 기록은 분명치 않다. 대략 중국 원말 명초의 인물로, 관중은 자이며 이름은 본本이고, 호는 호해산인湖海散人이다. 일반적으로 원말 명초라고 하나 구체적인 연도는 1300~1400년 설과 1315~1385년 설 두 가지가 있다. 명대 왕기王圻는 『패사회편稗史滙編』에서 그를 "유지도왕자有志圖王者, 왕을 도모할 생각이 있는 자"라고 칭했으며, 『소실산방필기少室山房筆記』에서는 시내암施耐庵의 문인이라고 하였다. 청대 고령顧苓은 『발수호도跋水滸圖』에서 그를 장사성張士誠의 막료라고 말하기도 했다. 이에 따르면, 그는 원나라 혜종惠宗 지정至正 16년1356년 당시 농민기의 영수인 장사성의 막부로 들어가 빈객이 되었다. 하지만 장사성이 원조에 투항하여 사리사욕을 채우다가 원조의 쇠락을 보면서 재차 거병하여 칭왕하는 등 신뢰를 잃자 그를 떠나 고향인 태원太原으로 돌아갔다. 지정 26년1366년 항주杭州로 돌아온 이후로 그는 『삼국지통속연의三國志通俗演義』 저술에 착수했다. 이외에도 그는 스승인 시내암이 끝내지 못한 『수호전水滸傳』을 완결했으며, 『조태조용호풍운회趙太祖龍虎風雲會. 희곡』, 『수당지전隋唐志傳』, 『잔당오대사연의전殘唐伍代史演義傳』, 『삼수평요전三遂平妖傳』 등 소설을 집필하기도 했다.

나관중이 자신의 장편소설에 '연의演義'라는 이름을 붙인 것은 역사에는 역대의 성쇠, 정치의 득실, 군신의 선악 등을 밝히고 이러한 사실에 대한 옳고 그름을 판단하여 평가하는 이른바 '의義'라는 것이 존재한다는 믿음에서 출발하여, 이를 사대부의 전유물인 읽기 어려운 사서와 달리 일반 대중이 쉽게 읽을 수 있도록 통속적으로 부연하여 설명했다演는 뜻을 밝히기 위함이다. 이를 통해 그는 '존유억조尊劉抑曹, 유비를 높이고 조조를 낮추는 사상'를 더욱 강화하고, 정사에서 볼 수 없는 재미와 감동을 자아낼 수 있었다.

네 번째 인물은 모륜毛綸과 모종강毛宗崗, 1632~1709년경 부자다. 아비인 모륜은 김성탄金聖嘆과 동시대 인물로 자못 문명이 있었으나 평생 곤궁하게 지내다가 중년 이후로 실명하여 『비파기琵琶記』나 『삼국지연의』를 평하는 것으로 재미를 삼았다고 알려져 있을 뿐, 정확한 생평은 분명치 않다. 그렇다면 우리에게 알려진 모본毛本 『삼국연의』는 모종강이 집필했으되, 모륜의 생각과 언술이 적지 않게 들어가 있을 터다. 모종강의 자는 서시序始, 호는 자암子庵이다. 그들 부자는 나관중의 『삼국지통속연의』를 토대로 역사적 사실을 고증하여 일부 내용을 첨삭하고, 차례를 정리했으며120회본, 중간에 나오는 시문을 바꾸기도 했다. 기존의 책에 비해 '존유억조'의 정통 관념을 강조하여 "유비는 허위적일 정도로 충후忠厚하고, 제갈량은 요괴에 가까울 정도로 지혜롭다"는 예술적 효과를 얻었으며, 아울러 천명 사상을 크게 강화했다. 나관중의 『삼국지통속연의』가 세상에 나온 후 다양한 판본이 계속 출간되었다. 명대 각본은 20여 종이며, 청대 각본은 70여 종이다. 이처럼 다양한 판본 가운데 모륜과 모종강의 판본이 살아남아 지금 우리가 읽는 『삼국지삼국연의』의 원형이 되었다.

다섯 번째는 박종화朴鍾和, 1901~1981년 선생이다. 시인이자 소설가이며 문학평론가이기도 한 그의 호는 월탄月灘이다. 1921년 최초의 시 동인지 『장미촌』에 〈오뇌의 청춘〉 등을 발표하여 등단했으며, 『흑방비곡黑房祕曲』이라는 시집과 『목매이는 여자』, 『다정불심』, 『금삼의 피』, 『임진왜란』, 『세종대왕』 등 걸출한 장편소설을 집필했다. 월탄이 『삼국지』를 출간한 것은 1968년이다. 월탄의 『삼국지』는 1965년부터 1968년까지 한국일보에 총 1,603회에 걸쳐 연재된 신문 연재 소설로, 삽화가 들어가 있으며 유려한 문체와 간결한 내용이 특징이다. 정확하게 어떤 판본에 의거했는지 알 수 없다는 것이 흠이다.

물론 우리나라에 『삼국연의』가 들어온 것은 훨씬 이전의 일이다. 고려시대 말기 중국어 교과서라고 할 수 있는 『노걸대老乞大』에 고려 상인이 북경에서 『삼국지평화三國志平話 : 원대에 간행된 장편소설인 『전상삼국지평화全相三國志平話』를 말한다. 삼국지에 관한 이야기꾼의 이야기를 그림과 곁들여 책으로 묶은 것이다. 장편은 평화, 단편은 화본話本이라고 한다』를 사는 장면이 나오는 것으로 보아 고려 시대에 이미 『삼국연의』가 유행했음을 알 수 있다. 그리고 월탄 이후로도 박태원, 정비석, 김구용, 황석영, 이문열, 김홍신, 장정일, 황병국, 정원기 등 여러 번역자에 의해 『삼국지』는 계속 번역, 출간되고 있다. 그만큼 우리에게 익숙하고, 그만큼 사랑받고 있음을 보여준다.

역자는 요즘 몇 년 동안 『삼국지』와 인연이 깊었다. 이미 도해圖解『삼국지』를 번역 출간했고, 이번에도 『삼국지』를 새삼스럽게 다시 읽으며 위안텅페이袁騰飛, 1972년~현재 선생의 『위안텅페이 삼국지 강의원저 : 袁騰飛 講漢末三國』를 번역했기 때문이다.

위안텅페이 선생은 우리에게 그다지 알려져 있지 않지만 오랫동안 교직 생활을 하면서 중국 역사의 대중화를 위해 노력한 교사로, 2008년 중국 CCTV의 유명한 문화 강좌인 「백가강단百家講壇」에서 「양송풍운兩宋風雲」을 강의하면서 크게 인기를 끌었다. 이후 대형 역사 강좌 프로그램인 『텅페이 오천 년騰飛伍千年』 등 역사 관계 저작물을 계속 발표하면서 시나 웨이보新浪微博 : 중국의 인터넷 포털사이트 시나닷컴이 제공하는 마이크로 블로그 서비스의 팬 카페 등록자가 1,134만 명에 이르고, 2010년 중국 작가 부호 서열 20위에 오르는 등 발군의 성적을 올린 바 있다. 그만큼 탁월한 이야기꾼임에 틀림없다. 그런 까닭인지 문장 곳곳에서 그만의 입담이 적지 않게 표출된다. 아쉽기는 하지만 우리에게 익숙하지 않은 내용은 약간씩 수정했으며, 때로 주를 달기도 했다.

이 책의 장점은 읽기 편하다는 것만이 아니다. 이 책은 원저 타이틀인 '한말삼국'에서 볼 수 있다시피 중요 내용이 『삼국지』 또는 『삼국연의』

에 관한 것이되, 역사를 이야기하는 데 중점을 두고 있다. 사실 정사 『삼국지』는 사실에 입각해 서술하여 비교적 분명한 역사 사실을 인지하는 데 도움을 주지만 딱딱하고, 소설 『삼국지』는 흥미진진하되 허구가 적지 않아 너무 무르다. 바로 그 중간에 이 책이 들어가 있다. 이것이 이 책의 가장 큰 장점이다.

나는 이번 번역을 위해 다시 한 번 『삼국지』를 읽으며 문득 '싸움'에 대해 생각했다. 사실 『삼국지』의 주조는 무슨 '의義'나 '충忠'이 아니라 싸움, 즉 전쟁이다. 그 싸움은 적벽전투처럼 수많은 병력이 동원된 대전이고, 마상에서 이루어지는 장군들의 싸움이며, 적진을 향해 달려가 고꾸라지는 병사들의 싸움이다. 또한 군사軍師들의 두뇌 싸움이자, 가진 자들의 권력 싸움이고, 뭇 백성들의 삶과 죽음의 싸움이기도 하다.

아들은 삼국지 게임에서 『삼국지』로 들어갔으나, 나는 『삼국지』에 그냥 머물 뿐 삼국지 게임으로 들어가지 못했다. 그런 까닭인지 아들은 오히려 나보다 『삼국지』에 대해 더 잘 알고 있다. 어쩌면 그것이 싸움이라는 것을 은연중에 잘 알고 있었기 때문인지도 모른다.

여전히 지속되고 있는 싸움. 그 와중에 지금 우리가 있다. 우리의 싸움에서 조금 벗어나 남들의 싸움을 바라보는 것은 어떨까? 이것이 내가 독자 여러분들에게 일독을 권하는 이유다.

출판사 편집부에 감사드리며 함께 일하는 것의 기쁨을 전하고 싶다.

제주 월두마을에서 역자

◆ 당신은 언제나 옳습니다. 그대의 삶을 응원합니다. — 라의눈 출판그룹

위안텅페이 삼국지 강의

초판 1쇄 | 2016년 8월 25일
　　4쇄 | 2018년 3월 12일

지은이 | 위안텅페이
옮긴이 | 심규호

발행인 | 설응도
발행처 | 라의눈

편집주간 | 안은주
편집장 | 최현숙
편집팀장 | 김동훈
편집 | 고은희
마케팅 | 나길훈
전자출판 | 설효섭
경영지원 | 설동숙

출판등록 | 2014년 1월 13일(제2014-000011호)
주소 | 서울시 서초구 서초중앙로29길 26(반포동) 낙강빌딩 2층
전화 | 02-466-1283
팩스 | 02-466-1301
e-mail | 편집 editor@eyeofra.co.kr 마케팅 marketing@eyeofra.co.kr
　　　　경영지원 management@eyeofra.co.kr

ISBN 979-11-86039-60-1 03910